Astrid M. Eckert

ZONENRANDGEBIET

Westdeutschland und der Eiserne Vorhang

Aus dem Englischen von
Thomas Wollermann, Bernhard Jendricke
und Barbara Steckhan

Ch.Links VERLAG

Die Originalausgabe erschien 2019 unter dem Titel *West Germany and the Iron Curtain. Environment, Economy, and Culture in the Borderlands* bei Oxford University Press.

Die Übersetzung ins Deutsche wurde durch eine Förderung der Emory University in Atlanta/Georgia ermöglicht.

Auch als **ebook** erhältlich

Die Deutsche Nationalbibliothek verzeichnet diese Publikation in der Deutschen Nationalbibliografie; detaillierte bibliografische Angaben sind im Internet über www.dnb.de abrufbar.

Ch. Links Verlag ist eine Marke
der Aufbau Verlage GmbH & Co. KG

© Aufbau Verlage GmbH & Co. KG, Berlin 2022
www.christoph-links-verlag.de
Prinzenstraße 85, 10969 Berlin
Umschlaggestaltung: zero-media.net, München,
unter Verwendung eines Fotos von der innerdeutschen Grenze bei Travemünde an der Ostsee vom 8. Juni 1989 (© IMAGO/sepp spiegl)
Satz: Marina Siegemund, Berlin
Karten: Bill Nelson
Druck und Bindung: Druckerei F. Pustet, Regensburg
Gedruckt auf säurefreiem, chlorfrei gebleichtem Papier

ISBN 978-3-96289-151-0

Astrid M. Eckert
ZONENRANDGEBIET

Inhalt

Auf der Westseite des Eisernen Vorhangs 9

1 **Die Entstehung des westdeutschen Grenzlandes** 23
Wirtschaftsleben mit Demarkationslinien 26
Die Demarkationslinie und die örtliche Wirtschaft 33
Grenzlandbildung und die Formierung
von Interessengruppen 43
Die Folgen der Grenzschließung von 1952 52
Im Schatten des »Wirtschaftswunders«:
Bundeshilfen für das Grenzland 59
Ideologisch abwehrbereit – Kulturförderung am Zonenrand 65
»Echte« Grenzen produzieren ein Grenzland 72

2 **Der Osten vom Westen:**
Ein wirtschaftliches Randgebiet an der Grenze 77
Raumplanung und Zonenrandförderung 80
Imageprobleme: Westdeutsches Entwicklungsland 92
Gegen den Status quo: die 1970er und 1980er Jahre 97
Offene Grenze und neue DMark-ationslinien 104
Teilungsbedingte (Alt-)Lasten:
Das Ende der Zonenrandförderung 109
Vom Rand in die Mitte? 112
Verteidigung von Subventionen 116

3 »Grüße von der Zonengrenze«:
Der Eiserne Vorhang als Touristenattraktion 121
Wie man die Grenze zu betrachten hat 125
Die Gefahren eines Grenzbesuchs 134
Grenztourismus als politische Propaganda 138
Besucher und Besuchte 146
Der westliche Grenztourismus aus DDR-Sicht 157
Urlaub am Eisernen Vorhang 162
Der westliche Blick 170

4 Salze, Abwässer und schwefelhaltige Luft:
Grenzüberschreitende Umweltverschmutzung 175
Alle Flüsse fließen nach Westen 181
Der Kalibergbau an der Werra 187
Innerdeutsche Umweltdiplomatie 190
Cum grano salis: Die Werra-Gespräche 195
Es liegt was in der Luft 200
Grenzenlose Umweltverschmutzung 214

5 Grenzgeprägte Naturräume:
Der Eiserne Vorhang und sein Einfluss
auf die Landschaft 223
Grenzbefestigungen und Niemandslandschaften 228
Tiere am Eisernen Vorhang 232
Der Drömling 237
Naturbeobachtung entlang des Eisernen Vorhangs 241
Im Westen erdacht, im Osten verworfen:
Die Idee grenzüberschreitender Naturschutzgebiete 247
Der Ausverkauf des Schutzstreifens 252
November 1989: Von jubelnden Menschen
und bedrohten Tieren 257

Das Grüne Band wird geknüpft:
Naturschutz in Zeiten des Übergangs 268
Die Geschichtlichkeit von Landschaft 277

6 **Der nukleare Brennstoffkreislauf im Grenzgebiet:
Gorleben und die Energiezukunft der Bundes-
republik** 281
Die globale Dimension von Gorleben 285
Standortkämpfe: Der Gorleben-Konflikt 293
Gorleben und die DDR 299
Am Verhandlungstisch: Die Rolle des Landkreises 311
»Gorleben soll leben«: Protestkultur an der Grenze 322
Abfall für die Ewigkeit 336

Westdeutschland vom Rand her betrachtet 343

Anhang

Anmerkungen 357
Quellen- und Literaturverzeichnis 496
   Archive 496
   Gedruckte Quellen 500
   Literatur 504
Personenregister 545
Ortsregister 548
Abbildungsnachweis 550
Danksagung 551

Auf der Westseite des Eisernen Vorhangs

»Friedemann Grün« stand auf dem Lkw, der am 3. August 1984 auf das Gelände des Kohlekraftwerks Buschhaus bei Helmstedt rollte. An vier Polizeisperren und am Werkschutz vorbei. Der fingierte Firmenname ergab erst im Nachhinein Sinn: *Peaceman Green,* besser bekannt als *Greenpeace.* Innerhalb weniger Minuten setzten Greenpeace-Aktivisten eine Leiter aus Alustangen zusammen, erklommen den Kühlturm und entrollten ein Transparent, das die Luftverschmutzung durch das Kraftwerk anprangerte. Buschhaus löste eine akute politische Krise in der Bundesrepublik aus, weil es auf dem Höhepunkt der öffentlichen Debatte über sauren Regen und Waldsterben ohne Entschwefelungsanlage in Betrieb gehen sollte. Obwohl eine Rauchgasentschwefelung für neue Kraftwerke seit 1983 gesetzlich vorgeschrieben war, pochte die niedersächsische Landesregierung auf eine Ausnahme, weil Buschhaus bereits Jahre vor dieser Neuregelung genehmigt worden war. Die Befürworter des Kraftwerks argumentierten mit Arbeitsplätzen, die Gegner mit Schadstoffemissionen. Zeitgenossen begriffen Buschhaus als einen klassischen Konflikt zwischen Ökonomie und Ökologie. Der Streit ging als Indiz für das neu entwickelte Umweltbewusstsein der Bundesrepublik in die Geschichte der westdeutschen Umweltpolitik ein.[1]

Doch was den Konflikt verschärfte, war der Standort des Kohlekraftwerks. Buschhaus befand sich im westdeutschen Grenzgebiet direkt an der innerdeutschen Grenze. Es gehörte zu einem Unternehmen, den Braunschweigischen Kohlen-Bergwerken (BKB), deren Tagebaufelder 1952 durch die Demarkationslinie geteilt worden waren.

Am 17. Juni 1985 protestierte die Umweltgruppe *Robin Wood* gegen das Kohlekraftwerk Buschhaus direkt an der innerdeutschen Grenze mit einem Wachturm als Hintergrund.

Ohne Zugriff auf den vollen Umfang seiner Kohlevorkommen war die Existenz der BKB langfristig gefährdet. Die Belegschaft sah in Buschhaus deshalb eine Arbeitsplatzgarantie.

In der politischen Ökonomie der Bundesrepublik hatten die Regionen entlang der innerdeutschen Grenze einen besonderen Status: Das »Zonenrandgebiet«, in dem sich die BKB befanden, galt als wirtschaftlich benachteiligt und erhielt entsprechende politische Aufmerksamkeit. In die Grenzbezirke flossen staatliche Subventionen zur Schaffung und Bewahrung von Industriearbeitsplätzen. Daher rührte die verbissene Unterstützung der Landesregierung für das dreckschleudernde Projekt. Die Grenznähe vergrößerte aber nicht nur die politische, sondern auch die ökologische Dimension von Buschhaus. Die Rauchschwaden des Kraftwerks waren nicht irgendein Umweltproblem, sie waren ein grenzüberschreitendes Umweltproblem. Zu einer Zeit, als die Bundesrepublik die DDR für ihre beispiellosen Schwefeldioxid-Emissionen rügte, war es diplomatisch unklug, ein Kohlekraftwerk ohne Filtertechnik direkt an der Grenze zum Nachbarn in Betrieb zu nehmen. Die Umweltaktivisten wussten das Stichwort der Grenzüberschreitung für ihre Zwecke zu nutzen. Am 17. Juni 1985, dem Tag der Deutschen Einheit, protestierte die Organisation *Robin Wood* an der Grenze. Ihr Banner, an Ballons über der Demarkationslinie schwebend, verkündete, dass Luftverschmutzung nun einmal keine Grenzen kenne – ein DDR-Wachturm bildete die Kulisse. Der Konflikt um Buschhaus war weit mehr als ein Konflikt zwischen Ökonomie und Ökologie. Er war geprägt von der Nähe zur innerdeutschen Grenze und erinnerte daran, dass Deutschland nach wie vor ein geteiltes Land war.

Dieses Buch untersucht die Bedeutung der innerdeutschen Grenze für das westliche Deutschland. Es betrachtet die Geschichte der »alten« Bundesrepublik und des Wiedervereinigungsprozesses aus der räumlichen Perspektive der westdeutschen Grenzgebiete, die entlang der Demarkationslinie des Kalten Krieges entstanden. Im Gegensatz zur Berliner Mauer verlief die 1393 Kilometer lange innerdeutsche Grenze vornehmlich durch ländliche Regionen – schier endlose Sperranlagen schlängelten sich über Wiesen und Felder. Doch in den westlichen Grenzregionen befanden sich auch Städte wie Lübeck, Wolfsburg, Braunschweig, Salzgitter, Göttingen, Kassel, Fulda, Coburg und Hof. Je nach wirtschaftlichem Profil entwickelten diese Städte und Landkreise aufgrund ihrer neu definierten geografischen Lage ihre je eigenen Defizite.

Die Regionen entlang der innerdeutschen Grenze waren der sensibelste geografische Raum der alten Bundesrepublik.[2] Hier traf Westdeutschland in einer konkreten und alltäglichen Weise auf den ideologischen Gegner des Kalten Krieges, die DDR. Wollte der neue Weststaat erfolgreich sein, mussten die Segnungen seiner wirtschaftlichen, politischen und sozialen Ordnung jeden Winkel der Bundesrepublik erreichen. Im Grenzland mussten sich die westdeutschen Behörden mit den praktischen Folgen der Teilung auseinandersetzen, wollten sie diese Räume fest in das neue Staatsterritorium integrieren – Folgen, die sich in der lokalen Wirtschaft und Infrastruktur bemerkbar machten, sich als ideologische Konkurrenz im kulturellen

Bereich manifestierten und die, wie die Buschhaus-Episode zeigt, in Umweltbeziehungen greifbar wurden. Hier spiegelten sich die längerfristigen Entwicklungslinien der Bundesrepublik nicht nur wider, hier wurden sie mitgeformt.

Das Buch folgt neueren Forschungen, die gezeigt haben, dass die Geschichte der innerdeutschen Grenze nicht allein aus der Diplomatie des Kalten Krieges oder im einseitigen Fokus auf die DDR verstanden werden kann. Vielmehr wurde sie durch Aushandlungsprozesse zwischen den beiden deutschen Staaten und dem alltäglichen Mit- und Gegeneinander der Deutschen auf beiden Seiten, durch das Geben und Nehmen, das sich sowohl in der »hohen« Politik als auch in lokalen Begegnungen entfaltete, wesentlich mitgeformt.[3] Als sich die Grenze in den späten 1940er Jahren zuerst in der politischen Rhetorik und dann auch physisch verfestigte, schuf sie auf beiden Seiten neue Randgebiete. Auf DDR-Seite etablierte die SED-Führung 1952 eine fünf Kilometer tiefe Sicherheitszone nach sowjetischem Vorbild. Das Alltagsleben der Bewohner dieses Sperrgebiets wurde bis ins kleinste Detail reguliert und überwacht. Bis auf wenige Ausnahmen war es für Nichtansässige tabu und wurde als Pufferzone vor der eigentlichen Demarkationslinie zu einem integralen Bestandteil der Grenzbefestigungen.[4] Von der engmaschigen und wenn nötig gewaltsamen Überwachung der »Staatsgrenze West« ausgehend, übertrug sich das Grenzregime wellenartig in den Sozialraum der DDR-Gesellschaft. Die konkrete »Grenzverletzung« am Eisernen Vorhang hatte ein Pendant im DDR-Alltag. Auch hier konnten Grenzen durch Nonkonformität und eigensinniges Verhalten »verletzt« werden. »Das Wissen um die Existenz dieser unsichtbaren Grenzen, und um die Risiken, sie unbedacht oder wissentlich zu ›verletzen‹«, schreibt der Historiker Thomas Lindenberger, »war praktisches DDR-Bürgerwissen.« Auf diese Weise erwies sich das Grenzregime als konstitutiv für die DDR. Lindenberger charakterisiert den SED-Staat deshalb als eine »Diktatur der Grenzen«.[5]

Auch in der Bundesrepublik entstand ein Grenzgebiet, allerdings wurde es den Menschen nicht von oben aufgezwungen, sondern

Die innerdeutsche Grenze bei Rasdorf (Hessen) und Buttlar (Thüringen) in den 1960er Jahren.

entwickelte sich aus den wirtschaftlichen Konsequenzen der Demarkationslinie. Die Städte und Gemeinden entlang der Trennlinie zur sowjetischen Besatzungszone hatten zwar durchaus unterschiedliche Wirtschaftsstrukturen, litten aber alle auf die eine oder andere Weise an der immer undurchlässiger werdenden Grenze. Um auf ihre Misere hinzuweisen, fanden sich gewählte Vertreter aus Bund, Ländern und Gemeinden sowie Repräsentanten aus Wirtschaft und Handel zusammen und verschafften sich als »Grenzlandfürsprecher« bei der frisch konstituierten Bundesregierung Gehör. Damit ihre Regionen nicht weiter ins Hintertreffen gerieten, forderten sie, als Ausgleich für die durch die Grenze verursachten wirtschaftlichen Beeinträchtigungen, staatliche Unterstützung. Zwar ließ Hilfe aus Bonn auf sich warten, doch als Mitte der 1950er Jahre erste Hilfsmaßnahmen in Gang kamen, wurde der Landstrich entlang der innerdeutschen Grenze in Westdeutschland als »Zonenrandgebiet« bekannt. Dabei kamen nicht nur Regionen entlang der Landgrenze mit der DDR in den Genuss von »Zonenrandförderung«. Zum Fördergebiet gehörten auch die schleswig-holsteinische Ostseeküste sowie der bayerische Grenzraum zur Tschechoslowakei. Mit einer Tiefe von 40 Kilometern umfasste das Zonenrandgebiet fast 20 Prozent des Territoriums der Bundesrepublik, knapp 12 Prozent der westdeutschen Bevölkerung lebten hier.[6]

»Zonenrandgebiet«: Der sperrige Name dieser Grenzregionen war selbst ein Produkt des frühen Kalten Krieges. Lange hielt sich in der Bundesrepublik die Gewohnheit, die DDR als »Zone« zu titulieren. Der Begriff implizierte, dass sich die DDR nicht wesentlich von der sowjetischen Besatzungszone unterschied, die sie bis Oktober 1949 gewesen war. Die Staatsgründung, so unterstellte der Ausdruck, könne nicht darüber hinwegtäuschen, dass der ostdeutsche Staat ein sowjetisches Marionettenregime bleibe. Die westdeutschen Regionen entlang der Demarkationslinie »Zonenrandgebiet« zu nennen, erinnerte die Bürger der Bundesrepublik gleichzeitig daran, dass dieser Landstrich als Produkt der Teilung unverschuldet in eine Abseitsposition geraten war und deshalb einen moralischen Anspruch auf die Solidarität des ganzen Landes hatte.[7]

Dieses Buch erklärt erstmals, wie die Bedingungen des frühen Kalten Krieges das Zonenrandgebiet hervorbrachten. Es zeigt, welche Rolle das Grenzland in der Geschichte der »alten« Bundesrepublik spielte und wie es im wiedervereinigten Deutschland nachwirkt. Besonderes Augenmerk liegt dabei auf umwelthistorischen Fragen. Die Grenzregionen sind aber nicht nur ein Ort, den das Buch untersucht. Sie eröffnen auch räumliche Perspektiven, von denen aus sich die Nachkriegsgeschichte und der Prozess der Wiedervereinigung neu betrachten lässt.

Die Grenzgebiete entlang des Eisernen Vorhangs haben wenig mit den lebendigen Kontaktzonen und kulturell hybriden Räumen gemein, die in der Regel im Mittelpunkt von *Borderland Studies* stehen.[8] Das DDR-Grenzregime hatte das genaue Gegenteil im Sinn. Obwohl der innerdeutschen Grenze nie die hermetische Abriegelung gelang, die der Metapher »Eiserner Vorhang« innewohnt, sollte sie Alltagskontakte unterbinden, die gegnerische Ideologie abwehren, Mobilität regulieren und schließlich die Abwanderung vollständig verhindern.[9] Der sich wandelnde Charakter der Grenze von einer relativ offenen, dynamischen »grünen Grenze« zur tief gestaffelten, militarisierten Grenzzone blieb nicht ohne Folgen für die grenzübergreifenden Beziehungen: Sie verkümmerten so lange, bis sich die Menschen aus den Grenzgebieten schließlich »entfremdet« gegenüberstanden.[10] Dennoch blieben diese Regionen auf beiden Seiten der innerdeutschen Grenze spezifische Kommunikationsräume. Hier trafen ost- und westdeutsche Grenzsoldaten aufeinander, patrouillierten alliierte Truppen, beackerten Bauern ihre Felder, liefen westdeutsche Touristen auf und kamen Staatsgäste zu Besuch. Hier bestanden zudem naturräumliche Beziehungen fort, die selbst diese hochgerüstete Grenze nicht abschneiden konnte. Schließlich spielten sich hier auch menschliche Dramen ab. Die innerdeutsche Grenze wurde zu einem tödlichen Bauwerk, das gemeinsam mit der Berliner Mauer das Kernstück der Gewaltgeschichte des SED-Regimes bildet. Früh erlangte die Demarkationslinie traurige Berühmtheit als ein Ort der Gewalt und des Todes. Während der militärischen Besatzungszeit herrschten an der Schnittstelle zwischen den Besatzungszonen Willkür und Chaos, gleichsam als Spätausläufer des Krieges.[11] Als sich die SED-Führung darauf verlegte, ihren Macht- und Herrschaftsanspruch an der Grenze gegenüber den eigenen Bürgern auch gewaltsam zu verteidigen, wurden die Sperranlagen zu einer tödlichen Falle. Nach neuesten Forschungen kamen an der innerdeutschen Grenze gut dreihundert Ostdeutsche durch Staatsgewalt ums Leben.[12] Nicht zuletzt wegen der Grenzopfer blieb sie bis zu ihrer Öffnung im Herbst und Winter 1989 politisch umstritten und behielt als Teil des metaphorischen Eisernen Vorhangs ihre zentrale Symbolkraft als Frontlinie des globalen Kalten Krieges.

Dementsprechend wurden alle Aktivitäten in Grenznähe unweigerlich mit politischer Bedeutung aufgeladen, auch wenn es sich um Vorgänge handelte, die in anderen Kontexten harmlos und alltäglich gewesen wären. Zum Beispiel nahmen die DDR-Grenzbehörden Sonntagsausflüge von Westdeutschen an die Grenze als eine Form psychologischer Kriegsführung wahr, die die DDR delegitimieren sollten. Auch die Verschmutzung grenzquerender Flüsse war nicht nur ein Umweltproblem wie jedes andere, sondern wurde zu einem brisanten Thema in den innerdeutschen Beziehungen, weil Schadstoffe aus der DDR in die Bundesrepublik schwappten. Durch die Grenze hatte diese Umweltverschmutzung neben der rein ökologischen Dimension sofort auch eine politische. Grenzüberschreitende Luft- und Gewässerverschmutzung brachten in den 1970ern und 1980ern einige Orte im westdeutschen Grenzland in Verruf, doch dieselben Jahrzehnte markierten eben auch deshalb eine »Wiederentdeckung« des Grenzlandes als eines vermeintlich authentischen ländlichen Raums mit angeblich intakten Landschaften, weil die beschleunigte Modernisierung der bundesdeutschen Wiederaufbaujahre trotz Zonenrandförderung an diesen Regionen vorbeigegangen war. Was in den 1950er und 1960er Jahren noch als Makel der »Unterentwicklung« galt, wandelte sich in den 1970er und 1980er Jahren zu einem touristischen Pluspunkt. Schließlich spielte das Zonenrandgebiet auch eine Schlüsselrolle, als es um die zukünftige Energieversorgung der Bundesrepublik ging. Im Jahr 1977 wurde ausgerechnet ein grenznaher Standort – die niedersächsische Gemeinde Gorleben an der Elbe – für eine nukleare Wiederaufbereitungsanlage und Endlagerstätte für Atommüll ausgewählt. Die Entscheidung galt als wegweisend für die weitere Entwicklung der deutschen Atomindustrie. Gorleben wäre die bis dahin größte industrielle Investition der Bundesrepublik geworden. Doch anstatt die Zukunft der Atomenergie zu sichern, löste die Standortwahl eine nachhaltige Protestbewegung aus. Durch die Zugkraft des Gorleben-Protests wurde die Peripherie buchstäblich zum Zentrum des bundesdeutschen Widerstands gegen Atomkraft.[13]

Als geschichtswissenschaftliches Thema tritt die innerdeutsche Grenze langsam aus dem Schatten der Berliner Mauer heraus. Neuere Arbeiten haben zudem unterstrichen, dass die Grenze und das Grenzland nicht nur eine Politik- und Militärgeschichte, sondern auch eine Sozial-, Kultur- und, wie dieses Buch zeigt, eine Umweltgeschichte haben.[14] Eine der wegweisenden Studien hat die Perspektive von den Hauptstädten in die benachbarten Grenzstädte Neustadt (Bayern) und Sonneberg (Thüringen) verlegt. Sie zeigt, dass die Grenze »nicht einfach von den Supermächten des Kalten Krieges auferlegt wurde, sondern auch ein improvisierter Auswuchs der verunsicherten Nachkriegsgesellschaft war«. Aus Moskau, Washington, Ost-Berlin und Bonn kamen zwar die Rahmenbedingungen, aber ihre »Form und Bedeutung erhielt die Grenze von den misstrauischen Anwohnern, die mit ihr leben mussten«.[15] Das soziale Verhalten im Alltag, die Wahrnehmungen der Nachbarn, die plötzlich auf einer »anderen« Seite zu stehen schienen, verfestigten die Grenze bereits, als sie noch gar nicht physisch markiert war. Bevor die Grenze überhaupt im Gelände sichtbar wurde, war sie bereits in den Köpfen der Menschen real.[16]

Wie beeinflussten staatliche Vorgaben, veränderte Lebensbedingungen und wirtschaftliche Eigeninteressen entlang der Demarkationslinie den Alltag in den Grenzregionen? Wie viel Handlungsspielraum blieb den Bewohnern der Grenzregionen, als der Kalte Krieg ihre Heimat erfasste? Die Antworten auf diese Fragen fallen regional unterschiedlich aus. Zwischen den Provinzstädten Sonneberg und Neustadt entwickelte sich eine andere Dynamik als im geteilten Eichsfeld, wo das soziale Gefüge oft an Landbesitz gebunden war und die Grenze Landwirte von ihren Feldern trennte. Während die Bauern eine Zeit lang noch versuchten, die Landverluste durch Tausch-, Kauf- und Pachtverträge untereinander auszugleichen, nahm ihr Handlungsspielraum im Laufe der 1950er Jahre ab. Die staatlichen Strukturen in Ost und West festigten sich und damit auch die Durchsetzung der Grenze.[17] Dass die Zustände entlang der Grenze nicht einheitlich waren, zeigt auch die Sondersituation des geteilten Dorfs Mödlareuth an der Grenze zwischen Bayern und Thüringen. Hier war die Lage noch einmal verschärft, denn der östliche Teil des Dorfs befand sich im sogenannten Schutzstreifen direkt an der Demarkationslinie und war damit einer Hyper-Überwachung ausgesetzt. Für dieses Umfeld liegt der Schluss nahe, dass der Eiserne Vorhang sehr wohl »von oben nach unten« auf die Dorfgemeinschaft herniederging, und zwar in einem Prozess, »in dem die Dorfbewohner den Staat als eine externe Kraft ansahen, der [ihnen] die Teilung aufzwang«.[18]

Der deutsche Abschnitt des Eisernen Vorhangs bestand nicht nur aus der Berliner Mauer und der innerdeutschen Grenze, sondern umfasste auch die Grenze zwischen Bayern und der Tschechoslowakei, die eine historisch etablierte Staatsgrenze war und als solche in der Zwischenkriegszeit in den Nationalitätenkonflikten zwischen Deutschen und Tschechen eine Rolle spielte.[19] Nach 1945 wurden die deutschstämmigen Einwohner der böhmischen Länder größtenteils über diese tschechisch-deutsche Grenze vertrieben – eine Erfahrung, die diesen Abschnitt des Eisernen Vorhangs entscheidend mitprägte.[20] In der Bundesrepublik ansässige Vertriebene eigneten sich den bayerisch-tschechischen Grenzraum durch oft religiös konnotierte Gedenkorte wie Kapellen, Holzkreuze und Schreine an, um dort an ihre verlorene Heimat zu erinnern. Während die innerdeutsche Grenze in Westdeutschland zu einem wirkmächtigen Symbol des Kalten Krieges wurde, trug der bayerisch-tschechische Teil des Eisernen Vorhangs die zusätzliche Last der Erinnerung an die Vertreibung.[21] Studien zum Eisernen Vorhang außerhalb Deutschlands bestätigen die ungleiche Entwicklung der Teilungserfahrung während des Kalten Krieges. Von Finnland bis an die Adria spielten lokale Kontexte und frühere Erfahrungen mit dem Leben entlang von (Staats-)Grenzen eine wichtige Rolle in der Auseinandersetzung mit der Teilung des europäischen Kontinents nach dem Zweiten Weltkrieg.[22]

Seit Winston Churchill im März 1946 von einem Eisernen Vorhang gesprochen hatte, der sich von Stettin bis Triest über den europäischen Kontinent senkte, war die Trennlinie zwischen den Gegnern des aufziehenden Kalten Krieges auch eine Propagandazone geworden.[23] Beide deutsche Staaten instrumentalisierten die Grenze und ihre Opfer, um das jeweils eigene Staatswesen zu festigen und zu legitimieren und die Gegenseite zu diskreditieren.[24] Die SED-Führung rechtfertigte das rigide Grenzregime als defensive Maßnahme gegen die Aggressionen des »faschistischen« und »imperialistischen« Westens, während sich für die Bundesrepublik an der Grenze die Möglichkeit eröffnete, den Antikommunismus der Gründungsjahre an einem konkreten Ort zu artikulieren.[25] Dabei entwickelte die Bundesrepublik in ihren Propagandaschriften eine offizielle Bildpolitik, in der die Verantwortung für die deutsche Teilung und die hochgerüstete Grenze allein der DDR zugeschrieben wurde, eine Sichtweise, die sich nach 1989 auch in der Erinnerungskultur im wiedervereinten Deutschland fortsetzte.[26]

Trotz aller gegenseitigen Abgrenzungsversuche blieb die innerdeutsche Grenze eine geteilte Last in einem geteilten Land. Sie brachte Probleme hervor, die beide Seiten regelrecht zur Zusammenarbeit zwangen. Von der Wasserwirtschaft und Stromversorgung über die genaue Bestimmung des eigentlichen Grenzverlaufs bis hin zum Katastrophenschutz blieb Deutschland während des Kalten Krieges politisch zwar »geteilt, aber nicht unverbunden«.[27] Auch wenn die Grenze wegen der dort verübten Staatsgewalt im zeitgenössischen westdeutschen Diskurs und in der Erinnerungskultur nach 1990 als eine Grenze ohnegleichen verabsolutiert wurde, hatte sie in ihren Anrainerregionen dennoch wirtschaftliche, soziale und, wie dieses Buch zeigt, ökologische Konsequenzen, die sie mit anderen Grenzen vergleichbar macht.[28] Zudem war die Grenze das Produkt der Neugründung zweier konkurrierender Staaten. Beide waren bemüht, das ihnen durch den Kriegsausgang zugewiesene Territorium zu vereinnahmen und durch administrative, wirtschaftliche, infrastrukturelle und symbolische Aneignung des Raums und der dort lebenden Menschen zu durchdringen.[29] Die Formen dieser Vereinnahmung wandelten sich im Laufe der Zeit und jene der Bundesrepublik unterschieden sich von denen der DDR. Die DDR-Führung stellte ihren politischen Handlungsraum letztlich unter Rekurs auf Gewalt her, indem sie die eigenen Bürger daran hinderte, sich ihrer Herrschaft durch Migration zu entziehen. Aber auch die Bundesrepublik war auf Territorialität bedacht und suchte ihr Staatsgebiet »bis an den letzten Zentimeter«, wie es der SPD-Politiker Herbert Wehner 1952 ausdrückte, zu erschließen.[30] Die Entstehung des Zonenrandgebiets ist dafür beredtes Beispiel.

Dieses Buch ist nicht rein chronologisch angelegt, sondern gliedert sich in thematische Kapitel. Es betont die Bedeutung der innerdeutschen Grenze für die alte Bundesrepublik und erfasst die grenzbedingten Wechselwirkungen zwischen West und Ost. Zwei Kapitel betrachten die wirtschaftlichen Folgen der innerdeutschen Grenze für die Bundesrepublik. Aus dieser Perspektive zeigt sich, dass das Zonenrandgebiet sich aufgrund wirtschaftlicher Prozesse überhaupt erst als räumliche Einheit formierte, nicht zuletzt dank der geschickten Lobbyarbeit von Vertretern der lokalen Politik und Wirtschaft. Die Entstehung des Zonenrandgebiets war dabei Teil eines umfassenderen Prozesses, in dem sich die Bundesrepublik an die neue Wirtschaftsgeografie der Nachkriegszeit anpasste. In einem weiteren Kapitel wird das Phänomen des Grenztourismus untersucht, wobei der Eiserne Vorhang selbst als »Sehenswürdigkeit« fungierte. Grenzfahrten boten den westdeutschen Besuchern die Möglichkeit, die globalen Entwicklungen des Kalten Krieges durch lokale Aktivität erfahrbar zu machen. Was in den frühen 1950er Jahren als Schaulust begann, wurde nach dem Mauerbau von staatlicher Seite in politische Bildung umgemünzt und prägte westdeutsche Sichtweisen auf die Grenze.

Drei Kapitel befassen sich mit Umweltthemen. Die grenzüberschreitende Umweltverschmutzung avancierte in den 1970er Jahren zu einem neuen Aspekt in den bereits komplexen innerdeutschen Beziehungen. Der massive Anstieg der Verschmutzung ging auf den wachsenden Verschleiß der ostdeutschen Industrie und Infrastruktur zurück und kündigte so gesehen den Zusammenbruch der DDR an. Allerdings erkannten die Verantwortlichen in der Bundesrepublik diese Zusammenhänge nicht und verhandelten weiter mit der DDR, als gäbe es auf östlicher Seite noch die Möglichkeit, Verhandlungsergebnisse (so spärlich diese ohnehin waren) überhaupt umzusetzen. Gleichzeitig fiel der Grenzstreifen Naturschützern erstmals durch seinen Artenreichtum auf. Vögel, Lurche und Pflanzen, die in der industrialisierten Agrarlandschaft selten geworden waren, konnte man entlang der innerdeutschen Grenze noch antreffen. So befasst sich ein weiteres Kapitel mit dem ökologischen »Fußabdruck« des Grenzregimes und seinen Folgen für Landschaft, Tiere und Menschen. Es historisiert gleichsam das »Grüne Band«, ein Naturschutzprojekt der Nachwendezeit. Schließlich greift ein letztes Kapitel die Kontroverse um die Standortentscheidung für ein »nukleares Entsorgungszentrum« in Gorleben auf. In der Gemeinde an der Elbe wollte die Bundesrepublik den nuklearen Brennstoffkreislauf schließen. Die unmittelbare Nähe Gorlebens zur innerdeutschen Grenze formte die Standortkontroverse auf allen Ebenen. Zusammen bilden diese drei Kapitel die erste Umweltgeschichte der innerdeutschen Grenze.

Obwohl dieses Buch den Blick bewusst auf die westlichen Grenzregionen lenkt, ist es dennoch tief in der Geschichtsschreibung sowohl der Bundesrepublik als auch der DDR verwurzelt. Seine Ergebnisse stützen sich auf Recherchen in neunzehn Archiven mit Materialien aus beiden deutschen Staaten. Ich habe zudem private Sammlungen, zeitgenössische Zeitungen und Zeitschriften, Regierungspublikationen sowie Ephemera wie Flugblätter, Broschüren und Postkarten mit herangezogen. Letztere konnte ich oft auf Internetauktionen erwerben, wo Memorabilien zum Eisernen Vorhang nach wie vor angepriesen werden.[31] Interviews und Korrespondenzen mit Zeitzeugen runden die Quellenbasis ab.

Mir war es zudem wichtig, die jeweiligen Perspektiven auf die innerdeutsche Grenze, die ich in diesem Buch eröffne, über die Zäsur von 1990 hinaus zu entwickeln und so die »lange« Nachkriegszeit mit den Jahrzehnten nach der Wiedervereinigung zusammen zu denken. Nach wie vor bleiben viele zeitgeschichtliche Studien dem Zeitraum von 1945 bis 1990 verhaftet, während die Forschung zur Wiedervereinigung nicht frei von einer Jahrestagskonjunktur ist.[32] Vielversprechend ist die Wiederaufnahme der Transformationsforschung, die zeitlich im Spätsozialismus ansetzt und zumindest die erste Dekade des wiedervereinigten Deutschlands mit erfasst, dabei freilich die Vorstellung einer »Transformation« zu oft allein auf Ostdeutschland anwendet, ohne auch nach den Folgen der Wiedervereinigung für die alte Bundesrepublik zu fragen.[33] In jedem Fall erscheint es mir gut dreißig Jahre nach der Wiedervereinigung immer weniger gerechtfertigt, das Jahr 1990 als End- oder Ausgangspunkt historischer Darstellungen zu akzeptieren,[34] und ich versuche in diesem Buch aufzuzeigen, wie man über diese Zäsur hinwegschreiben kann. Ich bin auf der westlichen Seite der innerdeutschen Grenze aufgewachsen. Geboren in den frühen 1970er Jahren in einer niedersächsischen Gemeinde, war es für mich »normal«, dass die Landstraßen eine halbe Stunde weiter östlich endeten. Auf dem Schulweg kam ich täglich an unserem Kleinstadtbahnhof vorbei, wo regelmäßig NATO-Militärfahrzeuge darauf warteten, auf Güterzüge verladen zu werden. Ich schlängelte mich zwischen Panzern, Lastern und Kübelwagen hindurch, auf denen holländische, französische oder britische Fahnen prangten. Bei einem Ausflug in den lokalen Forst stolperte ich einmal regelrecht in einen getarnten Unterstand. Junge Rekruten mit geschwärzten Gesichtern und Grünzeug auf dem Helm hoben die Köpfe und signalisierten mir, dass ich in ihrem Manöver nichts zu suchen habe. Mitte der 1980er Jahre hatte meine Gesamtschule französische Austauschschüler zu Besuch – aus Paris! Was hatten wir Landeier diesen Teenagern aus Paris zu bieten, die uns beim Gegenbesuch sicherlich zum Louvre, auf den Eiffelturm und nach Versailles führen würden? Uns blieb fast nichts anderes übrig, als sie zum Eisernen Vorhang mitzunehmen, dem Ort, an dem unsere ländliche Region plötzlich einen Hauch von Weltpolitik verströmte. Oft fuhr ich auch mit meiner Familie auf Besuch in die DDR. Wenn meine Brüder mit den entfernten Cousins ihre militärische Ausbildung verglichen, scherzten sie gern darüber, wer zuerst den Stützpunkt des anderen erreichen würde. Ein gewisser Fatalismus war uns zu eigen – gut möglich, dass »die Russen kommen« oder ein nuklearer Sprengkopf im Grenzgebiet herniederging, wo jeder Gully auch ein Sprengschacht war.[35] Dieses Buch ist also auch mein Versuch, die Absurditäten zu verstehen, mit denen ich aufgewachsen bin, und warum ich sie damals nicht absurd fand.

1 Die Entstehung des westdeutschen Grenzlandes

Im tiefsten Winter des Jahres 1957 reiste die Journalistin Barbara Klie nach Oberfranken. Die eisigen Winterwinde aus Böhmen hatten der Region den Spitznamen »Bayerisch-Sibirien« eingetragen. Sie galt einst als geschäftiges Handelszentrum mit einer florierenden Textil-, Porzellan- und Bierindustrie, jetzt lag sie direkt am Eisernen Vorhang. Klie war beauftragt, den Menschen im Grenzland zwischen Hof und Travemünde auf den Puls zu fühlen. In ihren daraus entstandenen Reportagen für die protestantische Wochenzeitung *Christ und Welt* bestätigte sie die einschlägigen Vorstellungen über die Grenzregionen, die sich bis Mitte der 1950er Jahre in Westdeutschland etabliert hatten: Es war eine Gegend, »wo alle Straßen enden«, wo die Äcker auf der anderen Seite unbestellt blieben und von wo die Menschen fortzogen, sodass sie sich allmählich entvölkerte.[1] Das Grenzland entlang des Eisernen Vorhangs, es galt als Ende des Westens, als letzter Vorposten der Freiheit und als trostloser und unterentwickelter Landstrich – das Armenhaus der ansonsten prosperierenden Bundesrepublik.[2]

Klie begegnete einer Bevölkerung, die nicht recht wusste, wem sie sich zugehörig fühlen sollte. Die Bewohner der Grenzregionen meinten sich von ihren Landsleuten vergessen. Der Bürgermeister einer Kleinstadt erklärte ihr, wie seine Mitbürger ihr Verhältnis zu dem Land sahen, in dem sie lebten. »Ist es Ihnen aufgefallen, wie unsere Leute hier sprechen?«, fragte er. »Wenn sie von Frankfurt und Essen sprechen, dann sprechen sie von ›Westdeutschland‹ – so als ob wir nicht *auch* Westdeutschland wären, sondern in der Zone lägen. Wenn sie ›Drüben‹ sagen, dann meinen sie nicht die Zone, sondern sie meinen das reiche westliche Deutschland hinter den Bergen, das uns so wenig von seinem Reichtum zu kosten gibt.«[3] Es schien der Bevölkerung, als wolle das neue Land zwischen Rhein und Elbe sie materiell ausgrenzen. So entfremdet fühlten sich einige von ihnen, dass die DDR – obwohl abwertend als »Zone« bezeichnet – zu einer möglichen Alternative für ihr Zugehörigkeitsgefühl wurde.

Die junge Bundesrepublik hatte an ihrer östlichen Peripherie ein Problem. Seit Ende der 1940er Jahre entstand durch den Eisernen Vorhang ein Grenzland, wo es bis dahin keines gegeben hatte. In den frühen 1950er Jahren lebten in den Landkreisen entlang der neu gezogenen innerdeutschen Grenze noch Hunderttausende deutscher Flüchtlinge, die nach Kriegsende aus Ost- und Mitteleuropa vertrieben worden waren.[4] Dazu kam eine große Anzahl Zuwanderer aus Ostdeutschland. Mit beiden Gruppen konkurrierten die Alteingesessenen um knappe Ressourcen, und die Umwandlung ihrer Heimat in ein Grenzgebiet brachte weitere Verunsicherung mit sich. Örtliche Amtsträger warnten bald, die wirtschaftliche Not der Alteingesessenen und der mittellosen Neuankömmlinge könnte zu politischer Instabilität führen, eine Situation, die dem sozialistischen Nachbarn jenseits der Grenze nur allzu recht käme. In dieser frühen Phase des Kalten Krieges formte sich in Westdeutschland die Ansicht, dass man sich einen solchen Schwebezustand und schwankende Loyalitäten unter den Anrainern dieser sensiblen Grenze nicht leisten könne. Aus diesem Grund begann 1953 die Planung eines wirtschaftlichen Hilfsprogramms. Es war darauf ausgerichtet, die Folgen der deutschen Teilung vor Ort zu kompensieren und die Grenzgebiete finanziell zu stützen, um ihren Bewohnern das Gefühl zu geben, dass auch sie am wirtschaftlichen Wiederaufbau des Landes teilhaben konnten.

Die Entstehung der westdeutschen Grenzregionen als sogenannte Zonenrandgebiete war vor allem die Folge agiler Interessenpolitik derer, die von den wirtschaftlichen Folgen der Grenze negativ betroffen waren. Die Demarkationslinien zwischen den militärischen Besatzungszonen stellten zwangsläufig ein Hindernis für den Fluss von

Arbeitskräften, Zulieferungen und Handelswaren dar. Sie behinderten das ausgeklügelte System interregionaler Arbeitsteilung, das die deutsche Wirtschaft Mitte des zwanzigsten Jahrhunderts bestimmte.[5] Je nach örtlichem Profil entwickelten Städte und Kreise spezifische Defizite in ihrer Wirtschaftsstruktur. Zeitweise gelang es den Grenzanwohnern, aus den neuen Bedingungen Nutzen zu ziehen, doch war dies meist nur von kurzer Dauer. Besonders destabilisierend wirkte sich die Währungsreform von Juni 1948 im Grenzland aus. Die Einführung der D-Mark schuf entlang der Demarkationslinie einen Währungsdualismus, der eine Schattenwirtschaft aus Schmuggel und Niedriglohnarbeit beförderte. Während die Währungsreform für die industriellen Zentren im Westen des Landes den Startschuss für Wiederaufbau und wirtschaftlichen Aufschwung gab, wirkte sich das »Wirtschaftswunder« im Grenzland zuerst nachteilig aus. Denn als an Rhein und Ruhr die Motoren des ökonomischen Aufschwungs auf Touren kamen, zogen sie Kapital, Firmen und Arbeitskräfte aus den grenznahen Regionen ab: Bevor die westdeutsche Industrie Arbeitskräfte aus dem Ausland anzuwerben begann, lag das Arbeitskräftereservoir der Bundesrepublik im Grenzland. Von hier aus wanderten Vertriebene und Flüchtlinge in die Industrieregionen im Westen des Landes ab.[6] Als die grenznahen Landkreise Fachkräfte und sogar ganze Betriebe durch Umsiedlungsangebote verloren, empfanden die Bewohner der Grenzgebiete das Wirtschaftswachstum im Westen bald als »Beschuss von der eigenen Seite«.

Die Grenzlandkreise – bezeichnenderweise zunächst vertreten durch die regionalen Industrie- und Handelskammern – reagierten darauf, indem sie bei der neu gebildeten Bundesregierung um ein umfassendes Hilfspaket ersuchten, das die negativen Folgen der Grenze für ihre Standorte ausgleichen sollte. Freilich litten nach dem Krieg nicht nur die Grenzregionen unter Entbehrungen. In einem Land, das Kriegszerstörungen und massive Bevölkerungsverschiebungen verarbeiten musste, konnte fast jeder Landstrich für sich in Anspruch nehmen, ein Not leidendes Gebiet zu sein.[7] Angesichts der Konkurrenz um staatliche Ressourcen erforderte das Eintreten für die Belange der Grenzregionen ein systematisches Vorgehen. Im Zuge dieser Interessenpolitik formierte sich das Grenzland zu einer erkennbaren räumlichen Einheit, die bald einen eigenen Namen erhielt: das »Zonenrandgebiet«. Um sich von anderen Regionen abzuheben, verlegten sich die Grenzlandfürsprecher darauf, ihr Alleinstellungsmerkmal hervorzuheben: die Grenze zum ideologischen Gegner des Kalten Krieges. Auch andere Regionen mochten wirtschaftliche Probleme haben, so ihre Argumentationslinie, jene entlang der Grenze aber habe die kommunistische Aggression verursacht. Der Antikommunismus der frühen Bundesrepublik bot den Fürsprechern des Grenzlandes eine geeignete Rhetorik und Bildsprache, um ihrem Anliegen die nötige politische Aufmerksamkeit zu sichern. Sie trugen mit dazu bei, die Demarkationslinie auf der mentalen Landkarte ihrer Landsleute zu fixieren, noch *bevor* die ostdeutschen Behörden das Grenzregime verschärften und die Übergänge im Mai 1952 abriegelten. Als kurz vor der Bundestagswahl 1953 aus wahltaktischen Gründen ein erstes Hilfspaket zustande kam, waren es die Vertreter der Grenzregionen selbst, die die räumliche Dimension des Grenzlandes definierten. Ein 40 Kilometer breiter Streifen von der Ostsee im Norden bis zum Bayerischen Wald im Süden sollte in den Genuss staatlicher Förderung kommen. Zusammen mit der Hilfe für West-Berlin wurde die Zonenrandförderung zum langlebigsten regionalen Hilfsprogramm in der Geschichte Westdeutschlands. Damit wurden fast 20 Prozent des Staatsgebiets der alten Bundesrepublik als ein vom Kalten Krieg geschaffener Raum anerkannt.

Wirtschaftsleben mit Demarkationslinien

Deutschlands neue Grenzen waren eine Folge des Zweiten Weltkrieges und wurden von den Alliierten auf den Konferenzen von Teheran, Jalta und Potsdam ausgehandelt. Nachdem die alliierten Truppen Deutschland im Frühjahr 1945 besetzt hatten, versuchten die örtlichen Befehlshaber oft in letzter Minute noch, Abgleichungen ihrer

Grenzverläufe zu erreichen, etwa wenn es um die Einbeziehung eines abgelegenen Dorfs oder eine wichtige Straßenverbindung ging.[8] Am 1. Juli 1945 zogen sich die amerikanischen, sowjetischen und britischen Truppen in ihre jeweiligen Zone zurück, während der »späte Sieger« Frankreich ein aus der amerikanischen und der britischen Zone herausgelöstes Gebiet im Südwesten Deutschlands zugesprochen bekam. Bis zur Fusion der amerikanischen und der britischen Zone in eine Bizone (Januar 1947) und deren Erweiterung durch den französischen Beitritt zur Trizone (März 1948) leiteten die alliierten Militärgouverneure die Wirtschaft ihrer jeweiligen Besatzungszone nach eigenem Ermessen. Die auf der Potsdamer Konferenz im August 1945 vereinbarte Absicht, das besetzte Deutschland als eine wirtschaftliche Einheit zu behandeln, ließ sich zu keinem Zeitpunkt umsetzen.

Davon abgesehen, wurde die wirtschaftliche Aktivität in der unmittelbaren Nachkriegszeit wesentlich durch die zerstörten Verkehrswege, die in alle Winde zerstreuten Arbeitskräfte, die Nahrungsmittelknappheit und die Demarkationslinien behindert.[9] Da die Besatzungsmächte die Schnittstellen ihrer Besatzungszonen nicht einfach als Verwaltungsgrenzen behandelten, sondern sie auch überwachten, kamen sie im Alltag bald politischen Grenzen gleich und warfen praktische Probleme auf, die aufwendig verhandelt werden mussten. Alltäglichkeiten wie der Weg zur Arbeit konnten zu einem »interzonalen« Vorgang werden und mussten vom Alliierten Kontrollrat geregelt werden. Wo immer möglich, versuchte die Ortsbevölkerung derartig sperrige Vorschriften zu ignorieren.[10]

Handelswaren, die für einen Ort außerhalb der Zone des Produzenten bestimmt waren, galten auf einmal als Exportgüter.[11] Ein legaler Interzonenhandel war zunächst unmöglich und wurde, nachdem sich der Alliierte Kontrollrat damit befasst hatte, umfangreich reglementiert und mit zunehmenden politischen Spannungen zwischen den Besatzungsmächten immer weiter instrumentalisiert. Selbst Unternehmen, die die begehrten Warenbegleitpapiere ergattern konnten, wurden mitunter mit unvorhersehbaren Vorwänden abgewiesen. Da einzelne Firmen kaum in der Lage waren, sämtliche bürokratischen Hürden zu überspringen, schlossen die neu gegründeten Länder und sogar einige Städte miteinander Tauschhandelsabkommen: Bayern belieferte Sachsen mit Rindfleisch und erhielt von dort Saatkartoffeln, Lübeck exportierte Kochgeschirr und Pferde nach Mecklenburg und bekam im Gegenzug Holz und Stroh.[12] Zeitgenössische Kommentatoren fühlten sich angesichts der wirtschaftlichen Rückentwicklung an die Zeit vor dem Zollverein von 1834 erinnert.[13]

Da ein legaler Handelsverkehr nahezu ausgeschlossen war, verlegten sich die Deutschen auf Schmuggel und Schwarzmarkt. Der Umfang des illegalen Handels war mindestens doppelt so groß wie der des legalen.[14] Viele hatten aus den letzten Kriegsjahren noch reichlich Erfahrung mit den Finessen einer Schattenwirtschaft. Der Schwarzmarkt wurde zu einem Kennzeichen der deutschen Trümmergesellschaft und blühte vor allem entlang der Demarkationslinien, an den deutschen Außengrenzen und zwischen den vier Sektoren Berlins.[15] Ungleich verteilte wirtschaftliche Chancen entlang politischer Grenzen haben schon immer umtriebige Menschen angezogen. »Man kann an der Grenze von der Grenze leben«, berichtete der Leiter einer Herberge in Schöningen bei Helmstedt westlich der sowjetischen Demarkationslinie, der Schmugglern und anderen Grenzgängern Betten zur Verfügung stellte. Das spezielle Schmuggelgut im Umland von Schöningen war Hering. Händler aus Sachsen schafften Naturalien nach Bremen und Bremerhaven und deckten sich dort mit dem Fisch ein. Zurück in Sachsen, brachte sein Verkauf genügend Geld und neue Tauschwaren für die nächste Reise ein. Die Zugverbindung über Schöningen wurde wegen des Geruchs in den Waggons als »Heringsbahn« bekannt.[16] Solange aus dem Schmuggel und dem Hamstern keine professionelle »Schieberei« wurde, betrachteten alle Beteiligten die Sache durchaus verständnisvoll: ein Ärgernis vielleicht, aber auch eine Frage des Überlebens.[17]

Die Nachkriegsdeutschen lernten schnell, dass keine ihrer Binnen- und Außengrenzen der anderen glich. Die Demarkationslinien zwischen der britischen, amerikanischen und französischen Zone verschwanden im Frühjahr 1948. Es entstand ein Gebilde, das von den Deutschen als »Trizonien« bezeichnet wurde. Die von Frankreich und der Sowjetunion kontrollierten Demarkationslinien blieben jedoch Konfliktherde, und jene zwischen dem Saarland und Rheinland-Pfalz wurde schnell zu einer streng überwachten Grenze mit 1200 Zollbeamten, die nach Schmuggelware fahndeten und Personen ohne Ausweispapiere die Einreise verweigerten. Diese Grenze beeinträchtigte das wirtschaftliche Gefüge der Region und schnitt Produktionsstätten von Zulieferern und Märkten ab. Damit bezweckte Frankreich, das Saarland aus dem deutschen Territorium herauszulösen und es dem eigenen Staatsgebiet anzugliedern. Allerdings verhinderten Briten und Amerikaner diesen Plan, sodass das Saarland nach rund zwölf Jahren Zugehörigkeit zum französischen Wirtschaftsraum 1959 der Bundesrepublik beitrat.[18]

Das Dreiländereck westlich von Aachen war eine weitere berüchtigte Nachkriegsgrenze und wurde als Hochburg des Schmuggels bekannt. Zwischen 1945 und 1953 gelangten durch dieses »Loch im Westen« Tausende Tonnen Kaffee und andere Waren aus Belgien und den Niederlanden heimlich über die Grenze. Jede dritte Tasse Kaffee im Rheinland wurde mit geschmuggelten Bohnen gebrüht, bis die Bonner Regierung 1953 die Kaffeesteuer senkte und damit dem profitablen Handel ein jähes Ende bereitete. Bis dahin aber blieb das Schlüpfen durch das Loch im Westen eine lukrative, wenngleich gefährliche Unternehmung. Deutsche Zollbeamte töteten bei Schießereien mehr als 50 Schmuggler. Dennoch hatten die Rheinländer nicht die Absicht, den Schmuggel über den ehemaligen Westwall zu kriminalisieren, nicht zuletzt, weil er ihnen selbst zugutekam.[19]

Während die Lage an allen Demarkationslinien ungewiss blieb, erschien Beobachtern jene zur sowjetischen Besatzungszone von Anfang an anders gelagert. Der Journalist Josef Müller-Marein bereiste Ende 1948 die Grenzen der Trizone und veröffentlichte seine Eindrücke in der Wochenzeitung *Die Zeit*. Darin schilderte er die östliche Demarkationslinie in emotionsgeladenen Worten. Seine Vergangenheit als Nazi-Propagandist mag seine Wortwahl beeinflusst haben, als er behauptete, dass diese Linie »den Lebensraum eines Volkes durchschneidet«. Hier würden »zwei Weltanschauungen, zwei Lebensformen« aufeinanderprallen und eine »Grenze des Misstrauens quer durch Deutschland« bilden. Müller-Marein berichtete von Mord und Totschlag durch russische Wachposten, die auf Grenzgänger schossen, und von Schleusern, die ihre Schutzbefohlenen eher ausraubten und ermordeten, statt sie sicher auf die andere Seite zu bringen. Die Demarkationslinie entlang der sowjetischen Zone, so Müller-Marein, färbe auf die Menschen auf beiden Seiten ab. Schon 1948 meinte er festzustellen, die Zonengrenze habe »neue Typen unter den Deutschen geschaffen ... östliche und westliche Typen«. Die Ostdeutschen würden sich von den Westdeutschen im Stich gelassen fühlen, während die Westdeutschen versuchten, die Ostdeutschen abzuwehren, wo es nur ging.[20] Sein Fazit: »Im Westen ist es der Schmuggel, der Trizonien gefährdet ... im Osten ist es der ständig wachsende Flüchtlingsstrom.«[21] Der Westen verkörpere die Hoffnung, der Osten die Angst.[22] Aus dem Westen würden die Menschen dringend benötigte Güter schmuggeln, aus dem Osten nur sich selbst. Anders als die übrigen Grenzen Trizoniens begann die sowjetische Demarkationslinie, Unterschiede zwischen den Deutschen hervorzubringen.

Zwei Ereignisse trugen wesentlich zur wachsenden Divergenz zwischen der Trizone und der sowjetischen Zone sowie einer grundlegenden Veränderung der Spielregeln des legalen und illegalen Handels an dieser Demarkationslinie bei: die Währungsreform vom Juni 1948 und die Blockade West-Berlins durch die Sowjetunion. Die sowjetischen Behörden hatten bereits vor Einführung der D-Mark die Grenzsicherung erhöht und den Verkehr auf den Transitstrecken behindert. Dies setzten sie auch nach der offiziellen Beendigung der Berlin-Blockade im Mai 1949 fort.[23] Als die Westalliierten im Juni 1948 in den drei Westzonen die wertlose Reichsmark durch die neue D-Mark ersetzten, konterten die Sowjets, indem sie zunächst den gesamten Eisenbahntransport nach West-Berlin und anschließend auch alle Straßen und Wasserwege blockierten.[24] Zur Bestürzung der westdeutschen Handelsbehörden antworteten die westlichen Alliierten im Juli 1948 mit einer weniger bekannten Gegenblockade. Beginnend mit Kohle und Stahl, kamen alle Lieferungen aus den Westzonen in die Ostzone zum Erliegen.[25] Wer die schwer zu erlangenden Genehmigungen für den Versand von Waren in die sowjetische Zone erhalten hatte, musste nun feststellen, dass sie null und nichtig waren. So teilte die Braunschweiger Handelskammer ihren Mitgliedern mit, es sei sinnlos, die Ausfuhr von Waren überhaupt zu versuchen.[26] Lieferungen aus der Sowjetzone an Empfänger im Westen und der Tauschhandel mit ihnen wurden ebenfalls unterbunden. Der Interzonenhandel, der in der ersten Hälfte des Jahres 1948 einen Aufschwung erlebt hatte, brach drastisch ein.[27] Das Wechselspiel von Blockade und Gegenblockade hatte verheerende Auswirkungen für das Wirtschaftsgeflecht entlang der Demarkationslinie.

Zwar glich der illegale Handel einen Teil des Vakuums aus, aber das damit verbundene Risiko hatte sich erhöht. Es begann eine heikle Phase des Währungsdualismus, die von den Verlockungen der westlichen D-Mark geprägt war. Als die Sowjets Mitte 1948 die Demarkationslinie abriegelten, taten sie dies auch, um zu verhindern, dass Ostdeutschland von der dort noch im Umlauf befindlichen, inzwischen aber wertlosen Reichsmark überflutet wurde.[28] Die Folge war eine grundlegende Änderung der Dynamik entlang der Demarkationslinie.

Trotz eines sprunghaften Anstiegs der Arbeitslosigkeit legte die Einführung der D-Mark den Grundstein für den Wirtschaftsaufschwung im Westen.[29] Im Einzelhandel wanderten lange gehortete Waren und Lebensmittel aus dem Schattenmarkt in die Geschäfte. Die Westdeutschen, die dieses neue Geld ihr Eigen nannten, hatten es von da an kaum mehr nötig, sich auf dem Schwarzmarkt zu versorgen. Kleinere Tauschgeschäfte – Seidenstrümpfe aus dem Osten gegen Heringe aus dem Westen – brachen zusammen. Der grenzüberschreitende Schmuggel hingegen nahm exponentiell zu und wurde nun vorwiegend von Osten aus betrieben. Durch den Verkauf von Waren im Westen konnte man nicht nur Einnahmen in D-Mark erzielen, sondern beim Umtausch in Ostmark auch einen Kursgewinn abschöpfen.[30] Allerdings wurde der Schmuggel nun zunehmend als Geschäftemacherei kriminalisiert, ein Stigma, das nun vor allem Ostdeutsche traf, obwohl auch Westdeutsche in solche Transaktionen verwickelt waren oder davon profitierten.[31]

Eine Praxis, die als Grenzgängertum bezeichnet wurde, nahm ebenfalls zu: Arbeiter mit Wohnsitz auf der östlichen Seite überquerten ohne Passierschein die Grenze und akzeptierten selbst Niedriglöhne, solange sie nur in der begehrten Westwährung bezahlt wurden. Sowohl die westlichen als auch die östlichen Behörden versuchten, das Grenzgängertum zu unterbinden, zuweilen in harmonischer Zusammenarbeit. Die westlichen Stellen bekämpften diese Praxis, weil sie den ohnehin schon angespannten Arbeitsmarkt in den grenznahen Landkreisen weiter belastete und die Verdienstmöglichkeiten ortsansässiger Arbeitskräfte schmälerte. Abgesehen davon konnten Beschäftigte aus dem Westen, die in umgekehrte Richtung pendelten, nicht von ihren Ostlöhnen leben und drängten daher auf Ausgleichszahlungen von westlichen Stellen.[32]

Die östlichen Behörden hingegen bekämpften das Grenzgängertum, weil es die Schwäche der Ostwährung und damit der sozialistischen Wirtschaft verdeutlichte. Sie stigmatisierten die Grenzgänger als »Schmarotzer«, weil sie in einer subventionierten sozialistischen Wirtschaft von kapitalistischem Geld lebten.[33] Unter den Schmugglern und Grenzgängern befand sich auch eine beträchtliche Zahl von Migranten, die ihre Übersiedung auf die westliche Seite planten. Die Währungsreform gab der Abwanderung aus dem Osten, die bereits nach Kriegsende eingesetzt hatte, einen zusätzlichen Schub. Bezeichnenderweise verweigerten die zuständigen Behörden diesen Zuwanderern die Anerkennung als »echte Flüchtlinge« und warfen ihnen vor, aus rein wirtschaftlichen Gründen zu kommen.[34]

Seit ihrer Einführung im Sommer 1945 war die Demarkationslinie von beiden Seiten missachtet worden, doch nach der Währungsreform wurde es für Menschen aus dem Osten ungleich dringlicher, sie zu überschreiten. Angesichts der Begehrlichkeiten, die die neue

Währung jenseits der Grenze weckte, verhielten sich die Deutschen im Westen zunehmend protektionistisch, wenn es um »ihre« heimische Wirtschaft ging. Plötzlich waren es *westliche* Polizisten und Zollbeamte sowie britische und amerikanische Militärangehörige, die die Grenzkontrollen verstärkten und Sperren errichteten, um den Schmuggel einzudämmen und die Gegenblockade durchzusetzen.[35] Müller-Mareins Beobachtung, dass die Grenze »Ost- und Westtypen« von Deutschen hervorbrachte, wird von der Historikerin Edith Sheffer bestätigt: »Westler erwarteten bereits, dass die Menschen im Osten bedürftig erschienen, und die Ostler waren sich dessen durchaus bewusst.« Die ersten Ost-West-Stereotypen entstanden »nicht nur infolge von Ideologie, sondern auch aufgrund materieller Ungleichheit«.[36] Die Währungsreform von 1948 stellt den Moment dar, in dem sich die östliche Demarkationslinie in eine »DMark-ationslinie« verwandelte. Erst die zunehmende wirtschaftliche Asymmetrie machte sie zu einer Grenze.[37] Dies war auch der Moment, in dem der Westen zum »goldenen Westen« wurde.

Die Demarkationslinie und die örtliche Wirtschaft

Je nach Wirtschaftsprofil durchliefen die Städte und Gemeinden auf der Westseite der Demarkationslinie unterschiedliche Entwicklungen. Während etwa die Hafenstadt Lübeck auf den Ostseehandel spezialisiert war, stellte Hof ein Zentrum der Textilindustrie dar. Vor dem Krieg hatte zwischen den Gebieten, die später zu West- und Ostdeutschland wurden, ein Warenaustausch von beträchtlichem Umfang stattgefunden: Im Jahr 1936 hatte der westliche Teil 36,5 Prozent seiner Produkte in das künftige Ostdeutschland geliefert und 39,9 Prozent seiner Waren von dort bezogen.[38] Die Grenze unterbrach nicht nur die Handelswege, sie teilte auch die Braunkohlefelder bei Helmstedt sowie die Kali- und Schiefervorkommen entlang der Werra zwischen Hessen und Thüringen. Und über viele Kilometer verlief die Demarkationslinie durch rein ländliche Regionen, wo sie Bauern von ihren Feldern trennte.[39] Vor allem die Mittelgebirge wie der Harz, die Rhön und der Bayerische Wald galten schon lange als wirtschaftlich schwach und randständig.[40] Bis auf wenige Ausnahmen, wie etwa dem Silber- und Erzbergbau im Harz, hatte in diesen Landstrichen kaum eine Industrialisierung stattgefunden, die über das Niveau von Hausindustrie hinausging. Wenngleich die Lage solcher ohnehin strukturschwachen Regionen durch die Demarkationslinie nicht einfacher wurde, war die Grenze zu keinem Zeitpunkt die Ursache der schwachen lokalen Wirtschaft. Die folgenden Momentaufnahmen von Städten, Kreisen und Gemeinden entlang der innerdeutschen Grenze vermitteln einen Eindruck ihrer wirtschaftlichen Heterogenität und zeigen die Bandbreite ihrer Probleme auf.

Lübeck

Die Architektur Lübecks lässt noch heute erahnen, welchen Reichtum diese alte Hansestadt dank ihres seit dem Mittelalter florierenden Handels einst genoss. Thomas Mann hat in seinem Roman *Buddenbrooks* Fluch und Segen dieses Wohlstands literarisch verewigt. Vor 1945 war Lübeck ein bedeutender Ostseehafen für den Umschlag von Wein, Getreide, Holz, Fisch, Salz, Erz, Altmetall und Arzneimitteln gewesen. Über die Ostsee hinweg bestanden Handelsbeziehungen zu Häfen in Skandinavien, Russland, Polen und den heutigen baltischen Ländern Lettland, Litauen und Estland. Obwohl Waren aus Lübeck über ein Netz aus Flüssen und Kanälen bis weit in den Süden Deutschlands gelangten, war Lübeck vor allem auf Nordeuropa ausgerichtet. Im 20. Jahrhundert hatte die Stadt als Handelsplatz etliche Rückschläge zu verkraften, die ihre Reichweite stark einschränkten. So wurde sie 1913 in ihrem Kerngeschäft, dem Ostseehandel, von Hamburg übertrumpft, nachdem der 1895 eröffnete Nord-Ostsee-Kanal Hamburg Zugang zu Lübecks Heimatgewässern verschafft hatte. Zwar traf die im Ersten Weltkrieg von den Alliierten verhängte Blockade alle deutschen Häfen, doch nach der Russischen Revolution ging der Handel mit Russland und den baltischen Hafenstädten massiv zurück, was sich auf Lübeck besonders negativ auswirkte.

Anschließend litt das Großhandelsgeschäft unter der Weltwirtschaftskrise, und erst 1938 erreichte Lübeck wieder das Handelsvolumen der Zeit vor 1914. Zu diesem Zeitpunkt war die Stadt vom sechsten auf den zehnten Platz unter den Ostseehäfen zurückgefallen. Am Ende des Zweiten Weltkrieges war der Lübecker Hafen nur noch von regionaler Bedeutung. Immerhin hatte die Industrialisierung in der zweiten Hälfte des 19. Jahrhunderts den allmählichen Niedergang als Handelsplatz wettgemacht: Im Jahr 1907 stellten Schiffbau, produzierendes Gewerbe und verarbeitende Industrie fast 60 Prozent aller Arbeitsplätze. Lübeck wandelte sich von einer Hafen- zu einer Industriestadt, wenn auch nur zu einer provinziellen.[41]

Die innerdeutsche Grenze leitete ein neues Kapitel in Lübecks Sinkflug ein. Anfang der 1950er Jahre zeichnete die Lübecker Handelskammer ein düsteres Bild von den Auswirkungen der Grenze auf ihren Bezirk.[42] Alle Branchen hatten ihre traditionellen Einzugsgebiete verloren: Bedeutende Ostseehäfen rückten in den Einflussbereich der Sowjetunion, sodass die skandinavischen Häfen zu Lübecks primären Handelspartnern wurden. Der wirtschaftliche Rückgang erfasste nicht allein den Ostseehandel, er brachte auch davon abhängige Betriebe wie Werften in Not und schränkte den Handlungsradius von Schiffsagenten ein. Nicht nur der internationale Handelsverkehr schrumpfte, sondern auch Lübecks Rolle als Binnenhafen. Der Elbe-Lübeck-Kanal, den die Stadt im Jahr 1900 auf eigene Kosten fertiggestellt hatte, um sich der Konkurrenz durch den Nord-Ostsee-Kanal zu erwehren, verband sie mit Lauenburg an der Elbe. Doch seit die Elbe östlich von Lauenburg hinter dem Eisernen Vorhang verschwand, verlor der Kanal als Zulieferungsweg an Bedeutung. Mit erheblichem finanziellen Aufwand musste die Lübecker Industrie einen Großteil ihrer ein- und ausgehenden Güter von der Binnenschifffahrt auf die Schiene verlagern.[43]

Zudem hatte der Lübecker Großhandel bedeutende Märkte in Mecklenburg, Vorpommern und darüber hinaus verloren. Nach Aufhebung der Berlin-Blockade hofften die Lübecker Handelsfirmen kurzzeitig, ihre Beziehungen zu den Kaufleuten auf der anderen Seite wiederaufnehmen zu können. Doch sie mussten feststellen, dass die Interzonenverbindungen nach wie vor unbeständig und die ehemaligen Geschäftspartner in ihren Entscheidungen nicht mehr frei waren.[44] In der Folge ging beispielsweise das Geschäft mit Wein, ein typisches Lübecker Handelsgut, um 50 Prozent, bei einigen Großhändlern sogar um 80 Prozent zurück. Die Bemühungen, neue Märkte zu erschließen, zahlten sich nur bei wenigen Waren aus, zumal solche Versuche größtenteils von Händlern in Süd- und Westdeutschland abgeblockt wurden, die sich nun für Lübecks früheren Protektionismus revanchierten.[45] Die schleswig-holsteinische Landesregierung sah sich veranlasst, Lübecks Situation mit der von Triest und Hongkong zu vergleichen. Über die Wirtschaft der Hansestadt sei eine regelrechte »Blockade« verhängt worden.[46] Wie nach einem Schlaganfall sei die Stadt »sozusagen rechtsseitig gelähmt«.[47]

Der Landkreis Lüchow-Dannenberg

Ein charakteristisches Merkmal des entstehenden Grenzlands war die Anwesenheit einer großen Zahl von Vertriebenen und Flüchtlingen. Bei Kriegsende waren sie aus den Ostgebieten des Deutschen Reiches in diese überwiegend ländlichen Gebiete eingewiesen worden, weil man dort im Gegensatz zu den Städten noch einen intakten Wohnungsbestand vorfand. Solange die Demarkationslinie durchlässig blieb, nahmen die grenznahen Landkreise auch weiterhin Zuwanderer aus der sowjetischen Besatzungszone auf.[48] Der Landkreis Lüchow-Dannenberg, auch als Hannoversches Wendland bekannt, bildete hierbei keine Ausnahme. Der im ostniedersächsischen Elbbogen gelegene Landkreis wuchs von 41 399 Einwohnern im Jahr 1939 auf 73 106 im Jahr 1950 an, das heißt um gut 76 Prozent.[49] Der Zustrom überforderte die überwiegend agrarisch geprägte Wirtschaft, sodass 1951 die Arbeitslosenquote auf 25 Prozent stieg.[50]

Im Wendland hatte man ohnehin kaum jemals Wohlstand erlebt. Über lange Zeit war die Landwirtschaft das ökonomische Rückgrat des Kreises gewesen, doch die Bauern hatten immer wieder unter den Folgen der Hochwasser von Elbe und Jeetzel gelitten, die häufig

Acker- und Weideflächen überschwemmten.[51] Im späten 18. und frühen 19. Jahrhundert verschaffte der Anbau von Flachs zur Herstellung von Leinen den Ortsansässigen eine kurze Atempause, bis sich um 1850 die billigere Baumwolle durchsetzte.[52] Aufgrund der fehlenden Anbindung an das überregionale Schienennetz ging, von wenigen Ausnahmen abgesehen, die Industrialisierung fast spurlos am Wendland vorbei. Da Lüchow-Dannenberg im toten Winkel des Schienendreiecks Hamburg – Berlin – Hannover lag, beschränkten sich die eigenen Zugverbindungen auf die unmittelbare Region.[53] Die wirtschaftliche Stagnation löste eine Landflucht aus, bis 1910 verlor der Landkreis rund 30 000 Menschen. Am Vorabend des Zweiten Weltkrieges arbeiteten nach wie vor zwei Drittel der Bevölkerung in der Landwirtschaft, andere fanden Arbeit in Molkereien, Ziegeleien, Sägewerken oder Möbelfabriken. Im Krieg wurde zwar ein Teil der ländlichen Arbeitskräfte in Munitionsfabriken beschäftigt, aber als die Vertriebenen ankamen, gab es im Landkreis nur noch rund tausend Arbeitsplätze in der Industrie.[54]

Durch die Abriegelung der Demarkationslinie verschlechterte sich die ohnehin schon dürftige Verkehrsanbindung von Lüchow-Dannenberg noch mehr. Die durch einen Luftangriff zerstörte Dömitzer Elbbrücke wurde erst 1992 wieder aufgebaut, die Zugverbindungen nach Salzwedel und Wittenberge auf der Ostseite waren eingestellt und der einzige Kontrollpunkt für den Autoverkehr in Bergen-Dumme wurde im Juni 1952 von der DDR aus geschlossen. Der Landkreis war nun auf drei Seiten vom Eisernen Vorhang umgeben, hier war praktisch die Welt zu Ende.[55] Abgesehen von einem Zollamt in Schnackenburg und den Touristen, die sich bei Bootsfahrten auf der Elbe die Sperrzäune auf der Ostseite ansahen, war mit der innerdeutschen Grenze kein Geschäft zu machen. Bereits 1951, noch bevor von einer systematischen Förderung für das Zonenrandgebiet die Rede war, erhielt der Landkreis Mittel für regionale Arbeitsbeschaffungsmaßnahmen. Als die Zonenrandförderung anlief, entstanden mithilfe der staatlichen Subventionen Anfang der 1960er Jahre einige Arbeitsplätze in der Industrie.[56] Doch trotz dieser Bemühungen und Investitionen in einem Umfang von 120 bis 150 Millionen DM (von 1951 bis 1968) zur Unterstützung der Landwirtschaft, für wasserbauliche Projekte und zur Tourismusentwicklung verlor Lüchow-Dannenberg immer mehr Einwohner und wurde schließlich zum Landkreis mit der bundesweit geringsten Bevölkerungsdichte. Die Beschäftigten mussten zu ihren Arbeitsplätzen pendeln, und die jungen Leute, die sich weiterbilden wollten, zogen fort.[57] Trotz hoher Transferleistungen von Bund und Land forderten Kreispolitiker mit verlässlicher Regelmäßigkeit weitere staatliche Unterstützung. Im Jahr 1977 benannte der niedersächsische Ministerpräsident Ernst Albrecht den abgelegenen Landstrich an der Elbe zum Standort für das bis dahin teuerste Industrieprojekt der Bundesrepublik: Für 11 Milliarden DM sollte ein »nukleares Entsorgungszentrum« für etwa 4000 Beschäftigte errichtet werden.[58] Doch wie wir in Kapitel 6 sehen werden, entstand in und um die grenznahe Gemeinde Gorleben kein Projekt mit dauerhaften Arbeitsplätzen, sondern die am längsten anhaltende Anti-Atomkraft-Bewegung in der deutschen Geschichte.

Braunschweig

Die Stadt Braunschweig und ihr Umland bildeten eines der industriellen Zentren im ansonsten überwiegend agrarisch geprägten Niedersachsen. Während des Krieges spielte Braunschweig eine bedeutende Rolle in der Rüstungsproduktion und wurde daher Ziel alliierter Luftangriffe. Bei Kriegsende lag die Innenstadt zu 90 Prozent in Trümmern, 52 Prozent des Wohnungsbestands waren zerstört. Trotz der verheerenden Situation wurde Braunschweig vorübergehend zum Schnittpunkt mehrerer Bevölkerungsbewegungen: Ehemalige Zwangsarbeiter und KZ-Häftlinge bemühten sich, die Stadt und ihr Umland zu verlassen, während Wehrmachtssoldaten sowie ausgebombte und evakuierte Bewohner versuchten zurückzukehren. Hinzu kam der bei Kriegsende charakteristische Zustrom von Vertriebenen und Flüchtlingen.[59] Gemäß dem von den Alliierten auferlegten Reparationsprogramm wurde Braunschweigs Industrie teilweise demontiert. Dies betraf vor allem die ehemaligen Hermann-Göring-Werke in

Salzgitter-Watenstedt, deren Belegschaft in die Arbeitslosigkeit entlassen wurde.[60]
Die traditionellen Braunschweiger Unternehmen nahmen die Produktion relativ früh wieder auf. Zu den Branchen der Region gehörten die Metall- und Nahrungsmittelindustrie, der Fahrzeugbau (Büssing), der Maschinen- und Anlagenbau und die Fotoindustrie, die mit führenden Marken wie Voigtländer und Rollei vertreten war. Ähnlich wie in anderen Wirtschaftszentren bedeutete die undurchlässiger werdende Demarkationslinie auch für Braunschweig einen Verlust des Hinterlandes. Nach Schätzung der örtlichen Industrie- und Handelskammer hatten sich 60 bis 70 Prozent aller wirtschaftlichen Verbindungen der Vorkriegszeit auf das Gebiet der späteren DDR konzentriert. Allein die Konservenindustrie hatte 40 Prozent ihrer Produkte nach Ostdeutschland geliefert und die Hälfte der für ihre Produktion benötigten landwirtschaftlichen Erzeugnisse von dort bezogen.[61] Die Braunschweiger Unternehmer litten aber auch unter mangelnden geografischen Kenntnissen der Deutschen und fühlten sich von ihren weiter westlich angesiedelten Geschäftspartnern ins Abseits gestellt. Die Brunsviga Maschinenwerke AG wandte sich sogar an ihre Kundschaft und erteilte ihr Nachhilfe, wo Braunschweig auf der Landkarte zu finden sei: »Weder in den U.S.A. noch hinter dem Eisernen Vorhang...Einkauf in Braunschweig ist weder genehmigungspflichtiger Warenverkehr, noch devisenraubender Import.«[62] Kurzum: Lieferungen aus Braunschweig bedeuteten nicht, sich auf den Interzonenhandel einzulassen – »Warum kaufen Sie dann nicht?«, lautete der unausgesprochene Vorwurf.

Doch bei keinem Unternehmen hingen Wohl und Wehe so sehr von der Grenze ab wie bei den Braunschweigischen Kohlen-Bergwerken (BKB) in Helmstedt. Die Demarkationslinie verlief mitten durch ihre Produktionsstätten: Das Kraftwerk, eine Brikettfabrik und zwei Tagebaustätten lagen auf der östlichen Seite. Da sowohl die Briten als auch die Sowjets ein vitales Interesse an der Lieferung von Kohle und Strom hatten, nahm die BKB den Betrieb rasch wieder auf und blieb einige Jahre lang ungestört, obwohl die Sowjets die östlichen Unternehmensteile sozialisierten.[63] Die Produktion fand jedoch am 26. Mai 1952 ein jähes Ende, als sowjetische und ostdeutsche Truppen begannen, die Grenze abzuriegeln. An diesem Tag verlor die BKB durch das neue Grenzregime der DDR mehr als 30 Millionen DM, weil ein Großteil der Maschinen und 60 Prozent der Braunkohlevorräte auf der Ostseite geblieben waren.[64] Zu den vielen Geschädigten des BKB-Desasters gehörte auch der Landkreis Helmstedt, der dadurch 3,2 Millionen DM an Unternehmenssteuern einbüßte.[65] Ging es den Betrieben des Grenzlandes schlecht, zog dies auch ihre Kommunen in Mitleidenschaft.

Die Industrie- und Handelskammer Braunschweig machte die Landesregierung in Hannover auf eine weitere Dimension des Grenzlandstandortes aufmerksam: die Gefahr vor kommunistischer Unterwanderung. Ostdeutsche Behörden, so berichtete die Kammer, würden häufig Braunschweiger Facharbeiter und ihre Familien zum Urlaub in die DDR einladen und die Gelegenheit nutzen, diese Personen in kommunistischer Agitation zu schulen. Zu Hause in ihren Braunschweiger Betrieben würden die zurückgekehrten Arbeiter dann die ihnen antrainierte Propaganda verbreiten. Schlimmer noch, die DDR habe es auch auf Kinder aus Gebieten mit hoher Arbeitslosigkeit wie Salzgitter-Watenstedt abgesehen. Diese »unkritischen Kinder« würden »mit wirkungsvoller kommunistischer Propaganda vollgestopft« und in ihre »politisch empfindlichen Notstandsgebiete« zurückgeschickt. Je weniger die Grenzgebiete am wirtschaftlichen Aufschwung teilhätten, so warnte die Kammer, desto empfänglicher seien sie für eine solche Unterwanderung.[66]

Hof

Die oberfränkische Stadt Hof lag bis 1990 im Dreiländereck zwischen der Bundesrepublik, der DDR und der Tschechoslowakei. Zu den Haupterzeugnissen der Hofer Industrie gehörten Textilien und Bier. Wie andernorts in West- und Mitteleuropa war die Textilherstellung im 19. Jahrhundert der Motor der Industrialisierung gewesen. Die aus dem frühneuzeitlichen Tuchhandel hervorgegangene Hofer Textilproduktion hatte sich von einem Heimgewerbe zu einer industriellen Massenproduktion entwickelt. Im Verlauf der Industrialisierung fächerte sich die Textilproduktion regional auf. Hof wurde zur Stadt der Spindeln und Webstühle. Von hier aus wanderten Garne, Zwirne und Stapelware ins benachbarte Sachsen zur weiteren Verarbeitung in Spitze, Gardinen, Segeltuch, Kleider- und Möbelstoffe.[67] Auch die Hofer Brauindustrie war hinsichtlich der Braugerste und des Bierabsatzes auf den Nordosten angewiesen. Über ein Netz von Schankwirtschaften, Großhändlern und Geschäften setzten die Hofer Brauereien 75 bis 90 Prozent ihrer Biere in Sachsen und Thüringen ab.[68] Ein weiterer wichtiger Ort für den Bierverkauf war der Bahnhof, wo das Bier auf den Bahnsteigen verkauft wurde. Hof verfügte über einen bedeutenden Eisenbahnknotenpunkt für den Personen- und Güterverkehr mit Direktverbindungen nach Berlin, München, Dresden und Frankfurt, von wo alle elf Minuten ein Zug eintraf oder abfuhr.[69]

Als die Demarkationslinie undurchlässiger wurde, verlor die Hofer Industrie ähnlich wie die in Lübeck und Braunschweig ihre Märkte und Zulieferer. Die Stadt hatte in ihren Bemühungen um eine Neuorientierung Richtung Westen mit den gleichen Problemen wie andere Grenzlandorte zu kämpfen: Etablierte Unternehmer verteidigten ihr Revier. Zusätzlich waren die Folgen der gestiegenen Transportkosten für ein- und ausgehende Waren in Hof besonders gravierend. Zwar litten alle Grenzlandorte darunter, aber die oberfränkischen Städte sahen sich nicht nur im Osten (Tschechoslowakei, Sachsen/DDR), sondern auch im Norden (Thüringen/DDR) vom Umland abgeschnitten. Der Verkehrsfluss reduzierte sich im Vergleich zur Vorkriegszeit auf ein Rinnsal. Dies machte sich zunächst bei der Versorgung mit Braunkohle aus der Tschechoslowakei und Sachsen bemerkbar. Angesichts der Unzuverlässigkeit der Energieversorgung mussten die Hofer Textilfabriken Kohle aus dem Ruhrgebiet anliefern lassen, was mit 30 Prozent erhöhten Transportkosten zu Buche schlug. Die Entfernung zum Bremer Hafen, wo die Baumwolle für Hof ankam, wuchs von 481 auf 675 Kilometer, da der Verkehr um Thüringen herumgeleitet werden musste.[70]

Die Fürsprecher von Hof und Oberfranken betonten oft und gern den durch die innerdeutsche Grenze bewirkten Schaden für ihre Region.[71] Über jene Schäden, die die Auflösung der traditionellen Wirtschaftsbeziehungen auf der anderen Seite, in Sachsen und Thüringen, anrichtete, wo privaten Unternehmen außerdem die Verstaatlichung drohte, fanden sie wenig zu sagen. Auch war es politisch nicht opportun zu erwähnen, wie Hof und Coburg zeitweilig von der Grenze profitierten. Schließlich verdankte die Hofer Wirtschaft den vielen Fabrikanten aus Sachsen und Böhmen, die als Flüchtlinge bzw. Vertriebene nach Hof und Umgebung übersiedelten, einen kurzen Aufschwung: Statt der üblichen 90 000 Arbeitsplätze in der Industrie, die die Stadt 1939 und erneut nach dem Krieg aufzuweisen hatte, zählte sie im Jahr 1951 satte 145 000, ein Plus von 61 Prozent.[72] Mithilfe der neu angesiedelten Fabrikanten gelang es der Textilindustrie in und um Hof, den Produktionskreislauf zu schließen und Fertigprodukte anzubieten, anstatt Garne und Stoffe wie bisher andernorts weiterverarbeiten zu lassen.[73] Die Grenze hatte auch den willkommenen Nebeneffekt, dass Konkurrenten ausgeschaltet wurden. Vor allem die im Hofer Umland ansässigen Produzenten von Spielzeug, Weihnachtsschmuck und Kinderwagen in und um Coburg und Neustadt profitierten von der Unterbrechung der Lieferwege. Die Korbmacher um Coburg, die bis dahin nur Kinderbetten gefertigt hatten, wären nie auf die Idee gekommen, auch Kinderwagen zu produzieren, wären sie nicht von der Verbindung zur Hauptfabrik in Zeitz südwestlich von Leipzig abgeschnitten worden.[74] Solche Vorteile gerieten schnell in Vergessenheit. Weit mehr Beachtung fand die Tatsache, dass in Bayern bis 1954 jeder dritte Konkurs in Oberfranken angemeldet wurde.[75]

Grenzlandbildung und die Formierung von Interessengruppen

Im Jahr 1949 hielt der Bundesminister für Verkehr, Hans-Christoph Seebohm (CDU), vor der Industrie- und Handelskammer Braunschweig eine Rede über »Braunschweig als Grenzland«. Die Wahl dieses Themas war bemerkenswert, denn wie Seebohm richtig feststellte: »Braunschweig war nie Grenzland«, sondern von jeher mehrere Hundert Kilometer von allen deutschen Außengrenzen entfernt gewesen. Doch durch die Berlin-Blockade und die damit verbundene Unterbrechung des Handels und des Reiseverkehrs sah Seebohm den Braunschweiger Wirtschaftsbezirk von einer ökonomischen Verödung bedroht, da die dortigen Betriebe nun »an ein[e] tote Grenze gedrück[t]« seien. Einstweilen sei die Situation »unabänderlich«, man könne nur Notfallpläne schmieden.[76] Überall entlang der innerdeutschen Grenze wurden die Handelskammern aktiv und befragten ihre Mitglieder zu den Folgen der unberechenbaren Grenze. Im Laufe des Jahres 1950 häuften sich entsprechende Berichte.[77] Der Zeitpunkt dieser Bestandsaufnahme lässt vermuten, dass man in dem Zusammentreffen dreier Faktoren – die Erfahrungen mit der Berlin-Blockade und der Gegenblockade, die Vereinigung der Wirtschaftsräume in den drei Westzonen und die Gründung der Bundesrepublik Deutschland im Jahr 1949 – eine günstige Gelegenheit dafür gekommen sah. Die Gründung des westdeutschen Staates war jedoch die wichtigste Voraussetzung für ein interessenpolitisches Engagement, da hiermit die politische Verantwortlichkeit geklärt war. Die Vertreter der Grenzlandwirtschaft wussten nun, an wen sie ihre Forderungen richten konnten.

Die Interessenpolitik bildete sich auf drei Ebenen heraus: In den Industrie- und Handelskammern, in den Landkreisen sowie in den der DDR benachbarten Bundesländern. Dort traten überall Arbeitsgruppen zusammen und formulierten ihre Positionen.[78] Zwischen 1950 und Mai 1952 reichten sie eine Flut von Denkschriften bei der Bundesregierung ein und stimmten ihre Botschaften sowohl auf die

Realitäten der westdeutschen Wiederaufbaugesellschaft als auch auf die Entwicklung des westdeutschen Föderalismus ab.[79] Einzelne Städte und Regionen verfassten eigene Denkschriften, die sich in den Chor der Hilferufe einreihten.[80]

Die erste dieser Denkschriften, die Ende 1950 von den Handelskammern vorgelegt wurde, fasste die Berichte aus allen Kammerbezirken entlang der Grenze zusammen, um die Auswirkungen der Demarkationslinie auf die lokale und regionale Wirtschaft zu verdeutlichen. Sie bescheinigte der neuen Bundesrepublik eine »Disharmonie der wirtschaftlichen Zusammensetzung und der ökonomischen Intensität«, die sich in einem West-Ost-Gefälle abnehmender wirtschaftlicher Aktivität und einer Neuordnung der Verkehrsströme unter Umgehung der Grenzregionen manifestiere.[81] Da die wirtschaftlichen Beziehungen in hohem Maße vom Transportwesen abhingen, hob man in der Denkschrift besonders den Personen- und Güterverkehr hervor. Bis Oktober 1950 seien die West-Ost-Verbindungen auf zwölf Bahnübergänge, zwölf Hauptstraßen und drei Wasserstraßen reduziert worden. Der Verlust der etablierten Verkehrswege belaste sämtliche Unternehmen, die weiterhin mit den östlichen Partnern Geschäfte machen wollten, mit erhöhten Transportkosten, da die Entfernungen zu den nächstgelegenen Grenzübergängen größer geworden seien. Auch die Neuorientierung nach Westen sei mit erhöhten Kosten verbunden. In der Vergangenheit hätten etwa Braunschweiger Unternehmen alle notwendigen Geschäftskontakte in einem Umkreis von 150 Kilometern gefunden, allerdings nur in östlicher Richtung. In der gleichen Entfernung nach Norden, Westen und Süden sei das Angebot jedoch gering: Für die Firmen aus Braunschweig lägen nur Hannover und Bielefeld in vergleichbarer Reichweite. Da die Unternehmen für den Transport von Kohle und anderen Produktionsmitteln nun höhere Preise bezahlen müssten, stiegen die Kosten für die Endprodukte entsprechend an, wodurch die Firmen an Wettbewerbsfähigkeit verloren, wenn sie ihre Produkte und Dienstleistungen weiter westlich anboten. Die Folge sei, dass die räumliche Reichweite der regionalen Wirtschaften entlang der Grenze schrumpfe, zumal die Bundesbahn die Frachtraten nach der Währungsreform stark erhöht habe.[82]

Erschwerend komme hinzu, beklagten die Kammern, dass gerade jene Bundesländer, die mit den neuen Randgebieten belastet seien, auch die meisten Vertriebenen und Flüchtlinge aufgenommen hätten. Der plötzliche Zustrom von Menschen habe die lokalen, oft landwirtschaftlich ausgerichteten Arbeitsmärkte überfordert und die gleichzeitige Notlage von Industrie und Handel verhindere jede Entlastung. Die Kommunen wiederum müssten mit geringeren Einnahmen aus Unternehmenssteuern auskommen, seien aber aufgrund der hohen Arbeitslosigkeit und einer großen Zahl mittelloser Neubürger mit erhöhten Sozialkosten konfrontiert. Insgesamt verwies die Analyse der Handelskammern eindringlich auf eine drohende Verarmung und »Verödung« der Grenzregionen, von denen einige wie der Bayerische Wald oder die Rhön bereits in der Vergangenheit zu den unterentwickelten Gebieten gezählt hätten.[83]

Zur Lösung dieser Probleme unterbreiteten die Handelskammern eine Reihe politischer Vorschläge. In erster Linie hofften sie, die Bundesregierung werde das Ausmaß des Problems anerkennen, das ihrer Meinung nach nicht regional sei, sondern die gesamte Volkswirtschaft betreffe. Das Dilemma liege auf der Hand: »Unser jetziges Industriepotential liegt im Westen, unser Arbeitspotential im Osten ... Soll die Arbeitskraft zur Industrie oder die Industrie zur Arbeitskraft gehen?«[84] Die Bundesrepublik als Ganzes, so die Kammern, benötige eine räumliche Neuausrichtung, einschließlich einer Neuorientierung der Hauptverkehrsachsen. Neue Nord-Süd-Routen sollten die etablierten Ost-West-Achsen ergänzen, mit bedarfsgerechten Verbindungen in die Grenzgebiete. Die Denkschrift nahm also die Raumplaner in die Pflicht, jene Gruppe von Politikberatern, die in den frühen 1950er Jahren mit der Hilfe für notleidende Regionen betraut worden waren und in Bonn eine einflussreiche Rolle spielten.[85] Darüber hinaus forderten die Kammern eine vorrangige Berücksichtigung bei jedwedem Wiederaufbau- und Konjunkturprogramm des Bundes. Die Grenzgebiete benötigten Investitionen und frisches Kapital, den

Ausbau von Industrien und günstige Kredite für die vorhandenen Unternehmen. Zu den Anliegen gehörte zudem eine gleichmäßigere Verteilung der Vertriebenen und Flüchtlinge. Dabei sollten nicht nur die »arbeitsfähigen, also produktiven« Menschen »abgezogen« werden, sondern auch jene, die voraussichtlich auf Sozialhilfe angewiesen sein würden. Für die Neuankömmlinge, die im Grenzland bleiben wollten, sei mehr Geld für den Bau von Wohnungen notwendig.[86]

Um die bereits vorhandenen Wettbewerbsnachteile der Grenzlandwirtschaft auszugleichen, sollte die Bundesbahn subventionierte Frachttarife einführen. Der Bundestag hatte sich zwar schon mit diesem Thema befasst und entsprechende Subventionen beschlossen, aber die Handelskammern hielten dies für eine nur kurzfristige Lösung und forderten eine umfassende Reform der Bahntarife.[87] Des Weiteren wurden in der Denkschrift Steuererleichterungen für Einzelpersonen, Unternehmen und Gemeinden im Grenzgebiet vorgeschlagen. Die Steuern sollten nicht nur der tatsächlichen Wirtschaftskraft der Unternehmen und Körperschaften entsprechen, sondern auch die durch die Grenze entstehenden zusätzlichen Kosten berücksichtigen. Im Rahmen dieser Erleichterungen sollte auch eine Befreiung vom Solidaritätsbeitrag für West-Berlin (»Notopfer Berlin«) bewilligt werden. Bonn hatte diese Abgabe Ende 1948 zur Unterstützung der Wirtschaft West-Berlins während der Blockade eingeführt, die Kammern argumentierten jedoch, dass es der Vernunft widerspreche, ein Not leidendes Gebiet zur Kasse zu bitten, um einem anderen zu helfen. Schließlich wurden in der Denkschrift die Gebiete definiert, die als Grenzland gelten und von einer Unterstützung durch den Bund profitieren sollten. Die Denkschrift schlug vor, sie einheitlich als Notstandsgebiete anzuerkennen.[88]

An Not leidenden Regionen mangelte es der jungen Bundesrepublik nur fünf Jahre nach Kriegsende freilich nicht. Niemand bestritt die Schwierigkeiten der östlichen Grenzbezirke, aber ihre Forderungen nach Bundeshilfe konkurrierten mit denen der traditionellen Notstandsgebiete und der vom Krieg verwüsteten Gegenden wie den schwer bombardierten Städten oder der »Roten Zone« in der Pfalz.

Tatsächlich hatten die Vertreter der Roten Zone – Landkreise an der Grenze zu Belgien, Luxemburg, dem Saarland und Frankreich – ihre eigenen Ansprüche auf Wiederaufbauhilfe schon geltend gemacht. Viele Dörfer in diesem Gebiet waren bei den Kämpfen Anfang 1945 verwüstet, ihre Bewohner evakuiert, ihre Lebensgrundlagen zerstört worden. Die Landesregierung von Rheinland-Pfalz, eines der 1948 neu gebildeten Bundesländer, sah sich mit der Not in der Roten Zone überfordert. Als der Bundestag im September 1949 zum ersten Mal zusammentrat, wurde die Nothilfe für die betroffenen Landkreise sofort auf die politische Tagesordnung gesetzt. Bereits im Januar 1950 war ein Hilfspaket geschnürt und verabschiedet.[89] Daraufhin wurde ein Grenzlandfonds im Umfang von 25 Millionen DM eingerichtet, der jedoch den Grenzgebieten im Westen des Landes und an der Grenze zu Dänemark vorbehalten war.[90] Dies bedeutete nicht, dass die Bundesregierung die Regionen entlang des Eisernen Vorhangs überging, sondern lediglich, dass sie andere Schwerpunkte setzte. Auch das Land Schleswig-Holstein, die Stadt Salzgitter-Watenstedt und die Region Bayerischer Wald erhielten bereits vor dem Mai 1952 Mittel – allerdings nicht aufgrund ihrer Grenzlage, sondern wegen der großen Zahl von Vertriebenen und der hohen Arbeitslosigkeit in diesen Gebieten.[91]

Angesichts der »Konkurrenz« durch andere Not leidende Regionen erkannten die Vertreter der östlichen Grenzgebiete, dass sie das hervorheben mussten, was sie in der westdeutschen Wiederaufbaulandschaft einzigartig machte: den Eisernen Vorhang. Hier prallten die ideologischen Paradigmen von West und Ost aufeinander, hier waren die Menschen den politischen Stürmen der Zeit in besonderem Maße ausgesetzt. Anfang 1952 fand ein niedersächsischer Ministerialbeamter die Schwachstelle in der bisherigen Strategie der Grenzlandfürsprecher: Bislang habe man vor allem wirtschaftlich argumentiert, wodurch die Probleme der Regionen an der Grenze zur DDR nicht von denen anderer Notstandsgebiete zu unterscheiden seien. »Der bloße Hinweis auf die allgemeinwirtschaftliche Notlage«, analysierte er, »wird keine durchschlagende Beweiskraft besitzen.« Solange man Forderungen auf Grundlage wirtschaftlicher Indikatoren stelle, werde zudem ersichtlich, dass es manchen Gemeinden durchaus gut gehe, zumindest besser als der einen oder anderen benachteiligten Region außerhalb des Grenzgebiets. Wenn die Grenzlandbewohner ihre prioritären Ansprüche verdeutlichen wollten, so sein Ratschlag, müssten sie politisch argumentieren, damit etwaige Einwände Bonns von vornherein »abgebogen« werden. Der erste Schritt hierzu sei die Einführung einer Art Markenname für die betroffenen Regionen: »Zonengrenzgebiete«.[92] Der Begriff evozierte Ängste des Kalten Krieges, verknüpfte sie mit einer abwertenden Bezeichnung für den sozialistischen Nachbarn (die »Zone«), fügte eine etablierte Förderkategorie hinzu (»Grenzgebiet«) und verschmolz diese Elemente zu einem moralischen Anspruch an den Staat. Diese Ratschläge aus Hannover läuteten einen Strategiewechsel ein. Fortan forderten die Grenzlandfürsprecher Staatshilfe aus politischen Gründen und stimmten ihre Argumentation miteinander ab. Der Markenname »Zonenrandgebiet« tat ein Übriges, die unterschiedlichen Regionen entlang der innerdeutschen Grenze zu einer erkennbaren räumlichen Einheit zusammenzuschließen.

Im Mai 1952 legten die an die DDR angrenzenden Bundesländer eine neue Denkschrift vor, nur zehn Tage vor der Schließung der innerdeutschen Grenze durch die DDR.[93] Wie die vorangegangene Denkschrift der Handelskammern verwies sie eindringlich auf die wirtschaftlichen Probleme an der Demarkationslinie und definierte die betroffenen Gebiete erstmals als einen 40 Kilometer breiten Korridor, der auch den Abschnitt zwischen Bayern und der Tschechoslowakei und die »nasse Grenze«, also die Ostküste Schleswig-Holsteins, umfasste.[94] Das Neuartige an dieser Denkschrift war, dass sie die *politischen* Auswirkungen der wirtschaftlichen Probleme in den Mittelpunkt rückte. Diese wiederum wurden mit der Rhetorik des Kalten Krieges präsentiert. Zum Beispiel wurde die Arbeitslosigkeit in den Grenzgebieten nicht deshalb als besorgniserregend herausgestellt, weil sie so hoch war, sondern weil die arbeitslosen Massen ein leichtes Ziel für kommunistische Propaganda seien. Wenn der Westen den

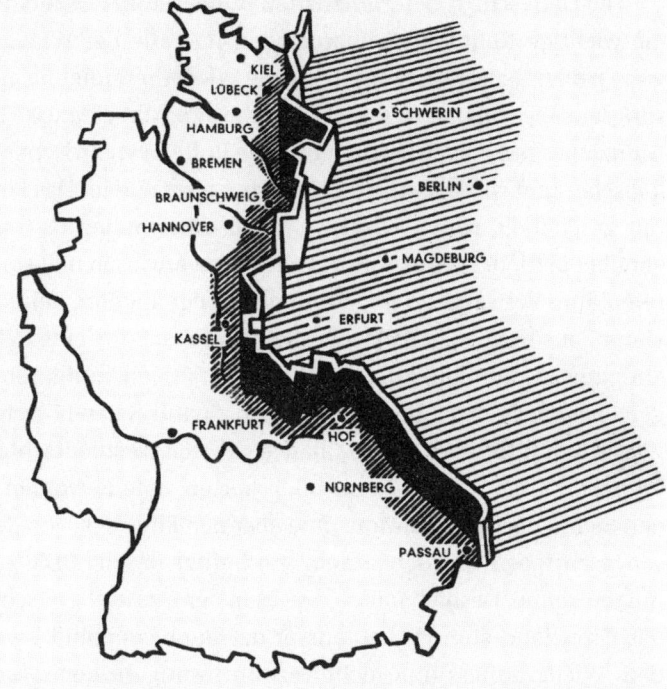

Denkschrift
über das
Ostgrenzgebiet der Bundesrepublik

Vorgelegt vom: „Arbeitskreis-Ostgrenzgebiete der Bundesrepublik" der Länder Bayern, Hessen, Niedersachsen und Schleswig-Holstein

Kurz bevor die DDR die Grenze im Mai 1952 abriegelte, stellte eine Denkschrift der Grenzlandfürsprecher die innerdeutsche Grenze bereits als unüberwindliche Mauer dar. Im Schatten dieser Mauer lagen jene Landkreise, die auf Bundeshilfe hofften.

Mittellosen keine Arbeit biete, könnten sie sich dem Osten zuwenden, wo die Aussicht auf Vollbeschäftigung winke. Dieser Aspekt fand in der Presse großen Widerhall. So griff ein Artikel in der *Zeit* die Idee auf, dass die anhaltende Not zu einer politischen Radikalisierung führen könne. Agenten aus dem Osten hätten dann ein leichtes Spiel, kommunistische Gruppen aufzubauen, Vertriebenenorganisationen zu unterwandern und Jugendliche geistig zu manipulieren.[95]

Die Denkschrift der grenznahen Bundesländer unterstrich auch die wichtige Rolle der Grenzregionen im Falle der Wiedervereinigung beider deutscher Staaten. Da die Wiedervereinigung als Verfassungsauftrag Aufgabe der westdeutschen Politik sei, müsse Bonn das Grenzland in die Lage versetzen, diese Rolle in »politischer, psychologischer und wirtschaftlicher Hinsicht« auszufüllen. Das könne aber nur geschehen, wenn sich die Grenzlandbewohner als immun gegenüber östlichen Annäherungsversuchen erwiesen und stark genug seien, ihre Verwandten und Freunde auf der anderen Seite zu motivieren, aus dem sozialistischen System heraus für eine Wiedervereinigung zu kämpfen. Angesichts der vielfältigen familiären Bindungen über die Grenze hinweg seien sie die natürlichen Botschafter der westlichen Interessen – eine Chance, die sich Westdeutschland nicht entgehen lassen dürfe. Tatsächlich hätten viele Bewohner auf beiden Seiten der Demarkationslinie aber den Eindruck, von der Politik »abgeschrieben« worden zu sein, ein Gefühl, das die DDR leicht ausnutzen könne. Deshalb müsse, wie es in der Länder-Denkschrift hieß, das Grenzland zum »Schaufenster der Bundesrepublik« werden, in dem Wiederaufbau und nicht Verwahrlosung gezeigt werde. Wirtschaftlich gesunde Grenzgebiete seien daher eine »Voraussetzung« für die Wiedervereinigung.[96]

Obwohl die Länder-Denkschrift eindringlich von Wiedervereinigung und örtlichen Verbindungen nach Ostdeutschland sprach, suggerierte ihr Titelbild etwas ganz anderes. Es stellte die Demarkationslinie als eine massive, undurchlässige Mauer von der Ostsee im Norden bis zur südöstlichen Spitze Bayerns dar. Diese Mauer verdunkelte genau jene Regionen, die die Regierung um Wirtschaftshilfe

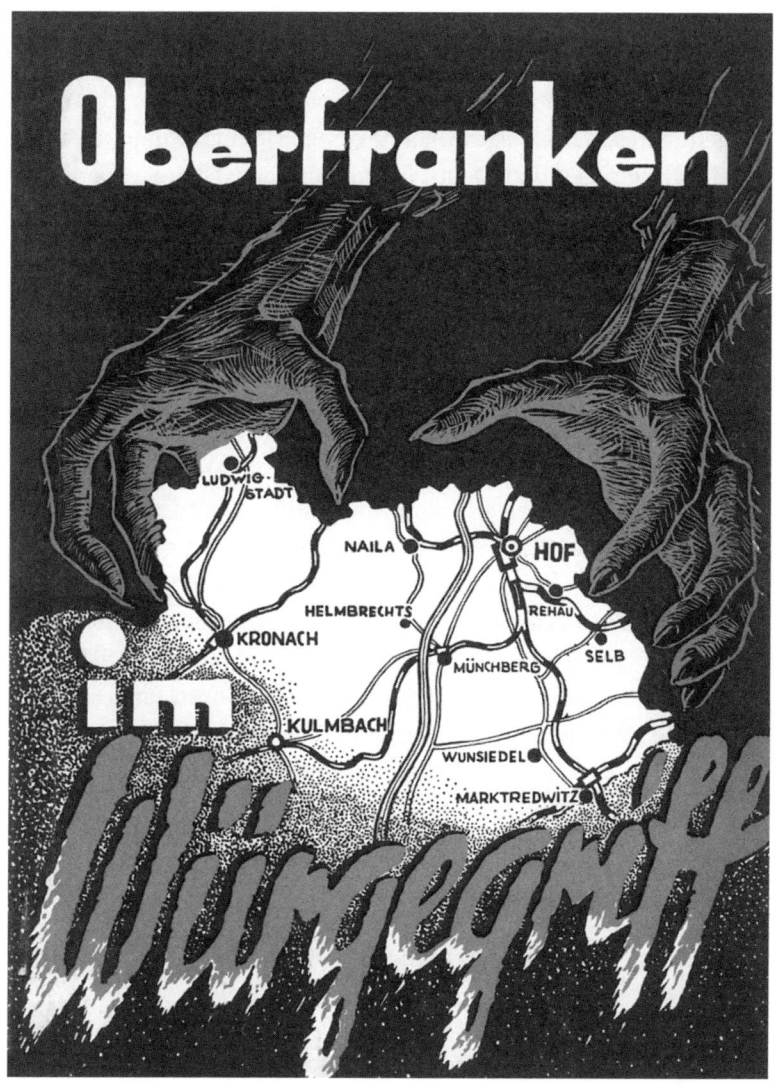

Die Grafik dieser Broschüre von 1950 über die wirtschaftlichen Probleme im Zonenrandgebiet beschwört die Gefahr, die von jenseits der Grenze drohe: »Rote« Hände greifen nach Oberfranken.

ersuchten, und verstärkte den Eindruck, dass die Menschen dort buchstäblich im Schatten der Mauer lebten. Während Westdeutschland auf der Karte eine klare Form hatte, erschien Ostdeutschland als ausgefranstes, schraffiertes Gebilde ohne Außengrenzen. Das Titelbild zeigte ein geteiltes Deutschland, auf dem Ostdeutschland tatsächlich »abgeschrieben« war.

Als die Grenzlandfürsprecher ihre wirtschaftlichen Interessen zu formulieren begannen, stellten sie sich und ihre Regionen mit zum Teil dramatischen sprachlichen und visuellen Mitteln als Opfer des Eisernen Vorhangs dar. Diese Rhetorik und Bildsprache waren schon vor der Abriegelung der innerdeutschen Grenze im Mai 1952 voll ausgereift. Die Bemühungen der Antragsteller fanden bei den Ansprechpartnern in Bonn durchaus Gehör, doch die Ergebnisse blieben bescheiden und führten dazu, dass Ungeduld und Frustration weiter stiegen.[97] In dieser Situation kam den Landkreisen auf der Westseite die Eskalation des Grenzkonflikts im Mai 1952 sehr zupass. Als Vergeltung für die westdeutsche Unterschrift unter den Deutschlandvertrag, der ein Schlüsselelement in Adenauers Strategie der Westintegration darstellte und der Bundesrepublik unter anderem den Weg in die NATO ebnete, schloss das SED-Regime unangekündigt die verbliebenen Grenzübergänge, deportierte vermeintlich unzuverlässige Bewohner ins Hinterland und löste eine Fluchtwelle in den Westen aus. Nun endlich erhielt das westliche Grenzland die politische Aufmerksamkeit, die es zur Durchsetzung seiner Anliegen brauchte. Die politische Unterstützung für die Zonenrandförderung wuchs immens, auch wenn ihre Umsetzung umstritten blieb.

Die Folgen der Grenzschließung von 1952

Obwohl die Grenze schon längst zu einem »Stimmungsbarometer der Ost-West-Beziehungen« geworden war, hielt es ein Autor der *Neuen Zeitung* Ende 1951 weiterhin für praktisch unmöglich, die Demarkationslinie auf ihrer gesamten Länge von 1393 Kilometern abzuriegeln.[98] Doch genau das war es, was die DDR-Behörden im Mai 1952 versuchten. Als Reaktion auf Adenauers Fortschritte in Richtung Westintegration erhielt die DDR-Führung aus Moskau die Anweisung, die Grenze vollends zu schließen und ein Grenzregime nach sowjetischem Vorbild zu errichten. Bis dahin passierbare Kontrollpunkte wurden verriegelt und Pendlergenehmigungen widerrufen. Die Grenze verwandelte sich in eine militarisierte Zone. Konkret sah die Verordnung zur Einführung des neuen Grenzregimes die Errichtung einer fünf Kilometer tiefen Sperrzone vor, die nur von Anwohnern und befugtem Personal betreten werden durfte, sowie eines 500 Meter breiten Schutzstreifens, der unmittelbar der Zuständigkeit der Grenzbehörden unterstand. An der Demarkationslinie selbst wurde ein zehn Meter breiter Kontrollstreifen gezogen, bar aller Vegetation und sämtlicher Bauten, der vorerst die Grenze markierte.[99] Den Einwohnern der Sperrzone war fortan die Teilnahme an öffentlichen Zusammenkünften und Veranstaltungen untersagt.[100] Vermeintlich politisch unzuverlässige Bewohner des östlichen Grenzlandes wurden aus der Sperrzone ins Hinterland deportiert. Die Zwangsumsiedlung von fast 8400 Menschen fand im Laufe des Sommers 1952 unter dem zynischen Codenamen »Aktion Ungeziefer«[101] statt und hatte auch für das Zonenrandgebiet Folgen, da etwa 4500 Ostdeutsche auf die Westseite flüchteten.[102] Nach dem Bau der Berliner Mauer im August 1961 kam es zu weiteren Deportationen, aber die schockartige Einführung des neuen Grenzregimes im Sommer 1952 hatte den Grenzbewohnern bereits klargemacht, dass ihnen bei politischem Fehlverhalten von nun an die Zwangsumsiedlung drohte. In der Folge trug dies zu einer Kultur der Konformität und Selbstkontrolle bei.[103] Die Leidtragenden der Grenzabriegelung waren natürlich in erster Linie die Ostdeutschen: Sie verloren ihr Eigentum, sahen sich von Deportation bedroht und standen unter ständiger Überwachung, auch durch die eigenen Nachbarn.[104] Während für die Bewohner des östlichen Grenzlandes das ganze Leben aus den Fugen geriet, waren die Auswirkungen auf der westlichen Seite anders gelagert – sie erwiesen sich vor allem als kostspielige Probleme.

Die Abriegelung der Grenze durch die DDR machte alle Hoffnungen zunichte, dass die westlichen Grenzgebiete die ohnehin schon eingeschränkten wirtschaftlichen Beziehungen zu ihrem früheren Hinterland würden aufrechterhalten können. Die Zahl der offiziellen Grenzübergänge schrumpfte auf sechs Bahnlinien, vier Hauptverkehrsadern und zwei Wasserstraßen zusammen.[105] Auch die letzten grenzüberschreitenden Arbeitsverhältnisse in den Braunkohlefeldern bei Helmstedt, den Kalibergwerken an der Werra und einigen Porzellanfabriken in Oberfranken endeten abrupt.[106] Für Landwirte mit Feldern auf der anderen Seite der Demarkationslinie wurde es unmöglich, dort im Sommer ihre Ernte einzufahren. Gemeinden, die in einer der vielen Biegungen entlang der Demarkationslinie lagen, sahen sich plötzlich von den üblichen Straßen und Schienen fast gänzlich abgeschnitten. Ehemals kurze Strecken wichen schier endlosen Umwegen.

Ein weiteres Grenzlandproblem betraf die Versorgung mit Wasser, Strom und Gas sowie die Abwasserentsorgung. Ost und West waren als Abnehmer und auch als Anbieter solcher Dienstleistungen aufeinander angewiesen. Einige Gemeinden wurden vom Versorgungsnetz genommen.[107] In anderen schien es nur eine Frage der Zeit, bis die Stromleitungen abgeschaltet werden würden, wie im Falle eines Wasserkraftwerks an der Werra, wo der energieträchtige Teil des Flusses im Westen, das Kraftwerk aber im Osten lag.[108] Um die Kontrolle über lebenswichtige Schaltstellen zurückzugewinnen, versuchte jede Seite, sich von der anderen abzukoppeln, indem sie die betreffenden Dienstleistungen duplizierte – ein mühsamer und teurer Entflechtungsprozess.[109]

Zudem erlebten die westlichen Grenzbezirke einen Zustrom neuer Flüchtlinge aus Ostdeutschland. Viele flohen, um der Zwangsumsiedlung zuvorzukommen, und trugen nichts anderes bei sich als die Kleider auf dem Leib.[110] Auf Bundesebene führte die Eskalation an der Grenze zu einer Neubewertung der Flüchtlingspolitik. In ihren (vergeblichen) Bemühungen, eine weitere Zuwanderung nach Westdeutschland zu verhindern, hatten die Behörden bislang zwischen

»echten« Flüchtlingen, die aus politischen Gründen kamen und Unterstützung verdienten, und angeblichen Wirtschaftsflüchtlingen unterschieden. Letztere sollten zum Bleiben an ihrem angestammten Ort überredet werden.[111] Die Grenzkrise von 1952 bot den Westdeutschen eine hervorragende Propagandagelegenheit. Von nun an konnte man dem Osten nicht nur vorwerfen, die Teilung Deutschlands im Alleingang zu vertiefen, die Flüchtlinge aus der DDR waren jetzt auch der lebende Beweis für die fehlende Legitimität der SED-Herrschaft. Als »Flüchtlinge aus dem Totalitarismus« bekamen sie daher im Propagandakrieg zwischen den beiden deutschen Staaten eine neue politische Bedeutung.[112] Da Westdeutschland gegenteilige Werte zu verkörpern suchte, bot es ihnen nun bereitwillig Zuflucht und demonstrierte damit seine politische und moralische Überlegenheit. Im Zuge der Grenzkrise änderte sich die Tonlage: Aus illegalen Grenzgängern wurden »die neuen Gäste aus den Grenzgebieten der Ostzone«.[113]

Im Grenzland selbst löste ihre Ankunft jedoch altbekannte Reflexe gegen einen weiteren Zustrom aus. Die Vorstellung, das Boot sei voll, hatte seit 1947 die Vertriebenen- und Flüchtlingspolitik der »Flüchtlings-Bundesländer« bestimmt.[114] So erklärten die Mitglieder der hessischen Landesregierung denn auch, dass sie aufgrund eines Länderabkommens nicht verpflichtet seien, mehr als fünf Prozent der neu eintreffenden »Ostzonenflüchtlinge« aufzunehmen. Allerdings hatten sie dabei auch die Bedürfnisse der hessischen Wirtschaft im Blick und genehmigten den Zuzug von begehrten Kaligleuten und solchen Landwirten, die auf hessischer Seite Grund und Boden besaßen. Diese erwünschten Zuwanderer sollten bleiben dürfen, auch wenn dadurch die Fünf-Prozent-Quote überschritten würde. Was darüber hinausging, sollte einfach auf spätere Ankömmlinge angerechnet werden.[115] Behörden im Westen hatten die Grenze schon in den späten 1940er Jahren als »Sortiermaschine« benutzt und zwischen »guten« und »schlechten« Zuwanderern unterschieden.[116] Im Rahmen eines kurzlebigen Programms zu Zeiten der Luftbrücke hatten die britischen Besatzungsbehörden Ostdeutsche, die nach West-Berlin geflüchtet waren, als Arbeitskräfte für westdeutsche Kohle- und Industrothreviere ausgeflogen.[117] In kleinerem Maßstab unternahm auch die Stadtverwaltung von Neustadt in Oberfranken erhebliche Anstrengungen, um die »illegale« Zuwanderung aus dem benachbarten Sonneberg in Thüringen abzuwehren, sann aber gleichzeitig über »Umzugsbeihilfen und Unterkünfte für wichtige Fachkräfte aus der Ostzone« nach, um nützliche Arbeitskräfte zum Grenzübertritt zu bewegen.[118]

Seit 1950 und zunehmend nach der Grenzschließung 1952 mussten die Vertreter des Grenzlandes jedoch erkennen, dass sie es sich nicht aussuchen konnten, wer sich in ihren Regionen niederließ. Als die bundesdeutsche Wirtschaft um das Jahr 1950 einen Gang zulegte und der Bedarf an Beschäftigten in den weiter westlich gelegenen Industriezentren stieg, zogen immer mehr qualifizierte Arbeitskräfte aus den Reihen der Neuankömmlinge weiter. Dies waren genau die Menschen, die die Grenzregionen für den Wiederaufbau und den Betrieb ihrer eigenen Wirtschaft eigentlich gebraucht hätten. Bereits in der ersten Denkschrift hatten die Grenzlandfürsprecher gefordert, Umsiedlungsprogramme für Vertriebene und Flüchtlinge so anzulegen, dass ganze Familien mitsamt älteren Menschen und nicht nur jene im arbeitsfähigen Alter umverteilt werden.[119] Ein Landrat nannte es »unverantwortlich«, dass ein Bundesland wie Nordrhein-Westfalen »nur voll erwerbsfähige Facharbeiter« anwerben würde und dadurch »aus dem Grenzland ein Alters- und Armenhaus« machte.[120]

Unter Berücksichtigung der öffentlichen Finanzen unterschieden die Behörden in den Grenzkreisen also zwischen Menschen, die ihren Lebensunterhalt selbst bestreiten konnten, und jenen, die auf Fürsorge angewiesen waren. Unabhängig davon, ob es im Grenzland tatsächlich bezahlte Arbeit gab, hing die Einstufung letztlich von der Leistungsfähigkeit des Einzelnen ab. Dabei blieb es nicht aus, dass verunglimpfendes Vokabular verwendet wurde. So wurden Frauen, Kinder, Kranke und Alte als »Sozialgepäck« bezeichnet oder, in noch verächtlicherer Form, als diejenigen, die dem »Kampf mit dem Dasein« nicht mehr gewachsen seien, oder einfach als »die Lebensschwächeren«.[121] In der Bewertung dieser Menschen und ihrer Leistungsfähigkeit schienen nicht nur eugenische Muster auf, die scharfe Unterscheidung zwischen Einheimischen und Neuankömmlingen zeugte auch von der brüchigen Solidarität in den Landkreisen entlang der Demarkationslinie. Sie spiegelte die wachsende Angst wider, im Wettbewerb um die notwendigen Arbeitskräfte den Kürzeren zu ziehen und deshalb den wirtschaftlichen Aufschwung zu verpassen.

Schließlich hatte die Grenzschließung noch eine weitere unerfreuliche Folge für die westlichen Grenzgebiete: Sie veranlasste viele Unternehmer, die unschlüssig waren, ob sie unter den neuen Bedingungen am angestammten Standort bleiben sollten, ihre Firmen weiter nach Westen zu verlegen. Solche Entscheidungen waren für die Grenzlandgemeinden schon schlimm genug. Besonders erboste die Lokalpolitiker jedoch die Tatsache, dass Städte im Westen lukrativ erscheinenden Betrieben verlockende Umsiedlungsangebote unterbreiteten. Abwerbungen dieser Art mag es schon vor Mai 1952 gegeben haben, aber erst danach erreichten sie ein kritisches Ausmaß.[122] Zum Beispiel warf der Kieler Oberbürgermeister der Stadt Mainz vor, an ein Unternehmen herangetreten zu sein, obwohl der Eigentümer eine Verlagerung gar nicht in Betracht gezogen hatte.[123] Der Braunschweiger Oberstadtdirektor stufte die Offerte »eines süddeutschen Staates« als kaum mehr legal und politisch »untragbar« ein, da das besagte Bundesland Grundstücke für den Preis von einer D-Mark pro Quadratmeter angeboten hatte und diesen symbolischen Betrag nur verlangt habe, um zu verschleiern, dass es die Grundstücke auch kostenlos abgeben würde.[124] Die Stadt Frankfurt warb in Anzeigen mit ihrem wirtschaftsfreundlichen Klima. Gegen die Anzeigen als solche war nichts einzuwenden, aber wie der Lübecker Bürgermeister nur zu gut wusste, ergaben sich hieraus schnell Gespräche, in denen die Frankfurter Abteilung für Wirtschaftsförderung die Vorzüge der Stadt anpreisen konnte.[125] Anschließend griffen die Unternehmer dann zum Telefon und fragten die Vertreter ihrer Heimatgemeinden, was sie dem Angebot der Konkurrenz entgegenzusetzen hatten.[126] In der Regel zog die Grenzlandgemeinde im darauf folgenden Bieterkrieg den Kürzeren. Der Hauptgeschäftsführer des Deutschen Städtetags, Otto Ziebill, appellierte deshalb an alle Mitglieder, solche Praktiken zu unterlassen. Es sei doch »ein volkswirtschaftlicher Unsinn, sich gegenseitig die Industrie abzujagen«, meinte Ziebill, wenn dadurch eine Gemeinde in den »Ruin« getrieben werde und die andere jahrelang Steuernachlässe gewähren müsse.[127] Zwar stimmte der Bundesfinanzminister dem durchaus zu, sah aber keine weitere Handhabe, als die regionalen Finanzbehörden anzuweisen, die Angelegenheit im Auge zu behalten und an die Solidarität aller Beteiligten zu appellieren.[128]

Gegen die Mechanismen der Marktwirtschaft hatte Solidarität es freilich schwer. Vor 1952 profitierten einige Grenzlandgemeinden und im Grunde die gesamte westdeutsche Wirtschaft von der Politik der SED, private Unternehmen unter Zwangsverwaltung zu stellen und letztlich zu enteignen. Die Furcht vor Verstaatlichung trieb die Unternehmer über die Grenze und in die Domäne der kapitalistischen Marktwirtschaft. Schätzungsweise 20 Prozent aller Betriebe, die aus der DDR abwanderten, ließen sich im westlichen Grenzgebiet nieder. Ihre Eigentümer gingen davon aus, dass die Teilung des Landes nicht von Dauer sein und der neue Standort eine leichte Rückkehr ermöglichen würde.[129] Sicherlich war die unternehmerfeindliche Politik der DDR ein Antriebsfaktor solcher Standortwechsel, doch eine Stadt wie Neustadt in Oberfranken hatte auch keine Skrupel, aktiv Unternehmen aus dem thüringischen Sonneberg anzuwerben, die ihr eigenes Industrieportfolio gut ergänzten. Der Bürgermeister von Neustadt hatte 1950 ausgefeilte Pläne entworfen, um »wichtige und erwünschte Unternehmen aus der Ostzone zu verlagern« und »unerwünschte und unzuverlässige Firmen fernzuhalten«.[130] Mit der Grenzschließung im Mai 1952 war es damit vorbei. Westliche Gemeinden konnten sich nicht mehr auf diese Weise bei ihren östlichen Nachbarn bedienen. Stattdessen zementierte die undurchlässige Demarkationslinie den Status der Region als Grenzland, deren eigene Wirtschaft plötzlich von Regionen weiter westlich gefleddert wurde. Die Grenzgebiete wurden zum Osten des Westens. Während die westlichen Industriestandorte die Arbeitskräfte aus dem Grenzland »abschöpften« und Unternehmen anlockten, beklagten die Grenzlandfürsprecher die mangelnde Solidarität im neuen westdeutschen Staat. Sie verstärkten ihre Bemühungen, die Bundesregierung zur Zügelung der unsichtbaren Hand des Marktes zu veranlassen, und, wenn das nicht möglich sei, für die diversen Wettbewerbsnachteile Entschädigung zu erhalten. Die viel gescholtene Verschärfung des Grenzregimes durch die DDR bot die ideale Gelegenheit, die öffentliche Aufmerksamkeit auf das Grenzland zu lenken und ein politisches Momentum für ein Hilfspaket zu schaffen.

Im Schatten des »Wirtschaftswunders«: Bundeshilfen für das Grenzland

Nach den dramatischen Ereignissen Ende Mai 1952 rückte die Entwicklung an der Demarkationslinie auf der politischen Tagesordnung erstmals weiter nach oben und wurde Thema einer Bundestagsdebatte. Die Oppositionsparteien listeten die bereits bekannten Probleme auf und forderten, durch die Beseitigung der Armut im Grenzgebiet dem Kommunismus den Boden zu entziehen. Ziel sei es, so ein Abgeordneter aus der Stadt Hof, »gegenüber dem toten Streifen, den die Sowjets schaffen, einen lebendigen Streifen bei uns anzulegen«.[131] Der kämpferische SPD-Politiker Herbert Wehner erwartete von der Adenauer-Regierung mehr als ein »Heftpflaster« und forderte, den wirtschaftlichen Aufbau der Bundesrepublik auch in den Grenzgebieten voranzutreiben.[132] Adenauer nutzte die Gelegenheit für einen »feierlichen Protest« gegen die »sowjetzonalen Terrormaßnahmen« und beschuldigte die DDR, die deutsche Teilung zu vertiefen. Er hatte jedoch nicht die Absicht, die Grenzregionen einheitlich als Notstandsgebiete zu deklarieren. Vielmehr wollte er abwarten, bis die durch die Grenzschließung verursachten Schäden beziffert werden konnten, um die Hilfen bedarfsgerecht anzupassen. Er setzte darauf, dass die Raumplaner ein kohärentes Programm für Notstandsgebiete entwickeln würden, das, wenn nötig, auch die Grenzgebiete einbezog.[133]

Natürlich konnte die Adenauer-Regierung die Eskalation des Kalten Krieges an ihrer Ostgrenze nicht ignorieren und die Worte des Bundeskanzlers weckten im Grenzland entsprechende Hoffnungen.[134] Nach der Bundestagsdebatte befasste sich ein ad hoc gebildeter Ausschuss mit einer Soforthilfe für jene Landkreise, in denen die DDR-Flüchtlinge eintrafen und die dringend Alternativen für die unterbrochenen Verbindungen – von Straßen bis hin zu Versorgungsleitungen – brauchten. In den Beratungen dieses Ausschusses zeigte sich, wie weit die Bonner Einschätzungen und jene der Grenzländer auseinanderklafften. Obwohl die Grenzregionen bereits zwei Jahre lang deutlich gemacht hatten, dass die wirtschaftlichen Folgen der Demarkationslinie und der Flüchtlingssituation ihre Möglichkeiten überstiegen, bestand der neu gebildete Ausschuss dennoch darauf, dass sich die betroffenen Länder und Regionen mit 15 Prozent an jeder Hilfsmaßnahme des Bundes beteiligen sollten – ein Vorschlag, der auf wenig Gegenliebe stieß. Der Ausschuss begründete eine solche Zuzahlung nicht nur mit dem Gebot sparsamer Haushaltsführung, sondern setzte sie auch gezielt ein, um die Bittsteller in Schach zu halten.[135] Insgesamt wurde die Grenzsituation als vorübergehendes Übel dargestellt und schon in der ersten Ausschusssitzung berichtete der Vertreter der Bundesbahn, »Defizite« im Personenverkehr seien behoben worden, indem man Züge durch Busse ersetzt habe.[136]

Notlösungen wie diese waren vor allem nach dem Geschmack von Bundesfinanzminister Fritz Schäffer (CSU). Das Kabinett bewilligte sechs Millionen DM für die dringendsten Versorgungsprobleme und rund 30 Millionen DM für die Flüchtlingshilfe. Doch abgesehen davon, dass sie ein umfassendes Hilfspaket verlangten, beliefen sich die Zusatzforderungen der Grenzländer für akute Schäden auf 106 Millionen DM. Schäffer, bekannt für seine Abneigung gegen öffentliche Ausgaben und »Ansprüche« seitens organisierter Interessenverbände,[137] erwog, lediglich fünf Millionen freizugeben, die nach dem Gießkannenprinzip entlang der Grenze verteilt werden sollten. Bevor er jedoch zusätzliche Mittel zur Verfügung stellen wollte, forderte er die grenznahen Bundesländer auf offenzulegen, was sie selbst beizusteuern gedachten. Er warf ihnen vor, ihre Versorgungssysteme auf Kosten des Bundes modernisieren zu wollen.[138] Angesichts dieses Feilschens verfehlten die ersten Bonner Hilfsgelder ihr politisches Ziel. Schon bald wurden immer ungeduldigere Appelle von Politikern aller Parteien an die Bundesregierung gerichtet. Selbst Abgeordnete von CDU und FDP warfen der Adenauer-Regierung vor, zu wenig Mittel bereitzustellen, und beschuldigten Schäffer der Hinhaltetaktik.[139] Mit Beginn des Wahlkampfs zum zweiten Bundestag verschärfte sich die Tonlage und die Grenzlandhilfe wurde zu einem Wahlkampfthema, das die SPD-Opposition souveräner zu nutzen schien als der Kanzler.

Die SPD erkannte die zögerliche Haltung der CDU-Regierung und überhäufte sie im Parlament mit Vorschlägen und Anträgen.[140] Anfang Juli 1953, noch unter dem Eindruck des gescheiterten Aufstands in der DDR vom 17. Juni, befasste sich der Bundestag ein zweites Mal mit der Grenzlandhilfe. Zur Debatte standen nicht mehr nur Notfallmaßnahmen, sondern ein »langfristiges Förderprogramm für die Zonengrenzgebiete«, das strukturelle Probleme der Region beheben sollte. Die politische Argumentationslinie, die die Grenzlandfürsprecher in ihren Denkschriften entwickelt hatten, konnte sich nun durchsetzen: Die Grenzregionen, argumentierte der Sprecher des Gesamtdeutschen Ausschusses, litten unter einer »politischen Entwicklung«, die nach einer politischen Antwort verlange, nicht nach einer kleinteiligen Bedarfsprüfung. Tatsächlich sei die Unterstützung dieser Regionen inzwischen zu einer »nationalpolitischen Aufgabe« geworden.[141] Abgeordnete der Oppositions- und Regierungsparteien übertrafen sich gegenseitig in ihrem Eintreten für die Grenzlandförderung, wobei Letztere offensichtlich versuchten, das Heft des Handelns zurückzugewinnen. Man kam überein, dass nicht nur die an die DDR angrenzenden Gebiete Hilfe benötigten, sondern auch die »nasse Grenze« an der schleswig-holsteinischen Ostseeküste und der bayerische Grenzstreifen zur Tschechoslowakei. Zum zweiten Mal sprach sich der Bundestag für eine Grenzlandförderung aus.[142]

Plötzlich konnte es gar nicht schnell genug gehen. Vizekanzler Franz Blücher (FDP) drängte das Wirtschaftsministerium, die Pläne für das Förderprogramm so weit fertigzustellen, dass die Bundesregierung es »zwei Wochen vor dem Wahltag« am 6. September 1953 bekannt geben konnte. Bei der räumlichen Definition des »Zonengrenzstreifens« folgte das Kabinett der Denkschrift der grenznahen Bundesländer von 1952. Er umfasste alle Städte und Landkreise innerhalb eines 40 Kilometer breiten Streifens entlang der innerdeutschen Grenze, einschließlich der Ostseeküste und Ostbayerns. Der Staatssekretär des Arbeitsministeriums gab zwar zu bedenken, dass der Streifen Regionen abdecken würde, die keineswegs Not leidend waren. Doch letztlich gaben Durchführbarkeit und Einfachheit den Ausschlag: Vierzig Kilometer sollten es sein – und blieben es bis 1994. In der Eile spielten differenzierte Erwägungen keine Rolle mehr. Bonns »Interesse an ... äußerster Beschleunigung« brachte jede weitere Diskussion zum Erliegen.[143] 1953 erklärte die Bundesrepublik somit fast 20 Prozent seines Staatsgebiets zu einem Grenzland. Etwa 12 Prozent der westdeutschen Bevölkerung lebten jetzt in einem geografischen Raum, der offiziell als vom Kalten Krieg beeinträchtigt galt – ein Status, den West-Berlin seit der Gründung der Bundesrepublik innehatte.[144]

Adenauers CDU gewann die Wahlen 1953 mit großem Vorsprung. Als der Bundeskanzler in seiner Regierungserklärung nach der Wahl den Grenzgebieten »besondere Aufmerksamkeit« zusicherte, gab es keinen Zweifel mehr am politischen Willen, ihnen zu Hilfe zu kommen.[145] Der Bundeshaushalt 1954 enthielt einen Grenzland-Sonderfonds in Höhe von 120 Millionen DM sowie andere Maßnahmen, auf die diese Regionen zurückgreifen konnten. Dazu gehörten Steuererleichterungen, Zugang zu Krediten, Frachthilfen sowie die Vorzugsbehandlung bei der Vergabe von öffentlichen Aufträgen und beim Wiederaufbau der Verkehrsinfrastruktur.[146] Zwar blieb das Volumen des Sonderfonds für das Grenzgebiet bescheiden, doch die Zusage als solche verhieß weitere Förderung in der Zukunft. Gemeinden außerhalb des Vierzig-Kilometer-Streifens drängten auf einmal auf ihre Eingliederung, um an der Förderung teilzuhaben: Die viel geschmähte Grenzlage war zu einer Ressource geworden, um die es sich zu kämpfen lohnte.[147]

Trotz des offensichtlichen Bonner Engagements für die Grenzregion war der politische Schacher noch nicht zu Ende. Der Finanzminister weigerte sich, die 120 Millionen DM freizugeben, sofern die Bundesländer nicht bei einer anderen, damit unzusammenhängenden Steuerfrage einlenkten.[148] Darüber hinaus wurde kolportiert, dass das Geld nur als einmalige Maßnahme gedacht sei. Und weitere 25 Millionen DM, die für die Unterstützung von kulturellen Aktivitäten und Schulen angekündigt waren, wurden niemals bereitgestellt.[149] Für gewöhnliche Bürger waren Maßnahmen wie Frachthilfen oder angepasste Steuertarife ohnehin nicht »sichtbar«, aber auch die Empfänger aus der Wirtschaft beklagten das Tauziehen mit der Bürokratie. Die Landesregierungen nutzten die Gelegenheit, um auf die Untätigkeit des Bundes hinzuweisen, und in zwei weiteren Bundestagsdebatten wurde dies vor allem Adenauers Kabinett, insbesondere den Ministern Erhard (Wirtschaft) und Schäffer (Finanzen), angelastet, obwohl Schäffer die versprochenen Grenzlandmittel schließlich bereitstellte.[150] Adenauer versuchte, die Wogen zu glätten, indem er einen Sonderbeauftragten für das Grenzland im Rang eines Bundesministers ernannte. Er beauftragte Waldemar Kraft (GB/BHE) mit einer Grenzlandreise, nach deren Abschluss er eine Denkschrift zur Lage des Zonenrands vorlegen sollte.[151] Allerdings: Seit der Grenzschließung im Mai 1952 waren etliche Politiker an die Demarkationslinie gereist, um Präsenz zu zeigen. Gern gaben sie bei dieser Gelegenheit Erklärungen ab, dass den Grenzgebieten geholfen werden müsse. Doch aus der Sicht der Betroffenen stand das gesteigerte Interesse an ihrer Notlage in keinem Verhältnis zu greifbaren Resultaten. Im Oktober 1952 wuchs bei den Grenzlandbewohnern der Ärger über die zahlreichen Besucher aus Bonn, die zwar Versprechungen abgaben, dann aber die Landesregierungen im Umgang mit überzogenen Erwartungen alleinließen.[152] Krafts Ernennung erschien daher niemandem als eine gute Idee. Selbst Mitglieder der CDU beschwerten sich: »Wir brauchen keine Memoranda mehr von irgendeiner Seite, auch nicht ... von einem Mitglied des Bundeskabinetts.«[153] In den fast zwei Jahren, in denen sich der Bund mit dem Thema befasse, wurden »die Klagen der Zonenrandgebiete nicht zum Verstummen gebracht«, stellte ein Beamter des Wirtschaftsministeriums denn auch im März 1955 fest.[154]

Die Stimmung im Grenzland hatte sich seit 1952 eher verschlechtert. In unerwartetem Tempo entfaltete sich Anfang der 1950er Jahre eine Periode »stürmischen Wachstums« (Abelshauser) – das Wirtschaftswunder war da.[155] Doch während das Wirtschaftswunder und seine Konsumversprechen in der Werbung allgegenwärtig waren, blieben seine materiellen Segnungen ungleich verteilt. An Rhein und Ruhr mochte die Wirtschaft boomen, im Grenzgebiet sah der »Aufschwung« hingegen anders aus: Unternehmen erhielten Umzugsangebote, Fachkräfte wanderten nach Westen ab, und die Arbeitslosigkeit blieb unvermindert hoch. Die Grenzlandbewohner fühlten sich abgehängt.[156] Bis Mitte der 1950er Jahre, vor allem in der Zeit der augenscheinlichen Untätigkeit in Bonn, etablierte sich daher ein Diskurs, der vor allem die negativen Entwicklungen im Grenzland in den Blick nahm. Beobachter prophezeiten dem Zonenrandgebiet eine Entwicklung hin zu einer entvölkerten, trostlosen Ödnis, deren Bewohner sich »abgeschrieben« fühlten, was sie zu einem politischen »Gefahrenherd größten Ausmaßes« mache.[157] Junge Menschen würden in den »goldenen Westen« abwandern, ein Begriff, der im Grenzgebiet genauso verlockend klang wie jenseits der Demarkationslinie.[158] Ein Bürgermeister in Ostbayern berichtete, die Grenzlandbewohner »wollen endlich auch Anschluss an den Lebensstandard des Westens ... Das Ruhrgebiet wird besonders beneidet.«[159]

Die Grenzlandbewohner hatten weniger Sorge, im Schatten des Eisernen Vorhangs zu leben, als im Schatten des Wirtschaftswunders zu verkümmern. Ihrem Gefühl nach ging der Aufschwung an ihnen vorüber. Eine Kluft schien sich zwischen ihnen und den westlichen

Landesteilen aufzutun, wo sich die Wirtschaft nicht zuletzt auf Kosten des Grenzlandes erholte. Mitte der 1950er Jahre definierten Bewohner des Zonenrands ihre Notlage also im Vergleich zu den westlichen Landesteilen, was ihre Lage umso prekärer erscheinen ließ. Gleichzeitig verwies dieser »Blick nach Westen« aber auch auf eine langsame, aber umso wichtigere räumliche Neuorientierung der Zonenrandbevölkerung. Westdeutschland fand zu sich selbst.

Ideologisch abwehrbereit – Kulturförderung am Zonenrand

Ihre schlagkräftigsten Argumente für eine flächendeckende Zonenrandförderung fanden die Grenzlandfürsprecher in der ideologischen Konkurrenz zwischen Ost- und Westdeutschland. Nach Gründung der beiden deutschen Staaten wurde die innerdeutsche Grenze zu einer Propagandabühne, auf der jede Seite ihre Sozial- und Wirtschaftsordnung als die überlegene anpries. Ähnlich wie Berlin, doch mit weniger öffentlicher Aufmerksamkeit, wurde das Grenzgebiet zu einem Raum, in dem zwischen den beiden deutschen Staaten ein ideologischer Wettbewerb ausgetragen wurde.[160] Anfang der 1950er Jahre waren die Westdeutschen durchaus in Sorge, dass ihre sozialistischen Nachbarn diesen Propagandakrieg effektiver führten als sie selbst. Freilich war die Bundesrepublik in diesem Kampf keineswegs ein unbeteiligter Zuschauer: Der DDR warf man vor, »Propaganda« zu betreiben, während man sich selbst darauf berief, »Information« zu vermitteln. Diese Selbstwahrnehmung erklärt den Aufschrei, wenn in regelmäßigen Abständen westdeutsche Methoden ans Licht kamen, die sich von den DDR-Aktivitäten entlang der Grenze nicht unterschieden – wie etwa, wenn mit Luftballons antisozialistische Flugblätter gen Osten geschickt wurden.[161]

Die tatsächliche oder vermeintliche kommunistische Unterwanderung konnte viele Formen annehmen. So sah sich die Bundesregierung veranlasst, ihre Bürger vor »Trojanischen Pferden« zu warnen.

Gemeint waren Organisationen, die angeblich Kontakte zwischen Ost- und Westdeutschen förderten, dabei jedoch nur den Zweck verfolgten, Letztere mit Propaganda aufzuwiegeln.[162] Das Grenzgebiet erschien als »Einfallstor zersetzender Kräfte« besonders leicht angreifbar.[163] Die ostdeutschen Behörden unternahmen häufig Vorstöße auf das benachbarte Territorium. Einige dieser Übergriffe waren schlichtweg kriminell, etwa wenn östliche Agenten Kritiker des SED-Regimes und Republikflüchtlinge zurück in die DDR verschleppten.[164] Andere Aktionen zielten darauf ab, die Sicherheit in Westdeutschland zu untergraben, indem beispielsweise Spione über die Grenze geschickt oder Gerüchte gestreut wurden, die der Bevölkerung im Grenzgebiet Angst machen sollten.[165] Die Bundesregierung hatte anfangs zudem Mühe mit der Nachrichtenversorgung entlang der innerdeutschen Grenze. Ähnlich wie die unterbrochene Verkehrsinfrastruktur ließ die vorhandene Sendetechnik in Teilen des Grenzgebiets nur einen schwachen Rundfunkempfang zu, der von den östlichen Sendern leicht übertönt werden konnte.[166] Auch angeblich harmlose Bereiche wie Theater, Sport und sonstige Freizeitaktivitäten konnten zum Ziel subversiver Angriffe werden. Angesichts eines alles durchdringenden antikommunistischen Klimas in der frühen Bundesrepublik war es deshalb keineswegs abwegig, wenn manche Bundestagsabgeordnete davon ausgingen, dass »der Kampf gegen den Osten ... vor allen Dingen auch durch die kulturelle Überlegenheit gewonnen« werde.[167] Die Grenzlandfürsprecher nutzten die ostdeutschen Propagandaaktivitäten, um politische Entscheidungsträger für die Nöte der Grenzregionen zu sensibilisieren. So verschaffte die DDR-Propaganda diesen Regionen im Wettbewerb um staatliche Fördermittel ein Alleinstellungsmerkmal gegenüber jenen Notstandsgebieten, die »nur« unter strukturellen wirtschaftlichen Defiziten litten.

In den 1950er Jahren war die innerdeutsche Grenze noch durchlässig genug für Besuche und Gegenbesuche, insbesondere wenn ein solcher Austausch nach Meinung der SED-Führung ihren politischen Zielen nutzte. Eines der bekanntesten Ereignisse dieser Art war das von der FDJ veranstaltete *Deutschlandtreffen der Jugend*. Zu dem Fest, das am Pfingstwochenende 1950 in Ost-Berlin stattfand, reisten auch rund 10 000 Jugendliche aus Westdeutschland an. Auf ihrer Rückfahrt wurden sie am Grenzübergang Lübeck-Herrnburg von der westlichen Grenzpolizei aufgehalten. Die Grenzbeamten versuchten, jeden Einzelnen mit Namen und Adresse zu registrieren. Die Situation war schnell festgefahren: Westliche Grenzbeamte verweigerten westdeutschen Teenagern die Wiedereinreise, bis die übermüdeten Jugendlichen schließlich nachgaben und ihre Daten preisgaben.[168] Bertolt Brecht verewigte den Vorfall in seinem *Herrnburger Bericht*: »Deutsche / wurden von Deutschen / gefangen / weil sie von Deutschland / nach Deutschland / gegangen.«[169] Die Bonner Regierung beobachtete solche West-Ost-Veranstaltungen mit Sorge und bezeichnete Angebote für kostenlose Ferienlager in der DDR für Kinder aus dem Westen als Beispiel für die DDR-Strategie der »Trojanischen Pferde«. Die Braunschweiger Industrie- und Handelskammer hatte als eine der Ersten vor derartigen Einladungen gewarnt, die sich auch an Facharbeiter und ihre Familien richteten.[170] Zwischen 1954 und 1957 boten westdeutsche Organisationen Gegenprogramme an, die von rund 100 000 Jugendlichen aus Ostdeutschland besucht wurden.[171]

Im Wettlauf um den erfolgreicheren Wiederaufbau setzte die DDR vor allem auf kulturelle Angebote in ihren Grenzgebieten. In Lübeck gewann man den Eindruck, dass in den Bezirken Rostock und Schwerin Veranstaltungen gezielt mit Blick auf die Lübecker Defizite entwickelt wurden, damit die Stadt vor ihren eigenen Bürgern möglichst armselig aussah. Das schleswig-holsteinische Kultusministerium erinnerte daran, dass »[d]er Eiserne Vorhang nirgends so dicht [ist], dass nicht doch Vergleiche zwischen hüben und drüben gezogen werden können«. Und diese, so die Warnung, fielen »nicht überall zu Gunsten des Westens« aus.[172] Mochten die Westdeutschen sich kurz nach der Einführung der D-Mark noch überlegen gefühlt haben, die taktische Großzügigkeit der DDR auf dem Gebiet der Kultur gab ihnen das Gefühl, die armen Verwandten ihrer östlichen Nachbarn zu sein. Ob zu Chorkonzerten oder Fußballspielen, Kommunen im Osten holten die Westbesucher mit Bussen ab und ließen es sich nicht nehmen, sie zu bewirten. Ganze Fußballmannschaften kamen mit neuen Trainingsanzügen und anderer Ausstattung nach Hause. Für die Gegenbesuche, die Anstand und Tradition verlangten, mussten die westlichen Gemeinden Mittel aus ihren ohnehin schon strapazierten Haushalten zusammenkratzen.[173]

Ein weiteres Vakuum nutzte die DDR, indem sie ihre eigenen Chöre, Volkstanzensembles und Theatergruppen ermunterte, sich um Engagements in den westlichen Grenzgebieten zu bemühen.[174] Für jeden Gastauftritt, den sie im Westen absolvieren konnten, erhielten sie eine Prämie von 2000 Ost-Mark. Kleinere Städte ohne eigene Schauspielgruppen buchten traditionell Wandervorstellungen, um ihren Kulturkalender zu füllen. Im Jahr 1956 wurden in Nordhessen 60 Prozent aller Aufführungen vom Thüringer Landestheater aus Eisenach bestritten. Durch die gleiche Region tourten auch Ensembles aus Altenburg, Erfurt und Gera, und das zu günstigeren Preisen als ihre westlichen Kollegen.[175] Das Bundesministerium für gesamtdeutsche Fragen sah in der Bandbreite der Aktivitäten den Versuch der DDR-»Machthaber«, »den Eindruck zu erwecken, als ob sich hinter dem trennenden Stacheldraht ein blühendes, kommunistisches, kulturelles Gemeinschaftsleben entwickle«.[176] Obwohl das Ministerium zu verstehen gab, dass dieser Eindruck trog, verrät die Aufmerksamkeit, mit der es die kulturellen Angelegenheiten in den Grenzgebieten beobachtete, dass man fürchtete, die örtliche Bevölkerung könnte die List womöglich nicht durchschauen. Was wäre, wenn die gebeutelten Zonenrandbewohner zu dem Schluss kämen, Ostdeutschland sei doch das bessere Deutschland?

Ein ums andere Mal warnten Kommentatoren davor, dass Arbeitslose für die Propaganda der Gegenseite besonders empfänglich und potenziell bereit seien, gegen Bezahlung Spionage zu betreiben.[177] Jedes kleine Defizit in der Grenzlandwirtschaft, selbst in einzelnen Branchen, nutze die DDR angeblich für einen Propagandavorstoß. Solange die Grenzlandbewohner den Eindruck hätten, vom Rest des Landes abgeschrieben zu sein und nur als »Kanonenfutter des kalten Krieges« zu dienen, habe die andere Seite leichtes Spiel, sie zu beeinflussen.[178] Das einzige Gegenmittel sei die »geistige Aufrüstung« und die »Stärkung der ideologischen Abwehrkräfte« der Grenzlandbevölkerung, die jedoch nur durch wirtschaftliche Sicherheit erreicht werden könne.[179] Die Frage der Kulturförderung im Grenzland lief somit auf ein Werben um die zeitweise als schwankend empfundene Loyalität der örtlichen Bevölkerung hinaus. Der Appell, die ideologische Widerstandsfähigkeit der Grenzlandbewohner zu stärken, rückte Kulturförderung rhetorisch in die Nähe von Landesverteidigung. Diese Verknüpfung ergab sich gleichsam naturgemäß aus den kontroversen Debatten um die Wiederbewaffnung, die die westdeutsche Öffentlichkeit in den 1950er Jahren stark beschäftigte und die auch der DDR reichlich Gelegenheit zur Propaganda bot. In der kämpferischen Diktion des Bundesministers für Verkehr, Hans-Christoph Seebohm, musste das Grenzland zum »Bollwerk gegen die Sklaverei« werden, indem es seine Bewohner in einen »geistig-politischen ›Verteidigungszustand‹« versetzte.[180] Seine finanzielle Unterstützung wurde als Verteidigungsbeitrag konzipiert und hätte, wie ein Bundestagsabgeordneter vorschlug, genauso gut aus dem Verteidigungshaushalt kommen können.[181]

Die Koalition der Grenzlandfürsprecher variierte das Argument, die Grenzregionen müssten zum »Schaufenster« der Bundesrepublik gegenüber der DDR werden, um die »Überlegenheit des Westens« zu demonstrieren, in immer neuen Varianten.[182] West-Berlin war das Paradebeispiel für diese Argumentation, daran angelehnt sollte das Grenzland zu einem zweiten praktischen Beispiel für die »Magnet-Theorie« werden. Dieser Theorie zufolge, die im SPD-Vorsitzenden Kurt Schumacher einen prominenten Vertreter fand, werde der westdeutsche Wohlstand auf die DDR eine nicht zu beherrschende Anziehungskraft ausüben, über die illegitime Macht der SED die Oberhand behalten und, da der wirtschaftliche Erfolg stärker sei als die sozialistischen Propagandaversprechen, den Weg zur Wiedervereinigung ebnen.[183] Die Magnet-Theorie hatte jedoch einen offensichtlichen Makel: Sie ließ sich nicht mit der feindseligen Haltung gegenüber den »Wirtschaftsflüchtlingen« aus Ostdeutschland vereinbaren, die ja ebenjener Anziehungskraft erlegen waren. Sie trug auch nicht der Tatsache Rechnung, dass mit dem Ausbau der Grenzbefestigungen durch die DDR immer weniger Ostdeutsche dieses »Schaufenster des Westen« bewundern, geschweige denn persönlich erleben konnten. Die Theaterfestspiele in Bad Hersfeld an der hessischen Grenze etwa nahmen ihre Subventionen mit der Begründung entgegen, sie würden ein »kulturelles Leuchtfeuer für die SBZ«, die Sowjetische Besatzungszone entfachen. Wenn aber Ostdeutsche zu den Aufführungen erschienen, was in den 1950er Jahren noch möglich war, wurden sie praktisch ignoriert.[184]

Obwohl parteiübergreifend Einigkeit über die Dringlichkeit dieses Themas bestand, waren entsprechende Gelder zunächst nur schwer zu bekommen. Im Hilfspaket, das der Bundestag 1953 verabschiedete, waren 25 Millionen DM für die Kultur vorgesehen, doch dieser Betrag fand beim Finanzminister keine Zustimmung. Erst 1955 stellte das Ministerium für gesamtdeutsche Fragen erstmals zwei Millionen DM zur Verfügung.[185] Vorrang hatte in den 1950er Jahren der Bau von Schulen für die Kinder von Vertriebenen und Flüchtlingen, doch auch Bibliotheken, Theater, Konzerte, Chöre, Museen, Ausstellungen, öffentliche Gemeinschaftseinrichtungen und Schwimmbäder wurden mit Bundesmitteln gefördert. Im Jahr 1960 verkündete das gesamtdeutsche Ministerium erfreut, im Grenzland entwickele sich »ein kräftiges kulturelles Eigenleben ... wie es vorher ... im Zonenrandgebiet noch niemals bestanden hat«[186] – keine überraschende Behauptung in einer Regierungsbroschüre, die gute Nachrichten verbreiten sollte, aber auch das stillschweigende Eingeständnis, dass manche Zonenrandgemeinden kulturelle Angebote und Einrichtungen allein ihrer Grenzlage zu verdanken hatten.

Bis 1987 stieg das Budget für kulturelle und soziale Angelegenheiten in den Grenzregionen auf 173 Millionen DM an. Mit den Geldern wurden Kirchen restauriert, Konzerte und Feste finanziert, Leichtathletik-, Tennis- und Fußballplätze angelegt, die Erwachsenenbildung und öffentliche Bibliotheken gefördert, Ausstellungen subventioniert, neue Rathäuser, Kindergärten und Altenheime gebaut.[187]

Dies war sicher eine breite Palette sinnvoller Projekte. Doch inwiefern bereiteten diese Maßnahmen das Land auf die Wiedervereinigung vor? Mitte der 1980er Jahre lag diese Frage ferner denn je, doch schon in den frühen 1950er Jahren gab es darauf nur nebulöse Antworten. Neben der Magnet-Theorie, die dem Grenzland die Rolle zuwies, die Erfolge des Wiederaufbaus und im erweiterten Sinne die gesellschaftspolitische Ordnung Westdeutschlands herauszukehren, gab es dafür kaum eine plausible Erklärung, zumal die Regierung Adenauer in jener Zeit mit Nachdruck die Westintegration betrieb. Um den Widerspruch zwischen tatsächlicher Politik und wohlfeiler Vereinigungsrhetorik zu übertünchen, argumentierten Seebohm und andere Grenzlandfürsprecher paradoxerweise, dass eine vitale Kultur und Wirtschaft im Grenzland den *Ostdeutschen* im Moment der Wiedervereinigung Arbeitsplätze und angemessene Lebensbedingungen verschaffen würden. In Seebohms gespreizter Rhetorik erschienen die Anstrengungen des Wiederaufbaus als selbstloser Akt, unternommen »nicht allein um unserer selbst willen und nicht allein um unseres materiellen Wohlstands willen«, sondern für »unsere deutschen Brüder jenseits des Eisernen Vorhangs«.[188] Die wahre Bewährungsprobe für diese Behauptung sollte bis 1989 auf sich warten lassen.

Der Realität näher war die Feststellung eines Bundestagsabgeordneten, wonach kulturelle Einrichtungen und Angebote einen deutlichen Standortvorteil darstellten. Viele Arbeitnehmer wanderten nicht unbedingt deshalb in den Westen ab, weil die Arbeitsplätze nahe Frankfurt, Mannheim oder Darmstadt besser bezahlt waren, sondern weil diese Städte weiterführende Schulen, ein kulturelles Leben und andere Möglichkeiten boten.[189] Für die Handelskammern waren wirtschaftliche und kulturelle Förderung deshalb grundsätzlich zwei Seiten einer Medaille.[190] Soweit sich überhaupt Kausalitäten finden lassen, hatte der Mangel an »Kultur« im Zonenrandgebiet wohl weniger mit der Grenze als mit den Gegensätzen zwischen Land- und Stadtleben zu tun. Das Druckmittel gegenüber dem Staat beruhte hingegen ausschließlich auf der Grenze. Anders als die traditionellen Notstandsgebiete, die »nur« unter Strukturschwäche litten, konnten die Grenzregionen die Ängste des Kalten Krieges zur Förderung ihrer Sache nutzen. Indem sie »wirtschaftliches Eigeninteresse mit der Rhetorik des Kalten Krieges« verbanden, hatten die Vertreter der Grenzregionen ein mächtiges Instrument gefunden, um politische Aufmerksamkeit zu gewinnen und zu bewahren.[191]

»Echte« Grenzen produzieren ein Grenzland

Die Grenzschließung von Mai 1952 durch die DDR-Behörden gilt als ein Schlüsseljahr in der Geschichte der deutschen Teilung. Für die Entstehung des Grenzlandes auf westlicher Seite ist allerdings die Währungsreform vom Juni 1948 relevanter.[192] Die Einführung der D-Mark in den Westzonen schuf einen Währungsdualismus entlang der Demarkationslinie, der das Grenzland destabilisierte: Schmuggel, Grenzgängertum und Zuwanderung aus der sowjetischen Zone nahmen zu und lösten in den westlichen Landkreisen zum Teil heftige Abwehrreaktionen aus.[193] Die sowjetische Besatzungsmacht konterte die Währungsreform bekanntlich mit der Blockade West-Berlins. Für die regionale Wirtschaft westlich der Demarkationslinie wuchs sich allerdings die weniger bekannte alliierte Gegenblockade zum größeren Problem aus: Sie brachte den gerade erst wieder aufkeimenden legalen Interzonenhandel zum Erliegen. Schon vor der eigentlichen Grenzschließung riss also das Zusammenspiel von Blockade und Gegenblockade die Wirtschaftsbeziehungen entlang der Demarkationslinie auseinander und fügte dem regionalen Wirtschaftsgefüge schweren Schaden zu.[194]

Auch der Charakter der Demarkationslinie veränderte sich aufgrund der neuen Währung. Da die Linie nun Territorien unterschiedlicher Wirtschaftskraft voneinander abgrenzte, erhielt sie im Alltag immer mehr die Bedeutung einer tatsächlichen Grenze. Schmuggel und Grenzgängertum waren seit Kriegsende auf beiden Seiten praktiziert worden und galten als akzeptable Wege, das alltägliche Überleben zu sichern. Die neue D-Mark mit ihrer attraktiven Kaufkraft verschob den Ursprung dieser Aktivitäten einseitig auf die östliche Seite der Demarkationslinie und machte sie auf der westlichen Seite zu unerwünschten, gar illegalen Praktiken. Trotz der Vielzahl enger familiärer Bindungen über die Grenze hinweg trug die Währungsreform erheblich zur Verschlechterung der Beziehungen zwischen den Deutschen auf beiden Seiten bei, denn auf der westlichen Seite wurden die Bewohner der sowjetischen Zone immer mehr mit diesen unerwünschten Aktivitäten assoziiert und als die »bedürftigen« Nachbarn wahrgenommen.[195] Das nächste Kapitel zeigt, wie der Währungsdualismus dem Grenzland vier Jahrzehnte später erneut zu schaffen machen sollte. Nach der Grenzöffnung im Herbst 1989 standen sich abermals westliches und östliches Geld gegenüber, ein Zustand, der Bedingungen hervorbrachte, die schon aus den späten 1940er und frühen 1950er Jahren bekannt (und verpönt) gewesen waren. Das scharfe Währungsgefälle erzeugte 1990 erheblichen Druck, eine Währungsunion anzustreben, und beschleunigte letztlich die Wiedervereinigung.

Als Ergebnis der territorialen Verschiebungen nach dem Zweiten Weltkrieg waren beide deutsche Staaten dazu gezwungen, sich einer neuen Wirtschaftsgeografie anzupassen. Die Entstehung des Zonenrandgebiets und seine geografische und metaphorische Lage als der »Osten vom Westen« war Teil dieses Anpassungsprozesses. Nach 1945 fielen die industriell entwickelten Gebiete Schlesiens an Polen, sodass sich die Hoffnungen der sozialistischen Planer in der DDR auf das Industriedreieck Magdeburg–Halle–Leipzig richteten. Auch die Bundesrepublik musste territoriale Verluste kompensieren. Das Zentrum industrieller Produktion lag nun vornehmlich im Westen des Landes, nämlich im Ruhrgebiet, dem Rhein-Main-Raum und in Württemberg. Damit war die Bundesrepublik gewissermaßen diagonal in einen eher industriell geprägten Südwesten und einen eher landwirtschaftlich geprägten Nordosten geteilt. Weder in politischer noch in wirtschaftlicher Hinsicht brachte der föderal verfasste Weststaat je ein eindeutiges Zentrum hervor.[196] Trotzdem sollte man das Grenzland als Peripherie bezeichnen. Auf die Gefahr hin, Offensichtliches zu konstatieren: Der rheinische Kapitalismus hatte eine klare räumliche Dimension, die sich im Laufe der Jahre durch die fortschreitende europäische Integration noch verstärkte und die Peripherie weiter marginalisierte – sie lag nicht mehr nur an der Ostgrenze der Bundesrepublik, sondern auch an der Ostgrenze der Europäischen Gemeinschaft.[197] Die Grenzlandbildung (oder Peripherieproduktion) war das direkte Ergebnis des räumlich ungleichen Tempos des wirtschaftlichen Aufschwungs. Wie das nächste Kapitel erklärt, entwickelte sich die anhaltende Randlage der Grenzregionen zu einem Imageproblem für das Zonenrandgebiet: Es galt als »unterentwickelt«, verschlafen und rückständig. Genau diese Merkmale mussten die Grenzlandfürsprecher immer wieder hervorkehren. Sie waren die Kernpunkte ihrer Argumentation bei der Einwerbung von Bundeshilfen und dem Versuch, die Zonenrandförderung zu einer permanenten Einrichtung zu machen. Das negative Image des Zonenrandgebiets wurde auf diese Weise immer wieder reproduziert.

Die frühe Grenzlandhilfe war das Ergebnis hartnäckiger Lobbyarbeit und wahltaktischer Erfordernisse. Sie verdankte ihre Existenz dem Geschick ihrer Fürsprecher, die zeittypische antikommunistische Rhetorik zugunsten der Grenzregionen zu mobilisieren. Neben der Einführung eines ersten Hilfspakets und der offiziellen Anerkennung der wirtschaftlichen und infrastrukturellen Probleme entlang der Demarkationslinie bestand der größte Erfolg der Grenzlandfürsprecher zweifellos in der räumlichen Definition des Zonenrandgebiets als 40 Kilometer breiter Streifen. Dies war eine großzügige Definition: Fast ein Fünftel des bundesdeutschen Territoriums galt plötzlich als negativ von der Grenze betroffen und damit als förderungswürdig. Nach anfänglichem Zögern wurde sogar die »nasse Grenze« der schleswig-holsteinischen Ostseeküste von Flensburg bis Lübeck mit einbezogen, obwohl nur Lübeck die innerdeutsche Grenze direkt »berührte«.[198] Die weitgespannte Definition des Fördergebiets deutet auf eine weitere Dimension des Programms hin, die sich in Herbert Wehners bereits erwähnter Forderung zeigte, der neue Staat müsse »bis an den letzten Zentimeter der Zonengrenze aufgebaut« werden.[199] Sein Appell legt nahe, dass die Zonenrandförderung ein integraler Bestandteil der Territorialisierungsprozesse der jungen Bundesrepublik war. Territorialisierung, von Ulrike Jureit als die Schaffung politischer Räume definiert, die meist mit Staatsbildungsprozessen einhergeht, ist für neue Staaten mit frischen Grenzen von zentraler Bedeutung.[200] Dass die DDR die Territorialisierung entlang ihrer Westgrenze mit anderen Mitteln betrieb als die Bundesrepublik, bedeutet nicht, dass eine Territorialisierung nicht auch in Westdeutschland stattfand. Sie nahm nur andere Formen an, wie etwa die der Alimentierung der Grenzgebiete. Die schwankenden Loyalitäten der Grenzlandbewohner, von denen Barbara Klie 1957 berichtete, ließen darauf schließen, dass diese Regionen noch immer wahre Schwellenräume waren, die zwischen West und Ost oszillieren konnten. Der Ausbau des territorialen Anspruchs auf die Zonenrandregionen wurde in dem Moment dringend, als ideologisch motivierte Übergriffe von der östlichen Seite das westdeutsche Staatsbildungsprojekt zu gefährden schienen.

Die Zonenrandförderung bildete bald einen festen Bestandteil des wirtschaftlichen und kulturellen Lebens im Grenzgebiet. Die Förderung ging weit über den Erhalt und die Schaffung von Arbeitsplätzen hinaus. Sie unterstützte auch den Wohnungs- und Schulbau, die Entwicklung der Verkehrsinfrastruktur sowie kulturelle und soziale Einrichtungen in den Grenzgemeinden. Konzeptionell war die Zonenrandförderung also weder eine branchenspezifische Strukturhilfe noch eine reine Regionalförderung, sondern lässt sich wie die Berlinförderung nur als »subventionspolitischer Sonderfall« erfassen, der letztlich politisch motiviert war und sich aus der Dynamik des frühen Kalten Krieges erklärt.[201]

Die anlaufenden Bemühungen zum Aufbau und Erhalt der Grenzregionen auf westlicher Seite standen in scharfem Kontrast zur vorsätzlichen Entvölkerung der Sperrzone auf DDR-Seite, die auch wirtschaftlich so gut wie keine Entwicklung erfuhr. Ohne staatliche Unterstützung, so sagten westliche Beobachter in den frühen 1950er Jahren voraus, drohe dem Zonenrandgebiet eine allmähliche Verödung und Verarmung, ein Prozess, den zeitgenössische Wirtschaftsgeografen und Raumplaner entlang »echter« Grenzen für unvermeidlich hielten: »Echte« Grenzen produzierten ein Grenzland und unter »Grenzland« verstand man ein verödetes, gar »verstepptes« Gebiet.[202] Da die Bundesregierung die DDR bekanntlich nicht als souveränen Staat anerkannte, sondern als sowjetisches Marionettenregime betrachtete, konnte die Westgrenze der DDR natürlich auch nicht als legitime politische Grenze akzeptiert werden. Im offiziellen Sprachgebrauch wurde sie daher bis weit in die 1960er Jahre als »Demarkationslinie« und »Zonengrenze« bezeichnet, als sei die DDR dem Status als sowjetische Besatzungszone nie entwachsen. In Schulatlanten erschien sie als gestrichelte Linie, die ihren Status als illegitime Grenze unterstreichen sollte.[203] Wenn nur »echte« Grenzen ein Grenzland produzieren konnten, durfte die Bundesregierung nicht zulassen, dass die Landkreise entlang der innerdeutschen Grenze verwahrlosten und sich entvölkerten, denn solch ein Niedergang hätte die Westgrenze der DDR zu einer »echten« Grenze gemacht. So ist die Zonenrandförderung auch als ein weiterer Ausdruck der westdeutschen Politik zu verstehen, der Westgrenze der DDR und damit der DDR an sich die Anerkennung zu verweigern.

2 Der Osten vom Westen: Ein wirtschaftliches Randgebiet an der Grenze

Im Jahr 1953 hatte die Koalition der Grenzlandfürsprecher ihren ersten Etappensieg errungen und dem Zonenrandgebiet politische Aufmerksamkeit gesichert. Die Warnung, dass sich der neu gründete Staat gerade in den Grenzregionen zur DDR keine brüchigen Loyalitäten leisten könne, hatte verfangen. Nachdem Bonn die Verantwortung für die Grenzregionen prinzipiell anerkannt hatte, setzten sich die Grenzlandfürsprecher ein neues Ziel: Die Förderung durch den Bund sollte dauerhaft werden. Was ihnen vorschwebte, war eine Regelung ähnlich der Bundeshilfen für West-Berlin. Vom »Notopfer Berlin« zum Berlinförderungsgesetz, immer bekannte sich der Bund in einer Art und Weise zu West-Berlin, die Planungssicherheit versprach.[1] Das war keine leichte Aufgabe, denn sie stand gleichsam quer zu der nach wie vor gängigen Wiedervereinigungsrhetorik. Obwohl ein Großteil dieser Rhetorik im Verlauf der Adenauer-Jahre zunehmend formelhaft klang und von der energischen Westintegration konterkariert wurde,[2] blieb ihre fortgesetzte Verwendung das Mittel der Wahl, um die DDR und die Sowjetunion für die fortschreitende Teilung des Landes verantwortlich zu machen. Doch würden dauerhaft gewährte Bundeshilfen für das Zonenrandgebiet nicht die Permanenz ebenjener Grenze einräumen, deren Überwindung das Grundgesetz der Politik zum Auftrag gemacht hatte? Unverhofft fanden die Vertreter der Grenzregionen Unterstützung bei bundesdeutschen Raumplanern, die es als ihren Verfassungsauftrag ansahen, eine räumliche Ordnung mit einer gleichmäßigen Verteilung wirtschaftlicher Ressourcen anzustreben und »gleichwertige Lebensbedingungen« im ganzen Land zu schaffen.[3] Besondere Beachtung schenkten sie Grenzregionen und »unterentwickelten« Gebieten, wodurch auch der Zonenrand in ihren Fokus geriet. Obwohl es keine offizielle Koalition zwischen Raumplanern und Grenzlandfürsprechern gab, waren ihre Ziele auf weiten Strecken deckungsgleich. Im Jahr 1965 tauchte der Zonenrand erstmals in einem Bundesgesetz auf. Angesichts der Interessenkongruenz mit den Raumplanern war es kein Zufall, dass dieses legislative Debüt das erste Raumordnungsgesetz war.

Freilich wollten die Grenzlandbefürworter mehr, nämlich eine gesetzliche Regelung, die ausschließlich ihren Regionen gewidmet war, analog zu den Verpflichtungserklärungen des Bundes gegenüber West-Berlin. Mit der Verabschiedung des Zonenrandförderungsgesetzes von 1971 erreichten sie schließlich auch dieses Ziel. Obwohl das Gesetz eine juristische Formsache war, die im Zuge der Einführung der Gemeinschaftsaufgabe als neuer Rahmen der bundesdeutschen Regionalförderung nötig geworden war, feierte die Grenzlandlobby das Zonenrandförderungsgesetz als großen Erfolg. Ihre Regionen waren damit endgültig in der westdeutschen Förderkulisse etabliert.

Allerdings formierte sich in den 1970er Jahren auch Widerstand gegen die Finanzprivilegien der Grenzregionen. Regelmäßig mussten die Grenzlandfürsprecher wiederkehrende Anfechtungen gegen die Subventionen abwehren, die sich immer wieder daran entzündeten, dass das Zonenrandgebiet in vollem räumlichen Ausmaß und ohne Bedarfsprüfung in den Genuss staatlicher Förderung kam. Letztlich bescherten die Verstetigung der Förderung und die Abwehrkämpfe gegen Kritiker dem Grenzland ein langlebiges Image-Problem. Die ständige Wiederholung der Kernargumente für die Zonenrandförderung reproduzierte stereotype Formulierungen und Sichtweisen des frühen Kalten Krieges. In diesen Argumenten verblieben die Grenzregionen stets »im Schatten der Mauer« und hatten die »Last der Teilung« zu tragen. Bei vielen Westdeutschen entstand dadurch erst der Eindruck, das Grenzland sei rückständig, hilfsbedürftig und insgesamt unattraktiv. Versuche, dieses Image in den 1970er Jahren wieder aufzupolieren, waren wenig erfolgreich.

Da die Zonenrandförderung in einer Zeit Gestalt angenommen hatte, als es die dezidierte Politik der Bundesregierung gewesen war, die Legitimität der DDR als souveränen Staat infrage zu stellen, hatte der pragmatischere Umgang, den Bonn in den frühen 1970er Jahren mit dem sozialistischen Nachbarn pflegte, das Potenzial, die politische Unterstützung für die Zonenrandförderung zu untergraben.[4] Mit der Neuaufstellung der innerdeutschen Beziehungen unter Bundeskanzler Willy Brandt (SPD) wirkte schon allein der Begriff »Zonenrandgebiet« nicht länger zeitgemäß.[5] Doch als Brandts neue Ostpolitik 1972 eine vertragliche Neuregelung der Beziehungen der beiden deutschen Staaten hervorbrachte, die der Zonenrandförderung hätte gefährlich werden können, war das Programm bereits per Bundesgesetz etabliert. Aufgrund ihrer engen Verbindung mit der Gründungsgeschichte der Bundesrepublik und einer parteiübergreifenden Einigkeit über ihre Relevanz waren die Grenzlandsubventionen in den 1970er und 1980er Jahren gut gegen Reformversuche gewappnet und selbst dann noch schwer einzuhegen, als 1989/90 die Kernbegründung des Programms – die Grenze – wegfiel.[6] In den Grenzregionen bestanden gegenüber dem Bund Erwartungen, die sich nicht mehr einfach zurückschrauben ließen. Eine glaubwürdige Herausforderung der Zonenrandförderung konnte deshalb nur außerhalb der westdeutschen Innenpolitik entstehen, nämlich in der Europapolitik. Mitte der 1970er Jahre begann die Europäischen Kommission, die Regionalförderprogramme ihrer Mitgliedstaaten zu überprüfen, und betrachtete die Zonenrandförderung bald als eine nicht gerechtfertigte Wettbewerbsverzerrung.

Der Fall der Berliner Mauer im November 1989 und die sukzessive Öffnung der Übergänge entlang der innerdeutschen Grenze führten zu großen Umwälzungen im Grenzgebiet. Die unmittelbaren und mittelfristigen wirtschaftlichen Folgen der Grenzöffnung kamen teilweise einem Déjà-vu gleich: Phänomene aus den späten 1940er Jahren wie der Währungsdualismus und Schmuggelaktivitäten kehrten ins Grenzland zurück und sorgten für Frustration auf beiden Seiten des offenen Zauns. Schließlich entzogen die Auflösung der DDR und die Wiedervereinigung 1990 der Zonenrandförderung ihre Existenzberechtigung – sie wurde 1994 eingestellt. Die bei der Grenzlandförderung eingesparten Bundesmittel und das gesamte Instrumentarium der Investitionsförderung – von bevorzugter Auftragsvergabe zu zinsvergünstigten Aufbaukrediten – wanderten über die ehemalige Demarkationslinie ostwärts. Sowohl im übertragenen als auch im konkreten Sinne ging die Zonenrandförderung also in den »Aufbau Ost« über.[7] Dadurch markierte die nun *ehemalige* Grenze noch auf Jahre ein Subventions- und Lohngefälle, das die Bewohner des einstigen Zonenrandgebiets – durchaus geschichtsvergessen – als wirtschaftliche Benachteiligung beklagten.[8]

Raumplanung und Zonenrandförderung

Im Mai 1952 setzte die DDR sowjetische Anweisungen um, die Westgrenze zur Bundesrepublik zu schließen. Das neue Grenzregime wurde in den westlichen Medien umgehend als unmenschlich und kriminell gebrandmarkt. Adenauer sprach gar von »Terrormaßnahmen«.[9] Allerdings waren den Zeitgenossen der 1950er Jahre Grenzverschiebungen und die Entstehung von Grenzregionen nicht so neu, wie es die öffentliche Empörung vermuten lässt. Der Ausbau der innerdeutschen Grenze wurde mit einem Vokabular kommentiert, das allen, die sich noch an die Gebietsverluste nach 1919 erinnerten, wohlvertraut war. Während der Zwischenkriegszeit wurden die neu gezogenen Grenzen von Polen und der Tschechoslowakei häufig mit drastischen Metaphern beschrieben, die der Sprache über Kriegsversehrte entlehnt waren. Auf Landkarten erschien Deutschland als »verstümmelter« und »blutender« Staats-»Körper«.[10] Eine ähnliche Metaphorik kehrte in den 1950ern und frühen 1960ern zurück. »Jeder Körper, der eine Wunde erleidet«, konnte man da lesen, »wirft alle Abwehr- und Aufbaukräfte an den Rand der Wunde. Die Zonengrenze, jene gefährliche Wunde am Körper des deutschen Volkes, muß leider erfahren, daß die Abwehr- und Aufbaukräfte den Wundrand fliehen.«[11]

Neben der Dramatisierung der Lage in den Grenzgebieten zielte die Rhetorik von der »blutenden Grenze« auch darauf ab, die Antwort der Weimarer Regierung auf diese Herausforderungen in Erinnerung zu rufen: Mitte der 1920er Jahre war ein Förderprogramm für Ostpreußen und Teile Westpreußens auf den Weg gebracht worden.[12] Nun war diese sogenannte Osthilfe im Grunde kein besonders hilfreiches Vorbild, war sie doch vor allem auf den Erhalt der Landwirtschaft und die Sicherung der Privilegien der Großgrundbesitzer dieser Regionen zugeschnitten gewesen und endete überdies mit einem Skandal.[13] Das hielt in den 1950er Jahren die Grenzlandfürsprecher allerdings nicht davon ab, sie als Vergleich heranzuziehen, um ihren Forderungen nach langfristigen Bundeshilfen Gewicht zu verleihen.

Auch die Raumplaner, die in den frühen Jahren der Bundesrepublik eine einflussreiche Rolle als Politikberater innehatten, offenbarten in ihrer Sichtweise auf die neuen Grenzgebiete bezeichnende Kontinuitäten. Der Westen Deutschlands stellte sie in der Nachkriegszeit vor zahllose Herausforderungen, bot ihnen aber auch die Gelegenheit, den Wert ihrer Expertise unter Beweis zu stellen. Das gerade erst geteilte Land musste seine wirtschaftlichen Kapazitäten an ein reduziertes Staatsterritorium anpassen, eine historisch beispiellose Einwanderungswelle von Vertriebenen und Flüchtlingen absorbieren und massive Kriegsschäden an Gebäuden, Verkehrsinfrastruktur und öffentlichen Einrichtungen bewältigen. Als dann ein unerwartet starkes Wirtschaftswachstum einsetzte, ergaben sich neue Probleme, da sich die Wachstumsprozesse in räumlich ungleicher und »ungesunder« Weise vollzogen. Es herrschte Unordnung im Land, und die Raumplaner galten als die Experten dafür, die Ordnung wiederherzustellen, ein Ruf, den sie sich nicht zuletzt durch ihre Beteiligung an den Planungen für das im Krieg besetzte Polen erworben hatten. Wie alle anderen Berufsgruppen im Nachkriegsdeutschland waren auch die Raumplaner vielfach in nationalsozialistische Programme verwickelt gewesen. Nach dem Krieg passten sie sich mühelos den neuen politischen Bedingungen an, ohne von ihren Vorstellungen von »Ordnung« allzu weit abzurücken.[14]

Für Raumplaner bestand die ideale »Ordnung« in einer gleichmäßigen Verteilung der Bevölkerung und der ökonomischen Ressourcen im verbleibenden Raum des zweigeteilten Deutschland, um flächendeckend gleichwertige Lebensbedingungen sicherzustellen. Insbesondere die industrielle Produktion und Fertigung sollte sich nicht in wenigen Industriezentren ballen, sondern räumlich möglichst dezentralisiert sein. Dies wiederum sollte eine gleichmäßige Verteilung der Bevölkerung fördern, die Unterschiede zwischen Stadt und Land mindern und letztendlich zu räumlicher Harmonie, Gleichgewicht und sozialem Frieden führen. Da die Privatwirtschaft von allein die gewünschte Verteilung nicht hervorzubringen schien – das Verständnis für Prozesse der ökonomischen Agglomeration war noch nicht sehr ausgeprägt[15] –, musste der Staat innerhalb der Parameter der neuen Sozialen Marktwirtschaft eingreifen.[16] Eingebettet in diese Ordnungsvorstellung waren modernitäts- und urbanitätsfeindliche Ideologeme, die im Denken der Raumplanung seit ihren Anfängen nach dem Ersten Weltkrieg fest verankert waren. Die Ballung von industrieller Produktion und Menschen, so das damalige Denken, würde die Bewohner den Gefahren einer »Vermassung« aussetzen, die ihre Verwurzlung kappe und sie politisch empfänglich für die Ideen des Kommunismus mache.[17] Außerdem befanden sich viele Notstandsgebiete in ländlichen Gegenden, worin die Raumplaner in den 1920er und 1930er Jahren die unvermeidliche Folge einer ungezügelten Urbanisierung zu erkennen glaubten.[18] Die Notlage ländlicher Regionen konnte sich zudem verschärfen, wenn diese direkt an einer Staatsgrenze lagen.

In den 1930er Jahren studierten führende Planer wie Gerhard Isenberg die ökonomischen Folgen der neuen Grenzen, die 1919 im Osten des Deutschen Reiches gezogen worden waren: Sie schnitten traditionelle Handelsbeziehungen ab, die regionale Wirtschaft verlor ihr Hinterland, Produzenten mussten neue Märkte in größerer Entfernung erschließen, die Verkehrsinfrastruktur war schwach und Zuwanderer von der »anderen Seite« strömten ins Grenzland. Damals empfahl Isenberg, der Staat solle diesen Entwicklungen mit Frachthilfen, niedrig verzinsten Krediten und Steuererleichterungen für Unternehmen begegnen, gepaart mit der gezielten Entwicklung der Verkehrsinfrastruktur.[19] Damit hatten die Raumplaner ein Instrumentarium und Vokabular zur Hand, mit dem sie noch in den 1950er Jahren über die neue Demarkationslinie und das entstehende Grenzland sprechen konnten. Das Zonenrandgebiet zog auch deshalb so rasch die Aufmerksamkeit der Raumplaner auf sich, weil es sich so gut in vertraute Denkschemata einfügte. Nicht zuletzt wegen der starken Personalkontinuität in diesem Berufsstand beherrschten die Prinzipien der Raumplanung aus den Vorkriegsjahren mit gewissen Anpassungen an die neuen politischen Gegebenheiten auch die Nachkriegsanalysen.

Im Jahr 1950 richtete die Bundesregierung einen interministeriellen Ausschuss unter der Bezeichnung IMNOS ein,[20] dessen Aufgabe darin bestand, Notstandsgebiete zu identifizieren, und zwar insbesondere solche, in denen infolge des Zustroms von Vertriebenen und Flüchtlingen hohe Arbeitslosigkeit herrschte. Unter dem Vorsitz eines Vertreters des Wirtschaftsministeriums suchte der Ausschuss den Rat des benachbarten Instituts für Raumforschung in Bonn-Bad Godesberg und nahm sogar Gerhard Isenberg, der nun beim Finanzministerium angestellt war, als Mitglied auf. IMNOS wurde die Schaltstelle, welche die Analysen der Raumplanung in Politik umsetzte: Der Ausschuss bestimmte nicht nur die Not leidenden Regionen, sondern entschied auch gleich über die Hilfsmaßnahmen. Damit legte IMNOS auch den Grundstein für die Politik der Regionalentwicklung in der Bundesrepublik.[21] In den Anfangsjahren beschäftigte sich IMNOS hauptsächlich mit Not leidenden Regionen im Allgemeinen, nicht speziell mit dem Grenzland, obwohl viele traditionelle Notstandsgebiete wie der Bayerische Wald, die Rhön und der Nordosten Hessens nun direkt an der Grenze lagen.[22] Doch sowohl die Regierung in Bonn als auch IMNOS zögerten, das Zonenrandgebiet als eine räumliche Einheit zu betrachten. Selbst nachdem die DDR die Demarkationslinie im Mai 1952 abgeriegelt hatte, blieb IMNOS dabei, dass »die Notlage in einigen anderen Gebieten der Bundesrepublik erheblich grösser ist als in dem Grenzstreifen entlang des Eisernen Vorhangs.«[23]

Ungeachtet solcher Differenzierungsbemühungen zeigten sich im Zonenrandgebiet viele Probleme in paradigmatischer Form, für die sich speziell Raumplaner interessierten. Vor allem die schwankende Bevölkerungszahl im Grenzland beschäftigte die Raumplaner, nicht zuletzt, weil die dortigen Verschiebungen – von der Überbelegung mit Vertriebenen und der hieraus folgenden Arbeitslosigkeit zur Bevölkerungsabwanderung während des wirtschaftlichen Aufschwungs und der damit drohenden »Verödung« – die Ziele der »Ordnung« und des Ausgleichs zu untergraben schienen, in denen sie wesentliche Faktoren für den Erhalt des sozialen Friedens sahen. Hinzu kam die Problematik des Kalten Krieges, die ein wichtiges Bindeglied zwischen Raumplanern und Grenzlandfürsprechern bildete. Beide Gruppen waren sich darin einig, dass die Bundesrepublik den Erfolg ihrer sozialen und politischen Ordnung gerade in den Grenzgebieten besonders zur Schau stellen müsse. »Das Grenzland sich selbst zu überlassen«, schrieb der Leiter des Instituts für Raumforschung Erich Dittrich, »wäre eine ›Bankrotterklärung‹ der Bundesrepublik: ›Das Schaufenster würde geschlossen‹.«[24] Und gemeinsam tendierten sie auch dazu, Ängste zu schüren, um ihre Anliegen voranzutreiben: Die Vertreter des Grenzlandes setzen auf die Furcht vor dem Kommunismus, die Raumplaner auf die Sorge vor einer »Unordnung«, die den Staat untergraben könnte.[25] Vor allem profitierten die Grenzlandfürsprecher von der unter Raumplanern verbreiteten Ansicht, das Ziel gleichwertiger Lebensbedingungen im ganzen Land sei im Grundgesetz verankert und stelle somit einen Verfassungsauftrag dar. Doch wie Ariane Leendertz aufzeigt, ist die Verbindung zwischen dem Leitbild gleichwertiger Lebensbedingungen und der Verfassung letztlich eine Auslegungssache. Das Grundgesetz galt den Raumplanern eher zur Untermauerung vorgefasster Prinzipien, nicht als deren Ausgangspunkt. Leendertz sieht die Ursprünge des Enthusiasmus für dieses Leitbild in der modernitätsfeindlichen Bemühung um Ordnung in den 1920er und 1930er Jahren. Gleichwertige Lebensbedingungen galten als die

Verkörperung räumlicher Harmonie.[26] Kurz, die Argumente der Raumplaner und der Grenzlandvertreter ergänzten einander, ohne dass sie sich ausdrücklich darüber verständigt hätten.

Im Zuge der Bemühungen, die Hilfe für Not leidende Landstriche zu vereinheitlichen, bezog IMNOS die Grenzgebiete 1954 in das erste regionale Förderprogramm der Bundesregierung mit ein. Der Schwerpunkt bei den Sanierungsgebieten, wie die subventionierten Regionen jetzt hießen,[27] lag zuerst auf Kriegsschäden. Sobald diese weniger dringlich wurden, passte der Ausschuss die Förderkriterien an neue Gegebenheiten an. Auch die Methoden der Förderung blieben nicht statisch. Während Regionalhilfe anfangs per Gießkannenprinzip verteilt wurde, ging man in den 1960er Jahren zu Walter Christallers Ordnungsmodell der Zentralen Orte über, das auf die Unterstützung regionaler Zentren setzte, die wiederum auf ihre unmittelbare Umgebung ausstrahlen sollten. Unabhängig von diesen Veränderungen in Umfang und Methode begann das Zonenrandgebiet einen exponierten Platz einzunehmen. Mehr als die Hälfte der Mittel des regionalen Förderprogramms von 1954 flossen bereits in die Zonenrandförderung. Das Grenzgebiet fand auch im ersten Raumordnungsbericht von 1963 ausführliche Erwähnung.[28]

Dass das Zonenrandgebiet in dieser Hinsicht an anderen strukturschwachen Gebieten vorbeizog, wurde auch 1956 deutlich, als Bonn mit seinen europäischen Partnern den Vertrag von Rom verhandelte. Das Wirtschaftsministerium stellte sicher, dass in den Entwurf der Wettbewerbsregeln für den gemeinsamen Markt eine Ausnahme für die Grenzlandförderung eingearbeitet wurde.[29] Im Februar 1957 billigte die Arbeitsgruppe Gemeinsamer Markt diese sogenannte Deutschlandklausel: »Beihilfen für die Wirtschaft bestimmter, durch die Teilung Deutschlands betroffener Gebiete der Bundesrepublik Deutschland« waren von den Wettbewerbsregeln ausgenommen, »soweit sie zum Ausgleich der durch die Teilung verursachten wirtschaftlichen Nachteile erforderlich sind«.[30] In einem Auslegungsprotokoll präzisierte die deutsche Delegation, dass sich diese Bestimmung auf West-Berlin, das Zonenrandgebiet sowie das Saarland und die an dieses Bundesland angrenzenden Landkreise bezog. Das genaue räumliche Ausmaß des Zonenrandgebiets wurde in Rom nicht diskutiert. Da die Hilfen für das Saarland und die angrenzenden Gebiete 1963 auslaufen sollten, stand zu erwarten, dass nur West-Berlin und das Zonenrandgebiet langfristig von der Ausnahmeregelung profitieren würden. Für die Grenzlandvertreter war die Deutschlandklausel »ein großer Erfolg«.[31] Wie wir weiter unten sehen werden, sollte sich ihr wahrer Wert in den 1980er Jahren zeigen, als die Europäische Kommission die Zonenrandförderung infrage zu stellen begann.

Anfang der 1960er Jahre hatten die Fürsprecher des Grenzlands allerdings den Eindruck, gegenüber West-Berlin zurückzufallen. Der latente Wettbewerb zwischen dem Zonenrand und West-Berlin um Aufmerksamkeit, Status und materielle Ressourcen war keineswegs neu. Seit der Blockade durch die Sowjets 1948 war Berlin für die westliche Welt zum Symbol des Kalten Krieges geworden. Um die eingeschlossene Stadt zu unterstützen, führte Bonn eine Solidaritätssteuer (»Notopfer Berlin«) ein, die vor allem als 2-Pfennig-Steuermarke auf jeder Postsendung in Erinnerung blieb. Im Jahr 1950 verabschiedete der Bundestag zudem das Berlinhilfegesetz.[32] Der Bau der Berliner Mauer im August 1961 machte die Teilung der Stadt dann endgültig, woraufhin Bonn die materielle Unterstützung für den »Vorposten der Freiheit« noch verstärkte. Das Berlinhilfegesetz wurde nun auf eine dauerhafte Grundlage gestellt. Es umfasste Kreditbürgschaften des Bundes, Steuererleichterungen und andere Hilfsmaßnahmen mit dem Ziel, die Wirtschaft West-Berlins zu stützen, die Industrie in der Stadt zu halten und genug Arbeitsplätze zu schaffen, um einen Exodus der Einwohner zu verhindern. Im Jahr 1989 stammten 51 Prozent der Einnahmen West-Berlins aus Bundesquellen.[33] Natürlich war die Berlinhilfe nicht unumstritten, und es entging den Grenzlandfürsprechern nicht, dass es für den Zonenrand weder eine Steuer noch ein Gesetz gab. »Seit dem Bau der Mauer in Berlin«, konstatierte der langjährige Oberkreisdirektor des Landkreise Helmstedt, Hans Walter Conrady, »konzentrierten sich die Bemühungen des Bundes nahezu ausschließlich darauf, die Voraussetzungen für ein Überleben Berlins

Im unterfränkischen Landkreis Rhön-Grabfeld demonstrierten Bürger aus Obereßfeld, einem Ortsteil der Gemeinde Sulzdorf an der Lederhecke, Mitte der 1960er Jahre gegen die Benachteiligung des Zonenrandgebiets. Adressat ihrer Protestaktion war der Bundesminister für gesamtdeutsche Fragen, Herbert Wehner, der sich mit einer Bundestagsdelegation auf einer Studienreise im Grenzland befand.

trotz Mauer zu schaffen.« Seine Sorge war, dass sich die die Deutsche Frage auf diese Weise auf die Berlinfrage reduzieren und die Zonenrandförderung aus dem Blick geraten könne.[34] Daher forderte er ein Gesetz, welches das Grenzland ausdrücklich im Namen führte, um so zu zeigen, dass Bonn »sich dem Zonenrand in gleicher Weise verpflichtet fühlt wie West-Berlin, dessen Förderung ja durch ein besonderes Gesetz geregelt ist«.[35] Das war die Botschaft, die Lokalpolitiker und Vertreter der Landkreise entlang der innerdeutschen Grenze nun gegenüber Besuchern aus Bonn unermüdlich wiederholten.[36]

Die 1960er Jahre boten günstige Bedingungen für das Ziel, die Zonenrandförderung gesetzlich zu verankern. Erstens hatte sich die politische Landschaft vollkommen verändert. Mit dem Bau der Berliner Mauer hatte die deutsche Teilung eine gewisse Finalität angenommen – sie war Fakt. In den 1950er Jahren mussten die Grenzlandfürsprecher noch häufig lavieren: Ihre Forderungen nach einer Langzeithilfe bedeuteten keineswegs, dass Ostdeutschland für sie »abgeschrieben« sei.[37] Nach 1961 war solche rhetorische Akrobatik nicht mehr nötig. Zweitens, und obwohl sich die Grenzlandvertreter oft in Konkurrenz zu West-Berlin wähnten, profitierten ihre Regionen vom Status dieses ebenfalls durch die Teilung geschaffenen Sondergebiets. West-Berlin, wo die deutsche Teilung ihren dramatischen Höhepunkt erreicht hatte, war das symbolische Kapital, zu dem Bonn und die Länder unverbrüchlich standen, auch wenn es um die Modalitäten der Berlinhilfe regelmäßig politische Auseinandersetzungen gab.[38] Durch die Strategie der Grenzlandvertreter, ihre Probleme als vergleichbar mit West-Berlin zu beschreiben, konnte der Zonenrand im Kielwasser von West-Berlin schwimmen. Drittens kam den Repräsentanten des Grenzlands zugute, dass der Föderalismus und die Fiskalpolitik der Bundesrepublik während der »langen 1960er Jahre« sozusagen eine zweite Gründungsphase erlebten. Mit einem Optimismus, der durch die Rezession 1966/67 lediglich gedämpft, aber noch nicht durch die Ölkrise Anfang der 1970er Jahre ausgebremst wurde, nahm der Staat mithilfe einer Vielzahl von Experten eine breite Palette von Planungs- und Reformprojekten mit dem Ziel in Angriff, wirtschaftliche Prozesse zu steuern, den Wohlstand in einer rationalen und »modernen« Weise zu sichern und den »Staatskorridor« zu erweitern.[39] In diesem Reformklima, und angesichts des etablierten Status des Zonenrands unter den Raumplanern, tauchte die Zonenrandförderung zum ersten Mal in einem Bundesgesetz auf, nämlich im Raumordnungsgesetz (ROG) von 1965. Eine der Aufgaben des Gesetzes war es, »die Leistungskraft des Zonenrandgebietes [...] bevorzugt mit dem Ziel zu stärken, daß in allen seinen Teilen Lebens- und Arbeitsbedingungen sowie eine Wirtschafts- und Sozialstruktur geschaffen werden, die denen im gesamten Bundesgebiet mindestens gleichwertig sind«.[40] Viertens profitierte das Zonenrandgebiet Ende der 1960er Jahre in gewisser Weise von der Strukturkrise von Kohle und Stahl, denn die Ruhrbergbaukrise machte eine Neuausrichtung der Regionalförderung notwendig, die in dem Vorhaben der »Gemeinschaftsaufgaben« zwischen Bund und Ländern mündete. Die Schaffung dieser Gemeinschaftsaufgaben war Teil der großen Finanzreformen von 1969, die die Verteilung der Staatseinnahmen und die Arbeitsweise des westdeutschen Föderalismus neu definierten.[41] In der Gemeinschaftsaufgabe »Verbesserung der regionalen Wirtschaftsstruktur«, dem neuen zentralen Instrument der regionalen Wirtschaftspolitik, wurde das Zonenrandgebiet abermals bevorzugt behandelt. All diese Faktoren mündeten schließlich in das Zonenrandförderungsgesetz (ZRFG) von 1971, das den Status dieser Beihilfen unantastbar machte.

Die Grenzlandfürsprecher hatten sich schon in den frühen 1950er Jahren in Abgrenzung zu anderen Regionen positioniert. Die Tendenz, andere Hilfsprogramme als mögliche Konkurrenz zu betrachten, zeigte sich abermals Ende der 1960er Jahre in der Strukturkrise an der Ruhr. Der Niedergang des Kohlebergbaus im Ruhrgebiet läutete das Ende des westdeutschen »Wirtschaftswunders« ein. Zwischen 1958 und 1969 war dies das beherrschende innenpolitische Thema.[42] Als sich Wirtschaftsminister Karl Schiller (SPD) anschickte, dem gebeutelten Energiesektor – und mit ihm der gesamten Region – durch das Kohle-Anpassungsgesetz und den Ruhrplan zu helfen, löste dies Unruhe bei den Grenzlandvertretern aus. Sie befürchteten, dass die SPD innerhalb der Großen Koalition Strukturpolitik nur noch zugunsten traditioneller SPD-Hochburgen betreiben wolle. Die Subventionen für das Ruhrgebiet widersprachen auch den bis dahin gängigen raumplanerischen Vorstellungen, dass Regionalhilfe die Industrialisierung in unterentwickelten Regionen fördern sollte. Dass sie nun auch den Strukturwandel in hochindustrialisierten Zentren unterstützen könnte, kam einem Paradigmenwechsel gleich. Darüber hinaus beabsichtigte Schiller, neue Industrien mit einer Investitionsprämie von 10 Prozent ins Ruhrgebiet zu locken. Solche Investitionszulagen waren bislang West-Berlin und dem Zonenrandgebiet vorbehalten gewesen. Sie einer anderen Region zu gewähren, stellte eine Bedrohung für deren Sonderstatus dar. Das Ruhrgebiet, wohin viele Grenzlandbewohner während der 1950er Jahre mit Neid blickten und nicht wenige schon gezogen waren, schien auf dem besten Wege, genau wie die »politischen« Regionen West-Berlin und der Zonenrand ein neues nationales Projekt zu werden.[43] Ein Proteststurm von CDU-Politikern und Grenzlandfürsprechern veranlasste die SPD zu einer politischen Lösung, die in den Worten des Historikers Christoph Nonn auf eine »Strukturpolitik für alle« hinauslief.[44] Ein neues Programm zur regionalen Strukturförderung sollte allen Regionen berechenbaren Zugang zu Bundeshilfen eröffnen. Gleichzeitig nahm Schiller den Kritikern der Ruhrhilfen der Wind aus den Segeln, indem er die teilungsbedingten Förderprogramme aufstockte, sodass sie relativ zum Ruhrgebiet nach wie vor führend blieben. Die sich daraus ergebende Aufblähung der Bundesausgaben wurde von einer breiten »Expansionskoalition« innerhalb der westdeutschen Politik unterstützt, die auf anhaltendes Wirtschaftswachstum setzte und bereit war, die steigenden Staatsausgaben mit Schulden anstatt mit Steuererhöhungen zu finanzieren.[45]

Allerdings führten Schillers Pläne zur Unterstützung des Ruhrgebiets und zur Beschwichtigung seiner Kritiker zu einer Reihe von Verfassungsproblemen, da regionale Strukturhilfen streng genommen in die Zuständigkeit der Bundesländer fielen. Die Zusammenarbeit zwischen Bund und Ländern, insbesondere in ihren Finanzbeziehungen, hatte sich seit Gründung der Bundesrepublik weiterentwickelt, ohne dabei gesetzlich verankert worden zu sein. Auch die Zonenrandförderung – entstanden aus Notfallmaßnahmen und oft durch Verordnungen vorangebracht – operierte in diesem rechtlich unklaren Umfeld.[46] Die regionale Wirtschaftshilfe und eine Reihe anderer Probleme im Getriebe des westdeutschen Föderalismus wurden schließlich in der Finanzreform von 1969 angegangen.[47] Die Vorstellung, dass Bund und Länder mehrere Gemeinschaftsaufgaben gemeinsam planen und finanzieren sollten, wurde eines der wesentlichen Elemente des neuen »kooperativen Föderalismus«, den diese Finanzreform einleitete.[48] Schon vor der Ruhrkrise hatte eine Überarbeitung der Finanzbeziehung zwischen Bonn und den Bundesländern angestanden, politisch gesehen war das neue Konzept der Gemeinschaftsaufgaben aber auch eine Antwort auf die Kritik, die der Ruhrplan erfahren hatte. Denn eine der Gemeinschaftsaufgaben war die »Verbesserung der regionalen Wirtschaftsstruktur«, die sich als wichtigstes Instrument der Regionalhilfe in Westdeutschland etablierte.[49] Zwar blieb die Regionalförderung Aufgabe der einzelnen Bundesländer, doch der Bund beteiligte sich mit 50 Prozent an den Kosten. Förderungswürdige Regionen wurden nach eingehender Bedarfsprüfung in dreijährigen Rahmenplänen unterstützt. Im Idealfall sollte sich ihre ökonomische Struktur dann so weit gebessert haben, dass sie die Förderung nicht länger benötigten. Unter dem üblichen politischen Gerangel wurden so Regionen in die wechselnden Pläne aufgenommen oder schieden wieder aus.[50]

Über die Jahre erlebten die Grenzlandfürsprecher mit, wie zuerst die Beilhilfen für West-Berlin, dann jene für Steinkohlebergbau und schließlich Regionalhilfe als solche im Rahmen der Gemeinschaftsaufgaben Rechtsstatus erlangten. Sie befürchteten eine schleichende Nivellierung und Egalisierung der staatlichen Beihilfen, die aus der Zonenrandförderung ein Programm unter vielen machen würde.[51] Sie erneuerten deshalb ihre Forderungen nach einem Gesetz, das die Priorität der Zonenrandförderung »nach Berlin und vor anderen regionalen Fördergebieten« festschreiben sollte. Dabei wurden sie die Nutznießer der Formalie, dass durch die Gemeinschaftsaufgabe alle zuvor bestehenden regionalen Beihilferegelungen außer Kraft gesetzt wurden und somit die rechtliche Notwendigkeit bestand, die Zonenrandförderung zu kodifizieren.[52] Die Zonenrand-Lobby betrachtete dieses Gesetz als die »Krönung der Zonenrandarbeit«, obwohl sie im Grunde nur eine offene Tür einrannte.[53] Am 17. Juni 1971, dem Tag der Deutschen Einheit zum Gedenken an den Volksaufstand in der DDR von 1953, passierte das Zonenrandförderungsgesetz den Bundestag. Es bestätigte die räumliche Definition des Grenzlandes als einen 40 Kilometer breiten Streifen entlang des Eisernen Vorhangs und verlieh allen zuvor auf diese Regionen angewandten Finanzinstrumenten und Verwaltungsaktivitäten rechtlichen Status.[54] Die Vertreter des Grenzlandes waren äußerst zufrieden mit dem Gesetz, nicht zuletzt, weil sie es selbst geschrieben hatten.[55] Zum einen ermöglichte es der Bundesregierung, weiterhin genau das für den Zonenrand zu tun, was sie bisher ohnehin schon getan hatte. Zum anderen hatte es auch einen ganz realen »Mehrwert«, da es nun eine Ergänzung der Gemeinschaftsaufgabe erforderte. In der ursprünglichen Fassung des Programms zur Verbesserung der regionalen Wirtschaftsstruktur hatte der Zonenrand keine besondere Rolle gespielt. Da er nun aber per Gesetz als Entwicklungsregion anerkannt worden war, musste die Gemeinschaftsaufgabe diesem Sonderstatus auch Rechnung tragen. Dies geschah durch die Anerkennung der »politisch bedingten Sondersituation« im Zonenrandgebiet, die mit einer Vorzugsbehandlung einherging. Während andere Regionen anhand wirtschaftlicher Indikatoren eingeschätzt wurden, entsprechend differenzierte Fördermaßnahmen erhielten und auch aus dem Rahmenplan herausfallen konnten, wurde das Zonenrandgebiet in vollem räumlichen Umfang zu einer festen Größe, ohne sich einer Bedarfsprüfung stellen zu müssen.[56] Die Fürsprecher des Grenzlandes konnten davon ausgehen, dass die Zonenrandförderung unantastbar geworden war.

Imageprobleme: Westdeutsches Entwicklungsland

Die Lobbyarbeit der 1950er und 1960er Jahre hatte dauerhafte Folgen für das Image des Zonenrandgebiets. Da die Kampagnen um staatliche Förderung immer wieder betonten, dass der wirtschaftliche Aufschwung an den Städten und Landkreisen entlang der innerdeutschen Grenze vorbeilief, war das vorhersehbare Ergebnis, dass die Westdeutschen außerhalb des Grenzgebiets, sofern sie sich überhaupt darüber Gedanken machten, den Zonenrand als »Land der armen Leute« zu betrachten begannen. Wenn Grenzlandbewohner beispielsweise ins Rheinland reisten, erlebten sie, dass ihre westdeutschen Mitbürger sie bemitleideten oder sie für Jammerer hielten.[57] Oft wussten ihre Landsleute gar nicht, ob eine bestimmte Stadt im Grenzland noch im Westen oder schon im Osten lag. So wurden im Frühjahr 1959 die Mitglieder einer Mannschaft aus Helmstedt, die zu einem Schwimmwettkampf ins westfälische Hameln anreisten, als

»Gäste von jenseits des Eisernen Vorhangs« begrüßt.[58] Für manche Westdeutsche wurde das Zonenrandgebiet im Laufe der Zeit zu einem fernen Land. Sie überschätzten ganz buchstäblich die räumliche Entfernung und die Reisezeit von ihrem Heimatort in eine Stadt an der Grenze, zum Beispiel von München nach Hof.[59]

Ende der 1960er Jahre fiel auch Politikern und Bürokraten auf, dass das Zonenrandgebiet ein Imageproblem hatte, das ihre Unterstützungsbemühungen behinderte. »Indem dieses Gebiet ständig als Notstandsgebiet hingestellt werde«, so berichtete die *Hessische Allgemeine* die Ansicht eines Ministerialbeamten aus Wiesbaden, »erweise man den hier lebenden Menschen keinen guten Dienst [und] ›verprelle‹ ansiedlungswillige Unternehmer.«[60] Wie man im Bonner Wirtschaftsministerium nur zu gut wusste, konzentrierte die Presse sich lieber auf Extremfälle wie Schnackenburg an der Elbe oder Duderstadt bei Göttingen, was die Wahrnehmung der Grenzregionen als »Armenhaus der Bundesrepublik« – menschenleer und trostlos – verfestigte.[61] Das Image des Zonenrands schwankte zwischen »Notstandsgebiet« und »Schaufenster des Westens«. Beides ging an der Realität in den wirtschaftlich heterogenen Regionen entlang der innerdeutschen Grenze vorbei.[62]

Mit dem Ende der Ära Adenauer begann man von offizieller Seite, merklich anders über das Zonenrandgebiet zu sprechen. Die Rede war nun weniger von den dortigen Problemen als vielmehr von den besonderen Leistungen der Region. Dieser Wandel im Ton fiel mit den Anfängen der neuen Ostpolitik zusammen, im Zuge derer auch die Deutschlandpolitik von Konfrontation auf Kooperation umgestellt wurde. Der Zonenrand – schon im Namen ein Relikt der Deutschlandpolitik der 1950er Jahre – wurde unweigerlich in die parteipolitische Auseinandersetzung um die neue Ostpolitik mit hineingezogen. Freilich hatte keine bundesdeutsche Partei jemals vor, dem Grenzland den Geldhahn abzudrehen. Es war geradezu ein Merkmal der Zonenrandförderung, dass sie von allen Parteien mitgetragen wurde. Bei Auseinandersetzungen um das Programm ging es stets um Nuancen, nicht um die Substanz. Das Zonenrand-Image war eine dieser Nuancen. Um die Darstellung der Grenzregionen entspann sich ein parteipolitischer Disput, der aber eher ein Schaulaufen ohne tatsächliche politische Konsequenzen war. Immer wenn Amtsträger einer Partei in eigens veröffentlichten Broschüren die positiven Ergebnisse von Förderprogrammen herausstellten, reagierte die Gegenseite mit wütenden Protesten. Beispielsweise warf 1964 der Oberbürgermeister von Fulda, Alfred Dregger (CDU), Heinz Kreutzmann vor, die Bilanz der hessischen Landesregierung zu beschönigen. Kreutzmann war Staatskommissar für die Förderung der hessischen Notstandsgebiete und Zonengrenzkreise. Er hatte seine politische Karriere als Vertriebenenpolitiker begonnen, rückte aber mit der Zeit von einer konfrontativen Deutschlandpolitik ab und wurde als SPD-Mitglied überzeugter Anhänger der Ostpolitik. Dregger war der Ansicht, Kreutzmanns Bilanz vermittele den Eindruck, »es sei ja alles halb so schlimm« im Zonenrandgebiet, während Kreutzmann meinte, man dürfe die Situation nicht ständig »nur schwarz in schwarz ... malen«, da dies letztlich sowohl Investoren als auch Touristen abschrecke.[63]

Doch auch die Vertreter der betroffenen Regionen wandten sich gegen eine allzu positive Darstellung des Zonenrandgebiets, und dies unabhängig von ihrer Parteizugehörigkeit. Sie konnten nur davon profitieren, wenn ihre Regionen weiterhin als bedürftig wahrgenommen wurden. Deshalb hielten sie auch an Variationen des Opferdiskurses der 1950er Jahre fest, der bis in die 1980er Jahre immer wieder aufflackerte. So argumentierte ein Grenzlandfürsprecher beispielsweise 1983: »Das Zonenrandgebiet trägt für uns alle nach wie vor die Last des verlorenen Krieges und des Untergangs des Reiches.«[64] Diese Art von Rhetorik nahm den Staat weiterhin für das Zonenrandgebiet in die Pflicht. In der Tat waren die Grenzlandfürsprecher darauf bedacht, das moralische Kapital zu schützen, das ihre Ansprüche untermauerte, und wehrten sich beispielsweise gegen Vorschläge, die Bezeichnung »Zonenrandgebiet« aufzugeben, obwohl Umfragen zeigten, dass der Begriff negative Assoziationen hervorrief. Obwohl die Bundesregierung im amtlichen Verkehr den neutraleren Ausdruck »Grenzgebiet zur DDR« einführte, hielten Lokalpolitiker an dem Ausdruck »Zonenrandgebiet« fest. Das Wort allein rief die Erinnerung daran wach, wie diese Grenzgebiete entstanden und warum sie unverschuldet in eine benachteiligte Lage geraten waren.[65] Eine Episode aus den späten 1970er Jahren beleuchtet das Tauziehen um die Darstellung des Grenzlandes.

Wie andere Akteure der Zonenrandpolitik versuchte auch das Bundesministerium für innerdeutsche Beziehungen unter Egon Franke (SPD), neue Töne anzuschlagen. Das Bemühen, das Image und auch das Selbstverständnis der Grenzregionen zu erneuern, gipfelte 1978 in einer Wanderausstellung, die das Ministerium unter dem vielsagenden Titel »Unser Zuhause kann sich sehen lassen« durch 45 Orte im Zonenrandgebiet touren ließ.[66] Die Bundesregierung wollte damit verdeutlichen, was sie alles bereits für das Zonenrandgebiet getan hatte, und das Opferimage der Grenzregionen abschütteln, an dem sie selbst in den 1950er Jahren fleißig mitgestrickt hatte. Doch überall, wo sie auftauchte, förderte die Ausstellung ebendiese Mentalität zu Tage. »Ohne staatliche Förderung, und zwar höhere als für andere Fördergebiete«, könnten die Standortnachteile nicht ausgeglichen werden, meinte der Braunschweiger Oberbürgermeister. Er gab der »Demarkationslinie« die Schuld für die mangelnde Anziehungskraft der Region auf Investoren. Der Staatssekretär des Ministeriums, Egon Höhmann, wagte daraufhin den Hinweis, dass es einigen Regionen im Zonenrandgebiet deutlich besser gehe als so manchen strukturschwachen Gebieten in anderen Landesteilen.[67] Höhmann hatte seine Hausaufgaben gemacht: Das Ministerium hatte für jeden der Ausstellungsorte eine kurze Studie der wirtschaftlichen Lage erstellt. Für Braunschweig wurde darin festgehalten, dass lokale Unternehmen wie der Kamerahersteller Rollei in den letzten acht Jahren Rückschläge erlitten hatten. Im Gegensatz zur Braunschweiger Lesart führte das Ministerium diese Rückschläge jedoch nicht auf den Standort im Grenzgebiet, sondern auf betriebswirtschaftliche Fehleinschätzungen zurück. Rollei habe seine Produktpalette zu einem ungünstigen Zeitpunkt diversifiziert und die japanische Konkurrenz unterschätzt.[68] Natürlich blieb auch die Braunschweiger Industrie nicht von der Strukturkrise der 1970er Jahre verschont, die den Südosten Niedersachsens früher und etwas stärker traf als weiter westlich gelegene Regionen.[69] Doch in Anwesenheit eines Vertreters der Bundesregierung ließ sich kein Kommunalpolitiker oder Unternehmer auf eine nüchterne makroökonomische Analyse ein, die die moralische Grundlage für den Anspruch der Region auf Bundeshilfe hätte schwächen können.

Als die Ausstellung nach Lüchow im Landkreis Lüchow-Dannenberg kam, erschien der Eröffnungsredner des Ministeriums wie immer gut präpariert. Der Landkreis befand sich 1978 in Aufruhr, weil in der grenznahen Gemeinde Gorleben eine nukleare Wiederaufbereitungsanlage und ein Lager für Atommüll gebaut werden sollte – ein Thema, das im letzten Kapitel ausführlicher behandelt wird. Außerdem befürchtete man die Stilllegung unrentabler Bahnstrecken, wodurch sich die verkehrstechnische Randlage des Landkreises noch weiter verschlechtert hätte. Die immer wiederkehrende Klage des Oberkreisdirektors galt jedoch dem anhaltenden Bevölkerungsverlust von Lüchow-Dannenberg. Die Zahlen klangen in der Tat dramatisch. Die Einwohnerzahl des Landkreises war von 72 741 im Jahr 1950 auf 51 271 im Jahr 1967 gesunken.[70] Doch wie das Ministerium seinem Referenten erklärte, bezogen sich die Berechnungen von Oberkreisdirektor Wilhelm Paasche stets auf das Basisjahr 1950, als die Region mit Vertriebenen und Flüchtlingen überbelegt war. Damals war es das erklärte Ziel der Bundespolitik gewesen, diese Menschen anderswo neu anzusiedeln, eine Politik, die von den Einheimischen begrüßt wurde. Die Vertriebenen waren nach dem Krieg bekanntlich nicht mit offenen Armen empfangen worden. Unter Heranziehung der Bevölkerungsstatistik aus der Vorkriegszeit kamen die Beamten des Ministeriums also zu einer ganz anderen Berechnung: Im Jahr 1978 lebten in diesem Landkreis 25 Prozent mehr Menschen als noch 1939.[71]

Beide Seiten wussten, wie sie die Argumente des Gegenübers zu deuten hatten. Wie ein anderer Redner es formulierte, hatte es »[ü]ber eine lange Zeit ... sozusagen als kommunale Pflicht gegolten, bei jeder Gelegenheit auf die Notlage der von der innerdeutschen Grenze betroffenen Gemeinden und Kreise hinzuweisen, selbst wenn es eigentlich nichts zu klagen« gab.[72] Dieses Muster setzte sich fort. Wo auch immer die Ausstellung ankam, nutzten die Lokalpolitiker die Gelegenheit, mehr Bundeshilfe einzufordern. In Abwandlung des Titels der Ausstellung lautete ihr Motto offenbar: »Unser Zuhause könnte sich noch besser sehen lassen.«[73] Während diese Beharrlichkeit den Eindruck erwecken mochte, dass sich im Zonenrandgebiet niemals etwas änderte, gerieten die Bundeszuschüsse in den 1970er und 1980er Jahren wiederholt in die Kritik. Die Bundesdeutschen hatten sich an die Teilung gewöhnt, und die Zonenrandförderung erschien vielen nicht mehr zeitgemäß.

Gegen den Status quo: die 1970er und 1980er Jahre

»Versprechen die denn gar nichts?« Der Stadtdirektor von Duderstadt wirkte verblüfft, als Mitte der 1970er Jahre eine Bundestagsdelegation in die Stadt kam, ohne neue Fördermittel anzukündigen. »Der Stadtdirektor«, behauptete das Magazin *Stern,* »ist gewohnt, daß alles, was aus Bonn kommt, Geld bringt.«[74] Die Darstellung der Grenzregion in dem provokanten Artikel war alles andere als schmeichelhaft. Der Zonenrand erschien als ein Fass ohne Boden, in dem Millionen verschwanden, ohne dass in Bonn jemand sagen konnte, woher das Geld kam und wohin es floss. Dank der Finanzierung des Bundes hätten sich kleine Gemeinden eine unverhältnismäßige Infrastruktur zugelegt. Der Artikel konnte sich auch den Hinweis nicht verkneifen, dass eine der wohlhabendsten Gemeinden der Bundesrepublik – Wolfsburg mit seinem VW-Werk – zufällig im Zonenrandgebiet lag. Zudem verglich er eine Reihe von Kleinstädten entlang der Grenze mit entsprechenden Städten im Landesinneren, die mit ähnlichen Problemen zu kämpfen hatten, sei es die Überalterung der Bewohner oder ein Mangel an Fachärzten. Schließlich fand der *Stern* Hinweise, dass »Investoren« regelmäßig die finanziellen Instrumente der Zonenrandförderung ausnutzten, ohne tatsächlich Arbeitsplätze zu schaffen.

Solcher Missbrauch der Zonenrandförderung, insbesondere im Immobilienbereich, wurde in den 1970er Jahren zum Problem. Unternehmer witterten ein Potenzial für Ferienanlagen im Zonenrandgebiet, was einen Bauboom an der Ostseeküste Schleswig-Holsteins, im Harz und im Bayerischen Wald auslöste. Bald standen riesige Hotel- und Wohnanlagen in der Landschaft, die Privatanlegern als sicherer Weg zu Steuerersparnis und Kapitalrendite angepriesen wurden. Die Zonenrandprivilegien sorgten für verlockende Angebote. Über die Kombination verschiedener Anreize übernahm der Staat einen signifikanten Teil des unternehmerischen Risikos bei touristischen Projekten dieser Art.[75] Für die Bauherren gab es zudem günstige Grundstücke und Kredite, die Bundesländer übernahmen bereitwillig große Bürgschaften und die Gemeinden steuerten die Erschließungskosten in Form von Versorgungsanschlüssen und Straßen bei. Zwischen 1969 und 1973 entstanden im Zonenrandgebiet 36 solcher Anlagen, die die Zahl der Betten an der Ostseeküste um 43 Prozent und im Westharz um 44 Prozent erhöhten.[76] Die Westdeutschen kannten solcherart Ferienanlagen vom Urlaub am Mittelmeer, aber würden sie die Menschen auch in weniger freundliche Gefilde locken? Die Hoffnung der Hoteliers an der Ostsee auf eine ganzjährige Saison erwies sich als Reinfall. Auch die allgemeine Wirtschaftslage wollte nicht mitspielen: Die Zinsen zogen an und die Rezession der 1970er Jahre setzte ein.[77] Außerdem führte der Bauboom zu Überkapazitäten. Die Presse verfolgte diese Entwicklungen Anfang der 1970er Jahre mit kritischem Blick.[78] Diese Projekte, aus der Not des Überflusses geboren, hatten nichts mehr mit der ursprünglichen Idee zu tun, die wirtschaftliche Überlegenheit des westlichen Systems im Zonenrandgebiet zu demonstrieren oder diese Region auf eine mögliche Wiedervereinigung vorzubereiten. Im Gegenteil, ein Kommunalbeamter im holsteinischen Sierksdorf an der Ostsee befürchtete sogar, dass »Ulbricht eines Tages die Grenze und den Strand aufmacht und dann alle rübergehen, weil's da billiger ist«.[79] Wenige Jahre später platzte diese Immobilienblase und festigte den Ruf der Zonenrandförderung als Steuerverschwendung.[80]

Entwicklungen wie diese »Hotelblase« vertieften die Kluft zwischen jenen Bundesländern, die Zonenrandförderung bezogen, und jenen, die sie mitfinanzierten. Diese Spannungen hatten das Programm von Anfang an begleitet. Die Nichtempfänger hatten schon Anfang der 1950er Jahre darauf bestanden, dass die Bundeshilfen sich auf Schäden beschränken sollten, die direkt auf die Grenzschließung im Mai 1952 zurückgingen. Vertreter Hamburgs und Nordrhein-Westfalens argumentierten damals, ganz Westdeutschland, nicht nur das Gebiet an der innerdeutschen Grenze, habe mit Verwerfungen der Wirtschaftslandschaft durch die Teilung zu rechnen.[81] Für Hamburg entwickelte sich die Zonenrandrandförderung im Laufe der Jahre zu einem besonderen Ärgernis. Die Hansestadt selbst hatte keinen Anspruch auf diese Unterstützung, wohl aber eine Reihe von Landkreisen an ihrem östlichen Rand. In einer Umkehrung der Dynamik der Wiederaufbaujahre entwickelten sich diese Landkreise in den 1970er und 1980er Jahren nun zu Konkurrenten Hamburgs. Sie präsentierten sich als attraktive Wirtschaftsstandorte: Nicht nur konnten sie mit der unmittelbaren Nähe zur Metropole punkten, die Zonenrandförderung reduzierte auch die Investitionskosten für Unternehmer.[82] Hamburgs Politiker erkannten das Problem erst, als 1972 der Maschinenbauer Bran & Lübbe ankündigte, mit rund 360 Arbeitsplätzen und einem jährlichen Geschäftsvolumen von 50 Millionen DM ins benachbarte Norderstedt umzusiedeln.[83] In dem darauffolgenden Wortgefecht mit der schleswig-holsteinischen Landesregierung nannte ein Hamburger Senator die Zonenrandförderung eine »Fehlleitung öffentlicher Mittel«.[84] Doch das Problem wurde nie gelöst, der Umzug von Betrieben über die Stadtgrenze setzte sich fort. Der Hamburger Senat forderte daher eine Bedarfsprüfung bei der Mittelvergabe im Zonenrandgebiet, jedoch ohne Erfolg.[85]

Ende der 1970er Jahre stand Hamburg mit seiner Forderung nach mehr Rechenschaft bei der Zonenrandhilfe nicht mehr alleine da.[86] Das Programm war zum Paradebeispiel für die Verteilung von Geldern an alle und jeden geworden, nicht zuletzt, weil sich seine Befürworter standhaft weigerten, die räumliche Einheit des Zonenrandgebiets anzutasten oder ökonomische Indikatoren für die Mittelvergabe zuzulassen. Selbst der Vorsitzende des Bundestagsausschusses für innerdeutsche Beziehungen, Olaf von Wrangel (CDU), der qua Amt für die Zonenrandförderung eintreten musste, plädierte inzwischen für eine stärkere Differenzierung der Förderstruktur. Von Wrangels eigener Wahlkreis Stormarn gehörte zu den geförderten Gebieten im Umland von Hamburg. Er wusste, dass er seine politische Karriere aufs Spiel setzte, wenn er zu lautstark forderte, wohlhabenden Landkreisen im Zonenrandgebiet die Förderung zu kürzen. Wie wenig die Subventionen mit den Folgen der Teilung oder der Nähe zur DDR zu tun hatten, zeigt sein Vorschlag zur Lösung des Dilemmas: Statt die wirtschaftsstarken Gebiete im Grenzland aus dem Programm herauszunehmen, schlug er vor, den schwachen Regionen noch mehr Geld zu geben.[87] Auch er kannte nur ein Mittel gegen die Probleme mit der Zonenrandhilfe: noch mehr Zonenrandhilfe.

Diese Art von Denken machte eine dauerhafte Lösung der Hamburger Misere unwahrscheinlich. So legte die Stadt 1986 ein eigenes Investitionshilfeprogramm auf, um der Wettbewerbsverzerrung vor ihren Toren etwas entgegenzusetzen. Hamburg gab über 27 Millionen DM aus, um 31 Unternehmen zu halten, musste dann aber feststellen, dass das Förderprogramm nicht mit dem europäischen Wettbewerbsrecht vereinbar war.[88] Nach einer weiteren Umsiedlungswelle von Unternehmen[89] fuhr der Hamburger Senat 1987 schließlich sein stärkstes Geschütz auf und brachte ein Gesetz zur Reform der Zonenrandförderung in den Bundesrat ein. Es kam nicht einmal über die Ausschussebene hinaus.[90] Die Vertreter des Landes Nordrhein-Westfalen hätten ihn warnen können. Sie hatten bereits einige Jahre zuvor den Versuch unternommen, die Zonenrandförderung ganz abzuschaffen. Doch die »geballte Zonenrand-Mafia«, wie es ein Politiker nannte, schmetterte ihre Initiative ab.[91] Nach dem Fall der Berliner Mauer waren Hamburgs Politiker die Ersten, die eine sofortige Abschaffung der Zonenrandförderung forderten.[92]

Die hartnäckigste Herausforderung für die Zonenrandförderung ging jedoch von der Europäischen Kommission in Brüssel aus. Unabhängig von bundesdeutschen Legislaturperioden und parteipolitischer Dynamik verfolgte deren Generaldirektion Wettbewerb (GD IV) das Thema in den späten 1970er und 1980er Jahren. Das Eingreifen der GD IV kam für die Bundesregierung überraschend. Sie hatte sich auf die Deutschlandklausel der Römischen Verträge von 1957 verlassen, mit der die Regierung Adenauer Ausnahmen für die Zonenrandförderung ausgehandelt hatte.[93] Bonn hatte den entsprechenden Artikel so interpretiert, dass das Programm nicht der Beihilfekontrolle der Europäischen Kommission unterliege. Doch seit 1970 hatte die GD IV ein Auge auf den Umfang der westdeutschen Regionalförderung geworfen.[94] Im Jahr 1978 erhielten nicht weniger als 61 Prozent des westdeutschen Staatsgebiets Beihilfen im Rahmen der Gemeinschaftsaufgabe.[95] Um den Umfang der westdeutschen Regionalbeihilfen zu stutzen, nahm die GD IV insbesondere die Zonenrandförderung ins Visier, in die ohne weitere Bedarfsprüfung erhebliche Mittel aus dem Topf der Gemeinschaftsaufgaben flossen. Trotz aller Bemühungen der Bundesregierung, den Brüsseler Kontrollen zu entgehen, äußerte die Kommission 1979 öffentlich »Bedenken« gegen die Zonenrandförderung und leitete eine Untersuchung ein.[96]

Im Mittelpunkt des Disputs stand die Auslegung der Deutschlandklausel, die das Zonenrandgebiet von der europäischen Wettbewerbskontrolle ausnahm. Während Bonn betonte, dass »bestimmt[e], durch die Teilung Deutschlands betroffen[e] Gebiete« für jede Art von Beihilfen freigegeben seien, beharrte die Europäische Kommission darauf, dass dies nur gelte, »soweit sie zum Ausgleich der durch die Teilung verursachten wirtschaftlichen Nachteile erforderlich sind«.[97] Genau wie der Hamburger Senat bemängelte auch Brüssel, dass die Zonenrandförderung die Empfänger staatlicher Beihilfen allein nach ihrem Standort und nicht nach nachweisbarem Bedarf auf der Grundlage wirtschaftlicher Indikatoren definiere. Sie war nicht bereit, die großzügige räumliche Definition des Zonenrandgebiets zu akzeptieren, die im Vertrag von Rom so nie gebilligt worden war, und wollte

Landkreise mit gesundem Arbeitsmarkt von der Zonenrandförderung ausgeschlossen sehen.[98] Vor allem bestand die Europäische Kommission darauf, dass die Freistellung nur für Beihilfen gelte, die tatsächliche Folgen der Teilung milderten, was nach Ansicht der GD IV konkrete Kriterien erforderte.[99] Der deutsche Hinweis auf die *mögliche* wirtschaftliche Entwicklung, die diese Regionen ohne die Teilung *hätten* nehmen können, war nach Ansicht Brüssels kontrafaktisch und daher nicht empirisch überprüfbar.[100] Die Wettbewerbshüter taten sich besonders schwer, drei Jahrzehnte nach der deutschen Teilung den von Bonn behaupteten Kausalzusammenhang zwischen der Grenze und einer geminderten wirtschaftlichen Leistungsfähigkeit im Zonenrandgebiet zu akzeptieren. Sie forderten die Bundesregierung deshalb auf, einen Bericht über die wirtschaftliche Entwicklung im Zonenrandgebiet seit Kriegsende vorzulegen.[101] Die Untersuchung der Europäischen Kommission hatte das Potenzial, die Kernargumente der Zonenrandförderung auszuhebeln. Mit der Frage, inwieweit die lokale und regionale Wirtschaft noch immer unter den Folgen der Teilung litt und wie genau die staatlichen Subventionen denn diesen Nachteilen entgegenwirkten, deuteten die Wettbewerbshüter auch an, dass die deutsche Teilung für Brüssel kein tragendes Argument mehr war.

Das brachte die Bundesregierung in eine Zwickmühle: Intern kamen die Beamten im Wirtschaftsministerium zu dem Schluss, dass ihre räumliche Definition des Zonenrandgebiets auf europäischer Ebene nicht haltbar war. Und noch problematischer: Ihr Standpunkt, dass die Grenze kausal für die anhaltende Strukturschwäche im Zonenrandgebiet sei, war ebenfalls wackelig.[102] Doch aus innenpolitischen Gründen verteidigten sie weiter unverdrossen die Zonenrandförderung.[103] In einer ersten Antwort an die Europäische Kommission bestritt Bonn rundheraus, dass wirtschaftliche Indikatoren als Grundlage der Bedarfsermittlung des Zonenrandgebiets überhaupt brauchbar seien, und stellte die Methoden infrage, die die Europäische Kommission zur Erhebung solcher Daten anwandte.[104] Der Disput über die Datenerfassung war nicht bloß Wortklauberei, er stellte eine ernsthafte Bedrohung für das Zonenrandgebiet dar. Seit die Europäische Kommission Anfang der 1970er Jahre einen eigenen regionalen Entwicklungsfonds aufgelegt hatte, bemühte sie sich, die Wirtschaftsleistung der Mitgliedsregionen mittels ökonomischer Indikatoren zu erfassen.[105] Einheitliche Wirtschaftsindikatoren machten benachteiligte europäische Regionen vergleichbar – das war der Sinn der Sache. Angesichts des Wohlstandsniveaus in Westdeutschland stand das Zonenrandgebiet allerdings im europäischen Vergleich recht gut da. Die Grenzlandvertreter hatten anfangs noch geglaubt, ihre Regionen könnten in den Genuss des Europäischen Fonds für regionale Entwicklung (EFRE) kommen.[106] Doch schnell ging ihnen auf, dass der Zonenrand im Rahmen des EFRE mit den »viel schlechtere[n] Verhältnissen i[m] Mezzogiorno, [in] Irland und Schottland« in Konkurrenz stand – eine Erkenntnis, auf die sich heimische Gegner der Zonenrandförderung wie Hamburg sicherlich stürzen würden.[107]

Eine Auseinandersetzung über Wirtschaftsindikatoren mit den Brüsseler Wettbewerbshütern konnte Bonn nur verlieren. Der Bundesregierung blieb also nichts anderes übrig, als sich auf das Argument zu verlegen, dass es sich bei der Zonenrandförderung um ein *politisches* Programm handle: Die Regionen würden im Rahmen des Verfassungsauftrags der Wiedervereinigung bevorzugt unterstützt. Da es also gar kein Wirtschaftsförderungsprogramm sei, erübrige sich der Vergleich von Wirtschaftsdaten. Als Antwort auf die Brüsseler Anforderung eines Berichts schickte Bonn daher ein Dokument, das zwar die wirtschaftliche Heterogenität des Zonenrandgebiets einräumte, zugleich jedoch erklärte, dies sei für die strittige Frage irrelevant. Unabhängig von den aktuellen Indikatoren bestehe für das gesamte Zonenrandgebiet ein »gleichmäßiger Dauerschaden«, der eine gleichmäßige Förderung rechtfertige.[108] Die Grenzlandfürsprecher unterstützten diese Argumentation, so gut sie nur konnten. Von der Europäischen Kommission unter Druck gesetzt, griffen sie vergleichbare Bundeshilfen an – von Stahlsubventionen bis hin zu Entwicklungsfonds für andere Regionen –, um den Umfang ihrer eigenen Beihilfen zu sichern.[109]

Da beide Seiten sich nicht bewegen wollten, schien sich der Disput zwischen Bonn und Brüssel zum Dauerbrenner zu entwickeln. Statt den aussichtslosen Versuch zu unternehmen, die Bundesregierung zum Einlenken zu bewegen, entschied sich die GD IV dafür, Einzelfälle der Zonenrandhilfe rechtlich anzufechten, und begann vor den Europäischen Gerichtshof zu ziehen, wann immer sie den Verdacht hegte, dass Beihilfen für bestimmte Wirtschaftszweige unter dem Deckmantel der Zonenrandförderung vergeben wurden. In einer Entscheidung von 1986 gegen Subventionen für ein Kunstfaserunternehmen hieß es: »Die Kommission war nie der Meinung, daß die Zonenrandgebiete ... der Überwachung staatlicher Beihilfen zugunsten von Industriezweigen ... automatisch entzogen sind.«[110] Sie bekräftigte, dass sich die Befreiung von den Wettbewerbsregeln in den Römischen Verträgen ausschließlich auf Folgen der Teilung beziehe, und wenn Bonn keinen Kausalzusammenhang zwischen der deutschen Teilung und einem strukturellen Nachteil nachweisen könne, sei die Beihilfe unzulässig. Einige Bundestagsabgeordneten nahmen den Druck aus Brüssel ernst genug, um wenige Monate vor dem Fall der Mauer Gerüchte zu streuen, die EU-Kommission beabsichtige, die komplette Einstellung der Zonenrandförderung zu fordern.[111] Letztlich vermochte nur das eine Ereignis, auf das dieses Programm die Zonenrandgebiete angeblich schon immer vorbereitet hatte – der Wegfall der Grenze –, das Füllhorn zum Versiegen zu bringen. Doch als es schließlich tatsächlich eintrat, zeigten die Grenzlandfürsprecher keinerlei Neigung, sich stillschweigend zu verabschieden.

Offene Grenze und neue DMark-ationslinien[112]

In der denkwürdigen Nacht des 9. November 1989, als sich der Eiserne Vorhang unerwartet auftat, überquerten die ersten DDR-Bürger die Grenze nicht in Berlin, sondern am Grenzübergang Marienborn/Helmstedt.[113] Wie auch in Ost-Berlin waren die Bewohner der Sperrzone auf östlicher Seite elektrisiert von den Nachrichten, dass die Grenze »sofort« und »unverzüglich« passierbar sei.[114] Vor den zwanzig regulären Grenzübergängen bildeten sich Menschenmengen, die Durchlass begehrten. Am Übergang Selmsdorf/Lübeck-Schlutup fuhr kurz vor 22 Uhr der erste blaue Trabant nach Schlutup. Die Beamten des Bundesgrenzschutzes boten den Insassen Umsiedlerformulare an, doch wollten diese sich nur Lübeck ansehen und anschließend wieder nach Hause fahren.[115] Noch in der Nacht bildete sich eine »Trabischlange ... über Selmsdorf bis zum Horizont«, die am ersten Tag gut 60 Kilometer bis Wismar reichte. Der Besucherstrom riss für die nächsten vier Wochen nicht mehr ab und stellte die Stadt vor ungeahnte logistische Herausforderungen. Nicht nur brach der Verkehr in und um Lübeck zusammen, die Besucher aus Mecklenburg mussten auch versorgt werden, denn viele von ihnen kamen aus der Stadt gar nicht mehr heraus. Auf dem Marktplatz entstand spontan eine Übernachtungsbörse, auf der die Lübecker private Unterkünfte zur Verfügung stellten.[116]

In den folgenden Wochen öffneten nicht nur die bestehenden Grenzübergänge, Gemeinden drängten auch auf die Einrichtung neuer in ihrer Nähe – »Reisefreiheit« wurde das Wort des Jahres 1989. Im Februar 1990 hatte die innerdeutsche Grenze schon 192 Übergänge, darunter fünf Fährverbindungen über die Elbe.[117] Aus jeder neuen Grenzöffnung wurde ein Volksfest. Menschen aus benachbarten Gemeinden, die einander über die Jahre fremd geworden waren, konnten sich erstmals wieder die Hand reichen. Da den DDR-Bürgern oft noch die Möglichkeiten für Reisen in entferntere Orte fehlten, wurden die Städte im Zonenrandgebiet das Anlaufziel ihrer ersten Ausflüge auf die andere Seite. Dort hatte man bald nicht mehr nur mit überlaufenen Innenstädten und zugeparkten Straßen zu kämpfen, sondern auch mit überlasteten Rathäusern, Banken und Postämtern, wo sich die DDR-Bürger das von der Bundesregierung bereitgestellte »Begrüßungsgeld« von 100 DM abholen konnten.

So ging es auch im unterfränkischen Mellrichstadt zu. Wie andere Zonenrandstädte begrüßten auch die 5000 Einwohner des Ortes ihre ostdeutschen Nachbarn. Am 10. November waren sie schon in der

Minderzahl: 7000 Besucher bevölkerten die Stadt. Bis Ende des Monats zählte die Stadtverwaltung nicht weniger als 330 000 Besucher aus der DDR. Zwischen Freude und Verzweiflung schrieb der Bürgermeister an die bayerische Staatskanzlei und begehrte zu wissen, wer für die Mehrausgaben der Stadt aufkommen werde, die im Zuge der Grenzöffnung angefallen waren. In München hielt man den Besucherstrom jedoch für »beste Grenzlandförderung« – endlich war was los im Zonenrandgebiet.[118]

Diese Einschätzung dürfte mit der Annahme verbunden gewesen sein, dass die Ostdeutschen einen Nachholbedarf in Sachen Konsum nicht zuletzt mithilfe des Begrüßungsgeldes umgehend befriedigen wollten. Zwischen dem 10. November und dem 31. Dezember 1989 zahlte die Bundesregierung rund zwei Milliarden DM aus, stellte diese Praxis dann aber ein.[119] In den Tagen und Wochen nach der Grenzöffnung hatte das Begrüßungsgeld großen Anteil an der Überlastung der Infrastruktur in den westlichen Grenzgemeinden. Am 10. November standen rund 2000 Ostdeutsche vor Verwaltungsstellen in Braunschweig Schlange, um ihr Begrüßungsgeld abzuholen. Am selben Tag verteilte Duderstadt eine halbe Million DM und hatte am Abend kein Bargeld mehr. Auch in Lübeck gingen die Bargeldreserven schnell zur Neige. Die Stadt lieh sich daraufhin Geld bei einer örtlichen Bank, bis auch die keines mehr hatte, wonach ein Kaufhaus einsprang. So entstand ein völlig neuer Geldkreislauf: Das Kaufhaus schickte Geld an die Ausgabestellen, die es an ostdeutsche Besucher weitergaben, die es wiederum ins Kaufhaus zurücktrugen.[120] In Erwartung ostdeutscher Kauffreudigkeit stieg kurzfristig sogar der Börsenkurs der führenden Einzelhandelsketten.[121] Doch die Ostdeutschen verfielen keineswegs in einen sinnlosen Kaufrausch, wie die westliche Presse damals gerne kolportierte. Das Begrüßungsgeld alleine reichte ohnehin nicht aus, um begehrte Konsumgüter wie elektronische Geräte zu erstehen, sondern wurde eher für Lebensmittel ausgegeben. Die Hamburger Einzelhändler stellten rasch fest, dass die Ostdeutschen die westliche Warenwelt einfach mal sehen wollten, ohne gleich zu kaufen. Am 12. November, einem Sonntag, an dem die

Geschäfte vieler Städte im Zonenrandgebiet extra öffneten, blieb der Einzelhandel in Hamburg deshalb geschlossen.[122]

Durch die Grenzöffnung wurde das wirtschaftliche Gefälle zwischen West und Ost mehr als offenkundig. Die unmittelbarste Folge war die Wiederkehr eines Währungsdualismus, der zu Zuständen und Verhaltensweisen führte, die das Grenzland bereits nach der Einführung der D-Mark 1948 erlebt hatte. Das Begrüßungsgeld verkörperte diesen Dualismus und wurde schnell zum Symbol für die materiellen Diskrepanzen zwischen Ost und West. Eine Art der Devisenspekulation im kleinen Stil, das sogenannte »Umrubeln«, wurde zu einem profitablen Zeitvertreib. Kein Geringerer als Bundeskanzler Helmut Kohl selbst erklärte dem amerikanischen Präsidenten George Bush, wie das funktionierte: »Wenn jetzt z. B. ein Ehepaar mit drei Kindern in den Westen reise«, so wurde Kohl im Gesprächsprotokoll zitiert, »erhalte es 500 DM Begrüßungsgeld. Wenn es für 200 DM Ware bei uns kaufe und 300 DM zum Kurs von 1:20 wieder in Ost-Mark der DDR umtausche, bringe es von dieser Reise noch praktisch sechs Durchschnittsgehälter mit zurück.«[123] Da viele Ostdeutsche ihre Ersparnisse in der sozialistischen Planwirtschaft nicht für Konsumgüter hatten ausgeben können und sich so ein Geldüberhang angesammelt hatte, schreckte sie auch ein ungünstiger Wechselkurs in westdeutschen Geschäften bald nicht mehr ab. Aus Angst, ihr angespartes Geld könnte einer alsbaldigen Währungsunion zum Opfer fallen, beeilten sie sich, es im Westen auszugeben.[124]

Auch Schmuggel blühte plötzlich an der Grenze wieder auf. Statt ihr sauer verdientes Geld unter Verlust in Westwährung umzutauschen, verlegten sich einige DDR-Bürger auf den Verkauf von Sachwerten. Ein Bäcker aus Ilsenburg im Harz verkaufte einen reich verzierten gusseisernen Ofen aus dem 19. Jahrhundert, wie er für die Handwerkskunst dieser Gegend typisch war, und erneuerte mit dem Erlös die Fenster seines Hauses.[125] Antiquitäten, Briefmarken- und Münzsammlungen, Meißener Porzellan, Jenaer Glas, Optik von Zeiss und sogar subventionierte Ost-Lebensmittel und Textilien wurden über die Grenze und in West-Berlin verkauft.[126] Doch nicht nur Konsumgüter ließen sich versilbern. So zeigte sich das Bundesumweltministerium besorgt über den Handel mit geschützten Arten. Tiere, präpariert oder lebend, wurden über Flohmärkte, Kleinanzeigen und in Zoohandlungen zu Geld gemacht. Einheimische Greifvögel und exotische Vögel wurden gefangen oder gar aus Zoos gestohlen und auf dem Schwarzmarkt gegen Westwährung verhökert.[127] Schließlich kehrte ein weiteres Phänomen der späten 1940er Jahre an die Grenze zurück: das Grenzgängertum. Wer keine Ost-Mark zu tauschen oder Sachwerte zu versetzen hatte, versuchte eben, seine Arbeitskraft im Westen anzubieten.[128] Es gab viele Möglichkeiten, aus der Nähe zur offenen Grenze Vorteile zu schlagen, zumindest für kurze Zeit.

Die Gewinner des erneuten Währungsdualismus waren die Westdeutschen. Sie tauschten die D-Mark entweder zum offiziellen Kurs von 1:3 oder gingen direkt auf den Schwarzmarkt, um einen noch höheren Kurs zu erzielen. Derart ausgestattet, ließ es sich günstig einkaufen: Bei ihren Streifzügen auf die Ostseite konnten die Westler Schnäppchen machen, und dies nicht nur, weil sie »billiges Geld« hatten, sondern auch, weil diverse Waren und Dienstleistungen in der DDR hoch subventioniert waren. Der DDR-Ministerrat stellte fest, dass Westdeutsche »in grenznahen Orten ... als ständige Kunden für den wöchentlichen Familienbedarf auf[treten], wobei vor allem Brot, Brötchen, Teigwaren, Zucker, Mehl, Karpfen, Forellen und andere Nahrungsmittel gekauft werden«.[129] Als es im Frühjahr 1990 in einem Sonneberger Supermarkt zum ersten Mal Bananen zu kaufen gab, fand der Abteilungsleiter zu seinem Erstaunen Bundesbürger in der Warteschlange vor.[130] Der Dezember war noch keinen Tag alt, da schätzte das Handelsministerium der DDR, dass »Touristen« bereits über zwei Milliarden Ost-Mark für Waren ausgegeben hatten, die den Staat aufgrund der Subventionen drei bis vier Milliarden gekostet hatten.[131] Auch auf Sprit hatten es die Westdeutschen abgesehen. Sie füllten nicht nur ihre Autotanks, sondern brachten gleich Kanister mit oder, in einem extremen Fall, ein 200-Liter-Fass für Diesel. »Sonneberg«, so der bittere Kommentar eines Ortsbewohners, »das ist für sie ein einziger großer Wühltisch.«[132]

Der Währungsdualismus hinterließ bleibende Spuren in den Beziehungen zwischen Ost- und Westdeutschen entlang der Grenze. Die anfängliche Euphorie über die Grenzöffnung wich Missverständnissen, Antipathie und Ressentiments. Die Westler erwarteten Dankbarkeit von den Ostlern, die Ostler erlebten die Westler als herablassend. Für einige Zeit verfingen sich beide Seiten in einer »kolonialen Dynamik«.[133] Noch einmal war es die veränderte Einstellung zum Begrüßungsgeld, die den Stimmungsumschwung am besten einfing. Wie der Bürgermeister von Mellrichstadt konstatierte, begannen die DDR-Bürger, die gut gemeinten 100 DM »mehr und mehr als Demütigung, als Almosen zu sehen, sie fühlen sich nicht wohl dabei«.[134] Das Begrüßungsgeld transportierte die schmerzliche Botschaft von der wirtschaftlichen Unterlegenheit der DDR.

Teilungsbedingte (Alt-)Lasten: Das Ende der Zonenrandförderung

Als im Winter 1989/90 die Grenze fiel, wurde den Rechtfertigungsstrategien zur Zonenrandförderung die wichtigste Grundlage entzogen. Das regelmäßig wiederholte Argument der 1950er Jahre, das Grenzland müsse durch staatliche Beihilfen auf die Wiedervereinigung vorbereitet bleiben, musste sich in unerwarteter Weise bewähren. In den frühen 1980er Jahren, als man noch davon ausging, die deutsche Teilung werde ein Dauerzustand bleiben, hatten Grenzlandfürsprecher keine Probleme damit, die Existenz der Grenze als Voraussetzung für ihr Förderprogramm anzuerkennen. Im Jahr 1981 sah ein bayerischer Staatssekretär nur ein akzeptables Szenario, die staatlichen Hilfen einzustellen, nämlich »wenn die eigentliche Ursache für die politisch bedingte Sonderstellung des Zonengrenzlandes, nämlich die Teilung Deutschlands, wegfallen würde«.[135] Genau dieser Fall trat nun ein.

Mit den Kosten der Wiedervereinigung konfrontiert, argumentierte die Regierung von Helmut Kohl mit Haushaltsentlastungen durch den Wegfall »teilungsbedingter Lasten« – von der Transitpauschale bis zum Häftlingsfreikauf. Schon im Mai 1990 beschloss sie den Abbau dieser deutschlandpolitischen Ausgaben.[136] Damit rückten auch die Grenzlandgelder auf die Abschussliste. An prominenter Stelle, in seiner Regierungserklärung vom Januar 1991, bekräftigte Kohl, dass »staatliche Hilfen, die ihre ursprüngliche Berechtigung verloren haben und die für viele in der alten Bundesrepublik zur Gewohnheit geworden sind, nicht auf Dauer fortgesetzt werden. Dies gilt insbesondere für die Zonenrandförderung.«[137]

Die erste Kürzung der Zonenrandförderung betraf die Frachthilfen: Im Jahr 1989 noch mit 65,6 Millionen DM dotiert, fielen sie im Januar 1991 komplett weg.[138] Auch vom Abbau der verschiedenen Steuervergünstigungen in West-Berlin und im Zonenrandgebiet versprach sich die Regierung schnelle Erfolge. Für 1991 rechnete sie vor allem aus West-Berlin mit Steuermehreinnahmen in Höhe von 500 Millionen DM, für 1992 sogar mit 2,3 Milliarden DM.[139] Auch die Mittel für Kultur und Soziales wurden gekürzt. Während die Kulturförderung im Zonenrandgebiet im Laufe der 1980er Jahre noch gestiegen war (von 158,2 Millionen DM im Jahr 1983 auf 180,5 Millionen DM im Jahr 1989), wurde sie nach der Wiedervereinigung stark zurückgefahren und fiel schließlich von 120 Millionen DM im Jahr 1991 auf nur noch 20 Millionen DM im Jahr 1994. Dann wurde auch sie eingestellt.[140]

Zwar lag der Abbau der Förderung angesichts der grundstürzenden politischen Ereignisse nahe, dennoch trafen diese Pläne auf ein ausgeprägtes Besitzstandsdenken. Dass die Nutznießer der Förderung sich gegen den Abbau ihrer Privilegien positionierten, gehörte zum politischen Geschäft.[141] Und tatsächlich wollte die Regierung Kohl der Zonenrandförderung anfänglich eine großzügig bemessene Übergangsfrist von sieben Jahren bis zum endgültigen Aus einräumen, was beim Sachverständigenrat für Wirtschaft aber auf scharfe Kritik stieß.[142] Wie zu erwarten war, hatten die Zonenrandvertreter auf ein derart gemächliches Tempo gedrängt. Diese Hinhaltetaktik konnte kuriose Blüten treiben, zum Beispiel die Forderung nach einer

Aufstockung der Zonenrandförderung, die nicht trotz, sondern *wegen* der offenen Grenze gestellt wurde.[143] Oder zumindest ihre Beibehaltung verlangt wurde, weil Betriebe in den neuen Bundesländern womöglich kostengünstiger produzieren konnten.[144] Als 1993 ein Schlupfloch in der Gesetzgebung gefunden wurde, das die Steuervergünstigungen im Grenzland zwei Jahre länger bestehen ließ als geplant, vermutete der *Spiegel,* dass Finanzminister Theo Waigel (CSU) dahinterstecke, da in seinem Bundesland Bayern ein 400 Kilometer langer Streifen von den Geldern profitiere.[145] Besonders der Wegfall der »nichtwirtschaftlichen Zonenrandförderung« traf Gemeinden hart. Schwimmbäder, Sportplätze, Musikschulen, Denkmalpflege – für die Einwohner der Grenzregionen war die Finanzierung von kulturellen und sozialen Projekten oft der sichtbarste Ausdruck der staatlichen Förderung gewesen. Im Bundestag und in den Landesparlamenten der Grenzländer häuften sich Anfang der 1990er Jahre deshalb Forderungen nach Ersatzfinanzierung gerade im kulturellen Bereich.[146]

Angesichts der Unentschlossenheit in Bonn zog schließlich die Europäische Kommission den Schlussstrich unter die Zonenrandförderung. Die Wiedervereinigung bot der Generaldirektion Wettbewerb die lange gesuchte Gelegenheit, die westdeutschen Regionalbeihilfen grundsätzlich einzuhegen, um Wettbewerbsverzerrungen auf dem gemeinsamen Markt zu beseitigen. In einer als »dramatisch« beschriebenen Sitzung zwischen Wirtschaftsminister Jürgen Möllemann (FDP) und Wettbewerbskommissar Leon Brittan im Frühjahr 1991 stimmte Möllemann einem Kompromiss zu: Das Zonenrandgebiet verlor den Förderhöchstsatz im Rahmen der Gemeinschaftsaufgabe, was einem Ende der Zonenrandbeihilfen bis 1994 gleichkam. Fortan mussten sich die Regionen im ehemaligen Grenzland wie andere Gebiete auch einer Bedarfsprüfung stellen, wenn sie Mittel für die regionale Wirtschaftsförderung beziehen wollten. Im Gegenzug erklärte sich Brittan damit einverstanden, dass die neuen Bundesländer über die nächsten fünf Jahre den höchsten Fördersatz im Rahmen der Gemeinschaftsaufgabe erhielten, ein Privileg, das zuvor dem Zonenrandgebiet vorbehalten gewesen war.[147]

Sowohl im übertragenen als auch im konkreten Sinne ging die Zonenrandförderung somit in den »Aufbau Ost« über. Nicht nur die bei der Grenzlandförderung eingesparten Gelder, sondern auch die Instrumente der Investitionsförderung wanderten über die ehemalige Demarkationslinie. Bonn und Brüssel wollten ein klares Fördergefälle zwischen den alten und den neuen Bundesländern, um den Übergang vom Plan zum Markt zu unterstützen, auch wenn sie sich über die Mittel dazu nicht einig waren. Die Regierung Kohl versuchte sogar noch einmal, die Ausnahmeregelung der Römischen Verträge zu aktivieren, mit der sie in der Vergangenheit die Zonenrandförderung gegenüber der Europäischen Kommission verteidigt hatte. Sie argumentierte, die neuen Bundesländer sollten fortan komplett als »durch die Teilung Deutschlands betroffen[e] Gebiete« verstanden und dementsprechend von den Wettbewerbsregeln ausgenommen werden.[148] Die Europäische Kommission stellte zwar diese bequeme Auslegung nicht weiter infrage, sie hielt sich aber ansonsten in der praktischen Umsetzung des Wettbewerbsrechts bemerkenswert konsequent an den ursprünglichen Fördergedanken: Beihilfen zur Beseitigung offensichtlicher Folgen der Teilung, wie der Wiederaufbau einer unterbrochenen Eisenbahnlinie zwischen Bayern und Thüringen, wurden nicht beanstandet. Beihilfen für bestimmte Unternehmen und Wirtschaftszweige, die über vereinbarte Obergrenzen hinausgingen, wurden hingegen zurückgewiesen, so etwa im Jahr 1996 die Subventionen für ein VW-Werk in Chemnitz.[149]

Vom Rand in die Mitte?

Trotz des absehbaren Verlusts der Förderung weckte die Grenzöffnung auch Erwartungen an einen wirtschaftlichen Aufschwung am Zonenrand. Nach Jahrzehnten des Narrativs, wonach die innerdeutsche Grenze den Niedergang einer einstmals geschäftigen Mitte Deutschlands zu einer verschlafenen Peripherie verursacht habe, knüpfte sich an die Öffnung der Grenze die Hoffnung, dass die Peripherie wieder ins Zentrum rücken würde: vom Rand in die Mitte.[150] Wenn die Verhärtung der Grenze tatsächlich die Ursache für die strukturellen Schwierigkeiten entlang der Demarkationslinie gewesen war, wie die Grenzlandfürsprecher lange behauptet hatten, dann hätte ihr Verschwinden ein erster Schritt in Richtung Aufschwung sein müssen – eine Einschätzung, die sich durch einen kurzlebigen »Vereinigungsboom« im Grenzland zu bestätigen schien. Gut drei Jahrzehnte nach der Wiedervereinigung ergibt sich jedoch ein differenzierteres Bild.

Bis etwa 1993 verzeichneten Handwerk, Einzelhandel und die Tourismusbranche in den westlichen Grenzstädten und Landkreisen deutliche Zuwächse.[151] Diese Phase ließ sich mit dem aufgestauten Konsumbedarf in den östlichen Grenzregionen erklären, wo die Nachfrage nach Waren und Baustoffen sich noch nicht lokal befriedigen ließ. Der Einzelhandel profitierte neben den ungestillten Bedürfnissen der ostdeutschen Verbraucher auch von einem noch ungebrochenen Nimbus der »Westprodukte«, die zu DDR-Zeiten begehrt gewesen waren.[152] Sobald sich die plötzliche Verfügbarkeit westlicher Konsumwaren mit einer entsprechenden Kaufkraft verband, nutzte dies vor allem dem Einzelhandel im Zonenrandgebiet. Die Geschäfte dort waren die nächstgelegene Verkörperung des »Westens«, welche diese Nachfrage befriedigen konnten. In diesem Sinne erfüllte das Zonenrandgebiet nun doch noch, obwohl nur vorübergehend, die Rolle des Schaufensters des Westens, auch wenn dies nicht mehr dem Zweck diente, das sozialistische Projekt zu untergraben – die DDR war bereits kollabiert. Wie zu erwarten, ebbte der Einzelhandelsboom ab, sobald sich in den neuen Bundesländern selbst zufriedenstellende Einkaufsmöglichkeiten ergaben.[153] Die benachbarten Städte Sonneberg (Thüringen) und Neustadt bei Coburg (Bayern) etwa buhlten direkt an der ehemaligen Demarkationslinie um Kunden: Weil sie sich nicht auf ein gemeinsames Projekt einigen konnten, eröffnete jede Seite ihr eigenes Einkaufszentrum.[154] Das erneut getrennte Einkaufserlebnis in den konkurrierenden Gewerbegebieten mag auch eine Folge der Kränkungen des Winters 1989/90 gewesen sein, als sich die Ostdeutschen von der westdeutschen Konsumwelt gedemütigt fühlten.

Im Handwerk und dem verarbeitenden Gewerbe lief der Vereinigungsboom Mitte der 1990er Jahre aus. Das politisch gewollte Fördergefälle zwischen den westlichen und östlichen Bundesländern begann zu greifen – 1996 war es voll ausgeprägt. Im thüringischen Eichsfeld konnte ein förderungsfähiges Großunternehmen durch die Kombination verschiedener Finanzierungsinstrumente theoretisch bis zu 35 Prozent seiner Investitionen subventioniert bekommen, ein Kleinbetrieb oder mittelständisches Unternehmen sogar bis zu 50 Prozent. Größere Betriebe im benachbarten Duderstadt konnten dagegen nur auf 18 Prozent hoffen, kleine und mittelgroße Unternehmen auf 28 Prozent.[155] Einige Firmen folgten dem Lockruf des Geldes und verlagerten ihren Betrieb ein paar Kilometer nach Osten, wo höhere Subventionen winkten. Aufgrund der geringen Entfernungen konnten die Umzügler ihren Kundenstamm halten, was besonders für Handwerksbetriebe wichtig war. Duderstadt verlor auf diese Weise sieben Unternehmen mit 120 Arbeitsplätzen an das benachbarte Thüringen, Helmstedt fünf und rund 250 Arbeitsplätze an Sachsen-Anhalt.[156]

So schmerzlich diese Verluste für die westlichen Gemeinden auch waren, so handelte es sich bei den abwanderungsbereiten Firmen im produzierenden Gewerbe oft um Zweig- oder Zulieferbetriebe, die sich ohnehin nur wegen der Zonenrandförderung angesiedelt hatten. Geführt von Firmensitzen außerhalb der Region, gehörten diese Betriebe in die Kategorie der »verlängerten Werkbank« nach dem Modell der Lohnfertigung mit gering qualifizierten Arbeitskräften, die an keinen bestimmten Standort gebunden waren.[157] Sie waren hochmobil, sobald sich die die Bedingungen vor Ort verschlechterten. Solche Unternehmen folgten den Globalisierungstrends der 1990er Jahre. Nach dem Fall des Eisernen Vorhangs eröffneten sich beispielsweise günstigere Produktionsmöglichkeiten in Osteuropa. Tatsächlich litten sowohl Duderstadt als auch Helmstedt stärker unter Verlagerungen nach Osteuropa als unter lokalen Umzügen von Betrieben über die ehemalige Demarkationslinie hinweg.[158]

Ein weiteres Phänomen im Grenzland war die Gründung von Niederlassungen westdeutscher Unternehmen in Ostdeutschland, um wieder im Einzugsbereich der Subventionen zu wirtschaften und gleichzeitig die Marktreichweite auszudehnen. Manchmal bestanden solche »Niederlassungen« lediglich aus einer Lagerhalle.[159] Mitte der 1990er Jahre bekamen vor allem kleine und mittlere Unternehmen des Handwerks und des Baugewerbes die Konkurrenz aus den neuen Bundesländern zu spüren, wo niedrigere Löhne günstigere Angebote ermöglichten. Einen Auftrag an ein gerade erst übergesiedeltes Unternehmen zu verlieren, wurde als besonders frustrierend empfunden.[160] Diese Prozesse, so verschieden sie sich in einzelnen Bereichen auswirkten, führten zu einer raschen, wenn auch asymmetrischen Integration des Grenzgebiets: Westliche Unternehmen »diffundierten« auf die Ostseite der ehemaligen Grenze, ostdeutsche Arbeitnehmer pendelten auf die Westseite und einige Westdeutsche zogen wegen günstiger Grundstücks- und Immobilienpreise in das ehemalige östliche Grenzgebiet.[161]

Rein räumlich gesehen, hat die Grenzöffnung das Zonenrandgebiet tatsächlich wieder in die Mitte Deutschlands gerückt. Der geografische Mittelpunkt der Bundesrepublik liegt irgendwo in der Nähe von Bad Hersfeld in Hessen. Dort errichtete Amazon 1999 sein damals größtes europäisches Logistikzentrum, eine Entscheidung, die kaum so gefallen wäre, hätte es dort noch die Grenze gegeben. Seitdem hat sich Bad Hersfeld zum Logistik- und Transportknotenpunkt der Bundesrepublik entwickelt.[162] Doch viele Hoffnungen und Wünsche, die Kommunal- und Landespolitiker in die räumliche Veränderung setzten, blieben unerfüllt. Nach dem Jahr 2000 verzeichnete das ehemalige Zonenrandgebiet Wachstumsraten, die unter dem Durchschnitt in der alten Bundesrepublik lagen. Zwischen 1999 und 2009 wiesen dort nur sieben der Landkreise einen Beschäftigungszuwachs auf. Insbesondere Oberfranken und der Harz blieben zurück.[163] Kaum ebbte der Vereinigungsboom ab, trat die alte wirtschaftliche Heterogenität der Regionen entlang der innerdeutschen Grenze wieder hervor, die das Label »Zonenrandgebiet« nur kaschiert hatte.

Besonders zu den Jahrestagen der Wiedervereinigung berichtet die Presse gern über die wirtschaftliche Situation im ehemaligen Zonenrandgebiet. So wie das Grenzland bis 1989 ein Mikrokosmos der Teilung gewesen war, wird es seitdem als ein Barometer für den Fortschritt des Zusammenwachsens behandelt. Die Berichterstattung der Nullerjahre schwankte zwischen Niedergangsreportagen und Erfolgsgeschichten: Entweder war der Zonenrand »abgebrannt« und kämpfte ums Überleben oder er feierte unternehmerische Erfolge in der »neuen Mitte« Deutschlands.[164] Die Medien machten auch die Förder- und Lohndifferenz entlang der ehemaligen Demarkationslinie zum Thema. Nicht ohne Polemik war nun von einem »Subventionsparadies« in unmittelbarer Nachbarschaft die Rede, von dem der ehemalige Zonenrand durch ein »enorme[s] Fördergefälle« getrennt sei – ohne freilich einzuräumen, dass die Region selbst jahrzehntelang von vergleichbaren Fördergrenzen profitiert hatte.[165] In der Berichterstattung hallten noch lange die Argumente der Grenzlandfürsprecher nach, die es verstanden hatten, das Zonenrandgebiet trotz seiner sehr unterschiedlichen Wirtschaftsstruktur als einen einheitlichen Raum im Bewusstsein der Westdeutschen zu verankern. Gleichzeitig wurde mit dem Auslaufen der Zonenrandförderung immer deutlicher, was für ein künstliches Gebilde dieses Zonenrandgebiet gewesen war. Heute liegt Lübeck wieder an der Ostsee und Hof in Oberfranken.

Verteidigung von Subventionen

Die Strategie der Grenzlandfürsprecher, ein gewichtiges Förderprogramm zu verlangen und anschließend seinen Fortbestand zu sichern, zeigt sie als Lobbyisten für ihre Regionen. Konzeptionell war die Zonenrandförderung weder eine branchenspezifische Strukturhilfe noch eine rein regionale Wirtschaftsförderung, sondern lässt sich wie die Berlinförderung nur als »subventionspolitischer Ausnahmefall« erfassen.[166] Sobald das Förderprogramm auf den Weg gebracht war, wurde es für Geschäftsleute und gewählte Vertreter selbstverständlich, diese Beihilfen auch einzufordern und politisch zu verteidigen – alles andere wäre schlechte Regionalpolitik gewesen.[167] Insgesamt gesehen waren ihre Bemühungen erfolgreich. Den Vertretern des Zonenrandgebiets gelang es, ihre Ansprüche gegenüber dem Staat zu institutionalisieren und unliebsame Überprüfungen abzuwehren. Das war keine geringe Leistung, denn das Zonenrandgebiet war keineswegs die einzige »bedürftige« Region in Westdeutschland, zumal die einstigen Motoren des Wiederaufbaus – Kohle und Stahl – in den 1970er Jahren ins Stottern gerieten und in eine nicht enden wollende Strukturkrise schlitterten.

Bei ihren Bemühungen profitierten die Grenzlandfürsprecher von einer Interessenüberschneidung mit den Raumplanern, die ihrerseits schon in den 1950er, verstärkt aber in den 1960er Jahren zu einflussreichen Politikberatern aufrückten. Das Leitbild der Raumplaner, flächendeckend gleichwertige Lebensbedingungen zu schaffen, sprach insbesondere Regionen an, die befürchteten, in ihrer wirtschaftlichen Entwicklung zurückzubleiben. Allerdings waren die Rolle und die Grundsätze der Raumplaner nicht in Stein gemeißelt. Der Ölpreisschock von 1973 versetzte dem Planungsoptimismus der späten 1960er Jahre einen gehörigen Dämpfer. Die Gebiets- und Verwaltungsreformen der 1970er Jahre konfrontierten die Planungsexperten mit größeren und selbstbewussteren Gemeinden und wiesen den technokratischen Ehrgeiz, die räumliche Organisation des Landes am Reißbrett zu entwerfen, in die Schranken. Die in den 1970er Jahren einsetzende Umweltbewegung schlug sich in den 1980er Jahren in einer »Ökologisierung« der Raumplanung nieder, was nicht zuletzt ein Versuch war, die Relevanz dieses Berufsstands zu erhalten. Das neue Leitbild, das in der Änderung des Raumordnungsgesetzes im Juli 1989 verankert wurde, stellte nun die freie Entfaltung der Persönlichkeit, den Schutz der natürlichen Lebensgrundlagen und die langfristige Offenhaltung von Gestaltungsmöglichkeiten der Raumnutzung neben das etablierte Ziel, landesweit gleichwertige Lebensbedingungen zu schaffen.[168] Als Bundespräsident Horst Köhler (CDU)

2004 in einem Interview erklärte, Unterschiede in den Lebensbedingungen zwischen Ost und West müssten akzeptiert werden, hatten Raumplaner sich abermals mit ihrem Leitbild auseinanderzusetzen.[169] Köhlers Worte riefen Widerspruch bei den Ministerpräsidenten der neuen Bundesländer hervor, die sich zu Recht angesprochen fühlten, auch wenn seine Bemerkung auf Landkreise im ehemaligen Zonenrandgebiet wie Lüchow-Dannenberg in Niedersachsen, den Werra-Meißner-Kreis in Nordhessen und Rhön-Grabfeld in Unterfranken genauso gut passte.[170] Die provokanten Äußerungen des Bundespräsidenten waren für Teile des ehemaligen Zonenrandgebiets, aber auch für ländliche Regionen allgemein, eben deshalb so bedrohlich, da sie die normative Frage aufwarfen, ob dünn besiedelte Gebiete eine vergleichbare Infrastruktur an Schulen, Krankenhäusern und öffentlichen Bädern aufrechterhalten sollten wie dichter besiedelte.[171] Als Reaktion auf den demografischen Wandel und eine zunehmende Verschuldung erwogen einige Gemeinden in den Nullerjahren Fusionen zur gemeinsamen Finanzierung ihrer Infrastruktur.[172] Überlegungen dieser Art betreffen einige Landkreise im ehemaligen Zonenrandgebiet nicht deshalb, weil sie vormals an der innerdeutschen Grenze lagen, sondern weil sie ländliche Räume sind. Sie machen noch einmal deutlich, dass die wirtschaftlichen und demografischen Entwicklungen im Zonenrandgebiet kausal nie allein auf die Grenze zurückzuführen waren, sondern dass Grenzregionen wie andere Regionen auch einen Strukturwandel (beispielsweise in der Landwirtschaft) zu bewältigen hatten, der nichts mit dem Eisernen Vorhang zu tun hatte.

Von Beginn an haftete der Zonenrandförderung ein Beigeschmack von Eigennutz an. Natürlich hatte die zunehmend undurchlässiger werdende Demarkationslinie wirtschaftliche und infrastrukturelle Folgen für die westlich gelegenen Städte und Landkreise. Aber auf der östlichen Seite der Grenze fielen diese Folgen noch weit schwerwiegender aus. Die Zonenrandförderung dann damit zu rechtfertigen, dass sie irgendwann einmal Arbeitsplätze auch für Ostdeutsche schaffen würde, wie es der Bundesverkehrsminister noch 1955 behauptet hatte, konnte diese selbstbezogene Perspektive kaum verschleiern.[173] Grenzlandfürsprecher wie Seebohm hatten die Zonenrandförderung über Jahre hinweg mit dem doppelten Argument gerechtfertigt, dass sie teilungsbedingte Nachteile ausgleichen und die Zonenrandkommunen auf die Wiedervereinigung vorbereiten müsse. Aber schon damals fiel es den Verantwortlichen schwer, einen tragfähigen Zusammenhang zwischen konkreten Fördermaßnahmen und diesen Zielen zu konstruieren. Genau an diesem fehlenden Zusammenhang entzündete sich die Kritik der Europäischen Kommission. Und genau in solchen Momenten der Kritik wurden die Argumente für die Zonenrandförderung wiederholt, bekräftigt und reproduziert – es waren politische Argumente und nicht wirtschaftliche Detailanalysen. Wenn die Behauptung, die Zonenrandförderung diene dem Ziel der Wiedervereinigung, schon in den 1950er Jahren auf tönernen Füßen stand, so musste sie zunehmend an Überzeugungskraft einbüßen, je mehr sich die westdeutsche Gesellschaft mit der Realität der Teilung abfand. Im Herbst 1964 gaben 42 Prozent der Bundesdeutschen an, sich mit der Teilung arrangiert zu haben, 1967 waren es bereits 61 Prozent. Es war die Zeit, in der die Westdeutschen glaubten, dass es Deutschland so gut gehe wie nie zuvor. Es war auch die Zeit, in der sie begannen, »Deutschland« zu sagen und damit die Bundesrepublik zu meinen.[174] Abgesehen von ihren Nutznießern hatte die Zonenrandförderung in den 1980er Jahren keine Freunde mehr, weil ihre Befürworter sie immer wieder mit angestaubten Argumenten aus den 1950er Jahren rechtfertigten und diesen Regionen damit das Image eines Relikts aus der Frühzeit des Kalten Krieges anhaftete.

3 »Grüße von der Zonengrenze«: Der Eiserne Vorhang als Touristenattraktion

Als der Schriftsteller Rolf Schroers 1962 die innerdeutsche Grenze im nordhessischen Obersuhl besuchte, meinte er, vom Zaun her eine »unheimliche Feindseligkeit« zu spüren. Auf der anderen Seite »wohnen Geiseln« in Unfreiheit, schrieb er. Im Gespräch mit Ortsansässigen gewann er den Eindruck, sie wirkten misstrauisch und bedrückt, hätten sich mit der Gegenwart der Grenze irgendwie abgefunden. Welche Überraschung, als in den »Trübsinn des Ortes« plötzlich eine Gruppe lateinamerikanischer Besucher hineinspazierte. Die Gäste schlenderten an die Demarkationslinie entlang und brachen sich munter Stückchen vom bereits verrottenden Stacheldrahtzaun der ersten Generation ab, um sie als Souvenirs mit nach Hause zu nehmen. Schroers war auf den Grenztourismus gestoßen. »Auch das ist die Grenze«, dachte er. »Ein Schauobjekt, wie der Eiffelturm in Paris, der Tower in London, die Akropolis in Athen, die Trümmer von Hiroshima oder der Kölner Dom.«[1] Aus den Spannungen, die die Frühzeit des Kalten Krieges prägten, erwuchs eine besondere Art von Schlachtfeldtourismus mit der Frontlinie, dem Eisernen Vorhang, als Hauptattraktion.

Der Grenztourismus begann als Bewegung von unten. Menschen fuhren an den Ort, der den Kalten Krieg symbolisierte wie kein anderer und in den Medien dauerpräsent war. Seit Winston Churchills berühmter Rede aus dem Jahr 1946 in Fulton, Missouri, stand der Begriff »Eiserner Vorhang« für die Teilung Europas in Ost und West und weckte, wie wir in diesem Kapitel sehen werden, konkrete Erwartungen, wie die Trennlinie auszusehen hatte.[2] Mitte der 1950er Jahre war der Grenztourismus bereits in vollem Gange. Vor allem sonntags strömten ganze Scharen an ausgesuchte Orte und stellten den westlichen Grenzschutz vor die schwierige Aufgabe, sie in geordnete Bahnen zu lenken.[3] In Lübeck kam ein einheimischer Beobachter 1959 zu dem Schluss, die nahe Grenze sei zum »Rummelplatz für Reisegesellschaften« geworden.[4] Der »Rummel« nahm bald beträchtliche Ausmaße an: Im Jahr 1965 besuchten rund 1,65 Millionen Menschen die Grenze, 1978 waren es 1,84 Millionen.[5] Als Massenphänomen wurde der Grenztourismus aber nicht unbedingt wahrgenommen, da sich die Besuche auf die volle Länge der Grenze und über das gesamte Jahr verteilten. Grenzsoldaten auf beiden Seiten, die über Geschehnisse an der Demarkationslinie penibel Buch führten, beobachteten regelmäßig die saisonale Fluktuation des Besucherverkehrs. In den Sommermonaten kamen die meisten Leute, vor allem am 17. Juni, an dem in der Bundesrepublik des Arbeiteraufstands von 1953 in der DDR gedacht wurde.

Am Grenztourismus waren zahlreiche Akteure beteiligt, die aus dem Phänomen ein komplexes Feld sozialer und politischer Interaktion machten. Die Besucher selbst reisten aus dem ganzen Bundesgebiet und dem westlichen Ausland an. Sie trafen auf Grenzorte, in denen die Einwohner nicht immer auf Kontakt mit den Besuchern erpicht waren. Bundesgrenzschützer und Zollbeamte versuchten, die Sicherheit der Grenztouristen zu garantieren, und übernahmen dabei oft die Rolle von Reiseführern. Landes- und Bundesbehörden finanzierten die touristische Infrastruktur, von Reisebroschüren bis hin zu Aussichtstürmen. Gewählte Volksvertreter auf Orts-, Länder- oder Bundesebene wiederum verbanden mit den Besucherströmen die Hoffnung auf wirtschaftliche Entwicklung im Zonenrandgebiet. Die Verantwortlichen in der DDR hingegen sahen im Grenztourismus eine von der Bundesregierung organisierte, groß angelegte Provokation, die es zu konterkarieren galt.

Die Grenzausflüge konnten unterschiedliche Formen annehmen. Ein Lehrer aus Eutin plante die Ausweisung einer Wanderroute von Lübeck nach Passau, um aus dem Grenzland ein »Wanderland« zu machen.[6] Die Stadt Helmstedt legte tatsächlich einen »Zonenrandweg« an, andere Kommunen errichteten Aussichtspodeste und -türme.[7] Veranstalter von Busreisen beförderten Gesellschaften an markante Grenzorte und fuhren sie anschließend in nahe gelegene Gasthäuser oder Cafés. Nach 1990 berichtete ein Hotelier aus dem Grenzdreieck zwischen Hessen, Bayern und Thüringen: »In Bussen kamen die Leute aus Holland, aus dem Ruhrgebiet und haben über die deutsch-deutsche Grenze geguckt!«[8] In den 1970er Jahren, als sich die deutsch-deutsche Grenzkommission mit dem umstrittenen Grenzverlauf an der Elbe befasste, boten Schiffer aus dem niedersächsischen Hitzacker Elbrundfahrten an. In Spitzenzeiten liefen sie fünf Mal am Tag aus. »Alle wollten aufs Wasser und die Grenze und die Wachboote sehen«, erinnerte sich ein Kapitän. »Wenn die vorbeifuhren, standen die Fahrgäste plötzlich alle auf einer Seite. Da musste man fast aufpassen, dass das Schiff nicht umkippt.«[9] Allerdings erweckte der Grenztourismus auch Unbehagen, denn die Grenze stand schließlich für den schmerzhaften Prozess der Teilung. Der bereits erwähnte Hotelier bezeichnete das Phänomen denn auch als »Gruseltourismus«, ein Begriff, der auf die Spannungen verweist, die dem Grenztourismus innewohnten und die dieses Kapitel aufgreift: Spannungen zwischen Besuchern und Besuchten, zwischen den Bildern im Kopf und dem tatsächlichen Erscheinungsbild der Grenze, zwischen Verantwortlichen vor Ort und jenen auf Bundesebene, zwischen Ost und West.

Wie der Begriff »Gruseltourismus« schon andeutet, bezog die innerdeutsche Grenze ihre Anziehungskraft nicht nur aus ihrer Sonderstellung als Eiserner Vorhang im Kalten Krieg. Durch Schlagzeilen über Fluchten, Entführungen und Schießereien erwarb sich die Demarkationslinie in den unruhigen Nachkriegsjahren auch einen Ruf als Schauplatz von Gewalt und Unsicherheit.[10] Grenztouristen trugen aus Unwissenheit, Sorglosigkeit oder Übermut auch immer wieder selbst zu gefährlichen Situationen bei und wurden festgenommen oder gar schwer verletzt. Aber gerade die Gefahr des Ortes und seine emotionale Besetzung als Sinnbild der Teilung Deutschlands machten die Attraktivität der Grenze als Ausflugsziel aus. Konzeptionell rückt der Grenztourismus damit in die Nähe von *Dark Tourism,* dem »Konsum von realen oder kommerzialisierten Stätten von Tod und Unglück«.[11] Auch wenn Schaulust bei Grenzbesuchen natürlich eine Rolle spielte, sollte man das Phänomen jedoch nicht auf reine Sensationsgier reduzieren, sondern seine Funktion gerade im Umfeld der »heißen« Phasen des Kalten Krieges erkennen. Es war eine lokale Aktivität, mit der globale Politik erfahrbar gemacht werden konnte. Die Grenzbesuche konfrontierten westliche Touristen mit dem Gegenentwurf zu ihrer eigenen Gesellschaftsordnung, waren aber auch für genau diesen Effekt choreografiert, um das Gefühl zu vermitteln, die eigene Hälfte Deutschlands sei der anderen überlegen. In den 1950er und 1960er Jahren boten die Grenzbesuche zudem die Gelegenheit, den zeittypischen Antikommunismus an einem konkreten Ort auszuleben. Daneben hatten die Besichtigungen auch einen handfesten politischen Nutzen: Ausländischen Staatsgästen die innerdeutsche Grenze oder die Berliner Mauer vorzuführen, gab der Bundesregierung Gelegenheit, sich als verlässlicher Partner im westlichen Bündnis zu präsentieren.[12]

Mit dem Verschwinden von Mauer und Grenze nach 1989 kam diese Form des Sightseeing keinesfalls zu einem Ende. Orte der Teilung ziehen nach wie vor Besucher an, nun aber als »authentische« Relikte des Kalten Krieges.[13] Das Sightseeing nach 1989 griff vielerorts auf die Infrastruktur des ehemaligen Grenztourismus zurück: Aus Grenzinformationszentren wurden Grenzmuseen. Aber es entstanden auch neue Formen der Vermarktung, wie zum Beispiel die viel kritisierte Anwesenheit von Schauspielern in den Uniformen sowjetischer und amerikanischer Soldaten am Checkpoint Charlie, die mit Touristen für Fotos posieren.[14]

Wie man die Grenze zu betrachten hat

Ein westdeutscher Tourist, der um das Jahr 1970 an die innerdeutsche Grenze reiste, traf dort auf eine ausgereifte Infrastruktur mit allem, was nötig war, um einen sicheren Grenzbesuch zu gewährleisten und die Demarkationslinie so zu präsentieren, dass ihr willkürlicher Charakter ins Auge fiel. Je nach Örtlichkeit konnte er sein Auto auf einem speziell für Grenzbesucher eingerichteten Parkplatz abstellen, eine Aussichtsplattform besteigen, Informationsbroschüren mitnehmen, sich eine Ausstellung über die Sperranlagen ansehen, einen Grenzschutzbeamten über seine Aufgaben befragen, Fotos mit Warnschildern im Hintergrund schießen oder eine Ansichtskarte der Szenerie an die Daheimgebliebenen schicken.

Die für den Grenztourismus »typischen« touristischen Hilfsmittel wie Ansichtskarten, Aussichtspunkte und Reisebroschüren zeichnen sich dadurch aus, dass sie den *Blick* und den Akt des Sehens in den Vordergrund stellen.[15] Ihre Existenz unterstreicht zudem, dass

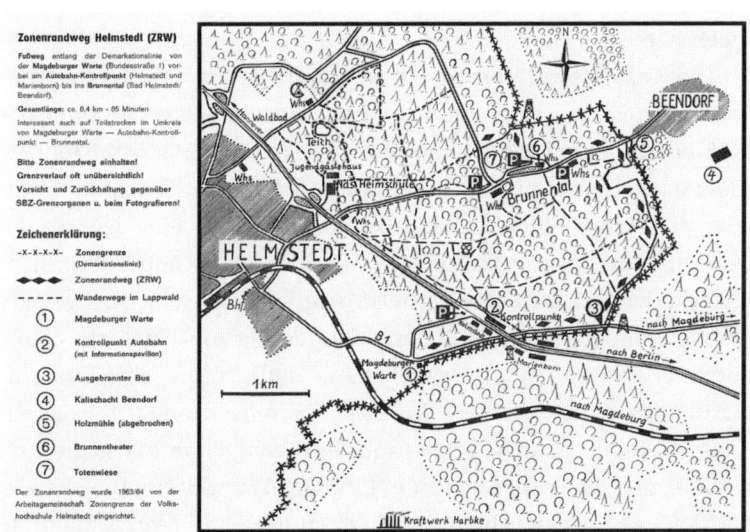

Die Stadt Helmstedt wies einen »Zonenrandweg« für Grenzbesucher aus, Karte aus den 1960er Jahren.

es sich bei einem Besuch an der Grenze tatsächlich um Tourismus handelte. Wie ein Besucher die Grenze wahrnahm, wurde von der Motivation zur Reise, von vorgefassten Meinungen über den Eisernen Vorhang und von der örtlichen Präsentation des Grenzabschnitts mitbestimmt. Postkarten, Aussichtspunkte und Reisebroschüren konnten diese Wahrnehmung beeinflussen, waren aber nicht allein für den Eindruck vor Ort verantwortlich, blieb der Grenzbesuch doch eingebettet in den jeweils aktuellen politischen Diskurs. Im Laufe der Zeit trugen diese visuellen Hilfsmittel allerdings dazu bei, Grenzbesuche zu standardisieren und vorzugeben, wonach man Ausschau halten und wie man es betrachten sollte. Sie gaben vor, was der Tourist zu erwarten hatte, und legten eine Hierarchie der Sehenswürdigkeiten entlang der Grenze fest, indem sie manche Orte vor anderen anpriesen oder abbildeten. Wenn Touristen kamen, um sich einen persönlichen Eindruck von der Teilung Deutschlands und Europas zu verschaffen, trafen sie auf Schauplätze, die auf vielfältige Weise für ihre Betrachtung vorbereitet worden waren und die sie wahrscheinlich schon vor ihrer Ankunft in irgendeiner Form gesehen hatten.

Die Ansichtskarte etablierte sich Ende des 19. Jahrhunderts als touristisches Accessoire und wurde zu einem beliebten Medium, das die Modernität und den Aufstieg des Tourismus als Massenphänomen widerspiegelte.[16] Ihre visuelle Komposition bediente sich der Retusche, der Fotomontage und anderer Techniken, die eine gewisse Hyperrealität schufen, insbesondere wenn Elemente entweder hinzugefügt oder aus der Szene entfernt wurden. Um derart inszenierte Motive eindeutig zu identifizieren, wurde die Ansichtskarte häufig mit einer Bildunterschrift versehen, die dafür sorgte, dass hinsichtlich des abgebildeten Ortes keine Unklarheiten aufkamen. Die Serienproduktion von Ansichtskarten und ihre komponierte visuelle Botschaft erzeugten schließlich eine Normierung und Stereotypisierung, die Sándor Békési die »ikonische Erstarrung« eines Motivs nennt. In Kombination mit anderen touristischen Medien standardisieren Ansichtskarten eine Sehenswürdigkeit so sehr, dass sie oft als »Postkartenkitsch« abgetan wird.[17] Zugleich geben die Karten den »richtigen« Blick vor, den Touristen regelmäßig mit ihren Schnappschüssen zu reproduzieren suchen.[18] Wie Reiseführer dienen Postkarten als visuelle Orientierungshilfe zur (Wieder-)Erkennung einer Sehenswürdigkeit und zur Bestimmung dessen, »was man gesehen haben muss«.[19] Mit einer persönlichen Botschaft verschickt, verwandelt der Tourist sie in einen Statusmarker, indem er sie als Beleg für eine gelungene Reise vorlegt und damit weiter für die Sehenswürdigkeit wirbt.[20]

Postkarten waren die ersten Anzeichen, dass der Eiserne Vorhang für Touristen von Interesse sein könnte. Die älteste Ansichtskarte mit einem Motiv der innerdeutschen Grenze, die ich finden konnte, stammt aus dem Jahr 1951. Sie zeigt einen Gasthof am Grenzübergang bei Helmstedt und folgt den touristischen Konventionen, indem sie einen »Gruß von der Zonengrenze« sendet.[21] Helmstedt war nicht irgendein Grenzübergang. Die Straße vom Checkpoint Alpha bei Helmstedt zum Checkpoint Bravo in Dreilinden am Rande Berlins war die kürzeste Transitstrecke nach West-Berlin und eine wichtige Versorgungsroute für die Stadt, einschließlich der Garnisonen der Westalliierten. Während der Berlin-Blockade 1948 wurde diese Route weithin bekannt und für unzählige Transitreisende markierte Helmstedt den Beginn oder das Ende einer beklemmenden Fahrt durch die DDR.[22] Der Grenzübergang Helmstedt war in den 1950er Jahren ein durchaus prominenter Ort mit Wiedererkennungswert, deshalb war er als Postkartenmotiv für Zeitgenossen auch leicht als Teil des Eisernen Vorhangs zu identifizieren.[23]

Andere Ansichtskarten mit Grenzmotiven aus derselben Dekade hatten weit weniger zu bieten. Noch war die innerdeutsche Grenze nicht durchgängig ausgebaut und behielt bis zum Mauerbau einen »provisorisch anmutenden Charakter«.[24] Zwar war die Rede vom »Eisernen Vorhang« allgegenwärtig, aber die frühen Postkarten konnten die Ängste des Kalten Krieges noch nicht visuell einfangen und also auch die symbolische Bedeutung des Eisernen Vorhangs nicht adäquat vermitteln. Das heißt nicht, dass es keine Bilder von der

Eine Postkarte vom Kontrollpunkt Helmstedt aus den späten 1950er Jahren.

Grenze gab, doch während in Regierungsbroschüren oder -filmen Abbildungen mit erklärendem Text oder mit Stimmen aus dem Off ergänzt und zur Wirkungssteigerung zusammengefügt werden konnten, waren Ansichtskarten zumeist auf ein zentrales, aussagekräftiges Motiv beschränkt.[25] Diese visuelle Anämie wird deutlich bei einer Karte aus dem Westharz, die eine Familie bei ihrem Ausflug an die Demarkationslinie zeigt. Die Personen treten von einem unbefestigten Weg ins Gras und blicken auf ein etwa einen Meter hohes Gestrüpp. Kaum sichtbar im hohen Gras sind Pfosten zu erkennen, an denen möglicherweise Stacheldraht befestigt ist. Der Übergang von kurzem zu hohem Gras bildet vermutlich die Grenze zwischen West und Ost – man weiß es nicht. Allein ein vom »Kuratorium Unteilbares Deutschland« aufgestelltes Schild, das die Einheit Deutschlands anmahnt, gibt den entscheidenden Hinweis darauf, wohin der

Eine Familie beim Grenzausflug. Ohne die Bildunterschrift und das Schild des »Kuratoriums Unteilbares Deutschland« wäre völlig unklar, wo sich die Familie befindet. Postkarte aus den 1950er Jahren.

Ausflug geführt hat. Um jeden Zweifel auszuräumen, verkündet die Bildunterschrift, dass sich die Familie im »Höhenluftkurort Hohegeiß« an der »Zonengrenze« befindet. Ohne diesen Zusatz wäre die Karte bar jeder visuellen Aussage, reduziert auf die Darstellung einer Familie, die auf eine überwucherte Wiese blickt.[26]

Postkarten aus den späten 1950er Jahren zeigen zwar versperrte Straßen oder den sorgfältig geeggten Schutzstreifen, benötigten aber weiterhin eine zusätzliche Kontextualisierung in Form von Bildunterschriften, die diese Objekte räumlich der Zonengrenze zuordnen. Erst der Verweis auf die Zonengrenze rechtfertigt die Existenz dieser Karten, auf denen andernfalls nichts Sehenswertes zu finden wäre. Das Dilemma zwischen dem Versuch, die politische Dramatik des abgebildeten Ortes zu vermitteln, und dem Mangel an entsprechenden Bildelementen wird auf einer Karte mit der Bildunterschrift »Blick in

Postkarte der frühen 1960er Jahre: »Blick in die Zone« vom Blechschmiedenhammer bei Lichtenberg im Frankenwald nach Blankenstein in Thüringen, mit grafisch eingefügtem Stacheldraht dramatisiert.

die Zone« aus der Zeit um 1960 deutlich. Die Karte zeigt drei Aufnahmen von Bayern nach Thüringen nahe dem Ort Blankenstein. Obwohl die Fotos Stacheldraht an Betonpfählen und offenbar ein Propagandaschild der DDR zeigen, wird der dramatische Effekt durch einen grafisch eingefügten, übergroßen Stacheldraht, der sich über den schwarzen Kartenhintergrund zieht, und eine aggressive Schrifttype für die Bildunterschrift verstärkt. Indem die Karte den Stacheldraht zum dominierenden Bildelement machte, verwendete sie den stärksten visuellen Code, der in der westlichen Propaganda mit dem Eisernen Vorhang assoziiert wurde.[27]

Nach dem verstärkten Ausbau der Grenzanlagen im Laufe der 1960er Jahre stand in den folgenden Jahren eine weitaus größere Palette an Motiven für die Postkarten zur Verfügung, die in ihrer Aussagekraft auch nicht mehr zweideutig waren. Die Farbpostkarten der 1970er und 1980er Jahre zeigten häufig mehrere Grenzstandorte und kombinierten vier, acht oder sogar zehn Fotos auf einer Karte. Dabei

Massenproduzierte, farbige Postkarten aus den 1970er und 1980er Jahren betonten unterbrochene Straßen und Wege.

standen vor allem Elemente der Sperranlagen mit hohem Wiedererkennungswert im Mittelpunkt: Wachtürme, Zäune, und Grenzpfähle der DDR, aber auch westliche Schlagbäume und Schilder, die zur Warnung der Schaulustigen vor dem versehentlichen Überschreiten der Demarkationslinie aufgestellt worden waren. Die Karten wurden entweder verschickt oder als Andenken aufbewahrt. Durch ihre Serienproduktion und die ständige Wiederholung von Motiven trugen sie dazu bei, das visuelle Arsenal zur innerdeutschen Grenze mit aufzubauen und zu reproduzieren, was die »ikonische Erstarrung« einiger Motive hervorbrachte, die dann für die Grenze als Ganzes stehen sollten.

Der Blick auf die Grenze wurde auch durch Aussichtsplattformen und -türme geformt. Spätestens seit Ende des 18. Jahrhunderts war die Suche nach erhabenen Ausblicken auf die Landschaft und ihr visueller Genuss von Bergen oder Aussichtstürmen aus zum festen Bestandteil von Reiseerfahrungen geworden. Auf Aussichtstürmen wurde die Szenerie oft in einer strukturierten, panoramischen Ansicht präsentiert, mit erklärenden Landkarten am Geländer der Aussichtskanzel. So lenkte man den touristischen Blick auf Orientierungspunkte, die der Reisende vielleicht bereits vom Boden her kannte, und bot ihm eine neue Sicht auf vertrautes Terrain, aber auch ein Gefühl der visuellen Kontrolle, da hier die Landschaft ihre vom Boden aus nicht einsehbare topografische Struktur enthüllte.[28] Die Aussichtstürme an der innerdeutschen Grenze folgten den Konventionen des 19. Jahrhunderts, indem sie an Punkten errichtet wurden, die einen erhabenen Blick auf die Landschaft ermöglichten. Doch im Unterschied zu Türmen, die nur einen romantischen Ausblick versprachen, waren jene an der innerdeutschen Grenze gleichzeitig als Mahnmale gedacht, die an die Teilung erinnern sollten. Ohne diesen zusätzlichen Anreiz wären Türme wie die Thüringer Warte bei Lauenstein (1963), der Bayernturm bei Zimmerau (1966) oder das Mahnmal Bodesruh bei Kleinensee (1961–1964) wahrscheinlich nie errichtet worden.[29] Bezeichnenderweise entstanden sie zu einer Zeit, in der das SED-Regime die Grenzsperren massiv ausbaute und ungewollt diesen Türmen damit erst einen Sinn verlieh, weil es nun tatsächlich *etwas zu sehen* gab.

Wenn der Blick von Türmen neben dem reinen Landschaftsgenuss auch ein gewisses Gefühl der visuellen Kontrolle vermittelte, so war dies die beabsichtigte Funktion der Aussichtspunkte entlang der Grenze. Sie hatten den ausdrücklichen Zweck, die Grenzbefestigungen der DDR zur Schau und in den Mittelpunkt des Panoramas zu stellen. Die Stasi verstand diese Intention nur zu gut. So berichteten ihre Informanten, die »Blicksektoren« der Fenster der Thüringer Warte bei Lauenstein seien auf die Grenzanlagen ausgerichtet und ermöglichten eine bis zu 15 Kilometer tiefe Sicht in das Gebiet der DDR.[30] Wie weiter unten noch erläutert wird, empfanden die ostdeutschen Behörden die wachsende Zahl von Touristen entlang der Grenze als massive Provokation und ergriffen verschiedene Maßnahmen, um die Grenzbesichtigungen unattraktiv zu machen: Je weniger ein westlicher Besucher sehen konnte, desto besser. Gegen den Blick von einem Turm ließ sich indes wenig ausrichten. Die Vogelperspektive entmystifizierte die Sperranlagen, indem sie dem Besucher erlaubte, ihren komplexen Aufbau zu erfassen, über das undurchdringliche Drahtgeflecht der Metallzäune hinauszuschauen und die tief gestaffelte Struktur des Eisernen Vorhangs zu sehen. Was für die Ostdeutschen verbotenes Wissen war, lag auf der Westseite offen zutage. Wie sehr diese Aussichtspunkte mit dem Auftrag verbunden waren, die Grenzanlagen bloßzustellen, wurde nach 1990 deutlich, als einige der Aussichtsplattformen ihren Dienst getan hatten und abgerissen wurden.[31]

Dass Aussichtspunkte zu beliebten Ausflugsorten entlang der innerdeutschen Grenze wurden, lag auch an den entsprechenden Empfehlungen in den amtlichen Reisebroschüren. Die erste wurde 1964 vom niedersächsischen Ministerium für Vertriebene und Flüchtlinge veröffentlicht – der Staat stieg als Akteur in den Grenztourismus ein. Das Ministerium druckte diese Reiseführer nicht, um den Besucherverkehr anzukurbeln, sondern reagierte auf eine bereits bestehende öffentliche Nachfrage, was wiederum unterstreicht, dass der Grenztourismus als Bewegung von unten begann. Die Presse stellte den Band als einen »›Baedeker‹ für die Zonengrenze« vor.[32] Ausgestattet mit dem Nimbus des bekanntesten deutschen Reiseführers, bestand seine Hauptaufgabe darin, Touristen zu jenen Punkten an der Grenze zu lenken, die als besuchenswert galten. Da Touristen und Schaulustige gewöhnlich reisen, um etwas zu sehen, empfahlen Broschüren dieser Art vor allem Orte, an denen die Frontlinie des Kalten Krieges besonders packend und unbarmherzig erschien. Es ging darum, die Teilung des Landes als unnatürlich und willkürlich zu brandmarken. Zu den empfohlenen Schauplätzen gehörte beispielsweise das Doppeldorf Zicherie-Böckwitz nahe der niedersächsischen Stadt Gifhorn, das trotz seiner über Jahrhunderte gewachsenen Verbindungen von einer Mauer getrennt wurde.[33] Eine ähnliche Mauer, errichtet 1964, verlief durch das bayerisch-thüringische Dorf Mödlareuth mit seinen 50 Einwohnern und schnitt Bauernhöfe von den Feldern und zeitweilig sogar das Vieh von seinen Ställen ab.[34] Noch dramatischer war es, wenn die Grenze direkt durch ein Haus verlief, wie im Fall der Druckerei der Familie Hoßfeld in Philippsthal an der Werra. Im Jahr 1951 schleppte die Familie ihre Maschinen in den »westlichen« Teil des Gebäudes, um deren Beschlagnahmung zu verhindern, und durfte daraufhin den »östlichen« Teil nicht mehr betreten. Die Vorstellung, ein geteiltes Haus mit einer sauber renovierten Westhälfte präsentieren zu können, die in scharfem Kontrast zur baufälligen Osthälfte stand – ein Bild, das sich bestens in die westdeutsche Propaganda über den Materialmangel im Sozialismus fügte –, war einfach zu verlockend, um darauf zu verzichten: »Der diesseitige Teil des Gebäudes«, so ein Zeitungsartikel, »wirkt gepflegt, in ihm leben und arbeiten Menschen. Der andere Teil atmet Verfall und Vernichtung.« Die Hoßfeld'sche Druckerei tauchte regelmäßig in den Grenzreiseführern auf.[35]

Die Broschüren enthielten auch konkrete Vorschläge für Unterkünfte in der Umgebung und die Adressen der nächstgelegenen Dienststellen von Zollgrenzdienst, Bundesgrenzschutz und der Bayerischen Grenzpolizei. Seit Schaulustige in Scharen an die Grenze strömten, kümmerten sich Zoll- und Grenzschutzbeamte um ihre Sicherheit. Durch die amtlichen Reisebroschüren wurde die Möglichkeit, einen uniformierten Beamten als Reiseführer zu buchen, jedoch zu einer festen Einrichtung.[36] Eine der Hauptaufgaben der Grenzschützer bestand allerdings nach wie vor darin, Touristen davon abzuhalten, »Zwischenfälle« an der Demarkationslinie auszulösen.

Die Gefahren eines Grenzbesuchs

Ein Besuch an der Grenze konnte gefährlich sein. Es kam immer wieder vor, dass Touristen, die aus Leichtsinn oder mangelnder Vorsicht die Demarkationslinie überschritten und das Gebiet der DDR betreten hatten, von ostdeutschen Grenzsoldaten festgenommen oder gar angeschossen wurden. Zu dieser Gefahr trug auch das mentale Bild der Grenze bei, das sich bei den Besuchern eingeprägt hatte. Befeuert durch staatliche Publikationen und westdeutsche Medien – und nicht zuletzt durch die Bezeichnung selbst – erwartete der unvorbereitete Besucher einen eisernen Vorhang im wahrsten Sinne des Wortes. Auf dem Elbdeich bei Schnackenburg traf ein Journalist der *Zeit* Mitte der 1960er Jahre auf eine ältere Dame, die sich die geschäftigen Zollboote auf dem Fluss nicht erklären konnte. Er überraschte sie mit der Nachricht, dass sie die Grenze patrouillierten. »Ist doch gar nicht möglich«, rief sie aus, »drüben soll die Ostzone sein?« Dabei sei »doch kein Eiserner Vorhang da«. Wie sie sich einen solchen Vorhang denn vorstellte, fragte der Reporter. Doch mindestens »ein Zaun oder die Mauer und der Minengürtel«, war ihre Antwort.[37] Die Unkenntnis über das Aussehen und die genaue Lage der Demarkationslinie war die wichtigste Ursache für zahllose »Zwischenfälle« mit Grenztouristen. In den ersten Jahren markierte der akribisch geeggte Zehn-Meter-Kontrollstreifen die Trennlinie. Im Zuge des sukzessiven Ausbaus der Befestigungen nach 1961 wurden die Grenzzäune, Gräben, Stolperdrähte und Minenfelder jedoch vielerorts tiefer ins DDR-Gebiet verlegt. Der zehn Meter breite Kontrollstreifen wurde aufgegeben und wuchs zu. Der erste, von der Westseite aus sichtbare Zaun stand nun oftmals je nach Gelände etwa fünfzig bis hundert Meter von der Demarkationslinie entfernt. Da sie den Zaun für die Demarkationslinie hielten, spazierten Touristen mit ihren Kameras immer wieder aufs DDR-Territorium, wo sie von ostdeutschen Grenzsoldaten festgenommen wurden. Wenn sie Glück hatten, wurden sie ausführlich verhört, über Nacht in einer Gefängniszelle der Stasi festgehalten und innerhalb von 48 Stunden über den nächstgelegenen Kontrollpunkt abgeschoben.[38] Wenn sie weniger Glück hatten, wurden sie angeschossen und mitunter schwer verletzt.[39] Derartige Vorfälle ereigneten sich bis 1989, doch scheinen sie nach dem Bau der Berliner Mauer ihren Höhepunkt erreicht zu haben. Bis Mitte der 1960er Jahre zeigten sich die östlichen Grenztruppen gegenüber westlichen Schaulustigen als besonders schussbereit.[40] In einer der Reisebroschüren wurde deshalb ausdrücklich gewarnt: »Das Elend unseres Volkes ist kein Tummelplatz für Ahnungslose.«[41]

Doch für manche Touristen gehörte die Gefahr zum Nervenkitzel eines Grenzbesuchs und wurde gezielt gesucht. Zu diesem Zweck überschritten einige die Demarkationslinie, um sich damit zu brüsten, »in« der DDR gewesen zu sein, riefen Unflätigkeiten und Beleidigungen in Richtung der DDR-Grenzsoldaten, um eine Reaktion zu provozieren, oder warfen Müll und Steine hinüber. Andere stahlen von den Grenzsäulen die Metallschilder mit dem Hammer-und-Sichel-Emblem der DDR, entweder um ein politisches Zeichen zu setzen oder um sie als Souvenir mitzunehmen.[42] Häufig stachelten sich Jugendliche aus Übermut gegenseitig zu derartigen Aktionen an.[43] Ein solches Verhalten verstieß allerdings gegen die Regeln in Ost *und* West. Die DDR-Grenztruppen betrachteten diese Provokationen als Teil einer groß angelegten Strategie der Bundesrepublik, die Souveränität der DDR infrage zu stellen, während die westdeutschen Grenzschützer um die Sicherheit der Besucher fürchteten und sogar Strafanzeige erstatteten, wenn es zu Sachbeschädigungen oder zum Diebstahl von DDR-Grenzsäulen kam.[44] Die Folgen solcher Grenzbesuche konnten verhängnisvoll sein, wie drei Schüler der Landwirtschaftsschule Witzenhausen in Nordhessen im April 1964 erfahren mussten. Sie liefen eine längere Strecke direkt am Doppelzaun entlang und wurden mit fünfzehn Schüssen attackiert. Der am schwersten verletzte Junge verlor einen Arm.[45]

Um Leib und Leben der Besucher zu schützen, ging der Bundesgrenzschutz dazu über, die Demarkationslinie zu markieren. An stark frequentierten Stellen wurden Holz- oder Metallbarrieren errichtet und das Gelände mit Pfählen und Warnschildern gesäumt. Doch selbst gut gemeinte Absperrungen waren deutschlandpolitisch ein heikles Thema. Zur Vorbereitung auf die »Sommersaison« errichtete das Lübecker Hauptzollamt 1956 an einer beliebten Stelle einen Drahtzaun, um den erwarteten »Besucherstrom« auf der Westseite zu halten. Prompt wurde Kritik laut, das Aufstellen von Zäunen sei angesichts der anhaltenden Forderung nach Wiedervereinigung ein falsches politisches Signal. Fünf Jahre später führte die Anbringung einer Kette am geteilten Badestrand am Priwall in Lübeck-Travemünde zu ähnlichen Beschwerden. Das Zollamt musste die Maßnahme mit dem Argument verteidigen, die Kette laufe dem Grundsatz »Macht das Tor auf!« keinesfalls zuwider.[46] Im Laufe der Jahre errichteten der Bundesgrenzschutz und der Zollgrenzdienst entlang der innerdeutschen Grenze einen regelrechten Schilderwald, der das Aussehen der Demarkationslinie für westliche Besucher veränderte und häufig auf deren Schnappschüssen zu sehen war. Unabsichtlich hatten die Grenztouristen selbst die Veränderung im Erscheinungsbild der Sehenswürdigkeit ausgelöst, die sie zu besichtigen gekommen waren.

Die Grenzlinie zu beachten, war nicht nur deshalb schwierig, weil sie sich willkürlich durch die Landschaft schlängelte, sondern auch weil die genaue Lage der Demarkationslinie an einigen Stellen umstritten blieb. Hastiger Gebietsaustausch unter den Alliierten in der unmittelbaren Nachkriegszeit, die mangelnde Angleichung an alte Verwaltungsgrenzen und örtliche Streitigkeiten um Landbesitz verhinderten eine endgültige Klärung des Grenzverlaufs.[47] An solchen prekären Stellen wähnten sich Touristen womöglich noch auf der westlichen Seite, doch wenn die DDR-Grenzsoldaten dies anders sahen, kam es schnell zu weiteren »Zwischenfällen«. Um die Ursache dieser anhaltenden Spannungen zu beseitigen, beschlossen die beiden deutschen Staaten im Rahmen des Grundlagenvertrags von 1972, eine Grenzkommission einzurichten. Grenzkommissionen waren ein bewährtes politisches Instrument, wenn es darum ging, Konsens über den Verlauf staatlicher Grenzen zu finden, vor allem wenn die Eigentumsverhältnisse an natürlichen Ressourcen strittig waren.[48] Die erste Aufgabe der deutsch-deutschen Grenzkommission bestand darin, den genauen Grenzverlauf festzulegen und zu markieren. Als sie 1978 ihre Arbeit beendete, blieb nur der Grenzverlauf entlang der Elbe strittig.[49] Insgesamt aber hatte die Kommission die Grenze erfolgreich stabilisiert und befriedet. Diese Befriedung bestand zu einem guten Teil darin, Zwischenfälle mit westlichen Touristen zu verhindern. Doch noch während die Kommission verhandelte, rüstete die DDR die Grenzanlagen nach und ließ auf weiten Strecken Selbstschussanlagen, die sogenannten Splitterminen vom Typ SM-70, am Grenzzaun installieren – Befriedung auf der Westseite und erhöhte Gefahr auf der Ostseite konnten räumlich und zeitlich durchaus zusammenfallen.

Grenztourismus als politische Propaganda

Der Grenztourismus begann zwar als Bewegung von unten, wurde aber schließlich von Interessengruppen und staatlichen Stellen vereinnahmt. Staatlich geförderten und politisch motivierten Tourismus an neu gezogenen Grenzen hatte es schon in den 1920er und 1930er Jahre gegeben, als Deutschland im Zuge des Versailler Vertrags Territorium abtreten musste. Ausflüge an die »blutenden Grenzen«, besonders zu Polen, wurden von irredentistischen und nationalistischen Bewegungen gezielt betrieben. Sowohl die preußische Landesregierung als auch die Reichsregierung finanzierten solche Fahrten. In den entsprechenden Propagandamaterialien, ob vom Staat oder anderen Stellen herausgegeben, erschien die Grenze in organischen Metaphern als eine Wunde, die äußere Mächte dem Körper der Nation zugefügt hatten. Der politisch organisierte Grenztourismus streute, um im Bild zu bleiben, ständig Salz in die Wunde. Er hatte unter anderem den Zweck, der Wirtschaft in den betroffenen Gebieten unter die Arme zu greifen und die Bindungen zwischen den Bewohnern des Binnen- und des Grenzlandes zu fördern. Mitte der 1930er Jahre begann die Organisation »Kraft durch Freude«, Urlauber auch in die östlichen Peripherien des Reiches zu schicken, die praktisch noch nie zuvor Touristen gesehen hatten.[50]

Die politischen Grenzreisen der Zwischenkriegszeit bildeten die Vorlage für die frühen Besuche am Eisernen Vorhang. Der ungezügelte Nationalismus jener Jahre war natürlich nicht länger salonfähig, er wurde ersetzt durch einen scharfen Antikommunismus, der als integrierende Ideologie die politische Kultur der jungen Bundesrepublik durchzog.[51] Die organisierten Besuche an der innerdeutschen Grenze waren durchaus von der Sorge getragen, dass die Westdeutschen sich an die Teilung gewöhnen könnten. Diese Sorge trat in der Arbeit des Kuratoriums Unteilbares Deutschland (KUD) zutage. Das Kuratorium, gegründet 1954 in Reaktion auf das Scheitern der Berliner Außenministerkonferenz, verstand sich als gesamtdeutsche Volksbewegung, die das Ziel der Wiedervereinigung verfolgte. Mit dieser prioritären Mission befand sich das Kuratorium deutschlandpolitisch bald in Opposition zu Adenauers Strategie der Westintegration. Es musste daher ohne die Unterstützung des Bundeskanzlers auskommen, zog dafür aber eine ganze Reihe von Adenauer-Gegnern an.[52] Über seine Orts- und Landesverbände organisierte das Kuratorium zahlreiche Aktionen, die häufig fälschlicherweise als staatliche Initiativen in Erinnerung geblieben sind: brennende Kerzen in den Fenstern zur Weihnachtszeit, um an die »Brüder und Schwestern« in Ostdeutschland zu erinnern; das Tragen von Anstecknadeln mit der Abbildung des Brandenburger Tors und der Forderung »Macht das Tor auf!«, in westdeutschen Städten aufgestellte Nachbildungen des Brandenburger Tors, um für die Unterstützung West-Berlins zu werben; oder das Aufstellen von Weihnachtsbäumen entlang der Demarkationslinie.[53] Die Westdeutschen zu einem Besuch der Grenze zu animieren, war fester Bestandteil der Aktivitäten des Kuratoriums. Die Ortsvereine des Kuratoriums verstanden solche Grenzausflüge dann als Demonstrationen für die deutsche Einheit und brachten dabei ihre unerschütterliche Verbundenheit mit den Deutschen auf der anderen Seite des Zauns zum Ausdruck.

Wenn Vertreter der Grenzgemeinden wegen der hohen Zahl von Besuchern an der Demarkationslinie nach Unterstützung suchten, erwies sich das Kuratorium oft aufgeschlossener als der Staat. Bereits 1956 forderte der Oberkreisdirektor von Helmstedt, Hans Walter Conrady, zwei hauptamtliche Mitarbeiter an, weil die Stadt so viele Gäste aus dem In- und Ausland anzog. Sein Vorschlag, den ungeleiteten Grenztourismus in politische Bildung vor Ort umzuwandeln, fand in Hannover und Bonn kein Gehör. Dort abgewiesen, arbeitete er stattdessen mit dem Kuratorium zusammen.[54] Und so war es auch das Kuratorium, und nicht etwa eine staatliche Stelle, das die ersten Grenzinformationszentren in Zicherie (1960) und im Helmstedter Stadtteil Offleben (1961) einrichtete.[55] Andere Kommunen folgten diesem Beispiel und eröffneten Informationspunkte in Rathäusern, Gemeindezentren, Kirchen, Schulen und im Hauptquartier des ansässigen Grenzschutzregiments. Diese Informationsorte, ehrenamtlich betreut und kuratiert, präsentierten Material wie beispielsweise Landkarten mit Grenzverläufen, Fotos und Modelle der Grenzbefestigungen, Uniformen der DDR-Grenzsoldaten und, sofern vorhanden, sogar deren Waffen. In den 1960er Jahren versuchten solche Ausstellungen meist, das Bild eines freien Westens zu vermitteln, der einem geknechteten Osten gegenüberstand. Niedersachsen, das Bundesland mit der längsten Grenze zur DDR (544 Kilometer), griff in der ersten Hälfte der 1960er Jahre die örtliche Nachfrage auf und begann, diese Initiativen zu unterstützen. Nun richtete auch das Land neue Informationszentren ein, nicht zuletzt, weil die wachsende Zahl von Grenztouristen Zeit und Geduld der Lokalverwaltungen strapazierten.[56] Im Jahr 1978 unterhielt Niedersachsen siebenundzwanzig solcher Informationsstellen, Bayern fünfzehn, Hessen vierzehn und Schleswig-Holstein zehn.[57]

Wie die ehrenamtlichen Mitarbeiter des Kuratoriums Unteilbares Deutschland gingen offenbar auch Vertreter des Bundes und der Länder von einer eher linearen politischen Wirkung der Grenzreisen aus. »Je näher man am Eisernen Vorhang wohnt«, hielt ein Reporter für die *Neue Zeitung* 1951 fest, »desto unmittelbarer wirkt die Gefahr als Stimulans.«[58] Die Grenze zu sehen oder in ihrer Nähe zu leben, so die Überlegung, würde die Westdeutschen aufrütteln und sie zu politisch versierten und engagierten Bürgern machen, die bereit wären, die politische Ordnung der Bundesrepublik gegen die feindliche Ideologie des Kommunismus zu verteidigen. Die westdeutsche Propaganda, sei es in Filmen oder in Schriften, ging davon aus, dass ein Blick auf die Sperranlagen ausreichen würde, um den Betrachter davon zu überzeugen, dass die Grenze ein unmenschliches Bauwerk sei, für das allein die DDR die Verantwortung trage.[59] Eine Analyse der

Reisebroschüren, die staatliche Stellen den Grenzbesuchern zur Verfügung stellten, bestätigt dieses angenommene Reiz-Reaktions-Schema. Zwar wurde in einigen dieser Broschüren dafür plädiert, Kontakte mit den Deutschen in der DDR zu pflegen, doch die in den 1960er Jahren erschienenen waren völlig auf die Grenzbefestigungen und die Logistik des Besuchs fixiert. Ihre politische Botschaft war eindeutig: Wer die Grenze sehe, so ein bayerisches Beispiel, werde sofort begreifen, »welche furchtbaren Folgen der 2. Weltkrieg für unser Volk hat«. Eine Konfrontation mit dem »kommunistischen System« – eine Erwähnung der DDR wurde sorgsam vermieden – »lässt uns den Wert der Freizügigkeit ... besonders erkennen«.[60] Die Gegenüberstellung von Freiheit im Westen und Unfreiheit im Osten zog sich wie ein roter Faden durch diese Broschüren und hob damit eines der zentralen Ideologeme der westlichen Propaganda im Kalten Krieg hervor.[61] Die Reiseführer ließen auch keinen Zweifel, wer an den aktuellen Zuständen schuld sei. Die DDR erscheint »als Vorposten sowjetischen Expansionsstrebens«, wo »das kommunistische Regime im unfreien Teil unseres Vaterlandes alles unternommen [hat], die Trennung der Deutschen von Deutschen noch härter, noch unerbittlicher, noch unmenschlicher« zu machen.[62]

Ein Grenzbesuch sollte zu einem transformativen Erlebnis werden. In einer hessischen Broschüre von 1964 hieß es, die Reise würde die Besucher aus ihrer »Lethargie« aufrütteln, was wahrscheinlich ein unbeabsichtigtes Eingeständnis war, dass sich viele Westdeutsche bereits mit der Teilung abgefunden hatten. Sobald die Reisenden die Sperranlagen sehen, die Ferngläser der DDR-Grenztruppen auf sich gerichtet spüren, die jede ihrer Bewegungen verfolgen, und sie erkennen, dass die »deutschen Menschen [auf der anderen Seite] sich in Lebensgefahr begeben, wenn sie zu uns herüberwinken, hört die Fahrt auf, ein Ausflug zu sein.«[63] In einer zwei Jahre später erschienenen niedersächsischen Publikation war zu lesen, der Anblick von Minenfeldern und Stacheldraht wecke im Besucher den Mut, »Unrecht und Gewalt« zugunsten von »Recht und Freiheit« zu bekämpfen. Dies sei die »gross[e] national[e] Aufgabe«, der die Broschüre und damit auch der Grenzbesuch dienen solle.[64] Es überrascht nicht, dass solche Reisen als besonders nützlich für Schüler angesehen wurden. Noch zu Ende der 1970er Jahre meinte der bayerische Innenminister, eine Begegnung mit den Grenzanlagen imprägniere Jugendliche gegen »kommunistische Unterwanderung«.[65]

Die Reisebroschüren wandten sich nicht nur an das inländische Publikum, sondern wurden in Erwartung ausländischer Touristen auch in verschiedenen Sprachen gedruckt.[66] Die Regierung Adenauer setzte die Grenze explizit als außenpolitisches Instrument ein und initiierte ein Besuchsprogramm für ausländische Gäste, das vom Auswärtigen Amt betreut wurde. Ausländern die innerdeutsche Grenze zu zeigen, gab der Bundesregierung Gelegenheit, ihr antikommunistisches Profil zu schärfen und sich als verlässlicher Partner im westlichen Bündnis zu präsentieren. Mit Blick auf den Zaun ließ die westliche Welt sich gut vor dem »neuen Totalitarismus« hinter dem Eisernen Vorhang warnen, wodurch der gerade erst vergangene Totalitarismus der Nazi-Diktatur gern in den Hintergrund rücken konnte. Ende der 1950er Jahre hatte sich ein bewährter Ablauf für solche Grenzbesuche etabliert. In Zusammenarbeit mit den Landesregierungen in Kiel, Hannover, Wiesbaden und München stellte das Auswärtige Amt Besuchsprogramme für Reisegruppen zusammen, die ebenso aus britischen Damenclubs, Auslandskorrespondenten oder Militäreinheiten wie aus Diplomaten und Staatschefs bestehen konnten.[67] Begleitet wurden die ausländischen Würdenträger von einem westdeutschen Diplomaten, der dem Auswärtigen Amt von der Reaktion der Besucher berichtete. Diese Regelung erwies sich meist als höchst zufriedenstellend. Die Besucher bestätigten, noch nie eine derart »unmenschliche Demarkationslinie« gesehen zu haben.[68] Ein französischer Parlamentsabgeordneter erklärte in Helmstedt, er habe nun »ein neues Deutschland« erlebt,[69] und eine Gruppe lateinamerikanischer Bischöfe zeigte sich erschüttert angesichts dieser »Konfrontation mit dem militanten Atheismus«.[70]

Mindestens einmal wurde eine solche Reise an die Grenze mit der Besichtigung eines Konzentrationslagers kombiniert. Im November 1959 baten ehemalige belgische Widerstandskämpfer um die Möglichkeit, Bergen-Belsen zu besuchen, bevor sie an die Grenze weiterfuhren. In dieser Anfrage schwang bereits eine Analogie zwischen Grenzzaun und Konzentrationslager mit, die von der westdeutschen Bildsprache zur Grenze auch evoziert wurde.[71] Auf die Besichtigung von Bergen-Belsen einen Besuch in Helmstedt folgen zu lassen, versetzte die Besucher zeitlich und räumlich von der jüngsten deutschen Vergangenheit in die westdeutsche Gegenwart. Der begleitende Diplomat war sich dieser Transmutation sehr wohl bewusst. »Der Besuch der Gedenkstätte des ehemaligen Konzentrationslagers Bergen-Belsen an einem nebelig trüben Novembertag«, schrieb er in seinem Bericht, »stellte eine Überleitung zum Besuch der Zonengrenze mit ihrem Stacheldrahtzaun und ihren Wachttürmen dar, wie sie eindrucksvoller nicht zu denken war. Immer wieder erklärten die Teilnehmer angesichts der Zonengrenze, daß sie glaubten, sich an der Umzäunung eines gigantischen Konzentrationslagers zu befinden.«[72] Mit der Unterstellung, die DDR sei ein gigantisches Konzentrationslager, wurde dem SED-Regime die Kontinuität des Totalitarismus zugeschrieben. Dieses Motiv setzte sich fort, als die belgischen *Résistants* vom Regierenden Bürgermeister Willy Brandt empfangen wurden, der West-Berlin als »Stadt des Widerstands« bezeichnete. Tief beeindruckt, wie die Berliner ihre Lebensumstände meisterten, erklärte der Sprecher der Belgier, Hubert Halin,[73] dass in Berlin »der gleiche Geist gegen den Totalitarismus herrsche, der sie [selbst] in der Zeit der schweren Widerstandskämpfe [gegen den Nationalsozialismus] bewegt habe«.[74] Wenn ehemalige Widerstandkämpfer gegen die deutsche Militärbesatzung ihren ehemaligen Besatzern den heiligen Status der *Résistance* zugestanden, konnte das Auswärtige Amt den Besuch getrost als Erfolg verbuchen.

Während der antikommunistische Charakter der Grenzbesuche in den späten 1950er Jahren und nach dem Mauerbau noch unhinterfragt blieb, begann der Konsens darüber, was mit den Reisen eigentlich erreicht werden sollte, von Mitte der 1960er Jahre an zu bröckeln. Der hessische Grenzlandkommissar Heinz Kreutzmann berichtete nach einer Recherchereise 1965, dass Niedersachsen nicht nur deshalb in Informationszentren investiert habe, um die Verantwortlichen vor Ort zu entlasten, sondern auch, weil »unqualifizierte Kräfte die Betreuung der ständig anschwellenden Zahl der Zonengrenzbesucher übernommen« hätten. Vor allem der Bundesgrenzschutz nutze die Gelegenheit für Rekrutierungsversuche und um »ausgesprochene ›Kalte Kriegspropaganda‹« zu verbreiten, was vermutlich eine Anspielung auf den um 1960 gepflegten Antikommunismus war. In Niedersachsen wolle man stattdessen »vernünftige« Informationen bereitstellen und nicht nur über die »Stacheldrahtsituation«, sondern auch über die Folgen der Teilung für das westliche Grenzland berichten.[75] So wurde die Aufmerksamkeit von den Deutschen in der DDR auf die westdeutschen Grenzlandbewohner umgelenkt, was sich im Laufe der 1960er Jahre noch verstärkte. Als Kreutzmann 1968 Bundesmittel beantragte, um auch in Hessen Informationszentren einzurichten, hatte sich der Schwerpunkt schon fast darauf verlagert, Besucher ins Zonenrandgebiet zu bringen, damit sich dessen Bewohner »nicht abgeschrieben und vergessen« fühlten.[76] Kreutzmanns Antrag folgte auch dahin gehend dem Vorbild Niedersachsens, dass er seiner Landesregierung »gewisse Einflüsse auf die Arbeit dieser Informationsstellen« ermöglichen wollte.[77]

Die allmähliche und uneinheitliche Abkehr von dem auf Grenzreisen bis dahin gepflegten kruden Antikommunismus im Laufe der 1960er Jahre spiegelte den Wandel der Deutschlandpolitik von Adenauers Konfrontationskurs gegenüber der DDR zu Willy Brandts Ostpolitik wider. Als sich die politischen Parameter verschoben, wurden solche Fahrten Thema parteipolitischer Auseinandersetzungen. Der Vorsitzende des Bundestagsausschusses für innerdeutsche Beziehungen, Olaf von Wrangel (CDU), vertrat 1974 die Ansicht, sie würden instrumentalisiert, um »die Politik der gegenwärtigen [SPD]Bundesregierung einseitig zu propagieren«.[78] Umgekehrt warf der Leiter der Landeszentrale für politische Bildung in Hessen, ein Sozialdemokrat, den CDU- beziehungsweise CSU-regierten Ländern Niedersachsen und Bayern vor, mit den Grenzfahrten die Politik der SPD-geführten

Bundesregierung zu untergraben.[79] Zugleich warnten Pädagogen der Informationszentren, solche Unternehmungen würden zu »staatlich geförderten Vereinsausflügen (mit Strohhut und Büchsenbier)« verkommen. Tatsächlich erwies sich 1971 das VW-Werk in Wolfsburg als größere touristische Attraktion als die nahe gelegene Grenze.[80] Es gab weitere Indizien dafür, dass das Format der Grenzbesuche als Ausdruck des Wunsches nach Wiedervereinigung an Gültigkeit verloren hatte: Als Waltraud Buchholz, die engagierte Leiterin des Informationszentrums Offleben, 1971 ihren Posten niederlegte, läutete dies das Ende des Zentrums ein. Bald darauf wollte der Landkreis Helmstedt die Unterhaltskosten nicht mehr tragen, der Hausmeister wurde entlassen und die Ausstellung häufig mutwillig beschädigt. Im Jahr 1976 wurde sie geschlossen.[81]

Innerhalb von zwei Jahrzehnten hatte sich die ursprüngliche Idee des Kuratoriums überlebt, das Bedürfnis der Menschen nach Grenzbesuchen zu nutzen, um gegen die Teilung und für die Wiedervereinigung zu demonstrieren. Als der Kitt des Antikommunismus allmählich seine Bindekraft verlor, ließ auch die anklagende Rhetorik der staatlichen Reiseführer nach. Die Reiseführer der 1980er Jahre erklärten zwar noch den Aufbau der Grenzbefestigungen, verzichteten aber auf Angriffe gegen die DDR und enthielten sogar Informationen über Städte auf der anderen Seite des Zauns, was in früheren Reisebroschüren gefehlt hatte.[82] In einem Exemplar aus dem Jahr 1987 findet sich der Wunsch, man möge sich »das Bewußtsein von der Einheit der deutschen Nation« bewahren, ohne jedoch die territoriale Einheit zu fordern. Die Broschüre enthielt sogar 50 Seiten über »Städte und Landschaften an der innerdeutschen Grenze« auf beiden Seiten. Da konkrete Informationen über grenzüberschreitende Reisen *in* die DDR in dieser Broschüre aber fehlten, lenkten solche Texte den Reisenden letztlich doch in das *westliche* Grenzland mit seinen »beliebten Urlaubslandschaften«.[83] Diese Veränderung im Ton und im Ansatz bedeutete jedoch nicht, dass die Menschen die Grenze nicht mehr sehen wollten. Sie blieb bis zu ihrer Öffnung ein beliebtes Ausflugsziel. Ob bei diesen Ausflügen die staatlichen Angebote in den

Informationszentren noch gefragt waren, muss offenbleiben. In den 1980er Jahren, während der Amtszeit von Ministerpräsident Ernst Albrecht (CDU), investierte Niedersachsen beträchtliche Summen in die Instandsetzung und Modernisierung der Grenzinfrastruktur. Zudem eröffnete das Land zehn neue Informationszentren, das letzte 1988 in Bad Bodenteich in der Nähe von Uelzen.[84] Doch die Art und Weise, wie staatliche Stellen Grenzbesuche anboten, waren starr und formelhaft geworden, die Grenze selbst zu einem festen Bestandteil der Landschaft. Niedersachsen hatte kaum die Einrichtung der zehn neuen Informationszentren beendet, als ein Ministerialbeamter vorschlug, sie mangels Besucher wieder zu schließen.[85]

Besucher und Besuchte

Der stetige Besucherstrom stieß bei den Grenzgemeinden nicht immer auf ungeteilte Zustimmung. Vielmehr rief das Sightseeing an der Grenze zwischen Besuchern und Besuchten gewisse Spannungen hervor. Für die Besuchten war die Grenze alltägliche Realität, während ihr die Besucher mit Empfindungen begegneten, die von Angst über Neugier, feierlichem Ernst und Übermut bis zu einer gewissen Gleichgültigkeit reichten, was wiederum bei einigen Einheimischen schlecht ankam, weil sie sich in ihren Lebensumständen unverstanden fühlten. Die Ausflügler kamen mit vorgefassten Ansichten über den Eisernen Vorhang und wollten diese auch bestätigt finden, während die Ortsansässigen von den Gästen ein gewisses Maß an Anstand erwarteten. Jede Seite wollte die Grenzbesuche nach ihren Vorstellungen gestalten und tatsächlich schälte sich dabei im Laufe der Jahre eine bestimmte Routine heraus. Sie spiegelte wider, wie sich die Besucher nach Ansicht der Grenzanwohner zu verhalten hatten und was diese ihrerseits erleben wollten. Als Mitte der 1960er Jahre die touristische Infrastruktur ausgebaut war, zeigte sich in dieser Routine auch der Einfluss des Staates. Obwohl die Besucher kamen, um sich »selbst ein Bild zu machen«, trafen sie auf eine Sehenswürdigkeit, die ganz bewusst für sie inszeniert worden war. Einige Organisatoren von Grenzreisen, insbesondere Mitglieder von Flüchtlings- und Vertriebenenverbänden, trugen zu dieser Inszenierung bei, indem sie die Demarkationslinie mit erklärenden Schildern und anderen Elementen »möblierten«.

Als der Grenztourismus in den 1950er Jahren einsetzte, nahmen Kommunal- und Landespolitiker sowie das Bundesministerium für gesamtdeutsche Fragen häufig Anstoß am mangelnden Anstand bei diesen ungeleiteten Besichtigungen. Die staatlichen Vertreter erwarteten von den Grenzbesuchern eine gewisse Ernsthaftigkeit angesichts der Tatsache, dass die Ostdeutschen auf der anderen Seite der »Attraktion« unterdrückt wurden und die Bewohner des Zonenrandgebiets an der Frontlinie des Kalten Krieges leben mussten. Allein schon der Begriff »Tourismus« im Zusammenhang mit den Grenzausflügen missfiel dem Ministerium, denn er suggerierte Freizeit und Konsum. Man zog es vor, Ausflüge an die Grenze als Bildungsreisen zu konzipieren.[86] Der Landrat des Kreises Fulda fand »Kaffeefahrten zur Zonengrenze mit abschließendem Tanz« geschmacklos. Unternehmen, die für solche Grenzfahrten warben, darunter auch die Deutsche Bundesbahn, wurden wegen ihres Mangels an politischem Taktgefühl gerügt.[87] Lokalpolitiker wie Hans Walter Conrady fühlten sich durch ihr Leben an der Front des Kalten Krieges in die Pflicht genommen, abgesehen davon, dass sie nicht in Vergessenheit geraten wollten. Unermüdlich nahm Conrady deshalb ganze Busladungen von Besuchern in Kauf und hieß ausländische Würdenträger willkommen.[88] Auch andere akzeptierten diese Verpflichtung oder konnten sich ihr nicht entziehen, lehnten aber jede Kommerzialisierung ihrer Ortschaften ab. Der Bürgermeister von Zicherie diktierte Mitte der 1980er Jahre einem Journalisten in den Stenoblock, man habe hier stets Wert darauf gelegt, dass »mit der Grenze kein Jahrmarktsgeschäft betrieben wird ... Das Aufstellen von Ansichtskartenständen und Wurstbuden haben wir verhindert. Das wollen wir ebensowenig wie den Verkauf von Stacheldraht.«[89] Offensichtlich waren weder Sensationslust, Kommerzialisierung noch eine allzu deutliche Vermischung der Grenzbesuche mit Freizeit und »Spaß« erwünscht.

Doch wurden solche Forderungen natürlich deshalb laut, weil eben genau dies alles tatsächlich vorkam. Schon Ende der 1950er Jahre berichtete eine Lübecker Zeitung über einen Campingplatz direkt an der Demarkationslinie. Unter dem Foto eines VW-Käfers, dem Symbol des neuen Wohlstands, sinnierte der Artikel über »Camping vor dem Stacheldraht. Man schaut hinüber und macht es sich im übrigen gemütlich, mit Auto, Stühlen, Tischen, mit Kaffee und Kuchen«. Ebenso anstößig fand die Zeitung den gemütlichen Sonntagsausflug an die Grenze. Unter dem Bild von zwei mit Petticoats adrett gekleideten Frauen war zu lesen: »Ein Foto fürs Familienalbum. Mutti knipst. Mit Vopo-Wachturm im Hintergrund ein interessantes Bild. Und wenn es dunkel wird, dann fahren sie alle wieder heim.«[90] Die Besucher verstimmten die Anwohner zusätzlich durch ein typisch »touristisches« Verhalten, etwa wenn sie ihre Initialen in jene rotweißen Schlagbäume einritzten, die sie in sicherer Entfernung zur Demarkationslinie halten sollten.[91]

Hin und wieder entwickelte sich eine gewisse Kommerzialisierung des Grenztourismus, wenn auch in eher bescheidenem Umfang. Als zum Beispiel im August 1969 der neunköpfigen Familie Oborny nahe Helmstedt die Flucht über die Grenze gelang, schlachtete die *Bild*-Zeitung das Ereignis in einer Serie aus. Dies lockte in den darauffolgenden Wochen Scharen von Besuchern an den Ort des Geschehens, worauf geschäftstüchtige Helmstedter mit Würstchenständen und Bierwagen reagierten.[92] Der Besitzer der Buchenmühle im hessischen Kreis Hünfeld, dem die Grenze das Grundstück zerteilt hatte, bannte das verfallende östliche Gebäude seines Betriebs auf eine Postkarte. Besonders an Sonn- und Feiertagen strömten so viele Grenztouristen zur Buchenmühle, »dass man Erfrischungen zu reichen sich angewöhnt hatte«.[93] Ein Gasthof nahe Neustadt bei Coburg pries in seinen Werbeanzeigen die »ruhige Lage« und die Aussicht auf die Grenze aus den Gästezimmern an.[94] Reiseandenken mit Grenzmotiven blieben jedoch selten.[95] Die zu Anfang des Kapitels von Rolf

Schroers beobachteten lateinamerikanischen Besucher hatten genau deshalb Stücke von Stacheldraht abgebrochen, weil keine anderen Andenken verfügbar waren. Nur wenige Souvenirs gelangten in Umlauf: Das Grenzmuseum Helmstedt zeigt einen Aschenbecher und eine Mokkatasse aus den 1950er Jahren mit der Abbildung des dortigen Grenzübergangs. Und in Duderstadt konnten Touristen Aufkleber und T-Shirts mit einem Wortspiel kaufen, das aus den Buchstaben *DDR* den Namen *DuDeRstadt* machte.[96] Insgesamt aber zeigt die Seltenheit derartiger Objekte, dass es Einheimischen wie dem Bürgermeister von Zicherie gelungen war, einen gewissen Respekt für die Situation der Bewohner des Grenzlandes zu wecken und eine Vermengung von Kommerz und Grenze zu vermeiden.

Was die Grenzanwohner wohl am meisten irritierte, waren Besucher, die ihre einfältigen Stereotypen über den Eisernen Vorhang bestätigt sehen wollten und die Gemeinden mit inakzeptablem Verhalten belästigten. Während die Einheimischen ihre bedrückende

Souvenirs mit Grenzmotiven waren selten. In der Sammlung des Zonengrenz-Museums Helmstedt finden sich diese Objekte – Aschenbecher und Mokkatasse – mit Motiven des dortigen Kontrollpunkts.

Präsenz Tag für Tag ertragen mussten, kannten die Touristen die innerdeutsche Grenze meist nur aus Medienberichten und erwarteten, dass sie ihrem Ruf als Brennpunkt des Kalten Krieges gerecht werde. Zwar konnten Grenzbesuche tatsächlich gefährlich werden, wenn Besucher die Demarkationslinie verletzten, doch in der Regel blieben die Ausflüge vollkommen unspektakulär. Eingebettet in eine oft liebliche Landschaft, bot die innerdeutsche Grenze nur wenige Orte, an denen die Dramatik, etwa in Form von geteilten Häusern oder Dörfern, zum Greifen war. So stellte sich bei einer Gruppe von dänischen Schülern, die im Mai 1961 die Grenze bei Lübeck besichtigte, denn auch Enttäuschung ein. »Keine Schießerei, keine Zwischenfälle – für die [dänischen Besucher] ist das alles sehr langweilig. Sie klettern wieder in ihren ledergepolsterten Bus.«[97] Da ihnen die »Action« fehlte, beschlossen einige Besucher, dem Grenzerlebnis nachzuhelfen. Ein Team US-amerikanischer Fotojournalisten versuchte beispielsweise, durch Steinwürfe Landminen auf der DDR-Seite auszulösen, um »realistische« Bilder schießen zu können.[98] In den Akten der DDR-Grenztruppen finden sich zahllose Berichte über Versuche von Westdeutschen, die Grenzanlage zu beschädigen, Minen auszulösen, Grenzpfähle zu stehlen und Grenzsoldaten zu beschimpfen.[99] Nicht immer handelte es sich dabei um Ortsfremde, auch angetrunkene Einheimische ließen sich an der Grenze aus. Im Jahr 1969 äußerte sich ein westdeutscher Grenzschützer entnervt über die »Freizeitdeutschen, Grenzgaffer und Souvenirjäger, die von den schwarzrotgoldenen Grenzpfosten das DDR-Emblem herunterklauen«.[100] Manche Anwohner gingen dazu über, die Grenzbesucher so gut es ging zu meiden.[101]

Zu den Kerngruppen der Grenzreisenden gehörten die Vertriebenen aus den ehemaligen deutschen Ostgebieten und Flüchtlinge aus der DDR. Für beide war der Eiserne Vorhang nicht nur die ideologisch aufgeladene Frontlinie zwischen den NATO- und den Warschauer-Pakt-Staaten, sondern auch die Trennlinie zu ihrer früheren Heimat. Die Grenze war aufs Engste mit ihrer Migrationsgeschichte verwoben: Das Überqueren der Demarkationslinie in die westlichen Besatzungszonen oder, nach 1949, in die Bundesrepublik bedeutete die Ankunft nach einer traumatischen Reise, stand für eine erfolgreiche Flucht oder verhieß größere wirtschaftliche Chancen. Als erste Anlaufstellen nahmen die grenznahen Landkreise viele Vertriebene und Flüchtlinge auf, bis der wirtschaftliche Aufschwung etliche von ihnen dazu bewegte weiterzuziehen. Flüchtlinge und Vertriebene waren also auf komplexe Weise mit der Grenze und dem Grenzland verbunden. Wie Friederike Kind-Kovács und Eagle Glassheim am Beispiel der Sudetendeutschen erklären, war der Eiserne Vorhang für die Vertriebenen aus Böhmen nicht nur ein Kristallisationspunkt für den zeitgenössischen Antikommunismus, sondern zusätzlich mit Erinnerungen an Flucht und Vertreibung befrachtet. Die Menschen auf der anderen Seite waren nicht nur die ideologischen Gegner im Kalten Krieg, sondern auch die Bewohner ihrer ehemaligen Häuser und Dörfer, unter deren Verwaltung die »alte Heimat« ihrer Meinung nach einem steten Verfall preisgegeben war.[102] Für diese Klientel kam eine Fahrt an die Grenze einem Zwiegespräch mit der verlorenen Heimat gleich, die manchmal unmittelbar hinter der bayerisch-tschechischen Grenze lag. Unzählige Heimatblätter und Jahrbücher gaben diese Zwiegespräche wieder.[103] Auch für Vertriebene aus den weiter östlich gelegenen Gebieten stellte die Grenze den nächstgelegenen Punkt zur alten Heimat dar, zumindest bis die Ostpolitik Früchte trug und Reisen nach Polen wieder möglich machte.[104] Zudem richteten die Landsmannschaften der Vertriebenen vorzugsweise im Zonenrandgebiet Gedenkorte als »Heimatsurrogate« ein.[105] So ließen sie in unmittelbarer Grenznähe große, weithin sichtbare Kreuzdenkmäler aufstellen, die in die jährlichen Veranstaltungen der Vertriebenenorganisationen einbezogen wurden, Gottesdienste im Freien und Wiedersehensfeiern schmückten, aber auch als beliebte Ausflugsziele dienten.[106] Wie Yuliya Komska am Beispiel der bayerisch-tschechischen Grenze zeigt, errichteten die Sudetendeutschen mit Bildstöcken, Kreuzen und (nachgebauten) Heimatkapellen eine wahre »Gebetsmauer« entlang der Grenze. Durch die Überfrachtung der westlichen Seite mit christlicher Ikonografie verwandelte dieser Personenkreis die Grenzbesuche quasi in Pilgerfahrten.[107] Mit ihrem doppelten Antrieb für Grenzreisen – Trauer um die verlorene Heimat und Vergegenwärtigung der Teilung – gehörten die Vertriebenen zu den frühen und beständigen Besuchern des Eisernen Vorhangs, die oft in großen Scharen anreisten.[108]

Eine andere Gruppe unter den Grenztouristen waren die Flüchtlinge aus der DDR. Sie beteiligten sich an grenzbezogenen Veranstaltungen des Kuratoriums Unteilbares Deutschland und verschiedener anderer Vereinigungen, die sich 1969 zum Bund der Mitteldeutschen zusammenschlossen. Zum Gedenken an den gescheiterten Aufstand vom 17. Juni 1953 hielten sie große Zusammenkünfte entlang der innerdeutschen Grenze ab, die die Grenztruppen der DDR jedes Jahr in höchste Alarmbereitschaft versetzten.[109] Den ostdeutschen Grenzorganen waren diese Organisationen ein besonderer Dorn im Auge, da ihre Kernforderung die Wiedervereinigung war. Noch bis weit in die 1960er Jahre hinein umfasste diese Forderung auch die ehemaligen deutschen Ostgebiete. Der Bund der Mitteldeutschen implizierte schon im Namen, dass die DDR nur die Mitte Deutschlands sei und es darüber hinaus noch einen deutschen Osten gäbe. Wie die Landsmannschaften der Vertriebenen trugen auch diese Gruppen ihren Teil dazu bei, die Demarkationslinie mit Schildern und Mahnmalen auszustatten: »Auch drüben ist Deutschland« und »Deutschland ist unteilbar« wurde den Besuchern in Erinnerung gerufen, oder dass ein dreigeteiltes Deutschland unannehmbar blieb: »Dreigeteilt? Niemals!«.[110] Vertriebenen- und Flüchtlingsverbände schufen auf diese Weise Ausflugsziele entlang der Grenze, mobilisierten ihre Mitglieder zu Besuchen oder organisierten selbst Gruppenfahrten ins Grenzgebiet. Im Zuge der neuen Ostpolitik schienen diese Bemühungen jedoch nicht mehr dem Zeitgeist entsprochen zu haben. Ein Redakteur der Wochenzeitung *Die Zeit* mokierte sich 1969 über das Schauspiel an der Grenze, die sich »gut als Reliquie für mystische Inszenierungen [eignet]. Eine vielseitige Kulisse für Maikundgebungen, für Sprünge über Mahnfeuer und Stoßseufzer auf Grenzwanderungen.«[111] Wie man den Berichten der DDR-Grenztruppen entnehmen kann, gingen diese Aktivitäten bis in die 1980er Jahre unvermindert weiter.[112]

Weitere Personengruppen unter den Grenzbesuchern waren Schüler, Rekruten der Bundeswehr und in der Bundesrepublik stationierte alliierte Soldaten. Jede dieser Gruppen könnte man als »unfreiwilliges Publikum« einstufen, da die Grenzreise Teil des Programms ihrer Schule oder Einheit war. Für Angehörige des Militärs gehörte das Studium des Geländes entlang der Grenze, der tief gestaffelten Befestigungsanlagen und der militärischen Ausrüstung der Gegenseite zur Ausbildung.[113] Die Berichte der DDR-Aufklärungseinheiten zeigen, dass die ostdeutschen Grenzsoldaten akribisch alle Uniformierten zählten und versuchten, ihre Verbandsabzeichen zu identifizieren. Gruppen junger Männer im Alter von etwa 18 bis 21 Jahren wurden meist ebenfalls zu den Rekruten gerechnet, auch wenn sie Zivilkleidung trugen, weil man diese schlicht für Tarnung hielt.[114]

Für Schüler gehörten Fahrten an die Grenze oder eine Exkursion nach West-Berlin zur politischen Bildung »vor Ort«. Dr. Willi K., ein engagierter Lehrer an der Freiherr-vom-Stein-Schule in Frankfurt, organisierte zum Beispiel regelmäßig dreitägige Klassenfahrten an die Grenze, um die Schüler mit dem aktuellen Stand der deutschen Frage vertraut zu machen. Finanziell wurden seine Bildungsfahrten von der Hessischen Landeszentrale für Politische Bildung unterstützt. Im Anschluss an die Reise fertigten die Schüler Berichte an, die sie mit eigenen Fotos und Zeichnungen ausschmückten. Die Berichtshefte aus den Jahren 1961, 1962 und 1968 zeigen, dass die Schüler die Grenze als Bedrohung empfanden oder zumindest als solche darstellten. Die begleitenden Beamten des Bundesgrenzschutzes erschienen ihnen weniger zu ihrer Information als zu ihrem Schutz abgestellt. Außerdem betonten die Schüler die Absurdität der Grenze, die nahe gelegene Dörfer und Gebäude unerreichbar machte und »Deutsche von Deutschen [trennte]«, eine Wortwahl, die sich eng an die Regierungsbroschüre *Mitten in Deutschland* anlehnte, die wahrscheinlich zur Vorbereitung ihrer Reise gedient hatte. Hinter dem

Eisernen Vorhang herrschten »Angst und Misstrauen«, schrieben sie, und die DDR-Bürger seien gezwungen, über die bedrückenden Zustände in ihrem Land zu schweigen, was in der rhetorischen Frage gipfelte: »Sie müssen schweigen, aber sollen wir, die wir in der Sicherheit und Freiheit des Westens leben, auch schweigen?« Die Grenzsperren standen in den Beobachtungen der Schüler im Mittelpunkt: Der akribisch geharkte Kontrollstreifen, die Beobachtungstürme, der Stacheldraht, die Minen, die Wachhunde, die abgeschnittenen Straßen und Gleise zeigten ihnen eindrucksvoll, »wie unsinnig die gewaltsame Teilung Deutschlands ist«, und riefen Beklemmung hervor. Solche Empfindungen wurden durch Vorträge verstärkt, in denen die Brutalität der DDR-Grenztruppen und ihr Mangel an »Fairness« betont wurden, wenn sie Flüchtlinge verfolgten und sogar aus westdeutschem Gebiet gewaltsam zurückholten. Den Berichtsheften nach zu schließen, waren die Klassenfahrten von Dr. K. mustergültige Grenzbesuche: Selbst wenn man berücksichtigt, dass es sich bei den Texten um Hausaufgaben handelte, lassen sie die bereits etablierte Routine für derartige Grenzbesuche erkennen, zu dem Höhepunkte wie geteilte Straßen und Häuser, Bundesgrenzschutzbeamte als Reiseführer und Anekdoten von Grenzzwischenfällen gehörten.[115]

Individualreisende, die nicht an einer organisierten Gruppenfahrt teilnahmen, hinterließen hingegen nur selten Spuren, es sei denn, sie waren in einen »Grenzzwischenfall« verwickelt und dadurch auf der einen oder anderen Seite aktenkundig geworden. Einige blieben in Erinnerung, weil sie ihren Aufenthalt an der Grenze auf ungewöhnliche Weise inszenierten, wie jener Mann, der 1964 behauptete, eine religiöse Erscheinung habe ihn aufgefordert, die »Zonengrenze« zu seinem persönlichen Kreuzweg zu machen und ein großes Holzkreuz von Hof bis nach Lübeck zu tragen.[116] Reguläre Ausflügler kamen und gingen jedoch, ohne eine Mission zu erfüllen. Aus einem Aufklärungsbericht der DDR-Grenztruppen geht hervor, dass solche Individualreisende einen großen Teil der Grenztouristen ausmachten.[117] Offenbar nahmen auch die Einheimischen ihre eigenen Besucher mit an die Grenze, die in diesen vorwiegend ländlichen Gebieten eine

Deutsche und französische Schüler an der Grenze im Landkreis Lüchow-Dannenberg im Jahr 1985.

der wenigen Sehenswürdigkeiten war. Kamen die Gäste von weiter her, war die Besichtigung der Grenze fast schon Pflicht. »Als wir Besuch aus dem Ausland hatten«, schrieb eine Frau, die im Landkreis Tirschenreuth nahe der tschechischen Grenze wohnte, »sind wir zur Grenze gegangen und haben uns angesehen, wie sie wirklich war ... Silberhütte war stets ein gutes Ziel, wenn Gäste aus Wien oder von anderswo kamen. Sie wollten es sich immer ansehen.«[118]

Einer dieser Gäste war der 23-jährige Peter Boag, ein Amerikaner, der im Sommer 1984 durch Europa reiste. Er wohnte bei einer deutschen Familie in Windsbach bei Nürnberg. Während eines Ausflugs fuhren ihn seine Gastgeber an die Grenze nahe Neustadt bei Coburg, wo die aufwendigen Grenzanlagen mit ihrem »technischen Kram« einen tiefen Eindruck bei ihm hinterließen:

> Die Grenzsoldaten ... waren wirklich erstaunlich. Ich konnte mit dem Fernglas in ihre Wachtürme blicken & da sah ich, dass sie mit Ferngläsern mich direkt anschauten & und uns m[it] Teleobjektiven fotografierten. Außerdem machten sie Aufzeichnungen über unsere Bewegungen und vielleicht auch über das, was wir sagten – [meine Gastgeber hatten mir gesagt,] dass die ganze Gegend verwanzt war.[119]

Boag konnte der Versuchung nicht widerstehen, kurz über die Demarkationslinie zu springen, »damit ich sagen kann, ich bin in Ostdeutschland gewesen«. Womöglich beeinflusst von der Art und Weise, wie seine Gastgeber ihm die Grenze präsentierten, nahm Boag sie als die Trennlinie zwischen Kommunismus und der »freien Welt« wahr, die von bedrohlich wirkenden Grenzsoldaten bewacht wurde.[120] Seine Grenzerfahrung Mitte der 1980er Jahre entspricht also weitgehend der Choreografie der Schulausflüge in den 1960er Jahren, was vermuten lässt, dass sich eine Standardisierung der Grenzreise und -wahrnehmung durchgesetzt hatte, die von den örtlichen Gastgebern reproduziert wurde. Wie Maren Ullrich aufzeigt, war sie derart fest etabliert, dass sie weit über 1989 hinaus wirkte und die Art und Weise beeinflusste, wie die innerdeutsche Grenze nach dem Mauerfall musealisiert und erinnert wurde.[121]

Während sich Besucher und Besuchte mit der Grenze und miteinander auseinandersetzten und damit den Charakter der Grenzbesuche prägten, gab es eine Gruppe, die in diesem Prozess keine Stimme hatte, nämlich die Einwohner der Ortschaften im Sperrgebiet der DDR. Wenn ostdeutsche Grenzlandbewohner nach 1990 auf die Westtouristen zu sprechen kamen, erinnerte sich eine Frau, es habe sie »wütend [gemacht], dass wir wie die ›Affen im Käfig‹ beschaut wurden«.[122] Bereits in den Anfängen des Grenztourismus hatte ein Zeitgenosse erkannt, wie absurd es war, sich gegenseitig zu beäugen und anzustarren »wie die wilden Tiere im Zoo«.[123] Die Zoometapher veranschaulicht, dass es sich von Anfang an um einen asymmetrischen Blick handelte, bei dem die Macht bei denen lag, die in den »Käfig« starrten. Inspiriert vom Mauertourismus in Berlin verarbeitete die britische Punk-Band *Sex Pistols* in einem Song aus dem Jahr 1977 das Unbehagen über den Blick auf »das Elend der anderen«. Auch die Eingangsszene der populären Filmkomödie *Sonnenallee* (1999) griff das Thema auf: Westliche Touristen begafften von einer Aussichtsplattform die »Ossis« wie Tiere im Zoo – »füttern verboten«, sagt eine Stimme im Off.[124] Selbst jene Ostdeutschen, die wussten, dass es ihre eigenen Verwandten waren, die auf ihr Dorfleben schauten, hatten nach dem Mauerfall das Bedürfnis, sich diesen Blick selbst anzueignen. Einer der ersten Wege, den ein Einwohner des Eichsfelder Dorfes Kella nach der Grenzöffnung nahm, führte ihn an »genau die Stelle, wo meine westlichen Verwandten gestanden haben mussten, wenn sie kamen, um sich Kella anzusehen«.[125]

Der westliche Grenztourismus aus DDR-Sicht

Der Grenztourismus war für die DDR-Behörden von Beginn an eine Provokation. Die Besucher sahen, was das SED-Regierung stets zu leugnen versuchte: Die Sperranlagen waren eben nicht gegen westliche »Faschisten« und »Imperialisten« gerichtet, sondern gegen die eigenen Bürger. Die Grenztouristen bescherten der DDR-Führung ein Imageproblem, und zwar nicht nur, wenn es zu gewalttätigen »Grenzzwischenfällen« kam, sondern fast täglich.

Für die DDR-Grenztruppen stellten schaulustige Westdeutsche schon vor dem Mauerbau ein Problem dar. Denn nachdem 1952 politisch angeblich unzuverlässige Einwohner aus dem Schutzstreifen deportiert worden waren, blieben ihre Häuser und Höfe in unmittelbarer Nähe zur Demarkationslinie unbewirtschaftet zurück. Dort neue Bewohner anzusiedeln, kam in der Regel nicht infrage, vielmehr erfolgten nach dem Mauerbau im August 1961 weitere Zwangsumsiedlungen, manche auch als Sanktion für politische Nonkonformität. Die verlassenen Gebäude verfielen im Laufe der Zeit, wurden von Anwohnern für Baumaterial ausgeweidet oder durch Angehörige der Grenztruppen mutwillig zerstört.[126]

Für die Verantwortlichen der Grenzgemeinden und der Grenztruppen wurde dieser Zustand bald untragbar, weil der Verfall der Gebäude dem westlichen Nachbarn eine Fülle an Propagandamaterial lieferte. Die populäre Broschüre *Mitten in Deutschland, mitten im 20. Jahrhundert,* die vom Bundesministerium für gesamtdeutsche Fragen erstmals 1958 herausgegeben wurde, betonte die Übergriffe auf privates Eigentum und mokierte sich über die Verschwendung von

Ackerland entlang der Demarkationslinie.[127] Ehemals gut geführte und rentable Bauernhöfe, so die beißende Kritik aus dem Westen, böten nun einen traurigen Anblick und zeugten von der wirtschaftlichen und moralischen Verkommenheit des sozialistischen Systems. Die Früchte der lebenslangen Arbeit tüchtiger Menschen verkämen vor ihren Augen. Geschickt verknüpfte die Broschüre dabei Produktivität mit Privateigentum und verurteilte so die Kollektivierung der ostdeutschen Landwirtschaftsbetriebe gleich mit.[128] Die Bildsprache dieser Broschüre prägte die Vorstellung vieler Westdeutscher von der Grenze.[129] Ein Jahr nach Erscheinen der ersten Auflage fiel der ostdeutschen Grenzpolizei »ein starker Besucherstrom« auf, »der sich ansieht, ›wie es hinter dem Vorhang‹ aussieht«.[130] Westdeutsche Busunternehmer organisierten ganze »Reisegesellschaften..., welche an die Grenze gefahren werden und diese [verfallenen] Häuser sollen für die Verhältnisse in der DDR dienen«.[131] Die Interpretation der westdeutschen Absichten war durchaus zutreffend. So wie die Broschüre *Mitten in Deutschland* darauf angelegt war, westdeutschen Wiederaufbau mit ostdeutschem Verfall zu kontrastieren, kamen die Grenzbesucher, um sich über die Grenze und die DDR zu empören. Der daraus resultierende Schauder war dazu angetan, die eigenen Lebensumstände in der Bundesrepublik zu bejahen.

Die naheliegende Reaktion der DDR-Grenzorgane war natürlich, den westlichen Zaungästen möglichst keinen Anlass zur Selbstbestätigung zu bieten. Um sowohl die Verunglimpfungen zu unterbinden als auch die westliche Selbstzufriedenheit zu stören, sollten Grenzgemeinden im Jahr 1959 alle verlassenen Gebäude melden, die dann entweder abgerissen oder renoviert wurden. Nicht nur ihr Zustand, sondern gerade ihre Sichtbarkeit für den Westen entschied über ihr Schicksal. Wenn ihr »Anblick sich negativ für das Ansehen der DDR nach Westdeutschland auswirkt[e]«, mussten sie weichen.[132] Ganze Dörfer wurden im Zuge der Grenzsicherung und aus Imagegründen geschliffen.[133] Um die Objekte der westlichen Schmähungen aufzuhübschen, schlug die Stasi Mitte der 1960er Jahre vor, »unter den Grenzortschaften einen Wettbewerb um das schönste Dorf an der

Grenze zu entfachen«. Denn »ein sauberer Anblick entlang der Grenze«, so die Vorstellung, »würde dem Gegner bei seinen Hetzvorträgen gewisse Argumente nehmen«.[134] Was aus dieser Idee wurde, ist unklar. Auf jeden Fall wurden die Gemeinden im Schutzstreifen bevorzugt mit Baumaterial beliefert, sodass sie zumindest die nach Westen weisenden Fassaden renovieren konnten.[135]

Die Vorschläge der Stasi gehörten zu einer umfassenderen Analyse der »provokatorischen Grenzbesichtigungen« aus dem Jahr 1964. Angesichts des stetig wachsenden Phänomens sah sich die Stasi gezwungen herauszufinden, wer solche Reisen anbot, woher die Besucher kamen und welche Orte die meisten Schaulustigen anzogen. Sie betrachtete den Grenztourismus als Teil der psychologischen Kriegsführung des Westens und sah sich schlecht vorbereitet, dem etwas entgegenzusetzen.[136] Der Bericht empfahl, eine auf die Grenzsituation zugeschnittene »Konterpropaganda« zu entwickeln. An stark frequentierten Orten sollte eine laufend aktualisierte »Sichtagitation« entfaltet, das heißt Propagandatafeln aufgestellt werden, die »Auskunft über die Entwicklung der DDR geben und den westdeutschen Menschen unseren Lebensstandard veranschaulichen«.[137] An Tagen mit besonders hohem Besucheraufkommen wie dem 17. Juni oder dem 13. August sollten Redner und Touristengruppen durch Lautsprecher gestört werden.[138] Mit diesen Vorschlägen hinkte die Stasi allerdings den bereits laufenden Bemühungen der Grenztruppen hinterher. Ein Jahr zuvor hatte deren Chef bereits verfügt, »Nebelmittel und Lautsprecher« einzusetzen, um »Fotografen, Aufnahmegruppen des Westfernsehens und westlicher Filmgesellschaften sowie ... Menschenansammlungen im westlichen Grenzgebiet« zu blenden und mit Marschmusik oder Mitteilungen zu sozialistischen Errungenschaften zu enervieren.[139] Die Grenztruppen ließen auch Flugblätter auf der anderen Seite niederregnen, in denen man den Touristen erklärte, sie würden von der eigenen Regierung zu Propagandazwecken missbraucht.[140] Seit 1963 hörte die National Volksarmee (NVA) zudem Gespräche von Grenzbesuchern an Aussichtspunkten mit Richtmikrofonen ab.[141] Tatsächlich scheinen die Jahre 1963 und 1964 eine Periode erhöhter Anstrengungen gewesen zu sein, westliche Grenzbesuche abzuwehren. Zu dieser Zeit experimentierten die DDR-Grenzorgane zumindest einmal mit eigenen Besuchergruppen und brachten im Juni 1964 größere Menschenmengen zusammen, die einen Blick in den Westen werfen sollten. Von den Bundesgrenzschützern wurde dies als »Besichtigen« gedeutet und als neues Phänomen vermerkt.[142]

Die auf den westlichen Grenztourismus ausgerichteten Maßnahmen machten an der Demarkationslinie nicht halt. Vielmehr betrachtete die Stasi einen dreißig Kilometer breiten Streifen im »westlichen Vorfeld«, also auf bundesdeutschem Territorium, als ihren Zuständigkeitsbereich und versuchte, dort Informationen über NATO- und Bundeswehraktivitäten zu sammeln und die Bewegungen des Bundesgrenzschutzes zu überwachen. Die Hauptabteilung I beim Kommando der Grenztruppen (HA I/KGT), eine Einheit des Ministeriums für Staatssicherheit, war zur Aufklärung in dieser Interessenzone abgestellt.[143] Ihre Bemühungen zielten auch auf jene Orte, die das Legitimationsdefizit der DDR vorführten und ausstellten. Durch inoffizielle Mitarbeiter und Spione versuchte die Stasi, ehrenamtliche Helfer und Mitarbeiter der Grenzinformationszentren zu identifizieren und mehr über die Zusammensetzung der Reisegruppen zu erfahren.[144] Wer sich auf Westseite besonders für Grenzfahrten engagierte, wie zum Beispiel Hans Walter Conrady aus Helmstedt oder die Leiterin des Informationszentrums Offleben, tauchte regelmäßig in den Stasi-Berichten auf. Ausflugsziele wie die Aussichtstürme galten als »Feindobjekte«, und es war für die Stasi besonders ärgerlich zu erfahren, dass zu den häufigen Besuchern solcher Stätten auch Ostdeutsche – Flüchtlinge oder DDR-Rentner mit Reiseerlaubnis – gehörten.[145]

Doch unabhängig davon, wie viel die Stasi über die touristische Infrastruktur in Erfahrung bringen konnte, hatte dieses Wissen keinen Einfluss auf das Besucheraufkommen. Vielmehr steigerte jeder banale Vorgang entlang des Zauns das »Erlebnis« für die Grenztouristen. Ein Radwanderer machte sich 1985 über eine Besucherschar lustig, die von einem Ernteeinsatz jenseits der Werra so fasziniert war, »als sähen sie eines der sieben Weltwunder«. Wären es westdeutsche Bauern gewesen, es hätte niemanden weiter interessiert, schrieb er, doch »da es sich um Genossenschaftsbauern handelt, [hat es] ungeteilte Aufmerksamkeit erweckt«.[146] Diese Episode mag daran erinnern, dass Touristen und Schaulustige nun einmal reisen und innehalten, um etwas Ungewöhnliches zu erleben, um etwas zu sehen.

Die DDR-Behörden vermochten den Grenztourismus zwar nicht abzustellen, aber sie konnten Einfluss darauf nehmen, was die Besucher zu sehen bekamen, beispielsweise durch die bereits erwähnten Abriss- und Verschönerungsmaßnahmen. Eine weitere Möglichkeit, die Optik der Grenze zu beeinflussen, ergab sich durch den Ausbau der Grenzanlagen nach dem Bau der Berliner Mauer. Um Fluchten zu verhindern, wurden die Sperranlagen entlang der innerdeutschen Grenze verstärkt und in ihrer tödlichen Wirkung ausgebaut. Das gesamte Grenzregime wurde darauf ausgerichtet, Fluchtwillige gar nicht erst bis zum letzten Zaun vordringen zu lassen, sondern sie bereits im Grenzvorland abzufangen und dadurch jedes Drama in Sicht- und Hörweite westlicher Zeugen zu vermeiden. Dazu wurden die Grenzsperren wo möglich von der Demarkationslinie abgerückt und weiter ins Hinterland gezogen. Zwar bot der »pioniertechnische Ausbau der Staatsgrenze« Schaulustigen auf der Westseite erneut Anlass, zu beobachten und zu schimpfen, doch im Endergebnis gab es schon bald danach schlichtweg weniger zu sehen. Nach dem Ausbau bekamen die Grenztouristen vielerorts nur noch einen Streckmetallzaun in den Blick, der bis zu 200 Meter von der Demarkationslinie entfernt verlief. Der einst so sorgfältig geeggte Zehn-Meter-Kontrollstreifen wurde aufgegeben und war bereits 1963 weitgehend verkrautet.[147] In einigen Gebieten ließ man sogar Gebüsch wachsen, das schließlich die Sicht auf den Zaun versperrte.[148] Der Bewuchs verlieh der Grenze einen friedlichen Anstrich und ließ sie, insbesondere für Besucher aus dem Ausland, »harmlos« erscheinen.[149]

Auch die Praxis der Grenzsicherung wurde den neuen Anlagen angepasst. Die regulären Truppen patrouillierten fortan auf der Ostseite des Zauns und damit außerhalb des Blickfelds westlicher

Beobachter. Auf seiner westlichen oder »feindwärts« gerichteten Seite durften nur noch politisch zuverlässige Grenzaufklärer (GAKs) Streife laufen. Häufig nutzten sie dabei Beobachtungsbunker oder Unterstände, die ihnen eine fast vollständige Tarnung boten und sie den neugierigen Blicken entzogen.[150] »Am Stacheldraht eine Streife ›Volksarmisten‹ zu sehen«, hieß es 1967 in der *Frankfurter Allgemeinen,* »ist fast schon Glückssache.«[151] Westliche Grenztouristen verloren so ein beliebtes Fotomotiv, und selbst wenn Grenzaufklärer auftauchten, ließen sie sich nicht einfach anstarren, sondern stierten mit ihren Feldstechern zurück oder machten Bilder der Grenzbesucher.[152] Das unregelmäßige Erscheinen von GAKs mag den einen oder anderen Grenzbesuch interessant gemacht haben, aber im Großen und Ganzen versuchten die DDR-Grenzorgane in den 1970er und 1980er Jahren, die innerdeutsche Grenze als vollendete Tatsache zu präsentieren, die einen Besuch gar nicht erst lohnte. Während die Verschönerungsprojekte Ende der 1950er Jahre noch einräumten, dass Beobachter aus dem Westen zusahen, zielten spätere Strategien darauf ab, Grenzbesuche ereignislos und langweilig werden zu lassen. Die Bayerische Grenzpolizei verstand diese Absicht sehr gut. »Wo die Grenze einsehbar ist«, hieß es in ihrem Jahresbericht 1986, »soll sich nichts mehr abspielen«.[153]

Urlaub am Eisernen Vorhang

Angesichts der wirtschaftlichen Schwierigkeiten im Zonenrandgebiet knüpfte man an den Grenztourismus die nicht unberechtigte Hoffnung, dass er der lokalen Wirtschaft auf die Sprünge helfen könnte. Nachdem der erste Schock über die Grenzschließung von 1952 abgeflaut war und die zeitweilig verschreckten Touristen wieder in etablierte Urlaubsgebiete wie den Harz zurückkehrten, begannen einige Grenzlandfürsprecher, über die Ausweitung des Tourismus nachzudenken. Die Idee, periphere Regionen für den Tourismus zu entwickeln, war keineswegs neu und zeitgenössische Raumplaner sahen die Funktion der dünn besiedelte Randgebiete gar darin, den erschöpften Städtern Erholungsmöglichkeiten zu bieten.[154] Während der Tourismus in einigen ländlichen Grenzgebieten in den 1950er und 1960er Jahren lediglich als Ersatz für »echte« Industrie galt, verschob sich mit dem aufkommenden Umweltbewusstsein in der Bundesrepublik der 1970er Jahre die Perspektive. Fehlende industrielle Entwicklung war in den ersten beiden Nachkriegsjahrzehnten noch als struktureller Nachteil beklagt worden, der neue Zeitgeist machte daraus einen Standortvorteil: Unerschlossene Landschaften wurden ein Aktivposten.

Zu Beginn der 1950er Jahre wirkte sich der Eiserne Vorhang nachteilig auf den Freizeittourismus aus. Nach Schließung der Grenze durch die DDR im Mai 1952 bekamen die beliebten Kurorte im Westharz die Folgen unmittelbar zu spüren. Aus Angst vor einem militärischen Konflikt stornierten die Gäste ihre Buchungen, was im Ort Hohegeiß beispielsweise einen Besucherrückgang um 60 Prozent bedeutete.[155] Der Kurdirektor von Braunlage las aus den Stornierungsschreiben eine »Grenzzonenangst« heraus, die sich bisweilen zu einer wahren »Psychose« steigerte.[156] Die Behörden in Goslar und Bad Harzburg mussten sogar gegen die irrige Annahme ankämpfen, ihre Städte lägen in der DDR.[157] Um ihren Ruf als Urlaubs- und Erholungsorte zu wahren, anstatt mit den Gefahren des Eisernen Vorhangs in Zusammenhang gebracht zu werden, versuchten einige Urlaubsorte, in ihrem Werbematerial die Nähe zur Grenze herunterzuspielen.[158] Andere traten die Flucht nach vorn an und machten sie direkt zum Thema. Der Kurdirektor von Braunlage etwa unterstützte den Bau einer Seilbahn auf den Wurmberg, der höchsten Erhebung im Westharz. Er bediente sich dabei der noch gängigen Teilungs-Rhetorik: »Der Berg«, so die Vorstellung, »könnte so etwas wie ein ›Aussichtsturm‹ an Deutschlands blutender Grenze werden. Ihn zu besuchen, hieße dann, sich die Zerrissenheit unseres Landes im wahrsten Sinne des Wortes vor Augen zu führen.«[159] 1963 ging die Seilbahn in Betrieb. Im selben Jahr wurde bei Hohegeiß ein Flüchtling erschossen. Er starb vor den Augen westlicher Kurgäste nur wenige Meter von der

Demarkationslinie entfernt. Das Kreuz, das man zu seinem Andenken aufstellte, wurde bald selbst zu einer Sehenswürdigkeit und zog ganze Busladungen von Besuchern an.[160] In den 1970er und 1980er Jahren wurden Ausflüge an die »Zonengrenze« dann fester Bestandteil des Touristenprogramms der Harzer Kurorte. Zwei Mal im Monat pendelte ein Bus kostenlos entlang der Sperranlagen im Südharz.[161]

Während der Westharz bereits über ein gut ausgebautes Gastgewerbe verfügte, fehlte dergleichen in den ländlichen Grenzregionen. In den 1950er Jahren bemühte sich Hessen systematisch um die Entwicklung des Tourismus im Zonenrandgebiet und setzte einen »Staatskommissar für die Förderung der hessischen Notstandsgebiete und Zonenrandkreise« ein.[162] Wilhelm Ziegler, dem ersten Amtsinhaber, war insbesondere daran gelegen, Bundesmittel zum Ausbau des Tourismus zu erhalten. Seine Pläne zielten auf eine Nachkriegsgesellschaft, die allmählich wieder genug Geld in der Tasche hatte, um ihr aufgestautes Bedürfnis nach Erholung von »den Anstrengungen der Kriegs- und Nachkriegszeit« zu befriedigen.[163] Der neue Wohlstand in Westdeutschland drückte sich in den 1960er Jahren nicht nur darin aus, dass sich immer mehr Menschen ein Auto leisten konnten, sondern auch in der schrittweisen Einführung der Fünftagewoche, die mehr Freizeit versprach.[164] Der Staatskommissar rechnete daher mit Wochenendausflüglern und wollte in Anlehnung an einen Slogan von Alfred Toepfer, dem Vorsitzenden des Vereins Naturschutzpark, »Oasen der Ruhe« für stressgeplagte Städter schaffen. Die Großstädte Frankfurt, Kassel und vor allem West-Berlin mit seinen »eingeschlossenen« Bewohnern bildeten für den Grenzlandtourismus in Hessen ein quasi unerschöpfliches Reservoir.[165] 1955 vermeldete Ziegler, dass Hessen ein Fünf-Jahres-Paket mit bis zu vier Millionen DM jährlich zum Ausbau des Tourismus zur Verfügung stelle.[166] Für ihn ging es dabei nicht nur um Wirtschaftsförderung, sondern auch um das politische Image. Mit seinen Bemühungen gab er ein weiteres Beispiel für die westdeutsche »Schaufensterpolitik« ab, nach Zieglers Auffassung hatten die Grenzregionen eine »gesamtdeutsche Aufgabe« zu leisten:

Den Bewohnern Mitteldeutschlands muß hier der Blick in ein gut ausgestelltes Schaufenster gewährt werden, das die Errungenschaften wirtschaftlichen Wohlstandes der Bundesrepublik zeigt. Es muß vermieden werden, daß das Zonenrandgebiet das Bild der Armut zeigt.[167]

Investitionen in die touristische Infrastruktur seien gut begründet, weil sie nicht nur die lokale Wirtschaft stärkten, sondern auch »eine politische Aufgabe zu erfüllen« hätten.[168] Offensichtlich hing Ziegler, ein Mann mit einer belasteten Vergangenheit,[169] dem Modell staatlich geförderter und nationalistischer Grenzreisen an, wie man sie aus den 1920ern und 1930er Jahren kannte.

Um die erschöpften Städter in die Grenzgebiete zu lotsen, bot Zieglers Behörde Bauern zinsgünstige Darlehen an, damit sie auf ihren Höfen Räume zu Gästezimmern umgestalten. Betreiber von bereits existierenden Gasthäusern und kleinen Hotels wurden gleichfalls zum Ausbau ihrer Kapazitäten ermutigt. Durch solche Anreize stieg die Zahl der zur Verfügung stehenden Betten in Hessen zwischen 1950 und 1958 von 28 848 auf 69 817.[170] Ein Grenzlandkreis wie Rotenburg (Fulda) mit wenig Gewerbe, aber viel idyllischer Landschaft steigerte seine Übernachtungszahlen von 45 439 im Jahr 1956 auf 64 726 im Jahr darauf. Die Gemeinde Hilders, östlich von Fulda gelegen, erhöhte ihre Übernachtungszahlen von 10 000 im Jahr 1957 auf erstaunliche 70 000 im Jahr 1969.[171]

Allerdings wollten die Urlauber in der Nachkriegszeit die Entbehrungen der Trümmerjahre hinter sich lassen und erwarteten einen gewissen Komfort. »Gaststätten ohne fließendes kaltes oder warmes Wasser sind nicht mehr gefragt.«[172] Ebenso wenig reichte eine stimmungsvolle Landschaft, wie sie das hessische Zonenrandgebiet reichlich zu bieten hatte. Daher investierte die hessische Landesregierung große Summen in Freizeiteinrichtungen, öffentliche Schwimmbäder eingeschlossen. Zwischen 1954 und 1956 wurden in den Grenzlandkreisen Hessens, wiederum mit Bundesmitteln, vierzehn neue Badeanstalten gebaut.[173] Die in das Zonenrandgebiet fließenden Subventionen ermöglichten selbst kleinen Gemeinden den

Ausbau ihrer öffentlichen Infrastruktur in einem Maße, wie sie es aus eigener Kraft nie hätten leisten können. Das Städtchen Tann in der Rhön beispielsweise verfügte danach nicht nur über ein Schwimmbad, sondern auch über ein Sanatorium und zehn Häuser für Familienurlaube. Die Stadtverwaltung ließ Wanderwege anlegen und errichtete ein Gemeindezentrum mit Kneipp-Anlage, Stadtbücherei, Kegelbahn und Altentagesstätte. Die Bundesmittel trugen dazu bei, dass Tann seine Übernachtungszahlen zwischen 1960 und 1969 von 25 742 auf 45 859 fast verdoppeln konnte.[174]

Zieglers Nachfolger Heinz Kreutzmann setzte gleichfalls auf den Ausbau des Tourismus im Zonenrandgebiet. Sein Ziel: »Jeder Bundesbürger [soll] einmal einen Urlaub im Zonengrenzraum verleben.«[175] Doch als die hessischen Grenzlandkreise endlich so weit waren, größere Zahlen von Touristen aufzunehmen, verlagerte sich die Reisewelle der Nachkriegsjahre ins Ausland. Zahlungskräftige Westdeutsche wählten für die kostbarsten Wochen des Jahres nicht mehr den Beckenrand in Eschwege, sondern den Strand von Rimini.[176]

Hinter der Förderung des Freizeittourismus im Grenzland stand auch die allmählich einkehrende Erkenntnis, dass hohe Zahlen von Kurzzeitbesuchern, die bloß zum Sightseeing an den Eisernen Vorhang fuhren, für die dortigen Gemeinden nicht unbedingt lukrativ waren. In das geteilte Dorf Zicherie kamen jährlich ungefähr 200 000 Menschen, doch es konnte aus seiner Popularität keinen finanziellen Nutzen ziehen. »[Die Touristen] stellen sich auf die kostenlosen Parkplätze am Rathaus, gehen zur Grenze, lesen die Texte auf den Erklärungstafeln, machen ein paar Fotos und fahren ab, ohne einen Pfennig ausgegeben zu haben.«[177] In Obersuhl an der Grenze zwischen Hessen und Thüringen machte man die gleiche Erfahrung. Im Jahr 1965 kamen über 70 000 Menschen, um sich die Grenze anzusehen, doch es bestand kein Bedarf, die Zahl der 35 Gästebetten vor Ort zu erhöhen.[178] Die Gemeinde Kleinensee in Hessen zog eine ähnlich ernüchternde Bilanz. Sie errichtete 1963 den Aussichtsturm Bodesruh und renovierte das nahe gelegene Gasthaus, um Besucher unterzubringen. Obwohl sie staatliche Fördermittel erhalten hatte, konnte die Gemeinde bis 1970 noch immer nicht das Darlehen zurückzahlen, das sie für die Bauarbeiten aufgenommen hatte. Das Projekt kam niemals in die schwarzen Zahlen.[179] Trotzdem hofften lokale Vertreter, dass die Grenze weitere Gäste in die Region locken würde. Mitte der 1960er Jahre meinte der Bürgermeister des niedersächsischen Orts Bergen an der Dumme zuversichtlich, »von 100 Besuchern der Informationsstelle kommen zehn als Urlauber wieder«.[180] Ähnlich sah es eine Gruppe von Mitgliedern der SPD-Bundestagsfraktion, die während einer Grenzbesichtigung 1970 feststellte, dass »die Verteilung der Besuchergruppen auf alle Zonenrandkreise ... eine erhebliche Zunahme von Besuchern in wirtschaftlich schwachen Gebieten bewirkt«. Dadurch könne ein «wesentliches Ansteigen des Fremdenverkehrs in diesen Gemeinden festgestellt werden, das in verschiedenen Orten zu erheblichen wirtschaftlichen Vorteilen geführt hat«.[181] Zu den Nutznießern gehörten die Dörfer im Naturpark Lauenburgische Seen. An Feriengästen aus dem nahe gelegenen Hamburg verdienten die Bauern mehr als an ihrem Vieh. Die Ausflügler, die nun in den umgebauten Scheunen logierten, kamen auch deshalb in Scharen ans Ufer des dort gelegenen Schaalsees, weil ihnen der Zugang zur Mecklenburgischen Seenplatte versperrt war.[182]

Der Freizeittourismus im Grenzland erlebte in den 1980er Jahren einen bescheidenen Aufschwung, der auf eine neue Wertschätzung nichtindustrialisierter Landschaften zurückging. Nun erwies es sich als Vorteil für den Tourismus, dass die beschleunigte Modernisierung in den 1950er und 1960er Jahren über weite Strecken am Zonenrandgebiet vorbeigegangen war. Ein Reisejournalist stellte schon Mitte der 1960er Jahre fest, »was für die Menschen dieser Gegend wirtschaftliche Not bedeutet, ist für unsereinen Ruhe und Entspannung: schier endlose Wälder, verträumte Ortschaften, stille Straßen«.[183] Zwei Jahrzehnte später, im Sommer 1985, bestätigte ein Radwanderer, der vom Ostseestrand am Priwall bis nach Hof radelte, er habe »die Bundesrepublik nie schöner, entlegener, verschlafener und natürlicher« erlebt als hier.[184] »Entlegen« und »verschlafen« – in den 1950er und 1960er Jahren waren dies noch die Attribute der wirtschaftlichen

Rückständigkeit gewesen. Als diese Qualitäten für bestimmte Bevölkerungsgruppen auf einmal reizvoll wurden, nutzen einige Grenzgemeinden den Trend und machten aus ihrer Abgeschiedenheit eine Tugend. Der Standortnachteil aus den Jahren des Wiederaufbaus wurde auf den Kopf gestellt. Entlang der Grenze setzte man nun in der Touristenwerbung auf Ruhe, »unberührte« Landschaften und gemäßigte Preise. Damit bediente das Grenzland-Marketing ein diffuses Gefühl, dass in den Wiederaufbaujahren mit ihrem Fokus auf wirtschaftliches Wachstum etwas Authentisches verloren gegangen war. Einst als rückständig und unmodern abgeschrieben, versprachen unverfälschte dörfliche Strukturen und althergebrachtes Handwerk einen tröstlichen »Blick in die Vergangenheit«.[185] Urlaub im Grenzland ermöglichte einen Abstecher dorthin, »wo die Welt noch in Ordnung ist«.[186] Ein Journalist der *Frankfurter Allgemeinen Zeitung* entdeckte in dieser neuen Wahrnehmung des Zonenrandgebiets eine gewisse Dialektik. Wie er schrieb, profitierten die abgelegenen Regionen von der »Umweltzerstörung in den Ballungsgebieten und in den schon allzu sehr erschlossenen Urlaubsregionen«.[187] Anders gesagt, je stärker das Verlustgefühl, desto grüner das Grenzgebiet. Diese veränderte Wahrnehmung drückte sich sogar in den von Regierungsstellen herausgegebenen Broschüren für die Grenzbesuche aus. Während sie sich anfangs noch allein auf die Sperranlagen konzentriert hatten, hoben sie nun auch den »Freizeitwert« der malerischen Landschaften am Zonenrand hervor.[188] Mittels Tourismusmarketing und Reisejournalismus entstand das Bild vom Grenzland als ländliche Idylle, eine Beschreibung, die im Einklang mit der in den 1980ern aufkommenden Wiederentdeckung von »Heimat« und einer ausgeprägten Hinwendung zu regionalen Eigenheiten stand.[189]

Es gab noch ein weiteres Phänomen, das zum »Durchbruch« des Tourismus beitrug. Während der 1970er Jahre wurden die Grenzregionen zu beliebten Standorten für Zweitwohnsitze.[190] Niedrige Immobilienpreise und Steuervergünstigen machten den Kauf eines Feriendomizils erschwinglich. Besonders die West-Berliner nutzten das Grenzland, um den Einschränkungen ihres Inseldaseins zu entkommen, und strömten in die Deltas der Transitstrecken, die die Stadt mit der Bundesrepublik verbanden. Zahlreiche West-Berliner erwarben ein Wochenendhaus im Umkreis von Lüneburg, Braunschweig, Göttingen, im Harz oder in Oberfranken. Was Freizeit und Erholung betraf, wurde das Zonenrandgebiet zum neuen Hinterland der West-Berliner.[191]

Nirgendwo zeigten sich diese beiden Entwicklungen – die Sehnsucht nach »unberührter« Landschaft und der Wunsch nach einem Zweitwohnsitz – deutlicher als im Landkreis Lüchow-Dannenberg. Es waren insbesondere West-Berliner, die sich in diesem abgeschiedenen Winkel am Ufer der Elbe ansiedelten. Von allen Immobilien, die 1978 an »Auswärtige« verkauft wurden, ging die Hälfte an West-Berliner, 27 Prozent an Besitzer aus Hannover und 23 Prozent an Hamburger. In dem Landkreis mit gerade mal 48 000 ständigen Einwohnern befanden sich zu Beginn der 1980er Jahre 3024 Häuser oder Wohnungen als Zweitwohnsitz in der Hand von West-Berlinern. In den meisten Gemeinden des Wendlands hielten Auswärtige zwischen 10 und 30 Prozent des Immobilienbestands.[192] Lüchow-Dannenberg erlebte in den 1970er und frühen 1980er Jahren also einen Zufluss von Städtern, der auch die demografische Konstellation dieses ländlichen Kreises beeinflusste, da ein Teil der Menschen, die die Gegend durch kurze Aufenthalte kennengelernt hatten, sich schließlich dauerhaft dort niederließ. Waren viele dieser neuen Anwohner bereits im Rentenalter,[193] so machte sich dennoch auch die Ansiedlung einer Anzahl von Intellektuellen und Künstlern bemerkbar. Politisch oft am linksalternativen Milieu orientiert, zogen Professoren, Autoren, Maler und Grafiker in einen Landkreis, der ansonsten für seine konservative politische Haltung bekannt war.[194] Dank ihrer engen Verbindungen zu führenden westdeutschen Zeitungen und Zeitschriften machten sich viele der Intellektuellen daran, das Wendland, eine der »vielleicht seltsamsten Ecken Deutschlands«, die sie selber gerade für sich entdeckten, dem Rest der Republik näherzubringen. Ein »modernes Worpswede« schien dort in den 1970er Jahren zu entstehen und Dörfer gab es hier, »die zum größten Teil noch aussehen wie aus dem Bilderbuch in die Landschaft gestellt«.[195] Wie das letzte Kapitel erläutert, sollten die Neuankömmlinge in den Dörfern des Wendlands eine entscheidende Gruppe in der »Agrar-Links-Allianz«[196] des Landkreises bilden, die den Widerstand gegen die geplante Wiederaufbereitungsanlage für Atommüll in Gorleben organisierte. Doch es war der Grenzlandtourismus – die Wochenendausflüge von West-Berlin, Hamburg, Hannover und Göttingen –, der sie überhaupt erst hergeführt hatte.

Der westliche Blick

Das Phänomen des Tourismus entlang der innerdeutschen Grenze begann unorganisiert. Die Ausflügler und Schaulustigen wollten mit eigenen Augen den Ort sehen, an dem Deutschland und Europa durch den Kalten Krieg geteilt waren. Dabei trafen sie allerdings auf eine Sehenswürdigkeit, deren Anblick sich laufend veränderte und die auch von beiden Seiten für ihre Besichtigung inszeniert worden war. Eine Reihe von Akteuren versuchte zu beeinflussen, wie die Touristen ihre Zeit im Grenzland verbrachten, was sie dabei sahen und wie sie das Gesehene deuteten. Frei von Unbehagen war der Grenztourismus allerdings auch für die Zeitgenossen nicht. Die Grenzanwohner erwarteten von den Besuchern ein Mindestmaß an Respekt gegenüber ihrer Lebenssituation direkt an der Frontlinie des Kalten Krieges und lehnten eine Kommerzialisierung und allzu offensichtliche Vermischung von Freizeitverhalten und Grenzbesuchen ab. Schon in den 1950er Jahren registrierten aufmerksame Beobachter die dem Grenzblick innewohnende Selbstzufriedenheit: »Es läßt sich eben gut über Stacheldraht in eine andere Welt blicken«, hieß es in einer Lübecker Zeitung, »man muß nur auf der richtigen Seite stehen.«[197]

Vor allem in den 1950er und 1960er Jahren wurden die Grenzbesuche in der Regel von deutschlandpolitischen Motivationen getragen. Das Kuratorium Unteilbares Deutschland organisierte Grenzfahrten und Veranstaltungen, um Solidarität mit den Deutschen in der DDR zu demonstrieren und für die deutsche Einheit unter westlichen Vorzeichen einzutreten. Zwar verfolgte es damit die Absicht, die Verbindung zu den Deutschen auf der anderen Seite zu pflegen und auf diese Weise den Zweck der Grenze zu unterlaufen, doch was aus dem Konzept entstand, war bestenfalls eine verschrobene deutsch-deutsche Kommunikation. Bis auf jene Ostdeutschen, die im Schutzstreifen lebten und die westdeutschen Zaungäste tatsächlich sehen konnten, waren sich andere DDR-Bürger der Bemühungen des Kuratoriums kaum bewusst. Und selbst die potenziellen Adressaten der gelebten Solidarität des Kuratoriums, also die Einwohner der grenznahen Dörfer auf DDR-Seite, verschwanden hinter immer höheren Zäunen.[198] Der angestrebte Dialog zwischen West und Ost durch Besuche an der Grenze, er musste zwangsläufig zu einem Monolog der Westdeutschen verkommen.

Staatliche Stellen schlossen sich den Aktivitäten des Kuratoriums erst zu Beginn der 1960er Jahre an, als die Teilung mit dem Bau der Berliner Mauer eine gewisse Endgültigkeit erreicht und, wie Simone Derix erläutert, die Bundesrepublik ihre eigene Souveränität so weit gesichert hatte, dass sie sich nun offen gegen die Teilung positionieren konnte.[199] Das Bundesministerium für gesamtdeutsche Fragen und die Länderregierungen begannen, Grenzausflüge als Mittel der politischen Bildung zu unterstützen und die touristische Infrastruktur in den Grenzgemeinden mitzufinanzieren. Die Begegnung mit dem Grenzzaun sollte demokratische Werte stärken und das eigene System legitimieren: der Blick in die DDR als der Blick auf die negative Alternative. Die staatlich subventionierten Reisen waren aber auch als Signal an die Einwohner des Zonenrandgebiets gerichtet. Investitionen in Fahrten an die Demarkationslinie und die dazugehörige Infrastruktur markierten die Grenzlandkreise als integralen Teil der Bundesrepublik.

Doch der Grenztourismus ließ sich nicht so leicht steuern und hatte eine Reihe unbeabsichtigter Konsequenzen. Auch wenn die deutschlandpolitischen Mahner Grenztouristen daran erinnerten, dass »auch drüben Deutschland« sei, so unterstrich der Blick *auf* die militarisierten Sperranlagen und über die Grenze hinweg eher die wachsende Andersartigkeit der beiden deutschen Staaten. So wie die Grenze auf westlicher Seite zur Schau gestellt wurde, ermutigte sie die Besucher geradezu, zwischen »hüben« und »drüben« zu unterscheiden, was sich nur allzu leicht in »wir« und »die anderen« übersetzte. Es ist wahrscheinlicher, dass der Grenztourismus eine allmähliche Entfremdung beförderte, als dass er das Zusammengehörigkeitsgefühl gestärkt hätte.[200] Eher eigneten sich die Grenzbesuche als emotionales Ventil gerade auch für den scharfen Antikommunismus der Adenauer-Jahre. Am Rand zur »Zone« ließ sich trefflich die Schuld an der Teilung Deutschlands klären, hier konnte man sich ausführlich über die rivalisierende Ideologie entrüsten. Aber egal ob sich die Grenzbesucher dem Zaun aus Neugier und Überheblichkeit oder mit Abscheu, Wehmut und Trauer näherten, es war schon den Zeitgenossen nicht erkennbar, dass die Ausflüge an die Grenze zur Überwindung der Teilung beitrugen. Das Gegenteil erscheint plausibler. Eine Grenzfahrt führte den Besuchern zwar drastisch die Teilung des Landes vor Augen, aber gerade die Hauptattraktion der Reise – die sukzessiv ausgebauten Grenzsperren – vermittelten den Eindruck, sie seien für die Ewigkeit gebaut. Insofern dürfte der Grenztourismus über die Jahre paradoxerweise eher dazu beigetragen haben, die Grenze als Tatsache und als festen Bestandteil der Nachkriegsordnung in den Köpfen der Besucher zu verankern. Tatsächlich war die Zeit nicht aufseiten derer, die die deutsche Frage offenhalten wollten. Die deutschlandpolitischen Motivationen für Grenzbesuche wurden allmählich immer phrasenhafter und spiegelten die wachsende Gewöhnung der Bundesdeutschen an die Teilung wider.[201]

Nach der Öffnung der deutsch-deutschen Grenze 1989 begannen die Grenztruppen der DDR mit dem Abbau der Sperranlagen, eine Aufgabe, die nach der Wiedervereinigung vom Bundesministerium für Verteidigung weitergeführt wurde.[202] Den meisten Grenzgemeinden konnte es nicht schnell genug gehen, die Hinterlassenschaften des DDR-Grenzregimes loszuwerden. Die mögliche historische Bedeutung der Grenzanlagen spielte Anfang der 1990er Jahre keine

Rolle. Nur in wenigen Orten wie Hötensleben in Sachsen-Anhalt und im geteilten Dorf Mödlareuth hatten Anwohner die Weitsicht, einen originalen Grenzabschnitt unangetastet zu lassen, um ihn später in einen Erinnerungsort umzuwandeln.[203] Andere Grenzorte wie beispielsweise Point Alpha zwischen Geisa (Thüringen) und Rasdorf (Hessen) mussten Teile der Befestigungsanlagen im Freigelände rekonstruieren, um einen Eindruck der ehemaligen Sperranlagen zu vermitteln.[204] Da der Verlauf der Grenze aber vielerorts nicht mehr erkennbar war, haben die Verkehrsministerien der Bundesländer im Jahr 2009 in einem Verbundprojekt all jene Orte beschildert, an denen Straßen die ehemalige Grenze schneiden. Ähnlich wie Ortsschilder erinnern diese Tafeln mit Datum und Uhrzeit an die Grenzöffnung an jenem Ort.[205] Heute gibt es entlang der ehemaligen Grenze eine Reihe von Grenzmuseen, Gedenkstätten, Erinnerungsorten und Denkmälern, die in einer sensiblen Gratwanderung zwischen Gedenken und Tourismus an die Zeit der Teilung und die Wiedervereinigung erinnern.[206] Teilweise handelt es sich dabei um genau jene Informationszentren, die einst für die Grenztouristen eingerichtet wurden und die ihre Präsentationen nun an die neuen Umstände angepasst haben. Maren Ullrich hat als Erste darauf hingewiesen, dass diese Kontinuitäten auch den westlichen Blick auf die Grenze fortgeschrieben haben. Nur selten werden die historischen Blickverhältnisse thematisiert und hinterfragt.[207] Mehr als dreißig Jahre nach der Wiedervereinigung stehen einige der Grenzmuseen unter wissenschaftlicher Leitung, welche die ehrenamtlichen Gründer und Gründungsvereine abgelöst hat. So gehört das Grenzdenkmal Hötensleben mittlerweile zur Gedenkstätte Deutsche Teilung Marienborn und sowohl das Deutsch-Deutsche Museum Mödlareuth als auch das Grenzmuseum Schifflersgrund in Asbach-Sickenberg sind im Ausbau begriffen.[208] Die Neukonzeptionen der Dauerausstellungen zielen besonders auf die Geschichtsvermittlung an eine Generation ab, die keine eigenen Erinnerungen an die Teilung hat.[209] In gewisser Weise geht der Grenztourismus also weiter, nun aber im Namen der Erinnerung an die überwundene Teilung.

4 Salze, Abwässer und schwefelhaltige Luft: Grenzüberschreitende Umweltverschmutzung

Nach dem Fall der Mauer überschlugen sich die Medien mit Schreckensmeldungen über das Ausmaß der Umweltverschmutzung in der DDR. Die schlimmsten Befürchtungen wurden sowohl bestätigt als auch geschürt. Besorgniserregende Berichte über vergiftete Flüsse, verwüstete Landschaften, kontaminierte Böden und sterbende Wälder ließen auf nichts anderes schließen, als dass die DDR auch in ökologischer Hinsicht ein gescheiterter Staat war.[1] Vorläufige wissenschaftliche Untersuchungen schienen zu belegen, dass das SED-Regime umweltpolitisch auf ganzer Linie versagt hatte,[2] und das gerade erst wiedervereinigte Deutschland sah sich gezwungen, die »aufwendigste Umweltschutzaktion der Welt« anzugehen.[3] Westdeutsche Experten für innerdeutsche Beziehungen waren jedoch über die ökologischen Folgen der sozialistischen Planwirtschaft nicht überrascht. Jahrelang hatte der Wind Schwefeldioxid, Flugasche und Herbizide über die Grenze in den Westen getragen und über die Flüsse waren Schwermetalle, Düngemittel und Abwässer in die Bundesrepublik gelangt. Die Bonner Regierung, die sich daher nolens volens mit der Umweltverschmutzung durch die DDR-Industrie auseinandersetzen musste, hatte seit den 1970er Jahren versucht, die ostdeutsche Seite zu einer Umweltdiplomatie zu bewegen. Aus umweltgeschichtlicher Perspektive kann man sagen, dass Deutschland im Kalten Krieg zwar geteilt, aber nie getrennt war.[4] Die Umwelt band die beiden deutschen Staaten in vielerlei Fragen aneinander. In der Wasserbewirtschaftung ging es beispielsweise um die Trinkwasserversorgung für West-Berlin und Duderstadt sowie deren Abwasserentsorgung bis hin zur Instandhaltung der Deiche an der Elbe und der Talsperren im Harz. Weitere gemeinsame Themen waren etwa der Katastrophenschutz für Atomanlagen und bei Waldbränden, die Bekämpfung der Tollwut und des Borkenkäfers in den Grenzwäldern, die gemeinsamen Bodenschätze wie Erdgas und die Braunkohle-, Salzund Kalibergwerke, die gelegentlich sogar unterirdisch miteinander verbunden waren. Ungeachtet des eskalierenden Grenzregimes blieben die innerdeutsche Grenze und die Berliner Mauer ökologische Kontaktzonen zwischen Ost und West.[5] Und letztlich verursachte die Grenze selbst manche der Probleme, die mit grenzüberschreitender Diplomatie gelöst werden mussten.

Schadstoffe und Müll passierten die Grenze in beide Richtungen, eine Tatsache, die durch die »Entdeckung« der ostdeutschen Umweltvergehen im Jahr 1990 fast in Vergessenheit geriet. Seit Mitte der 1970er Jahre hatten westdeutsche Kommunen und öffentliche Unternehmen Haus- und Sondermüll in die DDR exportiert und damit eine billige Lösung für die westlichen Entsorgungsvorschriften gefunden. Eine der vier Deponien, Schönberg, lag nahe der innerdeutschen Grenze im Bezirk Rostock, 15 Kilometer östlich von Lübeck.[6] Aus gutem Grund erinnerten Umweltaktivisten die westdeutsche Öffentlichkeit im Jahr 1990 daran, dass die Bundesrepublik nur deshalb »so ›sauber‹« erscheine, weil die DDR »so ›schmutzig‹« geworden sei.[7] Zwar belasteten auch westdeutsche Industrieanlagen die Luft mit Schwefeldioxid, doch die DDR emittierte weit mehr dieses giftigen Gases, nicht zuletzt aufgrund ihrer Abhängigkeit von Braunkohle zur Energiegewinnung. In den 1980er Jahren war die DDR europäischer Spitzenreiter beim Ausstoß von Schwefeldioxid.[8] Was die Wasserverunreinigung anbelangte, war die Bundesrepublik fast der alleinige Empfänger der ostdeutschen Verschmutzung, was einfach daran lag, dass die meisten grenzkreuzenden Flüsse nach Westen flossen. Die Bundesrepublik war also Unterlieger und musste mit beträchtlichen Mengen diverser Salze, Schlämme, ungeklärter Abwässer, landwirtschaftlicher Chemikalien und anderer Schadstoffe zurechtkommen, die stromabwärts getragen wurden.

Die Bonner Regierung hatte allen Grund, sich über die Umweltverschmutzung zu beschweren, sie nutzte eine Vielzahl von Vorfällen aber auch, um politischen Druck auf die DDR auszuüben. Die Stasi warnte die SED-Führung in diesem Zusammenhang, dass »Umweltschutzmaßnahmen … gewaltige Aufwendungen erfordern [würden], was die DDR … in eine schwierige Lage brächte«.[9] Zugleich befürchtete das Politbüro eine negative westliche Berichterstattung über die Umweltfrevel im Land.[10] Als das DDR-Umweltministerium 1981 seine nachgeordneten Behörden anwies, Umweltschäden zu verhindern, geschah dies nicht aus ökologischer Fürsorge, sondern um negative Presse im Westen zu vermeiden. Umweltpannen und Havarien an sich waren nicht das Problem, heikel wurden sie erst dann, wenn sie Bonn Belege an die Hand gaben, die der DDR Umweltvergehen nachwiesen.[11] Diese Haltung war das komplementäre Gegenstück zur Einstellung der Verantwortlichen auf westdeutscher Seite, denen die ostdeutschen Schadstoffemissionen nur dann Sorgen bereiteten, wenn sie über die Grenze drangen. Beiden Ländern war also gemeinsam, dass sie ihr Engagement nicht um der Umwelt willen betrieben, sondern nur als Druckmittel im größeren Kontext ihrer komplexen Beziehungen.

Obwohl die Verhandlungen über die grenzüberschreitende Umweltverschmutzung viele Aspekte beinhalteten, die ausschließlich aus der Teilung Deutschlands resultierten, waren sie gleichzeitig Teil der Umweltpolitik zwischen den »Blöcken« des Kalten Krieges. Nicht nur Westdeutschland versuchte, Ostdeutschland zur Einhaltung des sich abzeichnenden Verursacherprinzips im internationalen Recht zu bewegen. Die skandinavischen Länder waren Anrainer der Ostsee, die sie mit der Sowjetunion, Polen und der DDR teilten. Die Auswirkungen der Tschernobyl-Katastrophe von 1986 reichten von der sowjetischen Ukraine bis weit nach Westeuropa. Die DDR selbst litt unter der Luftverschmutzung durch petrochemische Anlagen in Nordböhmen. Und die Elbe durchquerte beide deutsche Staaten auf einigen Hundert Kilometern, entsprang aber in der Tschechoslowakei. Wie Robert G. Darst darlegt, sahen die meisten westlichen Umweltexperten vor 1989 fehlenden politischen Willen als das Haupthindernis für einen wirksamen Umweltschutz in den Ostblockländern. Erst allmählich, und im Grunde erst nach 1990, wurde ihnen bewusst, dass die Probleme systembedingt waren.[12] In gewissem Sinn hat die »Enthüllung« der sozialistischen Umweltfrevel vor dem westdeutschen Medienpublikum im Jahr 1990 die historische Einordnung der Umweltbilanz der DDR behindert. Zu eindeutig war das Urteil, zu offensichtlich schien die Beweislage.

Dies heißt freilich nicht, dass die Umweltprobleme in Ostdeutschland nach der Wiedervereinigung nicht massiv gewesen wären. Das Urteil über die ostdeutsche Umweltbilanz war aber auch geprägt von den ökologischen Ängsten, die Westdeutschland seit Ende der 1970er Jahre hegte,[13] und von einer gewissen Selbstzufriedenheit über eine bessere Umweltbilanz, die größtenteils erst im Jahrzehnt vor dem Zusammenbruch der DDR erreicht worden war. In den 1970er Jahren lagen Ost und West in Sachen Umweltschutz noch nicht weit auseinander.[14] Anders gesagt: Das grüne Gewissen in der Bundesrepublik war eine noch recht junge Errungenschaft. Einer der Gründe, warum die Vorstellung vom ökologischen Totalversagen des DDR-Staatssozialismus so verlockend war und seit 1990 immer wieder evoziert wurde, mag darin liegen, dass sie sich so gut in das Narrativ einfügte, »der Westen« habe den Kalten Krieg gewonnen.[15] Für eine historische Einordnung der ostdeutschen Umweltbilanz ist es jedoch nötig, über eine bloße Dokumentation der ökologischen Verfehlungen des SED-Regimes hinauszugehen.

Schadstoffe kennen keine Grenzen. Aus diesem Gemeinplatz ergibt sich für die Umweltgeschichte die Notwendigkeit, transnationale Perspektiven zu entwickeln. Während das jeweilige Wirtschaftssystem und die Umweltpolitik eines modernen Staates die Nutzung der natürlichen Ressourcen innerhalb der nationalen Grenzen bestimmen, machen die Folgen dieser Nutzung für die Umwelt vor diesen nicht einfach halt. Angesichts der »Vernetzung aller Teile des Planeten in ökologischer Hinsicht« plädiert der amerikanische Historiker J. R. McNeill dafür, Umweltgeschichte als Globalgeschichte anzulegen, eine Empfehlung, die besonders für die dringende Historisierung der Klimakrise mehr als plausibel ist.[16] McNeills Ent-Grenzungs-Vorschlag hat Studien nach sich gezogen, die sich nicht auf staatliche Territorien, sondern auf biogeografische und klimatische Regionen beziehen. So unerlässlich und erkenntnisreich es auch ist, die Perspektive über die nationalen Grenzen hinweg zu richten, um die von McNeill angesprochene ökologische Verflechtung in den Blick zu bekommen, so lohnend ist es, die tatsächlichen Staatsgrenzen im Auge zu behalten, die von Biota und eben auch Schadstoffen überschritten werden. Die Funktion und die symbolische Bedeutung einer Grenze rücken Fragen nach den Machtverhältnissen zwischen benachbarten Staaten in den Vordergrund, die ein wesentlicher Bestandteil grenzüberschreitender Umweltverflechtungen sind. Oder wie Nancy Langston es formuliert: »Viele Schadstoffe ignorieren nationale Grenzen, doch die Folgen ihrer Ausbreitung werden immer noch von diesen Grenzen bestimmt.«[17] Der Charakter einer Grenze – der Grad ihrer Befestigung, Bewachung und Umsetzung – spiegelt die politischen Beziehungen der Nachbarstaaten wider.[18] Die Art dieser Beziehungen wirkt sich zwangsläufig auf jede Auseinandersetzung über die Schädigung von Umweltgütern aus, von der Verletzung von Fischereirechten über die Freisetzung von Schwefeldioxidfahnen bis zur Einleitung von Schadstoffen in grenzüberschreitende Gewässer. Der Grenze selbst in diesem Kontext Aufmerksamkeit einzuräumen, muss nicht zwangsläufig zu einer Politikgeschichte mit Umweltfokus führen, sondern kann genauso gut einer materialistischen Umweltgeschichte verpflichtet bleiben, das heißt den historischen Veränderungen biologischer und physischer Umweltbedingungen.[19]

Dieses Kapitel handelt von der grenzüberschreitenden Umweltverschmutzung entlang der innerdeutschen Grenze in den 1970er und 1980er Jahren. Es trägt zur laufenden Aufarbeitung der Umweltgeschichte der DDR bei, indem es die Verflechtung der beiden deutschen Staaten in Bezug auf Wasser und Luft untersucht und dabei den wachsenden westdeutschen Kenntnisstand über die ostdeutsche Umweltsituation aufzeigt. Zwei Fallstudien stehen im Mittelpunkt: Zum einen die Werra, die durch die Einleitung von Kalisalzen zu einem ökologisch toten Gewässer wurde, und zum anderen eine Papierfabrik im Bezirk Gera, deren Schwefeldioxidemissionen die Luft in der bayerischen Stadt Hof belasteten, dabei aber auch beispielhaft für die Art von Luftverschmutzung steht, die in den 1980er Jahren für den sauren Regen verantwortlich gemacht wurde.

Beide deutschen Staaten reagierten auf die Schadstoffe, die in ihr Territorium eindrangen. Angesichts der politischen und symbolischen Bedeutung der innerdeutschen Grenze hatte diese Umweltverschmutzung neben der rein ökologischen Dimension sofort auch eine politische Wertigkeit. Im Laufe der 1970er und 1980er Jahre erhielten einige Orte innerhalb des Zonenrandgebiets ein weiteres Merkmal: Sie lagen nicht nur an der Peripherie der Republik, sie wurden nun auch zu Orten mit belasteten Flüssen und schwefelhaltiger Luft. Während die Adenauer-Regierung sich in den 1950er Jahren noch um eine mögliche kommunistische Infiltration entlang der Grenze sorgte, hatte sich das Thema in den 1970er und 1980er Jahren auf die Umweltebene verlagert: Jetzt waren es Schadstoffe, die die Bundesrepublik infiltrierten. Die unbestreitbare gegenseitige ökologische Abhängigkeit zwang beide deutsche Staaten an den Verhandlungstisch und führte schließlich zum Umweltabkommen von 1987. Die Auseinandersetzung mit der Umweltverschmutzung entlang der innerdeutschen Grenze konfrontierte die bundesdeutschen Behörden mit frühen Anzeichen für die Auflösung der DDR. Mit dem Niedergang der ostdeutschen Wirtschaft verfiel auch die Industrie und verschärfte die ostdeutsche Umweltproblematik. Es gibt keine Belege dafür, dass westdeutsche Beobachter die eskalierende Umweltsituation als Anzeichen einer möglichen Auflösung der DDR deuteten. Dennoch ging aus dieser Konfrontation letztlich das Wissen über Art und Ausmaß der Umweltprobleme in der DDR hervor, das zur Voraussetzung für die ökologische Sanierung der neuen Bundesländer nach 1990 wurde.

Alle Flüsse fließen nach Westen

Die meisten Flüsse und Bäche, die die innerdeutsche Grenze querten, flossen westwärts in das Gebiet der Bundesrepublik.[20] In den 1970er Jahren wurden diese Gewässer zunehmend mit Schadstoffen belastet. Die DDR zog jedoch nur dann Sanierungsmaßnahmen in Betracht, wenn die Wasserqualität so schlecht wurde, dass sie die industrielle Produktion beeinträchtigte. Für grenzüberschreitende Flüsse erachtete die DDR sogar minimale Anstrengungen als unnötig, »da die Gewässer in der Regel nach kurzen Laufstrecken das Gebiet der DDR verlassen und damit durch die Belastung dieser Gewässer keine Nutzungsbeschränkungen auf dem DDR-Territorium eintreten«.[21] Weiter flussabwärts bereitete diese Haltung der Bundesrepublik einige Probleme. Die Schadstoffe, die über die Fließgewässer nach Westdeutschland gelangten, offenbarten die vielfältigen Umweltprobleme der DDR. Obwohl westdeutsche Regierungsstellen Art und Ausmaß der Schadstoffe genau erfassten, war ihnen nicht bewusst, dass sie dabei den wirtschaftlichen Niedergang der DDR dokumentierten. Die SED-Führung, die zunehmend unter dem Druck ihrer Auslandsverschuldung stand, tätigte kaum noch Investitionen zur Modernisierung der öffentlichen Infrastruktur und der Industrieanlagen und verschliss so die Substanz der DDR-Wirtschaft.[22] Dadurch produzierte die marode Industrie ungehemmt immer mehr Schadstoffe. Der beschleunigte Niedergang der DDR-Wirtschaft in den 1980er Jahren war die vorrangige strukturelle Ursache dafür, dass die DDR stärker als zuvor dazu neigte, ihre Probleme kostenlos stromabwärts zu entsorgen.

Zu den Schadstoffen, die über die Flüsse in die Bundesrepublik gelangten, gehörte der einfache Hausmüll aus schlecht gesicherten Mülldeponien. Im Prinzip produzierten die ostdeutschen Verbraucher aufgrund ihres geringeren Konsumniveaus und eines gut entwickelten Systems des Abfallrecyclings weniger Verpackungsmüll als die Konsumenten im Westen.[23] Dennoch landeten Müll und sogar Industrieabfälle regelmäßig auf illegalen Deponien, von wo aus sie in die

Flüsse geraten konnten.[24] Obwohl die Beseitigung feststofflicher Abfälle aus den Flüssen im Allgemeinen einfacher zu bewerkstelligen war als das Herausfiltern von Chemikalien, war der Müll nicht nur ein Ärgernis, sondern konnte auch spürbaren wirtschaftlichen Schaden verursachen. Der Fluss Steinach trug regelmäßig Abfälle aus der Deponie Köppelsdorf im thüringischen Kreis Sonneberg in den oberfränkischen Landkreis Kronach. Nach einem leichten Hochwasser im April 1975 musste die Elektrizitätsgesellschaft Weiss im oberfränkischen Mitwitz ihr Kraftwerk am Fluss abschalten und den Fluss von Dosen, Plastikflaschen, Gummireifen, Kisten, Stühlen und verschiedenen Holzgegenständen befreien. Sogar den Kadaver eines Schweins fischte man aus dem Treibgutrechen.[25] Zwar machte das E-Werk die Kreisverwaltung wiederholt auf das Problem aufmerksam, aber auch eine Beschwerde, die die Grenzkommission bei den ostdeutschen Stellen einreichte, führte zu keiner Verbesserung der Situation. Nachdem das Unternehmen vier Jahre lang erfolglos bei den örtlichen Behörden vorstellig geworden war, wandte es sich an das Bundesjustizministerium in Bonn, jedoch ebenfalls vergeblich.[26]

Die landwirtschaftliche Produktion in der DDR war eine weitere Quelle der Wasserverschmutzung. Düngemittel, Pestizide, Herbizide, Gülle und Abwässer aus lebensmittelverarbeitenden Betrieben wie Schlachthöfen, Molkereien und Brauereien belasteten die grenzüberschreitenden Flüsse. Zwar entwickelte sich in beiden deutschen Staaten eine industrialisierte Agrarwirtschaft, die jeweils die Umwelt erheblich beeinträchtigte, doch hatte in Westdeutschland die Zivilgesellschaft zumindest die Möglichkeit, gegen die Auswüchse der Agrarindustrie zu protestieren.[27] In beiden Staaten führte die Technisierung der Landwirtschaft zu einer rücksichtslosen Flurbereinigung: Hecken und kleine Waldgebiete wurden gerodet, der Verlauf von Flüssen und Bächen begradigt und Feuchtgebiete trockengelegt, um Ackerflächen zu gewinnen und sie für größere Maschinen bearbeitbar zu machen.[28] Als besonders problematisch für die ostdeutsche Landwirtschaft erwies sich die Entscheidung, die Tierhaltung von der Pflanzenproduktion zu trennen (Grüneberg-Plan). Durch intensive Massentierhaltung fielen entsprechende Mengen an Gülle an, die zumeist auf Flächen in der Nähe der Tierfabriken ausgebracht wurden.[29] Gleichzeitig setzte man in der Pflanzenproduktion verstärkt auf Chemie und erhöhte den Einsatz von Mineraldüngern, Pestiziden und Herbiziden. Bei der Verwendung von Düngemitteln richtete die westdeutsche Landwirtschaft jedoch größere Schäden an als die ostdeutsche – aufgrund ihrer geringeren Kaufkraft in Devisen setzte die DDR-Landwirtschaft weniger hochwertige Düngemittel ein und hielt an manchen in Westdeutschland aufgegebenen Anbaumethoden fest.[30]

Die DDR-Landwirtschaft befand sich bald in einem Teufelskreis. Die Erosion und Kontamination der Böden, das Absinken des Grundwasserspiegels, die Eutrophierung der Oberflächengewässer und die Ausweitung des Braunkohletagebaus verringerten die für die Agrarproduktion nutzbaren Flächen. Zum Ausgleich des Flächenrückgangs versuchten die Landwirtschaftlichen Produktionsgenossenschaften (LPGs), die Bodenfruchtbarkeit durch mehr Düngemittel und neue Meliorationsmaßnahmen zu steigern. Hinter den hohen Produktionsvorgaben stand das sozialpolitische Gebot, die Lebensmittelpreise niedrig zu halten. Die Versuche, diese Abwärtsspirale Anfang der 1980er Jahre zu durchbrechen, stießen bei einzelnen LPGs auf wenig Zuspruch.[31] Als die DDR zusammenbrach, waren die landwirtschaftlichen Flächen ausgelaugt. Analog zu den kontaminierten Industrieanlagen bezeichnete der Ökologe Michael Succow diese Landschaften als »Altlastenflächen«.[32]

Auf der westlichen Seite machte sich die industrielle Landwirtschaft der DDR in den grenzüberschreitenden Flüssen bemerkbar. In den kleineren Gewässern wie der Föritz, der Kreck, der Itz und der Milz in Franken gingen die Fischpopulationen regelmäßig buchstäblich den Bach hinunter. Die westlichen Vertreter in der deutsch-deutschen Grenzkommission versuchten zwar, die DDR für solche Schäden haftbar zu machen. Doch nur selten räumten ihre ostdeutschen Gesprächspartner ein, dass die Vorfälle auf DDR-Territorium verursacht worden waren.[33] Zumeist beharrten sie auf dem Standpunkt, ihre eigenen Gewässerschutzbehörden hätten keine Ursache für die behauptete Verschmutzung gefunden.[34] Da sich die DDR vor der Haftung drückte, beantragten die Geschädigten bei westlichen Stellen Schadensersatz. Noch 1970 ging die Bayerische Staatskanzlei davon aus, dass die meisten grenzbedingten Schäden durch östliche Minen entstanden seien, die auf westliches Gebiet gelangt waren und dort detonierten. Doch schon 1976 verlangten Bürger vor allem für die vielen verendeten Fischen Entschädigungen.[35]

Eine weitere Art der Wasserverschmutzung waren unbehandelte kommunale Abwässer. Im Jahr 1983 waren 90 Prozent der ostdeutschen Haushalte an die zentrale Trinkwasserversorgung angeschlossen, aber nur 70 Prozent an die öffentliche Kanalisation und 53 Prozent an Kläranlagen.[36] Ungeklärte kommunale Abwässer wurden entweder in Deponien gesammelt, in Flüsse eingeleitet oder auf Rieselfelder verbracht. Klärschlamm wurde auch auf bewirtschafteten Feldern entsorgt.[37] Unzureichende Wartung und allgemeiner Verschleiß verringerten die Reinigungsleistung der Kläranlagen, die oft nur mit einer mechanischen Vorklärung ausgestattet waren, also über keine sekundären (biologischen) und tertiären (chemischen) Mittel zur Wasserreinigung verfügten.[38] Im Jahr 1987 wurde eine große Kläranlage in Dresden-Kaditz, die das Abwasser von 520 000 Menschen aufnahm, von diesem Problem eingeholt. Während eines Elbe-Hochwassers brach die Stromversorgung zusammen, worauf die 70 Jahre alten Pumpen ausfielen und das Pumpwerk einen irreparablen Schaden erlitt. Nachdem die Anlage in Kaditz komplett funktionsuntüchtig geworden war, flossen in den folgenden fünf Jahren sämtliche Abwässer aus Dresden und den angrenzenden Gemeinden ungereinigt in die Elbe.[39]

Die ersten beiden deutsch-deutschen Umweltabkommen betrafen kommunale Kläranlagen, was zeigt, wie dringlich dieses Problem für die flussabwärts gelegenen Westdeutschen war. Im Jahr 1982 kamen beide Seiten überein, drei Anlagen in Ost-Berlin zu modernisieren. Die Bundesrepublik steuerte 68 Millionen DM in der Hoffnung bei, die Wasserqualität für West-Berlin zu verbessern.[40] Bei dem zweiten Abkommen von 1983 ging es um den Fluss Röden zwischen Thüringen und Bayern. Da die Stadt Sonneberg im Bezirk Suhl mit ihren 28 000 Einwohnern über keine Kläranlage verfügte, wurden die Abwässer, darunter Schlachthofabfälle, direkt in den Fluss geleitet. Zwischen Sonneberg und dem bayerischen Neustadt bei Coburg war die Röden eine Jauchegrube.[41] Dem Ministerium für Umweltschutz und Wasserwirtschaft der DDR war der Zustand des Flusses wohl bekannt. So hieß es in einem internen Bericht von 1983:

> Infolge [der] Abwassereinleitung ist insbesondere die Röden ein sehr stark belastetes Gewässer, welches in Zeiten geringer Wasserführung den Charakter eines Abwasserkanals hat. Eine wasserwirtschaftliche Nutzung der Röden unterhalb Sonnebergs ist bis weit über die Staatsgrenze mit der BRD hinaus nicht möglich. Die hohe Belastung führt zu Fäulnisprozessen und ständigen Geruchsbelastungen. Die hygienischen Verhältnisse sind bedenklich. Es besteht Seuchengefahr.[42]

Doch seit 1982 unterlagen solche alarmierenden Gutachten in der DDR der Geheimhaltung – ein Schritt, der nicht zuletzt gegen die Berichterstattung und Beschwerden aus der Bundesrepublik gerichtet war.[43] Auf bayerischer Seite waren die Staatsgeheimnisse der DDR freilich weiter öffentlich zu besichtigen. Die bayerische Staatsregierung versuchte zunächst, das Flusswasser in einer Kläranlage in Neustadt-Wildenheid zu reinigen, doch die Anlage war bald überlastet.[44] Nach langwierigen Verhandlungen einigten sich beide Seiten auf den Bau einer modernen Kläranlage in Sonneberg selbst. Die Bundesrepublik steuerte die Umwelttechnik sowie 18 Millionen DM bei, die die DDR sogar in freien Devisen erhielt.[45] Die Anlage ging 1987 in Betrieb.[46]

War die Kontaminierung der Flüsse durch Haushaltsabwässer bereits eine große Belastung, so brachte die Verschmutzung durch die Industrie viele Flüsse an den Rand des Umkippens. Die gründliche Reinigung ihrer Abwässer hätte große Investitionen in die Umwelttechnik erfordert, die die ostdeutschen Behörden erst dann in

Betracht zogen, wenn die Wasserqualität so schlecht geworden war, dass ein Fluss nicht einmal mehr für Kühlzwecke taugte und damit die industrielle Produktion hemmte.[47] In der Regel wurden die Abwässer jedoch nur durch Vorklärbecken geleitet, in denen Feststoffe durch Sedimentation entfernt und schwimmende Öle und Fette abgeschöpft wurden. Nach einer solchen Vorreinigung wurden die Abwässer in einen Fluss abgelassen, wo laut DDR-Behörden die »natürliche Selbstreinigungskraft« des Flusses die restliche Arbeit erledigen sollte.[48] Die Vorstellung, dass ein Fluss über derartige Selbstreinigungskräfte verfüge und für sich selbst sorgen könne, stammte noch aus dem frühen Industriezeitalter.[49] In den 1980er Jahren hatten die Elbe und ihre Nebenflüsse jedoch keine magischen »Selbstreinigungskräfte« mehr. Die Verschmutzung der Elbe begann in der Tschechoslowakei und setzte sich auf ihrem 588 Kilometer langen Lauf durch die DDR fort. Bei den Verhandlungen über den Zustand der Elbe, die erstmals 1983 stattfanden, argumentierten die DDR-Diplomaten, zwischen Magdeburg und Boizenburg befinde sich eine »größere Selbstreinigungsstrecke«, sodass die Elbe »nicht unzulässig verschmutzt sei«, wenn sie die Grenze zur Bundesrepublik quere.[50] Die Westdeutschen schätzten jedoch, dass der Fluss beim Erreichen des Bundesgebiets in Schnackenburg 80 Prozent seiner Schmutzfracht mit sich führte.

Als das wiedervereinigte Deutschland 1990 den ersten gesamtdeutschen Gewässergüteatlas herausgab, musste für die Elbe eine neue Kategorie eingeführt werden: Kategorie 8 – ökologisch tot.[51] Was für die Elbe galt, traf auch auf fast alle anderen Flüsse zu, die die innerdeutsche Grenze passierten. Doch es war nicht die mächtige Elbe zwischen Dresden und Hamburg, die die Bundesregierung zu einer Umweltdiplomatie mit der DDR bewog, sondern die Werra, ein Fluss mit einer langen Geschichte der Verschmutzung durch den Kalibergbau.

Der Kalibergbau an der Werra

Die Werra entspringt im Thüringer Schiefergebirge. Der mittlere Teil ihres Laufs zwischen Thüringen und Hessen mäandert mehrfach über die innerdeutsche Grenze. Nach 298 Kilometer vereinigt sich die Werra bei Hannoversch Münden mit der Fulda und bildet von da an die Weser, die durch Bremen fließt und in die Nordsee mündet. An ihren Ufern erstrecken sich auf beiden Seiten Salzflöze, die Mitte des 19. Jahrhunderts zur Grundlage des Kalibergbaus wurden – um 1900 der wichtigste Industriezweig in der Region.[52] Die Bergwerke nutzten ganz selbstverständlich die vorhandenen Naturressourcen. So diente der Fluss nicht nur als Trinkwasserquelle und zur landwirtschaftlichen Bewässerung, sondern nahm auch die durch den Bergbau entstehenden Abwässer auf. Doch der Kaliabbau kontaminierte die Werra bald so stark, dass sich andere Wassernutzer über die Verletzung ihrer Wasserrechte beschwerten. Im Jahr 1911 organisierten die Leidtragenden der Verschmutzung – Fischer, Landwirte, Fabrikbesitzer und Gemeindevertreter – den ersten Protest gegen die Entsorgung von Salzwasserlösungen und anderen Abfallprodukten. Bald wurde klar, dass der Erfolg der gesamten Kaliindustrie von der Frage ihrer Abwässer abhing.[53]

Die nachfolgenden Bemühungen um Zusammenarbeit führten 1912 zur Gründung einer länderübergreifenden Kaliabwasserkommission. Ihre Aufgabe bestand darin, die Menge der in die Werra eingeleiteten Salzlaugen zu regulieren, um die Chloridkonzentration im Fluss unter Kontrolle zu halten. Doch nach wie vor waren zwischen 500 und 1500 Milligramm Chlorid pro Liter die Regel, weit mehr als die 250 mg/l, die als akzeptabel galten, wenn der Fluss noch Trinkwasser liefern sollte. Experten sagten voraus, dass sich entlang des Flusses Küstenvegetation bilden würde, bliebe der hohe Salzgehalt bestehen. Im Jahr 1925 erlebte der Fluss eine erste »Wasserblüte«, ein Massenwachstum salztoleranter Kieselalgen und ein anschließendes Fischsterben, da die Algen den Sauerstoff des Wassers aufbrauchten.[54] Seit 1912 hatte die Stadt Bremen, flussabwärts an der oberen

Weser gelegen, gegen die zunehmende Chloridkonzentration in ihrem Trinkwasser protestiert. Sie forderte das Reichsgesundheitsamt vergeblich auf, die erlaubte Höchstkonzentration auf 250 mg/l festzulegen. In den 1930er Jahren stellte die Stadt ihre Proteste ein. Die Kaliindustrie hatte die Beschwerden mit dem Angebot abgewendet, einen Teil ihrer Exporte über den Hafen der Stadt abzuwickeln. Zusätzlich erhielt Bremen für die Trinkwasserversorgung eine 200 Kilometer lange Wasserleitung aus dem Harz.[55] Während des Zweiten Weltkrieges schließlich traten die Bedenken angesichts der Kriegsanstrengungen in den Hintergrund. Per Verordnung wurde der zulässige Chloridgehalt auf 2500 mg/l erhöht. Doch was als vorübergehende Ausnahmeregelung zur Steigerung der Kriegsproduktion gedacht war, wurde nach dem Krieg zur neuen Normalität.[56]

Der Salzgehalt der Werra hatte sich schon lange schädlich auf die Flussökologie ausgewirkt. Eine Chloridkonzentration von mehr als 250 mg/l macht das Wasser »hart« und nicht mehr trinkbar. Ab einer Konzentration von 650 mg/l ist das Wasser für die künstliche Bewässerung und die Tierhaltung nicht mehr geeignet. Süßwasserorganismen haben dem Salzgehalt gegenüber eine unterschiedliche Toleranz: 500 mg/l töten die einheimischen Flusskrebse, 2000 mg/l vernichten Schalentiere wie Süßwassermuscheln *(Unionidae)* und Wasserasseln *(Asellus aquaticus),* bei 2500 mg/l sterben die meisten einheimischen Süßwasserfische und bei einer Konzentration von 4000 mg/l geht sogar der widerstandsfähige Europäische Aal *(Anguilla anguilla)* zugrunde.[57]

Aufgrund des Drucks verschiedener Interessenvertreter erwog die Kaliindustrie mehrere Lösungsmöglichkeiten, wie die Schadstoffbelastung des Flusses gesenkt werden könnte. Ein Plan von 1912 sah eine Pipeline vor, die die ätzenden Laugen aus dem Abbaugebiet in die Nähe der Elb- und Wesermündung transportieren und dort in die Nordsee einleiten sollte. Dies wurde aber als zu teuer verworfen.[58] Stattdessen hielt die Industrie die geologischen Bedingungen der Bergbauregion für geeignet, die Kalilaugen unterirdisch zu versenken. Ab Mitte der 1920er Jahre wurden die flüssigen Abfälle deshalb entweder in stillgelegte Bergwerksschächte oder in eigens zu diesem Zweck abgeteufte »Schluckbrunnen« eingeleitet. Als in den 1950er Jahren die leicht zugänglichen Hohlräume jedoch rar wurden, versuchte man, den Plattendolomit durch Verpressen besser auszunutzen. Verglichen mit der direkten Einleitung der Kaliabwässer in den Fluss erschien diese Methode für kurze Zeit als das geringere Übel, war aber nie unproblematisch. Schon kurz nachdem die Kaliindustrie zum Verpressen übergegangen war, häuften sich Berichte, wonach die unter Druck stehenden Salzabwässer wieder an die Oberfläche aufgestiegen seien und Felder kontaminierten. Die unterirdisch verbrachten Abwässer hoben auch den Spiegel des Grundwassers an und verunreinigten es. Die Oberflächenflora passte sich an den neuen Salzgehalt an. In der Nähe der osthessischen Kleinstadt Heringen zum Beispiel entwickelten sich in einem breiten Streifen der Werra-Auen Salzmarschen mit Küstenvegetation, genau wie es Jahrzehnte zuvor prophezeit worden war. Im Jahr 1979 wurde dieser kuriose Streifen unter Naturschutz gestellt.[59]

Obwohl die Verschmutzung der Werra bereits eine lange Geschichte hatte, erreichte sie erst in den Jahren der deutschen Teilung ihren Höhepunkt. Im Jahr 1947 wies die Kaliabwasserkommission zum letzten Mal Abfallkonzessionen zu. Die thüringischen Bergwerke bekamen zwei Drittel des Kontingents zugesprochen, die hessischen Bergwerke ein Drittel. Von 1951 an nahmen ostdeutsche Vertreter nicht mehr an den Kommissionssitzungen teil und gaben keine Auskunft über die Einleitungsmengen der thüringischen Gruben. Doch ein großes Fischsterben in den Jahren 1953/54 infolge einer Chloridkonzentration von 6000 mg/l verriet, wie aktiv die Gruben im Osten waren. Anfang der 1960er Jahre verhinderte die Salzkonzentration in der Werra, dass der Fluss im Winter zufror.[60] 1968 stellten die thüringischen Bergwerke die Laugenversenkung ein, da keine unterirdischen Hohlräume mehr verfügbar waren. Die Verpressungen hatten auch das Trinkwasser von Eisenach und landwirtschaftliche Flächen in der Umgebung kontaminiert.[61] Nachdem alle Möglichkeiten zur unterirdischen Lagerung ausgeschöpft waren, leiteten die thüringischen Bergwerke die Kaliabwässer direkt in die Werra ein. In der Folge verendeten nun auch die Fische flussabwärts in der Weser. In der Werra selbst waren die Süßwasserorganismen schon lange verschwunden.[62]

Von da an erreichte die Verschmutzung der Werra immer neue Spitzenwerte. So erklärte der *Spiegel* seinen Lesern: »Würde man die Bundesbahn für den Transport der Salze im Weserbett heranziehen, müßte alle 55 Minuten ein Güterzug mit 40 Wagen à 15 Tonnen zur Nordsee rollen.«[63] Tatsächlich war die Werra »salziger als die Nordsee« geworden.[64] 1976 erreichte der Fluss mit 40 000 mg/l seine höchste Chloridkonzentration, flussabwärts in Bremen betrug sie immerhin noch 2400 mg/l. Das regelmäßige Fischsterben in der Weser führte 1971 und 1976 zu Störfällen im Atomkraftwerk Würgassen, da tonnenweise Fischkadaver die Kühlwasserzulaufpumpen blockierten.[65] 1982 gab Bremen alle Bemühungen auf, Trinkwasser aus der Weser zu gewinnen. Es war nicht einmal klar, ob sich das Wasser noch für die landwirtschaftliche Nutzung eignete.[66] Die aggressive Salzbrühe verursachte massive Schäden an technischen Anlagen und Bauwerken entlang des Flusses, da sie Turbinen, Rohre, Brücken und Schiffe anfraß. Im Jahr 1988 wurden die Korrosionsschäden auf 65 Millionen DM pro Jahr geschätzt.[67] Ein leitender Beamter des niedersächsischen Umweltministeriums erklärte 1980, die Verschmutzung der Werra und ihres Unterlaufs stelle »derzeit das drängendste Umweltproblem zwischen der DDR und der Bundesrepublik dar«.[68]

Innerdeutsche Umweltdiplomatie

Bis zum Zusammenbruch der DDR 1989/90 gab es für die Werra keine Entlastung. An mangelndem Wissen lag es keineswegs. So wie die DDR-Behörden über alle relevanten Informationen zur Kontamination des Flusses Röden verfügten, wussten sie auch über den Zustand der Werra umfassend Bescheid. In einem internen Gutachten aus dem Jahr 1971 – etwa drei Jahre nachdem die thüringischen Bergwerke dazu übergegangen waren, alle Salzlaugen in den Fluss zu leiten – listeten Experten sämtliche tatsächlichen und potenziellen Schäden auf, die aus dieser Entsorgungsmethode resultierten. Die DDR-Behörden waren sich über Schäden für die Fischerei, das Trink- und Brauchwasser, aber auch über die räumliche Ausdehnung des Problems durch den Mittellandkanal bis nach Münster in Westfalen durchaus im Klaren.[69] Doch obwohl beide Seiten über die entsprechenden Daten verfügten, kamen die Beamten in Ost- und Westdeutschland zu grundlegend unterschiedlichen Schlussfolgerungen und erzielten keine Einigung, die dem geschundenen Fluss geholfen hätte. Doch welche Faktoren machten die innerdeutsche Umweltdiplomatie eigentlich zu einem so aussichtslosen Unterfangen?

Zum einen waren die Ausgangspositionen der beiden deutschen Staaten schlicht unvereinbar. Die Bundesrepublik vertrat die Auffassung, dass die DDR die Umweltschäden verursacht habe und daher verpflichtet sei, Schutzmaßnahmen einzuführen, welche die Verschmutzung verringern würden. Die westdeutschen Vertreter argumentierten also im Sinne des Verursacherprinzips. Anfang der 1970er Jahre, als die Bonner Regierung erstmals versuchte, die SED-Führung bei Umweltfragen zur Kooperation zu bewegen, war das Verursacherprinzip als völkerrechtlicher Grundsatz allerdings noch eine unausgereifte Novität und weit davon entfernt, allgemein akzeptiert zu werden.[70] Die DDR hingegen beharrte darauf, dass die Bundesrepublik Nutznießer von ostdeutschen Umweltschutzmaßnahmen sein würde und daher auch die Kosten dafür tragen sollte. Angesichts dieser Argumentation lässt sich die ostdeutsche Haltung am besten als »Nutznießerprinzip« beschreiben, obwohl es einen solchen Begriff im internationalen Umweltrecht nicht gab.[71]

Diese unvereinbaren Ausgangspositionen waren selbst eine Folge des komplexen Geflechts der innerdeutschen Beziehungen, in denen es ständig Spannungen gab. Obwohl unter Bundeskanzler Willy Brandt das Verhältnis der beiden deutschen Staaten zueinander grundlegend revidiert wurde, was im Grundlagenvertrag von 1972 gipfelte,[72] und sich die Beziehungen im Allgemeinen in eine konstruktivere Richtung bewegten, verweigerte die DDR zwischen 1974 und 1980 jegliche Diskussion über Umweltfragen. Dies war ein Versuch, sich für die »illegale« Gründung des Umweltbundesamtes (UBA) in West-Berlin 1974 zu revanchieren. Im Unterschied zur DDR gab es in der Bundesrepublik kein Umweltministerium, man wollte vielmehr eine Bundesbehörde für Umweltangelegenheiten nach dem Vorbild der amerikanischen Environmental Protection Agency (EPA) schaffen.[73] Um die Präsenz des Bundes in der geteilten Stadt zu erhöhen, beschloss die Bundesregierung, diese neue Behörde in West-Berlin anzusiedeln. Daraufhin bezichtigte die DDR-Regierung, die traditionell überempfindlich auf jegliche Bundesaktivitäten in West-Berlin reagierte, Bonn der Verletzung des Viermächteabkommens von 1971. Nach ostdeutscher Lesart des Abkommens war West-Berlin kein integraler Bestandteil der Bundesrepublik, sodass Bonn kein Recht hatte, dort Bundesbehörden einzurichten.[74] Kurzfristig machte die DDR ihrem Unmut über das UBA Luft, indem sie die Transitstrecken nach West-Berlin blockierte.[75] Langfristig aber verweigerte sie jegliche Umweltgespräche. So kam ein Umweltabkommen, das dem Grundlagenvertrag hätte folgen sollen, nicht wie geplant 1973, sondern erst 1987 zustande.

Über dem Tauziehen um das UBA wurde die Werra fast zum Katastrophenfall. Seit die thüringischen Kaliberwerke 1968 die Verpressung von Salzlaugen in den Untergrund eingestellt hatten und sie stattdessen direkt in den Fluss einleiteten, war die Verschmutzung der Werra zu einem drängenden Problem für die Bundesrepublik geworden. Zunächst versuchten rangniedrige Beamte, das Problem direkt mit ihren ostdeutschen Kollegen zu besprechen, doch die DDR hatte solche Kontakte auf niedriger Ebene seit den späten 1950er Jahren als nicht offiziell genug abgelehnt. Die SED-Führung war entschlossen, Gespräche nur auf höchster Ebene zu führen, um dadurch eine offizielle Anerkennung der ostdeutschen Souveränität zu erreichen. Die Bundesregierung ihrerseits verweigerte diese Anerkennung gemäß der »Hallstein-Doktrin«, der zufolge die Bundesrepublik als einzig legitimer deutscher Staat anzusehen sei.[76] In einem ersten Rechtsgutachten zur grenzüberschreitenden Umweltverschmutzung kamen ostdeutsche Juristen 1971 zu dem Schluss, Bonn könne die DDR nur dann für Schäden haftbar machen, wenn es sie als Völkerrechtssubjekt anerkenne. Doch »solange Westdeutschland an dem Prinzip der Alleinvertretungsanmaßung festhält, kann es dementsprechend derartige Forderungen nicht geltend machen«.[77] Da die Bundesregierung keine geeigneten Kommunikationskanäle fand, versuchte sie, die Umweltprobleme im Rahmen des Grundlagenvertrags anzusprechen.[78] Das Abkommen von 1972 sah künftige thematische Vereinbarungen vor, auch im Bereich des Umweltschutzes, »um zur Abwendung von Schäden und Gefahren für die jeweils andere Seite beizutragen«.[79] Bei den darauffolgenden Sondierungen für ein deutsch-deutsches Umweltabkommen rückte die zunehmende Versalzung der Werra schnell in den Mittelpunkt, doch wurden diese Vorgespräche durch den Streit um das UBA jäh unterbrochen. So beendete die DDR 1974 die Umweltgespräche und die Salzlauge ergoss sich weiter in den Fluss.[80]

Damit wäre das Thema vom Tisch gewesen, wären da nicht die Laugenverpressungen der Kaliwerke auf der hessischen Seite gewesen. Zwar weigerte sich die DDR, über ihre eigenen Entsorgungsmethoden zu sprechen, aber über jene auf der Westseite des Flusses wollte sie durchaus reden. Im Februar 1975 stellten Ingenieure in einem Schacht der Grube »Marx-Engels« Laugenzuflüsse fest. Außerdem wies das Trinkwasser in Unterbreizbach im Bezirk Suhl einen erhöhten Salzgehalt auf und in der Umgebung der Gemeinde trat Salzlauge an die Oberfläche. Am 23. Juni schließlich stürzte ein Schacht der Grube »Marx-Engels« ein. Die DDR-Regierung machte umgehend die Verpressungen der westlich gelegenen Bergwerke Hattorf und Wintershall für das »seismische Ereignis« verantwortlich und forderte Schadensersatz in Höhe von 80 Millionen Valuta-Mark (VM), der Verrechnungswährung zwischen den beiden deutschen Staaten.[81] Die Bonner Regierung wies diese Forderungen rundweg zurück und legte ein Gutachten vor, in dem bergmännische Fehler in den thüringischen Gruben für den Schaden verantwortlich gemacht wurden. Konkret hieß es, die Carnallit-Säulen, die die Decke der Abbaukammern gestützt hatten, seien zur Ertragssteigerung dieses Minerals zu stark angegraben worden.[82] Die Westdeutschen bestritten auch die Behauptung, dass Kaliabwässer aus dem Westen auf DDR-Territorium an die Erdoberfläche gedrungen seien.[83] Hier spielten sie allerdings mit gezinkten Karten. Nicht nur war das Phänomen der Oberflächenversalzung durch aufsteigende Kalilaugen auch auf westlicher Seite bekannt, der Chefgeologe des Hessischen Landesamts für Bodenforschung hatte zudem in einem geheimen Gutachten von 1963 dafür plädiert, die Laugen des Werkes Wintershall möglichst nahe der innerdeutschen Grenze zu verpressen, damit die zu erwartenden Grundwasserschäden auf östlicher Seite auftraten und nicht in Hessen.[84] Der Ministerrat der DDR mutmaßte Jahre später, das Verfahren der hessischen Kaliwerke sei politisch motiviert gewesen, weil damit zu rechnen war, dass DDR-Bürger die Verschlechterung der Trinkwasserqualität in Unterbreizbach dem dortigen Kali-VEB anlasten würden.[85]

Günter Mittag, Sekretär für Wirtschaft im Zentralkomitee der SED, erwartete nicht, dass Bonn die Schadensersatzforderung der DDR anerkennen würde. Dennoch drängte er Erich Honecker, Verhandlungen über Fragen der grenzüberschreitenden Grubensicherheit zu genehmigen.[86] Auf dem Spiel stand nichts Geringeres als die Unversehrtheit des DDR-Staatsterritoriums, da die westdeutschen Laugen die Grenze buchstäblich unterwanderten.[87] Der Ministerrat der DDR gab sich überzeugt, die westlichen Bergwerke würden ihre Kaliabwässer in das Staatsgebiet der DDR verpressen, um »auf Kosten der DDR den Forderungen von BRD-Stellen zum Umweltschutz« nachzukommen.[88] Man war sich jedoch darüber im Klaren, dass jegliche Verhandlungen mit dem Westen über das Thema Kalibergbau unweigerlich der Bundesrepublik die Gelegenheit geben würden, den Zustand der Werra anzusprechen. Hans Reichelt, Umweltminister der DDR, kam 1977 zu dem Schluss, dass in Fragen der grenzüberschreitenden Umweltverschmutzung der internationale Trend in Richtung kooperativer und sogar vertraglicher Lösungen ging und sich die DDR dem auf Dauer nicht entziehen könne. Er prophezeite, die billige Methode, sämtliche Kalilaugen in den Fluss einzuleiten, sei »nicht mehr für längere Zeit aufrechtzuerhalten«, da dies die Beziehungen zur Bundesrepublik »ernsthaft« beschädigen würde. Andererseits seien die Bodenschätze an der Werra endlich und würden voraussichtlich bis 2020 ausgebeutet sein. Bis dahin aber, so Reichelts Empfehlung, sollte an »der volkswirtschaftlich für die DDR günstigsten Form der Ableitung über die Werra« festgehalten werden. Dieses Ziel bestimmte die Strategie, die Reichelt gegenüber der Bundesrepublik vorschlug. Man solle »die Aufnahme von Verhandlungen zur Werraversalzung oder anderen Umweltfragen hinauszögern«, und zwar so lange wie möglich.[89]

Gewisse Zugeständnisse wurden dennoch unumgänglich. Im Laufe von vier Jahren gelang es den Westdeutschen, das Thema der grenzüberschreitenden Grubensicherheit, das die DDR ansprechen *wollte,* zu nutzen, um auch das Problem der Werraversalzung aufs Tapet zu bringen, das die DDR am liebsten ausgeklammert hätte. Der erste greifbare Erfolg, den die Bonner Delegation erzielen konnte, war die Zustimmung der ostdeutschen Gesprächspartner zu einer öffentlichen Erklärung, wonach es tatsächlich Vorgespräche über die Werra gebe. Ab April 1980 war die Werra endlich ein offizieller Punkt auf der innerdeutschen diplomatischen Tagesordnung.[90]

Cum grano salis: Die Werra-Gespräche

Die anschließenden Werra-Gespräche sind ein Paradebeispiel für die Komplexität der innerdeutschen Diplomatie. Aus Sicht des Flusses verliefen sie völlig ergebnislos. Die DDR-Unterhändler traten mit einer Reihe von Anweisungen an, die nichts Gutes versprachen. Ihr erklärtes Ziel war, nur die Verfehlungen der westdeutschen Industrie anzusprechen, aber kein Gespräch über die Einleitung von Kalilaugen aus den thüringischen Bergwerken zuzulassen.[91] Was auch immer die Westdeutschen zu tun wünschten, erklärten sie unmissverständlich, für sie gelte eine Prämisse: »Es dürften keine Kosten für die DDR entstehen«.[92] Diese Forderung war nicht zuletzt den enger werdenden Spielräumen der DDR-Wirtschaft geschuldet. Den DDR-Vertretern selbst war schmerzlich bewusst, dass das Trittbrettfahrerverhalten der thüringischen Kombinate schon seit Mitte der 1970er Jahre »ökonomisch die einzig mögliche Variante [zur] Sicherung der planmäßigen Kaliproduktion« darstellte.[93] Die DDR-Delegation erklärte, ihre Bereitschaft, die im April 1980 vereinbarten Vorgespräche in so etwas wie Verhandlungen überzuleiten, sei »von einer konkreten Zusage [der Bundesrepublik] einer finanziellen Beteiligung abhängig«.[94]

Abgesehen von dem Beharren auf ihrer Nutznießer-Haltung brachten die DDR-Vertreter auch die ökologisch hanebüchene Behauptung vor, die gesamte Werra-Versalzung sei lediglich ein »Transitproblem«: »Das Wasser ... werde nur durch die Bundesrepublik Deutschland hindurchgeleitet und gelange schließlich in die Nordsee.«[95] Die Strategie der DDR-Verhandlungsführer lief also darauf hinaus, über das Problem zu reden, ohne es behandeln zu wollen.

Wenn die DDR von Anfang an gar nicht an ernsthaften Verhandlungen interessiert war, warum stimmte die SED-Führung dann überhaupt einem Treffen zu? Der Grund ist eine weitere Besonderheit der Ost-West-Umweltdiplomatie während des Kalten Krieges. Die DDR-Führung hoffte, durch diese Verhandlungen Zugang zu westlichen Umwelttechnologien zu bekommen. Sie wollte das westdeutsche Interesse an der Verringerung der Chloridbelastung der Werra nutzen, um ihre eigene Produktionstechnik zu modernisieren. Wenn die Bundesrepublik diese Technologie liefere, so die wenig subtile Andeutung, rücke das Ziel, die anhaltende Verschmutzung der Werra zu reduzieren, in greifbare Nähe. In den Jahren des Schweigens nach dem UBA-Debakel hatten die Westdeutschen zunächst selbst über mögliche technische Lösungen nachgedacht. Natürlich hatten jene Bundesländer, durch die Werra und Weser fließen – Hessen, Niedersachsen und Bremen –, das größte Interesse an einer zeitnahen Lösung. Die jeweiligen Landesregierungen griffen die alte Idee einer Pipeline auf, die die Abwässer aus den Bergwerken in die Nordsee leiten sollte. Doch eine solche 400 Kilometer lange Röhre hätte unerschwinglich hohe Kosten verursacht: Mit 1,3 Milliarden DM wäre sie das teuerste Umweltprojekt der Bundesrepublik geworden. Die politisch nicht durchsetzbare Idee wurde 1981 beerdigt.[96] Als die DDR Interesse an westlicher Technik signalisierte, bot die Bundesrepublik ein Flotationsverfahren an, mit der sich Kali bzw. Kieserit von Steinsalz in einer Art und Weise trennen lässt, dass im Ergebnis weniger Salzlaugen anfallen. Diese Technik hätte innerhalb von zwei Jahren implementiert werden können. Das Angebot umfasste zudem Rückhaltebecken, die die Abwässer speichern konnten, solange der Flusspegel niedrig war, und sie freisetzten, sobald der Fluss genug Wasser führte, um die Lauge zu verdünnen. In ihrer Verzweiflung zogen die Westdeutschen sogar in Erwägung, die Ostdeutschen dazu zu bewegen, die Kieseritproduktion in der DDR schlichtweg einzustellen, und ihnen im Gegenzug so viel von dem Mineral zur Verfügung zu stellen, wie sie benötigten – in der Annahme, dass die Bergwerke im Westen es mit weniger Verschmutzung produzieren würden.[97]

Doch die ostdeutschen Experten interessierte vor allem eine ganz bestimmte westliche Technologie. Sie wollten ein neues elektrostatisches Trennverfahren namens ESTA installieren, das die Firma Kali & Salz (K&S) in Kassel erfunden hatte und seit 1980 verwendete. Bei diesem Verfahren wurde Kali in einem trockenen Aufbereitungsprozess aus dem Rohsalz gewonnen. Das Abfallprodukt war also keine flüssige Lauge, sondern ein Salzrückstand. Dieser wurde zu Haufen aufgeschüttet, die zu weithin sichtbaren »Bergen« in der Landschaft heranwuchsen. Das aufwendige Trennverfahren, das die Umweltkosten internalisierte, erklärte auch, warum die Kaliproduktion in Hessen teurer war als in Thüringen.[98] Die ESTA-Methode war jedoch kein Faustpfand, über das die Bundesregierung nach Belieben verfügen konnte, denn die Patentrechte lagen bei der Firma K&S. Zwar zeigte sich die Unternehmensleitung grundsätzlich bereit, die Technologie zu teilen, erwartete aber im Gegenzug, dass sich die DDR verpflichtete, Kieserit nicht auf dem Weltmarkt zu verkaufen, da sie es – nicht zuletzt wegen ihrer laxen Haltung in Umweltfragen – vorhersehbar zu niedrigeren Preisen als K&S würde anbieten können. Aber die bundesdeutsche Delegation beabsichtigte ohnehin nicht, der DDR das ESTA-Verfahren zu überlassen, weil dadurch das Verursacherprinzip unterlaufen worden wäre, die Installation länger gedauert hätte als bei der Flotationstechnologie und es außerdem aufgrund der Zusatzkosten für das K&S-Patent viel teurer geworden wäre. Wie üblich war die DDR auch diesmal »weder zur Zahlung dieser Gebühren noch zu der der [ESTA-]Pilotanlage bereit und forderte eine Bezahlung durch die Bundesrepublik.«[99]

Sechs Jahre nach Beginn der Werra-Gespräche lag der Fluss im Koma, und die westdeutsche Seite zeigte deutliche Zermürbungserscheinungen. Wurden 1980 noch 160 Kilo Chlorid *pro Sekunde* in den Fluss eingeleitet, so waren es 1986 bereits 180 Kilo. Somit trug der Fluss Tag für Tag rund 35 000 Tonnen Chlorid mit sich, von denen 90 Prozent vermutlich aus der DDR stammten.[100] Die Zeit spielte der ostdeutschen Seite in die Hände: Je länger die Verschmutzung der Werra anhielt, desto mehr wuchs die Verzweiflung der Westdeutschen und damit ihre Bereitschaft zum Entgegenkommen.

Auch im Bereich der Bergbausicherheit erreichte die DDR ihre Ziele. Wie bereits erwähnt, verlangte die Ost-Delegation, die Verpressungen von Laugen in Hessen einzustellen. Doch seit die K&S im Jahr 1980 auf das ESTA-Verfahren umgestellt hatte, war der Bedarf an Verpressungen ohnehin gesunken, da es sich um ein trockenes Reduktionsverfahren handelte – die Forderung der DDR hatte sich also von selbst erledigt, ohne dass die Westdeutschen im Gegenzug Zugeständnisse erreichen konnten.[101] 1984 unterzeichneten beide Seiten ein Abkommen, das zwei weitere Beschwerden der DDR betraf, nämlich territoriale Streitigkeiten im Zusammenhang mit den Kaligruben entlang der Grenze sowie koordinierte Gesteinssprengungen.[102] Westliche Beobachter hatten hier längst ein einseitiges Muster erkannt: Immer dann, wenn die DDR ihre eigenen Interessen verfolgte, führten Verhandlungen schnell zu Ergebnissen, nicht aber umgekehrt.[103] Nicht einmal die spektakuläre Aktion, die *Greenpeace* 1986 in Ost-Berlin veranstaltete, brachte die DDR aus der Ruhe.

Unter dem Slogan »Zurück an den Absender« kippte die NGO einen Zentner Werra-Salz vor das DDR-Umweltministerium.[104] Das Einzige, was die westlichen Unterhändler als Ergebnis ihrer Bemühungen vorweisen konnten, war die Zusage der DDR, die östlichen Gruben würden die Methode mit den Rückhaltebecken erproben. Die dauerhafte Einrichtung und Nutzung solcher Becken knüpfte die DDR jedoch an die altbekannte Forderung, dass die Bundesrepublik alle damit verbundenen Kosten übernahm.[105]

Der westdeutschen Delegation blieben nur zwei schlechte Optionen: die weitere Kontamination des Flusses hinzunehmen oder zu zahlen. Ein leitender Beamter des Ministeriums für innerdeutsche Beziehungen war der Meinung, dass »die ›reiche‹ Bundesrepublik Deutschland... bereit und in der Lage sein [müsste], im Interesse Deutschlands und der in der DDR lebenden Deutschen sich an Umweltschutzmaßnahmen in der DDR... finanziell zu beteiligen«.[106] Nachdem sich alle westdeutschen Interessengruppen damit einverstanden erklärten, bot die Bundesregierung der DDR im September 1988 ein Paket an, das den Zugang zur ESTA-Technologie und eine finanzielle Unterstützung in Höhe von 200 Millionen DM für deren Installation vorsah.[107] Zu diesem Zeitpunkt konnte es sich die DDR nicht mehr leisten, die Gespräche scheitern zu lassen. Nach der Katastrophe von Tschernobyl im Jahr 1986 bemühten sich die OECD-Länder, das Verursacherprinzip und die Staatshaftung für Umweltschäden stärker zu verankern. Selbst Günter Mittag fand es nun »unumgänglich, dass die DDR ihrerseits materielle [d.h. finanzielle] Aufwendungen bei der Salzreduzierung [in der Werra] trägt«. Dieses Zugeständnis ging allerdings mit der üblichen Klage einher, das westdeutsche Angebot von 200 Millionen DM sei zu niedrig.[108] Offensichtlich mussten beide Seiten bei den Werra-Verhandlungen Kompromisse eingehen. Für die Bundesrepublik war es schon ein Sieg, die DDR überhaupt an den Verhandlungstisch zu bringen, doch die DDR nutzte die Gespräche dann vor allem dazu, Westdeutschland eine große finanzielle Verpflichtung abzuringen. Einen »Gewinner« gab es in dieser Konstellation nicht, aber einen Verlierer allemal: den Fluss.

Es liegt was in der Luft

Im Herbst 1979 führte Anneliese H. aus dem oberfränkischen Lichtenberg ihre Pferde zum Grasen auf die Weide. Als sie sie am Abend zurückholte, stellte sie mit Entsetzen fest, dass die Nüstern der Tiere Verätzungsspuren aufwiesen. Beunruhigt über die Verletzungen, erstattete sie Anzeige beim Bayerischen Umweltministerium. Für Frau H. war die Ursache schnell gefunden: der VEB Zellstoff- und Papierfabrik Rosenthal in Blankenstein im benachbarten Thüringen.[109] Der bayerischen Staatsregierung waren die Schwefeldioxidemissionen, die von dieser Fabrik ausgingen, wohlbekannt, aber erst die verätzten Nüstern der weidenden Pferde bewegten Bayern dazu, den Kampf gegen die Luftverschmutzung des VEB Rosenthal aufzunehmen.

Allerdings ging die Luftverschmutzung in Oberfranken nie nur von einer einzigen Quelle aus. Der stechende Geruch etwa, der in der kalten Jahreszeit über der Region schwebte und den die Presse drastisch als »Katzendreckgestank« beschrieb, trieb aus den Industriezentren Nordböhmens in der Tschechoslowakei über die Grenze. Was den Geruchssinn der Bewohner im Dreiländereck reizte, war nicht Schwefeldioxid, sondern die chemische Verbindung Mercaptan, die bei der Verkokung von Schwefel mit Rohöl entsteht. Vor allem die Stadt Hof hatte unter dem Katzendreckgestank zu leiden. In den 1980er Jahren »war Hof nicht gerade ein Luftkurort«, schilderte ein Reporter rückblickend die Situation.[110] Die Luftverschmutzung in dieser Region war nicht nur für die Nasen der Menschen unangenehm. Im Laufe der 1970er Jahre wuchs die Sorge von Forstbeamten in Bayern und andernorts über eine neue Art von Schäden an Nadelwäldern, die über die altbekannten Folgen von Schwefeldioxid hinausgingen. Der *Spiegel* formulierte das Problem 1981 auf einem viel beachteten Cover: Saurer Regen verursacht *Waldsterben*. Die ökologische Herausforderung der 1980er Jahre war geboren.[111]

Als das *Waldsterben* die Schlagzeilen zu beherrschen begann und Bayern die Bundesregierung darauf drängte, sich mit den Emissionen jenseits der innerdeutschen Grenze zu befassen, wurde die Luftverschmutzung neben der Verschmutzung der Flüsse zur höchsten Priorität, die die Bundesrepublik in ihrer Umweltdiplomatie mit der DDR verfolgte.[112] Die Verhandlungen über die Emissionen waren jedoch von ganz anderem Charakter und Ton als jene über die Flüsse. Erstens ließ deren Verlauf vom östlichen ins westliche Staatsgebiet keinen Zweifel, dass die Verantwortung bei der DDR lag. Bei der Luftverschmutzung war die Situation weit weniger eindeutig: Der Schadstoffaustausch fand in beide Richtungen statt und die vorherrschenden Westwinde trieben den größten Teil der grenzüberschreitenden Emissionen Ostdeutschlands nach Polen. Zwar gehörte die DDR zu den schlimmsten Schwefeldioxidemittenten weltweit, aber die Bundesrepublik war hier, im Unterschied zum Fall der Werra, nicht die alleinige Leidtragende.[113] Zweitens waren die Verhandlungen über die Luftverschmutzung nicht nur ein innerdeutsches Thema, sondern in einen größeren europäischen Rahmen eingebettet. Seit Ende der 1960er Jahre hatten die skandinavischen Länder auf eine internationale Anerkennung von Schäden durch Luftverschmutzung gedrängt und dafür das Forum der 1972 in Stockholm abgehaltenen *Konferenz der Vereinten Nationen über die Umwelt des Menschen* genutzt. Obwohl die DDR nicht zu den Teilnehmern der Weltumweltkonferenz gehörte, wirkten beide deutsche Staaten am anschließenden Stockholmer Prozess mit, einer Reihe von Tagungen zur Aufklärung und Eindämmung des Phänomens des sauren Regens. Die in diesem internationalen Rahmen eingegangenen Verpflichtungen flossen wiederum in die innerdeutschen Verhandlungen ein.[114] Drittens handelte es sich um ein typisches Grenzlandproblem. Unter den westdeutschen Bundesländern sah sich Bayern am stärksten von der ostdeutschen Luftverschmutzung betroffen. Die DDR wiederum empfand sich als Leidtragende von Schadstoffen aus der nordböhmischen Industrie, die im Übrigen auch Bayern erreichten. In diesem Dreiecksverhältnis verfolgte die DDR gegenüber dem sozialistischen Nachbarn Tschechoslowakei ähnliche Ziele wie Bayern gegenüber der DDR, in beiden Fällen mit wenig Erfolg.[115]

Als Reaktion auf die vehementen Beschwerden von Bürgern in

Der VEB Zellstoff- und Papierfabrik Rosenthal in Blankenstein an einem Wintertag im Januar 1984.

Oberfranken begannen die bayerischen Behörden Anfang 1977, die Luftqualität entlang des Eisernen Vorhangs zu messen. Die wichtigsten Erkenntnisse, die sie daraus gewannen, waren, dass der Katzendreckgestank mit den Verkokungsprozessen im tschechischen Hydrierwerk in Sokolov (Falkenau) zusammenhängen musste und in den Wintermonaten, wenn er auf Schwefeldioxidemissionen (SO_2) traf, besonders intensiv wurde.[116] Für die Politik war dies eine wichtige Information. Denn sie bedeutete, dass sich das Mercaptan aus der CSSR und das SO_2 aus der Zellulosefabrik in Blankenstein gegenseitig verstärkten – die Luft über dem Dreiländereck hatte sich in eine Art Chemielabor verwandelt. Für die bayerische Landesregierung war die Luft in Oberfranken nicht nur deshalb von Bedeutung, weil die Verschmutzung ohnehin problematisch war, sondern weil es sich bei der betroffenen Region um das Zonenrandgebiet handelte, das Bayern seit den 1950er Jahren zu unterstützen versuchte. Die Rauchschwaden aus dem Schornstein des VEB Rosenthal drangen schnell bis in die höchsten politischen Kreise vor. Im August 1980 forderte Ministerpräsident Franz Josef Strauß Bundeskanzler Helmut Schmidt auf, bei seinem nächsten Treffen mit Erich Honecker die Papierfabrik anzusprechen, um die Investitionen, die Bayern bereits in die Region gepumpt hatte, zu sichern. Die Geruchsbelästigungen rund um Hof drohten die wirtschaftliche Entwicklung einer Region zu beeinträchtigen, die »nach wie vor um ein positives Bild« kämpfe.[117] Vor allem Grenzlandgemeinden, die zur wirtschaftlichen Entwicklung auf den Freizeittourismus gesetzt hatten, sahen sich durch die grenzüberschreitende Luftverschmutzung beeinträchtigt.[118] Entnervt von den ausbleibenden Fortschritten, verabschiedete die Stadt Hof im Mai 1986 eine »Umweltresolution«. In deutlicher Anspielung auf den wirtschaftlichen Niedergang in den 1950er Jahren wurde darin erklärt, die Lebensfähigkeit der Stadt sei »ein zweites Mal« gefährdet: zuerst durch die Grenze selbst, jetzt durch die von jenseits der Grenze ausgehende Verschmutzung.[119]

Es gab spezifische makroökonomische Gründe, warum die Luftverschmutzung in der DDR in den 1980er Jahren zunahm. Die DDR-Wirtschaft hatte lange von den billigen Rohöllieferungen aus der Sowjetunion profitiert, die ihren Energiebedarf deckten und es ihr vor allem ermöglichten, durch den Verkauf verschiedener Ölderivate einen Handelsüberschuss zu erzielen. Einige Jahre schützte das sowjetische Öl die ostdeutsche Wirtschaft vor der Ölpreiskrise von 1973. Bis 1976 zahlte die DDR nur 50 Prozent des Weltmarktpreises für Rohöl, aber dieser Freundschaftspreis stieg und erreichte 1978 schließlich 80 Prozent. Im Jahr 1981 ging die Sowjetunion noch einen Schritt weiter und begann, die unter dem Marktpreis liegenden Öllieferungen zu reduzieren, bot der DDR aber gleichzeitig den Rest der benötigten Mengen zum Weltmarktpreis an.

Die SED-Führung stand somit vor der Entscheidung, den Ölbedarf der DDR entweder durch realistische Preise zu decken oder den inländischen Ölverbrauch zu senken.[120] Sie entschied sich für Letzteres, und die ostdeutsche Industrie verlegte sich von nun an auf den einzigen im Inland verfügbaren fossilen Energieträger, die Braunkohle. Die Verstromung der Braunkohle verursachte jedoch hohe SO_2-Emissionen. Die Umstellung hätte deshalb von massiven Investitionen in Umwelttechniken wie der Rauchgasentschwefelung begleitet werden müssen. Dies jedoch unterließ die SED-Führung, obwohl es in der Parteiführung weder Ignoranz noch Gleichgültigkeit gegenüber dem Problem gab. Das DDR-Umweltministerium unternahm zwar Planungsschritte zur Entschwefelung, aber die in diesem Zusammenhang wichtigste Person, der SED-Wirtschaftssekretär Günter Mittag, setzte sich über ökologische Bedenken hinweg und strich Mitte der 1980er Jahre die meisten Investitionen für die Entschwefelung aus den Planungsunterlagen.[121] Mittags Entscheidungen spiegelten wiederum die sich beschleunigende und unumkehrbare Talfahrt der ostdeutschen Wirtschaft zu besagter Zeit wider – es waren Entscheidungen, die nicht ohne Konsequenzen blieben.

Es gab auch spezifische betriebswirtschaftliche Gründe, warum die Umweltverschmutzung im VEB Rosenthal bereits in den 1970er Jahren gestiegen war. Aufgrund eines zentralen Planungsbeschlusses von 1971 sollte das Werk seine Produktion von 90 000 Tonnen Zellstoff auf 140 000 Tonnen pro Jahr steigern. Die zur Erfüllung der neuen Planvorgabe importierten schwedischen Anlagen waren 1977 einsatzbereit.[122] Entsprechend der weitverbreiteten Vorstellung, Rauchgase könnten wirksam verdünnt werden, wenn man sie in großer Höhe freisetzte, erhielt Rosenthal auch einen neuen 175 Meter hohen Schornstein. In Wirklichkeit streute die Fabrik ihr SO_2 dadurch jedoch nur noch breiter als zuvor, sodass sich die ursprünglich lokale Verschmutzung nun zu einem regionalen Problem ausweitete. Dies bekamen die bayerischen Nachbarn schon bald zu spüren. Nordostwinde trugen den Rauch nach Oberfranken und kalte Inversionswetterlagen drückten die verschmutzte Luft nach unten. Das Laub färbte sich gelb, Gras und Kiefern wiesen hohe Schwefelwerte auf und die Pferde von Anneliese H. verätzten sich die Nüstern. Das bayerische Forstamt Bad Steben südlich von Blankenstein meldete 300 Hektar geschädigten Fichtenwald, die Hofer Grenzpolizei berichtete von weißem Schaum, der auf den Wiesen niederging.[123] Bald machten Gerüchte über die Zustände in Blankenstein die Runde. Grenzlandbewohner in Franken wollten schon 1976 gewusst haben, dass die beißenden Fabrikabgase den Lack geparkter Autos angegriffen hätten, sodass alle neu lackiert werden mussten. Angeblich waren in Blankenstein Obstbäume abgestorben. Und die Innenwandung des neuen Schornsteins sei bereits nach zwei Jahren Betrieb durch Schwefelsäure dermaßen korrodiert, dass er möglicherweise stillgelegt werden müsse.[124]

Wie im Falle der Werra lagen den DDR-Behörden alle relevanten Daten über den ökologischen Fußabdruck des VEB Rosenthal vor. Das DDR-Ministerium für Umweltschutz gab eine Studie über die Auswirkungen des SO_2-Ausstoßes in Blankenstein in Auftrag, in der Hoffnung, dadurch Material »zur Überprüfung und zur Abwehr ungerechtfertigter Schadensersatzansprüche« in die Hand zu bekommen. Doch die interne Untersuchung bestätigte, dass die westdeutschen Beschwerden zu Recht erfolgt waren. Zwischen 1976 und 1979 waren die SO_2-Emissionen um 46 Prozent gestiegen. Die meisten Schäden verursachte das Werk jedoch auf DDR-Territorium, wo sich der Bleichlochstausee in eine Kloake verwandelt hatte und die sanften Hügel entlang der Saale ihre Bäume, darunter einen seltenen Bestand hundertjähriger Kiefern, eingebüßt hatten. Die ostdeutschen Wissenschaftler zogen aus den deprimierenden Erkenntnissen die richtigen Schlüsse und schlugen vor, die Energieerzeugung und -nutzung des Werks zu modernisieren.[125]

Auch für die Verantwortlichen in der DDR verschärfte die Grenzlage des VEB Rosenthal das Problem auf politischer Ebene. Da die Zellulosefabrik sehr exponiert zum Westen lag und die bayerische Staatsregierung die Emissionen recht genau messen konnte, beschloss die Werksleitung, ausgewählte Bereiche des Produktionsprozesses zu modernisieren, verbunden mit der Hoffnung, dadurch die bayerischen Proteste zu entkräften. Der Schornstein wurde 1980 mit einem Aerosolabscheider ausgestattet, ein veraltetes Kesselhaus stillgelegt. Nach diesen Änderungen befanden bayerische Beobachter, dass der Schornstein westlichen Umweltstandards entsprach. Wie der bayerische Umweltminister 1984 einräumte, sank der SO_2-Ausstoß durch diese Modernisierung um 25 Prozent. Die Bürger berichteten nicht mehr über verdorrte Pflanzen in der Umgebung.[126] Die Investitionen in Blankenstein fügten sich in das etablierte Muster der DDR-Behörden ein, die versuchten, Bonn in Umweltfragen keine weiteren Druckmittel an die Hand zu geben.[127] Die Verbesserungen kamen auch den ostdeutschen Bewohnern zugute, aber dies war nicht das erklärte Ziel, da Umweltbelastungen auf dem Gebiet der DDR weiterhin geduldet wurden. Was die Verschmutzung auf der eigenen Seite betraf, war es für den VEB Rosenthal einfacher, Bußgelder auf sich zu nehmen, als seine Produktionsmethoden anzupassen. So zahlte der Betrieb zwischen 1977 und 1989 für die Kontamination des Bleilochstausees lieber 30,3 Millionen Mark an die DDR-Umweltbehörden, als eine dritte (chemische) Stufe für die Wasseraufbereitungsanlage des Sees zu installieren.[128] Auch die Geruchsbelästigung der Anwohner in Blankenstein, die schon in den 1980er Jahren auftrat, wurde erst 1991 angegangen.[129] Interessant ist, dass der VEB Rosenthal in einer Zeit, in der die DDR vor dem Staatsbankrott stand, eine ökologische Modernisierung vornahm. Denn die Entscheidung, Ressourcen speziell für dieses Werk bereitzustellen, ergab sich aus seiner Lage im Grenzgebiet.

Das Beispiel der VEB Rosenthal steht für eine Vielzahl regionaler Probleme zu einer Zeit, als die grenzüberschreitende Luftverschmutzung zu einem gesamteuropäischen Thema wurde. Im Jahr 1968 wies der schwedische Bodenkundler und Umweltforscher Svante Odén nach, dass Schwefelverbindungen weite Entfernungen von der Emissionsquelle überwinden konnten und für den sauren Regen in Schweden verantwortlich waren, der Seen, Fische und Böden schädigte. Odéns Studie war die erste, die sich systematisch mit der Erforschung der Schadstoffverbreitung in der Atmosphäre, der Zusammensetzung der Schmutzfracht und den Auswirkungen einzelner toxischer Stoffe befasste. Jahrelang waren die Ursachen für das Waldsterben völlig unklar gewesen. Doch der bekannt Ruf von SO_2 als schädliches Industrieabgas machte diese Schwefelverbindung zu einem naheliegenden Ansatzpunkt in der internationalen Umweltdiplomatie.[130] Auf der Konferenz der Vereinten Nationen über die Umwelt des Menschen 1972 in Stockholm standen Luftschadstoffe erstmals auf der europäischen Tagesordnung. Die Delegierten verabschiedeten das Postulat, dass Aktivitäten in einem Land weder die Umwelt in einem anderen Land noch die globalen Gemeingüter schädigen dürfen. Ob ein Teilnehmerstaat dieses Postulat befürwortete oder ablehnte, hing ganz davon ab, ob das jeweilige Land Geschädigter oder Verursacher von Emissionen war. Die geschädigten Teilnehmerstaaten Schweden und Norwegen drängten wie zu erwarten auf eine Verringerung der Schwefelemissionen, während Hauptemittenten wie Großbritannien und die Bundesrepublik vor einer Festlegung zurückschreckten. Der Stockholm-Prozess kam dennoch voran, nicht zuletzt, weil sich die Sowjetunion unter Leonid Breschnew im Zuge der Entspannungspolitik für eine Verringerung der SO_2-Emissionen einsetzte.[131] 1979 unterzeichneten 33 Länder, darunter auch beide deutsche Staaten, in Genf das Übereinkommen über weiträumige grenzüberschreitende Luftverunreinigung (CLRTAP). Das Übereinkommen legte noch keine konkreten Zielvorgaben fest, schuf aber den Rahmen für künftige Protokolle und verpflichtete die Unterzeichnerstaaten, eigene Maßnahmen zur Bekämpfung der Umweltverschmutzung zu ergreifen.

Der Wandel der Bundesrepublik vom »Nachzügler zum Vorreiter« (Wettestad) bedeutete einen weiteren Sprung nach vorn. Unter wachsendem öffentlichen Druck über das Waldsterben verabschiedete die

Bonner Regierung 1982 Obergrenzen für SO_2-Emissionen und führte ein Jahr später eine Filterpflicht für industrielle Großanlagen ein.[132] Angespornt durch diesen Richtungswechsel in Westdeutschland, gründete sich 1984 ein »30-Prozent-Club« von zehn Staaten, die sich verpflichteten, den SO_2-Ausstoß bis 1993 um 30 Prozent im Vergleich zu 1980 zu reduzieren. Auf der Folgekonferenz in München 1984 traten sowohl die Sowjetunion als auch die DDR dem 30-Prozent-Club bei, ein Schritt, der mit der Unterzeichnung des Schwefel-Protokolls durch 21 Staaten im Juli 1985 in Helsinki unter der Schirmherrschaft der UN-Wirtschaftskommission für Europa (ECE) offiziell bestätigt wurde. Zu diesem Zeitpunkt ging es nicht mehr nur um SO_2, sondern auch um Stickoxide (NO_x) und sogenannte flüchtige organische Verbindungen (VOC).[133]

Obwohl die DDR das Helsinki-Protokoll nie ratifizierte, hatte sie sich auf internationaler Bühne verpflichtet, ihre Emissionen zu reduzieren.[134] So begrüßenswert diese Zusage war, westdeutsche Beobachter bezweifelten, dass die DDR ihr Versprechen jemals würde einhalten können. Das *Deutsche Institut für Wirtschaftsforschung* (DIW) hatte die Rückkehr der DDR zur Braunkohle seit Anfang der 1980er Jahre dokumentiert und hielt die angestrebte SO_2-Reduktion zwar für technisch möglich, aber für die DDR finanziell nicht realisierbar.[135] Warum aber legte sich die DDR dann auf hochkarätigen internationalen Konferenzen derart fest? Historiker haben darauf hingewiesen, dass der seit 1971 amtierende Generalsekretär der SED Erich Honecker sehr auf internationale Anerkennung und Status erpicht war.[136] Außerdem bewegte er sich politisch auf sicherem Gelände, wenn er der Linie des »großen Bruders« folgte. Doch anders als die Sowjetunion hatte die DDR nicht die Möglichkeit, die Emissions-Reduzierung durch die Umstellung von Erdöl auf Erdgas und Atomenergie zu erreichen.[137] Seit die Sowjetunion die Lieferung von Rohöl zu Vorzugspreisen eingestellt hatte, war die DDR-Wirtschaft an die Braunkohle gekettet.

Eine dritte, interne Entwicklung könnte ebenfalls eine Rolle gespielt haben: Der Stockholm-Prozess ermöglichte es Hans Reichelt, dem Minister für Umweltschutz, innerhalb der DDR-Regierung seine politische Rolle zu stärken. Als klar wurde, dass unter dem Waldsterben auch die ostdeutschen Wälder litten und damit eine für die Wirtschaft des Landes zentrale Ressource in Gefahr geriet, gewannen Reichelts Vorschläge zur Entschwefelung an Zugkraft. Doch obwohl er mit jeder internationalen Konferenz seine Position verbessern konnte, blieb sein politischer Handlungsspielraum begrenzt.[138] Ein Beispiel: 1979 entwickelten ostdeutsche Wissenschaftler erstmals ein zuverlässiges Modell zur Berechnung der atmosphärischen Fernausbreitung von Schadstoffen bei unterschiedlichen Witterungsbedingungen, um zu ermitteln, wie viel heimisches SO_2 in die Nachbarländer gelangte. Wie sich herausstellte, gingen 69 Prozent der SO_2-Emissionen der DDR nach Polen, 18,1 Prozent nach Skandinavien, 6,7 Prozent in die Tschechoslowakei und 6,2 Prozent in die Bundesrepublik.[139] Die Studie selbst stellte einen Durchbruch in der Strömungsmechanik dar, doch da ihre Ergebnisse dem Ansehen der DDR im Stockholm-Prozess abträglich waren, hielt sie das Umweltministerium unter Verschluss und versagte damit den beteiligten Wissenschaftlern die Anerkennung für ihre bahnbrechende Arbeit.[140]

Am schärfsten wurden Reichelts Ambitionen jedoch durch die wirtschaftlichen (Un-)Möglichkeiten beschnitten. Im Jahr 1983 kündigte der Minister einen Plan zur Entschwefelung von Industrieanlagen und Kraftwerken in städtischen Räumen an. Beobachter in Bonn fanden den Plan »erstaunlich«, da er auf die übliche Schuldzuschreibung verzichtete, wonach für die Umweltverschmutzung der Kapitalismus verantwortlich sei, und ungewöhnlich offen die Luftqualität in der DDR problematisierte.[141] Verschiedene Pilotprojekte zur Entschwefelung liefen bereits seit 1981, also noch vor dem 1982/83 vollzogenen westdeutschen Richtungswechsel in Fragen der Schwefelemissionen. Technisch konnte sich die DDR jedoch nur eine trockene Rauchgasentschwefelung auf Kalkbasis leisten, die zwar eine gewisse Minderung versprach, aber die erhöhten Emissionen aus der Braunkohleverbrennung nicht wettmachte. Die aufwendigen Filteranlagen und nassen Entschwefelungsverfahren, mit denen westdeutsche

Kraftwerke und Fabriken nachgerüstet wurden, waren nur gegen harte Devisen zu haben und damit unerschwinglich. Nur in einem Fall erwarb die DDR westliche Technik, und zwar aus Großbritannien, um damit ein Kraftwerk in Ost-Berlin zu modernisieren.[142] Mit dem unerwarteten Anstieg der Rohölpreise 1985 verlor Reichelt sein politisches Gewicht jedoch so schnell, wie er es gewonnen hatte. Obwohl viele Funktionäre in der SED und in der Staatsbürokratie von der Notwendigkeit seines Programms überzeugt waren, strich Günter Mittag die meisten Projekte Reichelts aus den Planungsentwürfen. Anstatt die SO_2-Emissionen zu senken, konnte die DDR sie nach 1985 nicht einmal mehr konstant halten.[143] Als die DDR-Delegation im Sommer 1985 das Schwefel-Protokoll von Helsinki unterzeichnete, war sich die SED-Führung völlig im Klaren darüber, dass sie die internationale Zusage von 30 Prozent nicht einhalten konnte. Zur Wahrung des Scheins übermittelte die DDR-Regierung deshalb gefälschte Daten an das Kontrollgremium in Oslo. Messstationen wurden in ländlichen Gebieten weit entfernt von den Emittenten installiert und die Emissionswerte wissentlich niedriger angegeben, als sie in Wirklichkeit waren.[144]

Als die DDR Anfang der 1980er Jahre mit Westdeutschland über die Luftverschmutzung verhandelte, bestimmten dieselben Gründe, die sie auf der internationalen Bühne scheitern ließen, auch ihre Haltung in den Gesprächen mit der Bundesrepublik. Der Stockholm-Prozess versprach nur immaterielle Gewinne wie internationales Prestige, an dem Honecker offensichtlich sehr viel lag. Die Verhandlungen mit Westdeutschland hingegen konnten vielleicht das erbringen, was die DDR am meisten benötigte, um die eigene schwefelhaltige Luft zu reinigen: westliche Währung und Technologie. Ähnlich wie bei den Werra-Gesprächen betrachtete die DDR die Verhandlungen über grenzüberschreitende Luftverschmutzung als geeignetes Mittel, um westliche Subventionen für die Modernisierung der eigenen maroden Industrieanlagen zu erhalten. Der zeitliche Ablauf der Umweltdiplomatie verdeutlicht diese Dynamik: Die Gespräche über die Werra begannen im Frühjahr 1980, die Gespräche über die Luftqualität im

Jahr 1983.[145] Die Umweltdiplomatie mit Westdeutschland wurde damit genau zu dem Zeitpunkt zu einem neuen Betätigungsfeld für die SED-Führung, als die Liquiditätskrise der DDR diese in eine zunehmende Abhängigkeit von westdeutschen Krediten und anderen Transferleistungen trieb.[146] Sie war für die DDR daher sofort mit der Erwartung belastet, Deviseneinnahmen (Valuta) zu erzielen, und diesem Zweck auch untergeordnet. Das westdeutsche Interesse am Umweltschutz erschien als mögliche neue Einnahmequelle und alle Themen, die die westlichen Verhandlungsführer erörtern wollten, wurden nach ihrem potenziellen Geldwert bemessen. Als Günter Mittag 1984 Hans Reichelt anwies, eine Richtlinie für zukünftige Umweltvereinbarungen auszuarbeiten, lautete die Priorität »Valutaeinnahmen« – gefolgt vom Zugang zu westdeutscher Technologie, die der DDR Forschungs- und Entwicklungskosten ersparen würde.[147] In diesem Geist wurden auch die Verhandlungen über das Umweltabkommen geführt, das 1987 bei Honeckers Besuch in Bonn unterzeichnet wurde.[148] Vorrangiges Ziel der DDR-Delegation sollte es sein, sich auf »Themen des wissenschaftlich-technischen Informations- und Erfahrungsaustausches zu konzentrieren, bei denen volkswirtschaftlicher Effektivitätsgewinn und Verbesserungen der Umwelt und Lebensbedingungen für die Bevölkerung der DDR erreicht werden können«.[149] Es überrascht also nicht, dass die Vorbereitungen für das Umweltabkommen genau dann ins Stocken gerieten, als die Westdeutschen der DDR keine konkreten Angebote für die Bereitstellung von Entschwefelungstechnologie unterbreiteten.[150] Seit Günter Mittag Reichelts Entschwefelungsprojekte aus der Planung genommen hatte, wurde es auf DDR-Seite umso dringlicher, die Umwelttechnologie von der Bundesrepublik auf dem Verhandlungsweg zu bekommen.

Auf westdeutscher Seite war bereits in den Werra-Gesprächen deutlich geworden, dass eine Asymmetrie der Verwundbarkeit im Spiel war, die die DDR mit dem Argument auszunutzen suchte, die Bundesrepublik müsse als Nutznießer von Schadensbegrenzungen auf DDR-Territorium die Kosten für solche Umweltverbesserungen tragen. Dieser Logik widersetzte sich die Bundesregierung lange Zeit, weil sie dem Verursacherprinzip zuwiderlief. Als sich die Lage der DDR-Wirtschaft im Laufe der 1980er Jahre zusehends verschlechterte und dadurch die grenzüberschreitende Umweltverschmutzung rapide anstieg, kamen jedoch immer mehr westliche Vertreter zu der Überzeugung, dass der Fortschritt in den Verhandlungen wichtiger sei als das Beharren auf Prinzipien. Diese Dynamik lässt sich am besten an einem Beispiel aus West-Berlin erklären. Umgeben von DDR-Territorium war die Stadt direkt den Emissionen mehrerer ostdeutscher Kraftwerke ausgesetzt und litt in den 1980er Jahren regelmäßig unter Smog, wenn der Wind aus Südost wehte.[151] 1985 kündigte die West-Berliner Elektrizitätsgesellschaft Bewag ein Investitionspaket von zwei Milliarden DM zur Reduktion der eigenen SO_2-Emissionen um 40 000 Tonnen an. Hätte man den gleichen Betrag jedoch in der DDR investiert, wären die Emissionen der ostdeutschen Kraftwerke höchstwahrscheinlich um mehrere Hunderttausend Tonnen gesunken, was der Luftqualität in West-Berlin wesentlich mehr zugutegekommen wäre.[152] Aus der Sicht West-Berlins war es daher kosteneffizient, die DDR zu subventionieren. Der West-Berliner Senat sprach sich deshalb für jede Maßnahme aus, die zu einer Verringerung der Emissionen in der DDR führte, selbst wenn dies den Bau eines neuen Kraftwerks in der DDR auf Kosten des Westens bedeutete.[153] Für West-Berlin waren die Realitäten der asymmetrischen Verwundbarkeit also handlungsrelevanter als das Verursacherprinzip.[154]

Selbst die bayerische Staatsregierung schlug schließlich diesen Weg ein. Da der Stockholmer Prozess keine Lösung der bayerischen Probleme mit dem VEB Rosenthal erbrachte, drängte die Münchener Staatskanzlei in Bonn auf ein Einzelabkommen speziell zu diesem Werk, analog zum Röden-Abkommen von 1983, das ebenfalls ein lokales Problem zum Gegenstand gehabt hatte. Die Regierung in München hatte ursprünglich angenommen, die Angelegenheit selbst bereinigen zu können, da ihre Beziehungen zur DDR ausgezeichnet waren. Ministerpräsident Franz Josef Strauß hatte der DDR in den Jahren 1983 und 1984 bekanntermaßen umfangreiche westliche Kredite vermittelt, die die internationale Kreditwürdigkeit des Landes wiederherstellten und es möglicherweise vor der Zahlungsunfähigkeit bewahrten.[155] Es war kein Zufall, dass Hans Reichelt im Oktober 1983 Bayern besuchte, der erste offizielle Besuch eines DDR-Ministers in einem Bundesland überhaupt.[156] Dort überschlug er sich geradezu mit Lobeshymnen auf Strauß, der die deutsch-deutschen Beziehungen im Alleingang verbessert habe. »Ministerpräsident Strauß«, verkündete Reichelt, »hat mit seinem Besuch [in der DDR im Juli 1983] mehr erreicht als andere in Jahren nicht.«[157] Bayerns Umweltminister Alfred Dick erwiderte den Besuch im Mai 1984, um weitere Gespräche über Luftverschmutzung, Rauchgasentschwefelung und das Waldsterben zu führen.[158] Dick kam mit der Zusicherung nach Hause, dass diejenigen Industrien, die in Richtung Nordbayern emittieren, bei der Installation von Entschwefelungsfiltern Vorrang erhalten würden.[159] Nach dem Besuch erhielt Dicks Ministerium auch einen ausführlichen Bericht über die Umweltschutzbemühungen des VEB Rosenthal, obwohl aus anderen Kontexten bekannt war, dass die DDR mit solchen Informationen äußerst zurückhaltend verfuhr.[160] Das ungewöhnliche Entgegenkommen war nicht nur ein Strauß-Bonus, sondern fiel auch mit Reichelts »starker Zeit« in Ost-Berlin zusammen.

Doch 1984 brachen die Gespräche ab. Auf Druck der Sowjetunion sagte Erich Honecker einen ursprünglich für dieses Jahr geplanten Besuch in Bonn ab, der dann auf 1987 verschoben wurde. Die Vorgespräche über die Umweltabkommen wurden entsprechend unterbrochen.[161] Es half der westdeutschen Position auch nicht, dass Niedersachsen das Kohlekraftwerk Buschhaus bei Helmstedt genehmigte, das 1984 in Betrieb gehen sollte. Buschhaus wurde nicht nur genau zu dem Zeitpunkt eröffnet, als die Ängste über das Waldsterben in der Bundesrepublik ihren Höhepunkt erreichten, sondern entwickelte sich auch zu einem Skandal, weil es *ohne* Rauchgasentschwefelungsanlage genehmigt worden war.[162] Die DDR-Behörden installierten flugs Messgeräte, um die Emissionen von Buschhaus zu erfassen und »Beweise« dafür zu sammeln, dass die Bundesrepublik die DDR aus

Kostenersparnis mit Schadstoffen belastete.[163] Zwar wurden die Sondierungen für das Umweltabkommen bereits 1985 wieder aufgenommen, aber zwischen Bayern und der DDR fanden keine bilateralen Gespräche mehr statt. Bayern musste das Zustandekommen des Abkommens abwarten, bevor eine Einigung über den VEB Rosenthal möglich wurde. Angesichts der Erfahrungen mit dem Thema Röden und der laufenden Werra-Gespräche gaben sich die Politiker in München keinen Illusionen darüber hin, wie eine solche Einigung aussehen würde. Verbesserungen konnten nur erreicht werden, wenn die Bundesrepublik die Technik lieferte und einen erheblichen Anteil an deren Installation bezahlte.[164] Die tatsächlich getroffene Vereinbarung zum VEB Rosenthal vom Frühjahr 1989 lieferte die Bestätigung: Westdeutschland verpflichtete sich, sechs Millionen DM für die Sanierung eines Teils der Umwelttechnik des Werkes zu zahlen, die 1994 abgeschlossen sein sollte.[165] Wie auch im Falle der Werra-Gespräche, existierte die DDR nicht mehr lange genug, um die Umsetzung der Vorhaben noch zu erleben. Dennoch hatten diese späten Umweltvereinbarungen zwischen den beiden deutschen Staaten nicht nur detaillierte Erkenntnisse über die Umweltbedingungen in Ostdeutschland hervorgebracht, sondern teilweise auch detaillierte Pläne zu deren Beseitigung.

Grenzenlose Umweltverschmutzung

Die innerdeutsche Umweltdiplomatie, so zäh und ergebnisarm sie auch gewesen sein mag, war für den Blick Westdeutschlands auf die Umweltsituation in der DDR prägend. Als im Laufe der 1980er Jahre die Bemühungen um den Umweltschutz zunahmen, berichteten die westdeutschen Medien nicht nur über die diversen Verhandlungen und das Zustandekommen des Umweltabkommens, sondern auch verstärkt über den zunehmend glücklosen Kampf der DDR gegen die industrielle Umweltverschmutzung.[166] Die Bonner Vertreter empfanden die Forderungen der Ost-Berliner Delegation als Erpressungsversuch, um die westdeutschen Sorgen für ostdeutsche Wirtschaftsvorteile auszunutzen. Diese Vorstellung bestätigte sich ein letztes Mal bei den Verhandlungen über die Verschmutzung der Elbe Anfang 1989, als die westdeutschen Vertreter den Eindruck gewannen, »dass die DDR auf diesem Wege letztlich die valutamäßige Totalsanierung der Abwasserprobleme ihrer Elb-Industrien beabsichtigt«.[167] Was die bundesdeutschen Delegierten jedoch nicht erkannt zu haben scheinen, war die Tatsache, dass ihre Gegenüber keinen Spielraum mehr hatten. Nichts weist darauf hin, dass man auf bundesdeutscher Seite den rapiden Anstieg der grenzüberschreitenden Umweltverschmutzung als Hinweis auf den steten Niedergang der DDR verstand. Nachdem die SED-Führung einen Großteil ihrer industriellen Infrastruktur verschlissen hatte, war sie schlichtweg nicht mehr in der Lage, zu investieren, zu modernisieren, geschweige denn Innovationen anzustoßen. Entlang der Grenze durch zahlreiche Gewässer miteinander verbunden, hatte die Bundesrepublik unfreiwillig Anteil an den Folgen des Zerfalls der DDR. Im Rückblick ist leicht zu erkennen, dass die Umweltdiplomatie, die von der Voraussetzung ausging, dass die DDR in der Lage war, Vereinbarungen auch umzusetzen, im Laufe der 1980er Jahre ein immer aussichtsloseres Unterfangen wurde. Im Juli 1989 schlossen beide deutsche Staaten letztmalig ein Abkommen. Die Bundesrepublik verpflichtete sich, in Schutzmaßnahmen für Chemie- und Pharmafabriken an Saale und Elbe zu investieren.[168] Es ist nicht schwer, diese Entwicklung perspektivisch fortzuspinnen: Wäre die Mauer nicht gefallen, das bundesdeutsche Engagement in Umweltfragen in der DDR hätte im Laufe der Zeit weiter zugenommen.

Wie unter einem Brennglas verschärfte die innerdeutsche Grenze die politische Bedeutung der Verschmutzung für beide deutschen Staaten. Beide reagierten auf das Eindringen von Schadstoffen in ihr Hoheitsgebiet, sei es mit dem Wind, über grenzkreuzende Flüsse oder gar unterirdisch durch geologische Formationen. Die atmosphärischen Bedingungen und die Fließrichtungen entschieden darüber, wer der jeweils Leidtragende der Verschmutzung war. Da der Eiserne Vorhang eine symbolträchtige und umstrittene Grenze blieb, erhielten diese Übergriffe eine erhebliche politische Aufmerksamkeit. Bereits 1977 warnte Hans Reichelt, der DDR-Umweltminister, Günter Mittag, dass ein Ignorieren der Werra-Versalzung die Beziehungen zum westlichen Nachbarn schwer beeinträchtigen könnte, mit fatalen Folgen für andere Aspekte der unbehaglichen deutschen Symbiose.[169] Insbesondere in den 1980er Jahren, als die DDR zunehmend von westdeutschen Finanztransfers abhängig geworden war, war dies keine verlockende Aussicht. Von den wenigen größeren Investitionen in den Umweltschutz, die die DDR in den 1980er Jahren geplant hatte, wurden auffallend viele im Grenzgebiet getätigt oder hatten grenzüberschreitende Auswirkungen. Günter Mittag bestätigte diesen Zusammenhang in seinen Rechtfertigungen nach der Wende und verwies dabei speziell auf die Kläranlage an der Röden.[170]

Aufgrund seiner Grenzlage war der VEB Rosenthal eines dieser Investitionsziele. Während die großen Aufwendungen Anfang der 1970er Jahre die Produktionskapazitäten des Werks erhöhen sollten, zielten spätere Modernisierungen darauf ab, die von der bayerischen Staatsregierung monierten Umweltbelastungen einzudämmen. Letztlich retteten die kontinuierlichen Investitionen in den VEB Rosenthal während der 1980er Jahre das Unternehmen nach 1990. Die Jahre nach der Wende waren freilich eine Achterbahnfahrt für die (neue) Betriebsleitung und die Beschäftigten. Der aufgestaute Zorn der Bevölkerung von Blankenstein traf den VEB Rosenthal schließlich in einer Weise, wie es vor 1990 nicht möglich gewesen wäre.[171] Die Umweltsünden des Werks brachten die Bevölkerung weiterhin in Rage, doch den Investitionen der 1980er Jahre war es nach Ansicht des ersten Managers nach der Wende zu verdanken, dass das Unternehmen solide dastand. Bei der Verminderung der SO_2-Emissionen und der Geruchsbelästigung konnte das Management sogar auf den Vertrag mit Bayern vom Frühjahr 1989 zurückgreifen. Die wenige Monate vor dem Zusammenbruch der DDR zugesagten sechs Millionen DM wurden für ihren vorgesehenen Zweck verwendet.[172] Damit blieb dem VEB Rosenthal die bei der ökologischen Sanierung der ehemaligen DDR häufig angewandte Strategie erspart, den Schadstoffemittenten einfach stillzulegen. Umbenannt in Zellstoff Rosenthal (ZR), fand das Werk 1994 einen kanadischen Investor, überstand die 1990er Jahre und produziert bis heute, mittlerweile als Teil des Mercer-Konzerns.

Die umwelthistorische Dimension der deutschen Wiedervereinigung ist in der Geschichtswissenschaft nach wie vor viel zu wenig erforscht.[173] Der Staatsvertrag vom 1. Juli 1990 über die Währungs-, Wirtschafts- und Sozialunion war auch die Geburtsstunde der weniger bekannten Umweltunion. Deren Ziel war es, das bundesdeutsche Umweltrecht in den neuen Bundesländern einzuführen und deren Umweltschutzniveau bis zum Jahr 2000 an jenes der alten Bundesrepublik anzupassen.[174] Vorbei war das mühsame Hin und Her der innerdeutschen Umweltdiplomatie, das nur minimale Fortschritte hervorgebracht hatte. Die Agenda für die ökologische Sanierung enthielt viele Projekte, die bereits im westdeutschen Forderungskatalog der 1980er Jahre gestanden hatten. Kontinuität gab es nicht nur bei Projekten und Zielen wie der Einrichtung von Smogwarnsystemen oder der Sanierung der Elbe. Wie der Fall des VEB Rosenthal zeigt, hatten die innerdeutschen Umweltgespräche genau jenes Wissen produziert, das jetzt notwendig war, um die ehrgeizigen Ziele der Umweltunion im vorgesehenen Tempo zu verfolgen. Die innerdeutsche Umweltdiplomatie der 1980er Jahre weist somit wesentliche Gemeinsamkeiten mit dem internationalen Stockholm-Prozess auf, der zwar seine Zeit brauchte, um zu konkreten Reduktionszielen und -protokollen zu gelangen, aber auf dem Weg dorthin die wissenschaftlichen Erkenntnisse über den sauren Regen, die Luftverschmutzung und den Klimawandel erheblich erweiterte.[175]

Für einen kurzen Moment zwang die Umweltunion auch die Westdeutschen, ihren eigenen Anteil an der grenzüberschreitenden Verschmutzung in den 1970er und 1980er Jahren zu überdenken. Mit dem Zusammenbruch der DDR war der entlastende Fingerzeig auf die ökologischen Vergehen des Nachbarn nicht mehr möglich. Die Industrie auf westdeutscher Seite hatte über Jahre zur Verschmutzung von Elbe und Werra beigetragen, konnte sich aber mit der weitverbreiteten Annahme, die Verschmutzung stamme aus dem Osten, bequem wegducken. Auch bundesdeutsche Kommunen und Unternehmen verloren nun die Möglichkeit, ihren Haus- und Sondermüll auf östliche Deponien zu exportieren, die nunmehr als ökologisch unsicher galten. »Die Zeiten der billigen Entsorgung sind vorbei«, hieß es in einem Zeitungsbericht treffend.[176] Die Kosten der Umweltunion lassen sich schwer schätzen, da sie untrennbar mit dem Umstrukturierungsprozess der ostdeutschen Wirtschaft verbunden waren. In den Reden zum 20. Jahrestag der Wiedervereinigung 2010 wurden sie mit 15 Milliarden DM beziffert. Der Umwelthistoriker Joachim Radkau schätzt sie hingegen auf 80 Milliarden DM.[177] Angesichts dieser radikal divergierenden Zahlen darf man genauso gut annehmen, dass sie noch weit höher lagen.

Wenn die ökologische Sanierung der ehemaligen DDR in der Geschichtswissenschaft überhaupt thematisiert wird, dann als eine Erfolgsgeschichte: Luft und Flüsse wurden sauberer, Nationalparks gegründet und Braunkohletagebaue in Seenlandschaften verwandelt.[178] All dies ist tatsächlich geschehen. Im zeitgenössischen Diskurs jedoch war die Umweltunion untrennbar mit der westlichen »Entdeckung« der horrenden Umweltbilanz der DDR im Jahr 1990 verbunden. Um die *New York Times* zu zitieren: Der Westen schickte sich an, »die verdreckte Umwelt des Ostens zu schrubben«. Noch plakativer ausgedrückt: »Die ordentliche und saubere Hälfte« krempelte die Ärmel hoch, um die andere, »die verwahrloste und verschmutzte Hälfte«, sauber zu bekommen.[179] Doch das Erlösungsnarrativ vom großen Reinemachen nach der Wiedervereinigung ist letztlich nur das Gegenstück zur teleologischen Erzählung der ökologischen Katastrophe in der DDR. Während die Geschichte der Öko-Katastrophe ihren »schmutzigen« Höhepunkt 1990 erreicht, nimmt die Erzählung der Sanierung dieses Jahr als Ausgangspunkt und spinnt sich in Richtung »grüner Erlösung« weiter. Künftigen Arbeiten über die Geschichte der ökologischen Sanierung in den neuen Ländern zur Vorsicht zu raten, heißt nicht zu übersehen, dass bedeutende und sogar erstaunliche Fortschritte gemacht wurden. Das Problem ist jedoch, dass die oben genannten Narrative nicht die natürliche Umwelt zum Maßstab nehmen, sondern nur den Grad der vom Menschen verursachten Verschmutzung. Ein letzter Blick auf die Werra verdeutlicht dieses Dilemma.

Kurzzeitig sah die Werra wie ein Gewinner der Wiedervereinigung aus. Zwischen 1990 und 1996 sank die Chloridkonzentration um rund 70 Prozent.[180] Ursache für den Rückgang war die Stilllegung der thüringischen Kalibergwerke in Merkers (»Ernst Thälmann«) und Bischofferode (»Thomas Müntzer«). Die unmittelbare Entlastung der Werra wurde also, wie bei den meisten frühen Erfolgen der ökologischen Sanierung in Ostdeutschland, durch die Stilllegung von Schadstoffemittenten bzw. durch Deindustrialisierung erreicht. Die verbliebenen thüringischen Bergwerke wurden 1993 in einem geheimen Vertrag von der Treuhandanstalt an den westlichen Konkurrenten K&S in Kassel verkauft. Durch diesen Deal wurden die Umweltkosten für die Altlasten der stillgelegten Bergwerke auf das Land Thüringen abgewälzt.[181] Im Zuge der anschließenden Konsolidierung des K&S-Konzerns investierte das Unternehmen in Umwelttechnologie für die verbliebenen thüringischen Gruben, schloss zwei Gruben in Niedersachsen und stieg zu einem Global Player in der Düngemittelindustrie auf.[182]

Doch der Chloridgehalt im Fluss ist nach wie vor hoch, und der Verursacher ist nun allein die »westliche« K&S. Seit Ende der 1990er Jahre liegt die Chloridkonzentration bei rund 2500 mg/l, dem Wert, der 1941 als Ausnahmeregelung für Kriegszeiten genehmigt worden war. Eine 2012 getroffene Vereinbarung zwischen K&S und dem Land Hessen schrieb eine Chloridreduktion von 2500 mg/l im Jahr 2015 und von 1700 mg/l im Jahr 2020 vor.[183] Doch selbst bei 1700 mg/l wäre der Fluss kaum als Süßwasserfluss zu bezeichnen, und bei 2500 mg/l halten Biologen die Lebensbedingungen für heimische Süßwasserfische für prekär.[184] Um das Gegenteil zu beweisen, gab K&S eine Studie in Auftrag und verkündete 2014 der Presse, dass sich die Groppe *(Cottus gobio),* eine salztolerante, im Brackwasser lebende Art, in der Werra fortpflanzen könne.[185]

Der Verlust der deutschlandpolitischen Dimension rückte somit die tatsächlichen Umweltfolgen des Kalibergbaus wieder ins Blickfeld. Der Kalibergbau als solcher stand in den deutsch-deutschen Werra-Gesprächen nie zur Diskussion. Vielmehr waren die Verhandlungen auf die Verschmutzung des Flusses durch die DDR fixiert, was die Verschmutzung durch den Westen vergleichsweise harmlos erscheinen ließ. Das von K&S erfundene und nach 1980 angewandte ESTA-Verfahren war dem Heißlöseverfahren der DDR zweifellos überlegen, erforderte aber die Aufhaldung von Abfallprodukten zu riesigen Salzbergen. Diese »Kaliberge« setzen bei Regen kontinuierlich Chlorid frei, und das noch generationenlang. In den 1990er Jahren nahm K&S auch die Laugenverpressungen wieder auf und leitet zudem weiterhin Salzwasser direkt in die Werra ein. Die Menge der Salzlaugen ist geringer als zu DDR-Zeiten und wird entsprechend des Wasserstands im Fluss dosiert, damit sich das Abwasser verdünnt.

Doch gerade dieser Vorher-Nachher-Vergleich bringt eine Perspektive mit sich, die die Bewertung des ökologischen Umbaus nach der Wende leicht verzerren kann: Nur weil die Bedingungen vor 1989 schlechter waren, sind die Bedingungen nach 1990 noch lange nicht gut. Anders ausgedrückt: Der exzessive Schadstoffausstoß in der DDR war derart hoch, dass *jede* Senkung wie eine befriedigende Entwicklung erschien. Der Höchstwert von Chlorid in der Werra lag 1976 bei 40 000 mg/l, sodass 2500 mg/l im Jahr 2015 recht gut klingen. Doch trotz dieser unbestreitbaren Verringerung bleibt die Werra der Fluss mit dem höchsten Salzgehalt in Europa. Eine Senkung des Verschmutzungsgrads aus DDR-Zeiten und ökologische Lebensfähigkeit sind einfach nicht dasselbe.

Ohne den ideologischen »Deckel« wurde die Sorge um die Werra wieder zu einem traditionellen Konflikt zwischen der Kaliindustrie und verschiedenen benachteiligten Parteien, wie es ihn schon um 1910 gegeben hatte. Jetzt hielt die K&S die regionalen Politiker mit dem Hinweis in Schach, dass 4300 Arbeitsplätze auf dem Spiel stünden. Andere Interessengruppen, darunter Gemeinden mit verunreinigtem Trinkwasser und Umwelt-NGOs, verwiesen auf die Europäische Wasserrahmenrichtlinie aus dem Jahr 2000, die den EU-Mitgliedstaaten auferlegt hatte, die Oberflächengewässer bis 2015 in einen guten ökologischen Zustand zu versetzen. Die Definition der EU-Richtlinie von ökologisch »gut« entsprach im Hinblick auf Chlorid einer Konzentration von 200 bis 400 mg/l.[186] Versuche der Interessengruppen, in Verhandlungen an einem runden Tisch Konsens zu finden, scheiterten. Eine Abwasserpipeline wurde immer noch als zu teuer abgelehnt und ein Plan aus dem Jahr 2014, die Einleitung von Salzlauge schrittweise einzustellen, prognostizierte die Rückkehr zu Süßwasserbedingungen in der Werra für das Jahr 2075 oder, wie die NGOs es sahen, bis zum Sankt-Nimmerleins-Tag.[187] Um das zu beenden, was K&S-Gegner als Intransparenz und rechtswidrige Absprache zwischen dem Industriegiganten und den Bürokraten ansahen, die diensteifrig die Abwassergenehmigungen verlängerten, brachten 18 betroffene Parteien die Europäische Kommission dazu, ein Vertragsverletzungsverfahren gegen Deutschland wegen des Zustands von Werra und Weser einzuleiten.[188] Anfang 2016 eröffnete auch die Staatsanwaltschaft Thüringen ein Verfahren gegen die K&S-Geschäftsführung aufgrund des Verdachts, dass das Unternehmen illegal Salzlauge in den Boden der Gemeinde Gerstungen in Thüringen verpresst habe. Das Verfahren wurde nach fünf Jahren eingestellt.[189]

Offensichtlich ist der Konflikt um den Kalibergbau noch lange nicht beendet. Die SED-Führung wollte die Bergwerke an der Werra bis 2020 ausbeuten, K&S will dies nun bis 2032 (für Unterbreizbach) und 2060 (für Philippsthal) fortführen. Selbst wenn die Gruben morgen schließen würden, bliebe das Märchenland der Brüder Grimm an der Werra eine Altlastenfläche. Die Hinterlassenschaft von mehr als hundert Jahren Kalibergbau hat die Landschaft der Region für immer verändert. Kaliberge sprenkeln die Landschaft, sie beherbergt eine Küstenflora und liegt auf einem unterirdischen See aus verpresster Salzlauge, der fast so groß ist wie der Bodensee.[190] Für die Werra war der Unterschied zwischen Sozialismus und Kapitalismus am Ende nur eine Frage des Verschmutzungsgrades.

5 Grenzgeprägte Naturräume: Der Eiserne Vorhang und sein Einfluss auf die Landschaft

An einem Märztag des Jahres 1982 klingelte das rote Telefon im Grenzkontrollzentrum in Salzwedel. Solche Telefone waren neun Jahre zuvor auf Initiative der deutsch-deutschen Grenzkommission eingeführt worden, um in Notfällen die Kommunikation zwischen west- und ostdeutschen Grenzern zu erleichtern. Die Telefonate verliefen nach strikten Regeln. Der Anrufer begann mit den Worten: »Ich habe eine Information für Sie.« Der Angerufene antwortete nur einsilbig. Nicht einmal einen »Guten Tag« wünschte man sich über diese Leitung. Das Gespräch im März 1982 machte davon keine Ausnahme. Ein Grenzbeamter im niedersächsischen Uelzen bat sein Gegenüber in Salzwedel (Bezirk Magdeburg), geplante Sprengarbeiten auf Ende Juni zu verschieben. Die Detonationen, erklärte der westdeutsche Grenzschützer, würden ein Brutgebiet von Kranichen *(Grus grus)* stören. Der ostdeutsche Grenzer willigte ein, nicht ohne im Protokoll zu vermerken, dass ein solches Telefonat »über ein Vogelschutzgebiet in dem genannten Raum« bisher noch nicht vorgekommen sei.[1]

Ein amtlich ausgewiesenes Vogelschutzgebiet gab es dort tatsächlich nicht. Die Kraniche hatten sich ihr Refugium selbst ausgewählt. Zu der Zeit, als das rote Telefon klingelte, war der Ausbau der innerdeutschen Grenze weitgehend abgeschlossen und schränkte sämtliche menschlichen Aktivitäten in unmittelbarer Nähe ein. Von der westlichen Seite konnten Besucher zwar bis an die Demarkationslinie herantreten, aber den Streifen Land zwischen der eigentlichen Trennlinie und dem ersten Zaun durften sie nicht betreten. Westdeutsche bezeichneten diesen Bereich oft als »Niemandsland«, obwohl er bereits Teil des DDR-Territoriums war. Die DDR-Grenzorgane hingegen nannten ihn »vorgelagertes Hoheitsgebiet«, um genau diesen territorialen Anspruch zu unterstreichen. Hier patrouillierten nur Soldaten, die als politisch zuverlässig galten, die sogenannten Grenzaufklärer, während die regulären Grenztruppen hinter dem Zaun blieben. Deshalb wurde diese Niemandslandschaft, wie ich sie nenne, auch nur selten betreten. Besonders bodenbrütende Vögel waren die Nutznießer des neuen ökologischen Regimes in unmittelbarer Grenznähe.

Das militarisierte Grenzregime hinterließ einen ökologischen Fußabdruck in der Region, der die Landschaften und die Tierwelt entlang der innerdeutschen Grenze beeinflusste. Die Auswirkungen von fortifizierten Grenzen auf die Natur, zum Beispiel auf die Wanderungsbewegungen von Tieren, ist in jüngster Zeit in mehreren Fachdisziplinen angesprochen worden.[2] Sowohl unter Wissenschaftlern als auch in der breiteren Öffentlichkeit gilt der Eiserne Vorhang mittlerweile als Musterbeispiel der erfolgreichen Umwandlung einer militarisierten Landschaft in ein Naturschutzprojekt. Als die Grenzanlagen Ende 1989 fielen, beeilten sich Naturschutzverbände, die ökologisch wertvollen Biotope zu erhalten, die viele Jahre im Schatten der Grenze gediehen waren. Was als deutsches Naturschutzvorhaben begonnen hatte, wurde Anfang der 2000er Jahre von Finnland bis zur Adria entlang der gesamten ehemaligen Trennungslinie europaweit ausgebaut.[3] Wo einst die tödliche Grenze des Kalten Krieges verlief, versucht nun das *Grüne Band Europa* die von der Demarkationslinie geschaffenen Landschaften zu schützen.

Das Grüne Band fasziniert durch das offenbare Paradox, dass eine hochgerüstete und lebensbedrohliche Grenze eine friedliche Koexistenz mit der natürlichen Umwelt einging und empfindliche Ökosysteme gerade dadurch schützte, dass sie ihre zivile Nutzung und Entwicklung verhinderte. Es handelt sich um ein Paradox, das das Grüne Band mit anderen militarisierten Landschaften weltweit teilt.[4] Der Eiserne Vorhang wird daher häufig in einem Atemzug mit der demilitarisierten Zone (DMZ) zwischen Nord- und Südkorea genannt, wo ein militärischer Konflikt eine Pufferzone auf einem ehemaligen Schlachtfeld hinterlassen hat, die für beide Seiten seitdem tabu ist.[5] Da sie wie der Eiserne Vorhang ein Produkt des Kalten Krieges ist, dient die Verwandlung der Grenze in Mitteleuropa vielen bereits als mögliches Vorbild für die DMZ. Für den Fall, dass die beiden Koreas ihre nachbarschaftlichen Beziehungen verbessern oder sich sogar wiedervereinen sollten, existieren bereits Ideen, die DMZ irgendwann einmal in einen »Friedenspark« umzuwandeln.[6] »Militärische Aktivitäten«, stellt der Geograf Jeffrey Sasha Davis fest, »zerstören nicht nur Natur, sie *bringen sie auch aktiv hervor.*«[7]

Doch welche Art von Landschaften der Eiserne Vorhang hervorgebracht hat und wie, darüber gleitet die wissenschaftliche Literatur oft hinweg.[8] In Marketingkampagnen und in der Presse erscheint das Grüne Band als die geradezu wundersame Transformation vom »Todesstreifen zur Lebenslinie«.[9] Zur Erklärung der bemerkenswerten Artenvielfalt im (ehemaligen) Grenzstreifen verweist das gängige Narrativ vom Grünen Band auf eine dreißigjährige »Atempause« für die Natur.[10] Solche Metaphern eignen sich dazu, der Öffentlichkeit auf anschauliche Weise komplexe Prozesse zu erläutern. Sie erweisen sich jedoch auch als wirkungsmächtig und vermitteln den falschen Eindruck, ganze Landstriche seien dem Einfluss des Menschen entzogen gewesen. Sie funktionieren nur, wenn man das Grenzregime als statisch annimmt. Brandon Larson weist darauf hin, dass Metaphern in der Ökologie – von »nichtheimischen Arten« über »ökologische Unversehrtheit« bis hin zu »Ökosystemdienstleistungen« – unsere Wahrnehmung strukturieren, unsere Fragen leiten und bestimmte Ergebnisse begünstigen.[11] Ohne einen Blick auf die dynamische Entwicklung des DDR-Grenzregimes wird sich der Landschaftswandel entlang der Demarkationslinie aber nicht erfassen lassen. Am Ende des Tages war die innerdeutsche Grenze eine militärische Einrichtung mit einer politischen Funktion. Sie durchschnitt Landschaften in der Mitte Europas, die bereits seit Jahrhunderten von menschlichen Eingriffen geprägt wurden. Die politischen Ziele dieser Grenze diktierten die Landnutzung.

Bevor sich eine »Atempause« entlang des Eisernen Vorhangs bemerkbar machen konnte, wurden die anliegenden Landschaften durch den Ausbau der Grenzanlagen erst einmal stark in Mitleidenschaft gezogen. Aus Gründen der Grenzsicherheit wurden Schneisen durch Wälder geschlagen und die Vegetation kurzgehalten. Seit den 1960er Jahren verglichen Beobachter aus dem Westen die Grenze mit einer Narbe in der Landschaft.[12] »Aus der Luft«, notierte ein britischer Reiseschriftsteller in den frühen 1980er Jahren, »sieht die Grenze aus wie ein Streifen Erdreich, der gerade für eine neue Straße vorbereitet wurde, viel heller als die umgebenden Felder und Wälder.« Wachtürme verschandelten die Idylle »wie die Galgen in einer Landschaft von Bruegel«.[13] Je weiter die Sperranlagen ausgebaut wurden, desto weitreichendere Folgen hatte dies für die Fauna. Tiere, in der Geschichtsschreibung oft übersehen, spielen in diesem Kapitel eine zentrale Rolle als »Akteure«, und zwar nicht nur, weil ihre Anwesenheit entlang der Grenze die menschliche Wahrnehmung der Trennlinie beeinflusste, sondern auch, weil ihr Verhalten konkrete Auswirkungen auf den Ausbau der Grenzanlagen hatte.[14]

Auch wirtschaftliche Entwicklungen in den Grenzgebieten beeinflussten die Landschaften entlang der Grenze. Im stark überwachten Schutzstreifen waren land- und forstwirtschaftliche Arbeiten erschwert oder nicht möglich. Die fünf Kilometer tiefe Sperrzone unterlag restriktiven Anordnungen: Im östlichen Grenzland wurde eine industrielle Entwicklung gezielt verhindert,[15] im westlichen Zonenrandgebiet hingegen gefördert und subventioniert, allerdings mit wenig Erfolg. Die geringe Bevölkerungsdichte beiderseits der Grenze wurde im Osten durch Umsiedlungen erzwungen und war im Westen das Ergebnis eines schwachen Arbeitsmarkts. Das Grenzregime verursachte somit auf vielfältige Weise – direkt oder indirekt – Veränderungen in der grenznahen natürlichen Umwelt. Ich bezeichne die daraus resultierenden Landschaften als *grenzgeprägte Naturräume*: Sie überschreiten eine politisch und sozial konstruierte Barriere, die Barriere selbst wirkt dabei aber auch auf sie zurück. Der Begriff erfasst also nicht so sehr die Tatsache, dass eine Grenze *durch* eine

Landschaft verläuft, sondern erinnert vielmehr an die Folgen der Grenze *für* diese Landschaft.

Im Laufe der 1970er Jahre entdeckten Naturschützer, Anwohner und sogar einige Politiker die grenzgeprägten Naturräume entlang des Eisernen Vorhangs und begannen sie als unbeabsichtigte Folge des ostdeutschen Grenzregimes wahrzunehmen. Diese Wertschätzung ergab sich aus einer zunehmenden Sensibilität für die Umwelt und einem wachsenden Bewusstsein, dass die Wiederaufbauanstrengungen zu steigendem Landschaftsverbrauch und einer weiträumigen Verschmutzung von Wasser, Boden und Luft geführt hatten. In den 1980er Jahren unternahmen sowohl Naturschutzverbände als auch westdeutsche Politiker mehrere Versuche, die DDR-Behörden von der Einrichtung grenzüberschreitender Naturschutzgebiete zu überzeugen. Teile der Lauenburgischen Seen im Norden, die Niederungslandschaft des Drömlings östlich von Wolfsburg und die Rhön an der Grenze zwischen Hessen, Bayern und Thüringen standen im Zentrum dieser Bemühungen. Keines dieser wenig bekannten Projekte konnte vor 1990 verwirklicht werden. Sie verloren sich irgendwo in den letztlich erfolglosen innerdeutschen Umweltverhandlungen, von denen im vorigen Kapitel die Rede war. Doch auch wenn sich diese Bemühungen zu ihrer Zeit als Fehlschläge erwiesen, bereiteten sie den Boden für das Naturschutzprojekt des Grünen Bandes, das nach dem Zusammenbruch der DDR Gestalt annahm. Dieses Kapitel geht der Frage nach, wie die Grenze verschiedene Anrainer-Landschaften über die Jahre formte, unter welchen Umständen Naturinteressierte diese Veränderungen wahrnahmen und wie das Naturschutzprojekt Grünes Band zustande kam. Auch Natur hat eine Geschichte und jene der Grenzlandschaften findet sich in dem anheimelnden Marketing-Narrativ, wonach sich Stacheldraht irgendwie in Biodiversität verwandelt habe, nur unzureichend wieder.[16]

Grenzbefestigungen und Niemandslandschaften

Bereits in den 1960er Jahren zeitigte das Grenzregime erste unbeabsichtigte ökologische Folgen. Diese fielen je nach Landschaftstyp und Tierart unterschiedlich aus. Die Grenze schlängelte sich sowohl durch Kulturlandschaften und offenes Gelände (552 Kilometer) als auch durch Wälder (535 Kilometer), Seen, Feuchtgebiete und Flüsse (zusammen 225 Kilometer). Auf 58 Kilometern verlief sie durch Städte, Dörfer und kleine Siedlungen.[17] Mit der Zeit beanspruchten die Sperranlagen immer mehr Raum und wurden weiter ins Landesinnere verschoben. In den Spitzenzeiten des Grenzausbaus führte dies zu erheblichen Eingriffen in die natürliche Umwelt entlang der Grenze. Angesichts der Geländeunterschiede waren weder die Grenzinfrastruktur noch ihre Instandhaltung jemals einheitlich und vollständig standardisiert, ebenso uneinheitlich waren die ökologischen Folgen.

Die ersten massiven Eingriffe erfolgten mit der Verschärfung des Grenzregimes im Mai 1952. Auf DDR-Seite entstand ein 500 Meter breiter Schutzstreifen und eine fünf Kilometer tiefe Sperrzone. Diese Bereiche wurden intensiv überwacht, ihre Bewohner kontrolliert und teilweise auch gegen ihren Willen umgesiedelt, das öffentliche Leben und Besuchsmöglichkeiten waren auf ein Minimum reduziert. Gleichzeitig ordneten die Grenzorgane an, einen zehn Meter breiten Streifen Land von jeglichem Bewuchs zu befreien und regelmäßig zu eggen. Selbst Asphaltbelag wurde entfernt oder mit Sand bedeckt. Niemand durfte diesen Streifen in die eine oder andere Richtung überqueren und wer es trotzdem tat, fand dort keinerlei Sichtschutz. Dieser sogenannte Kontrollstreifen war an sich kein Hindernis, aber er verriet der Grenzpolizei, wo es zu Übertritten gekommen war, sodass sie ihre Patrouillen entsprechend anpassen konnten. Direkt an der Demarkationslinie wurde ein Stacheldrahtzaun errichtet. Allerdings dauerte es Jahre, bis die innerdeutsche Grenze in ihrer gesamten Länge auch nur mit einem solchen einfachen Zaun versehen war.[18]

Die nächste Ausbauphase erfolgte nach dem Bau der Berliner Mauer im August 1961. Im forcierten Bemühen, die innerdeutsche

Anfang der 1950er Jahre wurde die innerdeutsche Grenze von einem geeggten Kontrollstreifen und einfachem Stacheldrahtzaun markiert.

Grenze unüberwindbar zu machen, wurden noch mehr Sicherungsanlagen in die Landschaft gestellt: höhere Zäune, teilweise parallel als Doppelzaun geführt, zusammen mit Wachtürmen, Beobachtungsbunkern, Kfz-Sperrgräben, Minenfeldern, Hundelaufanlagen, Lichtsperren und Kolonnenwegen. In einigen Dörfern wie Vacha und Mödlareuth wurden Mauern errichtet, um den Sichtkontakt mit der westlichen Seite zu unterbinden. Die Grenztruppen verstärkten die Überwachung des Sperrgebiets nun auch mittels Kontrollpunkten, die den Zugang aus dem Hinterland regelten. Manche Dörfer im Schutzstreifen lagen gleichsam eingeklemmt zwischen zwei Zäunen: einer in Richtung Westen, der andere in Richtung Hinterland. Bis weit in die 1980er Jahre hinein wurden Wohngebäude, ja sogar ganze Dörfer und Weiler abgerissen, wenn die Grenzorgane sie als Sicherheitsrisiko einstuften.[19]

Ende der 1960er Jahre folgte ein letzter Schritt zum vollständig militarisierten Eisernen Vorhang. Man ersetzte die Stacheldrahtzäune durch mehr als drei Meter hohe verzinkte Streckmetallmatten. Viele

Grenzabschnitte wurden mit parallel verlaufenden Zäunen ausgestattet, die Minenfelder oder Hundelaufanlagen einschlossen. Von 1970 an montierten die Grenztruppen am westlichsten Zaun auch Selbstschussanlagen, die berüchtigten SM-70.[20] Nach der Aufrüstung der Sperranlagen zu einem tödlichen Hindernis konzentrierten sich die Grenzorgane verstärkt auf die Überwachung des östlichen Hinterlandes und insbesondere darauf, Fluchtversuche weit vor dem Erreichen des Schutzstreifens zu vereiteln. In der Folge sank die Zahl der gelungenen Fluchten über die Sperranlagen der innerdeutschen Grenze von 1652 im Jahr 1965 auf unter 100 zehn Jahre später.[21]

Der offensichtlichste Eingriff in die Landschaft während des Grenzausbaus war stets die Rodung von Waldflächen zur Errichtung von Zäunen, zur Anlage von Minenfeldern oder zur Verbesserung der Sicht der Grenztruppen auf das Gelände. Zu diesem Zweck wurden ausgewählte Grenzabschnitte von Bäumen und sonstigem Pflanzenbewuchs befreit. Widerstand gegen diese Maßnahmen war äußerst selten. Eine Ausnahme bildet der Fall Walter Elmer, ein Förster aus dem Harz, der 1961 versuchte, einen Altbestand von Buchen in einem Landschaftsschutzgebiet vor der Abholzung zu retten. Dafür wurde er nach Thüringen strafversetzt.[22]

Auch nachdem der Ausbau der Grenzbefestigungen abgeschlossen war, regulierten die Grenztruppen weiter die Vegetation. Der Anbau von Mais wurde in der Sperrzone verboten, da die hohen Halme Flüchtlingen Deckung geboten hätten.[23] Bereiche wie der Kontrollstreifen, die Minenfelder und der Kolonnenweg wurden vollständig von Vegetation freigehalten. In den 1950er Jahren wurden noch örtliche Landwirte zum Eggen des Kontrollstreifens verpflichtet, in späteren Jahren brachten die Grenztruppen in Bereichen, in denen sie freie Sicht benötigten, einfach Herbizide aus. Zuweilen trug der Wind den giftigen Nebel auf die westlichen Felder, sodass auch dort die Pflanzen eingingen.[24] Obwohl das Verschwinden der Vegetation sich bereits negativ auf die Insektenwelt auswirkte, nahmen die Grenztruppen die summenden Kleinlebewesen noch einmal extra ins Visier. Ab 1963 begannen Auklärungseinheiten damit, Mikrofone direkt an der Demarkationslinie zu installieren, um Gespräche zwischen Touristen und westlichem Grenzpersonal zu belauschen. Doch das subversive Brummen der Insekten machte diese Aufnahmen oft unbrauchbar, was die Nationale Volksarmee (NVA) dazu veranlasste, Insektizide rund um die Mikrofone auszubringen.[25] Nach dem Fall der Mauer kamen in den Grenzgemeinden Gerüchte auf, die NVA habe den Grenzstreifen praktisch vergiftet und den Boden komplett kontaminiert.[26] Inmitten der apokalyptischen Meldungen über die Umweltzerstörung in Ostdeutschland klang dies plausibel, doch ergaben Bodenuntersuchungen, dass die Belastung nicht so dramatisch wie befürchtet war.[27]

Ein entscheidender Faktor für die Entstehung der grenzgeprägten Naturräume war die Tatsache, dass die gesamte Grenzinfrastruktur im Laufe der Zeit weiter ins Landesinnere rückte, weg von der eigentlichen Demarkationslinie. Der ursprüngliche Zaun und der Kontrollstreifen wurden aufgegeben und weiter östlich neu angelegt. Der Bereich zwischen der Demarkationslinie und dem neuen Zaun blieb nun sich selbst überlassen.[28] Schon 1963 berichteten westliche Behörden, der alte Kontrollstreifen, der zuvor von Bewuchs freigehalten worden war, sei mit Unkraut, gefolgt von Sträuchern und Birken, zugewachsen.[29] Diese Niemandslandschaften sollten große Bedeutung für das Schutzprojekt Grünes Band bekommen.[30]

Nur in seltenen Fällen wurde das DDR-Land »feindwärts« des Zauns weiterhin landwirtschaftlich genutzt. Solche Tätigkeiten jenseits des äußeren, westlichen Zauns erforderten intensive Überwachung durch die Grenztruppen, da die Landarbeiter hier lediglich durch das Bedürfnis, abends zu ihren Familien heimzukehren, von einer Flucht in den »Westen« abgehalten wurden. Die Befürchtung, es könnte an diesem Bedürfnis mangeln, sowie die Tatsache, dass selbst die banalsten Aktivitäten dort in Scharen westliche Beobachter herbeilockten, blieben nicht ohne Einfluss auf die Landnutzung jenseits des äußeren Zauns. Sofern man dort überhaupt etwas unternahm, genehmigten die Grenzbehörden höchstens, dass Gras gemäht oder anfallende Instandhaltungsarbeiten durchgeführt wurden.[31]

Diese reduzierte Pflege kam einer extensiven Grünlandnutzung gleich und bewahrte Wiesen und Magerrasen. Insgesamt erwies sie sich als Segen für die Erholung einer Flora und Fauna, die andernorts in beiden deutschen Staaten durch intensive Landwirtschaft zunehmend verdrängt wurde. Im Unterschied zum Ackerland blieben diese Grasflächen auch ungedüngt. Die insektenreichen, oft feuchten Wiesen zogen seltene Vögel wie den Ziegenmelker *(Caprimulgus europaeus)* und den Kiebitz *(Vanellus vanellus)* an, während Bodenbrüter wie das Blaukehlchen *(Luscinia svecica cyanecula)*, die Grauammer *(Emberiza calandra)*, das Schwarzkehlchen *(Saxicola torquata)* und das Braunkehlchen *(Saxicola rubetra)* davon profitierten, dass dort keine Menschen herumspazierten. Zudem integrierten die Tiere die Grenzbefestigungen in ihren Lebensraum. So waren etwa die schrägen Seitenwände der Kfz-Sperrgräben ideal für bevorzugt in Hanglage nistende Vogelarten. Der Metallzaun und die Grenzpfähle hatten eine ideale Höhe als Sing- und Ansitzwarte.[32] Ein Braunkehlchen, das auf einem schwarz-rot-goldenen DDR-Grenzpfahl posiert, wurde dann auch zum Werbesymbol für das Grüne Band.

Tiere am Eisernen Vorhang

Während Vögel Möglichkeiten fanden, vom Eisernen Vorhang zu profitieren, sah die Situation für Säugetiere anders aus. Solange die Grenzanlagen aus einem einfachen Stacheldrahtzaun bestanden, konnte die Tierwelt noch gut mit ihnen koexistieren. Die erste Generation der Zäune, wie sie nach dem Mai 1952 errichtet wurden, stellte für kleinere Lebewesen keinerlei Hürde dar, sie schlüpften einfach zwischen den Drähten hindurch. Blockierten die Zäune bestehende Wildwechsel, liefen die Tiere an der Barriere entlang, bis sie eine Öffnung fanden. Der ursprüngliche Zaun war nicht einmal anderthalb Meter hoch und konnte von einem ausgewachsenen Hirsch problemlos im Sprung genommen werden. Nach dem Ausbau der innerdeutschen Grenze im Zuge des Berliner Mauerbaus hinderten die Grenzsperren jedoch immer wirksamer Personen am Übertritt und auch Säugetieren wurde damit die Wanderung unmöglich gemacht. Die schlimmste Neuerung für die Tierwelt war zu diesem Zeitpunkt die Einrichtung von Minenfeldern. Die Grenztruppen erhielten Befehl, Landminen zu verlegen – eine tückische Arbeit, die gelegentlich auch einen Wehrpflichtigen das Leben kostete. Zwar sollten sie unter den Schritten von »Republikflüchtlingen« detonieren, doch selbst Hasen und Füchse konnten diese tödlichen Vorrichtungen auslösen. So begann in den 1960er Jahren das Massaker an Wildtieren.[33]

Im Harz wurden im Winter 1962 erste Landminen verlegt. Bis Mitte 1963 zählten westliche Forstbeamte bereits 600 tote Tiere. Offiziellen Schätzungen zufolge verlor der Kreis Herzogtum Lauenburg bei Lübeck nach Beginn der Verminung innerhalb von zwei Jahren etwa 1000 Rehe.[34] Ein ostdeutscher Jäger, der auf der anderen Seite im Schutzstreifen wohnte, erinnert sich an ein »Kadaverfeld« entlang des Zauns.[35] Lokalzeitungen schilderten das Schicksal der verstümmelten Tiere ähnlich dramatisch wie Fluchtversuche: »Einer der stärksten Hirsche des Südharzes, ein Vierzehnender«, berichtete die *Braunschweiger Zeitung,* geriet beim Überwechseln auf eine Mine und »konnte sich noch auf die Westseite schleppen, wo er den Fangschuss erhielt.«[36] Ein weiteres Prachtexemplar erhielt seinen Gnadenschuss von einem westlichen Förster, nachdem er sich im Drahtverhau verfangen hatte. Bei dem Versuch, sich zu befreien, hatte sich das Tier etwa zwanzig Kilo Stacheldraht ins Geweih gewickelt.[37] Mitte der 1960er Jahre waren die westdeutschen Zollbeamten im Harz davon überzeugt, dass der Bestand an Rehwild durch die Minen bereits stark dezimiert war.[38] Doch es gab keine praktikable Möglichkeit, die Tiere von ihren jahrhundertealten Wildwechseln abzuhalten. Der Bau eines Zauns auf westlicher Seite kam aus politischen Gründen nicht infrage. Die DDR-Propaganda hätte es weidlich ausgeschlachtet, hätte »der Westen« nun ebenfalls Zäune errichtet. Überlegungen zu einem chemischen Zaun, der die Tiere durch Geruch abschrecken sollte, wurden aus Kostengründen nie umgesetzt.[39] So groß in Westdeutschland die Empörung unter Förstern und Jägern über die sinnlose Grausamkeit der Grenze war, der größte Feind des Wilds war in den 1960er Jahren nicht das DDR-Grenzregime, sondern das Symbol des neu erworbenen Wohlstands – das Auto.[40] Überfahrene Tiere waren jedoch politisch weniger brisant als das Wild, das dramatisch am Eisernen Vorhang verendete.

Es war klar, dass nur die DDR-Grenzorgane hieran etwas ändern konnten, und das taten sie schließlich auch. Nicht die Tiere, sondern Sorgen über die eskalierenden Kosten veranlassten sie zum Handeln. Der Wechsel von Hirschen bot ihnen die beschämende Ausrede, sie zum Abschuss freizugeben, bevor sie die Minenfelder erreichten und Signalzäune beschädigten. Unter dem Vorwand militärischer Notwendigkeit luden hochrangige Offiziere der Grenztruppen zu Jagdgesellschaften und gingen auf die Pirsch.[41] Diese Veranstaltungen verstießen gegen sämtliche Regeln und Traditionen des Jagdwesens. Tiere wurden bei der Fütterung, in der Schonzeit, im Scheinwerferlicht oder innerhalb von Gatteranlagen erlegt. Alles, was sich bewegte, war Freiwild: tragende Hirschkühe, Rehkitze und Wildsäue mit Frischlingen. Solche »Jagden« sollten streng geheim bleiben, doch den Bewohnern des Schutzstreifens blieben sie in der Regel nicht verborgen.[42]

Da die Dezimierung des Wilds im großen Stil letztlich nicht praktikabel war, versuchte man in der nächsten Ausbauphase der Grenzanlagen, die Tiere von den teuren Minenfeldern möglichst fernzuhalten. Nach einigen Experimenten mit Netzen erwies sich der Bau von doppelten Metallgitterzäunen in der zweiten Hälfte der 1960er Jahre als wirksame Maßnahme zur Verringerung des Gemetzels. Zwei parallel verlaufende, drei Meter hohe Zäune schirmten die Minenfelder ab und machten sie unzugänglich für Rehwild. Allerdings wanderten etliche Tiere auf der Suche nach einem Durchschlupf weiterhin entlang des Zauns. Daher schnitten die Grenztruppen an einigen Stellen Durchlässe in den unteren Bereich des Zauns, damit zumindest Hasen und Füchse an nicht verminten Stellen passieren konnten. Tatsächlich berichteten westdeutsche Zeitungen Anfang der 1970er Jahre, dass das Wildsterben an der Grenze nachgelassen hatte.

An nicht verminten Stellen erlaubten Durchlässe kleineren Tieren wie Füchsen und Hasen, den Metallgitterzaun zu überwinden. Aufnahme aus dem Jahr 1988.

Gleichzeitig stellten sie auch das Ende des biologischen Austauschs fest. Der Genpool des deutschen Bestands an Hirsch und Reh war nun praktisch geteilt.[43]

Zur selben Zeit wurde an der innerdeutschen Grenze eine andere tödliche Neuerung eingeführt. Die Selbstschussanlage SM-70. Diese Geräte waren mit drei Drähten verbunden: Zwei sollten Rehe und Vögel fernhalten, der mittlere Draht löste die Splitterladung aus.[44] Obwohl die Grenztruppen also Vorkehrungen trafen, ein Auslösen der Selbstschussanlagen durch Tiere zu vermeiden – wiederum allein aus Kostengründen –, wurden diese trotzdem in Mitleidenschaft gezogen, weil die neue Art von Grenzsperre zuerst an Wild getestet wurde, um ihre tödliche Wirkung zu beweisen. »Das beschossene Wild erhielt zu 75 % tödliche Verletzungen«, hieß es in einem Schriftstück des Nationalen Verteidigungsrates.[45]

Nicht nur Wildtiere litten an der innerdeutschen Grenze, Diensttieren erging es nicht viel besser. Die DDR-Grenzbehörden setzten Hunde ein, die traditionelle Aufgaben wie Patrouillengänge, Fährtensuche, Verfolgung und Festnahme erfüllten. Wie bei ihren westdeutschen Kollegen galt auch bei den DDR-Grenztruppen der Deutsche Schäferhund als die am besten geeignete Rasse für solche Aufgaben, zum Einsatz kamen aber auch Rottweiler, Airedale-Terrier und Schnauzer. Die besten Tiere wurden bei den Grenzaufklärungstrupps eingesetzt. Der chronische Mangel an wertvollen Rassehunden zwang die Grenzorgane jedoch, auf Hunde vergleichbarer Größe zurückzugreifen, vorausgesetzt, sie hatten sich in der Ausbildung als talentiert erwiesen. Zeigte ein Hund nicht die geforderten Fähigkeiten, wurde er als Ausschuss behandelt und als Wachhund in Hundelaufanlagen zwischen den Grenzanlagen verwendet – ein grausames Schicksal, das nur noch durch den Einsatz von Hunden als Zielscheibe von Schießübungen übertroffen wurde.[46]

Ab 1968 wurden einige schwer zu bewachende Grenzabschnitte mit Hundelaufanlagen und Hundetrassen ausgestattet. Der Einsatz von Wachhunden nahm nach 1983 zu, als die DDR auf internationalen Druck hin begann, die Selbstschussanlagen vom Typ SM-70 abzubauen.[47] Auf diesen Trassen liefen die Hunde an langen Leinen, die an einem zwischen Pfosten aufgespannten Stahlseil befestigt waren. Begrenzungen am Stahlseil verhinderten, dass die Tiere sich gegenseitig erreichen konnten, und schränkten ihren Bewachungsraum ein. Es kam vor, dass sich Hunde an ihrer Leine strangulierten. Innerhalb des durch die Laufleine abgesteckten Bereichs standen eine schlichte Hundehütte und ein am Boden befestigter Futternapf. Nachdem man sie dort angebunden hatte, wurden die Tiere mehr oder weniger sich selbst überlassen. Einmal am Tag kam ein Grenzer vorbei und warf den unglücklichen Kreaturen von der Ladefläche eines Armeelasters aus etwas Futter zu. Landete das Futter außerhalb der Reichweite des Hundes, musste das Tier einen Tag hungern. Zumindest im Harz kam es vor, dass die Tiere im Winter aufgrund starken Schneefalls erst gar nicht erreicht werden konnten. Manche erfroren, geschwächt durch Futtermangel. Doch nicht nur bei extremen Wetterbedingungen war dies Tierquälerei. Jeden sinnvollen Kontakts zu Menschen beraubt, drehten die meisten Hunde langsam durch. Westliche Beobachter stellten diese sogenannten »Mauerhunde« oft als besonders aggressive und blutrünstige Bestien dar, die darauf abgerichtet seien, Flüchtlinge anzufallen.[48] Doch in Wirklichkeit handelte es sich nur um besonders grob misshandelte Tiere.[49]

Nichts zeigt dies mehr als das Schicksal der Hunde vom Lankower See. In einem besonders harten Winter – die Zeugen sind sich nicht einig, in welchem Jahr genau – fror der See zwischen Schlagsdorf (Ost) und Ratzeburg (West) zu. Um eine Flucht über den See zu verhindern, wurde eine Hundetrasse auf dem Eis angelegt. Niemand unternahm einen Fluchtversuch, der Winter verging und das Eis wurde dünner. Doch der verantwortliche Offizier war nicht vor Ort und befand aus der Ferne, das Eis sei immer noch tragfähig. Die Hunde mussten also bleiben, wo sie waren. Die örtlichen Grenzsoldaten, die besser Bescheid wussten, wagten es nicht mehr, sich den Tieren mit Futter zu nähern. Der schwerste Hund in der Mitte brach als erster ein und zog mit seinem Körpergewicht an dem Stahlseil, an das er mit den anderen Hunden angebunden war. Einer nach dem anderen teilte sein Schicksal und versank im Lankower See. Nur ein Collie-Mischling überlebte, weil er in Ufernähe angebunden war und von einem Grenzsoldaten gerettet wurde.[50] Als die Mauer fiel, waren rund 6500 Diensthunde noch beim DDR-Grenzregime im Einsatz. Von ihnen fanden 2500 eine neue Verwendung im westlichen Zoll- und Polizeidienst. Weitere 1500 Hunde wurden von Ostdeutschen aufgenommen, aber für die restlichen 2500 Tiere sah die Zukunft düster aus. Der Westdeutsche Tierschutzverein startete eine Adoptionskampagne für die Mauerhunde. Die meisten von ihnen konnten privat vermittelt werden. Das Leben der Tiere, die nicht adoptiert wurden, endete so elend, wie es bisher verlaufen war.[51]

Der Drömling

Die innerdeutsche Grenze prägte nicht nur ihre unmittelbare Umgebung, sondern hatte auch weit über die Sperranlagen hinaus ökologische Folgen. Ein Beispiel ist der Drömling, ein etwa 320 Quadratkilometer großes Feuchtgebiet östlich von Wolfsburg und Braunschweig. Viele Ackerflächen in Deutschland entstanden im Laufe der Jahrhunderte durch Entwässerung, Stauung und Eindeichung aus Niedermooren, Hochmooren und Feuchtwiesen. In diesen der Natur abgerungenen Gebieten bildete sich eine Landschaft aus, die ein permanentes Wassermanagement erforderte, damit die Dämme nicht verlandeten, die Deiche hielten und die Gräben nicht zuwucherten.[52] Die Trockenlegung und Nutzbarmachung des Drömlings begann während der Herrschaft Friedrichs des Großen, der Kolonisten in den Mooren ansiedeln wollte. Die Flüsse Aller und Ohre wurden Teil eines komplizierten Systems von Entwässerungsgräben, Dämmen, Schleusen, Schiffshebewerken und Brücken: Der Drömling wurde zum »Land der tausend Gräben«. Seinen größten »Graben« erhielt er 1933 mit der Eröffnung des Braunschweiger Abschnitts des Mittellandkanals. Zur Erhaltung der Felder in den entwässerten Feuchtgebieten schlossen sich Landwirte zu Genossenschaften zusammen, die die Pflege kollektiv finanzierten und die Arbeitskräfte für die notwendigen Arbeiten bereitstellten. Im Falle des Drömlings war dies der Aller-Ohre-Verband.

Nach dem Krieg wurde der Drömling durch die Demarkationslinie geteilt. Rund 6000 Hektar lagen nun im niedersächsischen Landkreis Gifhorn, die dreifache Fläche im Bezirk Magdeburg.[53] Ein großer Teil der urbar gemachten Flächen auf der Westseite gehörte Bauern östlich der Grenze, die ihre Felder nicht mehr betreten konnten. Auch die kollektive Pflege durch den Aller-Ohre-Verband konnte unter diesen Umständen nicht fortgesetzt werden. In der Nähe der Demarkationslinie und innerhalb des Schutzstreifens verlandeten viele Gräben.[54] Folglich lief das Wasser im geteilten Drömling nicht mehr so ab, wie es die Ingenieure eigentlich vorgesehen hatten, sondern folgte wieder der natürlichen Fließrichtung, was hieß, dass es gen Westen strömte und im Frühjahr bei Hochwasser Felder und Weiden im Landkreis Gifhorn überschwemmte. Pläne, das Wasser in den Mittellandkanal zu pumpen, wurden als zu kostspielig verworfen.[55] Ende der 1960er Jahre kamen Verwaltung und Landwirte zu dem

Schluss, dass die einst dem Wasser abgerungenen Flächen des Drömlings aufgegeben werden mussten. Die Felder waren nicht nur klein und unrentabel, selbst bei idealen Entwässerungsbedingungen und aufwendigen Meliorationsmaßnahmen waren sie kaum gewinnbringend zu bewirtschaften.[56] Der Verzicht auf ihre Bewirtschaftung führte dazu, dass sie sich wieder in Feuchtwiesen verwandelten.

Naturschützer erkannten rasch, dass diese grenzbedingten Veränderungen eine Chance für den Erhalt des Drömlings boten. Der Braunschweiger Ornithologe Rudolf Berndt schlug vor, den gesamten westlichen Teil des Drömlings als Naturschutz- und Forschungsgebiet auszuweisen. Das Feuchtgebiet besaß eine reichhaltige Vegetation: ausgedehnte Flächen mit Röhricht, autochthone Kiefern, Fichten und Grauerlen sowie marine Vegetation neben borealer Flora. Ähnlich vielfältig war auch die Tierwelt. Wie Berndt erklärte, war der Drömling zum letzten Refugium vieler andernorts durch die intensive Landwirtschaft verdrängter Arten geworden. Mit dem Hinweis auf die Artenvielfalt allein war eine politische Entscheidung zur Ausweisung als Schutzgebiet allerdings nicht zu haben. Daher passte Berndt seinen Vorstoß an die politischen Realitäten des geteilten Europas an und versuchte besonders die im Zonenrandgebiet lebende Bevölkerung mit ihrem hohen Anteil an Vertriebenen und Flüchtlingen anzusprechen. Unter Bezug auf Klima und Flora stellte er den Drömling als eine verpflanzte Landschaft dar: »[E]r ist Ostpreußen in Niedersachsen, Ostdeutschland in Westdeutschland oder Sibirien in Westeuropa – nordeurasische ›Taiga‹ im mitteleuropäischen Laubwaldgebiet.« Solche Landschaften seien hinter dem Eisernen Vorhang verschwunden, so Berndt weiter, unerreichbar für den westeuropäischen Naturforscher und Naturliebhaber. Der Drömling mache daher den Menschen ein Stück Osteuropa im Westen zugänglich. Vor allem Flüchtlinge aus der DDR, die nun in der Bundesrepublik lebten, würden den Erhalt dieses Naturraums schätzen, argumentierte Berndt. Der Drömling böte »die einzige Möglichkeit, in einer Landschaft zu wandern, zu beobachten und die Natur zu erleben, die starke heimatliche Züge aufweist«.[57]

Doch musste Berndts Projekt einer Unterschutzstellung des Drömlings auf die Wiedervereinigung warten. Der allgemeine Trend in den 1970er und 1980er Jahren deutete stattdessen auf eine allmähliche Austrocknung dieses Feuchtgebiets durch sinkenden Grundwasserspiegel hin, auch wenn es nach wie vor noch saisonale Überschwemmungen gab. Die landwirtschaftlichen Produktionsgenossenschaften auf der Ostseite setzten zur Leistungssteigerung vermehrt auf Melioration und Entwässerung. Die Westdeutschen wiederum verstanden es, die Feuchtgebiete noch wirkungsvoller zu schädigen. Die Stadt Wolfsburg etwa, die ihr Trinkwasser aus dem Drömling bezog, wollte die Wasserentnahme erhöhen. Nicht dass die Wolfsburger plötzlich mehr getrunken hätten, aber das Wasser des Drömlings enthielt weniger Nitrat als das Grundwasser in Gebieten mit intensiver Landwirtschaft und Düngung. Die städtischen Wasserwerke witterten die Chance, Drömling-Wasser an andere Versorgungsunternehmen zu verkaufen, die ihr stärker belastetes Wasser verdünnen mussten. Aber weil dadurch der Grundwasserspiegel sank, mussten die verbliebenen Felder und Weiden im Drömling plötzlich bewässert werden – selbstverständlich, und so kontraproduktiv das auch war, mit Grundwasser.[58]

Angesichts der konkurrierenden Interessen von Landwirtschaft, Wassernutzung und Naturschutz blieb die Erhaltung des westlichen Drömlings trotz erheblicher Anstrengungen westdeutscher Naturschützer Stückwerk.[59] Umso interessanter erscheint es daher, dass es den Naturschützern in der DDR, die mit politischem Geschick und Vorsicht vorgehen mussten, dennoch gelang, den östlichen Teil des Feuchtgebiets wirkungsvoll zu schützen. Unter der Leitung von Giselher Schuschke, dem Gründer der Gesellschaft für Natur und Umwelt (GNU) im Bezirk Magdeburg, riefen Naturschützer aus der Region die Fördergemeinschaft Drömling mit dem Zweck ins Leben, die Landschaft zu bewahren und den »Erholungswert für die Werktätigen zu verbessern«.[60] Der größte Erfolg der Fördergemeinschaft war die Verhinderung des weiteren Ausbaus der Ohre im Jahr 1986. Sehr zum Leidwesen der Stasi taktierten die Mitglieder der Fördergemeinschaft so geschickt, dass ihnen die Stasi weder »Aktivitäten in feindlich-negativer Hinsicht« noch »Mißbrauchshandlungen« gegenüber den Zwecken nachweisen konnte, die die GNU im Rahmen des SED-Herrschaftsgefüges verfolgen durfte.[61]

Wie das Beispiel des Drömlings zeigt, hatte das Grenzregime erhebliche Landschaftsveränderungen zur Folge, in diesem Fall die Wiedervernässung von Ackerflächen und ihre nicht intendierte Renaturierung in Feuchtgebiete. Alles, was die Funktionsfähigkeit der Grenze sicherte, und alles, was dieser militarisierte Streifen auf beiden Seiten verhinderte oder erforderlich machte, trug zur Entstehung der grenzgeprägten Naturräume bei. Diese Veränderungen wurden auf beiden Seiten der Demarkationslinie wahrgenommen. So vereinzelt und unregelmäßig solche Beobachtungen auch erfolgten, lohnt es dennoch, sie festzuhalten, da sie das Bewusstsein für den ökologischen Wert des Grenzstreifens weckten und so die Grundlage für die Bemühungen schufen, ihn nach 1989 in ein Naturschutzprojekt umzuwandeln.

Naturbeobachtung entlang des Eisernen Vorhangs

Dank der zahllosen Medienberichte und des Grenztourismus waren viele Westdeutsche mit der Monstrosität am Ostrand ihres Landes wohlvertraut. Doch während die Medienberichterstattung und die Besuche am Eisernen Vorhang sich zunächst hauptsächlich auf die Grenzbefestigungen selbst und die ideologische Dimension der Teilung konzentrierten, trat in der Wahrnehmung der innerdeutschen Grenze in den 1970er Jahren ein weiterer Aspekt in den Vordergrund – die Natur. Ihre »Entdeckung« im Grenzstreifen gerade zu dieser Zeit geschah nicht zufällig. Die 1970er Jahre gelten gemeinhin als das Jahrzehnt, in dem die Sorge um die Umwelt zum politischen Thema aufrückte. Die Belastung der Umwelt durch den Wiederaufbau und den zunehmenden Flächenverbrauch wurden nun allmählich als Problem erkannt, »die Umwelt« rückte zu einem neuen Bereich des bürgerlichen und politischen Engagements auf.[62] Die Tatsache, dass Umweltschützer die Grenze im Laufe der 1970er Jahre als ein ökologisch »intaktes« und artenreiches Areal entdeckten, beruhte auf dem stärker werdenden Gefühl, etwas zu verlieren: Vertraute Landschaften und bis dahin weitverbreitete Pflanzen- und Tierarten fielen der industrialisierten Landwirtschaft und der Zersiedelung zum Opfer. Die innerdeutsche Grenze, im westdeutschen Politdiskurs als Ort der Gewalt geschmäht, wurde so ganz unerwartet zum Kontrastbild dieser Entwicklungen.

Schon 1958 gab es hierzu vereinzelte Naturbeobachtungen, als Lübecker Bürger östlich der Stadt »herrliche einsame Gegenden zum Spazierengehen, in denen man Schwarzwild, Rehwild und Fasane treffen kann«, für sich entdeckten.[63] Unweit davon, in der Traveförde, befand sich Mitte der 1960er Jahre die auf Westseite gelegene Insel Buchhorst im ökologischen Wandel. Da die Traveförde und ihre Seitenbucht, der Dassower See, für die DDR-Grenztruppen schwer zu kontrollieren waren, befestigten sie seine Ufer. Für Ostdeutsche konnte der Dassower See nun nicht mehr zum Angeln oder für den Wassersport genutzt werden.[64] Über die Traveförde blieb die Bucht des Dassower Sees jedoch für westdeutsche Boote zugänglich, lediglich seine Ufer waren alle gesperrt. Angesichts der häufigen Zwischenfälle, die diese unklare Situation mit sich brachte, wurde die Bewirtschaftung der Insel Buchhorst aufgegeben. Sie diente nicht einmal mehr als Weidefläche. Die charakteristisch maritime Vegetation der Insel gedieh und mit ihr kamen Zugvögel und nordische Wasservögel, »eine einmalige Erscheinung im gesamten Lübecker Raum«, wie ein Beobachter bemerkte.[65] Im Jahr 1983 schließlich erklärte Schleswig-Holstein den Dassower See zum Naturschutzgebiet und die Insel Buchhorst wurde damit offiziell auch für Westdeutsche gesperrt.[66]

Ende der 1970er Jahre galt das »längste Biotop« entlang der Demarkationslinie aufgrund seines ökologischen Reichtums als Geheimtipp unter Naturfreunden.[67] An der Grenze zwischen Schleswig-Holstein und dem (heutigen) Mecklenburg-Vorpommern in Ratzeburg setzte sich Thomas Neumann, dortiger Vertreter des World Wildlife Fund (WWF), insbesondere für den Schutz von Kranich *(Grus grus)* und Seeadler *(Haliaeetus albicilla)* ein. In den 1980er Jahren konnte Neumann auf die Unterstützung der Regierungen von Bund und Land setzen, immerhin galt der Seeadler manchen als das Wappentier der Bundesrepublik. Auf offiziellen Siegeln und Flaggen allgegenwärtig, war er in der Natur so gut wie verschwunden. Auf westdeutscher Seite nisteten nur eine Handvoll Brutpaare, während es in der DDR noch rund einhundert Pärchen waren.[68] Ähnlich verhielt es sich für andere gefährdete Tierarten wie den autochthonen Elbebiber *(Castor fiber albicus)*, Kraniche und Weißstörche *(Ciconia ciconia)*. Diese Tiere wurden zwar gelegentlich auch im Westen beobachtet, ließen sich aber zum Brüten auf der ruhigeren Ostseite nieder. Neumann sammelte solche Informationen von Naturschützern in den Bezirken Rostock und Schwerin, die er seit 1972 im Rahmen des kleinen Grenzverkehrs besuchen konnte. Er spannte auch westdeutsche Zollbeamte für die Beobachtung der Kranichpopulationen ein und schulte sie im Umgang mit Menschen, die störend in Brutgebiete seltener Vögel eindrangen.[69]

In Hessen engagierte sich von den Umweltschutzgruppen besonders die Hessische Gesellschaft für Ornithologie und Naturschutz (HGON). Eines ihrer Vorstandsmitglieder, Wolfram Brauneis, war die treibende Kraft hinter der Ausweisung mehrerer grenznaher Naturschutzgebiete. Sein Hauptaugenmerk galt den Landschaften entlang der Werra, die mehrfach die Demarkationslinie kreuzte.[70] Brauneis machte sich die Wiederansiedlung des Wanderfalken *(Falco peregrinus)* in Hessen zur Lebensaufgabe. Die Population war durch den starken Einsatz von Pestiziden in der Landwirtschaft zusammengebrochen.[71] Das 1978 gestartete Auswilderungsprogramm erstreckte sich über einen Zeitraum von fünfzehn Jahren. Viele der Vögel wechselten auf das Gebiet der DDR, wo sie zum Beispiel in der Felswand des Heldrasteins unmittelbar hinter der Grenze nisteten. Seit 1981 meldeten ostdeutsche Ornithologen Sichtungen beringter Falken an ihre westlichen Kollegen. Eine grenzüberschreitende Kooperation hätte Brauneis' Arbeit sehr erleichtert, aber an eine offizielle Zusammenarbeit war nicht zu denken. Nur die respektlosen Grenzübertritte der Falken schufen ein Band zwischen den Vogelfreunden aus Ost und West.[72]

Zu den Ornithologen, die sich mit den grenzgeprägten Naturräumen beschäftigten, gehörte auch Kai Frobel, Mitglied im Bund Naturschutz in Bayern (BN) und Mitbegründer des Grünen Bandes, der aufgrund häufiger Aufenthalte in Grenznähe und erster Besuche bei ostdeutschen Vogelkundlern ins Fadenkreuz der Stasi geriet.[73] Als Jugendlicher beschäftigte er sich Mitte der 1970er Jahre mit der Kartierung des Braunkehlchens *(Saxicola rubetra)* im Landkreis Coburg. Dabei ergab sich, dass die Nistplätze des seltenen Vogels genau auf der Nahtstelle zwischen den beiden deutschen Staaten lagen, die Markierungspunkte der Brutpaare bildeten praktisch die Demarkationslinie ab. Frobel veröffentlichte die Ergebnisse und verknüpfte dies mit einer Botschaft an die politischen Entscheidungsträger: Offenbar bedurfte es in Deutschland des moralisch verwerflichen Todesstreifens, um einst häufig vorkommende Arten zu erhalten, die der industrialisierten Landwirtschaft zum Opfer gefallen waren.[74] Auf der Grundlage von Frobels Kartierungsarbeiten begann der BN im Jahr 1982, ausgewählte Flächen an der Demarkationslinie zu erwerben. Thomas Neumann tat im Auftrag des WWF dasselbe an den Lauenburgischen Seen.[75]

Die breitere Öffentlichkeit erfuhr vor allem durch den Dokumentarfilmer und Naturschützer Heinz Sielmann von der Artenvielfalt im Grenzstreifen. Sielmann, der von 1965 bis 1991 die erfolgreiche Fernsehreihe »Expeditionen ins Tierreich« produzierte und moderierte, widmete im Jahr 1988 eine Folge den »Tieren im Schatten der Grenze«. Wie schon Frobel hatte auch Sielmann nichts Gutes über die Grenze als solche zu sagen, erkannte aber gleichwohl den Wert der durch sie geschützten Lebensräume. Das Schlusswort der Sendung klingt im Rückblick fast prophetisch. Die Landschaften entlang der Grenze, so sein Fazit, könnten einmal ein faszinierendes grenzüberschreitendes Naturschutzprojekt zwischen den beiden deutschen Staaten werden. Er selbst könne sich »kein besseres Denkmal für eine

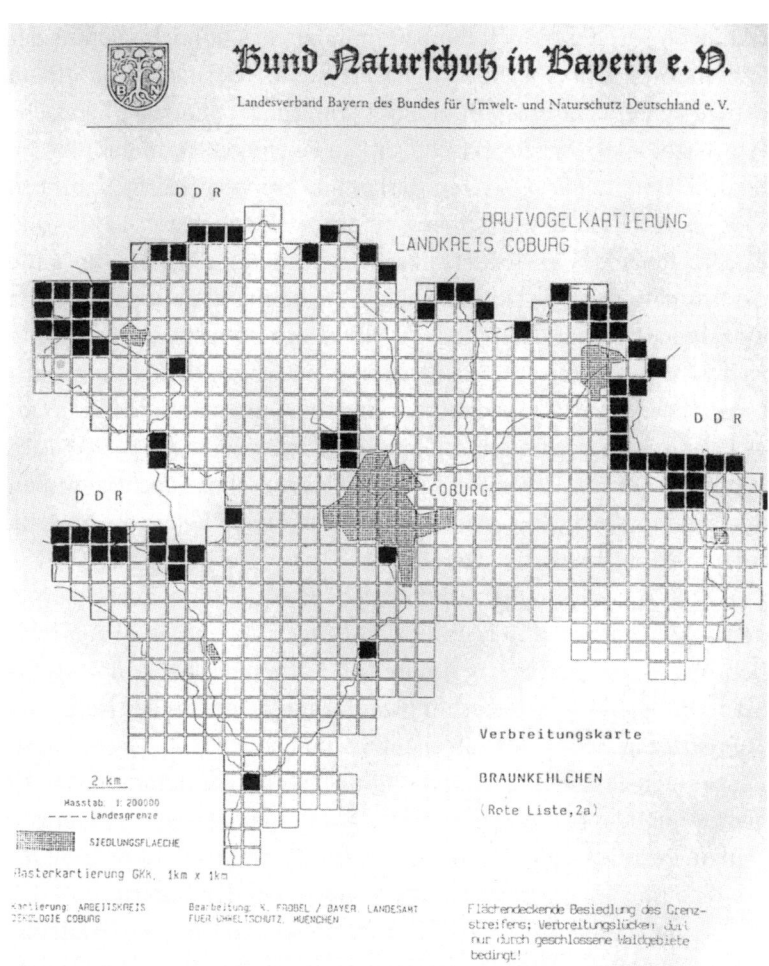

Der Ornithologe Kai Frobel kartierte Mitte der 1970er Jahre das Braunkehlchen *(Saxicola rubetra)* im Landkreis Coburg. Die Nistplätze spiegeln den Verlauf der Demarkationslinie wider.

überwundene deutsch-deutsche Grenze vorstellen als einen großen Nationalpark von der Ostsee bis zum Thüringer Wald«.[76]

Naturfreunde aus dem Westen konnten relativ leicht Beobachtungen in den Niemandslandschaften machen, für ostdeutsche

Ökologen war das jedoch nahezu unmöglich. Dennoch stammt der allererste Bericht über die Vogelwelt im Grenzstreifen von einem ostdeutschen Ornithologen. Helmut König aus Halberstadt beobachtete Vögel in der Lenzer Wische, einem Feuchtgebiet an der Elbe im Dreieck Dömitz (Ost), Lenzen (Ost) und Gorleben (West). Von April 1965 an hatte König wochenlang zu unterschiedlichsten Tages- und Nachtzeiten die Wiesen der Lenzer Wische im Auge gehabt. »Im Laufe der Brutperiode ergab sich eine nähere ›Bekanntschaft‹ mit fast jedem einzelnen Brutpaar«, schilderte er. König war Grenzsoldat. Er machte sich seine monotonen Patrouillengänge mit Vogelbeobachtungen interessanter, ein Fernglas gehörte ohnehin zu seiner Ausrüstung. Obwohl er in seiner avifaunistischen Publikation seine offizielle Tätigkeit nicht erwähnen konnte und seine Worte sehr vorsichtig wählen musste, musste doch jedem Leser aus der Region klar gewesen sein, wo er sich aufgehalten hatte.[77]

Offenbar gewann die systematische Beobachtung von Vögeln in den späten 1970er Jahren unter den Grenztruppen der DDR an Beliebtheit. Bernd Katzer, ein Amateur-Ornithologe, der seinen Wehrdienst in einem motorisierten Infanterieregiment in der Nähe von Sonneberg im Bezirk Suhl ableistete, erinnert sich noch an den regen Besuch von Fasanen *(Phasianus colchicus)* und Rebhühnern *(Perdix perdix)* auf dem Muppberger Friedhof auf Coburger Seite, den er von seinem Posten aus einsehen konnte. Als Wehrpflichtiger diente Katzer nicht aus Überzeugung und versuchte, bei den berüchtigten Inspektionen der einfachen Grenzer durch höhere Offiziere möglichst nicht aufzufallen. Seine Verbündete dabei war die Amsel *(Turdus merula)* – er war immer sofort auf dem Posten, wenn der Warnruf des Vogels ankündigte, dass sich »Gefahr« in Form eines Offiziers näherte.[78] Wie ein anderer Grenzer erzählt, war für alle, die sich für Ornithologie oder Herpetologie begeisterten, »jede Schicht wie eine Exkursion«. Bernd Friedrich verbrachte seinen Wehrdienst zwischen 1981 und 1983 an der Grenze im Kreis Eisenach und entdeckte dort den Uhu *(Bubo bubo)* als Brutvogel wieder. Kurioserweise veröffentlichte er seine Beobachtungen 1987 sogar in einer westdeutschen

Ornithologen-Zeitschrift.[79] Andere publizierten in den Blättern ihrer Heimatverbände und hielten sich bedeckt, wenn es um genauere Ortsangaben ging.[80] Ein Ornithologe aus dem Harz äußerte gar die Vermutung, dass gezielt Männer für den Grenzdienst eingezogen wurden, die Erfahrungen in der Natur und eine ausgeprägte Beobachtungsgabe aufzuweisen hatten.[81]

Die Bezirke Erfurt, Gera und Suhl entsandten einige Jahre lang sogar einen amtlichen Naturschutzbeauftragten in den Grenzstreifen. Im Frühjahr 1984 erhielt das Institut für Landesforschung und Naturschutz (ILN) einen Anruf von einem thüringischen Grenzregiment, das einen seltsamen schwarzen Vogel mit roten Beinen meldete, der immer wieder den Metallzaun kreuzte.[82] Das Institut schickte den Ornithologen Martin Görner, um der Beobachtung nachzugehen. In der Nähe von Wurzbach im Frankenwald, jenseits des äußersten Zauns und somit »feindwärts« gelegen, entdeckte er ein nistendes Schwarzstorchpaar *(Ciconia nigra)*. Der Schwarzstorch war in Thüringen seit 170 Jahren nicht mehr als Brutvogel nachgewiesen worden. Für Ornithologen war die Entdeckung eine kleine Sensation.[83] Die vielfach gewundene Grenzlinie hat vor allem in Südthüringen tiefe Taschen und Enklaven im Sperrgebiet geschaffen. Solches Terrain, zum Beispiel im Grabfeld, rückte nun ins Visier der DDR-Naturschutzbehörden. Das ILN entsandte Görner zu regelmäßigen Beobachtungen. Er erhielt eine Zugangserlaubnis für das Sperrgebiet und den Schutzstreifen. Für seine jährlichen Inspektionen öffneten die Grenzer ihm sogar das Tor im äußersten Zaun und ließen ihn unbeaufsichtigt das »vorgelagerte Hoheitsgebiet« durchstreifen.[84]

Im Westen erdacht, im Osten verworfen: Die Idee grenzüberschreitender Naturschutzgebiete

Das steigende Umweltbewusstsein machte die biologische Vielfalt im Grenzstreifen auch für westliche Politiker zum Thema. Uwe Barschel, CDU-Ministerpräsident von Schleswig-Holstein, legte als Erster einen

Plan zur Erhaltung der grenzgeprägten Naturräume im Südosten seines Bundeslandes vor, das 132 Kilometer Grenze mit der DDR teilte.[85] Die darin verwendeten Formulierungen nahmen die späteren Konzepte des Grünen Bandes im Grunde vorweg: Die deutsche Teilung habe um Lauenburg und Ratzeburg herum eine »erzwungene Ruhe« hergestellt und dadurch einer in »anderen Regionen sonst bedrohten Tier- und Pflanzenwelt Refugien erhalten und neue Rückzugs- und Entwicklungsgebiete geschaffen«. Neben dem Schutz dieser Gebiete sah das Programm Agrarbeihilfen für die Umstellung auf extensive Nutzung von Äckern und Wiesen und eine Förderung des Ökotourismus in den durch die Grenze beeinträchtigten Landkreisen vor.[86]

Die Landesregierung stellte für das Programm 20 Millionen DM zur Verfügung. Bei Naturschützern stieß die Initiative auf großen Zuspruch.[87] Barschel war jedoch darauf bedacht, die Initiative nicht als Anerkennung der DDR und ihres Grenzregimes erscheinen zu lassen. Daher bezog sich das Vorhaben ausdrücklich auf die Grenze zwischen Schleswig-Holstein und Mecklenburg, um die explizite Erwähnung der DDR zu vermeiden. Im Kern enthielt es dennoch die Idee, grenzüberschreitende Naturschutzgebiete in Zusammenarbeit mit der DDR zu schaffen. Da auf beiden Seiten des Zauns die gleiche Flora und Fauna zu finden waren, setzte Barschel auf die Bereitschaft der SED-Führung, die entsprechenden östlichen Abschnitte ebenfalls als Schutzgebiete auszuweisen. Der geteilte Schaalsee sollte nach seiner Vorstellung das erste grenzüberschreitende Projekt dieser Art werden.[88] Damit wurden die grenzgeprägten Naturräume dazu genutzt, die Grenze zu befrieden und einen Dialog zwischen den Nachbarn einzuleiten. »Die deutsch-deutsche Grenze«, schrieb Barschel, »soll durch den Naturschutz friedlicher werden.«[89]

Für Barschel ging es dabei nicht bloß um eine regionale Initiative, sondern auch darum, sich im Hinblick auf die bevorstehenden Landtagswahlen und auf dem bundespolitischen Feld der innerdeutschen Beziehungen zu profilieren.[90] Er verknüpfte seinen Vorstoß in Sachen Naturschutz mit dem vagen Versprechen wirtschaftlicher Vorteile für die DDR, sollte die SED-Führung seinen Ideen zustimmen.[91]

Damit lag er ganz auf der Linie der Deutschlandpolitik der 1980er Jahre. Unbeeinflusst vom Regierungswechsel des Jahres 1982 von Bundeskanzler Helmut Schmidt (SPD) zu Helmut Kohl (CDU), blieben die innerdeutschen Beziehungen auf pragmatische Zusammenarbeit ausgerichtet.[92] Begünstigt durch die zunehmend schwierige wirtschaftliche Lage der DDR, gelang es westdeutschen Politikern, die SED-Führung zu zahlreichen politischen Initiativen zu bewegen, die schließlich zu einer Reihe hochkarätiger deutsch-deutscher Vereinbarungen führten. Dazu gehörte auch das Umweltabkommen von 1987. Wie im vorangegangenen Kapitel erläutert, hatte sich die Bundesrepublik seit 1973 um ein solches Abkommen bemüht, um Probleme wie die grenzüberschreitende Umweltverschmutzung anzugehen. Bis 1980 hatte die DDR allerdings jegliche Gespräche über Umweltfragen abgelehnt. Der Durchbruch kam im Zusammenhang mit Erich Honeckers Wunsch, der Bundesrepublik einen Besuch abzustatten, der die Anerkennung der DDR als souveränen Staat demonstrieren sollte. Während dieses Besuchs in Bonn im September 1987 unterzeichnete er mehrere Abkommen, die als bedeutende Fortschritte in den innerdeutschen Beziehungen gefeiert wurden.[93] Das Umweltabkommen verpflichtete seine Unterzeichner jedoch nicht zu konkreten Maßnahmen, sondern nur zu weiteren Gesprächen. Daher wurde das Papier mit einer umfangreichen Agenda für weitere Konsultationen verbunden, die in Arbeitsgruppen geführt werden sollten.[94] Während sich einige der vierzehn Arbeitsgruppen Themen wie dem Waldsterben, der Luftverschmutzung und der Abfallwirtschaft widmeten, wurde die kleinste von ihnen mit dem Naturschutz betraut.

Als Barschel Bundeskanzler Kohl und die Bundesbehörden auf seine Initiative für grenzüberschreitende Naturschutzgebiete aufmerksam machte, waren die Vorbereitungen für das Umweltabkommen bereits angelaufen.[95] Schon im Juli 1984 war die Bonner Regierung mit einem Vorschlag für ein Abkommen über Landschafts- und Naturschutz an die DDR herangetreten. Da die DDR auf diesen ersten Vorschlag nie konkret reagierte, wurde er in die allgemeinen Verhandlungen über das Umweltabkommen integriert.[96] Während Barschels

Regionalprogramm auf der Westseite rund um Lauenburg Gestalt annahm,[97] ging sein Plan für grenzüberschreitende Naturschutzgebiete in die Bemühungen des Bundes mit ein. Auch Bayern, Niedersachsen und Hessen benannten auf Nachfrage mögliche grenzüberschreitende Naturschutzprojekte. Bayern schlug die Lange Rhön vor, einen Gebirgszug an der Grenze zwischen Bayern, Thüringen und Hessen. Niedersachsen hatte fünf Kandidaten, darunter den Drömling. Hessen verwies auf die Bemühungen um die Wiederansiedlung des Wanderfalken, und Schleswig-Holstein brachte alle Ideen ein, die zu Barschels Initiative gehörten, einschließlich des Schutzes von Seeadlern, Kranichen, Kormoranen, Graugänsen und Fischottern.[98] Unterstützt wurden diese Bemühungen des Bundes natürlich durch die Arbeit von Naturschutzgruppen vor Ort. Einige der Vorschläge aus Schleswig-Holstein trugen die Handschrift von Thomas Neumann, die hessischen Beiträge stützten sich auf die Arbeit der HGON-Gruppe um Wolfram Brauneis. Die HGON war bestens auf den Tag vorbereitet, an dem die DDR einem grenzüberschreitenden Naturschutz zustimmen würde. Die Pläne für die Ausdehnung der westlichen HGON-Schutzgebiete über die Grenze hinaus lagen schon lange vor November 1989 fertig ausgearbeitet in der Schublade.[99]

Allerdings wurde keines dieser grenzüberschreitenden Projekte vor 1990 verwirklicht. An Bemühungen von westdeutscher Seite mangelte es nicht. So organisierte Barschel im Dezember 1985 einen Besuch in der DDR, bei dem es auch zu Gesprächen mit Günter Mittag und Hans Reichelt kam.[100] Damit wollte er nicht nur seinen Ruf als Akteur der innerdeutschen Beziehungen festigen, sondern auch die Vorwürfe der schleswig-holsteinischen Sozialdemokraten entkräften, seine grenzüberschreitenden Ideen seien lediglich heiße Luft.[101] Bei der Rückkehr von der Reise verkündete er, seine Gesprächspartner hätten sich aufgeschlossen für die Idee des Naturschutzes gezeigt. Der normale Zeitungsleser konnte durchaus den Eindruck gewinnen, dass die Ausweisung des Schaalsees als deutsch-deutsches Naturschutzgebiet unmittelbar bevorstand.[102] In Wahrheit hatte sich Hans Reichelt Barschels Vorschläge nur höflich angehört und auf die anstehenden Verhandlungen über das Umweltabkommen verwiesen, vor deren Abschluss an weitere Details nicht zu denken sei. Auch eine Einladung Barschels zu einem Besuch in Schleswig-Holstein wollte er erst nach Ratifizierung dieses Abkommens in Betracht ziehen.[103]

Nach der Unterzeichnung des Umweltabkommens 1987 verstärkten die westlichen Vertreter ihre Bemühungen, grenzüberschreitende Naturschutzgebiete zu schaffen. Die Feuchtgebiete des Drömlings hatten dabei für Bonn oberste Priorität, weil man sich erhoffte, daraus ein Pilotprojekt für andere Gebiete wie den Schaalsee zu entwickeln. Bei den im Abkommen vorgesehenen Umweltkonsultationen präsentierte die DDR mit Stolz auch eigene Prestigevorhaben in Sachen Naturschutz wie das Biosphärenreservat Vessertal in Thüringen, den Steckby-Lödderitzer Forst in der Elbniederung oder das Brut- und Schutzgebiet für Großtrappen *(Otis tarda)* bei Rathenow.[104] Die Teilnehmer der Arbeitsgruppen – führende Ökologen, Forstleute, Biologen, Ornithologen etc. – nahmen die Gelegenheit zum Austausch gerne wahr und frischten bei der Gelegenheit auch alte Kontakte auf. Der oberste Forstbeamte der DDR, Rudolf Rüthnick, verkündete im Juni 1988, »daß der Abschluß der Vereinbarung richtig war« und behauptete, westliche Vertreter hätten sich in mehreren Punkten den ostdeutschen Ansichten angeschlossen.[105]

Keinen Fortschritt gab es allerdings beim Thema deutsch-deutscher Naturschutzgebiete. Das Politbüro erachtete den Informationsaustausch und die Koordination bestimmter Naturschutzmaßnahmen im Rahmen der bestehenden Arbeitsgruppen als ausreichend für die ostdeutschen Belange. Die Einrichtung von Naturschutzgebieten über die Grenze hinweg kam für die DDR nicht infrage.[106] Die Vorstellung, westdeutsche Naturschützer könnten im Rahmen einer solchen Kooperation die Natur im Schutzstreifen inspizieren und kartieren wollen, womöglich mit freier Sicht auf die Grenzbefestigungen, machte die Sache von vornherein undenkbar. Um allen weiteren westdeutschen Bemühungen für einen grenzüberschreitenden Drömling den Wind aus den Segeln zu nehmen, stellten die DDR-Behörden beispielsweise sicher, dass ihr eigenes Naturschutzgebiet in diesem

Areal, der 320 Hektar umfassende Oebisfelder Stadtforst, nirgends an das Gebiet des geplanten westdeutschen Schutzgebiets Kaiserwinkel anschließen würde.[107]

Der Ausverkauf des Schutzstreifens

Während auf Westseite Bürgerinitiativen, Naturschutzorganisationen und Politiker versuchten, ausgewählte Grenzlandschaften zu schützen, schlug die DDR den entgegengesetzten Weg ein und begann, sie als ungenutzte Ressourcen zu betrachten. In den 1980er Jahren überbrückte sie ihre katastrophale Wirtschaftssituation mit westdeutschen Krediten und Transferleistungen. Die westliche Unterstützung verschaffte der SED-Führung zwar eine Atempause, änderte aber nichts daran, dass die Bemühungen, die bereits zerrüttete sozialistische Wirtschaft wieder auf die Beine zu bringen, immer verzweifelter wurden. Entlang der Grenze versuchte man etwa, auf noch ungenutzte natürliche Ressourcen zurückzugreifen. Bislang hatte das Primat der Grenzsicherung die Bewirtschaftung der Wälder und Brachflächen im Schutzstreifen stark eingeschränkt, doch im Laufe der 1980er Jahre geriet dieses Tabu ins Wanken. Sogar die Bereiche zwischen der Demarkationslinie und dem ersten Zaun – die Niemandslandschaften – rückten nun in den Bereich des Möglichen. Wenn dieser Sektor bisher überhaupt betreten wurde, dann vor allem im Zuge von Wartungsaktivitäten. Jeder Arbeitseinsatz jenseits des letzten Zauns wuchs sich sofort zu einer personalintensiven Angelegenheit aus, da die Logik der Grenzsicherung in unmittelbarer Nähe zur unbefestigten Demarkationslinie eine strenge Überwachung der Arbeiter erforderte. Nun aber plante man völlig neu.

Holz war einer der wenigen natürlichen Rohstoffe der DDR und entsprechend sorgfältig ging sie mit ihm um.[108] Die Wälder der DDR waren in 77 staatliche Forstwirtschaftsbetriebe unterteilt, von denen 23 in die Sperrzone und den Schutzstreifen hineinragten, manche sogar über den Metallzaun hinaus ins »vorgelagerte Hoheitsgebiet«. Zumindest theoretisch standen somit insgesamt 40 000 Hektar Wald beiderseits der Grenzbefestigungsanlagen unter der Bewirtschaftung dieser 23 Forstbetriebe. Die Größe dieser »Grenzwälder« reichte von 250 bis zu 4400 Hektar.[109] In der Praxis jedoch waren die Wälder im Schutzstreifen und jenseits des Zauns für das Forstpersonal weitgehend tabu. Selbst der Zugang zur fünf Kilometer tiefen Sperrzone erforderte umständliche Genehmigungsprozeduren. In einer Vereinbarung zwischen dem Ministerium für Nationale Verteidigung und dem Ministerium für Land-, Forst- und Nahrungsgüterwirtschaft (MLFN) aus dem Jahr 1974 wurde festgelegt, dass die Grenztruppen für das gesamte Gelände innerhalb und entlang der Grenzanlagen zuständig seien. Die Rolle der Forstbeamten im Ministerium beschränkte sich auf die Bereitstellung und Finanzierung von geeignetem Personal und der für die Instandhaltungsarbeiten erforderlichen Ausrüstung. Die Planung und Durchführung aller Pflegearbeiten oblag jedoch den Grenztruppen.[110]

Für die Mitarbeiter der Forstwirtschaftsbetriebe war dies ein unbefriedigender Zustand. Nicht anders als die Beschäftigten in der Landwirtschaft der DDR waren sie gezwungen, die in den Produktionsplänen festgelegten Quoten zu erfüllen.[111] Jeder Forstbetrieb mit Wäldern im Grenzgebiet war im »sozialistischen Wettbewerb« von vornherein benachteiligt, da er zur Erfüllung seiner Quote nicht auf seinen gesamten Forstbestand zurückgreifen konnte. Der Direktor des Staatlichen Forstbetriebs Schleiz beklagte sich, dass »das Sperrgebiet ... ohne Anhörung und Mitwirkung des StFB Schleiz festgelegt [wurde]. Eine normale Bewirtschaftung ist kaum möglich.«[112] Das Forstpersonal erhielt nur unter erheblichem bürokratischem Aufwand und in Abstimmung mit den Grenztruppen Zugang. Der vom Grenzregiment 23 bewachte Abschnitt im Bezirk Magdeburg umfasste Wälder, die zu drei verschiedenen Forstbetrieben gehörten. Alle mussten den Zugang erst beim Regiment 23 beantragen.[113] Aus Sicherheitsgründen erhielten die Forstleute keine Karten vom Schutzstreifen und des Sperrgebiets, sodass sie nur über veraltete Informationen verfügten.[114] So ging ihnen mit den Jahren der Überblick über den

Bestand und den Zustand der Wälder an der Peripherie ihrer Reviere verloren. Kein Wunder, dass die Forstbeamten diese unzugänglichen und damit unproduktiven Wälder nicht besonders schätzten. Der Oberforstmeister des Forstbetriebs Schleiz in Südostthüringen versuchte wiederholt, die nicht nutzbringenden Wälder in seinem Zuständigkeitsbereich loszuwerden und an die Nationale Volksarmee abzugeben.[115]

Da die Grenztruppen in der Regel weder Interesse für forstwirtschaftliche Belange zeigten noch ein Bewusstsein dafür besaßen, blieben die Grenzwälder weitgehend sich selbst überlassen, sofern sie nicht der Anlage neuer Sperranlagen weichen mussten. Mit den von solchen Sicherungsmaßnahmen unberührten Grenzwäldern hatte man Anfang der 1970er Jahre dann andere Probleme. Die vorherrschenden Nadelwald-Monokulturen aus Kiefern und Fichten waren anfällig für Wind- und Schneebruch. In den Grenzwäldern ließ man umgestürzte Bäume einfach liegen, eine Einladung für den Borkenkäfer. Wenn sich der Befall zu einer »Kalamität« auswuchs, wie 1976/77, machte sich der Schädling auch über die bis dahin gesunden und produktiven Nachbarwälder her. Spätestens dann entschied man sich dazu, auch im Schutzstreifen etwas zu tun.[116] Für Forstleute der alten Schule erforderte ein produktiver Wald Pflege und Bewirtschaftung. Borkenkäferbefall galt ihnen als klares Zeichen von Vernachlässigung. Die Zuständigkeit für Grenzwälder, die sie praktisch nicht betreten durften, muss Forstbeamten dieser Generation ein Dorn im Auge gewesen sein.

Doch konnte diese Form der Vernachlässigung auch unvorhergesehene Folgen zeitigen. Sie befreite den Wald von einer wissenschaftlichen Bewirtschaftung und überließ ihn seinem natürlichen Lebenszyklus. Der Oberforstmeister von Schleiz berichtete über rund 336 Hektar Wald in seinem Revier, in dem es offenbar mehr als genug Unterholz, Totholz und Baumstümpfe gab: »Unaufgearbeiteter Wind- und Schneebruch, trockene, zum Teil umgestürzte, verfaulte und verfaulende Bäume einzeln und nesterweise in allen Altersklassen und Stärkegruppen kennzeichnen den üblen Waldzustand direkt an der

Staatsgrenze und im Sichtbereich der BRD.«[117] Das war für den Oberforstmeister ein unerträglicher Zustand. Der Zweck seines Schreibens war, Unterstützung im bürokratischen Gerangel mit den Grenztruppen um Zutritt zu diesen Wäldern zu bekommen, daher auch der Hinweis auf die Sichtbarkeit der Schäden vom Westen her. Aus dem Blickwinkel des Naturschutzes jedoch belegen seine Worte, dass das Grenzregime unbeabsichtigt Räume geschaffen hat, die der Kernzone eines Nationalparks ähneln, in denen der Wald sich selbst überlassen bleibt und den vollen Lebenszyklus durchläuft, zu dem naturgemäß eben auch für die Artenvielfalt wichtige »verfaulte und verfaulende Bäume« gehören. So wurden auch einige Grenzwälder zu grenzgeprägten Naturräumen. Das Grenzregime selbst war die Ursache für diese Entwicklung.

Im Jahr 1982 entdeckten die DDR-Behörden den mehr oder weniger ungenutzten Holzreichtum im Grenzgebiet wieder. Die für die Grenztruppen zuständigen Ministerien und die Forstbeamten trafen eine neue Vereinbarung, die den Schwerpunkt von *Pflegearbeiten* mit dem Ziel der maximalen Grenzsicherheit auf *Bewirtschaftung* zur Steigerung der Holzproduktion verlagerte. Selbst die Wälder auf der Westseite des äußersten Zauns wurden in die Mobilisierung der Holzvorräte einbezogen.[118] Die Umstellung begann mit Inventarisierungs- und Kartierungsarbeiten in der Hoffnung, die »vergessenen« Grenzwälder bis 1985 wieder in die regulären Bewirtschaftungspläne einbeziehen zu können.[119] Doch die Wälder wollten bei diesem neuen Plan nicht so recht mitspielen. Aufgrund der langjährigen Vernachlässigung kamen die Forstarbeiter kaum voran, was durch erneuten Schneebruch im strengen Winter 1981/82 noch verschärft wurde.[120] Außerdem führte das hehre Ziel, vergessene Waldbestände zu nutzen, keineswegs dazu, dass die Führung der Grenztruppen die Sicherheitsvorkehrungen lockerte. Wie gehabt wurde jeder Forstarbeiter einer Überprüfung seiner politischen Zuverlässigkeit unterzogen und benötigte eine Zutrittsgenehmigung für das Sperrgebiet. Die Erlaubnis zum Betreten des Schutzstreifens war noch komplizierter und erforderte eine strenge Überwachung, die wiederum einen zusätzlichen

Aufwand für die Grenztruppen bedeutete. Für diese verzweifelten Bemühungen zur Rettung der ostdeutschen Wirtschaft fehlte sowohl den Forstleuten als auch der Armee das nötige Personal. Eine Möglichkeit, die Aufsicht über die Forstarbeiter zu reduzieren, bestand darin, die Grenztruppen kurzerhand zu Waldarbeitern zu machen. So wurden im Bezirk Suhl tatsächlich Wehrpflichtige an der Motorsäge ausgebildet und in den Wald geschickt.[121] Ob die plötzlichen Aktivitäten in den Grenzwäldern letztlich erfolgreich waren, bleibt unklar. Höchstwahrscheinlich handelte es sich bei den erheblichen Anstrengungen 1984/85 nicht um Waldbewirtschaftung im eigentlichen Sinn, sondern lediglich um Noteinschläge, ein schnellstmögliches Abholzen kranker Bäume.[122]

In der Landwirtschaft gab es ähnlich verbissene Versuche, neue Ackerflächen zu erschließen. Das ostdeutsche Agrarwesen steckte seit Langem in einem Teufelskreis: Die auf maximalen Ertrag ausgerichteten Produktionsmethoden der DDR führten zu Bodenerosionen, zur Verseuchung von Böden und Grundwasser, zur Absenkung des Grundwasserspiegels und zur Eutrophierung der Oberflächengewässer.[123] Den sinkenden Erträgen versuchte man mit erhöhtem Düngemitteleinsatz, verstärkter Melioration und der Nutzbarmachung letzter brachliegender Flächen gegenzusteuern, wie sie im Grenzstreifen zu finden waren. Im Jahr 1985 registrierten Beobachter eine zunehmende landwirtschaftliche Aktivität im Schutzstreifen bei Lübeck und es kursierten Gerüchte, dass landwirtschaftliche Produktionsgenossenschaften beabsichtigten, einen Teil der Niemandslandschaften zu rekultivieren.[124]

Die DDR setzte die Ausweitung der landwirtschaftlich genutzten Flächen entlang der Grenze bis zu ihrem Ende fort. Im August 1989, weniger als drei Monate vor dem Fall der Mauer, trafen bei westdeutschen Behörden alarmierende Appelle ein, diesmal aus Franken. Ostdeutsche Meliorationstrupps hatten mit der Bearbeitung von Brachflächen im Grenzstreifen begonnen. Sie pflügten die Lebensräume einer Reihe von Vögeln und Fröschen unter, die auf der Roten Liste standen. Teilweise wurden Entwässerungsrohre gerade einmal 30 Meter von der Demarkationslinie entfernt verlegt. Wertvolle Schilfvegetation ging hektarweise verloren, und was die Ornithologen am meisten entsetzte, war, dass diese »Meliorationsarbeiten« mitten in der Brutzeit durchgeführt wurden.[125]

Am 9. November 1989, ausgerechnet, schickte der bundesdeutsche Umweltminister Klaus Töpfer einen Brief ab, in dem er die Einstellung dieser Eingriffe forderte.[126] Als das Schreiben Töpfers Amtskollegen Hans Reichelt in Ost-Berlin erreichte, war es von der Geschichte bereits überholt worden. In jener historischen Novembernacht veränderte sich die Dimension der Aufgabe: Nun ging es nicht mehr um den Erhalt einiger Biotope entlang der innerdeutschen Grenze, die ökologische Sanierung der gesamten DDR wurde eine der drängendsten Aufgaben des alsbald wiedervereinten Landes.

November 1989:
Von jubelnden Menschen und bedrohten Tieren

An dem Tag, an dem Töpfer an Reichelt schrieb, ging in Europa die Nachkriegszeit zu Ende. Szenen der Euphorie, die den Fall der Berliner Mauer am 9. November begleiteten, wiederholten sich in den folgenden Wochen entlang der innerdeutschen Grenze, wo immer Grenzübergänge eingerichtet wurden und sich Menschen, die einander durch die jahrzehntelange Trennung ihrer Gemeinden fremd geworden waren, zum ersten Mal wiederbegegneten. Die Grenze stand offen. Überall in Ostdeutschland übernahmen Bürger, die nur geringe oder gar keine Erfahrung in politischen Ämtern hatten, Verantwortung. Im März 1990 strömten die Ostdeutschen zu den ersten demokratischen Wahlen in der Geschichte ihres Landes an die Urnen. Bis zum Tag der Wiedervereinigung am 3. Oktober 1990 hatte eine frei gewählte DDR-Regierung unter Lothar de Maizière (CDU) rund sechs Monate, um das Land auf den Beitritt zur Bundesrepublik vorzubereiten. Es war eine Zeit großer Erwartungen, einmaliger Chancen und erster Enttäuschungen.

Wie ein Wirbelwind fegte der Wandel durch die Grenzregionen. Die offene Grenze führte bald zu Spannungen zwischen den Grenzgemeinden, die alle auf ihre Weise versuchten, ein Zipfelchen des historischen Moments zu erhaschen. Die explosive Mischung aus ungeahnten Gelegenheiten und unklaren Zuständigkeiten erzeugte eine fiebrige Goldrauschstimmung. Während Bundeskanzler Helmut Kohl schon »blühende Landschaften« für ganz Ostdeutschland vorhersagte, versuchten die Verantwortlichen im Grenzland, sich die Bedeutung dieser Metapher für ihre Ortschaften vorzustellen: Neue Straßen, Ferienanlagen und Arbeitsplätze in der Industrie sollten ein Ende der Peripherieexistenz ihrer Gemeinden einläuten. Bevor diese Träume auf die Realitäten trafen, wurden sie erst einmal zu einer ernsthaften Bedrohung für die grenzgeprägten Naturräume, die der Eiserne Vorhang geschaffen hatte. Der Konflikt zwischen Befürwortern einer raschen wirtschaftlichen Entwicklung und Naturschützern war vorprogrammiert. Letztere hofften, »das längste Biotop« als Grünes Band von der Ostsee bis zum Bayerischen Wald zu erhalten, so wie es Heinz Sielmann vorgeschwebt hatte. Doch die Bemühungen der Naturschützer kollidierten mit den Bestrebungen einer Mehrheit, möglichst rasch die Vereinigung zu vollziehen. Letztere wollte die Grenze – sehr zum Bedauern manch einer Grenzgemeinde heute – so schnell wie möglich spurlos beseitigt sehen.

In den Tagen nach dem Mauerfall entstanden zunächst improvisierte Übergänge an der innerdeutschen Grenze. Am 11. November erzwangen Anwohner von beiden Seiten die Öffnung der Grenze in Stapelburg (Ost), um über das Flüsschen Ecker nach Bad Harzburg (West) zu gelangen. Die Stahlmatten, die eben noch als Grenzzaun gedient hatten, wurden zu einer Brücke umfunktioniert.[127] An anderen Stellen wurden unter Einsatz schwerer Baumaschinen Befestigungselemente entfernt. Wo immer sich auf diese Weise ein neues Loch im Eisernen Vorhang auftat, strömten die Menschen auf die andere Seite. Im Verlauf weniger Tage weiteten sich solche Löcher zu halb offiziellen Grenzübergangsstellen mit regem Verkehr. Der Übergang in der Nähe des mecklenburgischen Dorfes Mustin östlich von

Nach der Grenzöffnung zwischen Eckertal und Stapelburg am 11. November 1989 strömten Menschen neben der ehemaligen Eisenbahnbrücke auf Behelfsstegen über die Ecker.

Ratzeburg zum Beispiel wurde zunächst nur für Fußgänger eröffnet, doch im Mai 1990 tuckerten täglich 4500 Autos hin und her, an Spitzentagen waren es weit über 10 000.[128] Die Übergänge entstanden zumeist dort, wo vor 1952 Straßen und Brücken Gemeinden verbunden hatten, manchmal aber auch auf freiem Feld. Jede neue Öffnung zog plötzlich Menschenmassen in die Niemandslandschaften, die viele Jahre lang kaum eines Menschen Fuß betreten hatte.

Auf beiden Seiten der Grenze war die Verkehrsinfrastruktur im Nu überfordert. Straßen mit einer Fahrspur pro Richtung, die noch vor Kurzem im Nirgendwo geendet hatten, mussten auf einmal Massen von Autos aufnehmen. Verkehrsregeln blieben dabei auf der Strecke, Autos parkten auf Wiesen und in Wäldern, an Seeufern und in Naturschutzgebieten. Die Eisenbahn bot keine praktikable Alternative. Zu viele grenzüberschreitende Bahnlinien waren längst außer Betrieb, sodass der Bahnverkehr nur an wenigen Stellen die Grenze passieren konnte. Reisende in Richtung Westen konnten froh sein, einen Platz in einem der überfüllten Züge zu ergattern. Einmal wurde sogar ein Zug gekapert: Ostdeutsche blockierten kurzerhand im sächsischen Reichenbach die Gleise des D-Zugs Rostock–München und forderten die Bereitstellung zusätzlicher Waggons für Passagiere, die nicht mehr hatten zusteigen können.[129]

Da die Bahn nur von begrenztem Nutzen war, blieb das Auto im Winter 1989/90 das bevorzugte Verkehrsmittel. Bewohner des Zonenrandgebiets beschwerten sich schnell über die Trabis und ihre Abgaswolken.[130] Bilder von Trabi-Staus, eingehüllt in bläulichen Zweitakter-Qualm, trugen mit dazu bei, dass Lokal- und Regionalpolitiker die Verbesserung der Verkehrsinfrastruktur im Grenzgebiet als vordringliche Aufgabe betrachteten. Ende 1989 vermochte noch niemand zu sagen, ob die umwälzenden politischen Veränderungen auf eine Konföderation der beiden deutschen Staaten oder auf eine Wiedervereinigung hinauslaufen würden – doch so oder so, die alten Straßen mussten asphaltiert werden und der »Brückenschlag« durfte nicht nur metaphorisch erfolgen. Die bayerische Staatsregierung hoffte, eine 16 Kilometer lange Lücke in der Autobahn zwischen Hof und Plauen innerhalb weniger Wochen schließen zu können. Viele Lokalpolitiker trugen Ideen für Umgehungsstraßen, Parkplätze und Autobahnzubringer vor, die offenbar schon lange in den Schubladen geschlum-

Nach der Grenzöffnung entstand bei Ratzeburg an der B208 zwischen Ziethen und Sande ein improvisierter Parkplatz auf freiem Feld.

mert hatten.[131] Die Trabi-Staus förderten nicht nur einen tatsächlichen Bedarf zutage, sie boten eine willkommene Gelegenheit, solche Ideen voranzutreiben. Die Infrastrukturprojekte verbanden sich mit der Hoffnung, dass die einstige Peripherie zum neuen Zentrum eines vereinten Deutschland, ja sogar zum Tor eines erweiterten Europa werden würde. Wie nicht anders zu erwarten, stießen die Forderungen von Umweltverbänden, sich weniger auf den Straßenbau als auf die Wiedereröffnung der Schienenverbindungen zwischen Ost und West zu konzentrieren, bei der Baulobby auf erbitterte Ablehnung.[132]

Doch nicht nur die Ostdeutschen wollten reisen. Am 13. November 1989 hob die DDR die Zugangskontrolle für das Sperrgebiet und den Schutzstreifen auf.[133] Die Besuchswelle, die seit dem 10. November in den Westen geschwappt war, rollte nun in den Osten, wenn auch in geringerer Stärke. Für das Frühjahr und den Sommer 1990 erwarteten das Gastgewerbe, die örtlichen Behörden und besorgte Ostdeutsche gleichermaßen, dass Millionen Westdeutsche die offene Grenze zur Erkundung der DDR nutzen würden. Manche erhofften sich Einnahmen, andere fürchteten sich vor dem Ansturm. Für die westdeutsche Tourismusbranche war die DDR ein unerschlossenes Gebiet, das nach Entwicklung rief.[134] Hatte eine Gemeinde einen See, eine Küste oder ein Gebirge vor der Haustür, kursierten alsbald Gerüchte über Pläne für Golfplätze und Ferienhotels. Die Befürworter einer nachhaltigen Entwicklung hatten es schwer, vor allem rund um Berlin. Die zwei Millionen West-Berliner hielt es nicht mehr auf ihrer Insel, auf der sie seit 28 Jahren ausgeharrt hatten. »Wir können nicht die Mauer stehen lassen, um das Umland zu schützen«, argumentierte sogar die West-Berliner Umweltsenatorin.[135]

Das ehemalige Sperrgebiet war für Ost- und Westdeutsche gleichermaßen von besonderer Bedeutung. Die Bürger der DDR, die von ihrer Regierung so lange daran gehindert worden waren, auch nur in die Nähe der innerdeutschen Grenze, des Rings um West-Berlin oder an weite Abschnitte der Ostseeküste zu kommen, wollten den Bann der Strukturen brechen, die sie so lange eingemauert hatten. Ausflüge zu den bislang unerreichbaren Seen, Wäldern und Küsten wurden zum Ausdruck ihrer neu gewonnenen Freiheit. Die Westdeutschen schätzten das DDR-Grenzgebiet vor allem als Ziel von Tagesausflügen. Es lag nahe genug, um abends wieder nach Hause zurückzukehren, solange Reisen ins Landesinnere wegen mangelnder Übernachtungsmöglichkeiten schwer umzusetzen waren. Aus welcher Richtung sie auch kamen, »von der Ostsee bis zum Frankenwald tuckern und tapern die Ausflügler vielerorts durch eine nahezu heile Tier- und Pflanzenwelt«.[136] Ihnen gemeinsam war das Gefühl, eine Tabuzone zu betreten, vielleicht sogar eine Eroberung zu machen: »Im Gefühl, erlaubt Verbotenes zu tun, bewegen sich Spaziergänger im Sperrgelände.«[137] Was aber gerade Ornithologen aufbrachte, war, dass diese Spaziergänge im Frühjahr 1990 mit der Brutzeit zusammenfielen. In den Wochen und Monaten nach der Grenzöffnung sahen sich Naturschützer immer wieder mit der allzu menschlichen Neigung konfrontiert, jeden Winkel zu erkunden. Ohne gesetzlichen Schutz der betreffenden Gebiete konnten sie nur an die Vernunft der Besucher appellieren, Zurückhaltung zu üben.[138] Doch der

Ein Paar erkundet im Sommer 1990 den Grenzzaun nahe Braunlage im Harz.

Ruf nach Zurückhaltung konnte inmitten einer Revolution, die Freiheit einforderte, nur verhallen. Die Zustände, die damals am berühmtesten Berg des Harzes, dem Brocken, herrschten, verdeutlicht diese Dynamik.

Seit der Romantik übt der Harz eine besondere Faszination auf die Deutschen aus. Heinrich Heine besuchte ihn, Caspar David Friedrich malte ihn, Johann Wolfgang von Goethe verewigte ihn nicht nur im *Faust,* sondern erklomm höchstpersönlich drei Mal den Brocken. Die von ihm gewählte Route trägt als »Goetheweg« bis heute seinen Namen.[139] Die innerdeutsche Grenze hatte den Harz durchschnitten und den Brocken der DDR zugeschlagen. Im Jahr 1952 wurden die Dörfer am Fuß des Berges Teil des Sperrgebiets. Besucher brauchten nun eine Genehmigung, um diese Ortschaften zu betreten oder am Brocken zu wandern. Ab August 1961 war der Zutritt zum Berg endgültig nur noch sowjetischem und ostdeutschem Militär möglich. Die Sowjets errichteten ihren westlichsten Horchposten auf dem Bergplateau und auch die Stasi nahm dort eine Abhörstation in Betrieb. Die gesamte Brockenkuppe mit ihren technischen Anlagen war von einer hohen Mauer umschlossen und der Boden im Innenbereich teilweise versiegelt.[140] Auch Naturforscher, für die der Brocken seit Jahrhunderten ein Studienobjekt gewesen war, hatten dort keinen Zutritt mehr. Nur noch selten drangen Nachrichten über den Zustand seiner einzigartigen subalpinen Flora und Fauna an die Öffentlichkeit.[141] Doch am 3. Dezember 1989 wanderten über 2000 Menschen den Berg hinauf und forderten ein Ende aller Zugangsbeschränkungen. Mit Transparenten, auf denen Parolen wie »Freie Bürger! Freier Brocken« zu lesen waren, versammelten sie sich vor dem Eingang zum ummauerten Plateau. In Anspielung auf das Brandenburger Tor in Berlin forderten sie von den Wachmannschaften so lange »Macht das Tor auf!«, bis diese schließlich nachgaben. Heute erinnert ein Gedenkstein mit der Aufschrift »Brocken wieder frei!« die Wanderer an jenen sonnigen Tag im Dezember 1989.[142]

Kaum »befreit«, zog der Brocken täglich Tausende Menschen an. Da der Berg über keine nennenswerte touristische Infrastruktur verfügte, trampelten die Wanderer ihre eigenen Pfade, hinterließen ihren Müll und erleichterten sich in der freien Natur.[143] Es dauerte nicht lange, bis Ornithologen einen Rückgang der Population empfindlicher Arten wie der Ringdrossel *(Turdus torquatus)* konstatierten.[144] Doch für die Einheimischen war der Berg das einzige Pfund, mit dem sie wuchern konnten. Schon bald standen sich eine Fraktion von Tourismusförderern und eine Fraktion von Naturschützern gegenüber. Die einen wollten die touristische Erschließung vorantreiben und werteten Plädoyers für die Bewahrung der Natur als »westliche Arroganz«, die anderen riefen zur Zurückhaltung auf und versuchten, die Wiedereröffnung der traditionellen Brockenbahn zu verhindern, die noch mehr Menschen anlocken würde. Als zwei Tage vor der Wiedereröffnung der Schmalspurbahn ein Stück der Gleise verschwand, verdächtigten die Einheimischen westliche Naturschützer, eine Art Öko-Terrorismus zu betreiben.[145]

Nicht nur die subalpine Vegetation des Brocken war in Gefahr, zu Tode geliebt zu werden: Anfang 1990 erreichten Naturschutzorganisationen alarmierende Nachrichten aus allen Richtungen. Motocross-Enthusiasten organisierten Rennen im Grenzstreifen, sogar im Drömling.[146] Landwirte, vor allem aus dem Westen, nutzten die unklare Rechtslage in der Übergangszeit der DDR und dehnten ihre Felder in das Niemandsland und den Schutzstreifen aus. Grasflächen, die jahrzehntelang unberührt geblieben waren, wurden plötzlich umgepflügt.[147] Am Heldrastein, wo die HGON den Wanderfalken *(Falco peregrinus)* ausgewildert hatte und für den Uhu *(Bubo bubo)* eine Schutzzone einrichten wollte, planten Investoren ein Sporthotel, das mit Klettermöglichkeiten an der Felswand lockte. Das Hotel konnten Naturschützer aus Hessen und Thüringen zwar verhindern, nicht jedoch, dass Menschen in Scharen zu den Muschelkalkfelsen hinaufstiegen. Wanderfreunde errichteten auf dem Bergplateau sogar eine Imbissbude, obwohl lokale DDR-Behörden den Heldrastein bereits als Naturschutzgebiet ausgewiesen hatten.[148]

Auch empfindliche aquatische Biotope wurden in Mitleidenschaft gezogen. Gleichzeitig mit der Aufhebung der Zugangskontrolle für das Sperrgebiet öffneten die DDR-Behörden auch sämtliche Seen entlang der Grenze für den Wassersport. Diese Nachricht mag Mitte November noch kein unmittelbares Interesse hervorgerufen haben, verhieß jedoch nichts Gutes für das Frühjahr 1990. Der Winter 1989/90 gab dem Gastgewerbe genug Zeit, sich auf die grenzüberschreitenden Ausflüge ihrer erwarteten Kundschaft vorzubereiten. Am Dassower See bei Lübeck beispielsweise plante ein Unternehmer die Einrichtung einer regelmäßigen Fährverbindung zwischen Travemünde (West) und Dassow (Ost).[149] Mit dem Fall der Grenzzäune lagen sowohl die Lauenburgischen Seen als auch die Mecklenburgische Seenplatte plötzlich schutzlos da.[150] Besondere Beachtung in der Presse fand das Schicksal des Schaalsees, das exemplarisch für das Aufeinanderprallen der Interessen von Naturschützern, Anwohnern des ehemaligen Sperrgebietes, erholungssuchenden Städtern und westlichen Glücksrittern steht.

Der Schaalsee ist von Hamburg und Lübeck aus gut zu erreichen. Sein Westufer wurde schon lange für die Naherholung genutzt, so gab es hier unter anderem einen Campingplatz. Sein Ostufer war als Teil des Schutzstreifens jedoch bislang nicht zugänglich gewesen. Kein Wunder, dass Wasservögel und seltene Tierarten wie der Fischotter

(Lutra lutra) regelmäßig das ruhigere Ostufer zum Brüten und zur Aufzucht ihrer Jungen wählten. Schon wenige Tage nach der Grenzöffnung wurde der See zum Ziel von Erkundungstouren in die Sperrzone. Eine Hamburger Zeitung empfahl ihren Lesern, die Kleinstadt Zarrentin (Ost) zu besuchen, wo ein Kilo Räucherfisch für nur 2,50 Mark zu haben war.[151] Westliche Zeitungsberichte über romantische Kopfsteinpflaster-Alleen und idyllische Backsteinhäuser mit Reetdächern versprachen eine längst verlorene Ursprünglichkeit, nach der sich westdeutsche Reisende angeblich sehnten. Das Gefühl, in die Landschaft der Kindheit zurückversetzt zu sein, zieht sich wie ein Leitmotiv durch die Reiseberichte über erste Ausflüge in das ostdeutsche Grenzgebiet.[152]

Was auch immer die Einwohner des ehemaligen Sperrgebiets über solche reisenden »Wessis« gedacht haben mochten, der Tourismus versprach ein Ende ihrer Isolation und eine dauerhafte Einnahmequelle. Die Bürgermeister von Zarrentin und des benachbarten Lassahn beschlossen, die nötige Infrastruktur zu schaffen. Den Anfang machte die Genehmigung für Freizeitboote, über 200 an der Zahl in Zarrentin und etwa 60 in Lassahn. Boote brauchen Stege und Anlegestellen, die auch alsbald mitten in den Schilfbewuchs der Ufer gesetzt wurden. Bäume mussten weichen, um Platz für die Anhänger zu schaffen, mit denen die Boote ans Wasser gebracht wurden. Und da diese Anhänger natürlich nicht ohne Autos auskamen, war mit Zulassung der Boote auch unausweichlich der Bau eines Parkplatzes geplant. Der Bürgermeister von Lassahn richtete außerdem eine Badestelle ein, um Schwimmern und Surfern einen bequemen Zugang zum See zu ermöglichen. Die Naturschützer mobilisierten umgehend die übergeordneten Behörden und schafften es zumindest, den Parkplatz zu verhindern. Daraufhin gründeten die Bürgermeister die »Interessengemeinschaft Schaalsee«, um die Naturschützer auszubremsen. So wie im Fall des Brockens hatte auch hier die von den Bürgermeistern geführte Fraktion der Tourismusförderer Argumente auf ihrer Seite. Woher, so fragten sie, nahmen die Naturschützer das Recht, den Bewohnern, die seit Jahrzehnten von oben gegängelt worden waren, schon wieder neue Regeln aufzuerlegen? Also jenen Bürgern, die in ihrer Bewegungsfreiheit eingeschränkt worden waren, die aufgrund der Lage ihrer Häuser Bildungs- und Berufschancen verloren hatten, die unter ständiger Beobachtung gelebt hatten und denen selbst der Zugang zu »ihrem« See verwehrt worden war? Die Sprecher der Interessengemeinschaft Schaalsee verwahrten sich dagegen, dass »die politische Grenze jetzt durch eine ›Naturschutzgrenze‹ abgelöst« werden könnte.[153] Die Fraktion der Naturschützer hingegen tat ihr Bestes, um zu verdeutlichen, dass es ihr nicht um die Einschränkung der Anwohner ging, sondern darum, eine Invasion vermögender Großstädter aus Hamburg zu verhindern.

Diese Befürchtungen waren wohlbegründet. Kaum war die Mauer gefallen, fielen Immobilienspekulanten aus dem Westen in die DDR ein. Zwar konnten sie dort zu diesem Zeitpunkt noch keine Immobilien legal erwerben, aber das hinderte sie nicht daran, Geschäfte über Strohmänner abzuwickeln. Sie köderten potenzielle Verkäufer zu einem Zeitpunkt mit dem raschen Zugang zur Westwährung, als die Modalitäten einer möglichen Währungsunion zwischen den beiden deutschen Staaten noch unbekannt waren.[154] Viele Immobilienhaie nahmen Ost-Berlin ins Visier, doch besonders begehrt waren Seegrundstücke, ob im Umland von Berlin oder in bequemer Fahrdistanz zu Hamburg. Jürgen Hinz, SPD-Abgeordneter im schleswig-holsteinischen Landtag, war einer von vielen, die die Versuche von Hamburgern, Areale am Ostufer des Schaalsees zu erwerben, kritisierten.[155]

Der Seeadler wartete nicht darauf, bis die Parteien ihren Konflikt beilegten. Die beiden bekannten Brutpaare am Schaalsee wurden seit Mai 1990 nicht mehr gesehen. Man konnte nur spekulieren, wer oder was sie letztlich vertrieben hatte. War es das Hamburger Ehepaar gewesen, das unter dem Horst in die Hände geklatscht hatte, bis die Vögel endlich das Weite suchten? War es der »Vogelfreund«, der mit einem gemieteten Hubschrauber das Nest von oben inspizierte?[156] Die Bewohner der Mecklenburgischen Seenplatte hatten das unangenehme Gefühl, dass ihre Landschaft geplündert wurde.[157]

Das Grüne Band wird geknüpft: Naturschutz in Zeiten des Übergangs

Westdeutsche Naturschützer hatten lange mit der traditionellen Spielart des Naturschutzes gerungen, die sich auf die Erhaltung ästhetisch reizvoller Kulturlandschaften konzentrierte, aber wenig dazu beitrug, den Rückgang der Artenvielfalt aufzuhalten.[158] Man verknüpfte Natur mit »Heimat« und war entsprechend bestrebt, Kulturlandschaften quasi »einzufrieren«, um ihren vertrauten Anblick zu bewahren. Auch nach der Abkehr von diesem konservativen Ansatz blieb immer noch die Frage, wie ökologische Prozesse in der natürlichen Umwelt wirkungsvoll geschützt werden konnten. »Es sind unsere Naturschutzgebiete hoffnungslos isoliert«, beklagte der Naturschutzaktivist Horst Stern, »eingekeilt zwischen intensiv genutztem, chemisch hochbelastetem Land und darum untauglich für wandernde Arten und den lebensnotwendigen Austausch ihrer Gene.«[159] Um dem Inselcharakter der Naturschutzgebiete entgegenzuwirken, wären viel größere Schutzgebiete vonnöten gewesen. Doch angesichts ihres relativ dicht besiedelten Landes taten sich die Westdeutschen mit der Idee großräumiger Nationalparks schwer. Schon die Einrichtung des ersten Nationalparks im Bayerischen Wald in den späten 1960er Jahren war von großen Auseinandersetzungen geprägt gewesen.[160]

Wenn nun aber großflächige Schutzgebiete im hoch industrialisierten Westeuropa kaum machbar waren, bot immerhin die Idee der Biotopvernetzung eine Lösung, Naturschutz auf breiter Fläche zu realisieren. Ende der 1980er Jahre fand dieses Konzept zunehmend Anhänger und entwickelte sich zu einem neuen Naturschutzmodell.[161] Zu dieser Zeit arbeitete die Europäische Union an einem europaweiten Netz von Naturschutzgebieten, das 1992 unter dem Namen Natura 2000 verabschiedet wurde.[162] Die grenzgeprägten Naturräume, die der Eiserne Vorhang geschaffen hatte, und Natura 2000 ergänzten sich hervorragend: Das DDR-Grenzregime hatte, natürlich mit einer völlig anderen Zielsetzung, einen 1393 Kilometer langen Nord-

Süd-Korridor geschaffen, der verschiedene Landschaftstypen miteinander verband. Das westdeutsche Umweltministerium griff die Idee, die Grenze zu einem »Grünen Band« zu entwickeln, bereitwillig als deutschen Beitrag zur EU-Agenda auf. Im Ministerium betrachtete man den Grenzstreifen als »prädestiniert, einen wesentlichen Beitrag zu NATURA 2000 zu leisten.«[163]

Abgesehen davon, dass es sich gut in andere politische Initiativen einfügte, fand das Marketing-Narrativ des Grünen Bandes in den frühen 1990er Jahren auf deutscher und europäischer Ebene auch sonst großen Anklang. Die Metaphern, die für das Naturschutzprojekt warben – »Vom Todesstreifen zur Lebenslinie«, »Grenzen trennen, Natur verbindet« –, machten sich die Geschichte des Kalten Krieges und den symbolischen Gehalt des Eisernen Vorhangs zunutze. Sie evozierten eine weitere oft zitierte Sentenz jener Tage: »Jetzt wächst zusammen, was zusammengehört«, soll der ehemalige Bundeskanzler Willy Brandt angesichts des Mauerfalls gesagt haben.[164] Das Grüne Band wurde zum idealen Naturschutzprogramm der postsozialistischen Ära, weil es die politischen Projekte der deutschen Einheit und der europäischen Integration auf überzeugende Weise verkörperte.[165]

Angesichts der vielfältigen Gefahren, die die Grenzöffnung mit sich brachte, taten sich west- und ostdeutsche Naturschützer rasch zusammen. So entstand eine Vielzahl von grenzüberschreitenden regionalen Bündnissen: In Hessen und Thüringen plante die »Arbeitsgruppe Naturschutz im Grenzland«, die Hohe Rhön zu einem gemeinsamen Naturschutzgebiet zu machen; die HGON griff ihre Pläne für die Werra-Auen wieder auf, für die sie im Bezirk Suhl kompetente Partner fand;[166] an den Lauenburgischen Seen arbeitete Thomas Neumann vom WWF mit den amtlichen Naturschützern der mecklenburgischen Grenzkreise zusammen; in Lübeck trafen sich im Januar 1990 haupt- und ehrenamtliche Naturschützer beider Seiten und forderten, den Grenzstreifen in der Umgebung vorläufig unter Schutz zu stellen.[167] Während sich die einzelnen regionalen Akteure auf die Landstriche in ihrem Bereich konzentrierten, schlugen der Bund für

Naturschutz in Bayern und der BUND vor, diese Projekte auf der Gesamtlänge der ehemaligen Grenze zusammenzuführen. Sie luden für den 9. Dezember 1990 zu einem Treffen nach Hof ein, zu dem auch ostdeutsche Naturschützer anreisten. Rund 400 Teilnehmer forderten in einer Resolution den Erhalt des Grenzstreifens als »Grünes Band«, welches das »ökologische Rückgrat Mitteleuropas« bilden sollte. Um Missverständnissen vorzubeugen, fügte man hinzu, dass eine solche Forderung »keine nachträgliche Rechtfertigung der Grenze« darstelle.[168] Darüber hinaus überschütteten Naturschutz-Initiativen sowie Privatpersonen westliche Bundes- und Landesbehörden mit Forderungen, Abschnitte der Grenze unter vorläufigen Schutz zu stellen und langfristige Pläne zu deren Erhaltung zu entwickeln.[169]

Ungeachtet dieser zahlreichen örtlichen und regionalen Initiativen waren die Naturschützer auf den Staat, oder besser gesagt auf *beide* deutsche Staaten angewiesen. Ziel war es, für das Grüne Band entlang der Grenze so viel Land wie möglich offiziell unter Naturschutz zu stellen. Dies zu versuchen, während sich die DDR zusehends auflöste, wurde zu einem Wettlauf mit der Zeit und stellte sowohl eine Herausforderung als auch eine noch nie dagewesene Chance dar. Der Auflösungsprozess der DDR setzte eine ungeahnte Veränderungsdynamik frei, die ostdeutsche Ökologen für den Naturschutz zu nutzen wussten. Der Zentrale Runde Tisch, der bis zu den Wahlen im März 1990 an die Stelle eines frei gewählten Parlaments trat, unterstützte ökologische Reformen. Ein weiterer Pluspunkt war die Neuausrichtung des DDR-Umweltministeriums: Minister Hans Reichelt trat zurück und der Biologe Michael Succow übernahm im Rang des stellvertretenden Ministers für Natur-, Umweltschutz und Wasserwirtschaft der DDR die Zuständigkeit für Fragen des Naturschutzes.[170]

Zu keinem Zeitpunkt in der Geschichte des deutschen Naturschutzes haben Umweltschützer so viel erreicht wie 1990. Zwei Tage vor der Wiedervereinigung am 3. Oktober trat das ehrgeizige Nationalparkprogramm (NPP) der DDR in Kraft. Mit fünf Nationalparks, sechs Biosphärenreservaten, drei Naturparks und mehreren Schutzgebieten umfasste es über vier Prozent der Landesfläche. Das NPP zeigt, wozu ostdeutsche Naturschützer nach der Befreiung von der SED-Bevormundung imstande waren.[171] Für die Geschichte des Grünen Bandes ist das NPP deshalb von Bedeutung, weil Landschaften im Grenzgebiet Teil dieses historischen Glücksfalls für den Naturschutz wurden. Zum NPP gehörten ein Nationalpark im Harz, ein Biosphärenreservat an der Elbe im heutigen Sachsen-Anhalt, ein Biosphärenreservat in der Thüringer Rhön sowie Naturparks im Drömling und am Schaalsee. Der Tatendrang in Ost-Berlin fand auch in den Bezirken und Kreisen Widerhall. In jedem Bezirk gab es plötzlich einen oder zwei hauptamtliche Naturschützer.[172] An der Grenze bestand ihre allererste Aufgabe darin, »ökologisch wertvolle Flächen innerhalb der 5-km-Zone« unter vorläufigen Schutz zu stellen. Zu diesem Zweck übernahmen die westdeutschen Initiativen zusammen mit ostdeutschen Freiwilligen die wichtige Aufgabe, die Biotope in verschiedenen Gebieten zu kartieren.[173] Im Februar 1990 konnte das Ost-Berliner Ministerium eine Liste von über fünfzig geplanten Naturschutzgebieten vorlegen, einen Monat später wurden sie offiziell ausgewiesen.[174] War die westdeutsche Regierung in den Jahren zuvor noch über die mangelnde Kooperation der DDR enttäuscht gewesen, so konnte sie nun mit der Flut von Aktivitäten auf der anderen Seite kaum noch mithalten. In Bonn klinkte sich Umweltminister Klaus Töpfer umgehend in das ostdeutsche Nationalparkprojekt ein. Er unterstützte nicht nur das NPP, sondern insbesondere die Naturschutzaktivitäten entlang der Grenze und zeichnete den denkwürdigen Satz ab: »Am Geld wird 1990 kein sinnvolles und ausgereiftes Projekt scheitern.«[175]

Die sich überschlagenden Ereignisse bei der Schaffung der NPP hatten jedoch auch Missverständnisse zwischen Ost und West zur Folge. Wenn die Ostdeutschen »Nationalpark« sagten, hörten die Westdeutschen »Naturpark«.[176] Unter den vielen Schutzkategorien des deutschen Umweltrechts war »Naturpark« die schwächste, da sie ausdrücklich auf Erholung und Tourismus ausgerichtet war.[177] Die bloße Erwähnung von »Naturparks« löste sofortigen Protest unter westdeutschen Naturschützern aus, die dergleichen als »Etikettenschwindel« bezeichneten.[178] Die Kategorien hatten jedoch nicht nur mit dem Schutzniveau zu tun, sondern auch mit der Finanzierung. Der Naturschutz lag im bundesdeutschen Föderalismus im Zuständigkeitsbereich der Länder. Der Bund hatte jedoch 1979 seine eigene Rolle durch ein Programm gestärkt, das Mittel für die Ausweisung von Schutzgebieten »mit gesamtstaatlich repräsentativer Bedeutung« bereitstellte.[179] Töpfer legte 1990 die »gesamtstaatlich repräsentative Bedeutung« so großzügig wie möglich aus, um Succows NPP zu unterstützen. Doch er musste dabei auch umsichtig vorgehen. Die DDR war nach wie vor ein selbstständiger Staat. Noch waren die Rufe nach einem »dritten Weg« des Sozialismus nicht verstummt und erste Erfahrungen mit dem westdeutschen Kapitalismus hatten bei vielen Ostdeutschen die Angst vor einer »Annexion« oder »Kolonisierung« des Ostens durch den Westen aufkommen lassen. »Die DDR darf von uns nicht zu mehr Naturschutz verpflichtet werden, weil sie ökologisch gute Gebiete hat«, hielt er den westlichen Naturschutzverbänden entgegen, die ihn stetig unter Druck setzten, den Grenzstreifen unter Schutz zu stellen.[180] Einfacher wurde die Situation für die Bonner Bürokratie am 1. Juli 1990, als parallel zur Währungsunion, die die D-Mark brachte, auch die Umweltunion in Kraft trat. Im Vorgriff auf die Wiedervereinigung dehnte sie das westdeutsche Umweltrecht auf die DDR aus. Zu diesem Zeitpunkt war das NPP noch nicht Realität, aber auf einem guten Weg.[181]

So wichtig Töpfers politische Unterstützung auch war, die großen grenzüberschreitenden Projekte konnten ohne die westdeutschen Bundesländer nicht realisiert werden. Dabei hatten jene Vorhaben, die schon vor 1989 Teil der westdeutschen Bemühungen zur Einrichtung grenzüberschreitender Naturschutzgebiete gewesen waren, die größten Erfolgschancen, weil es für sie auf Westseite bereits umfangreiche Vorarbeiten wie Biotopkartierungen gab. Dennoch waren politischer Wille und der ständige Druck der Umweltverbände unerlässlich. Bayern und Hessen schlossen sich mit dem Bezirk Suhl (ab Oktober 1990 zum Freistaat Thüringen gehörig) zusammen, um das Biosphärenreservat Rhön zu schaffen.[182] In Schleswig-Holstein war die Landesverwaltung bereit, eine Naturschutzinitiative auf den Weg zu bringen, die auf Barschels Programm aus dem Jahr 1985 aufbaute. Allerdings wurde die Ausweisung des Schaalsees als Naturschutzgebiet durch Streitigkeiten zwischen SPD und CDU im Landtag verzögert. In der Zwischenzeit stellten die östlichen Grenzkreise ihren Teil des Sees unter vorläufigen Schutz.[183] Aus dem Schaalsee und dem Drömling wurden letztlich nur »Naturparks«, da die strengere Kategorie »Naturschutzpark«, die Succow vorschwebte, keine Grundlage im westdeutschen Umweltrecht hatte. Das Bundesland Mecklenburg trieb die Schutzmaßnahmen im östlichen Teil des Schaalsees weiter voran, der dadurch im Jahr 2000 den begehrten UNESCO-Status eines Biosphärenreservats erhielt. Schleswig-Holstein folgte dem mecklenburgischen Beispiel allerdings nicht, auf westlicher Seite blieb der Schaalsee ein Naturpark.[184] Niedersachsen wiederum erwies sich als stur und blockierte die Ausdehnung des Nationalparks Harz auf sein Territorium mit der Begründung, die Frist bis 1990 sei zu knapp bemessen. Der CDU-geführten Landesregierung schwebte wohl eher die Entwicklung des Tourismus vor.[185] Im Oktober 1990 entstand dann tatsächlich ein 5900 Hektar großer Nationalpark Harz, der ausschließlich auf der Ostseite der ehemaligen Grenze lag – der kleinste Nationalpark innerhalb des NPP. Unter einer neuen, von SPD und Grünen geführten Landesregierung richtete Niedersachsen schließlich ein 16 000 Hektar großes westliches Pendant ein. Doch erst 2006 wurde auch dieses letzte Teilstück der deutschen Einheit realisiert: die Zusammenlegung der Nationalparks Ost- und Westharz.[186]

Akzeptanz für den Erhalt ökologisch wertvoller Landschaften zu gewinnen, ist zu allen Zeiten ein komplexes Unterfangen. Die Interessen von Wirtschaft und Naturschutz prallen auf unterschiedlichen Ebenen aufeinander, der Konflikt zwischen Ökologie und Tourismus ist nur einer von vielen. Beschränkungen der Landnutzung und des öffentlichen Zugangs zu Kernzonen in Schutzgebieten sorgen für

Unruhe bei den Anwohnern, die solche Maßnahmen oft als unzulässige Einmischung von »Außenstehenden« empfinden.[187] Dass es sich bei den fraglichen Landschaften um den ehemaligen Grenzstreifen handelt, verschärfte die Gegensätze nur noch. Die ostdeutschen Bewohner des ehemaligen Sperrgebiets sahen sich moralisch im Recht, wenn sie ihre Befürchtungen über neue Einschränkungen äußerten. Der Vorwurf, die Naturschützer wollten eine neue »grüne Grenze« errichten, war nicht einfach zu entkräften. In seiner aggressivsten Ausprägung wurde er mit dem sarkastischen Vorschlag verknüpft, zum Schutz der Vögel gleich auch wieder Minenfelder anzulegen.[188] In der Wahrnehmung der Einheimischen verschmolz die alte mit der angeblich neuen »grünen« Grenze noch stärker, wenn die Verwaltungsstellen der Naturschutzgebiete die Gebäude ehemaliger DDR-Einrichtungen übernahmen. Die erste für den Drömling zuständige Dienststelle bezog ein zuvor von der Stasi genutztes Gebäude in der Nähe von Calvörde. Einmal wurde es komplett verwüstet und für den Schutz der Kernzone des Drömlings musste anfangs ein privater Sicherheitsdienst engagiert werden.[189]

Friedrich Karl Fromme, innenpolitischer Redakteur der *Frankfurter Allgemeinen Zeitung,* übte beißenden Spott am Projekt Grünes Band. In einem Leitartikel unter dem Titel »Die DDR als Naturschutzgebiet?« machte er sich über die romantisierenden Reiseschilderungen lustig, die die DDR als ein längst vergangenes Deutschland beschrieben, in dem »fast alles wie früher war«. Fromme warf den Naturschützern vor, dem »sentimentalen Wunsch« nachzuhängen, die DDR möge als eine Art »Alt-Deutschland-Museum« erhalten bleiben, dabei aber die wirtschaftlichen Perspektiven der meisten Ostdeutschen, die dort lebten, egoistisch außer Acht zu lassen. Vor allem die Bewohner des Sperrgebiets, schrieb er, »wollen nicht in einem Reservatgebiet neuer Art leben, womöglich wie Eingeborene in Landestracht, die gelegentlich besichtigt werden«. Die Bewohner begrüßten den Tourismus, konstatierte Fromme, und die Rolle der Naturschützer solle sich darauf beschränken, »Stilwidrigkeiten [zu] vermeiden«.[190] Doch sechs Monate später konnte Frommes Blatt nur noch ungläubig feststellen, dass das, was ihm wie eine verrückte Vision vorgekommen war, Realität wurde – die Naturschützer knüpften tatsächlich ein Grünes Band.[191]

In den frühen 1990er Jahren stellten sich der Realisierung des Grünen Bandes zwei weitere große Hindernisse entgegen, die beide eng mit der Geschichte der innerdeutschen Grenze verbunden waren: Minen und Restitutionsansprüche. Zwischen 1961 und 1985 waren entlang der Grenze rund 1,3 Millionen Landminen verlegt worden. Zwar waren die Minen Mitte der 1980er Jahre von den DDR-Grenztruppen geräumt worden, doch nach der Wiedervereinigung stellte das Bundesverteidigungsministerium auf der Grundlage von NVA-Karten fest, dass auf einer Gesamtstrecke von rund 190 Kilometern entlang der Grenze immer noch Gefahr durch diese tückischen Waffen drohte. Es beauftragte daher private Unternehmen mit ihrer Beseitigung. Diese pflügten den Grenzstreifen mit Minenräumpanzern quasi um und hinterließen ihn in einem Zustand, der ihn für die landwirtschaftliche Nutzung attraktiv machte.[192] Der Bund für Naturschutz protestierte umgehend, insbesondere da die Minenräumung mitten in der Brutzeit 1991 begann.[193] Das rief wiederum prompt Kritik an den Naturschützern hervor, denen man vorwarf, das Wohl von Tieren über menschliches Leben zu stellen. Doch die Forderung der Naturschützer lautete lediglich, die Minennachsuche in Gebieten einzustellen, in denen es nachweislich nie Minenfelder gegeben hatte, und ansonsten weniger invasive Methoden anzuwenden.[194] Das Verteidigungsministerium in Bonn wiederum erklärte, es habe alles seine Ordnung, und teilte den Umweltschützern mit, die Natur werde sich sicherlich schnell regenerieren.[195] Im Februar 1994 wurde die Suche nach Minen erneut auf Gebiete ausgedehnt, die bislang als sicher galten. Letztlich ist das Problem nie vollständig gelöst worden, noch immer werden Minen im Grenzgebiet vermutet.[196]

Eine andere Bedrohung des Grünen Bandes waren ungeklärte Eigentumsfragen. Die DDR hatte in großem Umfang Privatbesitz enteignet. Wann immer für den weiteren Ausbau der Anlagen an der innerdeutschen Grenze oder um West-Berlin zusätzliches Gelände benötigt wurde, konfiszierte es die SED-Diktatur kurzerhand. Nach 1990 forderten die früheren Eigentümer die Rückgabe dieser sogenannten Mauergrundstücke. Im Jahr 1996 verabschiedete der Bundestag ein Gesetz, wonach ehemalige Eigentümer ihren verlorenen Besitz weit unter Marktpreis zurückkaufen konnten.[197] Ein Jahr später lagen der Bundesregierung bereits 4053 dementsprechende Anträge vor.[198] Das Gesetz sah auch vor, dass das Bundesfinanzministerium die restlichen Grundstücke im Grenzstreifen veräußern und den Erlös an die neuen Bundesländer in der ehemaligen DDR auszahlen sollte.[199] Ob die alten/neuen Eigentümer mit den Naturschutzverbänden zum Erhalt des Grünen Bandes zusammenarbeiten würden, war fraglich. Außerdem war durch das Gesetz die paradoxe Situation eingetreten, dass ein Bundesministerium (Finanzen) sich anschickte, Land zu verkaufen, das ein anderes Bundesministerium (Umwelt) zu schützen versprochen hatte.[200] Der Durchbruch kam 2002, als SPD und Grüne kurz vor der Bildung ihrer zweiten Koalitionsregierung unter Bundeskanzler Gerhard Schröder das Grüne Band in ihren Koalitionsvertrag aufnahmen und sich verpflichteten, ökologisch wertvolle Flächen nur an Naturschutzorganisationen zu veräußern.[201] Das Grüne Band hat seitdem seinen Status als eines der prominentesten deutschen Naturschutzprojekte gefestigt: 2005 wurde es zum Nationalen Naturerbe und 2018 in Teilen zum Nationalen Naturmonument erklärt, eine Nominierung als UNESCO Weltkulturerbe steht seit einigen Jahren zur Diskussion.[202]

Die zahlreichen Initiativen der Naturschutzverbände nach 1989 hatten rund 177 Quadratkilometer Land, also 85 Prozent des ursprünglichen Grenzstreifens gesichert, der Rest war bereits stark geschädigt. Allerdings sind Bemühungen im Gange, die dadurch entstandenen Lücken im Grünen Band zu schließen.[203] Im Jahr 2001 stellten Ökologen auf der Grundlage einer vom Bund finanzierten Kartierung 109 verschiedene Habitate innerhalb des Grünen Bandes fest, zehn Jahre später sogar 146. Fast die Hälfte davon gilt als gefährdet und so war es nicht verwunderlich, dass von den 160 Tier- und Pflanzenarten in diesen Lebensräumen ebenfalls die Hälfte gefährdet und acht sogar vom Aussterben bedroht waren.[204] Ein kurzer Blick in die Bestandsaufnahme im Coburger Raum, wo Kai Frobel Mitte der 1970er Jahre mit seinen Kartierungen begann, scheint diesen Trend zu bestätigen: Bis 2011 waren Grauammer *(Emberiza calandra)* und Ziegenmelker *(Caprimulgus europaeus)* verschwunden, die Bestände von Bekassine *(Gallinago gallinago)*, Braunkehlchen *(Saxicola rubetra)* und Raubwürger *(Lanius excubitor)* drastisch reduziert.[205] Ein Grund dafür war natürliche Sukzession: Diese Vögel sind auf Offenlandschaften angewiesen, doch wo die DDR-Grenzsoldaten bisher den Bodenbewuchs kurzgehalten hatten, breiteten sich nun Büsche und Birken aus. Das Grüne Band versucht daher, Offenland wiederherzustellen.[206] Ein weiterer Grund ist jedoch die Tatsache, dass die Naturschützer die befürchtete neue Grenze nie geschaffen haben.

Die Geschichtlichkeit von Landschaft

Dieses Kapitel hat aufgezeigt, wie die innerdeutsche Grenze und alle Aktivitäten, die zu ihrem Funktionieren notwendig oder im Gegenteil plötzlich untersagt waren, die anliegenden Naturräume verändert haben. Wenn man die Auswirkungen des Grenzregimes nicht vom Ende her betrachtet, sondern chronologisch vorwärts untersucht, wird deutlich, dass sie keineswegs ausschließlich nachteilig, aber auch nicht immer vorteilhaft für Natur und Tierwelt waren. Daher lässt sich der dynamische Einfluss des Grenzregimes weder durch ein Narrativ der Naturzerstörung, noch durch eines der Naturbewahrung hinreichend erfassen. Das, was ich als grenzgeprägte Naturräume bezeichne, entstand im Zuge der sich ständig entwickelnden materiellen Präsenz des Eisernen Vorhangs sowie durch die verminderte wirtschaftliche Aktivität und Bevölkerungsdichte in den Gebieten beidseits der Grenze. In den 1970er Jahren begann man, die Veränderungen, die das Grenzregime für bestimmte Landschaftstypen zur Folge hatte, als positiv für die Natur wahrzunehmen. Der Ornithologe Rudolf Berndt mag 1968 der Erste gewesen sein, der die Auswirkungen der Grenze als eine Gelegenheit für den Naturschutz erkannte und sie im Drömling auch ergreifen wollte. Ihm folgten freilich andere Naturschützer nach, die in verschiedenen Regionen den ökologischen Wert der Biotope entlang der Grenze erkannten. Diese veränderte Wahrnehmung wurde durch ein wachsendes Gefühl des Verlustes vertrauter Landschaften und der darin lebenden Artenvielfalt im Rest des Landes gefördert und sie markiert den Beginn des Narrativs, demzufolge aus der zweifellos tragischen Situation der Teilung doch immerhin etwas Gutes entstanden sei.

So sehr die Entstehung der grenzgeprägten Naturräume eine unbeabsichtigte Folge des Grenzregimes war, ihre letztendliche Anerkennung als positives Ergebnis unglücklicher Umstände war ein bewusster Schritt. Westdeutsche Naturschützer begrüßten die grenzgeprägten Naturräume als Refugium gefährdeter Pflanzen- und Tierarten nicht nur um ihrer selbst willen, sondern auch, weil sie eine Möglichkeit boten, das Bewusstsein für die Umweltzerstörung im Rest des Landes zu schärfen.[207] Westdeutsche Politiker versuchten, sie als Einstieg in weitere Umweltverhandlungen mit der DDR zu nutzen, und protestierten sogar, als die ostdeutschen Behörden in letzter Minute die grenzüberschreitenden Biotope als ungenutzte Ressourcen ins Auge fassten. Der ökologische Wert des Grenzgebiets stand also schon lange vor dem Fall der Mauer außer Frage. Bereits in den 1980er Jahren hatte man in der Bundesrepublik die Einrichtung von Naturschutzgebieten entlang der Grenze erwogen. Im vierten Jahrzehnt der Teilung zeigte sich damit auch an der innerdeutschen Grenze der weltweite Trend, dass entlang politischer, insbesondere umstrittener Grenzen »grüne Pufferzonen« entstanden.[208] Dies ist auch deshalb bemerkenswert, weil zur gleichen Zeit das Augenmerk in den innerdeutschen Beziehungen auf grenzüberschreitender Umwelt*verschmutzung* lag.

Die grenzgeprägten Landschaften blieben nicht statisch, nachdem das Ende der DDR eine andere Landnutzung ermöglichte. Heutige Besucher des Grünen Bandes können nur noch schwer erkennen, wo sich einst die Sperranlagen befanden. Interpretierende Hinweise führen sie durch das Gelände.[209] Auch die Naturschutzmaßnahmen selbst tragen zu diesen Veränderungen bei. Äcker, die in der Umbruchzeit nach 1989 (illegal) vergrößert worden waren, werden in offenes Grasland zurückverwandelt. Dort, wo sich auf den zahlreichen Grenzzäunen gerne Vögel niedergelassen hatten, stehen heute Ansitzpfähle im Grünland. Bestimmte Arten wie der Eurasische Luchs *(Lynx lynx)* werden (wieder) angesiedelt und über Peilsender beobachtet. Bäche und Flüsse werden renaturiert und neue Teiche angelegt. So entsteht aus den Maßnahmen zur Bewahrung der grenzgeprägten Naturräume etwas Neues.[210] Zentraleuropäische Landschaften wurden über Jahrhunderte von verschiedenen Kulturtechniken geprägt. Auch die Aktivitäten des Naturschutzes kann man als eine Kulturtechnik begreifen, die die Landschaft formt. Das Grüne Band sollte deshalb nicht als »unberührte Natur« oder gar als »Wildnis« missverstanden werden. Wer den früheren Grenzstreifen besucht, tut gut daran, sich zu erinnern, dass »Begegnungen mit der Natur selbst nicht natürlich sind. Sie sind kulturell.«[211]

Wie dieses Kapitel gezeigt hat, reicht die Entstehungsgeschichte des Grünen Bandes tiefer, als es bislang häufig dargestellt wurde. Sie besteht nicht nur aus den materiellen Veränderungen der natürlichen Umwelt, die das Grenzregime verursacht hat, sondern auch aus der zeitgenössischen Wahrnehmung und Aneignung dieser Veränderungen. Der Hinweis auf eine differenziertere Entstehungsgeschichte des Grünen Bandes entwertet nicht die Errungenschaften der Naturschutzbemühungen. Wie der Geograf David Havlick bemerkt, »würden nur wenige einen militarisierten Todesstreifen einer Reihe der Erholung und dem Naturschutz gewidmeter Naturrefugien vorziehen«.[212] Ob die Historizität der Landschaft längerfristig bewahrt werden kann, hängt auch davon ab, ob und wie ihre Geschichte künftig erzählt wird.

6 Der nukleare Brennstoffkreislauf im Grenzgebiet: Gorleben und die Energiezukunft der Bundesrepublik

Bei einer Pressekonferenz am 22. Februar 1977 trat Ernst Albrecht an eine Wandkarte. Seine rechte Hand schien sich in Richtung Berlin zu bewegen, hielt aber auf der Höhe der innerdeutschen Grenze inne, sank auf einen Punkt südlich der Elbe ab und wies schließlich auf einen Ort namens Gorleben. Der niedersächsische Ministerpräsident hatte die Gemeinde im Grenzlandkreis Lüchow-Dannenberg soeben zum Standort für das bisher ehrgeizigste und teuerste Industrieprojekt Westdeutschlands erklärt. Gorleben lag in einem dünn besiedelten Gebiet über einem tief reichenden Salzstock. Hier beabsichtigte die Bundesrepublik, den nuklearen Brennstoffkreislauf durch den Bau einer Wiederaufbereitungsanlage für Kernbrennstoffe und eines Endlagers für hochradioaktiven Abfall zu schließen. Gorleben im Grenzgebiet wurde so zum Dreh- und Angelpunkt der künftigen Energieversorgung Westdeutschlands, wie sie Mitte der 1970er Jahre konzipiert war. Unter Atomkraftländern wurde dies als Sensation aufgefasst, weil die Bundesrepublik im Begriff zu sein schien, »den ersten voll integrierten ›Brennstoffkreislaufpark‹ der Welt« anzulegen.[1] Dieses »Nukleare Entsorgungszentrum« (NEZ), wie es offiziell hieß, sollte Lagerbecken für Kernbrennstäbe, eine Anlage zur Wiederaufbereitung von rund 1400 Tonnen abgebranntem Kernbrennstoff pro Jahr, eine damit verbundene Brennelementefabrik, eine Verglasungsanlage zum Einschluss hochradioaktiver Abfälle und einen Salzstock umfassen, in dem die so eingeschlossenen Abfälle endgültig gelagert würden. Die Anlage sollte also alle nachgeschalteten Prozesse des Kernbrennstoffkreislaufs an einem Standort vereinen. Die Baukosten des

NEZ wurden mit 11 Milliarden DM, die Bauzeit mit 15 Jahren veranschlagt.[2] Die Standortentscheidung spaltete die Bürger des Landkreises Lüchow-Dannenberg sofort in diejenigen, die Gorleben als Segen für die lokale Wirtschaft sahen, und jene, die das Risiko der Atomtechnologie ablehnten. Statt der erwarteten Zustimmung zu den Plänen der Regierung stießen die niedersächsischen Behörden auf eine hartnäckige lokale Widerstandsbewegung, der sich mit ähnlichen Anti-Atomkraft-Protesten in anderen Landesteilen verband. So entwickelte sich im Grenzgebiet die bislang längste Anti-Atom-Kampagne der Bundesrepublik.

Die Bedeutung von Gorleben für die deutsche Energiegeschichte kann nicht hoch genug eingeschätzt werden. Die Pläne für einen nuklearen »Brennstoffkreislaufpark« und allein schon die Idee der Schließung des Brennstoffkreislaufs spiegeln den Optimismus wider, der in den 1970er Jahren in Bezug auf die friedliche Nutzung der Atomenergie herrschte.[3] Politisch stand die Konzeption eines nationalen Entsorgungszentrums in Gorleben eng in Zusammenhang mit den Erfahrungen des ersten Ölpreisschocks von 1973 und den Bestrebungen, die westdeutsche Energieversorgung durch eine Erhöhung des Anteils der Atomenergie gegenüber fossilen Energieträgern zu diversifizieren, um eine erwartete Energieknappheit abzuwenden und das Wirtschaftswachstum zu sichern.[4] Mitte der 1970er Jahre legte die Bundesregierung ein »integriertes Entsorgungskonzept« vor, das die Wiederaufbereitung von bestrahlten Brennelementen der direkten Endlagerung (ohne Wiederaufbereitung) vorzog. Die Energieversorger wurden kurz darauf durch eine Politik des »konstruktiven Zwangs« in diese Konzeption einbezogen, indem die Genehmigung neuer Atomkraftwerke an den Nachweis der Entsorgungsvorsorge für abgebrannte Brennelemente und andere radioaktive Abfälle gekoppelt wurde. Das Verursacherprinzip wurde damit auf die Erzeugung von Atomenergie angewendet.[5] Während sich die Anti-Atomkraft-Bewegung Anfang der 1970er Jahre auf den Protest gegen einzelne Kraftwerksprojekte konzentriert hatte, fiel Gorleben in seiner ursprünglichen Konzeption in eine andere Kategorie. Das 1976

Auf einer Pressekonferenz in Hannover nominierte der niedersächsische Ministerpräsident Ernst Albrecht im Februar 1977 die Gemeinde Gorleben als Standort für das geplante »Nukleare Entsorgungszentrum«.

beschlossene Junktim von Genehmigung und Entsorgungsnachweis machte Gorleben zum Hauptziel der Anti-Atomkraft-Bewegung: Gegen das NEZ zu protestieren, es gar zu verhindern, versprach mehr Einfluss auf die Energiepolitik als der Protest gegen einzelne Atomkraftwerke, so beunruhigend diese für die jeweilige Standortgemeinde auch gewesen sein mögen.[6]

Der Konflikt um Gorleben wurde in mehrfacher Hinsicht durch die Lage des Standorts im Zonenrandgebiet geprägt – die Gemeinde war nur drei Kilometer von der Grenze entfernt. Für die Verantwortlichen in Lüchow-Dannenberg etwa war die Entscheidung für Gorleben mit der Hoffnung auf wirtschaftliche Entwicklung verbunden. Sie hatten gelernt, bei ihren Bemühungen um staatliche Subventionen für den Landkreis die »Grenzkarte« auszuspielen. Das NEZ stellte industrielle Arbeitsplätze, die Zuwanderung neuer Einwohner und einen stetigen Fluss staatlicher Investitionen und Unternehmenssteuern in Aussicht, die es dem Landkreis ermöglichen würden, viele jener Probleme anzugehen, für die die Fürsprecher des Zonenrandgebiets traditionell die Grenze verantwortlich gemacht hatten. Mehr als zwei Jahrzehnte des Wetteiferns um staatliche Hilfen hatten nicht nur das Verhältnis dieses agrarisch geprägten Landstrichs zu den Landes- und Bundesbehörden geprägt, sondern auch dazu geführt, dass die lokalen Mandatsträger geradezu erpicht darauf waren, den Landkreis in eine Atomgemeinde zu verwandeln, die das atomare Risiko im Tausch gegen Wohlstand in Kauf nahm.[7] Hinsichtlich der grenzüberschreitenden Umweltbeziehungen war vorhersehbar, dass die Nähe Gorlebens zur innerdeutschen Grenze unvermeidlich die DDR auf den Plan rufen würde und langwierige Verhandlungen mit dem schwierigen Nachbarn zu befürchten waren. Daher wurde die Standortwahl zum Zankapfel zwischen Ministerpräsident Albrecht (CDU) und Bundeskanzler Helmut Schmidt (SPD), der sich auch um die Sicherheit des waffenfähigen Plutoniums sorgte, das aus einer möglichen Wiederaufbereitunganlage in unmittelbarer Nähe zum Eisernen Vorhang gewonnen würde. Schließlich beeinflusste die Grenze auch den Anti-Gorleben-Protest, sowohl was seine Methoden als auch seine Zusammensetzung betraf. Die örtliche Protestbewegung, eine Koalition aus städtischen Intellektuellen und Bauern, entstand aus linksalternativen Zirkeln im Landkreis, die sich gerade deshalb dort gebildet hatten, weil die Nachkriegsmodernisierung am Zonenrandgebiet weitgehend vorbeigegangen war und sie dort das Gefühl hatten, zu einem authentischeren Leben jenseits der Großstadt zu finden. Die Standortdebatte um Gorleben zeigt einmal mehr, dass das Grenzgebiet der sensibelste geografische Raum Westdeutschlands war, in dem sich politische Konflikte durch die Präsenz des Eisernen Vorhangs verschärften.

Weder eine Wiederaufbereitungsanlage noch ein Endlager gingen jemals in Gorleben in Betrieb. Vielmehr wurde das Projekt zu einem spektakulären und kostspieligen Misserfolg.[8] Angesichts massiver Proteste und unter dem Eindruck des Reaktorunfalls im Kraftwerk Three Mile Island in Harrisburg in Pennsylvania zog Ministerpräsident Albrecht im Mai 1979 seine politische Unterstützung für die

Wiederaufbereitungsanlage zurück. Auch das anschließende Vorhaben, eine Wiederaufbereitungsanlage im bayerischen Wackersdorf zu errichten, stieß auf heftigen Protest und wurde 1989 aufgegeben.[9] In der Zwischenzeit zahlte die deutsche Atomindustrie für Wiederaufbereitungskapazitäten in Frankreich (La Hague) und in Großbritannien (Windscale/Sellafield), blieb aber vertraglich verpflichtet, die bei der Wiederaufbereitung anfallenden hochradioaktiven Abfälle zurückzunehmen. Der Bau eines Endlagers war also durch die Aufgabe der Wiederaufbereitungspläne nicht obsolet geworden.

Letztlich erhielt Gorleben nur ein oberirdisches Atommülllager, das als Zwischenlösung bis zur Fertigstellung einer unterirdischen Kaverne gedacht war. Zu diesem Zweck wurde auch die Erkundung des Salzstocks fortgesetzt.[10] Proteste verzögerten jeden Schritt des Ausbaus Gorlebens für atomare Zwecke. Das politische Ziel eines zentralen Atommüllendlagers wurde langsam, aber sicher von der Realität dezentraler Direktlagerung aufgeweicht.[11]

Gorleben spiegelte die (west-)deutsche Atomenergiepolitik nicht nur wider, sondern prägte sie von 1977 an und über die Zäsur von 1990 hinaus. Der Ort, an dem die Bundesrepublik den nuklearen Brennstoffkreislauf hatte schließen wollen, wurde ungewollt zu einem Denkmal für den atomaren Optimismus und Ehrgeiz der 1970er Jahre und zum Symbol für die ungelösten Probleme der Ewigkeitslagerung von Atommüll. Um die Tragweite des Gorleben-Projekts in seiner ursprünglichen Konzeption zu ermessen, gibt der folgende Abschnitt einen kurzen Überblick über die Annahmen und Erwartungen, die die westdeutsche Vorstellung von der Notwendigkeit eines nuklearen »Brennstoffkreislaufparks« prägten.

Die globale Dimension von Gorleben

Als Ministerpräsident Albrecht Gorleben als Standort nominierte, galt die Wiederaufbereitung abgebrannter Brennelemente und die Endlagerung von hochradioaktivem Atommüll weltweit noch als ungelöste Aufgabe der atomaren Energieerzeugung. Zwar trugen Atomreaktoren in den Vereinigten Staaten, Kanada, der Sowjetunion, Großbritannien, Frankreich, Deutschland und anderen Ländern zur Energieversorgung bei, doch keines dieser Länder hatte bisher die Probleme der nachgelagerten Produktionsprozesse im großen Stil gelöst. Alle hatten sich aus je eigenen Gründen auf das »vordere Ende« des Brennstoffkreislaufs konzentriert, also die Energieproduktion, und dabei das »hintere Ende«, die Wiederaufbereitung und die Abfalllagerung, vernachlässigt.[12] Da die Frage der Endlagerung ungelöst blieb und die kommerzielle Wiederaufbereitung nur in bescheidenem Umfang erprobt wurde, war die Ankündigung eines westdeutschen »nuklearen Entsorgungszentrums« in Gorleben gewiss ein kühner Schritt, der weltweit Aufmerksamkeit erregte.[13]

Die Entwicklung der westdeutschen Atomindustrie vollzog sich in den 1950er und 1960er Jahren inmitten einer allgemein herrschenden Euphorie des Westens über die Möglichkeiten der friedlichen Nutzung der Atomkraft. Und sie geschah in einem internationalen Kontext, in dem die führenden Atommächte, vor allem die Vereinigten Staaten, technologisches Know-how und Möglichkeiten der Zusammenarbeit anboten, zugleich aber auch eine kommerzielle Konkurrenz darstellten. In den 1960er Jahren erreichten die Debatten über die beste Wahl der Reaktortechnologie und der Brennstofftypen einen Höhepunkt. Die Atomwissenschaftler schwankten zwischen schwerwasser- und leichtwassermoderierten Reaktoren, die entweder mit natürlichem oder angereichertem Uran betrieben wurden. Obwohl in Deutschland führende Wissenschaftler das Schwerwasserverfahren und natürliches Uran bevorzugten, war es der erschwinglichere, mit angereichertem Uran betriebene Leichtwasserreaktor, der die kommerzielle Expansion der Atomenergie in der Bundesrepublik in den 1960er Jahren vorantrieb.[14] Die Wissenschaftler betrachteten den Leichtwasserreaktor jedoch nur als ein Kraftwerk der »ersten Generation« und setzten weiterhin auf die Entwicklung eines Brutreaktors, den sie für technologisch überlegen hielten.[15] Während des Spaltprozesses entsteht in einem Brutreaktor durch Transmutation des Urans frisches Plutonium, das heißt, dieser Reaktortyp erzeugt nicht nur Energie, sondern »erbrütet« auch neuen Kernbrennstoff. Ein Brüter galt auch als effizienter im Uranverbrauch, ein Aspekt, der nach dem Anstieg der Uranpreise im Gefolge der Ölkrise von 1973 zunehmend wichtiger wurde. Damals erlebte die Atomenergie als Alternative zu fossilen Brennstoffen einen starken Schub, der eine weltweit steigende Nachfrage nach neuen kommerziellen Reaktoren zur Folge hatte. Dementsprechend erhöhten sich auch die Uranpreise und es wurde befürchtet, die Vorräte könnten irgendwann erschöpft sein.[16] Die dauerhafte Verfügbarkeit von Uran als Reaktorbrennstoff wurde so zur möglichen Schwachstelle der künftigen Energieerzeugung. Dies wiederum spielte den Befürwortern des Schnellen Brüters in die Hände, da er als uraneffizient galt und die Aussicht bot, den weltweiten Vorrat über Jahrzehnte zu strecken.[17] Schnelle Brüter und Wiederaufbereitung waren untrennbar miteinander verbunden, sodass die Annahme, die Brütertechnologie werde nach einer Übergangsphase mit dem Leichtwasserreaktor letztlich den Ausbau der Atomkraft in Westdeutschland tragen, Politik und Atomindustrie in eine bestimmte Richtung lenkte. Denn um das in einem Brüter anfallende Plutonium nutzen zu können, muss das Element durch einen chemischen Prozess zurückgewonnen werden, bei dem es vom abgebrannten Kernbrennstoff abgetrennt und für den erneuten Einsatz in einem Reaktor wiederaufbereitet wird. Anders gesagt: Brutreaktoren ergeben ohne Wiederaufbereitungstechnologie keinen Sinn. Eine Energiezukunft mit diesen Reaktoren zu entwerfen, wie dies Mitte der 1970er Jahre geschah, musste dem Aufbau von Wiederaufbereitungskapazitäten Priorität einräumen. Der Brutreaktor war also das Kernstück der Idee eines geschlossenen nuklearen Brennstoffkreislaufs, in dem abgebrannte Brennelemente wiederaufbereitet und wiederverwendet werden sollten. Doch was vage nach »Recycling« klang, erzeugte in Wirklichkeit große Mengen hochradioaktiver flüssiger Abfälle, die zusammen mit anderen komplexen Abfallprodukten sicher und dauerhaft gelagert werden mussten.[18]

Seit Beginn der zivilen Nutzung von Atomenergie wurde die generationenübergreifende Last der hochradioaktiven Abfälle und abgebrannten Brennelemente unterschätzt und vernachlässigt.[19] Rückblickend erscheint diese anfängliche Naivität in den 1960er Jahren, als die Erzeugung von Kernenergie expandierte, besonders stark ausgeprägt gewesen zu sein. So gab der Physiker Carl Friedrich von Weizsäcker beispielhaft eine weitverbreitete Einschätzung wieder, als er 1969 erklärte, das Abfallproblem werde sich in Grenzen halten:

> Ich habe mir [am Forschungszentrum] in Karlsruhe sagen lassen, daß der gesamte Atommüll, der in der Bundesrepublik im Jahr 2000 vorhanden sein wird, in einen Kasten hineinginge, der ein Kubus von 20 Meter Seitenlänge ist. Wenn man das gut versiegelt und verschließt und in ein Bergwerk steckt, dann wird man hoffen können, daß man damit dieses Problem gelöst hat.[20]

Schon zehn Jahre später war dieser Optimismus verflogen und die moralischen Implikationen der Nutzung von Atomenergie zum umstrittenen Thema geworden. »Inwieweit ... ist es richtig«, fragte der britische Physiker Brian Flowers, »weiterhin Abfälle anzuhäufen, in der Hoffnung, dass sich alles zum Guten wenden wird?«[21]

Daran, dass die hochradioaktiven Abfälle sich in der Tat stetig vermehrten, zeigten sich die ungelösten Probleme am hinteren Ende des Atomkreislaufs. In den Vereinigten Staaten, wo derartige Abfälle auch im Rahmen des Atomwaffenprogramms anfielen, änderte sich die Einstellung zur Abfallentsorgung von »einem lösbaren Problem« in den 1950er Jahren zu »einem riesigen und immer größer werdenden Problem« im Laufe der 1960er Jahre.[22] Die Wiederaufbereitung wurde als Teil der Lösung angesehen, weil sie die Menge der abgebrannten Brennelemente verringerte, die sicher gelagert werden musste.[23] Aber auch damit war die Frage der Endlagerung nach wie vor ungelöst. Die Verklappung radioaktiver Abfälle in den Ozean stieß im Laufe der 1960er Jahre auf zunehmenden Widerstand. Sie in den Weltraum zu schießen oder im arktischen Eis zu versenken, blieb zum Glück ein Hirngespinst.[24] Die Einlagerung in geologischen Formationen wie Granit und Salz wurde dagegen in Westeuropa und den Vereinigten Staaten als sichere Option diskutiert. Schon in den 1950er Jahren bestand unter Atomwissenschaftlern Konsens, dass Salzlagerstätten die am besten geeigneten geologischen Formationen für hochradioaktiven Atommüll seien, da sie in Gebieten mit geringer seismischer Aktivität liegen, Wärme so ableiten, dass keine Überhitzung eintritt, und sie aller Voraussicht nach keinen Kontakt mit Grundwasser haben.[25] Amerikanische Ingenieure untersuchten die Eignung von Salzformationen für die Abfallentsorgung erstmals Mitte der 1960er Jahre in einem stillgelegten Salzbergwerk bei Lyons in Kansas.[26] Die Bundesregierung erwarb 1965 das stillgelegte Salzbergwerk Asse bei Wolfenbüttel, angeblich für schwach- und mittelaktive Abfälle, um die Lagerung atomarer Abfälle als solche zu erkunden.[27] Inzwischen hat sich die Schachtanlage Asse längst zu einem großen Haftungs- und Sicherheitsrisiko entwickelt, doch seinerzeit wurde der Erwerb als Schritt zur Lösung der Endlagerungsproblematik angepriesen.[28]

Zwischen 1974 und 1976 schaltete sich die SPD-geführte Bundesregierung vehement in die Debatten um Wiederaufbereitung und Endlagerung ein. Zu dieser Zeit ging man in Bonn noch davon aus, dass der Anteil der Atomenergie an der westdeutschen Energieversorgung zunehmen werde.[29] Daher entwickelte die Regierung ein »integriertes Entsorgungskonzept« zur sicheren Endlagerung der abgebrannten Brennelemente und der damit verbundenen Abfälle. Dieses Konzept gab der Wiederaufarbeitung den Vorzug vor der direkten Lagerung abgebrannter Brennelemente. Nach einer zulässigen Zwischenlagerzeit sollten die abgebrannten Brennelemente wiederaufgearbeitet werden, vorzugsweise im Inland, um lange Transportwege zu vermeiden.[30] Da die Energieversorgungsunternehmen zögerten, sich auf das enorm kostspielige Vorhaben des Baus einer Wiederaufbereitungsanlage einzulassen, änderte der Bundestag 1976 das Atomgesetz. Es knüpfte nun die Erteilung von Betriebsgenehmigungen für neue Atomkraftwerke an konkrete Fortschritte beim Bau einer Wiederaufbereitungsanlage. Damit übte die Regierung erheblichen Druck auf die Stromversorger aus, zunächst das hintere Ende des Brennstoffkreislaufs in Angriff zu nehmen, bevor sie den weiteren Ausbau des vorderen Endes zuließ, ein Schritt, der als De-facto-Moratorium für den Ausbau der Atomkraft verstanden wurde.[31] Nicht ohne Erstaunen verfolgten Beobachter in der US-Botschaft in Bonn die Konsequenzen dieser Bestimmung, die sie als ernsthafte Hürde für die Entwicklung des deutschen Atomprogramms ansahen.[32]

Doch auch die Vertreter der Industrie hielten eine Wiederaufbereitungsanlage für unverzichtbar.[33] Nach einem Zwischenfall in Windscale im Jahr 1973 blieb unklar, wann die Briten wieder für Wiederaufbereitungsleistungen zur Verfügung stünden. Ein Jahr später wurde die europäische Pilotanlage Eurochemic im belgischen Mol wie geplant außer Betrieb gesetzt. Gleichzeitig stellte sich heraus, dass die französische Wiederaufbereitungskapazität geringer war als erwartet.[34] Als die Wiederaufbereitung im Ausland wieder möglich wurde, scheute Deutschland allerdings die damit verbundenen Kosten. So berichtete die US-Botschaft 1977, die Industrie würde es bis zur Verfügbarkeit einer eigenen Wiederaufbereitungsanlage vorziehen, Zwischenlager im Inland zu errichten, anstatt die bestrahlten Brennelemente zur Bearbeitung außer Landes zu geben, weil ihr die Kosten einer Wiederaufbereitung im Ausland als »enorm im Vergleich zu den geschätzten Gesamtinvestitionen ... für das deutsche nationale Wiederaufbereitungszentrum« erschienen.[35] Außerdem ging die Bundesregierung davon aus, dass die Option der Wiederaufbereitung von Abfällen im Ausland ohnehin Mitte der 1980er Jahre auslaufen würde.[36]

Gerade als die Westdeutschen eine Atomstrategie einschlugen, in deren Mittelpunkt die Wiederaufbereitung stand, gaben die Vereinigten Staaten diese Technologie im Frühjahr 1977 endgültig auf. Nachdem Indien im Mai 1974 erfolgreich eine Atombombe gezündet hatte, veranlasste das Weiße Haus eine Überprüfung der amerikanischen Atompolitik und insbesondere der Wiederaufbereitung. Für die indische Bombe war Plutonium aus einem privatwirtschaftlich betriebenen Reaktor in Kanada verwendet worden. Präsident Jimmy Carter machte den bereits unter seinem Vorgänger Gerald Ford initiierten Ausstieg aus der kommerziellen Wiederaufbereitung in den USA endgültig, indem er die Bundesmittel dafür einstellte. Eine Anlage in Barnwell in South Carolina, die Mitte der 1980er Jahre in Betrieb gehen sollte, wurde daraufhin aufgegeben. Carters Beschluss war der Sorge um die Verbreitung von Atomwaffen geschuldet. Da bei der Wiederaufbereitung waffenfähiges Plutonium gewonnen wird, hielt Carter die Grenze zwischen ziviler und militärischer Nutzung des Materials für zu durchlässig, wie die indische Bombe bewies.[37]

Die Entscheidung der Vereinigten Staaten bestärkte jedoch die deutschen Regierungs- und Industrievertreter nur in ihrer Entschlossenheit, den angestrebten Weg weiterzuverfolgen. Auf der Reaktortagung 1977 erklärte der Leiter der Abteilung Nuklearer Brennstoffkreislauf im Bundesministerium für Forschung und Technologie, Manfred Hagen, die Wiederaufbereitung für wichtiger denn je. Da die USA nun darauf verzichteten, Uran durch Brütertechnologie und Wiederaufbereitung im eigenen Land zu produzieren, so Hagen, müssten die Amerikaner ihren Bedarf an Reaktorbrennstoff auf dem Weltmarkt decken, wo sie in den nächsten drei Jahrzehnten mehr als 50 Prozent der verfügbaren Uranreserven aufkaufen würden. Die USA könnten in den nächsten Jahren den Weltmarkt für Uran derart »leerfegen«, prophezeite er, dass Länder mit weniger Energieressourcen wie die Bundesrepublik einen Teil des Reaktorbrennstoffs selbst erzeugen müssten, um dessen künftige Verfügbarkeit sicherzustellen.[38]

Die Mitte der 1970er Jahre angenommene Notwendigkeit, ein Entsorgungszentrum für abgebrannte Kernbrennstäbe zu bauen, hing schließlich auch mit den Exportambitionen der deutschen Atomindustrie zusammen. Der Ölpreisschock von 1973 steigerte die Nachfrage nach Atomreaktoren, insbesondere im globalen Süden. Einer der führenden westdeutschen Anbieter, die Kraftwerk Union (KWU), musste vier bis fünf Reaktoren pro Jahr verkaufen, um rentabel zu bleiben. Doch der westdeutsche Markt selbst war begrenzt. Wachstum war nur über Export zu erreichen, und die deutschen Unternehmen mussten mit amerikanischer und französischer Konkurrenz rechnen.[39] Noch bevor der Standort für das NEZ bekannt gegeben wurde, hatte die westdeutsche Atomindustrie ihre Zuversicht, den Brennstoffkreislauf zu beherrschen, im Juni 1975 durch den Verkauf eines gesamten derartigen Systems an Brasilien unter Beweis gestellt. Der Vertrag über die Lieferung von bis zu acht Atomreaktoren sowie von Wiederaufbereitungs- und Urananreicherungstechnologie an Brasilien war der »größte einzelne Exportauftrag in der deutschen Geschichte«. Nebenbei versprach dies auch den Zugang zu brasilianischem Uranerz, mit dem der erwartete Mangel an diesem wichtigen Element behoben werden sollte.[40] Obwohl das Geschäft nie zustande kam, weil die Regierung Carter aus Gründen der Nonproliferation Einwände erhob, wirft das »Brasiliengeschäft« ein Schlaglicht auf das wirtschaftliche Potenzial des NEZ Gorleben: Wenn es der Bundesrepublik gelänge, den nuklearen Brennstoffkreislauf in Gorleben zu schließen, würde sie sich nicht nur von kommerziellen Wiederaufbereitungsdienstleistungen unabhängig machen, die nur in Großbritannien und Frankreich angeboten wurden, sondern auch glaubhaft demonstrieren, dass die Technologie sicher und exporttauglich sei.

Das hier beschriebene Zusammenspiel politischer, technologischer und wirtschaftlicher Erwägungen zeigt, dass das NEZ in Gorleben aus damaliger Sicht nicht nur von entscheidender Bedeutung für die Energiezukunft der Bundesrepublik war. Angesichts der weltweit – und bis heute – ungelösten Probleme der kommerziellen Wiederaufbereitung und Endlagerung von hochradioaktiven Abfällen war es auch ein Projekt mit globaler Bedeutung für alle Staaten, die Atomenergie produzierten und die westdeutschen Bemühungen deshalb aufmerksam beobachteten. Noch bevor auch nur ein einziges Grundstück am vorgesehenen Standort erworben wurde, war das Projekt bereits mit Erwartungen überfrachtet. Viel stand auf dem Spiel. Es war dieses hochkomplexe Vorhaben, das Ernst Albrecht an jenem Februartag im Jahr 1977 einer kleinen Gemeinde im Zonenrandgebiet aufbürdete.

Standortkämpfe: Der Gorleben-Konflikt

Die meisten Einwohner von Lüchow-Dannenberg erfuhren von der Gorleben-Entscheidung erst durch die Pressekonferenz des Ministerpräsidenten am 22. Februar 1977. Obwohl die vorangegangene Medienberichterstattung über die Standortsuche vermuten ließ, dass der Landkreis im Rennen war,[41] überraschte die Bekanntgabe die meisten Anwohner dennoch. Die Vertreter des Landkreises waren nicht vorab informiert, geschweige denn in die Suche einbezogen worden. Gorleben war ein »Paradebeispiel für die Devise Entscheiden-Verkünden-Verteidigen«, die damals gängiger Politikstil war.[42] Die Frage, wann und warum Gorleben anderen Standorten vorgezogen wurde, geriet sofort zum Gegenstand heftiger Debatten. Während Vertreter von Regierung und Industrie das Verfahren als verantwortungsvoll, wissenschaftlich begründet und damit objektiv bezeichneten, wurde es von Atomkraftgegnern als technokratisch, intransparent und letztlich undemokratisch kritisiert.[43] Zwar betonte die niedersächsische Landesregierung, der Standort werde lediglich auf seine Eignung hin erkundet, doch das fehlende Vertrauen – nicht zuletzt aufgrund des einseitigen Vorgehens Hannovers – ließ die Gegner vor Ort befürchten, dass vollendete Tatsachen geschaffen werden sollten. Nach dem Vorbild des Widerstands gegen Anlagen andernorts stellten Atomkraftgegner den Prozess der Standortauswahl an sich infrage. Wenn sich belegen ließe, dass die Entscheidung des niedersächsischen Kabinetts für Gorleben durch andere Kriterien als die geologische, seismologische, hydrologischen und meteorologische Eignung motiviert war, würde man Albrechts Regierung nicht nur bloßstellen, sondern auch zum Kurswechsel zwingen können.

Die Kontroverse um die Standortentscheidung behielt über Jahrzehnte parteipolitische Brisanz und vermochte noch 2009 einen politischen Skandal auszulösen, der einen parlamentarischen Untersuchungsausschuss nach sich zog. Grund war der Verdacht, auf die Ingenieure der Physikalisch-Technischen Bundesanstalt (PTB) sei 1983 politischer Druck ausgeübt worden, nicht die Empfehlung auszusprechen, neben Gorleben noch einen anderen Standort zu erkunden.[44] Von 2010 bis 2013 ging der Ausschuss der Frage nach, warum Gorleben gegenüber anderen Optionen vorgezogen wurde, und versuchte dabei den gesamten Entscheidungsprozess aufzuarbeiten.[45] Die parlamentarischen Recherchen, in deren Rahmen über 50 Zeugen befragt wurden, füllen rund 2800 Aktenordner.[46] Auf der Grundlage der einschlägigen Literatur und des umfangreichen Materials, das der Ausschuss zusammengetragen hat,[47] beschäftigt sich dieser Abschnitt mit der Frage, auf welche Art und Weise die innerdeutsche Grenze die Standortwahl und die anschließende Gorleben-Kontroverse beeinflusste. Die direkte Grenzlage leistete der Deutung Vorschub, Gorleben sei »aus politischen Gründen« ausgewählt worden. Diese Interpretation sollte sich als große Belastung im Bemühen um die lokale Akzeptanz der Anlage erweisen.

Die Standortsuche begann 1974, durchgeführt von einem Industriekonsortium namens Kernbrennstoff-Wiederaufbereitungsgesellschaft (KEWA).[48] Da die kerntechnische Anlage Wiederaufbereitung und Endlagerung an einem Standort vereinen sollte, orientierte sich die Suche an einer Liste von Parametern der ober- und unterirdischen Eignung, wobei das Vorhandensein von Salzformationen als Leitkriterium galt. Geologisch war die norddeutsche Tiefebene prädestiniert, diese Suchkriterien zu erfüllen, weshalb mögliche Standorte in Niedersachsen und Schleswig-Holstein bei der KEWA-Untersuchung überrepräsentiert waren. Gorleben tauchte regelmäßig in den verschiedenen KEWA-Studien auf und wurde mal als Standort in Betracht gezogen, mal verworfen. Die Qualität des dortigen Salzstocks war über jeden Zweifel erhaben, aber wie ein Standort im Osten Schleswig-Holsteins – ein Dorf namens Lütau – fiel Gorleben wegen der Nähe zum Eisernen Vorhang eine Zeit lang aus dem Raster. Schließlich befand die KEWA die geologischen und seismologischen Eigenschaften von Gorleben im Vergleich mit anderen Alternativen als überlegen, gab aber weiterhin zu bedenken, dass der Standort durch »die Lage in unmittelbarer Nähe zur DDR-Grenze sehr bedenklich erscheint«.[49] Nachdem klar wurde, dass sich die KEWA auf Niedersachsen konzentrierte, leitete das Bundesland im August 1976 einen eigenen Auswahlprozess ein und prüfte auf der Grundlage der KEWA-Ergebnisse die bis dahin ermittelten Standorte. Die geologische Eignung blieb dabei das Leitkriterium.

Der bemerkenswerte Unterschied bei der Suche des Landes gegenüber der KEWA-Suche des Bundes bestand darin, dass nun wirtschaftliche und strukturpolitische Belange in die Überlegungen mit einflossen.[50] Am 11. November 1976 reisten drei Bundesminister nach Hannover, um bei Ministerpräsident Albrecht die Bereitschaft zur Unterstützung des nuklearen »Entsorgungsparks« auszuloten und ihn zu drängen, innerhalb einer Woche einen geeigneten Standort zu benennen. Bei Albrecht selbst und seinen Mitarbeitern blieb in Erinnerung, dass die Abgesandten von Bundeskanzler Schmidt ungebührlichen Druck ausgeübt hätten.[51] Die Unterredung hatte »dramatische Höhepunkte« und hinterließ auf beiden Seiten Enttäuschung.[52] In den Annalen des Gorleben-Konflikts nimmt dieses Treffen eine Schlüsselstellung ein, da es den Vertretern des Bundes verdeutlichte, dass Albrecht Gorleben favorisierte, während sie im Gegenzug Albrecht und seinem Team deutlich zu verstehen gaben, dass Bonn den Standort aufgrund seiner Grenznähe ablehnte.

Gorlebens Grenzlage führte zu einem Disput zwischen Schmidt und Albrecht, der die Standortsuche zu einem Thema der parteipolitischen Auseinandersetzungen und des Wahlkampfs machte. In einer parteiübergreifenden Gemengelage war Bundeskanzler Helmut Schmidt auf den christdemokratischen Ministerpräsidenten Ernst Albrecht zur Durchsetzung des integrierten Entsorgungskonzepts angewiesen. Die Novellierung des Atomgesetzes 1976 hatte ein kaum überschaubares Geflecht von gegenseitigen Abhängigkeiten geschaffen: Die Industrie musste die staatliche Genehmigung für den Bau einer Wiederaufbereitungsanlage erhalten, um das Placet für den Bau neuer Kraftwerke zu erwirken; die Bundesregierung musste ein Endlager errichten, für das kavernengeeignete Salzstöcke favorisiert wurden; und ein Bundesland mit entsprechenden geologischen Voraussetzungen musste einen Standort zur Verfügung stellen und den Bau genehmigen. Dies schuf ein in mancher Beziehung heikles Dreiecksverhältnis, das Niedersachsen eine Schlüsselrolle zusprach und dem Land politische Schlagkraft gegenüber der Bundesregierung verlieh. Im Prinzip teilten Schmidt und Albrecht die Überzeugung, dass an der Atomenergie kein Weg vorbeiführe.[53] In der Frage des Standorts Gorleben jedoch gerieten sie heftig aneinander. Schmidt erachtete die Angelegenheit für so wichtig, dass er Albrecht zweimal anschrieb, um ihn davon zu überzeugen, auf Gorleben zu verzichten und sich mit einem anderen Standort in seinem Bundesland abzufinden.[54] Angesichts der bekannten Neigung des SED-Regimes, westdeutsche Zwänge und Ziele als Druckmittel für materielle Kompensationen zu nutzen, wollte die Bundesregierung langwierige Verhandlungen mit der DDR über Sicherheitsvorkehrungen für die atomtechnische Anlage vermeiden. Man fürchtete, Ost-Berlin würde langfristig zu einem Mitspieler auf einem sensiblen Politikfeld aufsteigen. Schmidt hatte außerdem starke Vorbehalte, westliche Atomtechnik und waffenfähiges Plutonium in unmittelbarer Grenznähe zu platzieren, wo es Überraschungsangriffen von Truppen des Warschauer Paktes ausgesetzt sein oder in die Hände von Terroristen fallen könnte.[55] Ferner lag Gorleben an der Elbe, deren Grenzverlauf umstritten blieb. Und schließlich reichte der Gorlebener Salzstock unterirdisch über die Grenze hinaus, weshalb mögliche Arbeiten im östlichen Teil durchaus geologische Folgen im westlichen haben konnten.[56] Während Schmidt noch gegen die Standortwahl opponierte, drängte die Regierung Albrecht Bonn, die DDR über die bevorstehende Entscheidung für Gorleben zu informieren.[57]

Der von den Medien intensiv verfolgte Disput zwischen den beiden Politikern trug zu der weitverbreiteten Ansicht bei, Gorleben sei aus politischen Gründen und nicht nach »objektiven« wissenschaftlichen Kriterien ausgewählt worden. Die Presse berichtete über die Vorgänge unter einem parteipolitischen Aspekt und wertete Albrechts Vorgehen als geschicktes Taktieren gegenüber Schmidt.[58] In einem raffinierten Manöver habe Albrecht genau den einen Standort ausgewählt, den Bundeskanzler Schmidt bekanntermaßen ablehnte, um so das Atomprogramm der Bundesregierung zu untergraben und Schmidt auf Konfrontationskurs mit der DDR-Führung zu bringen. Albrechts Gorleben-Ankündigung komme somit einer Nicht-Entscheidung gleich, hieß es in der Presse, und es sei zu erwarten, dass sie von Schmidt rückgängig gemacht werde, was im Übrigen Albrecht angesichts seiner erneuten Kandidatur als Ministerpräsident 1978 ein großes Problem ersparen würde. Ein hochrangiger DDR-Vertreter gratulierte Albrecht sogar zu diesem »guten Schachzug«, ein Beifall von der falschen Seite, den Albrecht umgehend zurückwies.[59]

Die Standortkontroverse wurde dadurch verschärft, dass Ministerpräsident Albrecht nie einen Hehl daraus machte, Lüchow-Dannenberg aus strukturpolitischen Gründen zu favorisieren. Ob in Interviews oder in seinen 1999 erschienenen Memoiren, immer wieder verwies er auf die Lage des Landkreises im Zonenrandgebiet und den dortigen Mangel an Industriearbeitsplätzen als Grund für seine Standortentscheidung. Die atomtechnische Einrichtung, insbesondere die Wiederaufbereitungsanlage, sollte dem Landkreis »zum ersten Mal seit 1945 eine wirkliche Chance auf gute wirtschaftliche Entwicklung« verschaffen.[60] Nachdem jedoch Albrecht im Mai 1979 seine Unterstützung für die Wiederaufbereitungsanlage zurückgezogen hatte, musste er seine Argumentation entsprechend anpassen. Nicht die Arbeitsplätze per se, sondern die »Kaufkraft« wurde fortan zu dem Segen erklärt, den der reduzierte Atomkomplex angeblich mit sich bringen würde. Sobald das Zwischenlager und das Endlager funktionstüchtig seien, werde die Atomindustrie immer noch der größte Arbeitgeber in der Region sein und durch Lohn- und Gewerbesteuerzahlungen dem Landkreis starke Kaufkraft verleihen, wovon der örtliche Einzelhandel, die Gastronomie und das Gewerbe profitieren würden.[61]

Albrechts Augenmerk auf das Zonenrandgebiet wurde bei einer weiteren wichtigen Standortentscheidung deutlich. Kurz nach der Gorleben-Ankündigung genehmigte er das Kohlekraftwerk Buschhaus bei Helmstedt, das 1984 in Betrieb gehen sollte. Doch die Entscheidung für Buschhaus fiel in die Zeit, als die emotional geführte Debatte um das Waldsterben ihren Höhepunkt erreichte, und entwickelte sich schnell zu einem politischen Skandal, weil für das Kraftwerk keine Entschwefelungsfilter vorgesehen waren. Auch in diesem Fall war Albrecht bereit, zur Sicherung von Arbeitsplätzen im Grenzgebiet politische Risiken einzugehen.[62] Albrechts Initiativen entsprachen der langjährigen Rhetorik der Grenzlandfürsprecher, die den Eisernen Vorhang für die Strukturprobleme ihrer Regionen verantwortlich machten. Zwar fand Albrechts politische Priorität für Arbeitsplätze in den Grenzregionen in der Kreisleitung von Lüchow-Dannenberg ein offenes Ohr. Unter Atomkraftgegnern jedoch nährte die Argumentation mit Industriearbeitsplätzen den Verdacht, die Standortwahl werde von strukturellen Belangen dominiert, denen wissenschaftliche Kriterien untergeordnet wurden.

Albrecht nannte weitere Gründe für die Wahl von Gorleben, die aber in der Öffentlichkeit den Eindruck einer neutralen Standortsuche keineswegs stärkten. Er ging etwa davon aus, dass sich der Erwerb der für die oberirdischen Nuklearanlagen benötigten Grundstücke relativ problemlos gestalten würde, da ein Großteil der entsprechenden Flächen zum Besitz von Andreas Graf von Bernstorff aus dem Flecken Gartow gehörte. Angesichts der Bedeutung von Bernstorffs für das NEZ-Vorhaben folgte Albrecht dem Vorschlag des Grafen, ein internationales Symposium von Atomenergieexperten einzuberufen. Auf diesem »Gorleben Hearing« im Frühjahr 1979 wurden Sicherheitsaspekte der geplanten Anlage, aber auch die eher philosophischen Aspekte der Nutzung von Atomenergie diskutiert.[63] Doch zu Albrechts Leidwesen wandelte sich Graf Bernstorff zu einem entschiedenen Gegner des Gorleben-Projekts und weigerte sich, Grundstücke zu verkaufen.[64] Albrecht, der die Bevölkerung des Landkreises als relativ offen oder zumindest nicht ablehnend gegenüber der Atomenergie eingestuft hatte, unterschätzte das lokale Widerstandspotenzial.[65] Und schließlich äußerte der Ministerpräsident öffentlich, dass er den seltsam geformten Landkreis für leicht zu sichern halte,[66] weil Lüchow-Dannenberg auf drei Seiten von der innerdeutschen Grenze umgeben war. Diese Bemerkung nährte den Verdacht, der Landkreis sei auch deshalb ausgewählt worden, weil man glaubte, dort Anti-Atom-Demonstranten leichter mit Polizeikräften in Schach halten oder im Falle eines nuklearen Zwischenfalls kontaminierte Bürger isolieren zu können. Wie wir weiter unten sehen werden, sollten sich diese Befürchtungen auf die Protestmethoden der Gorleben-Gegner auswirken. Die Grenzlage von Gorleben spielte also eine zentrale Rolle im Standortauswahlverfahren und löste politische Auseinandersetzungen aus, die dazu beitrugen, das Vertrauen der Bevölkerung in die Suche zu untergraben. Albrechts offensichtliche Bemühungen um die wirtschaftliche Entwicklung schienen der Zonenrandlage Gorlebens mehr Gewicht einzuräumen als den wissenschaftlichen Kriterien und der Streit zwischen Schmidt und Albrecht machte die Gorleben-Frage zum parteipolitischen Zankapfel. Tatsächlich entstand durch die Grenznähe Gorlebens ein klassisches grenzüberschreitendes Umweltproblem, das noch dadurch verschärft wurde, dass es sich nicht um irgendeine Grenze, sondern um den Eisernen Vorhang handelte.

Gorleben und die DDR

Trotz seiner vehementen Einwände gegen die niedersächsische Standortwahl akzeptierte Helmut Schmidt die Nominierung Gorlebens im Juli 1977, etwa fünf Monate nach Albrechts Pressekonferenz.[67] Obwohl die DDR bei Schmidts Bedenken gegen Gorleben eine prominente Rolle spielte, ist die Position der SED zu dieser Atomanlage weitgehend unbekannt geblieben. Albrecht selbst spielte das Thema stets herunter und argumentierte, wenn die Anlage für Westdeutsche sicher sei, sei sie es auch für Ostdeutsche.[68] Auch Manfred Popp, seinerzeit leitender Beamter im Ministerium für Forschung und Technologie, erklärte rückblickend im Jahr 2006:

> Zu den vielen Merkwürdigkeiten in der Geschichte der Entsorgungspolitik zählt übrigens der Umstand, dass die DDR diese Entscheidung überhaupt nicht als provokativ empfand und auch zu keinem Zeitpunkt versuchte, daraus eine Belastung zu konstruieren, für die in irgendeiner Weise Kompensation verlangt werden konnte. Die Sorgen der Bundesregierung in dieser Beziehung erwiesen sich ... als unbegründet.[69]

Diese Behauptung lässt sich kaum aufrechterhalten, wenn man die Akten des Politbüros zu Rate zieht. Der Historiker Mike Reichert registrierte darin »starke Vorbehalte« der DDR gegenüber dem Gorleben-Projekt, geht aber davon aus, dass die SED-Führung Gorleben nur als Druckmittel in innerdeutschen Verhandlungen einsetzen wollte. In der ausführlichsten Studie zum bundesdeutschen Entsorgungsdilemma berichtet Anselm Tiggemann, die DDR habe nur »lauen« Protest gegen Gorleben eingelegt.[70] Das seinerzeitige Bemühen, das Interesse der DDR an Gorleben kleinzureden, ließ spätere Hinweise darauf, dass dies ganz anders gewesen war, wie Sensationsenthüllungen wirken.[71] Wie also stand die DDR zu Gorleben? Angesichts der Aufmerksamkeit des SED-Regimes gegenüber anderen Umweltfragen, die für Westdeutschland von Bedeutung waren, kann man davon ausgehen, dass die DDR-Regierung das Atomprojekt direkt an ihrer Staatsgrenze mit erhöhtem Interesse verfolgte. Was wusste die DDR seit wann über Gorleben? Was hat das SED-Regime getan oder unterlassen, und warum?

Die Bundesregierung hätte sich gar nicht so viele Gedanken darüber machen müssen, wann und wie sie die DDR über die Gorleben-Pläne informieren sollte. Denn die DDR-Behörden waren von Anfang an gut unterrichtet und wussten fast in Echtzeit, wie sich der Bonner Entscheidungsprozess über das nukleare Entsorgungszentrum entwickelte. Im Sommer 1974, als in Bonn das integrierte Entsorgungskonzept Gestalt annahm, berichtete die Hauptverwaltung Aufklärung (HVA) der Stasi erstmals über Pläne für eine westdeutsche Wiederaufbereitungsanlage. Nach Einschätzung der HVA sollte es die umfassendste Einrichtung ihrer Art in Westeuropa werden, das Nachbarland bei der Behandlung abgebrannter Brennelemente autark machen und der Atomindustrie ermöglichen, nicht nur Atomkraftwerke, sondern den gesamten Brennstoffkreislauf zu vermarkten.[72] Die Stasi beschäftigte sich 1976 auch mit dem niedersächsischen Auswahlprozess, wenngleich nur in oberflächlicher Form.[73] Im Januar 1977 legte Stasi-Chef Erich Mielke der SED-Führung erstmals eine substanzielle Bewertung des Standortauswahlverfahrens, der Spezifikationen des geplanten Atomkomplexes, seines Bauverlaufs sowie des politischen Streits zwischen Schmidt und Albrecht um den Standort Gorleben vor. Der Bericht beruhte nach eigenen Angaben auf »zuverlässigen internen Informationen«.[74] Insbesondere befasste sich Mielkes Bericht mit den von Bonn erwarteten Einwänden aus Ost-Berlin, die sich, in ein Stasi-Dokument übertragen, heute wie eine Anleitung dafür lesen, wie man die Regierung Schmidt am meisten verdrießen konnte. Selbst die Kommunikationsstrategie, die Bonn gegenüber Ost-Berlin anzuwenden gedachte, war bereits bekannt: Sollte Albrecht nicht davon überzeugt werden können, Gorleben aufzugeben, wollte man auf die DDR zugehen, dabei aber ihre Regierung »im Glauben lassen, daß es sich beim Standort Gorleben um einen unter vielen handelte und die Vorgespräche mit der DDR nicht unter dem Zwang einer bereits endgültig getroffenen Standortentscheidung aufgenommen werden«.[75] Mielkes Bewertung kam zu dem Schluss, die Atomanlage würde eine »permanente Gefahrenquelle für die DDR« bedeuten. Vor allem die Wiederaufbereitung des Atommülls im vorgesehenen Umfang würde Gorleben auf Jahre hinaus zu einem »Experimentierfeld für die Kernindustrie der BRD« machen.[76]

Bis zum Zusammenbruch der DDR verfolgte die Stasi die politischen Entscheidungsprozesse zu Gorleben, die Bau- und Erkundungsarbeiten sowie die Anti-Gorleben-Proteste. Ihre Informationen bezog sie offenbar direkt aus dem »Nuklearkabinett« im Bundeskanzramt, einer interministeriellen Arbeitsgruppe, die sich mit der zivilen Nutzung der Atomenergie befasste. Die Stasi-Berichte zu diesem Thema geben streckenweise wörtlich die Schriftstücke aus dem

Umfeld des Nuklearkabinetts wieder, wobei unklar bleibt, wer der dortige »Maulwurf« war.[77] Die Stasi profitierte auch von unbedachten Äußerungen von Mitarbeitern der mit dem Bau beauftragten Firmen, die in informellen Gesprächen, beispielsweise auf der Hannover-Messe, »abgeschöpft« wurden.[78] Solche Fälle waren jedoch nur der Beifang eines viel größeren, von der Gorleben-Frage unabhängigen Versuchs, die westdeutsche Atomindustrie auszukundschaften.[79] Schließlich beobachtete die Stasi auch die Anti-Atom-Proteste im Wendland und die entsprechenden Einsätze von Polizei und BGS-Einheiten bei Demonstrationen. In den Stasi-Akten finden sich Informationen über Protestmärsche, die Transitfahrten von Atomkraftgegnern aus West-Berlin zu Veranstaltungen im Landkreis Lüchow-Dannenberg und sogar über interne Versammlungen und Planungen der Demonstranten.[80] In Lüchow-Dannenberg waren drei inoffizielle Mitarbeiter tätig, weitere müssen aus den Gorleben-Unterstützergruppen in Hamburg, West-Berlin oder Göttingen sowie aus den BGS-Einheiten berichtet haben.[81]

Auf Grundlage der von der Stasi gesammelten Informationen entwickelte und korrigierte die SED-Führung ihre Ansichten und Positionen zu Gorleben. Die anfänglichen Einschätzungen über die Risiken des nuklearen Entsorgungszentrums gingen innerhalb der DDR-Regierung auseinander. So sah der Leiter der Atomsicherheitsbehörde der DDR, Georg Sitzlack, im Betrieb einer Wiederaufbereitungsanlage und eines Endlagers ein geringeres Risiko als bei einem normalen Atomkraftwerk. Er vertraute auch auf die Qualität der westdeutschen Technologie.[82] Im Unterschied dazu betonte der Minister für Kohle und Energie, Klaus Siebold, das allgemeine Risiko, das vom NEZ ausgehe, und empfahl der SED-Regierung eine ablehnende Haltung gegenüber Gorleben.[83] Als sich die Erkenntnisse über die bundesdeutschen Pläne verdichteten, kam die SED-Parteiführung allerdings zu der Überzeugung, Gorleben sei ausgewählt worden, um das Sicherheitsrisiko der Wiederaufbereitungsanlage auf das Gebiet der DDR zu verlagern und damit den westdeutschen Widerstand gegen die Anlage zu minimieren. Außerdem gebe es in Niedersachsen Salzstöcke, die für die Lagerung von Atommüll ebenso gut oder sogar besser geeignet seien als der in Gorleben.[84] Sobald die Bundesregierung in der Angelegenheit offiziell an die DDR herantreten sollte, beabsichtigte die SED-Führung, keine Einwände gegen die Lagerung von schwach- und mittelradioaktivem Atommüll zu erheben, jedoch Vorbehalte gegen hochradioaktive Abfälle geltend zu machen. Obwohl sie Unfälle für unwahrscheinlich hielt, lehnte sie die Wiederaufbereitungsanlage samt und sonders ab, da der Standort und die klimatischen Bedingungen geeignet waren, der DDR die Risiken der Anlage aufzubürden.[85]

Als die westdeutschen Diplomaten in der Ständigen Vertretung in Ost-Berlin das Thema Ende März 1977 erstmals offiziell ansprachen, blieben sie mit ihren Informationen ziemlich vage.[86] Ihre DDR-Gesprächspartner wussten sehr wohl, dass sie nur bruchstückhaft unterrichtet wurden. Die westdeutschen Experten für innerdeutsche Beziehungen hätten sich substanziellere Gespräche gewünscht und drängten Bonn sogar wiederholt zu mehr Transparenz gegenüber der DDR, damit Gorleben nicht andere Umweltverhandlungen, die die Bundesrepublik voranbringen wollte, zunichtemachte.[87] Doch die Regierung Schmidt wollte vermeiden, dass die DDR-Regierung aus der Unterrichtung ein Mitspracherecht ableitete oder eine Entschädigung für Wohlverhalten erwartete. Deshalb betonte Bonn, die Weitergabe von Informationen an die DDR erfolge völlig freiwillig und sei lediglich ein Ausdruck gutnachbarlicher Beziehungen.[88] Als der Leiter der Ständigen Vertretung, Günter Gaus, Anfang Juli 1977 Gorleben erneut ansprechen durfte, signalisierte sein Ost-Berliner Gesprächspartner bereits, das Thema werde »ernste Probleme« für die Beziehungen hervorrufen.[89] Was auch immer Gaus übermittelte, die DDR-Regierung bildete sich ihre Meinung ohnehin nicht auf der Grundlage offizieller Verlautbarungen aus Bonn, sondern bezog ihre Informationen von der Stasi. Offizielle Mitteilungen der Bundesregierung an die DDR-Führung wurden lediglich mit den Informationen aus den geheimen Kanälen abgeglichen, um herauszufinden, ob Bonn den Nachbarn zu täuschen versuchte. Um sich alle Optionen offenzuhalten, nahm das SED-Regime wie immer, wenn es eine westdeutsche Zwangslage witterte, eine generelle Oppositionshaltung ein und erklärte, eine Entscheidung der Bundesregierung für Gorleben werde als »gegen die Interessen der DDR« gerichtet aufgefasst, da durch die Standortwahl das Gefährdungsrisiko über die Grenze hinweg verlagert werde.[90] Gorleben wurde Gaus gegenüber sogar als der »denkbar ungünstigste Standort« bezeichnet.[91] Während vorbereitete Ost-Berliner Presseerklärungen, die Gorleben als »Provokation« verurteilten, vorerst in der Schublade blieben,[92] erkannten die westdeutschen Diplomaten, dass das SED-Regime kein Jota nachgeben wollte, und stuften die Vorbehalte der DDR als »massiv« ein.[93]

Angesichts der Tatsache, dass die DDR-Regierung sehr wohl Widerspruch gegen die westdeutschen Pläne zum Bau des NEZ einlegte, stellt sich die Frage, warum bis heute die Wahrnehmung vorherrscht, das SED-Regime habe kaum Einwände gegen Gorleben erhoben. Eine derartige Zurückhaltung wäre angesichts der üblichen ostdeutschen Protesthaltung bei Angelegenheiten von weit geringerer Bedeutung als einer riesigen Atomanlage an der Staatsgrenze völlig untypisch gewesen. Dass der Austausch größtenteils hinter den Kulissen stattfand, beantwortet die Frage nur zum Teil. Wahrscheinlicher ist, dass die Westdeutschen ein geeignetes Druckmittel gefunden hatten, das die SED-Führung zum Umdenken brachte.

Ende 1978 schien der Verlauf der Gespräche darauf hinzudeuten, dass Gorleben sich zu einem weiteren großen Dauerthema der innerdeutschen Beziehungen entwickeln würde.[94] Die DDR-Regierung blieb unzufrieden mit den Antworten, die sie aus Bonn erhielt, und war besonders verärgert, dass westdeutsche Medien berichteten, die DDR habe sich nie zu Gorleben geäußert. Deshalb ließ das SED-Regime im Frühjahr 1979 über seine Nachrichtenagentur ADN eine Stellungnahme verbreiten, in der es diese Behauptung richtigstellen wollte und seine Einwände wiederholte.[95] Nun waren Westdeutsche Diplomaten allerdings versiert darin, »Nachrichten« der DDR-Presse als indirekte Mitteilungen an die Bonner Regierung zu verstehen. Dass die SED-Führung zu dieser Methode griff, schien darauf hinzudeuten, dass sie zu einer Eskalation in der Gorleben-Frage bereit war. Um dies zu verhindern, vollzog der Arbeitsstab Deutschlandpolitik im Kanzleramt einen Kurswechsel und erwog, die Sicherheitsrisiken der ostdeutschen Druckwasserreaktoren sowjetischen Typs öffentlich zu thematisieren. Eine solche Diskussion, etwa bei der Internationalen Atomenergie-Organisation (IAEO) in Wien, würde höchstwahrscheinlich auch von den skandinavischen Ländern bereitwillig aufgegriffen werden, die ohnehin schon argwöhnisch die Luftverschmutzung aus der DDR beobachteten.[96] Um ihre Warnung dezent zu kommunizieren, beschränkten sich die westdeutschen Diplomaten darauf, Informationen über ein geplantes Atomkraftwerk in Stendal und insbesondere über das DDR-eigene Atommülllager in Morsleben zu erbitten.[97] Einen Vorgeschmack auf die westdeutsche Medienberichterstattung erhielt die DDR-Führung, als Ende 1979 ein Artikel im *Spiegel* die Frage der Reaktorsicherheit in der DDR aufgriff.[98]

Die SED-Führung hatte von Anfang an versucht, ihre Reaktion auf die bundesdeutschen Gorleben-Pläne so zu gestalten, dass die Bonner Regierung sie nicht im Gegenzug unter Druck setzen konnte. Ihre größte Schwachstelle war Morsleben, das ostdeutsche Atommüllendlager in einem ehemaligen Salzbergwerk, das sich pikanterweise ebenfalls in unmittelbarer Nähe zur innerdeutschen Grenze befand.[99] Die DDR-Regierung, die offensichtlich mit zweierlei Maß zugange war, hatte es nicht für nötig gehalten, ihre westlichen Nachbarn über die Pläne für dieses Endlager zu informieren. Sie begründete dies mit dem fadenscheinigen Argument, dass die unterirdischen Teile der Anlage nicht unter die Demarkationslinie auf westliches Gebiet reichen würden. So wurde die Existenz von Morsleben im März 1976 nur durch Zufall bekannt, als ein Mitarbeiter des Staatlichen Amtes für Atomsicherheit und Strahlenschutz den Ausbau des Endlagers bei einem Symposium der IAEO in Wien erwähnte.[100] In Morsleben sollte nur schwach- und mittelaktiver Atommüll eingelagert werden. Hochradioaktive Abfälle wurden üblicherweise der Sowjetunion zur Entsorgung übergeben. Mitte der 1970er Jahre jedoch konnte sich die DDR nicht mehr darauf verlassen, dass ihr die Sowjetunion die abgebrannten Brennelemente abnahm. Eine Einlagerung dieses Materials in Morsleben wurde wahrscheinlich.[101] Im Wissen um die eigene Angreifbarkeit in diesem Punkt verzichtete die DDR-Regierung in einer Pressemitteilung, die sie für den Fall vorbereitet hatte, dass die Regierung Schmidt Gorleben befürwortete, auf einen »polemischen Vergleich« zwischen Gorleben und Morsleben.[102] Intern wiesen die Nuklearexperten der DDR immer wieder darauf hin, Gorleben und Morsleben seien völlig unterschiedliche Anlagen. Als Endlager habe Morsleben nichts mit der Wiederaufbereitung abgebrannter Brennelemente zu tun.[103]

Doch solche technischen Vergleiche waren angesichts des politischen Sprengstoffs, der in Morsleben steckte, irrelevant. Die eigentliche Sorge der SED-Funktionäre war, dass sich die DDR-Bürger mit dem »Protestbazillus« der Anti-Atomkraft-Bewegung infizieren könnten, der in Lüchow-Dannenberg und in Westdeutschland insgesamt grassierte.[104] Das SED-Regime hatte nicht nur versucht, das Endlager vor den westlichen Nachbarn geheim zu halten, sondern auch die eigenen Bürger darüber im Unklaren gelassen – eine Strategie, die dadurch begünstigt wurde, dass Morsleben innerhalb der Sperrzone lag, in der Mobilität und Informationsverbreitung stark eingeschränkt waren.[105] Bürgerbeteiligung, offene Debatten und Rechenschaftspflicht der Regierung waren ohnehin keine Markenzeichen der SED-Herrschaft. Bezeichnenderweise wurde Morsleben erstmals im Oktober 1988 in einer ostdeutschen Zeitung erwähnt, ganze zehn Jahre nachdem die Anlage begonnen hatte, Atommüll einzulagern.[106] Zwar konnte das SED-Regime die Informationen über Morsleben im eigenen Land gut unter Verschluss halten, doch die räumliche Nähe zur Grenze und die im Westen geführte Debatte über Gorleben drohten die Aufmerksamkeit auf die eigene Anlage zu lenken. Westdeutsche Medien begannen, Morsleben zu thematisieren, und genau die Argumente, die westliche Demonstranten gegen Gorleben vorbrachten, waren ohne Weiteres auf das Endlager Morsleben übertragbar, das sich in einer ähnlichen Steinsalzformation befand. Da die innerdeutsche Grenze bekanntlich nicht verhindern konnte, dass regelmäßig Nachrichten aus dem Westen in die DDR gelangten,[107] war das SED-Regime nicht in der Lage, die Verbreitung von Informationen über die Anlage zu unterdrücken, sollte die westliche Diskussion über Morsleben zunehmen. Gorleben und Morsleben waren in der internen Berichterstattung so stark aufeinander bezogen, dass in einigen Dokumenten versehentlich von »Gorsleben« die Rede war.[108]

Westdeutschen Beobachtern fiel diese Schwachstelle ins Auge. So kommentierten westdeutsche Zeitungen das auffällige Schweigen der DDR-Presse zu den gewalttätigen Protesten gegen das Atomkraftwerk in Brokdorf. Auch Albrechts Nominierung von Gorleben als Standort für den Atomkomplex fand in den ostdeutschen Zeitungen mit keinem Wort Erwähnung.[109] Dem Leiter der Ständigen Vertretung, Günter Gaus, entging nicht, dass die DDR entgegen ihrer Art den Anti-Atom-Protest im Westen ignorierte, und meldete in einem Telex: »man kann unterstellen dasz die ddr-fuehrung eine diskussion ueber ddr-atomanlagen im eigenen land vermeiden moechte.«[110]

Zu den Anlagen, die die DDR-Führung nicht in der Öffentlichkeit diskutiert sehen wollte, gehörten auch die eigenen Atomkraftwerke. Dies war das zweite Thema, das westdeutsche Diplomaten öffentlich zu thematisieren gedachten, sollte sich die DDR entschließen, die Gorleben-Frage eskalieren zu lassen.[111] Atomenergie in der DDR wurde mit sowjetischen Wasser-Wasser-Energie-Reaktoren (WWER) erzeugt, die, wie die verwandten westlichen Druckwasserreaktoren, »leichtes Wasser« als Moderator und Kühlmittel sowie angereichertes Uran als Brennstoff verwendeten.[112] In den späten 1970er Jahren betrieb die DDR zwei Atomkraftwerke in Rheinsberg und Greifswald, ein drittes war in Stendal im Bau.[113] Die Anlage in Stendal war selbst innerhalb der SED-Führung umstritten, weil ihr Standort keine Sicherheitszone von 25 Kilometer Durchmesser um den Reaktor zuließ. Aber letztlich entschied das Politbüro aufgrund des dringenden Energiebedarfs, dass der Bau 1974 begann.[114] Einem Vertrag mit der Sowjetunion aus dem Jahr 1965 entsprechend, sollte die Anlage mit importierten, einsatzbereiten WWERs aus der Sowjetunion betrieben werden. Die Technologie für das ostdeutsche Atomprogramm stammte größtenteils aus der Sowjetunion, sodass der DDR-Industrie nur eine Nebenrolle zufiel.[115] Wie der Historiker Mike Reichert betont, erwies sich die Sowjetunion in dieser Frage nicht als verlässlicher Partner und verursachte Bauverzögerungen und ausufernde Kosten. So scherzten DDR-Ingenieure, sie hätten kein schlüsselfertiges Kraftwerk gekauft, sondern eines, »das zuerst instandgesetzt werden müsse«.[116] Das Atomkraftwerk Greifswald/Lubmin erwies sich als besonders störanfällig. Unter anderem kam es dort Ende 1975 zu einem Brand, der einen Reaktor an den Rand der Kernschmelze brachte.[117]

Die Vorstellung, dass sich die Bundesregierung öffentlich mit der atomaren Sicherheit der DDR auseinandersetzen könnte, musste für die SED-Führung eine ernsthafte Drohung dargestellt haben, nicht zuletzt, weil sie sich der Dauerprobleme mit der sowjetischen Atomtechnik schmerzlich bewusst war. Die »höfliche« Anfrage Bonns zu Morsleben und Stendal war insofern heikel, als die SED davon ausgehen konnte, dass unter den Ostdeutschen die weitverbreitete Ansicht herrschte, westliche Technologien und Konsumgüter seien den östlichen Pendants grundsätzlich überlegen. Würde Bonn Zweifel an der atomaren Sicherheit der DDR äußern, müsste die SED ihre Bürger davon überzeugen, dass die Osttechnologie sicher sei, obwohl westdeutsche Demonstranten öffentlich sogar die Fähigkeit ihrer eigenen Regierung infrage stellten, die Risiken der Atomenergieerzeugung kontrollieren zu können. Doch mit dem vorsichtigen Druck, den die Regierung von Helmut Schmidt auf die SED-Führung ausübte, bewegte Bonn sich selbst auf einem schmalen Grat. In Zeiten wachsender Besorgnis über die kommerzielle Nutzung der Atomenergie konnte jede Diskussion über die Sicherheit der DDR-Reaktoren leicht nach hinten losgehen und der allgemeinen Verunsicherung über die Atomenergie auch in der Bundesrepublik weitere Nahrung geben. Daher beschloss die westdeutsche Atomindustrie, auf Zwischenfälle in ostdeutschen Kraftwerken zurückhaltend zu reagieren. Einem Stasi-Bericht zufolge hatte die Kraftwerk Union, die im Auftrag von Siemens Atomkraftwerke baute und betrieb, ein kommerzielles Interesse daran, ihre Atomtechnologie als sicherer als jene der sowjetischen Bauart darzustellen. Der Konzern verzichtete jedoch darauf, dies durch alarmierende Berichte über Zwischenfälle im Osten zu tun, um die ohnehin schon starke Anti-Atomkraft-Stimmung in Westdeutschland nicht noch weiter anzuheizen.[118]

Um das Jahr 1980 herum hatten beide Seiten eine Art Pattsituation erreicht, was sie nicht daran hinderte, darüber nachzudenken, wie sie aus der misslichen Lage des Gegners Kapital schlagen konnten. Für die DDR schien sich eine Möglichkeit aufzutun, als Ernst Albrecht im Mai 1979 das Aus für die Wiederaufbereitungsanlage in Gorleben verkündete. Seine Entscheidung war für die bundesdeutschen Pläne, den nuklearen Brennstoffkreislauf im eigenen Land zu schließen, ein schwerer Schlag. Zwar konnten vorerst noch abgebrannte Brennelemente zur Wiederaufbereitung ins französische La Hague gebracht werden, aber die entsprechenden Verträge sollten 1985 auslaufen. Die westdeutsche Atomindustrie steuerte demnach in Sachen Wiederaufbereitung auf einen Engpass zu, der sich nicht so schnell im eigenen Land lösen ließ. Deshalb schlug Alexander Schalck-Golodkowski im Jahr 1980 Günter Mittag vor, Dienstleistungen zur Wiederaufbereitung für westdeutsche abgebrannte Brennelemente zu entwickeln. Die SED-Regierung wollte das westdeutsche Atommüll-Dilemma als Geschäftsmöglichkeit nutzen und gleichzeitig Zugang zu westlichen Atomtechnologien gewinnen. Die Idee litt aber an dem offensichtlichen Manko, dass die DDR weder über das Know-how noch über die Kapazitäten zum Bau der erforderlichen Anlage verfügte. Also wurde ein Plan erarbeitet, der der Bundesregierung die verlockende Möglichkeit bot, einen explosiven politischen Konflikt kurzerhand zu »exportieren«, indem sie eine Wiederaufbereitungsanlage in der DDR finanzierte und damit die erbitterten Standortkämpfe beendete. In einem für die ostdeutschen Beziehungen zum kapitalistischen Nachbarn typischen Kompensationsgeschäft wollte die DDR sodann die Kosten der Anlage »in Sachleistungen« abbezahlen, indem sie auf Jahre hinaus die abgebrannten Brennelemente aus westdeutschen Atomkraftwerken wiederaufbereiten würde. Diese Regelung hätte den zusätzlichen Vorteil, dass die DDR ihre eigenen abgebrannten Brennelemente, die die Sowjetunion nicht mehr zurücknahm, gleich mit verarbeiten könnte. Vielleicht ließen sich auch weitere Kunden unter den sozialistischen Nachbarländern gewinnen. In jedem Fall könnte die DDR sich als moderner Industriestaat präsentieren. Am Ende ließen Schalck-Golodkowski und Mittag den Plan jedoch fallen, vermutlich weil das Projekt zu offensichtlich die Möglichkeiten der DDR überstieg.[119]

Die Bundesregierung hingegen reagierte auf die Pattsituation, in die sie mit der DDR geraten war, indem sie sich um einen institutionalisierten Informationsaustausch über Fragen der atomaren Sicherheit mit der DDR bemühte. Die westdeutschen Diplomaten in der Ständigen Vertretung wollten die isolierten Gespräche über die beiderseitigen Atommülllager beenden und stattdessen die Diskussion über die atomare Sicherheit auf breiterer Grundlage führen, um auch mehr über das ostdeutsche Atomenergieprogramm zu erfahren.[120] Ein erstes Expertengespräch hierzu fand im Oktober 1983 statt und legte den Grundstein für das Strahlenschutzabkommen von 1987.[121] Die Bundesregierung sicherte sich auch rechtlich ab und prüfte Haftungsfragen.[122] Vor allem aber wollte sie der DDR im Zusammenhang mit Gorleben keinen Anlass zu Beschwerden geben.

Wie kam es schließlich zu der relativ geräuschlosen Beendigung der DDR-Proteste gegen den Standort Gorleben? Zum einen entfiel mit Albrechts Entscheidung gegen die Wiederaufbereitungsanlage im Mai 1979 ein für die DDR besonders störendes Element innerhalb der Pläne für das nukleare Entsorgungszentrum. Das Großprojekt wurde auf ein Endlager für Atommüll zurückgestutzt. Da die DDR jenseits der Grenze in Morsleben ein eigenes Atommülllager betrieb, ließ sich kein Kapital mehr daraus schlagen, diesen Konflikt weiter zu schüren. Eine Eskalation des Protests hätte der DDR von da an eher Probleme im eigenen Land bereitet als dass ihr die Einmischung in die Pläne des kapitalistischen Nachbarn genutzt hätten, zumal die Westdeutschen ein »Interesse« an der Sicherheit der ostdeutschen Atomreaktoren signalisierten. Dieses Interesse war jedoch rein taktischer Natur, um weitere Sticheleien zu verhindern und Gorleben nicht zum nächsten Dauerbrenner der innerdeutschen Umweltprobleme werden zu lassen.[123] Anfang 1981 waren sich die westdeutschen Diplomaten weitgehend sicher, dass die DDR das Thema Gorleben ruhen lassen würde.[124] Des Weiteren gelang es der Ständigen Vertretung, den Streit um Gorleben in eine weitere Kodifizierung der innerdeutschen Beziehungen zu kanalisieren, nämlich in das Strahlenschutzabkommen, das während Honeckers Besuch in Bonn 1987 neben dem Umweltabkommen unterzeichnet wurde. Bemerkenswert ist, dass beide Abkommen ihren Ursprung in Auseinandersetzungen um grenzüberschreitende Umweltthemen hatten.

Am Verhandlungstisch: Die Rolle des Landkreises

Umstrittene Großprojekte wie Flughäfen, Staudämme, Müllverbrennungsanlagen und Atomkraftwerke werden gern in geografische und wirtschaftliche Randgebiete mit geringer Bevölkerungsdichte und mutmaßlich schwach ausgeprägter Zivilgesellschaft errichtet, wo die neue Anlage als Hauptarbeitgeber schnell wirtschaftliche Abhängigkeiten schafft.[125] Der bäuerlich geprägte Landkreis Lüchow-Dannenberg hatte zwar schon immer etwas abseits gelegen, doch der Eiserne Vorhang hatte diese Randlage noch verschärft. Er litt unter Bevölkerungsschwund und war stark von staatlichen Subventionen abhängig. Ähnlich wie Boyd County in Nebraska, Yucca Mountain in Nevada, Ōkuma in der japanischen Präfektur Fukushima und zuletzt Bure in Frankreich entsprach Lüchow-Dannenberg somit in jeder Hinsicht dem Muster eines »vulnerablen« Gemeinwesens – mit dem bemerkenswerten Unterschied, dass sich die Zivilgesellschaft als unerwartet stark erwies und hartnäckigen Protest aufbieten konnte.[126] Sobald sich aber dauerhafter Widerstand gegen eine umstrittene Anlage formiert, neigt der Staat dazu, sich die Duldung der Bevölkerung mit materiellen Anreizen zu erkaufen.[127]

Mit Albrechts Ankündigung im Februar 1977 drohte der Landkreis Lüchow-Dannenberg zu einer »Atomgemeinde« zu werden. Dieser Begriff bezeichnet nicht allein den geografischen Standort einer atomtechnischen Anlage, sondern umfasst auch die sozialen, kulturellen, ökologischen und wirtschaftlichen Folgen, die sich in den Kommunen ergeben, die eine entsprechende Anlage aufnehmen und in denen sich der nukleare Komplex anschließend zum prägenden Faktor entwickelt, wie dies in Hanford (USA), Sellafield (Großbritannien), La Hague (Frankreich) und Osjorsk (Sowjetunion/Russische Föderation) der Fall war. Vor allem aber bezeichnet der Ausdruck Gemeinden, in denen die Zustimmung zur Errichtung und zum Betrieb einer atomtechnischen Anlage den Einwohnern Vorteile in Form von Arbeitsplätzen, verbesserter öffentlicher Infrastruktur, besseren Wohnverhältnissen und anderen materiellen Anreizen bringt, in denen also das nukleare Risiko mit Wohlstand oder dem Versprechen auf Wohlstand verknüpft wird.[128]

Dass die Aussicht, eine Atomgemeinde zu werden, bei den Amtsträgern in Lüchow-Dannenberg auf offene Ohren stieß, hat mit der Geschichte des Landkreises als Teil des Zonenrandgebiets zu tun, wo es seit den 1950er Jahren üblich geworden war, einen kausalen Zusammenhang zwischen Grenzlage und Strukturschwäche zu behaupten. Die Kennzahlen für Lüchow-Dannenberg belegten fraglos die geringe Wirtschaftskraft der Region, allerdings hatten die gewählten Vertreter des Landkreises über die Jahre auch die Kunst perfektioniert, sich allein auf die innerdeutsche Grenze zu berufen, wenn es um die Einforderung staatlicher Subventionen auf Landes- wie Bundesebene ging. Andere Zonenrandgemeinden gingen ebenso vor, doch Wilhelm Paasche, von 1962 bis 1978 Oberkreisdirektor von Lüchow-Dannenberg, versuchte seit Anfang der 1970er Jahre seinen Landkreis als besonders förderungswürdig darzustellen, im Notfall auch auf Kosten anderer Zonenrandgemeinden. So kritisierte er 1968 ein neues Förderprogramm, das wie üblich das gesamte Zonenrandgebiet gleich behandelte, als »Hohn auf die wirklichen Notstandsgebiete am Zonenrand«, zu denen namentlich sein Landkreis gehörte. Damit tastete Paasche die räumliche Einheit des 40 Kilometer tiefen Zonenrandgebiets an, die die Fürsprecher der Grenzregionen in mühsamer Lobby-Arbeit in den 1950er Jahren etabliert hatten.[129]

Doch wie genau stand es um den Landkreis vor der Gorleben-Entscheidung? Im Laufe der 1960er Jahre vollzog sich in der Landwirtschaft ein Strukturwandel. Der Wettbewerb innerhalb der Europäischen Gemeinschaft zwang auch die Landwirte in Lüchow-Dannenberg zur Modernisierung, was das Aus für weniger rentable Betriebe bedeutete.[130] Die Zahl der Höfe ging von 3900 im Jahr 1960 auf 1735 im Jahr 1985 zurück.[131] Als der Landkreis 1968 von einem Landtagsausschuss besucht wurde, lebten dort 42 Menschen pro Quadratkilometer. Paasche hielt zur dauerhaften wirtschaftlichen Entwicklung 100 Einwohner pro Quadratkilometer, mithin einen Zuwachs um 20 000 Einwohner für erforderlich. Er beklagte die Überalterung der Bevölkerung und die hohe Arbeitslosigkeit, die im Winter 1967 bei 16 Prozent lag. In gut einstudierten Sätzen führte Paasche die Misere seines Landkreises auf die Grenzlage zurück. Angesichts des Niedergangs der Landwirtschaft sah er in der Schaffung von Industriearbeitsplätzen die einzige Möglichkeit, aus diesem »Teufelskreis« auszubrechen. Und vor allem monierte er die mangelnde Unterstützung »von oben«.[132]

Angespornt durch eine drohende Zwangsfusion mit dem benachbarten Landkreis Uelzen im Zuge der Gebiets- und Verwaltungsreform Niedersachsens forcierten die Verantwortlichen von Lüchow-Dannenberg Anfang der 1970er Jahre ihre Bemühungen um wirtschaftliche Entwicklung. Diese Anstrengungen nahmen zuweilen kuriose Züge an. So schlug Paasche vor, das touristische Potenzial des Landkreises durch die Anlage künstlicher Skipisten zu steigern, die Skibegeisterte in diese Ecke der norddeutschen Tiefebene locken sollten, obwohl das Wendland keinerlei Bezug zum Wintersport vorweisen konnte.[133] Derweil versuchte der Landtagsabgeordnete Kurt-Dieter Grill (CDU), den Landkreis als Standort für die Teststrecke einer Hochgeschwindigkeits-Magnetschwebebahn, den späteren Transrapid, ins Gespräch zu bringen. Die Teststrecke wurde dann allerdings in den 1980er Jahren im Emsland gebaut, einer vergleichbar strukturschwachen Region im Westen Niedersachsens.[134] Hoffnungen machten sich die Kreisvertreter auch auf ein Atomkraftwerk in Langendorf an der Elbe, dessen Bau die Hamburger Preussen Elektra ins Auge fasste.[135] Im Mai 1975 richteten Grill und der Landtagsabgeordnete Wilfried Hasselmann (CDU) eine Kleine Anfrage an die hannoversche Landesregierung, um Auskunft über den Stand eines Entwicklungsprogramms für Lüchow zu erhalten, das sie in Arbeit wähnten. Zwar gab es einen solchen »Lüchow-Plan« nicht, doch die Landesregierung erinnerte die Abgeordneten daran, dass der Landkreis allein im Jahr 1974 rund 29 Millionen DM an Zuschüssen, Darlehen und Landesinvestitionen erhalten hatte.[136] Da sich jedoch keine neuen Industrieprojekte abzeichneten, warf Paasche im Oktober 1975 den Behörden in Bonn und Hannover vor, das Zonenrandgebiet und insbesondere Lüchow-Dannenberg zu »demontieren«. Seine scharfe Kritik verschaffte ihm Aufmerksamkeit in der Presse.[137] Die so gescholtenen Regierungsvertreter gewannen jedoch im Laufe der 1970er Jahre eine andere Sicht auf die wirtschaftliche Entwicklung des Landkreises. Während Paasche hartnäckig behauptete, die Region habe sich nie von der Errichtung des Eisernen Vorhangs erholt und leide *deshalb* an einem Mangel an Industriearbeitsplätzen, wiesen die Bonner Bürokraten die Vorstellung zurück, allein die deutsche Teilung habe die Probleme von Lüchow-Dannenberg verursacht. Stattdessen zeigten sie auf, dass in dieser ländlichen Region überhaupt erst durch die Zonenrandförderung eine nennenswerte Zahl von Industriearbeitsplätzen entstanden sei.[138] Beide Seiten verstanden es hervorragend, die Rhetorik der anderen zu kontern.

Der entscheidende Punkt ist hier, dass die Klagen des Landkreises ihren Höhepunkt Ende 1975 erreichten, also just mit dem Beginn der Suche nach einem Standort für das nukleare Entsorgungszentrum in Niedersachsen. Angesichts der unablässigen Forderungen aus Lüchow konnte Ministerpräsident Ernst Albrecht davon ausgehen, dass man dort jede Initiative, die industrielle Arbeitsplätze zu schaffen versprach, mit Freuden begrüßen würde, eine Einschätzung, die zumindest für diejenigen Vertreter des Landkreises zutraf, die wirtschaftlicher Entwicklung Priorität einräumten. Die Nominierung Gorlebens im Februar 1977 gab dem Landkreis einen gewichtigen politischen Trumpf gegenüber der Landes- und der Bundesregierung an die Hand. Wenn der Landkreis die Anlage aufnehmen und dadurch die Pläne der westdeutschen Energieversorgung unterstützen würde, dann konnten seine Vertreter berechtigterweise von Hannover und Bonn erwarten, dass man dort ihren seit Jahren erhobenen Forderungen entgegenkam. Nachdem Helmut Schmidt sich mit Albrechts Standortwahl abgefunden hatte, erhielt der Landkreis unter Umgehung der üblichen Kanäle direkten Zugang zum Bundeskanzler selbst. In einem ersten Schreiben machte Paasches Nachfolger Klaus Poggendorf den Kanzler mit den strukturellen Problemen des Wendlands vertraut und steckte so den Erwartungshorizont von Lüchow-Dannenberg an die Bundesbehörden ab.[139]

Doch die Planungen für das zentrale nukleare Entsorgungszentrum erhielten im Mai 1979 einen herben Dämpfer, als Ernst Albrecht die einsame Entscheidung verkündete, eine Wiederaufbereitungsanlage in Gorleben sei »sicherheitstechnisch realisierbar, aber politisch nicht durchsetzbar«.[140] Das Projekt Gorleben wurde damit auf ein Atommüllendlager mit angeschlossenem Zwischenlager und einer Konditionierungsanlage reduziert.[141] Doch gerade von der Wiederaufbereitungsanlage, nicht vom Endlager, hatte sich der Landkreis die meisten Arbeitsplätze versprochen. Angesichts des offensichtlichen Verlustes des versprochenen Jobmotors drängten die Vertreter des Landkreises beim Bund auf ein umfangreiches Förderungsprogramm. Poggendorf argumentierte, die Belastung für den Landkreis bleibe gleich, egal ob nun ein komplettes atomares Entsorgungszentrum oder nur ein Endlager gebaut werde. Der Name Lüchow-Dannenberg sei zum Schaden von Tourismus und Landwirtschaft bereits untrennbar mit Atommüll verbunden.[142] Poggendorf erwartete von der Bundesregierung nichts weniger, als dass sie ihren Teil des Deals einhalte, den Landkreis zu einer Atomgemeinde zu machen, und zwar nicht nur im Hinblick auf das nukleare Risiko, sondern vor allem in

Hinblick auf den versprochenen Wohlstand. Im November 1979 reiste eine Delegation von acht Verwaltungsbeamten und gewählten Vertretern des Landkreises mit dem Zug nach Bonn, um dies im Kanzleramt klarzumachen.

Entschlossen, ihr neu gewonnenes politisches Kapital gewinnbringend einzusetzen, hatte die Delegation einen Forderungskatalog mitgebracht.[143] Darin fanden sich unter anderem seit Langem gehegte Wünsche nach Bahnverbindungen und neuen Straßen, insbesondere nach einer Transitautobahn, die Lüchow-Dannenberg direkt mit West-Berlin verbinden und so die »Insulaner« als Touristen in die Region locken sollte.[144] Die Liste zeugte von dem Bemühen der kommunalen Mandatsträger, selbst den Umfang der staatlichen Beihilfen zu bestimmen, die sie zur Erfüllung dieser Vorhaben für nötig erachteten. Der wichtigste Punkt war daher die Forderung nach einer pauschalierten Sonderzuweisung von jährlich zehn Millionen DM über zehn Jahre, die zur Verbesserung der Infrastruktur im Landkreis und zur Schaffung von Arbeitsplätzen dienen sollte. Die Wunschliste brachte auch unmissverständlich zum Ausdruck, dass diese Sonderzuweisung auf keinen Fall mit Zahlungen aus der Zonenrandförderung verrechnet werden dürfe. Im Verlauf ihrer Unterredung mit Bundeskanzler Schmidt präzisierten die Vertreter des Landkreises ihre Vorstellungen weiter. Sie wollten eine Einheit des Bundesgrenzschutzes und verschiedene weitere Bundesbehörden im Landkreis angesiedelt wissen. Außerdem forderten sie, dass die DBE, die Deutsche Gesellschaft zum Bau und Betrieb von Endlagern, ihren Hauptsitz vor Ort und nicht im nahe gelegenen Peine einrichten sollte. Weiter äußerte die Delegation den Wunsch, das Bundesministerium für Forschung und Technologie möge im Landkreis Versuchsanlagen für alternative Energien, beispielsweise eine Ethanolanlage, errichten. Schließlich forderten sie die Bundesregierung auf, den Stromkonzern Preussen Elektra zu bewegen, seine Pläne für ein Kohle- oder Atomkraftwerk in Langendorf an der Elbe forciert weiterzuverfolgen.[145]

So ungeniert die Forderungen des Landkreises waren, Bundeskanzler Schmidt zeigte prinzipiell Verständnis. Es war ihm klar, dass der Landkreis vor der nächsten Wahl »substantiell etwas in der Hand haben müsse«, um auf glaubwürdige Weise die Atomanlage mit der Aussicht auf zukünftigen Wohlstand verknüpfen zu können.[146] Gelang es nicht, die Befürworter des Gorleben-Projekts im Amt zu halten, drohte die strategisch wichtige Frage der Endlagerung auf Zwischenlösungen reduziert zu werden, was letztlich das gesamte westdeutsche Atomenergieprogramm in Schwierigkeiten bringen würde. Schmidt forderte deshalb die Bundesministerien auf, sich gegebenenfalls auch »unkonventionelle Gedanken zu machen«, um den Landkreis zu unterstützen.[147] Mit Rückendeckung des Bundeskanzlers schnürte also das Bundeswirtschaftsministerium in den Jahren 1979 und 1980 ein Förderpaket, das der immer weiter ausgearbeiteten Wunschliste des Landkreises entgegenkam.[148] Allerdings hatten die Ministerialbeamten nicht vor, die Forderungen des Landkreises nur durchzuwinken. So war das Bundesministerium für Forschung und Technologie gerne bereit, eine Forschungsanlage zur Herstellung von Ethanol aus Zuckerrüben zu finanzieren, da man es als »wichtig für [die] Stimmung« betrachtete, dem Landkreis nicht nur ein Atommülllager hinzustellen, sondern auch etwas, von dem ein »positiver Effekt« ausging.[149] Die Hoffnungen der Landkreisverwaltung auf ein Atomkraftwerk in Langendorf an der Elbe scheiterten jedoch an ökologischen Bedenken. Die Bürokraten im fernen Bonn wussten den Wert der Elbniederungen, in denen das Kraftwerk den Plänen nach errichtet werden sollte, besser zu schätzen als die Regierenden vor Ort in Lüchow-Dannenberg.[150] Ohne dass man im Landkreis und offenbar auch in Bonn davon wusste, hatte die Preussen Elektra das Projekt Langendorf allerdings schon im November 1976 ad acta gelegt, als die Unternehmensleitung von den Planungen für Gorleben erfuhr, die ihrer Meinung nach Vorrang vor anderen Atomprojekten haben sollten.[151]

Der strittigste Punkt war die Forderung des Landes nach einer jährlichen Sonderzuweisung. Der Bund hatte im Februar 1979 mit Niedersachsen eine Verwaltungsvereinbarung getroffen, welche die finanzielle Beteiligung Bonns im Hinblick auf die Verpflichtungen, die das Bundesland als Standort für ein Atomprojekt von »nationaler gesamtwirtschaftlicher Bedeutung« auf sich genommen hatte, festschrieb. Dieser unkonventionelle Finanzausgleich bezog sich auch explizit auf die Kosten der polizeilichen Sicherung und auf »Demonstrationsschäden«, die in Niedersachsen zu erwarten waren. Laut dieser Vereinbarung würde das Land zwischen 1979 und 1982 aus Bonn 200 Millionen DM erhalten. Der Bund wiederum sollte diese 200 Millionen von der Atomindustrie, namentlich von der Deutschen Gesellschaft für Wiederaufarbeitung von Kernbrennstoffen (DWK) bekommen.[152] Der Landkreis sollte aus diesem Topf 24,5 Millionen DM beziehen, um Infrastrukturkosten abzudecken, die mit dem Gorleben-Projekt einhergingen. In den Gesprächen mit dem Landkreis vertrat Bonn, wie nicht anders zu erwarten, die Position, dass der Geldbedarf des Landkreises mit diesem Vertrag abgedeckt und eine darüber hinausgehende Sonderzahlung nicht gerechtfertigt sei.[153] Poggendorfs Problem war allerdings, dass Hannover sich Zeit ließ, dem Landkreis seinen Anteil auszuzahlen.[154] Die Situation verschärfte sich noch, als Albrecht im Mai 1979 den Bau der Wiederaufbereitungsanlage ablehnte. Damit entfiel die vertraglich geregelte Zahlungsverpflichtung der DWK an den Bund, und die bereits verplanten 200 Millionen wurden zu einer Finanzierungslücke.[155] Bundeskanzler Schmidt, ohnehin schlecht auf Albrecht zu sprechen, bezichtigte den Ministerpräsidenten des »Wortbruches« und hielt nun seinerseits die Zahlungsverpflichtung des Bundes an Niedersachsen für aufkündbar.[156] Innerhalb des Nuklearkabinetts kam es zu heftigen Debatten um diesen Punkt, in denen sich die Logik der Atomgemeinde wieder deutlich abzeichnete: Das nukleare Risiko musste mit materiellen Anreizen abgefedert werden. Wirtschaftsminister Otto Graf Lambsdorff und Innenminister Gerhard Baum hatten alle Hände voll zu tun, Kanzler Schmidt davon zu überzeugen, am Vertrag mit Niedersachsen festzuhalten. Man könne es drehen und wenden, wie man wolle, argumentierten sie, das Geld erkaufe nun mal »die weitere Kooperation Niedersachsens sowie die Akzeptanz der Region um Lüchow-

Dannenberg«.¹⁵⁷ Am Ende hielt der Bund die Verwaltungsvereinbarung mit Hannover ein und zahlte die 200 Millionen in vier Jahresraten, um so den verlorenen DWK-Beitrag auszugleichen.

Während sich der Landkreis damit seinen vorgesehenen Anteil von 24,5 Millionen DM an den Niedersachsen-Zahlungen des Bundes sichern konnte,¹⁵⁸ ging es bei dem Treffen im Kanzleramt im November 1979 darum, den Bund dazu zu bewegen, Lüchow-Dannenberg eine pauschalierte Sonderzuweisung über diese vertraglich vereinbarte Summe *hinaus* zu gewähren. Da das Finanzministerium direkte Zahlungen des Bundes an einen Landkreis aus verfassungsrechtlichen Gründen ablehnte, kam die Idee auf, abermals die DWK einzubinden.¹⁵⁹ Die Gelegenheit, die DWK für Strukturhilfen zahlen zu lassen, ergab sich 1980, als sich die Gemeinden Gartow und Gorleben bereit erklärten, ein Zwischenlager für Atommüll einzurichten, das man benötigte, solange man die Eignung des Gorlebener Salzstocks als Endlager erkundete. Ab 1995 nahm dieses Zwischenlager die ersten CASTOR-Behälter mit abgebrannten Brennelementen auf. Die Tatsache, dass die beiden Gemeinden von einem Zwischenlager nur geringe Gewerbesteuereinnahmen zu erwarten hatten, sollte durch einen Ansiedlungsvertrag ausgeglichen werden, den sie mit der DWK schlossen.¹⁶⁰ Zwar wurde die vom Landkreis in Bonn erhobene Forderung, zehn Jahre lang eine Sonderzuweisung von jeweils zehn Millionen vom Bund zu erhalten, prima facie nie erfüllt, doch das Geld floss trotzdem. Zwischen 1979 und 1993 erhielt der Landkreis 113 Millionen DM aus verschiedenen Töpfen von Bund, Land und der Atomwirtschaft, also über einen Zeitraum von 14 Jahren jeweils rund 8 Millionen im Jahr.¹⁶¹ Damit hatten die Vertreter des Landkreises ihr ursprüngliches Ziel von zehn Millionen pro Jahr rein rechnerisch sogar noch übertroffen. Außerdem sagten Bund und Land dem Landkreis die Finanzierung einer Reihe von Entwicklungsvorhaben zu, die von Tourismusförderung und dem Ausbau von Straßen über den Erhalt von Bahnlinien und Zuschüssen für landwirtschaftliche Projekte bis hin zur Kofinanzierung einer Erdgasleitung reichten.¹⁶² Vertreter des Landkreises erinnerten die Landes- und Bundesbehörden im

Laufe der 1980er Jahre regelmäßig an ihre Zusagen oder unterbreiteten ihnen neue Projektvorschläge.[163]

Trotz dieser beispiellosen Fülle an staatlichen Mitteln ließ die breite Zustimmung für das Atomprojekt weiterhin auf sich warten. Die Kreistagswahl im wendländischen Elbzipfel im September 1981, die aufgrund der Gorleben-Kontroverse übergroße Aufmerksamkeit erhielt, deutete sogar einen politischen Stimmungswechsel im Landkreis an. Die regierende CDU behielt zwar eine Mehrheit von 52 Prozent, aber eine Unabhängige Wählergemeinschaft errang immerhin 18 Prozent, ein Zeichen dafür, dass es im Landkreis gärte – und eine Warnung an die CDU, dass ihre Position als stärkste Partei nicht unangreifbar war.[164] Es waren besonders die materiellen Segnungen im Zusammenhang mit dem Atomprojekt, welche die Wähler entzweiten. Während die Führung des Landkreises betonte, die Fördermittel kämen dem Wohl aller zugute, bezeichneten die Kritiker der geplanten Atomanlage die Millionen verächtlich als »Gorlebengelder«. Besonders dubios erschien ihnen die Beteiligung der DWK, deren Zahlungen kurzerhand als Bestechung aufgefasst wurden.[165] Auch Projekte, die mit diesen Geldern finanziert wurden, gerieten unter Beschuss. So gönnte sich die Stadt Gartow ein Thermalbad, das in letzter Minute um eine Wasserrutsche ergänzt wurde. Die Rutsche selbst war nicht sonderlich teuer, aber da sie am Ende nicht mehr ins Schwimmbadgebäude passte, musste ihretwegen das gesamte Dach angehoben werden. Der Landkreis selbst genehmigte sich ein neues Kreishaus in Lüchow. Hier sorgte vor allem ein 18 000 DM teurer kupferner Briefkasten für Unmut.[166] Die 500 Einwohner des Dorfes Waddeweitz bekamen einen neuen Schießstand, kurioserweise mit einer Sauna.[167] Solche Projekte waren Wasser auf die Mühlen der Gorleben-Kritiker. Was die Gegner jedoch am meisten aufbrachte, waren die kaum zu übersehenden Anzeichen, dass sich der Landkreis in eine Atomgemeinde verwandelte.

Da die Wiederaufbereitungsanlage nie gebaut wurde, entstanden auch nicht die prognostizierten 4000 Industriearbeitsplätze, die der vollständige »Entsorgungspark« hätte bringen sollen. Der Landkreis

Ein neuer Briefkasten mit Zeitschaltuhr vor dem Kreishaus in Lüchow sorgte 1982 für Unmut. Die Kosten des Briefkastens wurden unter anderem vom Bund der Steuerzahler kritisiert.

konnte lediglich etwa 600 Arbeitsplätze durch das Zwischenlager und im Zusammenhang mit den Erkundungen des Salzstocks gewinnen.[168] Mitte der 1980er Jahre gab die örtliche SPD ihre Unterstützung für die Atomprojekte auf und leitete damit eine parteipolitische Neuausrichtung in Lüchow-Dannenberg ein. Bei den Kommunalwahlen im Oktober 1991 verlor die CDU ihre Mehrheit. Alle anderen Parteien schlossen sich daraufhin auf Basis ihrer Ablehnung von Gorleben als »bunte Koalition« zusammen, um im Kreistag die Mehrheit stellen zu können. Diese Koalition beschloss 1993, auf weitere Gorlebengelder zu verzichten. Die Projekte, die durch diese Zahlungen alimentiert worden waren, fielen wie Kartenhäuser in sich zusammen und die Folgekosten der Infrastruktur, die man sich in den fetten Jahren geleistet hatte, ließen nun die Schulden in die Höhe schnellen. Im Jahr 1994 konnte der Landkreis seinen Haushalt nicht mehr ausgleichen.[169] Das niedersächsische Institut für Wirtschaftsforschung in Hannover kam zu dem Schluss, dass die Führung den Landkreis von den Gorlebengeldern abhängig gemacht habe. Die kommunalen Mandatsträger hätten »ein Ausgabenverhalten ermöglicht, das unter anderen Bedingungen weder finanzierbar noch erklärbar gewesen wäre«.[170] Ende der 1990er Jahre und trotz eines kurzen lokalen Wirtschaftsbooms,[171] den die Wiedervereinigung bescherte, sank der Landkreis wieder in die altbekannte Armut zurück. Die Zeit der Subventionierung als Atomgemeinde hatte lediglich einen Anschein von Wohlstand hervorgebracht. Im Jahr 1999 beantragte der Kreistag in Bonn und Hannover die Einrichtung eines regionalen Entwicklungsfonds zu seiner Rettung.[172]

»Gorleben soll leben«: Protestkultur an der Grenze

Gorleben wurde zu einem wichtigen Kristallisationspunkt der westdeutschen Anti-Atomkraft-Bewegung. Vom Grenzland ging der am längsten andauernde Anti-Atom-Protest aus, der sich mit gleichgesinnten Aktionen verband und diese inspirierte. Widerstand gegen die zivile Nutzung der Atomenergie hatte sich bereits Anfang der 1970er Jahre geregt, als Anwohner gegen geplante Kraftwerke in ihren Gemeinden zu protestieren begannen. Den ersten Kampf gegen die Errichtung eines Atomkraftwerks erlebte die Gemeinde Wyhl am

Kaiserstuhl. Dieser Protest gilt gemeinhin als die Geburtsstunde der bundesdeutschen Anti-Atomkraft-Bewegung. Die Besetzung der Baustelle von Wyhl Anfang 1975 machte aus einem regionalen Konflikt ein landesweites Medienereignis. Das von Aktivisten errichtete Hüttendorf, das neun Monate Bestand hatte, deutete die Zähigkeit der Protestbewegung an, die der baden-württembergischen Landesregierung Zugeständnisse abringen konnte, wodurch sich die Bauarbeiten erheblich verzögerten. Am Ende wurde der Reaktor Wyhl nie gebaut.[173] Ähnliche Versuche, die Baustellen von Atomreaktoren in Brokdorf (November 1976) und Grohnde (März 1977) zu besetzen, führten jedoch zu gewalttätigen Auseinandersetzungen zwischen Polizei und Demonstranten und spalteten die Anti-Atomkraft-Bewegung zunehmend in der Frage der richtigen Protesttaktik.[174] Als schließlich Gorleben als zentraler Standort für die Wiederaufbereitung und Lagerung von atomaren Abfällen ins Bild rückte, erkannte die Anti-Atomkraft-Bewegung darin den Schwachpunkt des westdeutschen Atomprogramms. Da die Energieversorgungsunternehmen gesetzlich verpflichtet waren, vor der Genehmigung neuer Atomkraftwerke ein Konzept für die Entsorgung abgebrannter Brennelemente vorzuweisen, ließ sich durch die Verhinderung von Gorleben womöglich auch gleich der Bau weiterer Atommeiler stoppen.[175] Kontroversen um die Nutzung der Atomenergie entwickelten sich zunächst hauptsächlich dort, wo kerntechnische Anlagen geplant waren. Doch je mehr sich die Atomkraftgegner in das Thema einarbeiteten, das bis dahin dem wissenschaftlichen Diskurs vorbehalten war, je öfter sie Taktiken zur Herausforderung der Staatsmacht erprobten und je besser sie sich untereinander vernetzten, desto weiter entfaltete sich der Anti-Atom-Protest in immer neuen Konstellationen auf lokaler, nationaler und schließlich internationaler Ebene.[176] Wie der Historiker Andrew Tompkins schreibt, »entwickelten sich die Anti-Atomkraft-Proteste parallel oder in Zusammenarbeit miteinander vielerorts auf der ganzen Welt«.[177] Nach Einschätzung der CIA hatte sich im Spätsommer 1979 in Westdeutschland »die am besten organisierte und aggressivste Atomopposition der Welt« herausgebildet.[178] Von den vielen

Aspekten der Gorleben-Proteste, die nähere Betrachtung lohnen, soll in diesem Abschnitt der Einfluss der Grenzlage auf den Widerstand gegen den Standort Gorleben beleuchtet werden.[179] Dieser bisweilen konkrete, dann wieder diffuse Einfluss manifestierte sich in der Zusammensetzung der Anti-Gorleben-Koalition, der Wahrnehmung der Landschaft des Wendlands und in den angewendeten Protestmethoden.

Die niedersächsische Landesregierung hatte den Widerstand, den die Gorleben-Entscheidung im Landkreis Lüchow-Dannenberg hervorrufen würde, deutlich unterschätzt. Allerdings hatte sich in den Auseinandersetzungen um andere Atomstandorte in Westdeutschland eine allgemeine Skepsis der Atomenergie gegenüber entwickelt, der zwar anfangs vielleicht lediglich das »Sankt-Florians-Prinzip« zugrunde lag, die schließlich aber in offenen Protest umschlug. Der Pastor der Gemeinde Gartow beschrieb die Stimmung am Tag der Gorleben-Entscheidung so: »Wir waren uns einig, daß jedes andere Gebiet besser für eine Atommüllfabrik geeignet war als unser schöner Landkreis. Das, muß ich einfach gestehen, war die erste Reaktion in diesen ersten Tagen, daß wir gedacht haben: Überall kann das hin, aber nicht hier.«[180]

Hinzu kam, dass sich die Bevölkerungszusammensetzung des Landkreises im Laufe der 1970er Jahre in interessanter Weise verschoben hatte. Wie in Kapitel 3 erläutert, hatte die Abgeschiedenheit des Wendlands, die durch die Grenzlage verstärkt worden war, einen moderaten Zuzug von Städtern, die sich vor Ort niederließen oder Zweitwohnungen zulegten, begünstigt. Unter den Zugezogenen waren Intellektuelle, Künstler und Freiberufler wie die Schriftsteller Nicolas Born und Hans Christoph Buch, der Bildhauer Klaus Müller-Klug, der Ingenieur Peter Runde, die Journalisten Kai Hermann und Sophie von Behr, der Lektor Jürgen Manthey und der Maler Uwe Bremer, der 1974 mit dem Künstlerkollektiv Werkstatt Rixdorfer Drucke aus West-Berlin in das Dorf Gümse umsiedelte. In die neu gewonnene Abgeschiedenheit platzte Mitte der 1970er Jahre die Nachricht, dass den Neu-Wendländern in Langendorf an der Elbe ein Atomkraftwerk direkt vor der Nase gesetzt werden sollte. Die Pläne für Langendorf lösten die erste Mobilisierungswelle gegen Atomkraft im Landkreis aus. Ebenfalls im Zusammenhang mit Langendorf erfolgte die Gründung der Bürgerinitiative Umweltschutz Lüchow-Dannenberg (BI), die unter der Leitung von Marianne Fritzen zur wichtigsten Organisation im Kampf gegen das NEZ in Gorleben wurde. Albrechts Ankündigung vom Februar 1977 traf also auf eine sicherlich bestürzte, aber auf den Widerstand gegen die Atomanlage nicht völlig unvorbereitete Gruppe von Menschen.

Zwar war die niedersächsische Landesregierung davon ausgegangen, dass Lüchow-Dannenberg das Atomprojekt letztlich mittragen werde, doch die Erfahrungen mit den nicht immer gewaltfreien Auseinandersetzungen in Grohnde und Brokdorf gaben Anlass zur Vorsicht. Noch am Tag von Albrechts Bekanntgabe der Gorleben-Entscheidung baten die niedersächsischen Sicherheitsbehörden ihre Amtskollegen in Bonn und den anderen Bundesländern, sie bei der Beobachtung mutmaßlich gewaltbereiter Teile der Anti-Atomkraft-Bewegung zu unterstützen.[181] Zudem begannen sie, Erkundigungen über Netzwerke der Zivilgesellschaft im Landkreis einzuholen, besonders über die aufkeimende örtliche Bürgerinitiative, die von »Zugezogenen« und »Linksintellektuellen« unterstützt wurde.[182] Zur Überraschung der Regierung in Hannover schlossen sich besagten Linksintellektuellen jedoch auch örtliche Bauern an, von denen man bislang geglaubt hatte, dass sie loyal zur Staatsmacht stünden. Einige Landwirte sahen sich plötzlich unter Druck gesetzt, Land an die DWK zu verkaufen, andere lehnten die Gorleben-Entscheidung aus wirtschaftlichen Erwägungen ab – sie wollten ihre Produkte nicht mit einem Atomstandort in Verbindung gebracht sehen. Ähnlich wie in Wyhl, wo sich Winzer und Landwirte mit Freiburger Studenten und anderen externen Aktivisten verbündet hatten, wurde der Gorleben-Protest bald von einer »Agrar-Links-Allianz« getragen.[183]

Das Entsetzen über Albrechts Wahl von Gorleben als Standort für das NEZ wurde durch die Darstellung und Wahrnehmung des Landkreises als verschlafener, idyllischer Winkel abseits der industriellen

Moderne noch verschärft. Als Langendorf erstmals als möglicher Reaktorstandort ins Gespräch kam, stellten die jüngst Hinzugezogenen das Wendland als letzten Zufluchtsort vor der westdeutschen Konsumgesellschaft und ihrer Umweltzerstörung dar, und die Berichterstattung über den Landstrich nahm zu.[184] Dabei fügten sich die Beschreibungen des Landkreises Lüchow-Dannenberg, vielleicht unbewusst, in die Tradition jener Texte über das Zonenrandgebiet ein, die sich in den 1950er Jahren etabliert hatte, als Grenzlandfürsprecher Bundeshilfe einzufordern begannen: Die Grenzregionen wurden als vergessene, vom Wirtschaftswunder übergangene und von den Jungen und Tüchtigen verlassene Gebiete dargestellt, als spärlich besiedelte Dörfer und Städtchen im Dornröschenschlaf.[185] Die gleichen Motive klingen in den Erkundungen des Wendlands an, nur werden sie nicht länger als Nachteil aufgefasst, sondern als Zuflucht. Denn »nirgendwo in der ganzen hektisch bauenden, expandierenden Bundesrepublik« stellte sich eine »so intensive Empfindung von Frieden« ein »wie entlang dieser bekanntermaßen eben nicht friedlichen Grenze«. Hier konnte man noch erahnen: »*So* war Deutschland früher.«[186] In den an Heimatkitsch grenzenden Schilderungen des Wendlands treffen die Leser auf Menschen, die ihr Land noch in körperlicher Arbeit erfuhren, im Rhythmus der Jahreszeiten lebten und ihrem Vieh mit Respekt begegneten. Hier wurde Marmelade noch selbst gekocht, saure Gurken eingelegt und Schinken von hausgeschlachteten Schweinen gepökelt.[187]

Selbst unter linken Intellektuellen, die den konservativen Heimatdiskurs der Vertriebenenverbände seit jeher verabscheuten, weckte das Wendland Erinnerungen an einen verlorenen deutschen Osten. Einem Schriftsteller, der den Zug der Kraniche aus Pommern beobachtete, lief allein wegen des Wortes »Pommern« ein Schauder über den Rücken.[188] Obwohl linksorientierte Intellektuelle die deutsche Teilung als gerechtfertigtes Resultat eines Angriffskrieges und der Verbrechen von Auschwitz akzeptiert hatten,[189] konnte die direkte Konfrontation mit dem Grenzzaun durchaus eine für unerschütterlich gehaltene postnationale Identität ins Wanken bringen. Ein Journalist aus Hamburg, der sich eigentlich über die Provinz lustig machen wollte, meinte beim Anblick der Grenze plötzlich zu spüren, dass ihm »etwas Gesamtdeutsches den Rücken heraufkriecht«. So konnte ein Wochenendausflug nach Hitzacker ganz unvermutet zu einer Identitätskrise führen.[190] Die Begegnung mit der Landschaft des Wendlands löste Reflexionen über Heimat und Deutschsein aus, die auch ein unerwartetes Bekenntnis zum »Vaterland« hervorbringen konnte.[191]

Die romantisierten Darstellungen des Wendlands waren in den 1980er Jahren Teil der Auseinandersetzungen von westdeutschen Linken über die Bedeutung von Heimat, Deutschsein und der Teilung des Landes.[192] Im Zusammenhang mit dem geplanten Atomstandort Gorleben definierten diese Schilderungen jedoch auch, was auf dem Spiel stand.[193] Vor einer Kulisse mit Bilderbuchdörfern inmitten blühender Apfelbäume konnte eine atomare Wiederaufbereitungsanlage nur wie die Zerstörung eines Naturparadieses erscheinen. Tatsächlich besaß der Landkreis außergewöhnliche Naturschätze, die von der Abgeschiedenheit der Grenzlage profitierten. Dank der Nähe der Elbe und ihrer Zuflüsse beherbergt das Wendland eine Reihe von Niederungslandschaften sowie ältere Naturschutzgebiete wie die Lucie, einen 1800 Hektar großen, ehemaligen Bruchwald, der schon 1951 unter Schutz gestellt wurde. Es war keineswegs übertrieben, weiten Teilen des Landkreises eine besondere ökologische Bedeutung zuzusprechen, wenn auch landwirtschaftliche Meliorationsmaßnahmen die hydrologische Beschaffenheit kontinuierlich veränderten.

Die Gegner des nuklearen Entsorgungszentrums bezogen also im Kampf gegen Gorleben die Landschaft des Wendlands gezielt mit ein. Zum Beispiel beriefen sie sich auf geltende Naturschutzbestimmungen, um den Bau zu verhindern.[194] Die Bürgerinitiative ermahnte auswärtige Unterstützer bereits anlässlich der ersten Anti-Gorleben-Demonstration im März 1977, während ihres Aufenthalts im Wendland den ökologischen Wert der Landschaft zu respektieren.[195] Die Schriften über das Wendland wiederum trugen das Ihrige dazu bei, die drohenden ökologischen Verluste auszumalen, indem sie die industrialisierte, durch die Atomfabrik repräsentierte Moderne mit einer abgeschiedenen ländlichen Idylle kontrastierten. Die Landschaft des Wendlands, durch die Grenze erhalten und von ihr geprägt, stand für vieles von dem, was die einheimischen Demonstranten in Gorleben verteidigten. Gegner und Befürworter des Projekts trennten eben auch unterschiedliche Auffassungen über den Wert der Landschaft, waren Letztere doch ausdrücklich deshalb für die Atomanlage, weil sie den Landkreis modernisieren und industrialisieren wollten. Entsprechend war es eine besondere Provokation, als einer der führenden Gorleben-Befürworter, Kurt-Dieter Grill, erklärte, der Landschaftsschutz sei zweitrangig, »denn für die ökologische Intaktheit Lüchow-Dannenbergs gibt uns niemand einen Pfennig«.[196] Während Befürworter wie Grill alles daransetzten, den Landkreis in eine Atomgemeinde zu verwandeln, stieß die Gorleben-Gegner allein schon die materialistische Haltung ab, die dieser Idee zugrunde lag.

Die Nähe zur Grenze beeinflusste auch die Methoden des Widerstands gegen Gorleben. Natürlich gab es zu Beginn der Gorleben-Proteste Anfang 1977 bereits eine Reihe von Aktionsmustern für den Kampf gegen Atomanlagen, die andernorts erprobt worden waren.[197] Die Gegner des nuklearen Entsorgungszentrums griffen auf sie zurück und passten sie an die örtlichen Gegebenheiten an, so etwa beim Gorleben-Treck im März 1979, zu dem Bauern mit rund 100 Traktoren von Lüchow-Dannenberg zu einer einwöchigen Tour nach Hannover aufbrachen, um auf der Straße ihren Beitrag zum Gorleben-Hearing internationaler Wissenschaftler zu leisten. Beflügelt durch die Ängste, die der nur drei Tage zurückliegende Reaktorunfall im Kernkraftwerk Three Mile Island in Harrisburg ausgelöst hatte, entpuppte sich der Aufmarsch am 31. März 1979 als größte Anti-Atomkraft-Demonstration, die die Bundesrepublik bis dahin erlebt hatte.[198]

Auch die Platzbesetzung von Wyhl diente dem frühen Aktivismus gegen Gorleben als Vorlage. Die Gorleben-Aktivisten riefen die »Republik Freies Wendland« aus, eine symbolische Abspaltung vom »Atomstaat«, zu dem die Bundesrepublik aus ihrer Sicht geworden war.[199] Manche der Zuzügler hatten schon 1974 im Scherz eine Unabhängigkeitserklärung ins Spiel gebracht und dabei mit Begriffen wie Souveränität und Territorium gespielt, die an der innerdeutschen Grenze ganz konkrete Bedeutungen erhielten.[200] Die Republik Freies Wendland wurde schließlich im Frühjahr 1980 an der »Tiefbohrstelle 1004« ausgerufen, die einige Hundert Demonstranten besetzt hielten, um den Beginn der Probebohrungen am Salzstock Gorleben zu verhindern. Begünstigt durch das schöne Wetter im Mai 1980, weitete sich die Besetzung der Bohrstelle schnell zu einem Hüttendorf mit etwa 300 Dauerbesetzern und mehreren Tausend Wochenendbesuchern aus, die in Zelten und Holzhütten kampierten. »Das Anti-Atom-Dorf«, kabelte die amerikanische Botschaft in Bonn, »bot das Bild einer Hippie-Gemeinschaft, voller idealistischer und harmloser, wenn auch ein wenig seltsamer junger Leute.«[201] Diese stellten sich selbst »Wendenpässe« aus, betrieben den Sender »Radio Freies Wendland« und hissten eine eigene Flagge mit der orangefarbenen »Wendensonne« auf grünem Grund. Schließlich kam man noch auf die Idee, in Bremen auf dem Gelände des ehemaligen amerikanischen Konsulats eine »Botschaft« einzurichten.[202] Am 4. Juni 1980 wurde das Anti-Atom-Dorf von einem »außergewöhnlich großen Aufgebot an Bereitschaftspolizei« geräumt.[203] Zwar konnten die Probebohrungen nun beginnen, doch ging der Staat nicht als alleiniger Sieger aus diesem Machtkampf hervor. Die amerikanische Botschaft stellte fest, dass Gorleben »die erhebliche Aufmerksamkeit anderer politischer Bewegungen erregte«. Die Demonstranten hätten die westdeutschen Medien auf ihrer Seite gehabt, das kurzlebige Anti-Atom-Dorf könnte, so prognostizierten die Amerikaner, »zur Sommermode für Anti-Atom-Proteste« im ganzen Land werden.[204]

Von Sommer konnte freilich keine Rede sein, als die Gorleben-Gegner mit einer weiteren kreativen Protestform aufwarteten: Sie veranstalteten die erste Anti-Atomkraft-Demonstration auf dem Territorium der DDR. Am 27. Januar 1982 überschritten rund 60 einheimische Demonstranten die Demarkationslinie in der Nähe der Dörfer Kapern und Gummern und ließen sich im Niemandsland zwischen der Demarkationslinie und dem ersten Zaun nieder, genau in dem

Zwischenraum, wo immer mal wieder allzu sorglose oder waghalsige Touristen festgenommen wurden und manchmal auch zu Schaden kamen.[205] Die Besetzer wollten damit nicht nur ihrer Forderung nach einem Baustopp in Gorleben Nachdruck verleihen, sondern die Behörden in Ost und West gleichermaßen zwingen, ihre Katastrophenpläne für einen nuklearen Störfall offenzulegen. Die Form ihres Landkreises – ein Dreieck, das wie eine Nase in das Gebiet der DDR hineinragte – hatte schon lange für Gerüchte gesorgt, dass die NATO-Streitkräfte diesen schwer zu verteidigenden Landzipfel seinem Schicksal überlassen würden, sollte der Kalte Krieg einmal heiß werden.[206] Dazu passte die kolportierte Behauptung, die westdeutschen Behörden würden das Wendland im Falle einer Atomkatastrophe im NEZ kurzerhand vom Hinterland abriegeln, um zu verhindern, dass eventuell kontaminierte Anwohner die Strahlung weiter nach Westen trügen. Richtung Osten konnten sie aber auch nicht fliehen, denn dort führte der Fluchtweg direkt in die Minenfelder. Das Wendland, befürchteten die Demonstranten, könnte ihnen zur Falle werden.[207] Die Einsatzkräfte aus dem Westen durften die Demarkationslinie keinen Fußbreit überqueren und mussten tatenlos zusehen, wie die Atomkraftgegner ihre Zelte aufschlugen und sich auf eine kalte Nacht vorbereiteten. Die Besetzer vermieden gegenüber den Grenztruppen der DDR jegliche Provokation und stellten klar, dass sie nicht gegen das SED-Regime, sondern gegen das geplante Entsorgungszentrum protestierten. Um die Grenzsoldaten zu besänftigen, spielte einer der Aktivisten sogar die Internationale auf einem Waldhorn.[208]

Der Einbezug der Grenze in die Proteste war ein geschickter Schachzug. Damit forderten die Besetzer des Grenzstreifens die Behörden in West *und* Ost heraus, lenkten die Aufmerksamkeit auf die direkte Grenzlage Gorlebens und maximierten das Medienecho. Im Juli 1983 wiederholen etwa 35 Demonstranten diese Aktion und wechselten in der Nähe des Dorfes Wustrow auf das Territorium der DDR, um gegen die inzwischen geänderten Regierungspläne zu demonstrieren, die nunmehr die Errichtung der Wiederaufbereitungsanlage in Dragahn vorsahen. Sie wiederholen auch die Forderung der ersten Besetzer nach Offenlegung der Katastrophenpläne für den Landkreis. Wie schon zuvor blieb es für westdeutsche Beobachter ein Rätsel, warum die DDR-Grenzsoldaten nicht eingriffen, hatten sie doch oft genug unter Beweis gestellt, dass sie vor Gewalt nicht zurückschreckten.[209] Einige Kommentatoren beschuldigten die Demonstranten deshalb, sie würden mit dem Honecker-Regime gemeinsame Sache machen.[210]

Das Bemerkenswerte an der zweiten Besetzung des Grenzstreifens war, dass dabei seit Langem bestehende Zerwürfnisse unter den Aktivisten zu Tage traten. Von außen kaum wahrnehmbar, war die Bewegung in Hierarchien unterteilt: in die Einheimischen, die Zugezogenen und schließlich die auswärtigen Unterstützer, die zu Protestaktionen anreisten. Die Bürgerinitiative Umweltschutz Lüchow-Dannenberg war von Einheimischen gegründet worden. Als Sprachrohr und Motor des Gorlebener Widerstands nahm die BI für sich in Anspruch, die politische Botschaft der Proteste zu formulieren.[211] In der Anti-Atom-Bewegung herrschte durchaus die Überzeugung, dass ortsansässige Demonstranten für jede Standortkontroverse unverzichtbar seien: Erst die Stimmen langjähriger Anwohner verliehen dem Protest »Authentizität« und damit Legitimität.[212] Die Aktivisten der zweiten Grenzbesetzung waren jedoch Unterstützer von außerhalb des Wendlands. Während die ortsansässigen Demonstranten bei der ersten Besetzung des Grenzstreifens im Januar 1982 bitterlich gefroren hatten, genossen die Auswärtigen nun die Julisonne in den Niemandslandschaften. Die Einheimischen, seit Jahrzehnten mit der Grenze vertraut, hatten einen gewissen Respekt vor der hässlichen Anlage, wohingegen die Besucher mit einer Lässigkeit auftraten, die vor Ort ein ähnliches Unbehagen hervorrief wie das häufig sorglose Verhalten der Grenztouristen. Da die Besetzer im Rahmen eines von der BI veranstalteten Protest-Sommercamps gekommen waren, beanspruchte die BI-Führung das Recht, die Aktivitäten zu bestimmen – eine Erwartung, der die Besucher nicht nachkamen. Unter Berufung auf Sicherheitsbedenken forderten Undine von Blottnitz und Marianne Fritzen von der BI die auswärtigen Unterstützer auf, die Besetzung des Grenzstreifens abzubrechen, jedoch ohne Erfolg.[213] Der zweite Vorstoß in die Niemandslandschaften zeigte, dass Gorleben längst nicht mehr eine ausschließlich lokale Angelegenheit war. Die BI konnte nicht verhindern, dass andere es ihrem Vorbild gleichtaten, sie konnte nur die Ereignisse vom Juli 1983 aus den Annalen der Bewegung tilgen.[214]

Nicht einmal die Demonstranten konnten sich erklären, warum die Grenztruppen der DDR sich bei beiden Gelegenheiten so passiv verhielten. Dabei hatte die Stasi von der ersten Grenzbesetzung schon Monate zuvor Wind bekommen. Im August 1981 wurde sie gewarnt, dass »in kleineren Zirkeln der Protestbewegung der provokatorische Plan diskutiert [wird], eine spektakuläre Belagerung der Staatsgrenze der DDR vorzunehmen«. Doch statt Anweisungen zu erteilen, wie auf eine solche Provokation zu reagieren sei, gab die Stasi die Informationen offenbar nicht einmal an das Grenzregiment 24 weiter, das für die Patrouillen im Abschnitt nahe Gorleben zuständig war.[215] In der anschließenden Analyse der Ereignisse durch die Regimentsführung wurde eingeräumt, dass die Aktion der Besetzer beispiellos war. Daraufhin ergingen sich die Offiziere in ideologischen Phrasen, die wohl überdecken sollten, dass die Demonstranten das Regiment überrumpelt hatten. Die Besetzung des Grenzstreifens sei ein neuerlicher Ausdruck der »Klassenauseinandersetzung zwischen Sozialismus und Imperialismus« gewesen, mit der die Einsatzbereitschaft der Grenztruppen auf die Probe gestellt werden sollte. Die Anwesenheit westdeutscher Medien, so deutete der Bericht an, sei Teil eines größeren Plans gewesen, die Grenztruppen in ein schlechtes Licht zu rücken, indem man sie zu einem harten Vorgehen gegen die Demonstranten provozierte. Der Verzicht auf ein Eingreifen, so die Regimentsführung, sei daher eine bewusst getroffene und kluge Entscheidung zur Durchkreuzung dieses Plans gewesen.[216] Bei der zweiten Besetzung im Juli 1983 riefen DDR-Grenztruppen zwar mehrfach ihre westlichen Kollegen über das rote Telefon an, unternahmen aber nichts, außer das Kommen und Gehen der Atomkraftgegner genauestens zu dokumentieren, die in ihren Augen im Übrigen »asozial ein-

Mitgeführtes Transparent, das am Ereignisort aufgestellt wurde.
Text: "Wir demonstrieren hier gegen ein Atommüllager im Landkreis LÜCHOW - DANNENBERG!"

Mitgeführter Wimpel, mit sich kreuzender Forke und Dreschflegel sowie Jahreszahl.
Rechts ein Filmreporter des NDR.

Protest im Grenzstreifen: Ortsansässige Gorleben-Gegner überschritten im Januar 1982 die Demarkationslinie und besetzten die Niemandslandschaften direkt am Zaun. Die DDR-Grenztruppen beschränkten sich darauf, den Vorfall in ihren Akten zu dokumentieren, griffen aber nicht ein.

zuordnenden Gemeinschaften« angehörten und »Kräfte mit linksradikaler und politisch indifferenter Grundhaltung« darstellten. Mit einer gewissen Schadenfreude registrierten sie, dass der westdeutsche BGS mehr oder weniger damit rechnete, die Kollegen im Osten würden den Lagerplatz räumen. Der beste Weg, dem BGS eins auszuwischen, bestand offensichtlich darin, genau dies nicht zu tun.[217] Der Verlauf der zweiten Besetzung des Grenzstreifens erinnerte nur allzu gut an die ermüdende Dynamik zwischen west- und ostdeutschen Grenzern.

Auch wenn die Gorleben-Gegner nicht jede Protestmethode neu erfinden mussten, drückten sie der bundesdeutschen Anti-Atomkraft-Bewegung doch ihren Stempel auf, indem sie spektakuläre Protestaktionen wie den Gorleben-Treck nach Hannover und die eher schelmische Gründung der Republik Freies Wendland organisierten. Die beiden Besetzungen von Teilen des Grenzstreifens im Landkreis Lüchow-Dannenberg stehen dem in nichts nach. In ihrem Gefolge wurde das medienwirksame Überschreiten der Demarkationslinie fast zur Routine. In den 1980er Jahren wendeten Aktivisten im gesamten Zonenrandgebiet die Methode der kalkulierten Grenzüberschreitung – im wörtlichen Sinne – immer wieder an, um auf zumeist umweltpolitische Anliegen aufmerksam zu machen. Darum ging es etwa auch bei dem zu Anfang dieses Buches erwähnten Protest gegen das Kraftwerk Buschhaus.[218] In Gorleben hatten Atomkraftgegner eine neue Protestform erfunden, wie sie nur im geteilten Deutschland möglich war: den inszenierten Grenzzwischenfall an der Nahtstelle des Kalten Krieges.

Die jahrelangen Proteste gingen nicht spurlos am Wendland vorbei. Anders als an den Standorten für Atomkraftwerke, bei denen sich die Opposition gegen ein einzelnes Bauprojekt richtete und nach einer endgültigen Entscheidung verebbte, hielt die Bürgerinitiative Umweltschutz Lüchow-Dannenberg den Widerstand gegen Gorleben lebendig. Die späten 1990er Jahre waren geprägt von Protesten gegen den Transport von Atommüllbehältern in das Zwischenlager. Der erste dieser sogenannten CASTOR-Behälter traf 1995 in Gorleben

Die Grenzpolizeiinspektion Hof dokumentierte im Dezember 1988 den Umweltprotest der Gruppe *Robin Wood* im Dreiländereck zwischen der Bundesrepublik, der DDR und der Tschechoslowakei.

ein. In den folgenden drei Jahren wurde praktisch jeder CASTOR-Transport von wachsendem Widerstand begleitet, was die Protestkultur im Landkreis stärkte und die Sicherheitskosten für den Staat in die Höhe trieb.[219] Im Laufe der Jahre zog der Protest neue Menschen in den Landkreis, von denen einige für immer blieben.[220] Der Kampf gegen die Atomenergie fand seinen Ausdruck nicht nur in mehr oder weniger spektakulären Konfrontationen mit der Staatsgewalt, sondern führte auch dazu, dass viele Menschen versuchten, politische Ziele mit persönlichen (Konsum-)Entscheidungen in Einklang zu bringen und ein »authentisches Selbst« zu entwickeln.[221] Im Wendland manifestierte sich das Streben nach »Authentizität«, wie es für das westdeutsche linksalternative Milieu in den späten 1970er und 1980er Jahren typisch war, durch das Leben in Kommunen und die Renaissance von Handwerksberufen wie Töpferei und Webkunst. Etliche Landkommunen versuchten sich in ökologischer Landwirtschaft und ganzheitlicher Lebensweise – nicht immer mit wirtschaftlichem Erfolg, aber mit großem Einfluss auf das Image des Landkreises als Vorreiter in Sachen Ökolandbau.[222] Dies wurde durch die Gorleben-Pläne sogar noch gefördert, denn mit den Gorleben-Geldern, die für die Akzeptanz der Anlage in der Bevölkerung sorgen sollten, wurde auch die Entwicklung alternativer Treibstoffe und Energiequellen finanziert. So unterstützte die Bundesregierung die Erforschung von Möglichkeiten, den Landkreis zu einer »Ökologischen Modellregion« auszubauen.[223] Daraus entstand beispielsweise eine der ersten Erzeuger-Verbraucher-Gemeinschaften für Bio-Lebensmittel.[224] Sein »Öko«-Image gewann der Landkreis also nicht nur im *Widerstand gegen* die Atomkraft, sondern letztlich auch *mit ihr*. Seinen Ruf als »Widerstandsnest« hat er sich dagegen ausschließlich im Zusammenhang mit den Protesten gegen die Atomkraft erworben, wobei diese, wie die Landschaften des Wendlands, bisweilen verklärt wurden.[225]

Abfall für die Ewigkeit

Die Geschichte der Atomenergie in Deutschland ist zu einem nicht geringen Teil eine Geschichte von »vergangenen Zukünften« (Radkau). Sie war geprägt von Annahmen, Erwartungen und Plänen für eine Zukunft der Energieversorgung, die sich zu Teilen gar nicht, oder aber völlig anders als erwartet entwickelte. Das zentrale nukleare Entsorgungszentrum in Gorleben war bereits 1979 vergangene Zukunft, als Ministerpräsident Albrecht die Wiederaufbereitungskomponente aufgab. Auch aus dem Schnellen Brüter, der den Ausbau der Atomenergie in Deutschland voranbringen sollte, wurde nichts. Der einzige Atommeiler dieser Art, der in Kalkar an der niederländischen Grenze errichtet wurde, ging nie in Betrieb. Da sich der Schnelle Brüter in den 1980er Jahren nicht wie erwartet zur Standardtechnologie entwickelte, veränderten sich auch die Berechnungen, wie viel abgebranntes Kernmaterial einer Wiederaufbereitung bedurfte. Der sinkende Bedarf wiederum ließ den Bau einer eigenen Wiederaufbereitungsanlage in Deutschland zunehmend ineffizient erscheinen. Die Energieversorgungsunternehmen gaben deshalb 1989 die Pläne für die Errichtung einer Wiederaufbereitungsanlage im bayerischen Wackersdorf auf und verabschiedete sich endgültig von dieser Technologie. Der Gesetzgeber trug dieser Entwicklung Rechnung, indem er 1994 die 1976 eingeführte Wiederaufbereitungspflicht aufhob und damit den Weg für die direkte Endlagerung von bestrahltem Kernbrennstoff freimachte.[226] Im Jahr 1998 leitete die rot-grüne Koalition unter Bundeskanzler Gerhard Schröder den Atomausstieg ein, seit Langem nicht nur das erklärte Ziel, sondern geradezu die *raison d'être* der nun erstmals an der Bundesregierung beteiligten Grünen. Unter der Kanzlerschaft von Angela Merkel wurden die Laufzeiten der zu diesem Zeitpunkt noch 17 kommerziell genutzten deutschen Reaktorblöcke 2009 noch einmal verlängert, doch die Katastrophe von Fukushima im März 2011 besiegelte endgültig das Schicksal der deutschen Atomenergienutzung. Anlagen, die vor 1980 in Betrieb gegangen waren, wurden sofort abgeschaltet, alle anderen sollen bis Ende 2022 vom Netz gehen.[227]

Nukleare Zukünfte mögen sich in nukleare Vergangenheiten verkehrt haben, doch der Atommüll bleibt für die Ewigkeit. Dabei war die kommerzielle Nutzung der Atomenergie in Deutschland nur von bemerkenswert kurzer Dauer. Der erste westdeutsche Reaktor ging

1962 ans Netz, der letzte 1989.[228] Wenn Ende 2022 das letzte Atomkraftwerk abgeschaltet sein wird, besitzt Deutschland immer noch kein Endlager für ausgediente Brennelemente. Mit den strahlenden Rückständen der Atomenergie werden sich noch unvorhersehbar viele Generationen beschäftigen müssen, während nur zwei Generationen aus dieser Energieform Nutzen gezogen haben. Das wirft die allenfalls philosophische, historisch gesehen müßige Frage auf, ob sich die Atomenergie jemals gelohnt hat.

Wie dieses Kapitel gezeigt hat, prägten die innerdeutsche Grenze und die seit den 1950er Jahren entstandenen Verflechtungen zwischen Zonenrandfürsprechern und Regierung den Gorleben-Konflikt in vielfacher Hinsicht. Sie belasteten die Wahl des Standorts mit dem Verdacht, politischen, nicht wissenschaftlichen Kriterien zu folgen. Diese Kritik äußerte sich in unterschiedlicher Form, zielte aber stets auf den Mangel an Transparenz bei dieser Standortentscheidung.[229] Die Devise »Entscheiden-Verkünden-Verteidigen«, der Ministerpräsident Albrecht 1977 folgte, hätte auch andernorts massiven Protest auslösen können, wie sich bereits bei den ersten KEWA-Probebohrungen zwischen 1974 und 1976 gezeigt hatte.[230] Der entscheidende Punkt hier ist, dass Gorleben durch seine Grenzlage die Standortkontroverse um eine Dimension erweiterte, die sich anderswo in der Bundesrepublik so nicht hätte ausbilden können. Wie ich im Laufe des Buches dargelegt habe, verschärfte der Eiserne Vorhang viele politische und wirtschaftliche Konflikte – bisweilen direkt, andere Male eher indirekt.

Die Kontroverse um Gorleben hinterließ auch im Landkreis Lüchow-Dannenberg ihre Spuren, nicht zuletzt in baulichen Hinterlassenschaften: ein ausgeschachtetes Salzbergwerk, ein mit CASTOR-Behältern halb gefülltes Zwischenlager und eine eingemottete Konditionierungsanlage.[231] Doch das Erbe der Bemühungen, Lüchow-Dannenberg zu einer Atomgemeinde zu machen, ist vielleicht zum größten Teil immaterieller Natur. Es entbehrt nicht einer gewissen Ironie, dass dieser wegen seiner Randlage ausgewählte Landkreis zum Zentrum der Anti-Atom-Bewegung und zu einem dauerhaften Symbol für das ungelöste Problem der langfristigen Lagerung hochradioaktiven Atommülls wurde.[232] So wie diese Art von Abfall eine generationenübergreifende Belastung darstellt, so wurde auch der Widerstand gegen das Endlager von den Gründern der Protestbewegung auf die nächste Generation übertragen.[233] Die Anti-Atomkraft-Bewegung hat vielleicht inzwischen das sie verbindende Ziel verloren, doch die lokale Zivilgesellschaft, auf die sie sich gestützt und die sie gestärkt hat, zeigte sich auch während der Flüchtlingskrise 2015, als der Landkreis durch sein bürgerschaftliches Engagement für Geflüchtete Schlagzeilen machte.[234] Aber nicht alles, was heute wie ein Erbe der Anti-Atomkraft-Bewegung aussieht, entstammt dem alternativen Milieu, das in den 1970er und 1980er Jahren gegen Gorleben mobilisierte. Inzwischen haben sich auch rechtsextreme sogenannte völkische Siedler ins Wendland eingekauft. Sie hissen die Flagge mit der Wendlandsonne, auch sie schicken ihre Kinder auf Waldorfschulen und betreiben ökologischen Landbau.[235] Das »Öko«-Image, das dem Landkreis seit der Gorleben-Kontroverse nachgeht, droht zu einem umstrittenen Erbe zu werden.

Das für die Zukunft relevanteste Ergebnis der Auseinandersetzungen um den Bau von Gorleben darf man darin sehen, dass Deutschland nun über ein ausgefeiltes Standortauswahlverfahren verfügt – zumindest auf dem Papier. Als die rot-grüne Koalition unter Bundeskanzler Schröder 1998 den Atomausstieg einleitete, wollte sie auch die strittige Endlagerfrage neu angehen. Zu diesem Zweck setzte sie einen Arbeitskreis Auswahlverfahren Endlagersuche (AkEnd) ein, der Lösungsvorschläge zum Dilemma der Endlagerung erarbeiten sollte. Als der AkEnd im Jahr 2000 seine Arbeit aufnahm, hatten sich schon mehrere Bundeskabinette mit diesem Problem herumgeschlagen, ohne je einen schlüssigen Plan zu entwickeln.[236] Im Unterschied zur einstigen Entscheidung für den Standort Gorleben ging der AkEnd den Standortfindungsprozess von vornherein unter wissenschaftlichen *und* gesellschaftlichen Gesichtspunkten an. Er brach mit mehreren Annahmen, die die kommerzielle Nutzung der Atomenergie in Deutschland von Anfang an begleitet hatten. So hielt er zwar an der Forderung fest, dass die Endlagerung in tiefen geologischen Formationen erfolgen solle, sah aber einen Salzstock nicht mehr als die alleinige Möglichkeit an. Außerdem empfahl er ein *vergleichendes* Standortauswahlverfahren mit echter Öffentlichkeitsbeteiligung und voller Transparenz – eine Maßgabe, die im Grunde ein vernichtendes Urteil über die damalige Gorleben-Entscheidung aussprach. Auch wenn die Bürgerbeteiligung noch keine Erfolgsgarantie ist, hat die Gorleben-Kontroverse doch eindrücklich gezeigt, dass eine Nichtbeteiligung zum Scheitern führen muss. Um einen unbelasteten Neuanfang zu ermöglichen, sollte die Standortauswahl mit einer »weißen Landkarte« Deutschlands beginnen, in der jede geeignete geologische Formation als Möglichkeit eingezeichnet war. Die Arbeit des AkEnd kam jedoch nie über einen ersten Bericht hinaus. Die Energieversorgungsunternehmen, die bereits viel in Gorleben investiert hatten, weigerten sich, einen anderen Standort in Betracht zu ziehen, und die Gegenseite befürchtete, dass bei Verwendung einer »weißen Landkarte«, die Gorleben nicht explizit von einer künftigen Suche ausschloss, die Wahl am Ende erneut auf diesen Ort fallen würde, da der dortige Salzstock inzwischen ein halbfertiges Erkundungsbergwerk beherbergte.[237] Letztlich haben sich die Atomkraftgegner durchgesetzt. Als die weiße Landkarte im Jahr 2020 bunt wurde, war Gorleben auf ihr nicht mehr verzeichnet.[238]

Dabei hauchte erst die Katastrophe von Fukushima im Jahr 2011 der Standortsuche neues Leben ein. Der erneute Beschluss zum Atomausstieg in Deutschland hieß, dass die endgültige Abfallmenge berechenbar wurde, und entkoppelte die Suche nach einem Endlager von der Sorge, dass eine solche Anlage dem weiteren Ausbau der Atomenergie dienen könnte.[239] Im Jahr 2013 verabschiedete der Bundestag ein Gesetz zur Regelung des Standortauswahlverfahrens.[240] Eine neue Kommission übernahm die Aufgabe, den AkEnd-Prozess abzuschließen, die Standortanforderungen zu definieren und ein Beteiligungsverfahren zu erarbeiten.[241] So wie das atomare Entsorgungszentrum in Gorleben zum Zeitpunkt seiner Planung ein Projekt von globaler Bedeutung war, so hinterlässt sein Scheitern an allen Fronten nun ein Vermächtnis von ebenso globaler Bedeutung, nämlich die Blaupause für ein modernes Standortauswahlverfahren, das eine Wiederholung der erbitterten Auseinandersetzungen der 1970er und 1980er Jahre verhindern soll.[242] Es spricht jedoch wenig dafür, dass der so sorgfältig ausgearbeitete Plan zur Bürgerbeteiligung und Transparenz, überwacht von einem brandneuen Bundesamt,[243] in naher Zukunft jemals umgesetzt wird. Die Bundesregierung will die Suche bis zum Jahr 2031 abschließen und ab 2050 mit der Endlagerung hochradioaktiver Abfälle beginnen. Mittlerweile haben sich die Energieversorgungsunternehmen bereits umstrukturiert, um das Verursacherprinzip zu unterlaufen, und das für sie wichtige Ziel erreicht, die gesamte Verantwortung für Standort, Bau und Betrieb eines Atommüllendlagers auf den Staat zu übertragen. Trotz der 24 Milliarden Euro, die sie beitragen, sind hier letztlich die Gewinne privatisiert und die Folgekosten vergesellschaftet worden.[244] Am Ende werden die Abfälle alle Beteiligten überdauern.

Auch wenn das letzte Atomkraftwerk »abgeklungen« ist, werden die stillgelegten Atomanlagen noch lange Zeit Kosten und Probleme verursachen, auf die sich bereits eine Rückbau- und Entsorgungsindustrie spezialisiert hat.[245] Bauten wie der Schnelle Brüter in Kalkar und der Salzstock in Gorleben, die nie in Betrieb genommen wurden, müssen nicht aufwendig rückgebaut und dekontaminiert werden. Das Gelände des Schnellen Brüters ist heute ein Vergnügungspark – mit dem Maskottchen »Kernie« geht's durchs »Wunderland Kalkar«. Die einzigen relevanten Kühlungs- und Schmelzprozesse finden dort heute allenfalls am Eisstand statt.[246] Wie schon zuvor die Kohleindustrie ist auch die Atomenergiewirtschaft in ihr postindustrielles Zeitalter eingetreten, in dem Produktionsstätten als Freizeiteinrichtungen neu erfunden werden. Seit September 2021 ist auch das Schicksal der ausgeschachteten Kavernen im Gorlebener Salzstock entschieden. Sie werden nicht zu einem »Erlebnisbergwerk« wie die Kalischächte in Merkers an der Werra.[247] Auch werden sie kein Museum beherbergen, das der Atomeuphorie der Nachkriegsjahre nachspürt und von nuklearen Zukünften erzählt, die von einer antinuklearen Zivilgesellschaft verhindert wurden. Sie werden einfach verfüllt.[248]

Westdeutschland vom Rand her betrachtet

Das Zonenrandgebiet ist verschwunden. Eine lebendige Erinnerung daran hat Wim Wenders in seinem Spielfilm *Im Lauf der Zeit* von 1976 eingefangen und in einigen Romanen genießt der Landstrich ein schwaches »Nachglühen«.[1] Auch der Eiserne Vorhang ist Vergangenheit. Die Erinnerung an die Zeit der gewaltsamen Teilung Deutschlands und Europas wird in Grenzmuseen und Gedenkstätten wachgehalten, aber auch durch Gedenktafeln entlang der ehemaligen Grenze und nicht zuletzt durch das Naturschutzprojekt »Grünes Band Deutschland«, das mittlerweile auf weiten Strecken den Status eines Nationalen Naturmonuments genießt.[2] Suchte man nach einem bestimmenden Kennzeichen der »alten« Bundesrepublik, wäre die ehemalige Grenzregion ein aussichtsreicher Kandidat. Wie West-Berlin war das Zonenrandgebiet ein Raum, der durch den Kalten Krieg erst geschaffen wurde. Es entstand mit der Teilung und verschwand mit der Wiedervereinigung. Es umfasste fast ein Fünftel des westdeutschen Staatsgebiets und stellte den sensibelsten geografischen Raum der alten Bundesrepublik dar, in dem sie sich mit der Teilung und ihrem ideologischen Gegenüber, der DDR, konkret auseinandersetzen musste. Die Art und die Themen dieser Auseinandersetzung änderten sich im Laufe der Jahre und spiegeln dabei den bekannten Entwicklungsweg der alten Bundesrepublik wider, von ihrer antikommunistischen Gründungsphase und den Jahren des »Wirtschaftswunders« über die Ära der Entspannung im Kalten Krieg bis hin zu einem postmaterialistischen, eher selbstbezogenen letzten Jahrzehnt. Probleme und Aktivitäten in diesen Grenzgebieten – wirtschaftsstrukturelle Defizite, Grenztourismus, Umweltverschmutzung, Veränderung der Landschaft und schließlich die Standortentscheidung für eine Atomanlage – wurden durch die Präsenz dieser symbolträchtigen Grenze mit politischer Bedeutung aufgeladen. Das Zonenrandgebiet ist aber nicht nur ein besonderer Ort, sondern bietet auch eine räumliche Perspektive, von der aus sich die bundesdeutsche Nachkriegsgeschichte und der Prozess der Wiedervereinigung neu betrachten lassen. Diese bekannte Geschichte von der geografischen Peripherie her zu lesen, hebt die etablierten Narrative nicht auf, erschließt aber bedeutsame neue Aspekte.

In wirtschaftlicher Hinsicht wurde das Grenzland zum Nutznießer eines der am längsten bestehenden regionalen Förderprogramme der Bundesrepublik, der Zonenrandförderung. Geschickt hatten die Fürsprecher der Grenzregionen die ideologischen Parameter des frühen Kalten Krieges als Hebel genutzt, um dem Staat gegenüber einen moralischen Anspruch auf finanzielle Unterstützung zu entwickeln, ein Anspruch, der sowohl die Fortschritte in den innerdeutschen Beziehungen im Zuge der Ostpolitik als auch den wirtschaftlichen Strukturwandel der 1970er Jahre überdauerte. Während die Bundeshilfen bis in die 1960er Jahre noch eine nachvollziehbare Ausgleichsfunktion hatten und teilungsbedingte Nachteile kompensierten, wurde die Beziehung zwischen Grenznähe und den Maßnahmen der Zonenrandförderung in den 1970er und 1980er Jahren immer weniger fassbar. Ob die Zonenrandsubventionen als regionale Strukturhilfe langfristig effektiv waren, bleibt umstritten.[3] Sie hatten ihren Einfluss aber auch in anderen Bereichen, beispielsweise bei der Ausgestaltung des bundesdeutschen Finanzföderalismus. Die Subventionen und die Interessenpolitik, die sie hervorgebracht hatte, machten das Zonenrandgebiet überhaupt erst als räumliche Einheit fassbar. In vielerlei Hinsicht existierte das Zonenrandgebiet nur in diskursiver und administrativer Form und war durch die Lobby-Arbeit der Grenzlandfürsprecher erst konstituiert worden. Sie waren es auch, die die Zonenrandförderung gegen alle Reformversuche und Anfechtungen verteidigten, indem sie immer wieder eine Kausalbeziehung zwischen Grenze und Strukturschwäche behaupteten und dazu gern auf die Rhetorik des frühen Kalten Krieges zurückgriffen. Der Begriff »Zonenrandgebiet« und die Argumente für seine fortlaufende Förderung wirkten deshalb von den 1970er Jahren an auch so seltsam aus der Zeit gefallen.

Während der Wiedervereinigung spielte das westliche Grenzland eine wichtige Rolle, aber nicht in dem Sinne, wie die Fürsprecher der Region es sich in früheren Jahrzehnten ausgemalt hatten, als sie für das Zonenrandgebiet die Rolle eines »Schaufensters« für den Westen reklamierten. Als unmittelbare Nachbarn zur DDR erlebten die Einwohner der Grenzlandkreise den Zusammenbruch des SED-Regimes im Herbst 1989 und die Monate bis zur Wiedervereinigung gleichsam von einem Logenplatz aus. Neben Berlin war es im Zonenrandgebiet, wo sich zahlreiche Ost- und Westdeutsche zum ersten Mal außerhalb der staatlich dekretierten Besuchsregelungen wieder begegnen konnten. Hier war viel von der anfänglichen Wiedersehensfreude zu spüren, aber auch eine gehörige Portion an gegenseitiger Kränkung, die aus der materiellen Ungleichheit zwischen beiden Seiten resultierte. Wie schon in den Anfangsjahren der Teilung boten sich entlang der offenen Grenze unter den Bedingungen des erneuten Dualismus von starker West- und schwacher Ostwährung kurzzeitig Gelegenheiten für findige Schnäppchenjäger und Geschäftemacher, ein Treiben, das auf beiden Seiten bald als destabilisierend und irritierend empfunden wurde.

Für die Zeit nach der Wiedervereinigung wird das Grenzgebiet zu einem Raum, der es uns erlaubt, die »Ko-Transformation« von Ost- und Westdeutschland innerhalb eines regionalen Rahmens zu betrachten, also die Rückwirkungen der Transformationsprozesse in den neuen Bundesländern auf die alten.[4] Zwar gingen die meisten Westdeutschen davon aus, dass die politische, wirtschaftliche und rechtliche Ordnung der Bundesrepublik einfach auf die ehemalige DDR ausgedehnt würde und die Last der Anpassung damit von den Ostdeutschen zu erbringen sei. Doch hatten die nachfolgenden Bemühungen, die öffentliche Infrastruktur in den neuen Ländern zu modernisieren und die sozialistische Planwirtschaft in die soziale Marktwirtschaft zu überführen, Auswirkungen auch auf Westdeutschland, die im Zonenrandgebiet sofort und deutlich spürbar wurden. Das jahrzehntelang gepflegte Narrativ, die Grenze sei für die verminderte Wirtschaftskraft im Zonenrandgebiet verantwortlich, führte fast automatisch zu der Annahme, dass mit dem Wegfall der Grenze diese Regionen zu neuer Stärke finden würden. Nach einem kurzzeitigen Wirtschaftsboom infolge der Wiedervereinigung verloren die westlichen Grenzregionen jedoch bald ihre großzügigen Subventionspakete, die stattdessen ein paar Kilometer weiter östlich als Teil des »Aufbaus Ost« wieder auftauchten. Die Versuche westlicher Unternehmer, ihre Betriebe mit Standorten oder Niederlassungen in den neuen Ländern wieder in den Einzugsbereich der staatlichen Förderung zu verlegen, trug zur ungleichmäßigen wirtschaftlichen Integration der ehemaligen Grenzregionen bei. Während es den Westdeutschen im westlichen Teil der Republik möglich war, an der Illusion festzuhalten, dass ihre Version der Bundesrepublik fortbestehe, war diese Option im ehemaligen Zonenrandgebiet nicht gegeben.

Die Grenze selbst erwies sich schon in den frühen 1950er Jahren als Anziehungspunkt für Schaulustige, noch bevor es dort viel zu sehen gab, ein Phänomen, das sich zu einem regelrechten Grenztourismus entwickelte. Die Stippvisite am Eisernen Vorhang wurde unweigerlich zu einem Politikum. Ungeachtet der Motivation der Besucher lud der Blick auf die Grenze selbst harmlose Sonntagsausflüge mit einer politischen Bedeutung auf, denn die Touristen wurden Teil einer größeren, wenn auch verzerrten Kommunikation zwischen Ost und West. Die DDR-Grenzorgane betrachteten die Besucher entlang der innerdeutschen Grenze als Teil einer gezielten Provokation, zentral inszeniert von der Bundesregierung, um die Souveränität der DDR infrage zu stellen. Für die bundesdeutschen Grenzbehörden hingegen stellten die Reisegruppen ein willkommenes Publikum für politischen Anschauungsunterricht dar, galten aber ebenso als potenzielle Verursacher von leichtsinnigen Grenzzwischenfällen. Das anhaltende Interesse an einem Besuch der zentralen Frontlinie des Kalten

Krieges veränderte die Art und Weise, wie beide Seiten die Grenze präsentierten und wie die Grenztouristen sie wahrnahmen. Die Verantwortlichen der DDR versuchten, die Grenzbesuche für westliche Touristen uninteressant zu machen, während die westlichen Stellen die Demarkationslinie gezielt zu einem Ausflugsziel ausbauten. Obwohl organisierte Grenzbesuche regelmäßig mit deutschlandpolitischen Zielsetzungen gerahmt wurden, also als Ausdruck der Trauer über die deutsche Teilung und als Wunsch nach Einheit, ist es wahrscheinlicher, dass sie das Gegenteil erreichten, nämlich eine allmähliche Gewöhnung an die Realität des geteilten Landes. Der neugierige Blick auf die immer stärker ausgebauten Sperranlagen, vor allem in ihrer vollständig militarisierten Form in den 1970er und 1980er Jahren, ließ kaum das Gefühl aufkommen, die Grenze könnte in absehbarer Zeit verschwinden. Als ebenso vergeblich erwies sich die Hoffnung, der Grenztourismus würde den angesteuerten Grenzorten zu laufenden Einkünften verhelfen. Erst in den 1980er Jahren erlebte das Zonenrandgebiet einen bescheidenen Anstieg des Freizeittourismus, als sein früherer Standortnachteil – abgeschieden gelegen und industriell weitgehend unerschlossen – auf eine Klientel traf, die genau diese Attribute zu schätzen wusste, nicht zuletzt aufgrund eines diffusen Gefühls, dass der rapide Wiederaufbau der 1950er und 1960er Jahre vertraute Landschaften und damit ein Stück Heimat zerstört hatte. Das Grenzland, das nie dem vollen Druck der Nachkriegsmodernisierung ausgesetzt gewesen war, wurde nun für seine vermeintlich idyllische Authentizität wiederentdeckt.

In Bezug auf Umweltfragen wurde die Grenze zur Nahtstelle, an der beide deutsche Staaten die Umweltverschmutzung des Nachbarn zu spüren bekamen. Die ausufernde Verschmutzung in der DDR, die mit dem Niedergang der ostdeutschen Industrie einherging, schwappte über die grenzüberschreitenden Flüsse ins Bundesgebiet und hüllte West-Berlin in Smog. So undurchlässig die innerdeutsche Grenze für Menschen auch gewesen war, Umweltbeziehungen banden die beiden deutschen Staaten weiterhin aneinander und zwangen sie schließlich an den Verhandlungstisch. Grenzüberschreitende

Umweltverschmutzung ist ein klassisches Grenzlandproblem. Im deutschen Fall wurde es dadurch verschärft, dass die überschrittene Grenze bis zu ihrem Ende politisch umstritten blieb und die Umweltverschmutzung aus der DDR die westdeutschen Bemühungen beeinträchtigte, das Zonenrandgebiet aufzupäppeln. In den 1970er Jahren wurde Umweltdiplomatie zu einem neuen Arbeitsfeld in den bereits komplexen innerdeutschen Beziehungen. Sie litt schon bald unter dem Misstrauen, das bereits aus anderen Zusammenhängen bekannt war. Die bundesdeutschen Vertreter fühlten sich von ihren DDR-Gesprächspartnern in Umweltfragen regelrecht erpresst, während die DDR-Unterhändler befürchteten, ihre westlichen Pendants wollten die DDR auf internationaler Bühne bloßstellen. Doch zu keinem Zeitpunkt zogen die bundesdeutschen Beobachter in Betracht, dass die scharfe Zunahme der Umweltverschmutzung der 1980er Jahre als Zeichen des Niedergangs der DDR zu lesen sei.

So ergebnislos ein Großteil dieser Umweltdiplomatie im letzten Jahrzehnt der alten Bundesrepublik auch blieb, trug sie doch viel zur Wissensproduktion über die Art der Umweltschäden in der DDR bei, was wiederum zum Teil erklärt, warum die ökologische Sanierung in Ostdeutschland nach der Wiedervereinigung so schnell erste Ergebnisse erzielen konnte. Doch weder das teleologische Narrativ über die rücksichtslose Umweltverschmutzung der DDR noch ihr Gegenstück, die Erzählung über die erfolgreiche Sanierung im wiedervereinigten Deutschland, ist dazu angetan, die materielle Umweltgeschichte bestimmter Landschaften und Biotope zu erfassen. Wie ich im Fall der Werra dargelegt habe, war die ökologische Lebensfähigkeit des Flusses nie Gegenstand der Verhandlungen. Das Ende der sozialistischen Planwirtschaft entlastete das Gewässer zwar von einer exzessiven Belastung durch scharfe Kalilaugen, aber die Kontinuität der Kaliproduktion entlang der Werra verhinderte, dass der Fluss auch nur in die Nähe eines ökologisch guten Zustands zurückkehren konnte. Aus der Perspektive der Werra war der Unterschied zwischen Sozialismus und Kapitalismus nur einer des Verschmutzungsgrades.

Der Eiserne Vorhang schrieb sich auch in die Landschaft ein. Die Weiterentwicklung des DDR-Grenzregimes und die stete Eskalation der militärischen Grenzsperren hinterließen einen ökologischen Fußabdruck. Zwar verwandelten Felder sich wieder in Feuchtgebiete, blieben Waldstücke sich selbst überlassen und fanden andernorts gefährdete Vogel- und Pflanzenarten Zuflucht. Doch die Grenze führte auch dazu, dass Wild in Minenfelder verendete und Schneisen in Wälder geschlagen wurden, um Platz für Zäune zu schaffen. Erst in den 1970er Jahren, als die Grenze durch die Ostpolitik politisch befriedet wurde und die Streitpunkte über ihren exakten Verlauf durch die Grenzkommission weitgehend ausgeräumt werden konnten, wurden die grenzgeprägten Naturräume als auffallend artenreich wahrgenommen. Naturschützer begannen sie als Kontrollareal zu nutzen, um das Bewusstsein für das Ausmaß der Umweltzerstörung und des Artenverlusts im Rest des Landes zu schärfen.

Auch die Politik begann sich für die grenzgeprägten Naturräume zu interessieren, die sich als lohnendes innerdeutsches Projekt anzubieten schienen und damit in die deutschlandpolitische Strategie der Bundesregierung passten, die DDR in immer mehr gemeinsame Projekte einzubinden. Zwar lehnte die SED-Führung den Vorschlag grenzüberschreitender Naturschutzgebiete ab, doch die Idee an sich kann als direkter Vorläufer des Naturschutzprojekts »Grünes Band Deutschland« gelten, das nach der Grenzöffnung allen Widrigkeiten zum Trotz Gestalt annahm. In diesem Kontext sorgte der Eiserne Vorhang ein letztes Mal dafür, dass Aktivitäten in seinem Umfeld unweigerlich mit erhöhter Bedeutung aufgeladen wurden. Ein Naturschutzgebiet auszuweisen, tangiert zu allen Zeiten eine Vielzahl von Interessen und führt regelmäßig zu Auseinandersetzungen. Das Grüne Band stieß auf Widerstand, nicht weil die Zahl der betroffenen Interessen größer war als üblich, sondern wegen des hohen Symbolgehalts des Landstrichs, den es beanspruchte. Unter Anwohnern, die jahrelang mit den Grenzsperren hatten leben müssen, weckte das Naturschutzprojekt die Sorge vor einer neuen, dieses Mal »grünen« Grenze. Den Befürwortern des Grünen Bandes gelang es aber, den

Symbolgehalt der Grenze und einen einzigartigen Moment der deutschen und europäischen Geschichte für ihr Projekt nutzbar zu machen und mit Metaphern des Zusammenwachsens einzufangen.

Effektives Marketing und europaweite Zusammenarbeit haben das Grüne Band seither zu einem Lieblingsprojekt der nationalen und internationalen Medien gemacht. An den Jahrestagen des Mauerfalls, an den runden allemal, erhält das Projekt weltweite Aufmerksamkeit. Trotz der harten politischen Kämpfe, die zur Durchsetzung dieser Initiative ausgefochten werden mussten, erscheint die Natur im ehemaligen Grenzstreifen in der Berichterstattung als ein unverfängliches Thema, das sich offenbar leichter ansprechen lässt als die sozialen Härten der Transformationsjahre.[5] Wie schon die innerdeutsche Grenze zuvor erweist sich auch das Grüne Band als äußerst fotogen. Nichts fängt seinen Charakter lebendiger ein als Luftaufnahmen eines grünen Streifens, der sich durch Getreidefelder zieht, weil sie so sehr an frühere Darstellungen der Grenze als »Narbe in der Landschaft« erinnern. Eine Reihe von Bildbänden, Wander- und Radtourenführern stützt sich auf diese Vorstellung und knüpft damit nach wie vor an die »dunkle« Attraktion des Eisernen Vorhangs, an den »Gruseltourismus« von vor 1990 an.[6] Vom Stacheldraht zur Biodiversität – über Jahre wurde das Grüne Band als das Happy End der europäischen Teilung präsentiert.

Die Bedeutung der Zonenrandgebiete für die Geschichte der Bundesrepublik vor und nach 1989 wird in der Gorleben-Kontroverse besonders augenscheinlich. Nach der Entscheidung von 1977, eine Wiederaufbereitungsanlage für Kernbrennstoffe und ein atomares Endlager in unmittelbarer Nähe der innerdeutschen Grenze zu errichten, fiel dem Grenzgebiet eine Schlüsselrolle in der Gestaltung der zukünftigen Energieversorgung der Bundesrepublik zu, wie man sich diese Mitte der 1970er vorstellte. Die unmittelbare Grenznähe hat jeden Aspekt der Gorleben-Kontroverse geprägt. Die Grenzlandfürsprecher halfen mit ihrem Eintreten für regionale Wirtschaftshilfe den Eindruck zu erwecken, das Zonenrandgebiet würde *jedes* industrielle Großprojekt, einschließlich Risikoindustrien, bereitwillig akzeptieren. Geologische Eignung vorausgesetzt, hatten die Grenzlandfürsprecher den Standort Gorleben quasi überdeterminiert. Das Angebot, das schließlich auf dem Tisch lag, war die Umwandlung des Grenzlandkreises Lüchow-Dannenberg in eine »Atomgemeinde«: Der Landkreis würde das »Nukleare Entsorgungszentrum« aufnehmen und im Gegenzug vom Bund und Land bevorzugt und dauerhaft regionale Strukturhilfe und andere Subventionen erhalten. Für die Kreisverwaltung stellte Gorleben die Chance dar, die Beschränkungen der Zonenrandförderung zu überwinden und endlich Anschluss an jenen Wohlstand zu finden, den sie im übrigen Bundesgebiet wahrnahmen. Doch die Präsenz und der Charakter der innerdeutschen Grenze ließen es nicht zu, dass Gorleben eine interne Angelegenheit blieb. Die DDR-Nähe der Gemeinde verlieh dem Projekt eine Dimension, die es anderswo nicht gegeben hätte. Die Grenznähe erklärt nicht nur die anfänglichen Vorbehalte von Bundeskanzler Helmut Schmidt gegen die Standortwahl und verschärfte damit die parteipolitischen Spannungen zwischen Schmidt und Ernst Albrecht. Sie bot der SED-Führung auch die Möglichkeit, sich in ein wichtiges westdeutsches Politikfeld einzuschalten. Schließlich wirkte sich die Grenze auch auf die Proteste gegen Gorleben aus. Die Zusammensetzung der Aktivisten innerhalb des Landkreises war durch den Zuzug von Menschen beeinflusst worden, die aus verschiedenen Gründen die Abgeschiedenheit des Wendlands suchten. Die Grenze selbst bot den Demonstranten spektakuläre Protestmöglichkeiten. Nirgendwo sonst konnte man so offen mit dem Kalten Krieg kokettieren und mediale Aufmerksamkeit erregen als in den Niemandslandschaften entlang des Grenzzauns. Im Rückblick zeigt sich, dass die Atomkraft für die Bundesrepublik nur eine »Übergangstechnologie« war. Der gescheiterte Versuch, in Gorleben den nuklearen Brennstoffkreislauf zu schließen, machte sie dazu.

In der ersten Septemberwoche 2015 saßen mehrere Tausend Flüchtlinge aus Syrien und anderen Ländern auf dem Budapester Bahnhof Keleti fest. In ihrer Verzweiflung, weiter nach Österreich und Deutschland zu gelangen, machten sich Hunderte von ihnen zu Fuß auf den Weg in Richtung österreichischer Grenze, gefolgt von Fernsehkameras, die den Marsch der Migranten über die Autobahn in die europäischen Wohnzimmer übertrugen. In der Nacht des 4. September 2015 traf Bundeskanzlerin Angela Merkel die humanitäre Entscheidung, die deutschen Grenzen nicht zu schließen und die Flüchtlinge einzulassen. Anstatt zu Fuß gehen zu müssen, wurden sie mit dem Zug von Budapest nach München gebracht, wo sie durch Spaliere von Helfern am Bahnhof liefen und mit Beifall, Proviant und Spielzeug empfangen wurden. Bewusst oder nicht, die Gratulanten stellten den Moment der Grenzöffnung von 1989 nach und die Medien berichteten entsprechend. Ein Jahr später rekonstruierten Journalisten die Ereignisse des 4. September 2015 bis ins kleinste Detail, eine Akribie, die an die regelmäßig wiederkehrende Berichterstattung zum Jahrestag des Mauerfalls erinnerte: Der 4. September trat an die Stelle des 9. November, Merkels Entscheidung spielte die Rolle von Schabowskis Pressekonferenz und die Flüchtlinge verkörperten die »befreiten« Ostdeutschen.[7] Offensichtlich hat sich der Fall der Berliner Mauer im November 1989, der in den Städten und Dörfern entlang der innerdeutschen Grenze bis ins Frühjahr 1990 hinein nacherlebt wurde, tief in das deutsche (Bild-)Gedächtnis eingeprägt und wurde nachträglich zum Gründungsmythos des wiedervereinten Deutschlands.[8] Doch der Bezug auf die Ereignisse von 1989 im Jahr 2015 war nicht nur ein medialer Trick zur Erzeugung von Emotionen. Er markierte den Moment, in dem die Bedeutung von Grenzen in das deutsche Bewusstsein zurückkehrte, eine Bedeutung, die die Deutschen – in der Mitte des Schengen-Raums angesiedelt – fünfundzwanzig Jahre lang vernachlässigen durften.

Gut dreißig Jahre nach dem Fall der Mauer ist es wahrscheinlicher, dass neue Grenzen entstehen, bestehende befestigt und ruhende wiederbelebt werden. Der nach dem Ende des Kalten Krieges herrschende Optimismus in der europäischen Grenzlandforschung, der das Verschwinden von Grenzen und die daraus resultierende Integration von Grenzgebieten als »Euroregionen« feierte, wirkt inzwischen hoffnungslos veraltet. Die Rückkehr von Grenzen in das Bewusstsein der mobilitätsverwöhnten Deutschen hat sich durch die Corona-Pandemie nur noch verstärkt.[9] Internationale Grenzen, zuvor so leicht für die Urlaubs- oder Geschäftsreise überquert, wurden plötzlich zu unüberwindbaren Hindernissen. Die Auswirkungen von Grenzen in all ihren Facetten zu verstehen, scheint dringender denn je zu sein. Die innerdeutsche Grenze ist als historisches Beispiel nicht nur wegen des Ausmaßes ihrer Brutalität, sondern auch aufgrund ihres Verschwindens so instruktiv. Während ihre frühere Bedeutung aus der Landschaft verschwindet, mag dieses Buch als Erinnerung an die vielfältigen Auswirkungen dienen, die Grenzen und Mauern in unserem Leben haben.

Anhang

Anmerkungen

Auf der Westseite des Eisernen Vorhangs

1 Birgit Metzger, »*Erst stirbt der Wald, dann du!« Das Waldsterben als westdeutsches Politikum, 1978–1986,* Frankfurt/M., 2015, S. 478–483; Andreas Wirsching, *Abschied vom Provisorium. Geschichte der Bundesrepublik Deutschland 1982–1990,* Stuttgart 2006, S. 367–371; Angela Grosse, »Im Lager der Aktivisten«, *Hamburger Abendblatt,* 8. September 2005.

2 Die amerikanische Anthropologin Daphne Berdahl, die sich als eine der Ersten mit den Grenzgebieten entlang des Eisernen Vorhangs nach 1990 befasst hat, bezeichnete Grenzregionen als Orte, die das Bewusstsein schärfen (»fields of heightened consciousness«). Daphne Berdahl, *Where the World Ended. Re-Unification and Identity in the German* Borderland, Berkeley 1999, S. 7.

3 Edith Sheffer, *Burned Bridge: How East and West Germans Made the Iron Curtain,* New York 2011; Sagi Schaefer, *States of Division: Border & Boundary Formation in Cold War Rural Germany,* Oxford 2014; Jason B. Johnson, *Divided Village: The Cold War in the German Borderlands,* Abingdon 2017.

4 Zur Entwicklung der Grenzbefestigungen und -bewachung vgl. u. a. Robert Lebegern, *Zur Geschichte der Sperranlagen an der innerdeutschen Grenze, 1945–1990,* Erfurt 2004; Gerhard Sälter, *Grenzpolizisten. Konformität, Verweigerung und Repression in der Grenzpolizei und den Grenztruppen der DDR 1952–1965,* Berlin 2009; Jochen Maurer, *Halt – Staatsgrenze! Alltag, Dienst und Innenansichten der Grenztruppen der DDR,* Berlin 2015; Dietmar Schultke, »Keiner kommt durch«. Die Geschichte der innerdeutschen Grenze 1945–1990, Berlin 2004; Hendrik Thoß, *Gesichert in den Untergang. Die Geschichte der DDR-Westgrenze,* Berlin 2004.

5 Thomas Lindenberger, »Grenzregime und Gesellschaftskonstruktion im SED-Staat«, in: Klaus-Dietmar Henke (Hg.), *Die Mauer. Errichtung, Überwindung, Erinnerung,* München 2011, S. 111–121, Zitate S. 118 und 119. Eine frühere Version des Arguments findet sich in Lindenberger, »Die Diktatur der Grenzen. Zur Einleitung«, in: Lindenberger (Hg.), *Herrschaft und Eigen-Sinn in der Diktatur. Studien zur Gesellschaftsgeschichte der DDR,* Köln 1999, S. 13–44, bes. 131–36. Außerdem Lindenberger, »›Zonenrand‹, ›Sperrgebiet‹ und ›Westberlin‹: Deutschland als Grenzregion des Kalten Krieges«, in: Christoph Klessmann, Peter Lautzas (Hg.), *Teilung und Integration: Die doppelte deutsche Nachkriegsgeschichte,* Bonn 2005, S. 97–112.

6 Gert Ritter/Joseph Hajdu, *Die innerdeutsche Grenze,* Köln 1982, S. 83.

7 Anfang der 1950er Jahre wurden die Begriffe »Ostrandgebiet«, »Zonengrenzgebiet« und »Zonenrandgebiet« noch parallel verwendet. Mitte der 1950er Jahre setzte sich die Bezeichnung »Zonenrandgebiet« durch. Obwohl es sich um einen zeitgenössischen und politisch nicht neutralen Ausdruck handelt, setze ich den Begriff aus Gründen der Lesbarkeit nicht weiter in Anführungszeichen. Außerdem bezeichne ich den Landstrich auch als Grenzregion, Grenzgebiet, Grenzland oder spreche von Grenzlandkreisen.
8 Eagle Glassheim, *Cleansing the Czechoslovak Borderlands. Migration, Environment and Health in the former Sudetenland,* Pittsburgh 2016, S. 6. Ein Überblick über das Feld der historischen Grenzlandforschung, bes. die divergierenden amerikanischen und europäischen Ansätze in Paul Readman/Cynthia Radding/Chad Bryant, »Borderlands in a Global Perspective«, in: ebd., *Borderlands in World History, 1700–1914,* London, 2014, S. 1–23.
9 Die Historikerin Tara Zahra sieht den Eisernen Vorhang als den Höhepunkt einer jahrhundertelangen Entwicklung der Regulierung von Mobilität von Ost- nach Westeuropa. Tara Zahra, *The Great Departure. Mass Migration from Eastern Europe and the Making of the Free World,* New York 2016. Vgl. auch Frank Wolff, *Die Mauergesellschaft. Kalter Krieg, Menschenrechte und die deutsch-deutsche Migration 1961–1989,* Frankfurt 2019.
10 Der Historiker Oskar J. Martinez hat eine Typologie von Grenzräumen entwickelt und unterscheidet integrierte, interdependente, koexistente, und entfremdete Grenzgebiete. In entfremdeten Grenzräumen sind Beziehungen von Regierungsbehörden zueinander feindselig oder zumindest misstrauisch, grenzüberschreitende Kontakte werden aktiv verhindert und Anwohner sind sich gegenseitig fremd geworden und betrachten ihre Gegenüber als »andere«. Siehe Oscar J. Martinez, *Border People. Life and Society in the U.S.-Mexico Borderlands,* Tucson 1994, S. 5–10.
11 Sheffer, *Burned Bridge,* S. 34–49; Jason B. Johnson, »»Wild and Fearsome Hours«. The First Year of US Occupation of a Bavarian County, 1945–1946«. *German Studies Review* 41:1 (2018), S. 61–79; Ernst Schubert, »Von der Interzonengrenze zur Zonengrenze. Die Erfahrung der entstehenden Teilung Deutschlands im Raum Duderstadt 1945–1949«, in: Bernd Weisbrod (Hg.), *Grenzland. Beiträge zur Geschichte der deutsch-deutschen Grenze,* Hannover 1993, S. 70–87, hier 76–79 und 82–87; Achim Walther/Joachim Bittner, *Heringsbahn. Die innerdeutsche Grenze bei Hötensleben/Offleben/Schöningen zwischen 1945 und 1952,* Hötensleben 2011.
12 Die Anzahl der Opfer des DDR-Grenzregimes wird weiterhin kontrovers

diskutiert. Die Debatte entzündete sich an dem Buch von Klaus Schroeder/Jochen Staadt, *Die Todesopfer des DDR-Grenzregimes an der innerdeutschen Grenze 1949–1989. Ein biografisches Handbuch,* Frankfurt 2017, das die Zahl der Opfer auf 327 bezifferte. Eine Dokumentation der Debatte ist auf der Webseite der Bundeszentrale für politische Bildung verfügbar: www.bpb.de/geschichte/zeitgeschichte/deutschlandarchiv/295078/wer-war-opfer-des-ddr-grenzregimes (Zugriff Oktober 2021). Zu den Todesopfern der Berliner Mauer vgl. Gerhard Sälter/Johanna Dietrich/Fabian Kuhn, *Die vergessenen Toten: Todesopfer des DDR-Grenzregimes in Berlin von der Teilung bis zum Mauerbau, 1948–1961,* Berlin 2016; Hans-Hermann Hertle/Maria Nooke (Hg.), *Die Todesopfer an der Berliner Mauer 1961–1989. Ein biographisches Handbuch,* Berlin 2019. Zu den methodischen Herausforderungen, die Opferzahlen zu bestimmen vgl. Gerhard Sälter/Hans-Hermann Hertle, »Die Todesopfer an Mauer und Grenze. Probleme einer Bilanz des DDR-Grenzregimes«, *Deutschland Archiv* 4 (2006), S. 667–676. Zu den Implikationen der Debatte um die Toten des Grenzregimes für die deutsche Erinnerungskultur vgl. Gerhard Sälter, »Die Todesopfer des DDR-Grenzregimes, ihre Aufarbeitung und die Erinnerungskultur«, *Deutschland Archiv,* 12.8.2020, www.bpb.de/313950 (Zugriff Oktober 2021).

13 Das Zentrum-Peripherie-Argument findet sich auch in Andrew Blowers, *The Legacy of Nuclear Power,* Abingdon 2017.

14 Ein exzellenter Überblick über die neueste Literatur zu Deutschlands Grenzen findet sich in Andrew S. Tompkins, »Binding the Nation, Bounding the State. Germany and its Borders«, *German History* 37:1 (2019): S. 77–100, bes. 90–93.

15 Sheffer, *Burned Bridge,* S. 4.

16 Ebd., S. 34–70. Ein ähnlicher Fokus auf die Veränderungen des Alltags vor der Grenzschließung von 1952 in Schubert, »Von der Interzonengrenze zur Zonengrenze«, S. 79–87, bes. 82. Vgl. auch das zu Unrecht übersehene Buch von Werner Roth, *Dorf im Wandel. Struktur und Funktionssysteme einer hessischen Zonenrandgemeinde im sozial-kulturellen Wandel. Eine empirische Untersuchung,* Frankfurt 1968, S. 235–246.

17 Schaefer, *States of Division,* S. 7, 59–88. Zum geteilten Eichsfeld siehe auch Christian Stöber, *Rosenkranzkommunismus. Die SED-Diktatur und das katholische Milieu im Eichsfeld 1945–1989,* Berlin 2019; Berdahl, *Where the World Ended.*

18 Johnson, *Divided Village,* S. 9.

19 Peter Haslinger, *Nation und Territorium im tschechischen politischen Diskurs, 1880–1938,* München 2010, S. 358–384 und 438–439; Rudolf Ja-

worski, »Grenzlage, Rückständigkeit und nationale Agitation. Die ›Bayerische Ostmark‹ in der Weimarer Republik«, *Zeitschrift für bayerische Landesgeschichte* 41 (1978), S. 241–270.

20 Tara Zahra, *Kidnapped Souls: National Indifference and the Battle for Children in the Bohemian Lands, 1900–1948,* Ithaca 2008, 253–258; Glassheim, *Cleansing,* S. 42–66; R. M. Douglas, »Ordnungsgemässe Überführung«. *Die Vertreibung der Deutschen nach dem Zweiten Weltkrieg,* München 2012, S. 131–133 und 233–239.

21 Friederike Kind-Kovács, »Memories of Ethnic Cleansing and the Local Iron Curtain in the Czech-German Borderlands«, *Nationalities Papers* 42:2 (2014), S. 199–222; Yuliya Komska, *The Icon Curtain: The Cold War's Quiet Border,* Chicago 2015.

22 Muriel Blaive/Bertold Molden, *Grenzfälle: Österreichische und tschechische Erfahrungen am Eisernen Vorhang,* Weitra 2009; Anssi Paasi, *Territories, Boundaries and Consciousness. The Changing Geographies of the Finnish-Russian Border,* Chichester 1996, bes. S. 120–136, 249–253; Andrea Komlosy, *An den Rand gedrängt. Wirtschafts- und Sozialgeschichte des oberen Waldviertels,* Wien 1988; Mark Pittaway, »Making Peace in the Shadow of War. The Austrian-Hungarian Borderlands, 1945–1956«, *Contemporary European History* 17:3 (2008), S. 345–364. Glenda Sluga, *The Problem of Trieste and the Italo-Yugoslav Border: Difference, Identity, and Sovereignty in Twentieth-Century Europe,* Albany 2001.

23 In seiner berühmten Rede in Fulton im US-Bundesstaat Missouri. Freilich hatte Churchill den Ausdruck nicht erfunden, sondern benutzte einen Begriff aus der Theaterwelt, der schon in den 1920er Jahren vereinzelt auch geografisch verwendet wurde. Ende des Zweiten Weltkrieges verwendete Propagandaminister Goebbels den Ausdruck für die mögliche Einflusssphäre der Sowjetunion nach dem Krieg. Zur Geschichte dieser politischen Metapher siehe Patrick Wright, *Iron Curtain. From Stage to Cold War,* Oxford 2007, S. 17, 73 und 351–352.

24 Pertti Ahonen, *Death at the Berlin Wall,* Oxford 2011; Wolff, *Mauergesellschaft,* S. 237–273.

25 Diese Dynamik wird im Kapitel zum Grenztourismus weiter erläutert.

26 Maren Ullrich, *Geteilte Ansichten. Erinnerungslandschaft deutsch-deutsche Grenze,* Berlin 2006.

27 Thomas Lindenberger, »Divided, but not Disconnected: Germany as a Border Region of the Cold War« in: Tobias Hochscherf u. a. (Hg.), *Divided, but not Disconnected. German Experiences of the Cold War,* New York 2010, S. 11–33. Der Ausdruck ist seitdem in verschiedenen Variationen wiederverwendet worden. Siehe z. B. Frank Bösch, »Geteilt und verbunden. Per-

spektiven auf die deutsche Geschichte seit den 1970er Jahren«, in: Bösch (Hg.), *Geteilte Geschichte. Ost- und Westdeutschland 1970–2000*, Göttingen 2015, S. 7–37; Petra Weber, *Getrennt und doch vereint. Deutsch-deutsche Geschichte 1945–1989/90*, Berlin 2020.

28 Caitlin Murdock, *Changing Places. Society, Culture and Territory in the Saxon-Bohemian Borderlands*, Ann Arbor 2010; Komlosy, *An den Rand gedrängt.*

29 Ulrike Jureit, *Das Ordnen von Räumen. Territorium und Lebensraum im 19. und 20. Jahrhundert*, Hamburg 2012, S. 7–29, bes. 16–19; Charles S. Maier, *Once Within Borders. Territories of Power, Wealth and Belonging since 1500*, Cambridge 2016, S. 1–13.

30 Wehner sprach diese Worte im Juni 1952 in einer Bundestagsdebatte über die Situation der Grenzregionen. Die Debatte wird in Kapitel 1 aufgegriffen. Die Aneignung des Staatsterritoriums fand auch an der Westgrenze statt. Siehe Andrew S. Tompkins, »›Unter vorläufiger französischer Verwaltung‹. Staatsterritorium, Grundbesitz und die Grenzen des Deutschen Reiches in der westlichen Bundesrepublik«, in: *Tel Aviver Jahrbuch für deutsche Geschichte* 49 (2022), im Druck.

31 Selbst DDR-Wachtürme wurden mehrfach (2009, 2014) in einschlägigen Auktionsportalen zum Verkauf angeboten. Vgl. »DDR-Wachturm bei ebay zum Verkauf«, *Märkische Allgemeine*, 26.01.2014, www.maz-online.de/Brandenburg/DDR-Wachturm-nahe-Storkow-bei-eBay-zum-Verkauf (Zugriff Oktober 2021).

32 Thomas Grossbölting/Christoph Lorke, »Vereinigungsgesellschaft. Deutschland seit 1990«, in: Grossbölting/Lorke (Hg.), *Deutschland seit 1990: Wege in die Vereinigungsgesellschaft*, Stuttgart 2017, S. 15–18, bes. die massiven Fußnoten auf S. 16–17, die das Publikationsgeschehen zu den »runden« Jahrestagen dokumentieren.

33 Kerstin Brückweh/Clemens Villinger/Kathrin Zöller (Hg.), *Die lange Geschichte der ›Wende‹. Geschichtswissenschaft im Dialog*, Berlin 2020; Raj Kallmorgen, »Eine ungeahnte Renaissance? Zur jüngsten Geschichte der Transformations- und Vereinigungsforschung«, in: Marcus Böick/Constantin Goschler/Ralph Jessen (Hg.), *Jahrbuch Deutsche Einheit 2020*, Berlin 2020, S. 46–72; Marcus Böick/Kerstin Brückweh, »Weder Ost noch West. Ein Themenschwerpunkt über die schwierige Geschichte der Transformation Ostdeutschlands«, *Zeitgeschichte-online*, März 2019, www.zeitgeschichte-online.de/themen/weder-ost-noch-west (Zugriff Oktober 2021).

34 Siehe dazu auch die Überlegungen von Jennifer Allen, »Against the 1989/90 Ending Myth«, *Central European History* 52:1 (2019), S. 125–147.

35 Ähnlich in Hans Pleschinski, *Ostsucht: Eine Jugend im deutsch-deutschen Grenzland,* München 2003. Siehe auch Frank Biess, *Republik der Angst. Eine andere Geschichte der Bundesrepublik,* Reinbek 2019, S. 392–407.

1 Die Entstehung des westdeutschen Grenzlandes

1 Barbara Klie, »Der unfruchtbare Acker. Die deutsche Binnengrenze von Hof bis Travemünde I«, *Christ und Welt,* Weihnachten 1957, S. 20; »Wo alle Straßen enden. Die deutsche Binnengrenze von Hof bis Travemünde II«, *Christ und Welt,* 2. Januar 1958, S. 20.
2 Beispiele für diese Darstellung finden sich in der Broschüre *Im Schatten der Zonengrenze,* hg. vom Bundesministerium für gesamtdeutsche Fragen 1956. Vgl. auch Hans-Eckhardt Kannapin, *Der Strukturwandel des Zonengrenzraumes. Politische, wirtschaftliche und kulturelle Auswirkungen,* Frankfurt 1953; »Das Armenhaus der Bundesrepublik. Ostbayerische Grenzkreise greifen zur Selbsthilfe«, *Helmstedter Kreisblatt,* 22. Mai 1954; »›Zonenrandgebiete brauchen ständige Hilfe‹. Erneuter Appell an den Bundestag«, *Braunschweiger Zeitung,* 29. Oktober 1954; »An der Grenze der Freiheit. Augenschein im westdeutschen Zonenrandgebiet«, *Neue Zürcher Zeitung,* 28. Dezember 1957.
3 Klie, »Der unfruchtbare Acker«. Vgl. auch Werner Müller, »Dorf am Eisernen Vorhang«, in: *Im Schatten der Zonengrenze* (Bonn: Bundesministerium für gesamtdeutsche Fragen, 1956), S. 23: »Nicht nur in der Ostzone spricht man vom ›goldenen Westen‹«.
4 Zahlen in Josef Siemer, »Bevölkerungs- und beschäftigungspolitische Bestandsaufnahme im Zonenrandgebiet für die Jahre 1950 und 1957«, *Bundesarbeitsblatt* 9:16 (1958), S. 424–433.
5 Mark Spoerer-Jochen Streb, *Neue deutsche Wirtschaftsgeschichte des 20. Jahrhunderts,* München 2013, S. 210. Zeitgenössische Analyse in: Bruno Gleitze, *Ostdeutsche Wirtschaft. Industrielle Standorte und volkswirtschaftliche Kapazitäten des ungeteilten Deutschlands,* Berlin 1956, S. 5–10.
6 Zum Beitrag von Vertriebenen und Flüchtlingen am wirtschaftlichen Aufschwung der Bundesrepublik vgl. Hans-Ulrich Wehler, *Deutsche Gesellschaftsgeschichte 1949–1990,* München 2008, S. 35–36 und 59; Dierk Hoffmann, »Binnenwanderung und Arbeitsmarkt. Beschäftigungspolitik unter dem Eindruck der Bevölkerungsverschiebung in Deutschland nach 1945«, in: Hoffmann u. a. (Hg.), *Vertriebene in Deutschland. Interdisziplinäre Perspektiven und Forschungsperspektiven,* München 2000, S. 219–325; Gerold Ambrosius, »Der Beitrag der Vertriebenen und Flüchtlinge zum Wachstum der westdeutschen Wirtschaft nach dem Zweiten Weltkrieg«, *Jahrbuch für Wirtschaftsgeschichte* 2 (1996), S. 39–71.

7 Die Vorstellung, dass der Staat die Verantwortung für »unterentwickelte« und benachteiligte Regionen zu tragen habe, formte sich zur Zeit der Reichsgründung um 1871. Vgl. Elizabeth B. Jones, »Fixing Prussia's Peripheries: Rural Disasters and Prusso-German State-Building, 1866–1914«, *Central European History* 51:2 (2018), S. 204–227.
8 Ritter/Hajdu, *Die innerdeutsche Grenze*, S. 28–33; David Shears, *Die häßliche Grenze*, Stuttgart 1971, S. 30–34. Eine Enklave im Erzgebirge, die zur sowjetischen Zone gehörte, blieb sogar militärisch unbesetzt, da sie zwischen den amerikanischen und sowjetischen Linien lag. Vgl. Gareth Pritchard, *Niemandsland. A History of Unoccupied Germany, 1944–1945*, New York 2012.
9 Werner Abelshauser, *Deutsche Wirtschaftsgeschichte. Von 1945 bis zur Gegenwart*, Bonn 2011, S. 59–82.
10 Amtsblatt des Kontrollrates in Deutschland Nr. 11, 31. Oktober 1946, S. 213: Direktive Nr. 42 bzgl. des Grenzübertritts ... vom 24. Oktober 1946. Bis 1952 war Pendel- und Besuchsverkehr über die Demarkationslinie hinweg auch ohne einen Passierschein nicht unüblich. Vgl. Damian von Melis/Henrik Bispinck, *»Republikflucht«. Flucht und Abwanderung aus der SBZ/DDR 1945 bis 1961*, München 2006, S. 33–35; Kay Kufeke, »›Jeder, ob Genosse oder nicht, ist schon ›drüben‹ gewesen‹. Die Durchlässigkeit der innerdeutschen Grenze in Mecklenburg vor 1952«, *Zeitgeschichte regional* 15:2 (2011), S. 34–38.
11 Abelshauser, *Wirtschaftsgeschichte*, S. 82–83.
12 Beispiele solcher Handelsabsprachen in: Michael Kruse, *Politik und deutsch-deutsche Wirtschaftsbeziehungen von 1945 bis 1989*, Berlin 2005, S. 16–22; Fritz Federau, »Der Interzonenhandel Deutschlands von 1946 bis Mitte 1953«, *Vierteljahrshefte zur Wirtschaftsforschung* 4 (1953), S. 386–387. Das Beispiel Lübeck in: Jan Molitor (alias Josef-Müller Marein), »Zu viele Fragezeichen an allen Grenzen. Rund um Trizonien III«, *Die Zeit* Nr. 49, 2. Dezember 1948.
13 Jürgen Eick, *Die wirtschaftlichen Folgen der Zonengrenzen. Versuch einer Theorie der volkswirtschaftlichen Entflechtung*, Hamburg 1948, S. 25; zum Interzonenhandel ebd., S. 73–75.
14 Abelshauser, *Wirtschaftsgeschichte*, S. 83; Federau, »Interzonenhandel«, S. 386.
15 Stefan Mörchen, *Schwarzer Markt: Kriminalität, Ordnung und Moral in Bremen 1939–1949*, Frankfurt 2011; Paul Steege, *Black Market, Cold War. Everyday Life in Berlin, 1946–1949*, New York 2007; Malte Zierenberg, *Stadt der Schieber. Der Berliner Schwarzmarkt 1939–1950*, Göttingen 2008.
16 Zitat in: Jan Molitor, »Zu viele Fragezeichen an allen Grenzen. Rund um

Trizonien IV«, *Die Zeit,* 12. Dezember 1948. Vgl. auch Achim Walther/Joachim Bittner, *Heringsbahn. Die innerdeutsche Grenze bei Hötensleben/Offleben/Schöningen zwischen 1945 und 1952,* Hötensleben 2011, S. 78–88.
17 Schubert, »Interzonengrenze«, S. 79.
18 Zum politischen Kontext vgl. Bronson Long, *No Easy Occupation. French Control of the German Saar, 1944–1957,* Rochester 2015; vgl. auch »Die ungeliebte Grenze« auf der Website www.saar-nostalgie.de (Zugriff Oktober 2021).
19 Wolfgang Trees, *Schmuggler, Zöllner und die Kaffeepanzer. Die wilden Nachkriegsjahre an der deutschen Westgrenze,* Aachen 2002, zu den Mengenangaben S. 22; zu Schießereien S. 171–185. Vgl. auch Walter Eulitz, *Der Zollgrenzdienst,* Bonn 1968, S. 272–272; Jan Molitor, »Zu viele Fragezeichen an allen Grenzen. Rund um Trizonien I«, *Die Zeit,* 18. November 1948.
20 Alle Zitate in: Jan Molitor, »Zu viele Fragezeichen an allen Grenzen. Rund um Trizonien III«; vgl. auch ebd., Teil IV. Zu jener Zeit publizierte Müller-Marein noch unter einem Pseudonym, um seine Mitarbeit bei den nationalsozialistischen Zeitungen *Völkischer Beobachter* und *Das Reich* zu verschleiern. Im Jahr 1956 wurde er Chefredakteur der *Zeit.*
21 Jan Molitor, »Zu viele Fragezeichen an allen Grenzen. Rund um Trizonien V«, *Die Zeit,* 16. Dezember 1948.
22 Jan Molitor, »Zu viele Fragezeichen an allen Grenzen. Rund um Trizonien I«.
23 Zu Transitbehinderungen vor Juni 1948: Kruse, *Wirtschaftsbeziehungen,* S. 23; nach Mai 1949: Axel Doßmann, »Stimmungsbarometer der Ost-West-Beziehungen. Übertragungen auf deutschen Autobahnen um 1950«, *Archiv für Mediengeschichte* 4 (2004), S. 207–218; »Die kleine Blockade«, *Die Zeit,* 21. Juli 1949; »Creeping Crisis on the Autobahn«, *Life Magazine,* 10. April 1950, S. 21–22 und 24.
24 West-Berlin war zu keinem Zeitpunkt komplett von Ost-Berlin oder dem Hinterland abgeschnitten. Vgl. William Stivers, »The Incomplete Blockade. Soviet Zone Supply of West Berlin, 1948–1949«, *Diplomatic History* 21:4 (1997), S. 569–602; Michael Lemke, »Totale Blockade? Über das Verhältnis von Abschottung und Durchlässigkeit im Berliner Krisenalltag 1948/49«, in: Helmut Trotnow/Bernd von Kostka (Hg.), *Die Berliner Luftbrücke. Ereignis und Erinnerung,* Berlin 2010, S. 121–135; Steege, *Black Market,* S. 221–227.
25 Zur alliierten Gegenblockade siehe Peter E. Fäßler, *Durch den »Eisernen Vorhang«. Die deutsch-deutschen Wirtschaftsbeziehungen 1949–1969,* Köln 2006, S. 43; Kruse, *Wirtschaftsbeziehungen,* S. 24–25. Volker Koop, *Kein*

Kampf um Berlin? Deutsche Politik zur Zeit der Berlin-Blockade 1948/49, Bonn 1998, S. 223–246, hebt hervor, wie unpopulär die Gegenblockade unter westdeutschen Wirtschaftsvertretern und Politikern war und wie sie durch Tauschgeschäfte versuchten, sie zu unterlaufen. Die USA hingegen befürchteten, dass Güter, die im Rahmen des Marshall-Plans geliefert wurden, auf diese Weise in den östlichen Sektor abfließen könnten. Christian F. Ostermann, *Between Containment and Rollback. The United States and the Cold War in Germany*, Palo Alto 2021, S. 198–200, zeigt, wie wichtig die Gegenblockade in der amerikanischen Strategie gegenüber den Sowjets war. Joachim Mitdank, »Blockade gegen Blockade. Die Berlin-Krise 1948/49«, *Beiträge zur Geschichte der Arbeiterbewegung* 36:3 (1994), S. 41–58, besonders S. 52–53, betont, dass die Gegenblockade effektiv war und sich entsprechend negativ auf die sowjetischen Besatzungszone auswirkte. Mitdank war ein DDR-Diplomat.

26 Rundschreiben [der IHK Braunschweig] Nr. 19, 18. Oktober 1948, S. 14; ebd., Nr. 20, 20. Januar 1949, S. 6.

27 Federau, »Interzonenhandel«, S. 402–403. Nach holprigen Anfängen hatte der Handel zwischen den westlichen Besatzungszonen und der sowjetischen Zone 1947 ein Volumen von 500 Millionen Reichsmark erreicht. In den ersten Monaten des Jahres 1948 zeichnete sich ein Aufwärtstrend ab, der durch die Blockade unterbunden wurde. Vgl. auch Koop, *Kein Kampf um Berlin?*, S. 227.

28 André Steiner, *Von Plan zu Plan. Eine Wirtschaftsgeschichte der DDR*, Bonn 2007, S. 54–57.

29 Unternehmen ohne soliden Kapitalstock, oft von Vertriebenen gegründet, überlebten die Währungsreform nicht. Sie hatten von dem wertlosem Nachkriegsgeld profitiert, mit dem sich die Löhne leicht bezahlen ließen, zumal die Alliierten den von den Nationalsozialisten eingeführten Lohnstopp bis November 1948 fortgesetzt hatten. Karl-Heinz Schneider, »Wirtschaftsgeschichte Niedersachsens nach 1945«, in: *Geschichte Niedersachsens V*, S. 810, 819 und 852; zum Lohnstopp siehe Abelshauser, *Wirtschaftsgeschichte*, S. 128; Matthias Riedel, »Die wirtschaftliche Entwicklung in Niedersachsen 1945–1950«, *Niedersächsisches Jahrbuch für Landesgeschichte* 55 (1983), S. 115–138, zur Arbeitslosigkeit S. 126–129.

30 Zum Kursgewinn vgl. Federau, »Interzonenhandel«, S. 386. Studien zum Schwarzmarkthandel nach dem Krieg betonen ebenfalls die Zäsur der Währungsreform. Siehe Zierenberg, *Stadt der Schieber*, S. 289–303, besonders S. 294–296; Steege, *Black Market*, S. 186, 205–207, 267–271.

31 Sheffer, *Burned Bridge*, S. 59–60. Eine Fallstudie zu einem Schmugglernetzwerk in Schaefer, *States of Division*, S. 30–33.

32 »Grenzlandprobleme«, *Mitteilungen der IHK Braunschweig* Nr. 31 (April 1950), S. 93–94.
33 Sheffer, *Burned Bridge*, S. 61–65. In Berlin hielten sich Grenzgänger bis 1961. Vgl. Frank Roggenbuch, *Das Berliner Grenzgängerproblem. Verflechtung und Systemkonkurrenz vor dem Mauerbau*, Berlin 2008; Erika M. Hoerning, *Zwischen den Fronten. Berliner Grenzgänger und Grenzhändler*, Köln 1992.
34 Arne Hoffrichter, »Uelzen und die Abgelehnten. Das Flüchtlingsdurchgangslager Uelzen-Bohldamm und die Folgen der SBZ/DDR-Flucht als lokales Problem 1949/50«, in: Henrik Bispinck/Katharina Hochmuth (Hg.), *Flüchtlingslager im Nachkriegsdeutschland. Migration, Politik, Erinnerung*, Berlin 2014, S. 190–209; Volker Ackermann, *Der ›echte‹ Flüchtling. Deutsche Vertriebene und Flüchtlinge aus der DDR 1945–1961*, Osnabrück 1995; Lauren Stokes, »The Permanent Refugee Crisis in the Federal Republic of Germany, 1945–«, *Central European History* 52:1 (2019), S. 19–44.
35 Schubert, »Interzonengrenze«, S. 81–82; Sheffer, *Burned Bridge*, S. 59–61.
36 Sheffer, *Burned Bridge*, S. 55–56.
37 Der Ausdruck »DMark-ation« stammt von Schaefer, *States of Division*, S. 18; vgl. auch Schubert, »Interzonengrenze«, S. 81.
38 Gert Ritter/Joseph G. Hajdu, »The East-Western Boundary«, *Geographical Review* 79:3 (Juli 1989), S. 335; Gleitze, *Ostdeutsche Wirtschaft*, S. 5–10.
39 Schaefer, *States of Division*, S. 58–66; Arndt Macheledt, »Geteilte Rhöhn. Strukturelle Auswirkungen der innerdeutschen Grenze im ländlichen Raum 1945–1961«, *Storia e Regione/Geschichte und Region* 30:2 (2021), S. 19–21.
40 Jaworski, »Grenzlage, Rückständigkeit und nationale Agitation«, S. 242–247.
41 Ritter/Hajdu, *Die innerdeutsche Grenze*, S. 172–180.
42 [Vermerk], »Die wirtschaftlichen, verkehrspolitischen und sozialen Auswirkungen, die sich als Folge der Grenzlage für den Wirtschaftsraum Lübeck ergeben«, 9. März 1950; Industrie und Handelskammer zu Lübeck, »Der Wirtschaftsraum Lübeck als ›notleidendes Grenzlandgebiet‹ an der Ostzonengrenze«, April 1952, beide in AHL, IHK zu Lübeck, Nr. 708.
43 »Notstandsgebiet Lübeck«, *Frankfurter Allgemeine Zeitung*, 26. Juni 1952. Dass die Elbe zu einem Grenzfluss wurde, beeinträchtigte natürlich auch den Hamburger Hafen, der jedoch den Handel mit der Tschechoslowakei wieder aufnehmen konnte. Siehe Ivan Jakubec, *Schlupflöcher im »Eisernen Vorhang«. Tschoslowakisch-deutsche Verkehrspolitik im Kalten Krieg. Die Eisenbahn und Elbeschiffahrt 1945–1989*, Stuttgart 2006, S. 159–200.

44 [Vermerk], »Die wirtschaftlichen, verkehrspolitischen und sozialen Auswirkungen, die sich als Folge der Grenzlage für den Wirtschaftsraum Lübeck ergeben«, 9. März 1950, AHL, IHK zu Lübeck Nr. 708.

45 Industrie und Handelskammer zu Lübeck, »Der Wirtschaftsraum Lübeck als ›notleidendes Grenzlandgebiet‹ an der Ostzonengrenze«, April 1952, AHL, IHK zu Lübeck, Nr. 708. Ritter/Hadju, *Die innerdeutsche Grenze*, S. 185.

46 »Das kulturelle Zonengrenzprogramm des Landes Schleswig-Holstein«. Zusammengestellt vom schleswig-holsteinischen Kulturministerium, 20. Oktober 1952, BArch B135/126.

47 [Vermerk], »Die wirtschaftlichen, verkehrspolitischen und sozialen Auswirkungen, die sich als Folge der Grenzlage für den Wirtschaftsraum Lübeck ergeben«, 9. März 1950, AHL, IHK zu Lübeck, Nr. 708; Zitat in: Barbara Klie, »Wo alle Straßen enden. Die deutsche Binnengrenze von Hof bis Travemünde«, Teil 2, *Christ und Welt*, 2. Januar 1958, S. 2.

48 Im Jahr 1939 lebten 39,4 Millionen Menschen auf dem Gebiet der späteren Bundesrepublik, 1950 lag diese Zahl um 8,3 Millionen bzw. 19 Prozent höher und hatte 47,7 Millionen erreicht. Von den 12 Millionen Vertriebenen, die die Zwangsmigration überlebten, ließen sich etwa acht Millionen in Westdeutschland nieder. Unter den Menschen, die von Ost- nach Westdeutschland abwanderten, waren abermals viele Vertriebene, die zunächst in der Sowjetischen Besatzungszone angekommen waren, sich aber entschlossen, weiter nach Westen zu ziehen. Zwischen 1949 und 1961 trafen etwa drei Millionen Flüchtlinge aus der SBZ/DDR ein. Im Jahr 1960 bestand rund ein Viertel der westdeutschen Bevölkerung aus Vertriebenen und Flüchtlingen. Vgl. Wehler, *Gesellschaftsgeschichte 1949–90*, S. 35 und 43–45; zur Überrepräsentation von Vertriebenen in den östlichen Landkreisen der Bundesrepublik vgl. Schneider, »Wirtschaftsgeschichte Niedersachsens nach 1945«, S. 816–817; zeitgenössisch Siemer, »Bevölkerungs- und beschäftigungspolitische Bestandsaufnahme im Zonenrandgebiet«.

49 Winfried Waldeck, »Räumliche Strukturanalyse. Beispiel Lüchow-Dannenberg«, *Praxis Geographie* 7/8 (1992), S. 47.

50 Ritter/Hadju, *Die innerdeutsche Grenze*, S. 244.

51 Otto Puffahrt, »Grossflächige Entwässerungsmaßnahmen im Landkreis Lüchow-Dannenberg«, in: Christoph Ohlig, *Gewässerentwicklung in der Kulturlandschaft*, Siegburg 2005, S. 75–83; Kurt Bellin, »Das Wasser«, in: Wilhelm Paasche (Hg.), *Das Hannoversche Wendland*, Lüchow 1971, S. 21–27.

52 Ritter/Hadju, *Die innerdeutsche Grenze*, S. 241; Ulrich Brohm, »Die me-

chanische Leinenweberei Friedr. & E. Wentz in Wustrow. Voraussetzungen, Geschichte und Auswirkungen einer Industrieansiedlung im ländlichen Raum«, in: Ulrich Brohm/Elke Meyer-Hoos (Hg.), *Kali und Leinen. Industrialisierungsansätze im Raum Wustrow 1874 bis 1928,* Wustrow 2005, S. 101–190, besonders 101–139.

53 Die erste Eisenbahnstrecke verband 1873 Hitzacker und Dannenberg mit Wittenberge, eine weitere 1890 Lüchow mit Salzwedel. Ritter/Hadju, *Die innerdeutsche Grenze,* S. 241, Anm. 4.

54 Ritter/Hadju, *Die innerdeutsche Grenze,* S. 241. Vgl. auch die Beiträge zur Industrialisierung der Region, besonders der Kleinstadt Wustrow, in: Brohm/Meyer-Hoos, *Kali und Leinen.*

55 Der Landkreis hatte eine 144 Kilometer lange Grenze zur DDR, aber nur 42 Kilometer mit den angrenzenden westdeutschen Landkreisen. Wilhelm Paasche, »Die Zonengrenze und ihre Auswirkungen«, S. 97; Herbert Winterhoff, »Das Verkehrswesen«, S. 129–133, beide in: Paasche (Hg.), *Das Hannoversche Wendland,* Lüchow 1971. Paasche war zu jener Zeit Oberkreisdirektor.

56 »Conti errichtet Zweigwerk in Dannenberg. Zonenrandkreis jetzt industriell gesättigt.«, *Aller-Zeitung,* 25. August 1960. Um 1970 verfügte der Landkreis über 2830 Arbeitsplätze in der Industrie. Zahlen in: Ritter/Hadju, *Die innerdeutsche Grenze,* S. 246. Vgl. auch Karl-Friedrich Kassel, »Von der Zonenrandförderung zur Regionalentwicklung«, in: Brohm/Meyer-Hoos, *Kali und Leinen,* S. 287–288.

57 Helmut Schwenke, *Die Förderung und Entwicklung der Wirtschaft im Landkreis Lüchow-Dannenberg. Eine Betrachtung und Beurteilung regionaler Förderpolitik,* Phil. Diss., Berlin 1970, S. 109–121, S. 153, Investitionsvolumen S. 121.

58 Investitionsvolumen in: Anselm Tiggemann, *Gorleben als Entsorgungs- und Endlagerstandort. Der niedersächsische Auswahl- und Entscheidungsprozess. Expertise zur Standortauswahl für das »Entsorgungszentrum« 1976/77,* Hannover 2010, S. 93.

59 Zahlen in: Frank Glatzel und Edeltraud Hundertmark, *Braunschweig – Großstadt am Zonenrand* (Kommunalpolitische Schriften der Stadt Braunschweig 18. Januar 1956), S. 14–15; vgl. auch Schneider, »Wirtschaftsgeschichte Niedersachsens nach 1945«, S. 815–816 und 902. Zu Braunschweigs Rolle in der Rüstungsindustrie vgl. Hans-Werner Niemann, »Wirtschaftsgeschichte Niedersachsens 1918–1945«, in: ebd., S. 617–623, bes. 618–619. Für den umliegenden Landkreis vgl. Landkreis Braunschweig an den Präsidenten des niedersächsischen Verwaltungsbezirks Braunschweig, 8. November 1950, NLA HA Nds. 500 Acc 2/73 Nr. 375/5.

60 Schneider, »Wirtschaftsgeschichte Niedersachsens nach 1945«, S. 820–821.
61 »Helmstedt – Vorposten der freien Welt«, *Mitteilungen der IHK Braunschweig* Nr. 60 (September 1952), S. 303; Glatzel/Hundertmark, *Braunschweig*, S. 49.
62 Brunsviga Maschinenwerke AG, »Wo liegt Braunschweig? Grenzland Braunschweig«, *Mitteilungen der IHK Braunschweig* Nr. 59 (August 1952), S. 245.
63 Karsten Mund, *Der Landkreis Helmstedt als Grenzgebiet 1945–1952*, Phil. Diss., Braunschweig 1993, S. 156–176; Heiko Steffens u. a., *Lebensjahre im Schatten der deutschen Grenze. Selbstzeugnisse vom Leben an der innerdeutschen Grenze seit 1945*, Opladen 1990, S. 100–112.
64 Vorstand Braunschweigische Kohlen-Bergwerke an BMWi, 26. Mai 1952, NLA WO, 4 Nds. Zg. 01/1981 Nr. 232; »BKB *fordern* ihr Eigentum zurück. Gesamtverluste fast 25 Millionen DM«, *Handelsblatt,* 5. September 1952; »Verlust am 26. Mai 1952: 32 Millionen. Generalversammlung der Braunschweig Kohlenbergwerke«, *Braunschweiger* Zeitung – *Ausgabe Helmstedt,* 28. April 1953. Zur Kooperation im Kohlebergbau Mitte der 1970er Jahre siehe Christiane String, »Grenzkohle. Die Stasi im deutsch-deutschen Tagebau von Helmstedt und Harbke«, *Horch und Guck,* 64:2 (2009), S. 36–39.
65 Landkreis Helmstedt an BM Wirtschaft, 18. September 1952, NLA WO, 4 Nds. Zg. 01/1981 Nr. 232.
66 Ballhausen, IHK Braunschweig an Nds. Min. Wirtschaft und Verkehr, 8. Februar 1952, AHL, IHK zu Lübeck Nr. 721. Vgl. auch Glatzel/Hundertmark, *Braunschweig,* S. 82.
67 Ritter/Hadju, *Die innerdeutsche Grenze,* S. 199–202. Für eine ähnliche Arbeitsteilung bei der Herstellung von Puppen zwischen den Städten Neustadt (Bayern) und Sonneberg (Thüringen) siehe Sheffer, *Burned Bridge,* S. 61. Ein Überblick zur regionalen Wirtschaft aus sächsischer Perspektive in Murdock, *Changing Places,* S. 26–29. Zeitgenössische Karten zur regionalen Textil- und Bekleidungsindustrie in Gleitze, *Ostdeutsche Wirtschaft,* S. 135–137.
68 Ritter/Hadju, *Die innerdeutsche Grenze,* S. 210.
69 Ebd., S. 192–199; Barbara Klie, »Der Unfruchtbare Acker. Die deutsche Binnengrenze von Hof bis Travemünde«, *Christ und Welt,* Weihnachten 1957, S. 20.
70 Ritter/Hajdu, »East-West German Boundary«, S. 341; Ulrich Ante, »Some developing and current problems of the eastern border landscape of the Federal Republic of Germany: The Bavarian Example«, in: D. Rumley, J. V. Minghi (Hg.), *The Geography of Border Landscapes,* London 1991, S. 71.

71 Für ein überzeichnetes Beispiel siehe Arno Behrisch, *Oberfranken im Würgegriff. Eine Zusammenfassung und Ergänzung der einschlägigen Denkschriften und Reden,* Hof 1950; außerdem Gerhard Wacher, »Probleme eines peripheren Industriegebietes unter besonderer Berücksichtigung der Zonengrenzlage, dargestellt am Beispiel Oberfranken«, [Vortrag auf der] Konferenz über Fragen der regionalen Wirtschaft, Brüssel, 6.–8. Dezember 1961 (Brüssel: EWG, 1961).

72 Zahlen in Ludwig Alwens, »Soziale Erosion in Oberfranken«, *Die Zeit,* 19. März 1953; vgl. auch Alwens, »Das oberfränkische Textilindustriegebiet. Grenzlandsituation und Strukturprobleme«, in: *Im Schatten der Zonengrenze,* Gesamtdeutsches Ministerium (Hg.), Bonn 1956, S. 19.

73 Ritter/Hadju, *Die innerdeutsche Grenze,* S. 212–214; Ernst Weight, »Standorte neuer Industriebetriebe in Franken und der Oberpfalz unter dem Gesichtspunkt von Nachbarschaft und Fühlungsvorteil«, *Berichte zur deutschen Landeskunde* 23 (1959), S. 385 und 395.

74 Weight, »Standorte«, S. 398–400.

75 W. F. Maschner, »Enttäuschung in bayerisch Sibirien«, *Stuttgarter Zeitung,* 1. September 1954. Zum kurzzeitigen Aufschwung der oberfränkischen Wirtschaft bis 1952 vgl. auch Hanskarl Angerer, »Oberfranken – Land zwischen den Grenzen. Wirtschaftliche Probleme im Zonenrandgebiet«, in: *Oberfränkische Wirtschaft: Zum 125jährigen Bestehen der Industrie- und Handelskammer für Oberfranken,* Bayreuth 1968, S. 35.

76 *Braunschweig als Grenzland,* hg. von der Industrie- und Handelskammer Braunschweig, Braunschweig 1949, Zitate S. 1, S. 28.

77 Eine Anzahl dieser Berichte in AHL, IHK zu Lübeck Nr. 721 und NLA HA Nds. 500 Acc 2/73 Nr. 376/5. Letztere waren an den Präsidenten des Regierungsbezirks Braunschweig gerichtet.

78 Auf diesen drei Ebenen fanden sich Arbeitsgruppen zusammen, nämlich die Arbeitsgemeinschaft der Grenzlandkammern, der Ostrandausschuss des Deutschen Landkreistages, und der [Länder-]Arbeitskreis Ostgrenzgebiet der Bundesrepublik.

79 Obwohl das Grundgesetz natürlich die Rechte und Pflichten von Bund und Ländern definierte, musste sich die Verfassungsrealität im Laufe der 1950er Jahre erst einpendeln. Vgl. Stefan Grüner, *Geplantes ›Wirtschaftswunder‹? Industrie- und Strukturpolitik in Bayern 1945–1973,* München 2009, S. 210–216.

80 Beispiele: [IHK Würzburg], Denkschrift über die grenzwirtschaftlichen Verhältnisse im Bereich des Regierungsbezirkes Unterfranken und des Industrie- und Handelskammerbezirkes Würzburg, k.D. [1950]; Denkschrift über die wirtschaftliche Notlage in den ostbayer. Grenzgebieten

und ihre Minderung durch Steuervergünstigungen. Überreicht von den IHKs Bayreuth, Coburg, Passau, Regensburg und Würzburg, k. D. [1950]; Industrie- und Handelskammer Lübeck. Der Wirtschaftsraum Lübeck als »notleidendes Grenzgebiet« an der Ostzonengrenze, April 1952, alle in AHL Bestand 02.05 IHK zu Lübeck, Nr. 721.

81 *Die Auswirkungen der Ostzonen Grenze auf die anliegenden Gebiete der Bundesrepublik. Erkenntnisse und Vorschläge,* hg. von der Arbeitsgemeinschaft der Grenzlandkammern. Sitz Braunschweig, Braunschweig 1950, S. 8.

82 Ebd., S. 10–11 und 15; zur Bundesbahn siehe Christoph Kopper, *Die Bahn im Wirtschaftswunder. Deutsche Bundesbahn und Verkehrspolitik in der Nachkriegsgesellschaft,* Frankfurt 2007, S. 84 und 87. Die Frachttarife stiegen um 40 Prozent.

83 *Auswirkungen der Ostzonen Grenze,* S. 8.

84 Ebd., S. 26.

85 Zur Raumplanung siehe Kapitel 2.

86 *Auswirkungen der Ostzonen Grenze,* S. 27.

87 Schilderung der Lage in BT, 1. WP 1949, StB, S. 72. Sitzung, 23. Juni 1950, S. 2618–2619. Zur ausbleibenden Reform der Bahntarife vgl. Kopper, *Die Bahn im Wirtschaftswunder,* S. 126–135.

88 *Auswirkungen der Ostzonen Grenze,* S. 8–9, 14–16, 28–29 und 51–52.

89 BT, 1. WP, Drs. Nr. 95, 30. September 1949; Drs. Nr. 348, 29. November 1949; BT 1. WP, StB, 27. Sitzung, 18. Januar 1950, 851–52; vgl. auch Drs. 429, 20. Januar 1950. Hintergrund: *Denkschrift des Landes Rheinland-Pfalz zu dem Antrag der Landesregierung auf Anerkennung der Roten Zone und des Oberwesterwaldes als Notstandsgebiet,* Mainz November 1950, BArch B106/5151; »Die Rote Zone im Lande Rheinland-Pfalz. Aus einem militärischen Wort wurde ein Begriff der Grenzlandnot. Die bisherigen Hilfsmassnahmen der Regierung«, *Staats-Zeitung,* 30. Mai 1950.

90 Auszug aus dem Kurzprotokoll über die 87. Kabinettssitzung der Bundesregierung, 28. Juli 1950, BArch B106/5151.

91 Zu Salzgitter: Sondersitzung der Bundesregierung, 22. November 1951, *Die Kabinettsprotokolle der Bundesrepublik* 4 (1951), hg. vom Bundesarchiv, Boppard/Rh. 1988, S. 778–779; zu Schleswig-Holstein: S. 135. Kabinettssitzung, 13. März 1951, ebd., S. 225–226; zum Bayerischen Wald: Grüner, *Geplantes ›Wirtschaftswunder‹?,* S. 200–205, 210–211. Grüner betont Adenauers Zurückhaltung bei der Unterstützung Ost-Bayerns.

92 Dr. Duschek, Vermerk für den zeitlichen Ablauf der Besprechung über grundsätzliche Fragen der Zonengrenzgebiete am 9.1.1952 in Braunschweig, 5. Januar 1952, NLA HA Nds. 500 Acc. 2/73 Nr. 378/3.

93 *Denkschrift über das Ostgrenzgebiet der Bundesrepublik.* Vorgelegt vom Arbeitskreis Ostgrenzgebiete der Bundesrepublik der Länder Bayern, Hessen, Niedersachsen und Schleswig-Holstein. Die Denkschrift wurde Wirtschaftsminister Ludwig Erhard am 15. Mai 1952 überreicht.

94 Die Entscheidung über das räumliche Ausmaß des Grenzlandes schälte sich in den ersten drei Sitzungen des Arbeitskreises Ostgrenzgebiete der Bundesrepublik heraus: 9. Januar 1952 (Einbeziehung der tschechisch-bayerischen Grenze, 40 Kilometer Tiefe des Grenzstreifens), 20. Februar (Liste der einbezogenen Landkreise im 40-km-Streifen) und 23. April (Einbeziehung der »nassen Grenze« an der Ostsee). Dokumentation der Sitzungen in NLA HA Nds. 500 Acc 2/73 Nr. 378/3.

95 Walter Fredericia (= Walter Pedwaidic), »Das sterbende Grenzland am Eisernen Vorhang«, *Die Zeit,* 13. März 1952. Vgl. auch Ilse Elsner, »Im Schatten der Zonengrenze«, *Die Welt,* 14. Mai 1952; »Denkschrift der Zonengrenzländer«, *Braunschweiger Zeitung,* 17. Mai 1952.

96 *Denkschrift über das Ostgrenzgebiet der Bundesrepublik.* Vorgelegt vom Arbeitskreis Ostgrenzgebiete der Bundesrepublik der Länder Bayern, Hessen, Niedersachsen und Schleswig-Holstein (Mai 1952), S. 6–8.

97 Handwerkskammer der Oberpfalz in Regensburg an Max Solleder (CSU), 24. September 1951; Solleder an Hans Globke, BKAmt, 29. Mai 1952, beide in BArch B136/693.

98 Kurt von Gleichen, »Kuriositäten an der Nahtstelle der Grenze. Kleine Reise längs des Eisernen Vorhangs im Herbst 1951«, *Die Neue Zeitung,* 16. November 1951; Doßmann, »Stimmungsbarometer der Ost-West-Beziehungen«.

99 Sälter, *Grenzpolizisten,* S. 24–37; Jürgen Ritter/Peter Joachim Lapp, *Die Grenze. Ein deutsches Bauwerk,* Berlin 2006, S. 19–25. Die Befehle der Sowjetischen Kontrollkommission (SKK) zur Einführung des Grenzregimes in Inge Bennewitz/Rainer Potratz, *Zwangsaussiedlungen an der innerdeutschen Grenze. Analyse und Dokumente,* Berlin 2012, S. 251–265.

100 Sälter, *Grenzpolizisten,* S. 29. Öffentliche Veranstaltungen waren genehmigungspflichtig und wurden überwacht.

101 Zahl in Sälter, *Grenzpolizisten,* S. 30–31, mit einer Diskussion der Zahlen in Anm. 62. Die Zwangsumsiedlungen sind auf der lokalen Ebene gut dokumentiert. Vgl. Bennewitz/Potratz, *Zwangsaussiedlungen;* Manfred Wagner, *»Beseitigung des Ungeziefers…« Zwangsaussiedlungen in den thüringischen Landkreisen Saalfeld, Schleiz und Lobenstein, 1952 und 1961,* Erfurt 2001; Steffi Kaltenborn, »Leben mit der Grenze. Die westlichen Kreise des heutigen Sachsen-Anhalt zwischen 1945 und 1990«, in: Hendrik Träger/Sonja Priebus, *Politik und Regieren in Sachsen-Anhalt,* Wies-

baden 2017, S. 58–61; Walther/Bittner, *Heringsbahn*, 257–289; Johannes Oschlies, *Entrissene Heimat. Zwangsaussiedlungen an der DDR-Grenze 1952 und 1961 im Bezirk Magdeburg*, Magdeburg 2006; Udo Gentzen/Karin Wulf, *Niemand wusste, wohin wir gebracht wurden… Zwangsausgesiedelte von 1952 und 1961 berichten über ihr Schicksal*, Hagenow-Boizenburg 1993; Heinrich Thies, *Weit ist der Weg nach Zicherie. Die Geschichte eines geteilten Dorfes an der deutsch-deutschen Grenze*, Hamburg 2005, S. 32–39; Johnson, *Divided Village*, S. 65–88; Sheffer, *Burned Bridge*, S. 97–117.

102 Zahl in van Melis/Bispinck, »*Republikflucht*«, S. 37; Sheffer, *Burned Bridge*, S. 106–107 und 112–116; Bennewitz/Potratz, *Zwangsaussiedlungen*, S. 84–86; Thies, *Zicherie*, S. 40–44.

103 Berdahl, *Where the World Ended*, S. 51–52 und 66–70; Gerhard Sälter, »Loyalität und Denunziation in der ländlichen Gesellschaft der DDR. Die Freiwilligen Helfer der Grenzpolizei im Jahr 1952«, in: Michael Schröter (Hg.), *Der willkommene Verrat. Beiträge zur Denunziationsforschung*, Weilerswist 2007, S. 159–184; Sheffer, *Burned Bridge*, S. 142–163 und 189.

104 Sheffer, *Burned Bridge*, S. 97–117. Johnson, *Divided Village*, S. 65–88.

105 Zahlen in Ritter/Hajdu, *Die innerdeutsche Grenze*, S. 35; zu den Auswirkungen auf die Infrastruktur generell siehe den zeitgenössischen Regierungsbericht *Die Sperrmaßnahmen der Sowjetzonenregierung an der Zonengrenze und um Westberlin*, hg. vom BMin Gesamtdeutsche Beziehungen, Bonn 1953, S. 19–23.

106 Eine kuriose Ausnahme bildeten bayerische Facharbeiter, die bis zum Mauerbau zu den thüringischen Schiefergruben in Lehesten pendelten. Siehe Peter E. Fässler, »›Diversanten‹ oder ›Aktivisten‹? Westarbeiter in der DDR, 1949–1961«, *Vierteljahrshefte für Zeitgeschichte* 49:4 (2001), S. 613–642.

107 Stromverlust in westdeutschen Gemeinden: »Die leidenden Landkreise an der Zonengrenze«, *Die Selbstverwaltung* 7:1 (1953), S. 3–4; Sheffer, *Burned Bridge*, S. 130. In DDR-Gemeinden: Sandra Pingel-Schliemann, »*Ihr könnt doch nicht auf mich schiessen!« Die Grenze zwischen Lübecker Bucht und Elbe 1945–1989*, Schwerin 2014, S. 19.

108 BT, 1. WP, StB, 219. Sitzung, 18. Juni 1952, 9639.

109 Einige Verbindungen blieben allerdings bis zum Fall der Grenze bestehen, z.B. Wasserlieferungen an Duderstadt. Siehe Amt für den Rechtsschutz des Vermögens der DDR (AfR)], Forderungen der DDR an Schuldner in der BRD wegen Nutzung des Grund- und Quellwassers der DDR und aus Trinkwasserlieferungen, VVS, 10. März 1971, BArch DK 5/1498.

Zu vergleichbaren Situationen in West-Berlin siehe Timothy Moss, »Divided City, Divided Infrastructures: Securing Energy and Water Services in Postwar Berlin«, *Journal of Urban History* 35:7 (2009), S. 923–942.

110 Aktenvermerk. Besprechung der Ländervertreter über Unterbringung und Betreuung der Flüchtlinge aus dem Sperrgürtel der Ostzone am 17. Juni 1952 im BMin Vertriebene, 18. Juni 1952; Aktenvermerk zur Situation in den Kreisen an der Zonengrenze, 11. Juli, 1952; Hess. Innenmin., Monatsbericht Nr. 5/52 – Sonderbericht: Die Lage an der hessischen Grenze zur Sowjetzone, 1. Okt. 1952, alle in HHStAW Abt. 508/3185.

111 Ackermann, *Der ›echte‹ Flüchtling*, S. 65–111; Helge Heidemeyer, *Flucht und Zuwanderung aus der SBZ/DDR 1945/1949–1961*, Düsseldorf 1994, S. 27–34, 127–133 und 190–192; Stokes, »Permanent Refugee Crisis«.

112 Der Ausdruck in Anlehnung an die Bezeichnung von heimkehrenden Kriegsgefangenen aus der Sowjetunion als »Überlebende des Totalitarismus« bei Frank Biess, *Homecomings. Returning POWs and the Legacies of Defeat in Postwar Germany*, Princeton 2006.

113 Hans Ewers (DP) in BT, 1. WP, 219. Sitzung, 18. Juni 1952, 9636. Der Wandel im Ton ging einher mit einem Wandel im Umgang mit Grenzgängern, besonders jenen, die bis dahin als »illegal« klassifiziert worden waren. Siehe mit Fokus auf West-Berlin Heidemeyer, *Flucht und Zuwanderung*, S. 133–146.

114 Hoffmann, »Binnenwanderung und Arbeitsmarkt«, S. 224–228; Siegfried Bethlehem, *Heimatvertreibung, DDR-Flucht, Gastarbeiterzuwanderung. Wanderungsströme und Wanderungspolitik in der Bundesrepublik Deutschland*, Stuttgart 1982, S. 29–33; Boot-Referenz in Ackermann, *Der »echte« Flüchtling*, S. 96.

115 Auszug aus dem Beschluss-Protokoll über die 73. Sitzung des Kabinetts, 9. Juni 1952, HHStAW, Abt. 508/3185.

116 Steffen Mau, *Sortiermaschinen. Die Neuerfindung der Grenze im 21. Jahrhundert*, München 2021.

117 Arne Hoffrichter, »Arbeitskräftebedarf contra Wohnraummangel. Die Berliner Luftbrücke und das Problem der SBZ-Flucht 1948/49«, *Deutschland Archiv Online* (Februar 2013), www.bpb.de/geschichte/zeitgeschichte/deutschlandarchiv/hoffrichter20130214 (Zugriff Oktober 2021).

118 Sheffer, *Burned Bridge*, S. 63; siehe auch Macheledt, »Geteilte Rhön«, S. 20–21.

119 *Die Auswirkungen der Ostzonen Grenze auf die anliegenden Gebiete der Bundesrepublik. Erkenntnisse und Vorschläge*, hg. von der Arbeitsgemeinschaft der Grenzlandkammern. Sitz Braunschweig, Braunschweig, Dezember 1950, S. 27.

120 Landkreis Blankenburg an den Präsidenten des Nds. Verwaltungsbezirks Braunschweig, 14. November 1950, NLA HA Nds. 500 Acc 2/73 Nr. 376/5.
121 Der Begriff »Sozialgepäck« tauchte in diesem Kontext regelmäßig auf. Siehe z. B. »Grenzlandprobleme«, *Mitteilungen der IHK Braunschweig* Nr. 31 (April 1950), S. 92; »Kampf mit dem Dasein« in: »Die leidenden Landkreise an der Zonengrenze«, *Die Selbstverwaltung* 7:1 (1953), S. 5; der Ausdruck »die Lebensschwächeren« in: Paul Noack, »Kulturpropaganda und Abwanderung. Zwei Probleme der Zonengrenze«, *Frankfurter Allgemeine Zeitung*, 10. Februar 1955. Zu herabwürdigender Rhetorik siehe auch Ackermann, *Der »echte« Flüchtling*, S. 66–67.
122 Die *Denkschrift über das Ostgrenzgebiet der Bundesrepublik* vom Mai 1952 hatte die Abwerbungen noch nicht als Problem hervorgehoben. Knapp ein Jahr später legten die Grenzländer aber eine Liste der Firmen vor, die das Grenzgebiet verlassen hatten. Siehe BMWi an StS BKAmt, 11. Dez. 1953, BArch B136/697.
123 Herbert Fuchs, Bürgermeister von Kiel, an Waldemar Kraft, BMin für bes. Aufgaben, 24. Mai 1954, BArch B135/127.
124 [Erich Walter] Lotz, Oberstadtdirektor Braunschweig, an Nds. Min. Wirtschaft und Verkehr, 9. Dez. 1953, NLA HA Nds. 100 Acc. 1/89 Nr. 596.
125 [Otto Passarge], Bürgermeister der Stadt Lübeck, an Waldemar Kraft, BMin für bes. Aufgaben, 26. Mai 1954, BArch B135/127. Anzeigen erschienen z. B. in *Messe und Ausstellungen* 34 (1953), S. 33, und 46, einer Zeitschrift über Industriemessen.
126 Zu den angebotenen Vergünstigungen für umzugswillige Unternehmen gehörten die Erstattung der Umzugskosten, Niedrigzinsdarlehen, Steuervergünstigungen, bezugsfertige Produktionsstätten und Verwaltungsräume, Strom zum Vorzugspreis und – besonders wichtig in den frühen 1950er Jahren – ausreichend Wohnraum für Arbeiter und Angestellte. Siehe Hermann Ahrens, Nds. Min. Wirtschaft und Verkehr, an Waldemar Kraft, BMin für bes. Aufgaben, 15. Juli 1954, BArch B135/127. Außerdem *Mitteilungen der Industrie- und Handelskammer für Südhannover für ihre Firmen* Nr. 7, 1. September 1951, S. 4; »Zonengrenzland braucht besonderen Schutz«, *Aller Zeitung*, 6. Januar 1955.
127 Otto Ziebill, Deutscher Städtetag, an Mitgliedsstädte, 24. März 1954, BArch B135/127.
128 300. Kabinettssitzung, 7. Juli 1953, *Die Kabinettsprotokolle der Bundesrepublik* 6 (1953), hg. vom Bundesarchiv, Boppard/Rh. 1989, S. 387; vgl. auch 298. Kabinettssitzung, 23. Juni 1953, ebd., S. 360–361. Anweisung an Steuerbehörden in BMI, Rundbrief an Innenminister der Länder, 7. Juli 1954, NLA HA Nds. 100 Acc. 1/89 Nr. 596.

129 Peter Hefele, *Die Verlagerung von Industrie- und Dienstleistungsunternehmen aus der SBZ/DDR nach Westdeutschland,* Stuttgart 1998, Zahl S. 119; zur (drohenden) Sequestrierung als Abwanderungsgrund ebd., S. 83–85. Zeitgenössisch: »Das Sprungbrett an der Zonengrenze«, *Nordwestdeutsche Rundschau,* 24. November 1952.
130 Zu Neustadt siehe Sheffer, *Burned Bridge,* S. 62–66, Zitat S. 63; Weight, »Standorte«, S. 399–400. Zur massiven Abwanderung mittelständischer Betriebe in die Bundesrepublik siehe Hefele, *Verlagerung,* bes. S. 115–20; Dietmar Petzina, »Standortverschiebungen und regionale Wirtschaftskraft in der Bundesrepublik Deutschland seit den fünfziger Jahren«, in: Werner Abelshauser u. a. (Hg.), *Wirtschaftliche Integration und Wandel von Raumstrukturen im 19. und 20. Jahrhundert,* Berlin 1994, S. 111; Hermann Golle, *Das Know-How, das aus dem Osten kam. Wie das westdeutsche Wirtschaftswunder von der SED-Politik profitierte,* Stuttgart 2002.
131 Arno Behrisch (SPD), BT, 1. WP, StB, 219. Sitzung, 18. Juni 1952, 9631C.
132 Herbert Wehner (SPD), ebd., 9648C.
133 Konrad Adenauer (CDU), ebd., 9633D-35C.
134 »Adenauer verspricht Hilfe. Ein Streifen des Lebens entlang der Zonengrenze«, *Braunschweiger Zeitung,* 19. Juni 1952; »Zonengürtel wird Notstandsgebiet. Bundestag gegen ›Willkür- und Terrormaßnahmen‹ in der Sowjetzone«, *Hannoversche Allgemeine Zeitung,* 19. Juni 1952. Die Schlagzeilen waren allerdings irreführend, denn die Bundesregierung hatte zu dem Zeitpunkt keineswegs vor, das Grenzland *in toto* als Notstandsgebiet anzuerkennen. Adenauers tatsächliche Position wurde vom Bundesminister für Vertriebene, Hans Lukaschek, in der Sitzung des Ausschusses für gesamtdeutsche Fragen am 19. Juni 1952 differenzierter wiedergegeben. Vgl. Andreas Biefang, Bearb., *Sitzungsprotokolle des Ausschusses für gesamtdeutsche Fragen des Deutschen Bundestages 1949–1953,* Düsseldorf 1998, Dok. Nr. 60, S. 340.
135 Sitzung des Interministeriellen Ausschusses für Sofort- und Sondermaßnahmen an der Zonengrenze, 26. Juli 1952, BArch B 136/695, 4. Der Ausschuss sah die Verantwortung der Bundesregierung für die Grenzregionen nicht als verfassungsrechtliche, sondern nur als moralische Verantwortung an.
136 Ebd., S. 3.
137 Alexander Nützenadel, *Stunde der Ökonomen. Wissenschaft, Politik und Expertenkultur in der Bundesrepublik 1949–1974,* Göttingen 2005, S. 249; Hans-Peter Ullmann, »Die Expansionskoalition«, *Geschichte & Gesellschaft* 41:3 (2015), S. 394–417, hier S. 408; Grüner, *Geplantes ›Wirtschaftswunder‹?,* S. 174.

138 243. Kabinettssitzung, 29. August 1952, *Die Kabinettsprotokolle der Bundesrepublik* 5 (1952), hg. vom Bundesarchiv, Boppard/Rh. 1989, 539; Sitzung des Interministeriellen Ausschusses für Sofort- und Sondermaßnahmen an der Zonengrenze, 23. Oktober 1952, BArch B136/695; Vermerk für die Kabinettssitzung, Bereitstellung von Bundesmitteln für Sofort- und Sondermaßnahmen [etc.], 29. Nov. 1952, BArch B136/697.
139 BT, 1. WP, StB, 264. Sitzung, 6. Mai 1953, 12913C-12915A, 12917A; BT, 1. WP, Drs. Nr. 4276
140 Eine Liste der Anträge in BT, 1. WP, StB, 279. Sitzung, 2. Juli 1953, 13955A; Grüner, *Geplantes ›Wirtschaftswunder‹?*, S. 217–218.
141 Hans Henn (FDP) BT, 1. WP, StB, 279. Sitzung, 2. Juli 1953, 13955C-D, 13959D. Henn leitete den Unterausschuss »Zonenrand- und Grenzlandfragen« im Gesamtdeutschen Ausschuss des Bundestages.
142 Ebd., 14007C, D. Die Abstimmung bekräftigte eine Entschließung, also eine nicht-bindende Aufforderung an die Bundesregierung. Vgl. Michael-Andreas Butz, *Rechtsfragen der Zonenrandförderung*, Köln 1980, S. 15. Die Vorbereitung des Entschließungsantrags in Andreas Biefang, Bearb., *Sitzungsprotokolle des Auschusses für gesamtdeutsche Fragen des Deutschen Bundestages 1949–1953*, Düsseldorf 1998, 88. Sitzung, 10. Juni 1952, Dok. Nr. 87, S. 730–736.
143 134 Kabinettsausschuss für Wirtschaft, 39. Sitzung, 19. August 1953, www.bundesarchiv.de/cocoon/barch/0000/x/x1951e/kap1_2/kap2_41/para3_2.html (Zugriff Oktober 2021).
144 Das Staatsterritorium der alten Bundesrepublik belief sich auf 245 379 Quadratkilometer, wovon 46 755 (18,8 Prozent) zum Zonenrandgebiet gehörten. Daten in Ritter/Hajdu, *Die innerdeutsche Grenze,* S. 83.
145 BT, 2. WP, StB, 3. Sitzung, 20. Oktober 1953, 14C. Vgl. auch BKAmt, Erlass an sämtliche Bundesminister, 30. November 1953, BArch B135/131. Das Bundeskanzleramt erinnerte alle Ministerien an die politische Relevanz des Grenzlandproblems.
146 Kurt Plück, »Hilfeleistungen des Bundes für die Zonenrandgebiete«, in: *Im Schatten der Zonengrenze,* hg. vom Bundesministerium für gesamtdeutsche Fragen, Bonn 1956, S. 107–112.
147 BT, 2. WP, Drs. Nr. 401, Einbeziehung des Kreises Alsfeld (Hessen) in die Fördermaßnahmen für Zonenrandgebiete, 25. März 1954; Landrat Kreis Ziegenhain (Hessen) an BMWi, 10. Mai 1954, BArch B135/127; Grüner, *Geplantes ›Wirtschaftswunder‹?*, S. 218–219.
148 »Der gefährdete Streifen«, *FAZ,* 12. Juli 1954; BT, 2. WP, 31. Sitzung, 26. Mai 1954, 1469B, 1472C. Es ging dabei um die Verteilung der Körperschaftssteuer und der Einkommensteuer zwischen Bund und Ländern.

149 BMWi, BMF, Schnellbrief 85/54, 12. Juni 1954, BArch B135/130. Der Brief teilte mit, dass »die Bereitstellung eines Betrages von 120 Millionen DM für die Grenzbezirke einmalig ist und in den kommenden Rechnungsjahren nicht wiederholt werden kann«. Vgl. auch BT, 2. WP, Drs. Nr. 808, 8. September 1954. Zu den 25 Millionen für Kultur siehe BT, 2. WP, Drs. Nr. 534, 18. Mai 1954, S. 6.

150 LT Nds., 2. WP, StB, 65. Sitzung, 10. März 1954, S. 4171-4182; »Wenn die Eiertänze um das Geld monatelang weitergehen...«, *Isenhagener Kreisblatt*, 3. April 1954; BT, 2. WP, 31. Sitzung, 26. Mai 1954; 51. Sitzung, 21. Okt. 1954. Die Nachricht über die Freigabe der DM 120 Millionen kam während der Bundestagsdebatte vom 26. Mai 1954.

151 Adenauer an Waldemar Kraft, 8. April 1954, BArch B135/126; zu Krafts Auftrag siehe auch Einleitung 4. Die Ordnung der Wirtschaft im Innern. Kabinettsausschüsse – Wirtschaft, www.bundesarchiv.de/cocoon/barch/0/x/x1954e/kap1_1/para2_4.html (Zugriff Oktober 2021).

152 StS Westrick, BMWi, Vermerk, 18. Oktober 1952, BArch B136/695. Vgl. auch »Der Grenzwirtschaft den Rücken stärken. Keine Kommissionen mehr, sondern praktische Hilfe«, *Braunschweiger Zeitung*, 4. Juli 1952.

153 Dr. Else Brökelschen (CDU), BT, 2. WP, 31. Sitzung, 26. Mai 1954, 1493.

154 Dr. Wilhelm Giel, Vermerk, 9. März 1955, BArch B135/130. Die Broschüre von Hans-Eckhardt Kannapin, *Der Strukturwandel des Zonengrenzraumes. Politische, wirtschaftliche und kulturelle Auswirkungen*, Frankfurt/M. 1953, S. 3 und 11, beklagt 1953 schon Versäumnisse in der bundesdeutschen Grenzlandpolitik, die freilich gerade erst ihren Anfang nahm.

155 Der Aufschwung wurde begünstigt durch den nach der Währungsreform von 1948 geschaffenen wirtschaftspolitischen Rahmen sowie durch das Ende der Preiskontrolle für (die meisten) Handelswaren. Hinzu kamen der Marshall-Plan, rüstungsorientierte Exporte und eine anhaltende Zuwanderung hoch qualifizierter Fachkräfte nach Westdeutschland. Abelshauser, *Wirtschaftsgeschichte*, S. 129–152 und 283–295, Zitat S. 292; zu den Auswirkungen der Währungsreform in Kombination mit dem Ende der Preiskontrolle vgl. Spoerer/Streb, *Neue deutsche Wirtschaftsgeschichte*, S. 216–218.

156 Siemer, »Bevölkerungs- und beschäftigungspolitische Bestandsaufnahme im Zonenrandgebiet«. Trotz des düsteren Bildes, das Grenzlandfürsprecher entwarfen, kam Siemer in diesem zeitgenössischen Artikel zu dem Schluss, dass keiner der Grenzlandkreise unter das Bevölkerungs- und Arbeitsplatzniveau von 1939 sank. Die Zahlen waren 1957 signifikant höher als 1939.

157 Kannapin, »Strukturwandel«, S. 7 und 25.

158 Müller, »Dorf am Eisernen Vorhang«, S. 23.
159 Zitat in: W. F. Maschner, »Enttäuschung in bayrisch Sibirien«, *Stuttgarter Zeitung*, 1. September 1954. Vgl. auch Jürgen Eick, »Im Schatten der Zonengrenze«, *Frankfurter Allgemeine Zeitung*, 26. Juni 1954; »Im toten Winkel des Wirtschaftswunders«, *Die Flüchtlingsstimme* Nr. 7 (1955), S. 3; »Die irrsinnige Grenze. Wie soll Deutschland wieder zusammenkommen?«, *Vorwärts*, 20. Dezember 1957; »Ist hier das Ende der westlichen Welt? Schnackenburg – die tote Stadt im toten Winkel«, *Bonner Rundschau*, 25. Mai 1958; »An der Zonengrenze schlägt der Puls des Landes langsamer. Verkehr und Industrie weichen zurück. Bevölkerung nimmt ständig ab«, *Fuldaer Volkszeitung*, 4. März 1959.
160 Die Systemkonkurrenz ist gut erforscht. Zu thematischen Zugriffen und Kontroversen vgl. Frank Möller/Ulrich Mählert (Hg.), *Abgrenzung und Verflechtung. Das geteilte Deutschland in der zeithistorischen Debatte*, Berlin 2008; Hermann Wentker, »Zwischen Abgrenzung und Verflechtung. Deutsch-deutsche Geschichte nach 1945«, *Aus Politik und Zeitgeschichte* 1-2 (2005), S. 10–17. Fallstudien in Michael Lemke (Hg.), *Schaufenster der Systemkonkurrenz. Die Region Berlin-Brandenburg im Kalten Krieg*, Köln 2006; Udo Wengst/Hermann Wentker (Hg.), *Das doppelte Deutschland. 40 Jahre Systemkonkurrenz*, Berlin 2008. Zu westdeutschen Versuchen, die ostdeutsche »Wühlarbeit« zu unterbinden, vgl. Enrico Heitzer, *Die Kampfgruppe gegen Unmenschlichkeit (KgU). Widerstand und Spionage im Kalten Krieg 1948–1959*, Köln 2015; Stefan Creuzberger, *Kampf für die Einheit. Das Gesamtdeutsche Ministerium und die politische Kultur des Kalten Krieges 1949–1969*, Düsseldorf 2008; Stefan Creuzberger/Dierk Hoffmann (Hg.), *Geistige Gefahr und »Immunisierung der Gesellschaft«. Antikommunismus und politische Kultur in der frühen Bundesrepublik*, München 2014.
161 Zeitgenössisch: Karl-Heinz Krumm, »Kulissenkampf um Propaganda-Ballons. Bundesverteidigungsministerium drohte Presse und Rundfunk mit Landesverratsverfahren«, *Frankfurter Rundschau*, 29. April 1965. Vgl. auch Dirk Schindelbeck, »Propaganda mit Gummiballons und Pappraketen«, in: Gerald Diesener/Rainer Grieß (Hg.), *Propaganda in Deutschland*, Darmstadt 1996, S. 213–234; Joseph S. Gordon, »East German Psychological Operations: A 1965 Case Study«, in: Gordon (Hg.), *Psychological Operations. The Soviet Challenge*, Boulder 1988, S. 89–123. Kontext in: Sonja Isabel Krämer, »Westdeutsche Propaganda im Kalten Krieg: Organisation und Akteure« in: Manfred Wilke (Hg.), *Pressepolitik und Propaganda. Historische Studien vom Vormärz bis zum Kalten Krieg*, Köln 1997, S. 333–371; Creuzberger, *Kampf für die Einheit*, S. 252–257 und 483–488.

162 Ausdruck »Trojanisches Pferd« in: »Gegen kommunistische Unterwanderungsversuche«, Presse- und Informationsamt der Bundesregierung (Hg.), *Deutschland im Wiederaufbau* (1954), S. 323–325; »Die kommunistische Zersetzungstätigkeit«, ebd., (1955), S. 381–382. Heike Amos, *Die Westpolitik der SED 1948/49–1961,* Berlin 1999, S. 60–67 und 114–123, betont, dass im Gegensatz zu westlichen Befürchtungen die östlichen Propagandaaktivitäten nicht effektiv waren. Petra Weber, *Getrennt und doch vereint. Deutsch-deutsche Geschichte 1945–1989/90,* Berlin 2020, S. 212–214, hält die Kommunistenfurcht in Westdeutschland für »zwar übertrieben, aber nicht unbegründet«.

163 IHK Lübeck, Der Wirtschaftsraum Lübeck als ›notleidendes Grenzgebiet‹ an der Ostzonengrenze (S. 19), April 1952, AHL, IHK zu Lübeck, Nr. 721.

164 Susanne Muhle, *Auftrag: Menschenraub. Entführungen von Westberlinern und Bundesbürgern durch das Ministerium für Staatssicherheit der DDR,* Göttingen 2015; Herbert Böckel, *Grenz-Erfahrungen. Der kalte Kleinkrieg an einer heissen Grenze. Berichte und Erlebnisse eines »West-Grenzers«,* Fulda 2009, S. 115–116.

165 Angela Schmale, »Heimlich, still und leise. Die Grenzschleusen und ›Grenz-IM‹ des MfS«, *Zeitschrift des Forschungsverbundes* 35 (2014), S. 80–90.

166 BMGesamt, Vermerk, 4. August 1954, BArch B135/128. Der Vermerk forderte mehr Übertragungsstationen. Siehe auch Franz Xaver Unertl (CSU), BT, 2. WP, 31. Sitzung, 26. Mai 1954, 1498A. Kontext in Creuzberger, *Kampf für die Einheit,* S. 241–244.

167 Zitat in: Dr. Else Brökelschen (CDU), BT, 1. WP, 264. Sitzung, 6. Mai 1953, 12917C/D. Ähnlich Hans Henn (FDP), ebd., 279. Sitzung, 2. Juli 1953, 13959C; Egon Franke (SPD), BT, 2. WP, 51. Sitzung, 21. Oktober 1954, 2538D.

168 »West German Reds Fight Registration. 10,000 Youths Won't Comply with Police Rules on Return from East Berlin Rally«, *New York Times,* 1. Juni 1950. Axel Kahrs, »Grenze und Entgrenzung in der Literatur. Teilung – Mauerfall – Vereinigung«, in: Schwark/Ackermann/Hauptmeyer (Hg.), *Grenzziehung, Grenzerfahrung, Grenzüberschreitungen,* S. 252–260, hier S. 254–255. Über die Veranstaltung in Berlin vgl. Michael Lemke, *Vor der Mauer. Berlin in der Ost-West-Konkurrenz 1948 bis 1961,* Köln 2011, S. 141–145.

169 Bertolt Brecht/Paul Dessau, *Herrnburger Bericht. Gewidmet der Freien Deutschen Jugend anlässlich der 3. Weltfestspiele der Jugend und Studenten für den Frieden in Berlin,* hg. vom Zentralrat der FDJ, Berlin 1951. Die Westdeutschen vergaßen schnell den Ursprung und Kontext dieses ein-

gängigen Textes, der sich eben über westdeutsche Grenzkontrollen mokierte. Stattdessen wurden die Worte vom »Deutschen, der nur von Deutschland nach Deutschland wollte«, zu einem festen Bestandteil der westdeutschen Rhetorik, die DDR für die Spaltung Deutschlands verantwortlich zu machen.

170 »Gegen kommunistische Unterwanderungsversuche«, Presse- und Informationsamt der Bundesregierung (Hg.), *Deutschland im Wiederaufbau* (1954), S. 324; Ballhausen, IHK Braunschweig, an Nds. Min. Wirtschaft und Verkehr, 8. Februar 1952, AHL, IHK zu Lübeck Nr. 721. Vgl. auch Glatzel/Hundertmark, *Braunschweig,* S. 82.

171 Plück, »Innerdeutsche Beziehungen«, S. 2034–2035.

172 Schleswig-Holsteinisches Kultusministerium, Das kulturelle Zonengrenzprogramm des Landes Schleswig-Holstein, 20. Oktober 1952, BArch B135/126.

173 Paul Noack, »Kulturpropaganda und Abwanderung. Zwei Probleme der Zonengrenze«, *Frankfurter Allgemeine Zeitung,* 19. Februar 1955. Zu Bussen vgl. Cornelia Kühn, »›Kunst ohne Zonengrenzen‹: Zur Instrumentalisierung der Volkskunst in der frühen DDR«, in: David Eugster/Sybille Marti (Hg.), *Das Imaginäre des Kalten Krieges. Beiträge zu einer Kulturgeschichte des Ost-West-Konfliktes in Europa,* Essen 2015, S. 187–211, hier S. 202.

174 Zu Volkstanz und Chören vgl. Kühn, »›Kunst ohne Zonengrenzen‹«, S. 197–204.

175 »Zonengrenze: Prämien für Kultur-Kontakte«, *Der Spiegel,* 23. Mai 1956, S. 44. Die Theaterpolitik der DDR in der Bundesrepublik ist meines Wissens noch nicht erforscht worden. Vgl. aber Renate Meyer-Braun, *Löcher im Eisernen Vorhang. Theateraustausch zwischen Bremen und Rostock während des Kalten Krieges, 1956–1961,* Berlin 2007. Einige Zahlen zu Kulturkontakten in den 1950er Jahren in Plück, »Innerdeutsche Beziehungen«, S. 2032–2036. Zur Berliner Situation vgl. Lemke, *Vor der Mauer,* S. 440–458.

176 BMGesamt, Bericht über kulturelle Massnahmen gesamtdeutschen Charakters im Zonenrandgebiet, 2. Juni 1961, BArch B102/13194.

177 Arbeitslose: Frank Seiboth (GB/BHE), BT, 2. WP, 51. Sitzung, 21. Oktober 1954, 2528C; Rudolf Freidhof (SPD), ebd., 2531D; Spionage: Arno Behrisch (SPD), BT, 2. WP, 31. Sitzung, 26. Mai 1954, 1485D–1486A.

178 Zitat in: »Zonengrenzhilfe von Flensburg bis Passau. In Kassel wurde ein Aufbauplan begonnen«, *Lübecker Freie Presse,* 18. Juni 1953. Die Zeitung stand der SPD nahe.

179 »Geistige Aufrüstung« in: Denkschrift über die Zonenrandgebiete des

Landes Hessen. Vorgelegt vom Staatskommissar für die Förderung der hessischen Notstandsgebiete und Zonengrenzkreise, Wiesbaden März 1954, BArch B135/126; »Stärkung der ideologischen Abwehrkräfte« in: Paul Noack, »Kulturpropaganda und Abwanderung. Zwei Probleme der Zonengrenze«, *Frankfurter Allgemeine Zeitung,* 19. Februar 1955. Vgl. auch Waldemar Kraft, BMin für bes. Aufgaben, Vorschläge für Massnahmen zur Förderung der Zonenrandgebiete, August 1954, BArch B135/126.

180 Hans-Christoph Seebohm (CDU), »Zonenrandhilfe dient der Wiedervereinigung«, in: *Kreisblatt für Helmstedt. Sonderausgabe: 10 Jahre Zonengrenzkreis* (Dezember 1955), S. 14.

181 Paul Bleiss (SPD), BT, 2. WP, 31. Sitzung, 26. Mai 1954, 1473C; ähnlich Behrisch (SPD), ebd., 1486A.

182 Zitat in: Hans Henn (FDP), BT, 1. WP, 279. Sitzung, 2. Juli 1953, 1395B. Die »Schaufenster«-Rhetorik war in den Grenzland- und Berlin-Debatten allgegenwärtig und tauchte auch in anderen Ost-West-Kontexten auf. Vgl. Christiane Fritsche, *Schaufenster des »Wirtschaftswunders« und Brückenschlag nach Osten. Westdeutsche Industriemessen und Messebeteiligung im Kalten Krieg, 1946–1973,* München 2008.

183 Die Magnet-Theorie wird in der Regel Kurt Schumacher (SPD) zugeschrieben, aber siehe Werner Abelshauser, »Zur Entstehung der ›Magnet-Theorie‹ in der Deutschlandpolitik«, *Vierteljahrshefte für Zeitgeschichte* 27:4 (1979), S. 661–679; außerdem Abelshauser, *Wirtschaftsgeschichte,* S. 402–404.

184 Holger R. Stunz, *Das »hessische Salzburg«. Festspiele in Bad Hersfeld. Entwicklung, Strukturen und Ideologie einer Institution kultureller Repräsentation der frühen Bundesrepublik,* München 2003, S. 50 und 135–137. Ähnlicher Vorfall in: Sheffer, *Burned Bridge,* S. 132.

185 »Die Zonen-Randgebiete«, Presse- und Informationsamt der Bundesregierung (Hg.), *Deutschland im Wiederaufbau* (1955), S. 380. Bis 1959 hatte das Ministerium den Betrag verdoppelt: »Wirtschaftliche und kulturelle Hilfe für das Zonenrandgebiet«, ebd., (1959), S. 527.

186 »Wirtschaftliche und kulturelle Hilfe für das Zonenrandgebiet«, Presse- und Informationsamt der Bundesregierung (Hg.), *Deutschland im Wiederaufbau* (1960), S. 453.

187 Bundesministerium für innerdeutsche Beziehungen, *Soziale und kulturelle Fördermassnahmen der Bundesregierung im Zonenrandgebiet* (1987), S. 4. Diese Broschüre listete die unterstützten Projekte nach Jahr auf. Siehe auch *Ratgeber Zonenrandförderung,* Bonn 1983.

188 Hans-Christoph Seebohm (CDU), »Zonenrandhilfe dient der Wiedervereinigung«, S. 13. Ähnliches Argument in: IHK Lübeck, *Der Wirtschafts-*

raum Lübeck als ›notleidendes Grenzgebiet‹ an der Ostzonengrenze (S. 19), April 1952, AHL, IHK zu Lübeck, Nr. 721.
189 Frank Seiboth (GB/BHE), BT, 2. WP, 51. Sitzung, 21. Oktober 1954, 2529C.
190 *Die Auswirkungen der Ostzonen Grenze auf die anliegenden Gebiete der Bundesrepublik. Erkenntnisse und Vorschläge,* hg. von der Arbeitsgemeinschaft der Grenzlandkammern Sitz Braunschweig, Braunschweig Dezember 1950, S. 29
191 Sheffer, *Burned Bridge,* S. 65.
192 Ähnliche Bewertung in: Sheffer, *Burned Bridge,* S. 50 und 54; Schaefer, *States of Division,* S. 26.
193 Vgl. Sheffer, *Burned Bridge,* S. 34–94.
194 Für diese Behauptung wären Daten über das Handelsvolumen hilfreich, aber im Gegensatz zu den wirtschaftlichen Schäden, die die sowjetische Blockade Berlins verursachte, wurden die wirtschaftlichen Auswirkungen der alliierten Gegenblockade im westlichen Grenzgebiet nicht quantifiziert oder zumindest geschätzt, vermutlich weil dies politisch nicht opportun war.
195 Am besten ausgeführt in Sheffer, *Burned Bridge,* S. 50–70.
196 Abelshauser, *Wirtschaftsgeschichte,* S. 59–87 und 105–118; Petzina, »Standortverschiebungen«. Zum fehlenden »Zentrum« vgl. Edgar Wolfrum, *Die geglückte Demokratie. Geschichte der Bundesrepublik Deutschland von ihren Anfängen bis zur Gegenwart,* Stuttgart 2006, S. 144.
197 Der Ausdruck »Rheinischer Kapitalismus« beschreibt üblicherweise die westdeutsche Wirtschaftsordnung, eine Form von staatlich reguliertem Kapitalismus mit institutionalisierten Sozialpartnerschaften. Ob und inwieweit er als Gegenmodell oder Alternative zum anglo-amerikanischen Verständnis des Kapitalismus angesehen werden kann, wurde unter Wirtschaftshistorikern lange Zeit kontrovers diskutiert. Vgl. Friederike Sattler, »Rheinischer Kapitalismus. Staat, Wirtschaft und Gesellschaft der Bonner Republik«, *Archiv für Sozialgeschichte* 52 (2012), S. 688–692 und 694–695.
198 Die flächendeckende 40-km-Definition war nicht zuletzt ein Versuch, interne Differenzen zwischen den Grenzanliegern auszugleichen. Die Direktanlieger wie Lübeck oder Lüchow-Dannenberg hatten wenig Verständnis für die weiter entfernt liegenden Städte und Gemeinden wie z. B. Braunschweig. Vgl. Kurt Doering, »Das West-Ost-Gefälle. Braunschweig und sein Hinterland«, *Frankfurter Allgemeine Zeitung,* 9. August 1954: »Die ›Frontlinie‹ glaubt sich weit schlechter als etwa Braunschweig gestellt, [das] hier schon zur Etappe gerechnet wird.«
199 Herbert Wehner (SPD), BT, 1. WP, StB, 219. Sitzung, 18. Juni 1952, 9648C.

200 Ulrike Jureit, *Das Ordnen von Räumen. Territorium und Lebensraum im 19. und 20. Jahrhundert*, Hamburg 2012, S. 16. Vgl. auch Charles S. Maier, *Once Within Borders. Territories of Power, Wealth and Belonging since 1500*, Cambridge 2016, S. 1–13.

201 Ralf Ahrens, »Teure Gewohnheiten. Berlinförderung und Bundeshilfe für West-Berlin seit dem Mauerbau«, *Vierteljahrschrift für Sozial- und Wirtschaftsgeschichte* 102:3 (2015), S. 283–299, Zitat S. 298.

202 Der Begriff »Verödung« taucht in zeitgenössischen Beschreibungen des Zonenrandgebiets häufig auf. Vgl. z. B. *Grenzland der Mitte. Dokumentarisches Bildwerk über Wirtschaft und Verkehr in Niedersachsen*, Hannover 1963, S. 46. Der Ausdruck »Versteppung« war zudem in den 1950er Jahren emotional aufgeladen, weil die »Steppe« leicht erkennbar mit der Sowjetunion assoziiert war. Der Ausdruck evozierte, dass ein Gebiet vom sowjetischen Machtbereich erfasst wurde.

203 Patrick Lehn, *Deutschlandbilder. Historische Schulatlanten zwischen 1871 und 1990*, Köln 2008, S. 366–369 und 563–564; Christian Lotz, »Gestrichelte Linien und schattierte Flächen. Darstellungen von Teilung und Einheit in ost- und westdeutschen Landkarten, 1945–1972«, in: Andreas Hilger, Oliver Wrochem (Hg.), *Die geteilte Nation. Nationale Verluste und Identitäten im 20. Jahrhundert*, München 2013, S. 53–69.

2 Der Osten vom Westen: Ein wirtschaftliches Randgebiet an der Grenze

1 Die erste Version des Berlinförderungsgesetzes wurde im März 1950 unter dem Namen »Gesetz zur Förderung der Wirtschaft von Groß-Berlin (West)« verabschiedet.

2 Anselm Doering-Manteuffel, »Die innerdeutsche Grenze im nationalpolitischen Diskurs der Adenauer-Zeit«, in: Bernd Weisbrod (Hg.), *Grenzland. Beiträge zur Geschichte der deutsch-deutschen Grenze*, Hannover 1993, S. 127–140.

3 Ariane Leendertz, »Der Gedanke des Ausgleichs und die Ursprünge des Leitbildes der ›gleichwertigen Lebensbedingungen‹«, in: Heinrich Mäding/Wendelin Strubelt (Hg.), *Vom Dritten Reich zur Bundesrepublik. Beiträge einer Tagung zur Geschichte von Raumforschung und Raumplanung*, Hannover 2009, S. 210–225.

4 William Glenn Gray, *Germany's Cold War. The Global Campaign to Isolate East Germany, 1949–1969*, Chapel Hill 2003; Petra Weber, *Getrennt und doch vereint. Deutsch-deutsche Geschichte 1945–1989/90*, Berlin 2020, S. 489–507.

5 Tatsächlich wandte sich Egon Bahrs ostdeutscher Gesprächspartner

Michael Kohl gegen die weitere Verwendung des Begriffs und bezeichnete ihn als eine Provokation für die DDR. Siehe Dokumente zur Deutschlandpolitik (DzD), Reihe VI, Bd. 1 (1969/70). Bearb. von Daniel Hofmann, hg. vom Bundesministerium des Innern und Bundesarchiv, München 2002, Dok. Nr. 257, S. 1006; Dok. Nr. 260, S. 1020; Dok. Nr. 261, S. 1032.

6 Zu den (gescheiterten) Bemühungen, Subventionen in den 1980er Jahren einzudämmen, siehe Wirsching, *Provisorium,* S. 250–255; Zoltán Jákli, *Vom Marshallplan zum Kohlepfennig. Grundrisse der Subventionspolitik in der Bundesrepublik Deutschland 1948–1982,* Opladen 1990, S. 226–268, bes. 263–268.

7 Zum Kontext siehe Marcus Böick/Christoph Lorke, »Aufschwung, Abbau, Anpassung? Eine kleine Geschichte des ›Aufbau Ost‹«, in: *Aus Politik und Zeitgeschichte,* 8.11.2019, www.bpb.de/apuz/300059/eine-kleine-geschichte-des-aufbau-ost (Zugriff Oktober 2021).

8 Astrid M. Eckert, »Innerdeutsche Fördergrenzen: Das ›Zonenrandgebiet‹ in der Wiedervereinigung«, *Jahrbuch Deutsche Einheit 2021,* S. 111–127.

9 Siehe z. B. die dreisprachige Broschüre *Unmenschliche Grenze,* veröffentlicht 1956 von der niedersächsischen Landeszentrale für Heimatdienst. Adenauer-Zitat in BT, 1. WP, StB, 219. Sitzung, 18. Juni 1952, 9634A.

10 Winson Chu, *The German Minority in Interwar Poland* (New York: Cambridge University Press, 2012), S. 40–49; Vanessa Conze, »›Unverheilte Brandwunden an der Außenhaut des Volkskörpers‹: Der deutsche Grenz-Diskurs der Zwischenkriegszeit (1919–1939)«, in: Wolfgang Hardtwig (Hg.), *Ordnungen in der Krise. Zur politischen Kulturgeschichte Deutschlands 1900–1933,* München 2007, S. 21–48; Elizabeth Harvey, »Pilgrimages to the ›Bleeding Border‹: Gender and Rituals of Nationalist Protest in Germany, 1919–1939«, *Women's History Review* 9:2 (2000), S. 201–229. Zur Bedeutung kartografischer Darstellungen in diesem Zusammenhang siehe auch Jureit, *Ordnen von Räumen,* S. 179–208; Haslinger, *Nation und Territorium,* S. 12–16.

11 »Die leidenden Landkreise an der Zonengrenze«, *Die Selbstverwaltung. Organ des deutschen Landkreistages* 7:1 (1953), S. 7.

12 Ebd. Siehe auch Gerhard Wandschneider, »Ein Pfahl im Fleische Deutschlands«, in: *Im Schatten der Zonengrenze,* hg. vom Ministerium für gesamtdeutsche Fragen, Bonn 1956, S. 93–97; Arno Behrisch, *Oberfranken im Würgegriff. Eine Zusammenfassung und Ergänzung der einschlägigen Denkschriften und Reden,* Hof 1950, S. 7.

13 Die Hilfsgelder kamen einseitig den ostelbischen Großgrundbesitzern zugute und waren zum Teil zum Kauf von privaten Luxusgütern missbraucht worden. Helmut Braun, »Osthilfe, 1926–1937«, in: *Historisches*

Lexikon Bayerns, www.historisches-lexikon-bayerns.de/artikel/artikel_44784 (Zugriff Oktober 2021); über die Ursprünge staatlicher Hilfe für ländliche Regionen siehe Jones, »Prussia's Peripheries«.

14 Ariane Leendertz, *Ordnung schaffen. Deutsche Raumplanung im 20. Jahrhundert*, Göttingen 2008; Karl R. Kegler, »›Der neue Begriff der Ordnung‹. Zwischen NS-Staat und Bundesrepublik. Das Modell der zentralen Orte als Idealbild der Raumordnung«, in: Mäding/Strubelt (Hg.), *Vom Dritten Reich zur Bundesrepublik*, S. 188–209; Detlef Briesen/Wendelin Strubelt, »Zwischen Kontinuität und Neubeginn: Räumliche Planung und Forschung vor und nach 1945«, in: Briesen/Strubelt (Hg.), *Raumplanung nach 1945. Kontinuitäten und Neuanfänge in der Bundesrepublik Deutschland*, Frankfurt 2015, S. 15–54, insb. S. 23.

15 Axel Klaphake, *Europäische und nationale Regionalpolitik für Ostdeutschland. Neuere regionalökonomische Theorien und praktische Erfahrungen*, Wiesbaden 2000, S. 57–62; Grüner, ›Geplantes Wirtschaftswunder‹?, S. 226–233.

16 Leendertz, *Ordnung schaffen*, S. 264; Grüner, ›Geplantes Wirtschaftswunder‹?, S. 369–370.

17 Leendertz, *Ordnung schaffen*, S. 262–268, passim; Grüner, ›Geplantes Wirtschaftswunder‹?, S. 367–378; Leendertz, »Ordnung, Ausgleich, Harmonie. Koordinaten raumplanerischen Denkens in Deutschland, 1920–1970«, in: Thomas Etzemüller (Hg.), *Die Ordnung der Moderne. Social Engineering im 20. Jahrhundert*, Bielefeld 2009, S. 129–150.

18 Leendertz, *Ordnung schaffen*, S. 133–142.

19 Leendertz, *Ordnung schaffen*, S. 136 und 164–165.

20 Interministerieller Ausschuss für Notstandsgebietsfragen.

21 Klaus Demand, »IMNOS«, in: *Handwörterbuch der Raumforschung und Raumplanung II*, Hannover 1970, S. 1234–1239; Grüner, *Geplantes* ›Wirtschaftswunder‹?, S. 195–199 und 207; Leendertz, *Ordnung schaffen*, S. 262.

22 Der Leiter des Instituts für Raumforschung (IfR), Erich Dittrich, publizierte ausführlich über Not leidende Regionen, z. B. Dittrich, »Deutsche Notstandsgebiete 1951«, *Sonderheft der Informationen des IfR* (April 1952), S. 81–91; Dittrich, »Die deutschen Notstandsgebiete: Eine Aufgabe der Raumpolitik«, *Wirtschaftsdienst* 1 (1951), S. 29–36; Dittrich, »Notstandsgebiete in der Bundesrepublik«, *Wirtschaftsdienst* 42:10 (1962), S. 431–436. Siehe auch Wilhelm Röpke, »Notstandsgebiete«, *Frankfurter Allgemeine Zeitung*, 15. November 1952.

23 StS Westrick, BMWi an das BKAmt, 28. August 1952, BArch B136/695.

24 So Erich Dittrich im Jahr 1963, zitiert in: Leendertz, *Ordnung schaffen*, S. 332.

25 Leendertz, »Ordnung, Ausgleich, Harmonie«, S. 138, 141.
26 Leendertz, »Der Gedanke des Ausgleichs«. Das Ziel, sich um gleichwertige Lebensbedingungen zu bemühen, beruhte auf einem breiten gesellschaftlichen Konsens und blieb das Leitbild der Raumplaner bis weit in die 1980er Jahre. Siehe Holger Gnest, *Entwicklung der überörtlichen Raumplanung in der Bundesrepublik von 1975 bis heute,* Hannover 2008.
27 Karl J. Meyer, »Was sind Sanierungs- und Randgebiete?«, *Die Zeit, 26.* Juli 1956. Im Laufe der Jahre waren für rückständige Regionen verschiedene Bezeichnungen im Umlauf: Notstandsgebiete, Sanierungsgebiete, Passivräume und Bundesausbaugebiete. Zur Terminologie siehe Ritter/Hajdu, *Innerdeutsche Grenze,* S. 84.
28 Helmut Karl, »Entwicklung und Ergebnisse regionaler *Wirtschaftspolitik* in Deutschland«, in: Hans H. Eberstein/Helmut Karl (Hg.), *Handbuch der regionalen Wirtschaftsförderung,* A II, Lfg. 61 (Nov. 2008), Absatz 27–28; Butz, *Rechtsfragen der Zonenrandförderung,* S. 17–18. Hinweis auf die Hälfte der Mittel in: Erster Raumordnungsbericht, BT, 4. WP, Drs. IV/1492, S. 50. Oktober 1963. Walter Christallers Modell der Zentralen Orte erfuhr in der NS-Zeit eine erste Blüte, als es in die verschiedenen Versionen des »Generalplan Ost« einging. Nach dem Krieg wurde es in der Bundesrepublik zu einem weithin verwendeten Ordnungsmodell. Das Modell gilt mittlerweile als wissenschaftlich nicht fundiert. Vgl. Karl R. Kegler, *Deutsche Raumplanung. Das Modell der »Zentralen Orte« zwischen NS-Staat und Bundesrepublik,* Paderborn 2015.
29 Wilhelm Giel, der im Ministerium mit Grenzlandfragen befasst war, wurde von den Grenzlandfürsprechern für seine Rolle bei der Verhandlung der Deutschlandklausel besonders gelobt. Siehe Heinz Starke, »Die Entstehung des Zonenrandprogramms«, in: *Oberfränkische Wirtschaft. Zum 125jährigen Bestehen der IHK für Oberfranken,* Bayreuth 1968, S. 31.
30 Art. 92(2)c EWG. Während der Verhandlungen zur EWG in den Jahren 1956/57 trug der Artikel noch die Nummer 44. Seit dem Vertrag von Amsterdam des Jahres 1999 firmiert er als Artikel 87. Zur Verabschiedung siehe Conférence Intergouvernementale pour le Marché Commun et L'Euratom, Comité des chefs de délégation, 22. Februar 1957, HAEU CM3/NEGO-238. 2014 wurde die Deutschlandklausel komplett aufgehoben.
31 Conférence Intergouvernementale pour le Marché Commun et L'Euratom, Groupe du Marché Commun: Protocol relatif à l'article 44, 17. Februar 1957, HAEU CM3/NEGO-238. Zitat in: Starke, »Entstehung des Zonenrandprogramms«, S. 31.
32 Der ursprüngliche Name war 1950 das Gesetz zur Förderung der Wirtschaft von Groß-Berlin (West). Ab 1964 hieß es dann Berlinhilfegesetz.

33 Ralf Ahrens, »Teure Gewohnheiten. Berlinförderung und Bundeshilfe für West-Berlin seit dem Mauerbau«, *Vierteljahrschrift für Sozial- und Wirtschaftsgeschichte* 102:3 (2015), S. 283–299; Frank E. W. Zschaler, »Bundeshilfen für Berlin«, in: Michael C. Bienert u. a. (Hg.), *Hauptstadtanspruch und symbolische Politik. Die Bundespräsenz im geteilten Berlin 1949–1990*, Berlin 2012, S. 209–220; Wilfried Rott, *Die Insel. Eine Geschichte West-Berlins 1948–1990*, München 2009, S. 54–58; Lemke, *Vor der Mauer*, S. 279–286.

34 Hans Walter Conrady, Das gesamtdeutsche Problem: Nöte und Aufgaben an der Zonengrenze, Redemanuskript, [August 1963], NLA WO, NL Conrady, 94 N Nr. 437; siehe auch Bernd Nellessen, »Die Mauer steht auch bei Duderstadt«, *Die Welt*, 25. Mai 1963; Gerhard Wacher, »Über Berlin Zonengrenzgebiet nicht vergessen«, *Bayerische Rundschau-Kulmbach*, 7. April 1964.

35 Hans Walter Conrady, »Problematik der Zonenrandpolitik«, in: Deutscher Gewerkschaftsbund, (Hg.), *Probleme am Zonenrand. Protokoll einer DGB-Tagung am 13. August 1963 in Helmstedt*, S. 8. Siehe auch »Zonengrenzland fordert mehr Hilfe von Bonn. ›Gleichstellung mit Westberlin‹«, *Braunschweiger Presse*, 14. August 1963.

36 Deutscher Bundestag. Ausschuss für gesamtdeutsche und Berliner Fragen, Bericht über die Studienreise I in das Zonenrandgebiet vom 25. bis 27. Mai 1964. Ausschuß Drucksache IV/34, 1 Juni 1964, BArch B136/7501.

37 »Die leidenden Landkreise an der Zonengrenze. Versuch einer komplexen Schilderung der Störungen und Schäden. Vorschläge für eine durchgreifende Hilfe«, *Die Selbstverwaltung* 7:1 (Jan. 1953), S. 1.

38 Ahrens, »Teure Gewohnheiten«.

39 Hans-Peter Ullmann, »Die Expansionskoalition. Akteure und Aktionen in der bundesdeutschen Finanz- und Schuldenpolitik der 1970er Jahre«, *Geschichte & Gesellschaft* 41:3 (2015), S. 394–417; Michael Ruck, »Ein kurzer Sommer der konkreten Utopie – Zur westdeutschen Planungsgeschichte der langen 60er Jahre«, in: Axel Schildt u. a. (Hg.), *Dynamische Zeiten. Die 60er Jahre in den beiden deutschen Gesellschaften*, Hamburg 2000, S. 362–401; Gabriele Metzler, *Konzeptionen politischen Handelns von Adenauer bis Brandt. Politische Planung in der pluralistischen Gesellschaft*, Paderborn 2005; Nützenadel, *Stunde der Ökonomen*, S. 307–343; Tim Schanetzky, *Die große Ernüchterung. Wirtschaftspolitik, Expertise und Gesellschaft in der Bundesrepublik 1966 bis 1982*, Berlin 2007, insb. Teil III.

40 Butz, *Rechtsfragen der Zonenrandförderung*, S. 19–25, Zitat S. 20; Wilfried Berg, *Zonenrandförderung. Verfassungs- und gemeinschaftsrechtliche Grundlagen und Perspektiven*, Berlin 1989, S. 36–39.

41 Christoph Nonn, *Die Ruhrbergbaukrise: Entindustrialisierung und Politik, 1958–1969,* Göttingen 2001, S. 13; Abelshauser, *Wirtschaftsgeschichte,* S. 200–214; Siegfried Weichlein, *Föderalismus und Demokratie in der Bundesrepublik,* Stuttgart 2019, S. 72–84.
42 Nonn, *Ruhrbergbaukrise,* S. 13; Abelshauser, *Wirtschaftsgeschichte,* S. 200–214.
43 Nonn, *Ruhrbergbaukrise,* S. 315–317.
44 Nonn, *Ruhrbergbaukrise,* Zitat S. 364. Kritik von Grenzlandfürsprechern an der Ruhrunterstützung in BT 5.WP 1968, StB, S. 161. Sitzung, 27. März 1968, 8422C-8426C. Ein Beispiel für Grenzlandfürsprache in diesem Kontext: Edwin Zerbe, »Kohleanpassungsgesetz und Ruhrplan. Modelle für die Förderung der Zonenrandgebiete«, *SPD-Pressedienst* 23:69, 10. April 1968, S. 1–2. Zerbe war Landrat des Kreises Hersfeld im hessischen Zaonenrandgebiet.
45 Ullmann, »Expansionskoalition«, S. 404–413; Nonn, *Ruhrbergbaukrise,* S. 364–373; zum Anstieg der Staatsausgaben auf der Ebene des Bundes, der Bundesländer und Gemeinden siehe Hans-Peter Ullmann, *Der deutsche Steuerstaat. Eine Geschichte der öffentlichen Finanzen vom 18. Jahrhundert bis heute,* München 2005, S. 195–201; Kontext in: Abelshauser, *Wirtschaftsgeschichte,* S. 408–416.
46 Butz, *Rechtsfragen der Zonenrandförderung,* S. 26; Kontext Weichlein, *Föderalismus,* S. 72–81.
47 Zur Finanzreform siehe Renzsch, *Finanzverfassung,* S. 209–260; Ullmann, *Der deutsche Steuerstaat,* S. 193–195.
48 Zur Entstehung der Gemeinschaftsaufgaben siehe Renzsch, *Finanzverfassung,* S. 221–229; Frank Nägele, *Regionale Wirtschaftspolitik im kooperativen Bundesstaat,* Opladen 1996, S. 67–79; Weichlein, *Föderalismus,* 81–84. Zusammenfassungen: »Gemeinschaftsaufgaben« in: *Handwörterbuch der Raumforschung und Raumordnung* I, Hannover 1970, S. 958–963; Paul Klemmer, »Gemeinschaftsaufgabe ›Verbesserung der regionalen Wirtschaftsstruktur‹«, *Handwörterbuch der Raumordnung,* Hannover 2005, S. 366–369; Karl, »Entwicklung und Ergebnisse«, Absätze 30–53.
49 Die Gemeinschaftsaufgaben stützten sich auf das Grundgesetz Art. 91a. Neben der Verbesserung der regionalen Wirtschaftsstruktur gehörten zu den Gemeinschaftsaufgaben die Verbesserung der Agrarstruktur und des Küstenschutzes sowie bis 2007 der Ausbau und Neubau von Hochschulen. Nach 1990 kam als neue Gemeinschaftsaufgabe der Aufbau Ost hinzu.
50 Karl, »Entwicklung und Ergebnisse«, Absätze 44–66; Nägele, *Regionale Wirtschaftspolitik,* S. 80–93.

51 Vermerk, Teilnahme RegDir Dr. Albert und Dr. Mehrlaender an Sitzung des Arbeitskreises der Zonenrandländer in Bamberg, 27. März 1969, BArch B102/81793.

52 Die Praxis der Steuervergünstigungen für das Zonenrandgebiet war im Juli 1970 vom Bundesfinanzhof für rechtswidrig erklärt worden, was den Gesetzgeber verpflichtete, diese Beihilfen auf eine gesetzliche Grundlage zu stellen. Siehe Butz, *Rechtsfragen der Zonenrandförderung,* S. 26 und 61–62. Zitat aus dem Protokoll der Sitzung des Lübecker Kreises am 24. Jan. 1970 in Gersfeld (Rhön), AHL Bestand 04.01-0 Zentralamt – Hauptamt Nr. 111.

53 Hans-Jürgen von der Heide, »Zonenrandförderung – eine Bilanz«, *Der Landkreis* 44:5 (1974), S. 163.

54 Butz, *Rechtsfragen der Zonenrandförderung,* S. 26–38; Hans-Jörg Sander, *Das Zonenrandgebiet,* Köln 1988, S. 30–33; Berg, *Zonenrandförderung,* S. 39–43.

55 Im Januar 1969 erarbeiteten Vertreter des Zonenrandausschuss der kommunalen Spitzenverbände in Lübeck einen Gesetzentwurf. Er wurde die Grundlage für das Gesetz, das beiden Kammern des Parlaments vorgelegt wurde. Siehe Butz, *Rechtsfragen der Zonenrandförderung,* S. 26, Anm. 4. Archivmaterial in AHL Bestand 04.01-0 Zentralamt – Hauptamt Nr. 111.

56 Butz, *Rechtsfragen der Zonenrandförderung,* S. 112–114; Berg, *Zonenrandförderung,* S. 43–46, Zitat S. 44; Astrid Ziegler, *Regionale Strukturpolitik. Zonenrandförderung – ein Wegweiser?,* Köln 1992, S. 16 und 33–34.

57 »Selbstbehauptungswille an der Zonengrenze Brome«, *Isenhagener Kreisblatt,* 30. August 1967; Felix Kolumne, *Isenhagener Kreisblatt,* 24. Juli 1979.

58 Hans-Joachim Bjarsch, *Ein alter braunschweigischer Landkreis an der Grenze mitten durch Deutschland. Der Landkreis Helmstedt nach dem Zweiten Weltkrieg (1945–1990). Eine Chronik. Teil 1,* Oschersleben 2005, S. 198.

59 Ante, »Eastern Border Landscape«, S. 82. Antes Befunde stützen sich auf eine 1982 durchgeführte Umfrage unter Bayern zum Image von Oberfranken. Nach 1990 konstatierten Psychologen ähnliche Fehleinschätzungen von Entfernungen zwischen Orten in West- und Ostdeutschland, denen oft eine negative Haltung zur Wiedervereinigung zugrunde lag. Siehe Claus-Christian Carbon/Helmut Leder, »The Wall Inside the Brain: Overestimation of Distances Crossing the Former Iron Curtain«, *Psychonomic Bulletin & Review* 12:4 (2005), S. 746–750.

60 »Studienfahrt an die Zonengrenze«, *Hessische Allgemeine Zeitung,* 3. Juni 1969; Reinhard Scheele, Maßnahmen und Planungen der Hessischen Landesregierung für die Wirtschaftsförderung an der Zonengrenze. Referat

anlässlich der Studienfahrt 1969 der Vertreter der Zonenrandländer an die hessische Zonengrenze, k.D. [Juni 1969], HHStAW, Abt. 502/1076.

61 BMWi, Vermerk, Förderung des Zonenrandgebietes, k.D. [18. September 1964], PA/AA B38/162; siehe auch Klaus Herold, »Zonenrandförderung: Politische und wirtschaftliche Aufgabe«, *Wirtschaft und Standort* 10 (1976), S. 2–3. Ein Beispiel für fragwürdige Presseberichterstattung: »Ist hier das Ende der westlichen Welt? Schnackenburg – die tote Stadt im toten Winkel«, *Bonner Rundschau*, 25. Mai 1958; »›Wir leben am Ende der Welt!‹ Schnackenburg hofft auf Touristen. Elbe-›Zollgetto‹ an der Zonengrenze«, *Landeszeitung Lüneburg*, 12. Juli 1969.

62 Im Jahr 1964 bot der Markus Verlag in Köln der Landesregierung von Hessen an, eine Vierteljahrsschrift über das Grenzland zu publizieren, die das Image dieser Regionen aufbessern und sie Investoren empfehlen sollte. Herausgeber Helmut Bohn schlug als Titel *Die Brücke* vor. Die Landesregierung zeigte kein Interesse, die Zeitschrift kam nie zustande. Die zitierten Ausdrücke sind Bohns 1964 verfasster Analyse des Grenzland-Images entnommen. Helmut Bohn an Heinz Kreutzmann, 23. Oktober 1964, HHAStW, Abt. 502, Bd. 3614.

63 Alfred Dregger an Heinz Kreutzmann, 30. Juni 1964; Kreutzmann an Dregger, 6. Juli 1964, beides in HHStAW Abt. 502/1082. Kreutzmanns politischer Werdegang führte von der Vertriebenenpartei Gesamtdeutscher Block/Bund der Heimatvertriebenen und Entrechteten (GB/BHE) über die Gesamtdeutsche Partei (GDP) zur SPD. Siehe Heinz Kreutzmann, »Neue Ostpolitik braucht alle Kräfte: Warum ich mich der SPD angeschlossen habe«, *Sozialdemokratischer Pressedienst*, 26. Januar 1967, S. 2.

64 Hans-Jürgen von der Heide, »Zonenrandförderung – fast 40 Jahre nach Kriegsende noch notwendig?«, *Der Landkreis* 3 (1983), S. 114.

65 »›Zonengrenze‹ auf den Müll. Ein Name verschwindet, eine Tatsache nicht«, *Elbe-Jeetzel-Zeitung*, 6. Dezember 1973; »Bonn gibt wieder nach: Jetzt heißt es ›Grenze zur DDR‹«, *BILD*, 23. März 1973. Erneute Diskussion der Bezeichnungsänderung und Bezug auf Umfragen in Niedersächsischer Landkreistag, Ergebnisse der 36. Sitzung des Unterausschusses für Zonenrandfragen in Helmstedt, 24. März 1982, Kreisarchiv DAN, OKD/Landrat Nr. 126/2. Siehe auch Butz, *Rechtsfragen der Zonenrandförderung*, S. 42–44.

66 Alle Materialien über die Ausstellung in BArch B137/7064.

67 »›Unser Zuhause kann sich sehen lassen‹. Ausstellung über Zonenrandgebiet in Braunschweig – Höhere Förderung verlangt«, *Braunschschweiger Zeitung*, 28. Oktober 1978.

68 Hintergrundinformation zu Braunschweig in BArch B137/7064. Zu Rollei

siehe die Presseberichterstattung dieser Zeit, zum Beispiel »Photoindustrie: Rückzug aufs Kleinformat«, *Der Spiegel*, 27. Januar 1975, S. 58–60; Heinz Blüthmann, »Im Schlaf gestorben. Zeiss, Leitz, und Rollei haben gegen die Japaner keine Chance«, *Die Zeit*, 6. Juni 1978. In der Stadt Kassel gab man ebenfalls dem Zonenrand die Schuld am wirtschaftlichen Niedergang der 1970er Jahre, um einer tieferen Ursachenforschung aus dem Weg zu gehen. Vgl. Michael Lacher, *Arbeit und Industrie in Kassel. Zur Industrie- und Sozialgeschichte Kassels von 1914 bis heute*, Marburg 2018, S. 398–403.

69 Gudrun Fiedler, »Ökonomischer Strukturwandel: Die niedersächsische Wirtschaft seit den 1970er Jahren«, in: *Geschichte Niedersachsens V*, S. 931–946; Schneider, »Wirtschaftsgeschichte Niedersachsens nach 1945«, S. 901–905.

70 Zahlen in OKD Wilhelm Paasche an Karl Schiller, Bundeswirtschaftsminister, 25. Juli 1968, BArch B137/12604; Helmut von Schilling, »Ein verlassener Kreis wird noch verlassener«, *Hannoversche Allgemeine Zeitung*, 1. November 1975.

71 Vermerk über Lüchow-Dannenberg, 2. November 1978, BArch B137/7064.

72 »Image vom Armenhaus hat katastrophale Folgen«, *Fränkischer Tag*, 15. Oktober 1979.

73 Erwin Gnan, »Trotz guter Ausstellungsoptik stehen Wünsche offen. Unser Zuhause könnte sich noch besser sehen lassen«, *Mittelbayerische Zeitung*, 17./18. November 1979.

74 Zitiert in: Werner Heine, »Warum ist es am Zonenrand so schön?«, *Stern*, 7. August 1975, S. 44–52, Zitat S. 45.

75 Investoren konnten Zulagen nach dem Investitionszulagengesetz von 1969, Kreditbürgschaften der Bundesländer sowie günstige Kredite aus dem Europäischen Wiederaufbauprogramm (EPR) mit den Mitteln der Zonenrandförderung wie Sonderabschreibungen und Verlustzuweisungen kombinieren. Außerdem konnten sich die Investoren darauf verlassen, dass ihnen Lokal- und Regionalpolitiker bereitwillig unter die Arme griffen. Vgl. Ritter/Hajdu, *Innerdeutsche Grenze*, S. 236. Siehe auch »Bonbons für Geldgeber am Zonenrand«, *Die Zeit*, 20. Dezember 1968.

76 Vgl. Ritter/Hajdu, *Innerdeutsche Grenze*, S. 236. West-Berlin erfuhr einen ähnlichen Bauboom, der der Stadt gleichfalls eine Reihe ästhetisch fragwürdiger Gebäude (Steglitzer Kreisel, Ku'Damm-Karré, Bierpinsel, Neues Kreuzberger Zentrum am Kottbusser Tor) und etliche Bauskandale bescherte. Siehe »Berlin-Förderung. So exzessiv und schamlos«, *Der Spiegel*, 28. Mai 1973, S. 38 und 41.

77 Abelshauser, *Wirtschaftsgeschichte*, S. 392–396.

78 »Opas Ostsee ist tot. Feriencenter-Boom durch fehlgeleitete Steuergelder?« *Die Zeit,* 20. November 1970; Klaus Broichhausen, »Goldgräberstimmung an den Küsten Schleswig-Holsteins«, *Frankfurter Allgemeine Zeitung,* 14. August 1971; »Katastrophe im Wald«, *Der Spiegel,* 7. Februar 1972, S. 82; »Manhattan im Harz«, *Der Spiegel,* 5. Mai 1972, S. 57–58.

79 »Haut hin – Baumarkt/Ostsee-Bäder«, *Der Spiegel,* 17. August 1970, S. 70.

80 Rainer Burchardt, »Die Kolosse kollabieren. Die Steuerzahler büßen für die Fehler der Ferienmanager in Schleswig-Holstein«, *Die Zeit,* 30. Januar 1976; »Ferienwohnungen an der Ostsee: Sturmreif für kleine Käufer«, *Die Zeit,* 19. August 1977.

81 Niederschrift über die 69. Sitzung des Wirtschaftsausschusses des Bundesrats, 16. Oktober 1952, BArch B136/695.

82 Eine Marketing-Broschüre, herausgegeben von der Landesregierung Schleswig-Holstein, machte eine Modellrechnung auf: Bei einer Investition von zwei Millionen DM wären 417 550 DM in Form von Steuererleichterungen und günstigen Zinsen einzusparen. Innerhalb von nur 5 Jahren könne ein Unternehmer so 40 Prozent seiner Investition wieder hereinholen. Ohne Zonenrandförderung wären es nur 17 Prozent. »Das bietet Schleswig-Holstein«, *Hamburger Abendblatt,* 5. Oktober 1985.

83 »Senat kritisiert Zonenrandförderung«, *Hamburger Abendblatt,* 10. August 1972; »Wir wollen keinen Streit mit Hamburg«, ebd., 11. August 1972; »Der Senat mit Lübeck im Zwist«, ebd., 16. August 1972.

84 »Wir wollen keinen Streit mit Hamburg«, *Hamburger Abendblatt,* 11. August 1972; »Der Senat mit Lübeck im Zwist« ebd., 16. August 1972.

85 »Hamburg ist benachteiligt«, *Hamburger Abendblatt,* 18. November 1977; »Abwanderung schwächt die Hamburger Wirtschaftskraft«, ebd., 19. Oktober 1978.

86 Bernd Wiesemann, »Bedürftige und Förderungswürdige. Mehr Differenzierung wäre besser«, *Wirtschaft und Standort* 12 (1978), S. 27–28; Joachim Martens, »Fehlentwicklung einer Subvention im Steuerrecht«, *Zeitschrift für Rechtspolitik* 14 (1981) 5, S. 104–108.

87 *Abgeordnete des Deutschen Bundestages. Aufzeichnungen und Erinnerungen. Bd. 14: Olaf von Wrangel* (Hg.), Deutscher Bundestag (Boppard/Rh.: Boldt 1995), S. 200.

88 EU, *20th Report on Competition Policy – Comp. Rep. EC 1990* (Brüssel: EU, 1991), Teil 310; Entscheidung der Kommission vom 18. Juli 1990 über Beihilfen der Freien und Hansestadt Hamburg (91/389/EEC), OJ L215/1, Aug. 2, 1991, S. 541–550.

89 »60 Handwerksbetriebe verließen Hamburg«, *Hamburger Abendblatt,* 4. Oktober 1986; »Der Fall Montblanc«, ebd., 16. Juni 1987.

90 »Der Speckgürtel rund um Hamburg muß weg«, *Hamburger Abendblatt*, 15. Oktober 1987. »Hamburg will Reform der Zonenrandförderung«, ebd., 21. Oktober 1987; Hansestadt Hamburg, »Entwurf eines Gesetzes zur Steigerung der Effizienz der regionalen Wirtschaftspolitik«, *Drucksache Bundesrat* Nr. 489/87, 13. November 1987; siehe auch (ohne Hamburg-spezifischen Kontext) Berg, *Zonenrandförderung*, S. 24–25.
91 Roland Bunzenthal, »Zonenrand heute: nicht mehr Armenhaus, aber noch hintendran«, *Frankfurter Rundschau*, 20. Juni 1981.
92 »Zonenrand-Förderung stoppen!« *Hamburger Abendblatt*, 22. Dezember 1989.
93 Art. 92(2)(c). Als vereinbar mit dem gemeinsamen Markt betrachtete die EWG »Beihilfen für die Wirtschaft bestimmter, durch die Teilung Deutschlands betroffener Gebiete der Bundesrepublik Deutschland, soweit sie zum Ausgleich der durch die Teilung verursachten wirtschaftlichen Nachteile erforderlich sind«. Während der Verhandlungen über die EWG in den Jahren 1956/57 trug dieser Artikel noch die Nummer 44. Nach der Änderung des EU-Vertrags im Rahmen des Vertrags von Amsterdam im Jahr 1999 wurde daraus Artikel 87.
94 Aufzeichnung betr. Prüfung der deutschen Regionalförderung durch die EG-Kommission, 4. Oktober 1978, BArch B102/198711.
95 Klaphake, *Regionalpolitik*, S. 148 f.; Karl, »Entwicklung und Ergebnisse regionaler Wirtschaftspolitik«, Absatz 44–53.
96 Zitat in: Kommission der Europäischen Gemeinschaften, *Elfter Bericht über die Wettbewerbspolitik* (Brüssel: EC, 1982), Punkt 226. Der Bundeswirtschaftsminister Otto Graf Lambsdorff (FDP) verhandelte mit dem Wettbewerbskommissar Raymond Vouel im Oktober 1978, um ein offizielles GD IV-Beihilfeprüfungsverfahren der Zonenrandförderung abzuwenden. Siehe Aufzeichnung, [Ziele des Gesprächs zwischen Lambsdorff und Vouel] 4. Oktober 1978; StS Schlecht an Vouel, 24. Oktober 1978; zur Eröffnung der Untersuchung siehe Vouel an Hans-Dietrich Genscher, Außenminister, 30. Januar 1979. Alle Dokumente in BArch B102/198711.
97 Art. 92(2)(c) EWG.
98 Regionale Beihilferegelungen der Gemeinschaftsaufgabe von Bund und Ländern, S. 4 – Anlage zum Schreiben Vouel an Genscher, 30. Januar 1979, BArch B102/198711. Die Kommission wollte die Hilfe für Landkreise östlich von Hamburg einstellen (Stormarn, Segeberg, S. 12), die Hilfe für Wolfsburg, Göttingen, Kassel, Schweinfurt nur noch zwei Jahre lang akzeptieren (S. 19, 25, 30, 36) und die Hilfe für Braunschweig (S. 23) verringern.

99 Frachthilfen wurden beispielsweise als akzeptabel angesehen, da die längeren Entfernungen von der Grenzregion zum westdeutschen Markt eindeutig durch die Teilung verursacht waren und auch weiterhin Bestand hatten. BMWi, Abt. IC2, Aufzeichnung betr. Prüfung der deutschen Regionalförderung durch die EG-Kommission, 4. Oktober 1978, BArch B102/198711.

100 Regionale Beihilferegelungen der Gemeinschaftsaufgabe von Bund und Ländern, S. 2–3 – Anlage zum Schreiben Vouel an Genscher, 30. Januar 1979, BArch B102/198711.

101 OJC/316/5, 4. Dezember 1981.

102 [BMWi], Leiter Abt. E [Rechtsabt.] an BMin über StS, Sicherung der Zonenrandförderung im Rahmen der Beitrittsverhandlungen mit Griechenland, 12. Oktober 1978, BArch B102/198711.

103 Besonders das Ministerium für innerdeutsche Beziehungen war so erbost über die Europäischen Kommission, einen Bericht über das Zonenrandgebiet zu verlangen, dass es erwog, die Kommission durch Verweigerung des Berichts zu brüskieren. Siehe Vorbericht für die 36. Sitzung des Unterausschusses für Zonenrandfragen am 24. März 1982 in Helmstedt, Kreisarchiv Lüchow-Dannenberg, Bestand OKD/Landrat Nr. 125/2.

104 Mitteilung der Regierung der Bundesrepublik Deutschland an die Kommission der Europäischen Gemeinschaften, 8. Januar 1982, als Anhang zum Vorbericht für die 36. Sitzung des Unterausschusses für Zonenrandfragen am 24. März 1982 in Helmstedt, Kreisarchiv Lüchow-Dannenberg, Bestand OKD/Landrat Nr. 125/2. Siehe auch BT, 9. WP, Drs. 9/1449.

105 Da die Europäische Kommission auf Daten aus den Mitgliedstaaten angewiesen war, um Vergleiche anstellen zu können, verwendete sie das Bruttoninlandsprodukt pro Kopf und Arbeitsmarktstatistiken. Schon zu jener Zeit wiesen Wirtschaftsgeografen darauf hin, dass diese Daten nicht vergleichbar waren, da ihnen uneinheitliche räumliche Parameter zugrunde lagen. Siehe August Ortmeyer, »Regionalpolitik in Deutschland. Blick zurück und nach vorn«, in: Hans-Friedrich Eckey (Hg.), *Ordnungspolitik als konstruktive Antwort auf wirtschaftspolitische Herausforderungen. FS zum 65. Geburtstag von Paul Klemmer,* Stuttgart 2001, S. 131; Paul Klemmer, »Raumgliederung für die Zwecke der Gemeinschaftspolitik«, in: *Das Europäische System der statistischen Information nach 1992. Eurostat Mitteilungen* (April 1989), S. 87–99.

106 Vermerk über die Sitzung der Referenten der Wirtschaftsministerien der Zonenrandländer am 8./9. Sept. 1977 in Bad Sooden-Allendorf. Kassel, 20. September 1977, Archiv der Hansestadt Lübeck (AHL), 02.05: IHK

zu Lübeck, Bd. 1955. Bei dieser Sitzung zeigten sich die Vertreter der Wirtschaftsministerien der Bundesländer, die an der innerdeutschen Grenze lagen, befremdet darüber, dass das Zonenrandgebiet nicht in den »Orientierungsrahmen für die Regionalpolitik der Gemeinschaft« vom 1. Juni 1977 aufgenommen worden war. Siehe auch Vermerk von Preuschen, BMWi, Die europäische Regionalpolitik und das Zonenrandgebiet, 11. Juli 1973, PA/AA B202/105690.

107 Vermerk über die Sitzung der Referenten der Wirtschaftsministerien der Zonenrandländer am 8./9. Sept. 1977 in Bad Sooden-Allendorf. Kassel, 20. September 1977, Archiv der Hansestadt Lübeck (AHL), 02.05: IHK zu Lübeck, Bd. 1955.

108 Bericht der Regierung der Bundesrepublik Deutschland über die Lage und Entwicklung des Zonenrandgebietes, [8. Februar 1983], BArch B102/330232. Die Studie von Berg, *Zonenrandförderung,* wurde als Gutachten zur Unterstützung der deutschen Position in dieser Auseinandersetzung verfasst.

109 Walter Giesler, »Hände weg von der Zonenrandförderung«, *Kurhessische Wirtschaft* 7 (1982), S. 323; Ergebnisvermerk, Sitzung des Arbeitskreises der Zonenrandreferenten am 23. November 1981 in Coburg, BArch B102/330232.

110 Zitat in OJ/L300/34, 24. Oktober 1986. Die Kommission verhinderte Subventionen für einen Kunstfaserhersteller in Neumünster, Schleswig-Holstein (OJ/L/181, 13. Juli 1985, S. 42–46), eine ähnliche Fabrik in Deggendorf, Bayern (OJ/L300/34, 24. Oktober 1986) und, in einer späteren Entscheidung, für ein Stahlunternehmen in Salzgitter, Niedersachsen, (OJ/L/323, Entscheidung 2000/797/EGKS, 20. Dezember 2000).

111 BT-Drs. 11/5037, 4. August 1989, Nr. 22: Das Wirtschaftsministerium widersprach der in der Anfrage von MdB Wilfried Böhm (CDU) implizierten Behauptung, die EU-Kommission plane, von Bonn die Einstellung der Zonenrandförderung bis 1992 zu verlangen.

112 Den Ausdruck »DMark-ation« verdanke ich Schaefer, *States of Division,* S. 18.

113 Da die Fernsehkameras anderswo liefen, blieb dieser erste Grenzübertritt weitgehend unbekannt. Siehe Lars Broder-Keil, »Die Ersten«, *Die Welt,* 7. November 2009.

114 Die Worte stammten aus Günter Schabowski berühmter Pressekonferenz am 9. November. Vgl. Astrid M. Eckert, »Der andere Mauerfall. Die Öffnung der innerdeutschen Grenze 1989«, Deutschland Archiv Online, 29. April 2013, www.bpb.de/158899 (Zugriff November 2021).

115 »Einmal Westluft schnuppern«, *Hamburger Abendblatt,* 10. Nov. 1989, S. 2.

116 Karen Meyer-Rebentisch, *Grenzerfahrungen. Dokumentation zum Leben mit der innerdeutschen Grenze bei Lübeck von 1945 bis heute,* Lübeck 2009, S. 103–110, Zitate S. 105.

117 Zahlen aus »Tätigkeitsbericht des BGS 1989«, *Zeitschrift des BGS,* 17:4 (April 1990), S. 9.

118 Oskar Herbig, Bürgermeister von Mellrichstadt, an Bay. Staatskanzlei (StK), 1.12.1989, BayHStA StK 19461. Dort auch Marginalie »beste Grenzlandförderung«.

119 Das Begrüßungsgeld war 1970 eingeführt worden und stieg von anfangs 30 DM auf 100 DM im Jahr 1988. Sein Zweck war, den Reisenden aus der DDR insbesondere den Rentnern, über den Mangel an Westgeld hinwegzuhelfen. Sie litten unter einem äußerst ungünstigen Wechselkurs und Devisenausfuhrbeschränkungen ihrer Regierung. Anfang Dezember 1989 schätzte Bundeskanzler Helmut Kohl das bis dahin ausgezahlte Begrüßungsgeld auf 1,8 Milliarden DM. Siehe DzD Special Edition 1: *Deutsche Einheit. Sonderedition aus den Akten des Bundeskanzleramtes 1989/90,* hg. von Hanns Jürgen Küsters/Daniel Hoffmann, München 1998, Dok. Nr. 109, S. 601–602. Als das Begrüßungsgeld am 1. Januar 1990 auslief, subventionierte die westdeutsche Regierung den Geldumtausch für die ostdeutschen Bürger. Sie konnten nun pro Jahr 600 Mark der DDR in 200 Deutsche Mark umtauschen. Mit der Einführung der Währungsunion im Juni 1990 wurde dies obsolet. Siehe Dieter Grosser, *Das Wagnis der Währungs-, Wirtschafts- und Sozialunion. Politische Zwänge im Konflikt mit ökonomischen Regeln,* Stuttgart 1998, S. 140.

120 Zu Braunschweig und Duderstadt: »Die Katastrophe ist da«, *Der Spiegel,* 13. November 1989, S. 131. Zu Lübeck: Karen Meyer-Rebentisch, *Grenzerfahrungen. Dokumentation zum Leben mit der innerdeutschen Grenze bei Lübeck von 1945 bis heute,* Lübeck 2009, S. 108.

121 Nikolaus Piper, »Von der Mark geschockt«, *Die Zeit,* 17. November 1989.

122 Annette Kaminsky, »Konsumwünsche und Konsumverhalten der DDR-Bevölkerung in den achtziger Jahren im Spiegel der Studien des Instituts für Marktforschung der DDR«, in: Günther Heydemann/Gunter Mai/Werner Müller (Hg.), *Revolution und Transformation in der DDR 1989/90,* Berlin 1999, S. 106. Zu Hamburg siehe Leitartikel von »ds«, *Hamburger Abendblatt,* 13. November 1989. Siehe auch Sheffer, *Burned Bridge,* S. 240–257; Berdahl, *Where the World Ended,* S. 155–181.

123 Zitiert in: *Dokumente zur Deutschlandpolitik* (DzD) – Sonderband 1: *Deutsche Einheit,* Dok. Nr. 109, S. 601–602.

124 Michael Sontheimer, »Schmuggler, Schieber, Spekulanten«, *Die Zeit,* 1. Dezember 1989.

125 Interview mit Karl B., 5. Juli 2014, in Ilsenburg, Harz.
126 Sontheimer, »Schmuggler«; ders., »Stasi an den Schlagbaum. Interview mit Henry Otto, Stellvertretender Leiter der Zollfahndung der DDR«, *Die Zeit,* 1. Dezember 1989; »Ostmark zum Willkür-Kurs«, *Der Spiegel,* 27. November 1989.
127 BMU an die Oberste Naturschutzbehörden der Länder, 27. März 1990, Betr. Illegale Einfuhren von geschützten Tieren und Pflanzen aus der DDR, BArch B295/20719.
128 Roland Kirbach, »Sonneberg: Die tägliche Demütigung«, *Neue Presse* (Coburg), 10. März 1990; auch in: *Die Zeit,* 9. März 1990. Die bayerische Grenzpolizei ermittelte zudem gegen »Scheinübersiedler«, die weiterhin in der DDR lebten, aber auf westlicher Seite einen Wohnsitz anmeldeten, um Sozialleistungen in D-Mark zu empfangen. Siehe Dirk Kurbjuweit, »Zonenrandgebiet: Stunde der Schwindler«, *Die Zeit,* 15. Juni 1990.
129 André Steiner, »Die DDR-Volkswirtschaft am Ende«, in Klaus-Dietmar Henke, (Hg.), *Revolution und Vereinigung 1989/90. Als in Deutschland die Realität die Phantasie überholte,* München 2009, S. 124.
130 Roland Kirbach, »Sonneberg: Die tägliche Demütigung«, *Neue Presse* (Coburg), 10. März 1990; auch in: *Die Zeit,* 9. März 1990.
131 Sontheimer, »Schmuggler«.
132 Kirbach, »Sonneberg«; Sheffer, *Burned Bridge,* S. 243–247.
133 Sheffer, *Burned Bridge,* S. 244. Siehe auch Berdahl, *Where the World Ended,* S. 155–160.
134 Bürgermeister Oskar Herbig, Mellrichstadt, an die Bayerische Staatskanzlei, 1. Dezember 1989, BayHStA StK 19461.
135 Georg von Waldenfels, »Fehlentwicklungen bremsen«, *Bayernkurier,* 21.2.1981. Waldenfels war zu dieser Zeit Staatssekretär im Bayerischen Staatsministerium für Wirtschaft und Verkehr.
136 Neben der Hilfe für West-Berlin und das Zonenrandgebiet waren die größten Posten der teilungsbedingten Lasten die sogenannte Transitpauschale, die die DDR für die Nutzung der Straßen nach West-Berlin erhob, Geld, das für den Freikauf politischer Gefangener aufgebracht wurde, Unterstützung von Übersiedlern aus der DDR sowie die Mittel für den gemeinsamen Devisenfonds, der im Januar 1990 das Begrüßungsgeld ablöste. Eine Annäherung an den Umfang dieser Kosten in Werner Pfennig u. a., »The Cost of German Division. A Research Report«, *German Politics and Society* 35:3 (2017), S. 55–68.
137 Helmut Kohl, Regierungserklärung zur 12. Wahlperiode, Deutscher Bundestag, 12. WP 1991, Stenographische Berichte, 5. Sitzung, 30.1.1991,

73B. Siehe auch Sachverständigenrat zur Begutachtung der gesamtwirtschaftlichen Entwicklung (SVR), Auf dem Weg zur wirtschaftlichen Einheit Deutschlands. Jahresgutachten 1990/91, Stuttgart 1990, S. 189–193, bes. Punkt 365.

138 13. Subventionsbericht der Bundesregierung, BT-Drs. 12/1525, 11. November 1991, Anlage 1, Lfd.-Nr. 84, S. 116.

139 Ebd., S. 37 und Übersicht S. 17 und 38–39. Die Zahlen für West-Berlin und das Zonenrandgebiet wurden nicht getrennt angeführt. Der Großteil der Steuermehreinnahmen stammte aus dem Auslaufen der Steueranreize für Berlin.

140 Zahlen für die 1980er Jahre in: Michael Offer, *Das Zonenrandgebiet nach der deutschen Einigung. Wirtschaftliche Entwicklung und regionalpolitische Implikationen*, Mainz 1991, S. 80. Das Gesamtbudget von 1991 bis 1994 für kulturelle und soziale Projekte betrug 270 Millionen DM. Das Geld war dafür vorgesehen, bereits begonnene oder sich im konkreten Planungsstadium befindliche Projekte abzuschließen. BT, 12. WP 1991, StB, 18. Sitzung, 21. März 1991, 1195C/D.

141 »Zonenrandförderung segensreich. Bayern lehnt zu frühe Streichung dieser Subventionen ab«, *Frankfurter Allgemeine Zeitung*, 15.8.1990; Michael Psotta, »An der früheren Grenze drohen Bestrafung und Verdammnis«, in: *Frankfurter Allgemeine Zeitung*, 25.10.1990.

142 Jahresgutachten 1990/91 des Sachverständigenrates zur Begutachtung der gesamtwirtschaftlichen Entwicklung, S. 151, 191.

143 »Albrecht: Kein Abbau der Zonenrandförderung«, *Frankfurter Allgemeine Zeitung*, 9. Januar 1990; »Geld und Mittellage«, *Frankfurter Allgemeine Zeitung*, 15. Januar 1990. Albrechts Äußerungen gehören in den Kontext des Landtagswahlkampfs von 1990.

144 Dirk Kurbjuweit, »Schatten über den Mauerblümchen. Der Umbruch in der DDR macht die Hilfen für das Grenzland langfristig überflüssig«, *Die Zeit*, 11. Mai 1990. Siehe auch Uwe Andresen, »Finanzierung der Einheit«, in: Werner Weidenfeld/Karl-Rudolf Korte (Hg.), *Handbuch zur deutschen Einheit 1949–1989–1999*, Bonn 1999, S. 376–377.

145 Das Gesetz zur Abschaffung der Steueranreize der Zonenrandförderung war das Steueränderungsgesetz (StÄndG) von 1991. Zu Waigels mutmaßlicher Rolle siehe »Die Rechnung kommt später«, *Der Spiegel*, 3. September 1990, S. 135; »Der ehemalige Zonenrand wird noch zwei Jahre länger gefördert«, *Frankfurter Allgemeine Zeitung*, 22. September 1993.

146 Zu sozialen und kulturellen Projekten siehe z.B.: BT, 12. WP 1991, Drs. 12/160, Schriftliche Fragen 9–12, 22. Februar 1991; zu Ersatzmaßnahmen siehe z.B.: Drs. 12/4792, Schriftliche Frage 44, 23. April 1993.

147 Der sogenannte Brittan-Möllemann-Kompromiss von 1991 sah vor, dass Regionalhilfe im Rahmen der Gemeinschaftsaufgaben auf ein Gebiet begrenzt wurde, in dem 27 Prozent der westdeutschen Bevölkerung lebten. Er stützte sich auf ein früheres Abkommen mit ähnlicher Zielrichtung (Sutherland-Bangemann-Kompromiss, 1988), erweitert um die Komponente, dass die Zonenrandförderung und die Berlinhilfe schließlich auslaufen sollten. Siehe Nägele, *Regionale Wirtschaftspolitik,* S. 163f.; Barbara Schwengler, *Einfluss der europäischen Regionalpolitik auf die deutsche Regionalförderung* (IAB Diskussionspapier Nr. 18/2013), S. 23–24. Bezeichnung der Sitzung als »dramatisch« in BT, 12. WP 1991, StB, 8. Sitzung, 20. Februar 1991, 303D.
148 Art. 92(2)c EWG.
149 Barbara Wössner, *Die Deutschlandklausel im EG-Beihilferecht (Art. 87. Abs. 2 lit. c EGV),* Hamburg 2001, S. 103–106 und 114–120; Fiona G. Wishlade, *Regional State Aid and Competition Policy in the European Union,* Den Haag 2003, S. 25–28.
150 Von der Rückkehr ins »Zentrum« war um 1990 oft die Rede. Siehe z.B. Berthold Kohler, »›Aus dem oberfränkischen Grenzland soll wieder die gute Stube Europas werden‹«, *Frankfurter Allgemeine Zeitung,* 9. Januar 1990; Tobias Piller, »Die Stadt Hof fühlt sich nicht mehr in ›Bayerisch-Sibirien‹«, ebd., 6. Juni 1990; »Mitte statt Ende der Welt«, *Der Spiegel,* 1. Januar 1990, S. 21–22.
151 Hans-Joachim Bürkner, »Probleme der Regionalentwicklung im niedersächsischen Zonenrandgebiet vor und nach der deutschen Vereinigung«, in Karl Eckart/Jörg Roesler (Hg.), *Die Wirtschaft im geteilten und vereinten Deutschland,* Berlin 1999, mit Tabellen S. 285–286; der Ausdruck »Vereinigungsboom« ebd., S. 285; Thorsten Erdmann, »Am Ende der Welt. Entwicklungen des westdeutschen Zonenrandgebietes seit der Wiedervereinigung«, *Deutschland Archiv online,* 18. November 2013, Tabelle 2 (www.bpb.de/geschichte/zeitgeschichte/deutschlandarchiv/170619/am-ende-der-welt-entwicklung-des-westdeutschen-zonenrandgebietes-seit-der-wiedervereinigung).
152 Berdahl, *Where the World Ended,* S. 114–126 und 132–139; Andreas Ludwig, »Die Dinge am Wege. Geld und Konsum in der Erinnerung an die Gesellschaft vor 25 Jahren«, in: Martin Sabrow/Alexander Koch (Hg.), *Experiment Einheit. Zeithistorische Essays,* Göttingen 2015, S. 95–104.
153 Bürkner, »Probleme der Regionalentwicklung«, S. 287–88; Erdmann, »Am Ende der Welt«.
154 Sheffer, *Burned Bridge,* S. 248.
155 Hans-Ulrich Jung/Markus Krüsemann, *Struktur- und Entwicklungspro-*

bleme von niedersächsischen Städten im ehemaligen Zonenrandgebiet: Duderstadt, Helmstedt und Uelzen, Hannover/Göttingen 2002, S. 79–80.
156 Jung/Krüsemann, *Struktur- und Entwicklungsprobleme,* S. 93 und 110.
157 Bürkner, »Probleme der Regionalentwicklung«, S. 281; zur »Zweigwerksstruktur« auch Lacher, *Arbeit und Industrie in Kassel,* S. 342, 374, 400–403. Das Phänomen der »verlängerten Werkbank« und der Zweigwerke trat neben dem Zonenrandgebiet auch häufig in West-Berlin und im österreichischen Waldviertel auf. Siehe Ahrens, »Teure Gewohnheiten«, S. 289 und 296; Andrea Komlosy, »Auswirkungen der Grenzöffnung 1989. Das Beispiel des Oberen Waldviertels«, in: Dieter Stiefel (Hg.), *Der »Ostfaktor«. Die österreichische Wirtschaft 1989–2009,* Wien 2010, S. 247–292.
158 Jung/Krüsemann, *Struktur- und Entwicklungsprobleme,* S. 92 und 110. Duderstadt verlor 700 Arbeitsplätze in der Elektro- und Textilbranche an Osteuropa. Auch Helmstedt büßte auf diese Weise ein Unternehmen ein und hatte unter der Schließung eines anderen zu leiden, was ebenfalls 700 Arbeitsplätze kostete. Ähnliche Erfahrungen machte das österreichische Waldviertel. Siehe Komlosy, »Auswirkungen der Grenzöffnung«.
159 Jung/Krüsemann, *Struktur- und Entwicklungsprobleme,* S. 93–94 und 110–111; Martin Rosenfeld/Robert Kawka, »Regionale Differenzierungen in Ostdeutschland: Die Wirtschaftslage ostdeutscher Kreise an der Grenze zu Niedersachsen«, *Wirtschaft im Wandel* 1 (2003), S. 33. Zur Lagerhalle: Philip N. Jones/Trevor Wild, »Opening the Frontier: Recent Spatial Impacts in the Former Inner-German Border Zone«, *Regional Studies* 28:3 (1994), S. 270.
160 Jung/Krüsemann, *Struktur- und Entwicklungsprobleme,* S. 96, 104–105 und 113.
161 Rosenfeld/Kawka, »Regionale Differenzierungen«, S. 27–33; Winfried Heller, »Grenzüberschreitende Beziehungen zwischen den alten und den neuen Bundesländern in Deutschland nach der politischen Wende: Welche Seite profitiert am meisten?«, *Zeitschrift für Wirtschaftsgeographie* 38:1-2 (1994), S. 83–91.
162 Eckert, »Innerdeutsche Fördergrenzen«, S. 121.
163 Erdmann, »Am Ende der Welt«.
164 Niederganggeschichten: Tina Kaiser, »Zonenrand ist abgebrannt«, *Die Welt,* 2. November 2003; Sebastian Fischer, »Wie Wessis im Zonenrandgebiet ums Überleben kämpfen«, *Spiegel online,* 10. August 2007. Erfolgsgeschichten: Jan Hildebrand, »Eine Bauchentscheidung für den alten Westen«, *Die Welt,* 27. Oktober 2010; Claus Peter Müller, »Vom

Zonenrand in den Mittelpunkt«, *Frankfurter Allgemeine Zeitung,* 29. Juni 2011.
165 Zitate in: »Zeit, dass sich was dreht«, *Der Spiegel,* 23. April 2007, S. 56–58. Vgl. auch Ute Semkat, »Neid im früheren Zonenrandgebiet – auf den Osten«, *Die Welt,* 8. April, 1997; »Mühen einstiger Zonenrandgebiete in Bayern. Die Grenzorte Unterfrankens leiden unter dem Aufbau Ost«, *Neue Zürcher Zeitung,* 21. August 2001; Christopher Schwarz, »Mitten am Rand der innerdeutschen Grenze«, *Wirtschaftswoche,* 25. Oktober 2009.
166 Ahrens, »Teure Gewohnheiten«, S. 298.
167 Ahrens, »Teure Gewohnheiten«, S. 299, weist darauf hin, dass die von der Politik nicht intendierte »Fördermentalität« ein durchaus rationales Vorgehen war. Unternehmen und lokale Entscheidungsträger reagierten auf ebenjene Anreize, die die Politik beim Versuch der Wirtschaftsentwicklung bereitstellte.
168 Gnest, *Entwicklung der überörtlichen Raumplanung.*
169 »Gleichwertige Lebensverhältnisse. Diskussionspapier des Präsidiums der Akademie für Raumforschung und Landesplanung«, *Nachrichten der ARL* 2 (2005), S. 1–3; Eva Barlösius, »Gleichwertig ist nicht gleich«, *Aus Politik und Zeitgeschichte* 37 (2006). www.bpb.de/apuz/29548/gleichwertig-ist-nicht-gleich?p=all (Zugriff September 2021).
170 »Ostdeutsche Politiker kritisieren Köhler«, *Frankfurter Allgemeine Zeitung,* 13. September 2004. Das Problem wird nach wie vor als ein ostdeutsches aufgefasst. Siehe z. B. Martin Greive, »Wir müssen Wohlstandsunterschiede hinnehmen«, *Die Welt,* 5. Mai 2014.
171 »Studie zur Landflucht. Interview mit Horand Knaup, *Spiegel online,* 13. Januar 2015; Claus Christian Maltzahn, »Gebeutelte Provinz – Siechtum deutscher Dörfer«, *Die Welt,* 22. Juli 2014; Katja Auer, »Bayerns Bruchbuden: Leerstand im ländlichen Raum«, *Süddeutsche Zeitung,* 25. Februar 2015; Lucia Schmidt, »Mittendrin und doch ganz am Rand«, *Frankfurter Allgemeine Zeitung,* 16. Juni 2012.
172 Beispiele für ehemalige Kommunen des Zonenrandgebiets: Martin Schulz, »Kommunal-Fusion als Mittel der Haushaltskonsolidierung«, *Innovative Verwaltung* 28:5 (2006), S. 16–19; Hessischer Landtag, 15. WP, Drs. 19/1741, 17. März 2015; »Elbgemeinden-Fusion überraschend geplatzt«, *Hamburger Abendblatt,* 13. November 2009.
173 Seebohm hatte behauptet, die Förderung des Grenzlandes werde zum Zeitpunkt der Wiedervereinigung den Ostdeutschen zugutekommen, die dann ausreichend Arbeitsplätze vorfinden würden. Die Anstrengungen des Wiederaufbaus gälten nicht nur den Bundesbürgern, sondern

würden auch für »unsere deutschen Brüder jenseits des Eisernen Vorhangs« unternommen. Hans-Christoph Seebohm (CDU), »Zonenrandhilfe dient der Wiedervereinigung«, *Kreisblatt für Helmstedt. Sonderausgabe: 10 Jahre Zonengrenzkreis* (Dezember 1955), S. 13.

174 Wolfrum, *Die geglückte Demokratie*, S. 286f. Zur wachsenden Gewöhnung an die Teilung siehe Wolfrum, *Geschichtspolitik in der Bundesrepublik Deutschland. Der Weg zur bundesrepublikanischen Erinnerung 1948–1990*, Darmstadt 1999.

3 »Grüße von der Zonengrenze«: Der Eiserne Vorhang als Touristenattraktion

1 Rolf Schroers, »Die Sackgasse (1962)«, in: Hedwig Walwei-Wiegelmann, *Die Wunde namens Deutschland. Ein Lesebuch zur deutschen Teilung*, Freiburg 1981, S. 63–73, Zitat S. 72.

2 Patrick Wright untersucht in *Iron Curtain. From Stage to Cold War*, Oxford 2007, den Ursprung des Begriffs »Eiserner Vorhang« als politische Metapher.

3 »Zwischenfall an der Grenze«, *Lübecker Nachrichten*, 22. Juli 1956.

4 Zitat in: »Vopo räumte alle Hindernisse ab. Abbau nur an der Lübecker Zonengrenze«, *Lübecker Freie Presse am Morgen*, 3. Juni 1959.

5 Zur Zahl von 1965: Besuch der Arbeitsgruppe Zonenrandgebiet der SPD-Bundestagsfraktion am 28./29. Mai 1970 im Zonengrenzbezirk Gifhorn – Lüchow Dannenberg, HHStAW Abt. 502/1080. Zur Zahl von 1978: Verzeichnis der Informationsstellen an der Grenze zur DDR. Stand: Januar 1979, NLA HA, Nds. 380, Acc. 160/95 Nr. 1. Zu den Besucherzahlen siehe Astrid M. Eckert, »›Greetings From the Zonal Border‹. Tourism to the Iron Curtain in West Germany«, *Zeithistorische Forschungen* 8:1 (2011), abrufbar auf www.zeithistorische-forschungen.de/1-2011/id=4455 (Zugriff Oktober 2021), Abschnitt 1.

6 Erwin H. Büter, »Wandern an der Zonengrenze«, *Lübecker Nachrichten*, 1. November 1964.

7 Eine Karte des Wanderwegs bei Helmstedt findet sich in Astrid M. Eckert, »Zaun-Gäste. Die innerdeutsche Grenze als Touristenattraktion« in: Detlef Schmiechen-Ackermann u. a. (Hg.), *Grenzziehungen, Grenzerfahrungen, Grenzüberschreitungen. Die innerdeutsche Grenze 1945–1990*, Darmstadt 2011, S. 244.

8 Jürgen H. Krenzer, »Eßkultur und Agrarkultur – kulinarisches und gastliches Ereignis«, *Berichte zur ländlichen Entwicklung* 82 (2004), S. 39.

9 Kathrin Otto, »Grenztourismus auf der Elbe«, 16. Juli 2009, www.ndr.de/

geschichte/grenzenlos/Vor-der-Wiedervereinigung-Grenztourismus-in-Hitzacker,grenztourismus112.html (Zugriff November 2021). Nach 1990 brach der Tourismus in Hitzacker ein. Siehe Jelena Pflocksch, »Für Hitzacker ist der Mauerfall ein Desaster«, *Die Welt,* 17. August 2009.

10 Sheffer, *Burned Bridge,* S. 34–49; Johnson, *Divided Village,* S. 29–64. Zu Migration von West- nach Ostdeutschland Bernd Stöver, *Zuflucht DDR. Spione und andere Übersiedler,* München 2009. Zu Verschleppungen siehe Susanne Muhle, *Auftrag Menschenraub. Entführungen von Westberlinern und Bundesbürgern durch das Ministerium für Staatssicherheit der DDR,* Göttingen 2015.

11 Malcolm Foley, J. John Lennon, »JFK and Dark Tourism: A Fascination with Assassination«, *International Journal of Heritage Studies* 2:4 (1996), S. 198–211, Zitat S. 198. In Eckert, »Greetings« (2011), habe ich *Dark Tourism* noch als Konzept für die Analyse des Grenztourismus verwendet, finde es aber nicht länger überzeugend. Zu den Defiziten des Konzepts vgl. Stefanie Samida, »Schlachtfelder als touristische Destinationen: Zum Konzept des Thanatourismus aus kulturwissenschaftlicher Sicht«, *Zeitschrift für Tourismuswissenschaft* 10:2 (2018), S. 267–290, bes. 280–282. Eine Anwendung des Konzepts findet sich bei Sybille Frank, *Wall Memorials and Heritage. The Heritage Industry of Berlin's Checkpoint Charlie,* London 2016, S. 170–178.

12 Michelle A. Standley, »From Bulwark of Freedom to Cosmopolitan Cocktails: The Cold War, Mass Tourism and the Marketing of West Berlin as a Tourist Destination«, in: Tobias Hochscherf u.a. (Hg.), *Divided, but not Disconnected. German Experiences of the Cold War,* New York 2010, S. 105–118; Edgar Wolfrum, »Die Mauer«, in: Etienne François/Hagen Schulze (Hg.), *Deutsche Erinnerungsorte,* Bd. 1, München 2001, S. 552–568. Trotz des komplizierten Status der geteilten Stadt bezog die Bundesregierung West-Berlin ab 1956 in Staatsbesuche mit ein. Vgl. Simone Derix, *Bebilderte Politik. Staatsbesuche in der Bundesrepublik 1949–1990,* Göttingen 2009, S. 93. Zur Präsentation der Teilung Berlins in den 1960er Jahren, S. 107–124.

13 Hope M. Harrison, *After the Berlin Wall. Memory and the Making of the New Germany, 1989 to the Present,* New York 2019; Frederick Baker, »The Berlin Wall: Production, Preservation and Consumption of a Twentieth Century Monument«, *Antiquity* 67 (1993), S. 709–733; Duncan Light, »Gazing on Communism: Heritage Tourism and Post-Communist Identities in Germany, Hungary and Romania«, *Tourism Geographies* 2:2 (2000), S. 157–176.

14 Frank, *Checkpoint Charlie,* S. 129–146.

15 Maren Ullrich hat zu diesem Thema Pionierarbeit geleistet. Vgl. Ullrich, *Geteilte Ansichten. Erinnerungslandschaft deutsch-deutsche Grenze,* Berlin 2006.
16 Sándor Békési, »Die topografische Ansichtskarte: Zur Geschichte und Theorie eines Massenmediums«, *Relation* N. F. 1 (2004), S. 403–426; Ludwig Hoerner, »Zur Geschichte der fotografischen Ansichtspostkarten«, *Fotogeschichte* 7:26 (1987), S. 29–44. Zur Geschichte des Tourismus in Europa siehe Lynne Withey, *Grand Tours and Cook's Tours. A History of Leisure Travel, 1750–1915,* New York 1997; Rüdiger Hachtmann, *Tourismus-Geschichte,* Göttingen 2007.
17 Békési, »Ansichtskarte«, S. 411.
18 Békési, »Ansichtskarte«, S. 412 und 415; Ingrid Thumer, »›Grauenhaft. Ich muss ein Foto machen‹. Tourismus und Fotografie«, *Fotogeschichte* 12:44 (1992). S. 23–40, bes. S. 27 und 31.
19 Rudy Koshar, »›What Ought to be Seen‹: Tourist's guidebooks and National Identities in Modern Germany and Europe«, *Journal of Contemporary History* 33:3 (1998), S. 323–340.
20 Békési, »Ansichtskarte«, S. 416; Verena Winiwarter, »Buying a Dream Come True«, *Rethinking History* 5:3 (2001), S. 451–455.
21 Dies war eine sogenannte »Hauskarte«, vom Besitzer oder Pächter des Gasthofs als Werbung in Auftrag gegeben. Die in diesem Abschnitt vorgestellten Karten stammen aus dem Online-Verkauf, wo Memorabilien der Grenze nach wie vor angeboten werden. Detaillierter beschäftige ich mich mit dieser Karte in Eckert, »Greetings«, Abschnitt 3.
22 Friedrich Christian Delius/Peter Joachim Lapp, *Transit Westberlin. Erlebnisse im Zwischenraum,* Berlin 1999; Axel Doßmann, »Stimmungsbarometer der Ost-West-Beziehungen‹. Übertragungen auf deutschen Autobahnen um 1950«, *Archiv für Mediengeschichte* 4 (2004), S. 207–218.
23 Siehe eine Auswahl von Ansichtskarten in Eckert, »Greetings«.
24 Sälter, *Grenzpolizisten,* S. 28.
25 Ullrich, *Geteilte Ansichten,* S. 100–101. Zur Analyse der »medialen Nachbarschaften« von Ansichtskarten siehe Békési, »Ansichtskarte«, S. 406.
26 Abdruck der Karte in Eckert, »Greetings«, Abschnitt 4.
27 Zu Stacheldraht als zentrales Bildelement siehe Ullrich, *Geteilte Ansichten,* S. 61–66.
28 Friedemann Schmoll, »Zur Ritualisierung touristischen Sehens im 19. Jahrhundert«, in: Christoph Köcke, *Reisebilder. Produktion und Reproduktion touristischer Wahrnehmung,* Münster 2001, S. 183–198; John Urry, *The Tourist Gaze,* London 2002, S. 32; Orvar Lèofgren, *On Holiday: A History of Vacationing,* Berkeley 1999, S. 44–46.

29 Zu den Aussichtstürmen Lauenstein und Bodesruh siehe Ullrich, *Geteilte Ansichten*, S. 77–85. Die Türme an der bayerisch-tschechischen Grenze hatten die Funktion, den Sudetendeutschen einen Blick in ihre alte Heimat zu ermöglichen. Siehe Komska, *Icon Curtain*, S. 207–212, 221–233.
30 Feindobjektakte »Thüringenblick«, Außenstelle des BStU Suhl, XI/584/84. Mein Dank an Herrn Reinhold Albert, Sternberg, der mir die Akte zugänglich machte. Verweis auf 15 Kilometer: NVA, 13. Grenzbrigade, Unterabteilung Aufklärung. 24. Mai 1963, BArch-MA, GT 1057.
31 »Aussichtsturm verlor seine Bedeutung. Symbolträchtige Plattform abgerissen…«, *Goslarsche Zeitung*, 18. Januar 1990. Siehe auch Ullrich, *Geteilte Ansichten*, S. 153–155, 158.
32 *Zonengrenze Niedersachsen*, hg. vom Nds. Ministerium für Vertriebene und Flüchtlinge, erste Auflage 1964 (Neuauflagen 1966, 1968); Rolf Seufert, »›Baedeker‹ für die Zonengrenze. Auch Dokumentations-Zentren«, *Die Welt*, 4. Januar 1965. Zur Geschichte des Baedeker siehe Susanne Müller, *Die Welt des Baedeker. Eine Medienkulturgeschichte des Reiseführers, 1830–1945*, Frankfurt 2012; Rudy Koshar, *German Travel Cultures*, London 2000, S. 19–64. Zu Reiseführern allgemein Koshar, »›What ought to be seen‹«, S. 323–340.
33 Thies, *Zicherie*.
34 Johnson, *Divided Village*.
35 Zitiert in: »Der Kreistag an der Zonengrenze«, *Weilburger Tagblatt*, 10. August 1965; Shears, *Die häßliche Grenze*, S. 183–84; Elmar Clute-Simon, Reiner Emmerich, *Das Haus auf der Grenze*, Bad Hersfeld 1996. Die Osthälfte des Gebäudes wurde den Besitzern infolge der Arbeit der deutsch-deutschen Grenzkommission 1976 zurückgegeben.
36 Hessische Landeszentrale für politische Bildung (Hg.), *Die Zonengrenzfahrt*, Wiesbaden 1964; Bayerischer Staatsminister für Bundesangelegenheiten, *Zonengrenze Bayern*, k.D. [1970er]; Innenminister des Landes Schleswig-Holstein (Hg.), »Die Grenze. Schleswig-Holsteins Landesgrenze zur DDR«, Kiel 1985.
37 Heinz D. Stuckmann, »An der Elbe – an der Grenze«, *Die Zeit*, 9. Oktober 1964. Der Artikel ist eine Glosse über die Grenztouristen und die Stadtverwaltung, die als antikommunistische Geiferer dargestellt werden. 1994 wurde Stuckmann (inzwischen Leiter einer Journalistenschule in Köln) als Stasi-Agent enttarnt und wegen seiner Agententätigkeit verurteilt. Siehe Karl Wilhelm Fricke, »Bekenntnisse von IM Dietrich«, *Deutschlandfunk*, 29. Mai 2006, https://www.deutschlandfunk.de/bekenntnisse-von-im-dietrich-100.html (Zugriff Oktober 2021).

38 Über solche Ereignisse wurde in den Tages- und Wochenberichten des westdeutschen BGS und des Zollgrenzdienstes (ZGD) genauestens Buch geführt. Außerdem berichtete die Lokalpresse über diese Zwischenfälle. Wie etwa in: »Englischer Pfadfinder war unvorsichtig. Er betrat den Zehnmeterstreifen bei Grüsselbach und wurde von Volkspolizisten festgenommen«, *Fuldaer Zeitung,* 14./15. August 1961; Zoll Fulda an Oberfinanzdirektion Frankfurt/M., Telex Nr. 105, 18. August 1961, HHStAW Abt. 531/97.

39 Beispiele: BM Finanz, Grenzzwischenfälle und -nachrichten, 26. August 1963, PA/AA B38/51; »Neue Grenzzwischenfälle belasten Verhältnis zur DDR erheblich«, *Hessisch-Niedersächsische Allgemeine,* 26. Juli 1976.

40 In den Grenzlageberichten, herausgegeben vom Bundesfinanzministerium, wurden die Berichte sämtlicher Zolldienststellen entlang der Grenze gesammelt. Die höchste Zahl an Zwischenfällen verzeichnete man in den Jahren 1961–1965. Die Berichte z. B. in PA/AA B38/50-52.

41 Hessische Landeszentrale für politische Bildung (Hg.), *Die Zonengrenzfahrt,* Wiesbaden 1964, S. 14.

42 »Rowdys an der Grenze«, *Lübecker Freie Presse am Morgen,* 16. Juni 1957; »Zwischenfall an der Grenze«, *Lübecker Nachrichten,* 22. Juli 1956; »Grenzpfähle als ›Andenken‹ demontiert«, *Lübecker Freie Presse am Morgen,* 19. Februar 1957. Derartige Vorfälle wurden von den DDR-Grenzsoldaten genauestens dokumentiert. Siehe als Beispiel: Dokumentation über provokatorische Handlungen durch Beschmieren und Beschädigung einer Grenzsäule an der Staatsgrenze der DDR durch unbekannte Täter, 22. Juli 1977, BStU, MfS, HA I Nr. 6.

43 Kind-Kovács, »Local Iron Curtain«, S. 213; Sheffer, *Burned Bridge,* S. 202–203.

44 Böckel, *Berichte und Erlebnisse eines »West-Grenzers«,* S. 73. Bundesdeutsche Verfechter der Wiedervereinigung kritisierten die Beteiligung des BGS an diesen Anzeigen. Ihrer Ansicht nach verpflichteten die Gesetze der Bundesrepublik nicht dazu, Statussymbole der DDR zu schützen. Siehe die Akte BArch B106/83948: Strafverfolgung bei Beschädigung oder Entwendung von Emblemschildern und Betongrenzpfählen an der Demarkationslinie, 1967–1971.

45 BM Finanz, Grenzzwischenfälle und -nachrichten (März 1964), 2. April 1964, PA/AA B38/52.

46 »1,5 Meter Zaun auf 1 Kilometer Grenze. Wege gesperrt – DDR-Gebiet schon diesseits des ›Todesstreifens‹«, *Lübecker Freie Presse am Morgen,* 15. Juni 1956; Hauptzollamt Lübeck West an den Lübecker Bürgermeister, 25. Juni 1961, Stadtarchiv der Hansestadt Lübeck, Bestand 04.01-0 Zen-

tralamt, Hauptamt Nr. 154. Siehe auch »Dicke Ankerkette sorgt am Priwall für Sicherheit«, *Lübecker Nachrichten*, 21. Mai 1983.

47 Karten über Gebietstausch in der Nachkriegszeit in: Ritter/Hajdu, *Innerdeutsche Grenze*, S. 29–33; zu Landstreitigkeiten siehe Schaefer, *States of Division*, S. 79–82, 109–116.

48 Jureit, *Ordnen von Räumen*, S. 89–117, 227–234.

49 Zur Grenzkommission siehe Peter Füsslein, *Die Grenzkommission Rückblick auf deutsch-deutsche Verhandlungen zwischen Vermessungstechnik und politischer Emotion*, Bonn 2014; Klaus Otto Nass, *Die Vermessung des Eisernen Vorhangs. Deutsch-deutsche Grenzkommission und DDR-Staatssicherheit*, Freiburg 2010.

50 Elizabeth Harvey, »Pilgrimages to the ›Bleeding Border‹: Gender and Rituals of Nationalist Protest in Germany, 1919–1939«, *Women's History Review* 9:2 (2000), S. 201–229; Jörg Haller, »›Die heilige Ostmark‹. Ostbayern als völkische Kultregion ›Bayerische Ostmark‹«, *Bayerisches Jahrbuch für Volkskunde* 2000, S. 63–73; Hasso Spode, »Some Quantitative Aspects of ›Kraft durch Freude‹ Tourism, 1934–1939«, in: Margarita Dritsas (Hg.), *European Tourism and Culture. History and National Perspectives*, Athen 2007, S. 123–134.

51 Eine kurze Übersicht in Eric D. Weitz, »The Ever-Present Other. Communism in the Making of West Germany«, in: Hanna Schissler (Hg.), *The Miracle Years. A Cultural History of West Germany, 1949–1968*, Princeton 2001, S. 219–232. Siehe auch Stefan Creuzberger/Dierk Hoffmann, »Antikommunismus und politische Kultur in der Bundesrepublik Deutschland«, in: dies. (Hg.), *Antikommunismus und politische Kultur*, S. 5–6; »Antikommunismus als neuer Nationalismus«, in: Wolfrum, *Geschichtspolitik*, S. 108.

52 Wolfrum, *Geschichtspolitik*, S. 115–121; Christoph Meyer, *Die deutschlandpolitische Doppelstrategie: Wilhelm Wolfgang Schütz und das Kuratorium Unteilbares Deutschland, 1954–1972*, Landsberg 1997, S. 18–19, 53–76.

53 Zu den Aktivitäten des Kuratoriums siehe Meyer, *Deutschlandpolitische Doppelstrategie*, S. 130–137, 159–180, 209–217 und 303–311. Zum 17. Juni: S. 143–158, 240–303 und 409–435; Doering-Manteuffel, »Innerdeutsche Grenze«, S. 135–138.

54 Hans Walter Conrady, Helmstedt, an Gerhard Schröder, BMI, 25. Feb. 1956, NLA WO, NL Conrady, 94 N Nr. 438; Conrady an BM Geamtdt. Fragen, k. D. (Juni 1959), BArch B137/1475.

55 »Erstes ›Zonenrandhaus‹ eingeweiht«, *Frankfurter Allgemeine Zeitung*, 2. März 1960; Ullrich, *Geteilte Ansichten*, S. 59–60.

56 Heinz Kreutzmann, Bericht über die Besichtigung von Informationszen-

tren entlang der Zonengrenze in Niedersachsen, 6. August 1965; Zonengrenzberatungsdienst Niedersachsen, Maßnahmen zur Förderung des Zonenrandbesuchs, 12. November 1965, beide in: HHStAW Abt. 502/11108a.
57 Verzeichnis der Informationsstellen an der Grenze zur DDR. Stand: Januar 1979, NLA HA, Nds. 380, Acc. 160/95 Nr. 1.
58 Kurt von Gleichen, »Die Grenznähe macht politisch aufgeweckter. Kleine Reise längs des Eisernen Vorhangs im Herbst 1951«, *Neue Zeitung* (Ausgabe Frankfurt), 13. November 1951.
59 Ullrich, *Geteilte Ansichten,* S. 49; Matthias Steinle, *Vom Feindbild zum Fremdbild. Die gegenseitige Darstellung von BRD und DDR im Dokumentarfilm,* Konstanz 2003, S. 169, 172 und 190–191.
60 *Zonengrenze Bayern,* hg. vom Bayerischen Staatsminister für Bundesangelegenheiten, k. D. [1970er Jahre].
61 Zahra, *The Great* Departure, S. 20–21, 223–224; Tyler Stovall, *White Freedom. The Racial History of an Idea,* Princeton 2021, S. 250–256.
62 *Zonengrenze Niedersachsen,* hg. vom Niedersächsischen Minister für Bundesangelegenheiten, für Vertriebene und Flüchtlinge, 1966, S. 1.
63 *Die Zonengrenzfahrt,* hg. von der Hessischen Landeszentrale für Politische Bildung, 1964.
64 *Zonengrenze Niedersachsen,* S. 2. Siehe auch die Auflage von 1968, S. 2.
65 Vorab-Auszug aus der Niederschrift über die [Bayerische] Ministerratssitzung vom Dienstag, 3. Juli 1979, BayHStA, StK/19489. Der bayerische Innenminister Gerold Tandler sagte: »Zonenrandfahrten ... könnten als Präventivmaßnahme gegen eine kommunistische Unterwanderung unserer Jugend wirken, wenn die Jugendlichen die Verhältnisse an der Grenze zur DDR sehen könnten.«
66 In the Heart of Germany – In the 20th Century, Federal Ministry of All-German Affairs, Bonn 1960; En el Corazon de Alemania en Pleno Siglo XX. La Frontera con la Zona, Ministerio Federal para Asuntos de Toda Alemania, Bonn y Berlin 1965; *Unmenschliche Grenze. Inhuman Frontier. Omänskliga Gränser,* Hannover: Niedersächsische Landeszentrale für Heimatdienst, 1958. Die ersten beiden Titel beruhen auf der Regierungsbroschüre »Mitten in Deutschland«. Das Bundesministerium für innerdeutsche Beziehungen erwog auch die Veröffentlichung von Broschüren in italienischer und türkischer Sprache zur Versorgung der zunehmenden Zahl von »Gastarbeitern« unter den Grenzbesuchern. Siehe Ministerium an Informations- und Betreuungsstellen, 28. November 1974, HHStAW Abt. 502/7516b.
67 Eine Reihe solcher Fahrten und die Zusammenarbeit mit dem Auswärtigen Amt sind dokumentiert in: NLA HA Nds. 50 Acc. 96/88 Nr. 156/1.

Derix, *Bebilderte Politik,* S. 93, gibt an, dass die innerdeutsche Grenze bei Staatsbesuchen kaum eine Rolle spielte. Zum Verdruss der Grenzlandfürsprecher wurde ihre Rolle sicherlich geringer geschätzt als die West-Berlins. Trotzdem wurde sie gezielt für die Deutschlandbesuche von Ausländern eingesetzt.

68 Delegation der Europäischen Bewegung Frankreich, Besuch im Februar 1960, NLA HA Nds. 50 Acc. 96/88 Nr. 156/1.

69 Ebd. Der Abgeordnete war Edouard Rieunaud vom Mouvement Républicain Populaire (MRP), einer christlich-demokratischen Partei, die sich für die Versöhnung mit Deutschland einsetzte.

70 »Südamerikanische Bischöfe von der Zonengrenze erschüttert«, *Die Parole,* 15. Februar 1964, S. 12.

71 Ullrich, *Geteilte Ansichten,* S. 61–65; Steinle, *Vom Feindbild zum Fremdbild,* S. 168–169. Die Verwendung der Analogie zu Konzentrationslagern erlebte in Westdeutschland nach dem Bau der Berliner Mauer ihren Höhepunkt. Siehe Ahonen, *Berlin Wall,* S. 27; Wolff, *Mauergesellschaft,* S. 240–246.

72 Legationsrat I Junges, AA, Ref. 991, Aufzeichnung, Reise einer Delegation des Comité de Liaison de la Résistance durch Deutschland und nach Berlin, November 1959, NLA HA Nds. 50 Acc. 96/88 Nr. 156/2.

73 Halin war ein belgischer Sozialist, der sich während der deutschen Besatzung an Sabotageakten beteiligt hatte. Nach dem Krieg pflegte er den Nimbus als ehemaliger Widerstandskämpfer und wurde auch zu einem militanten Antikommunisten. Siehe Pieter Lagrou, *The Legacy of Nazi Occupation. Patriotic Memory and National Recovery in Western Europe, 1945–1965* (Cambridge: CUP, 2000), S. 270 und 282–284.

74 Legationsrat I Junges, AA, Ref. 991, Aufzeichnung, Reise einer Delegation des Comité de Liaison de la Résistance durch Deutschland und nach Berlin, November 1959, NLA HA Nds. 50 Acc. 96/88 Nr. 156/2.

75 Kreutzmann an den hessischen Ministerpräsidenten, Bericht über die Besichtigung von Informationszentren entlang der Zonengrenze in Niedersachsen, 6. August 1965, HHStAW Abt. 502/11108a. Siehe »Grenzbesucher werden beraten«, *Lübecker Nachrichten,* 21. August 1964; Steffens, *Lebensjahre,* S. 113–114; Ullrich, *Geteilte Ansichten,* S. 53.

76 Kreutzmann an Staatssekretär Günter Wetzel, BM Gesamtdt. Fragen, 16. Dezember 1968, HHAStAW Abt. 502/7516a.

77 Kreutzmann an den hessischen Ministerpräsidenten Georg-August Zinn, 12. Dezember 1967, HHStAW Abt. 502/11108a.

78 Olaf von Wrangel an den bayerischen Ministerpräsidenten Alfons Goppel, 19. März 1974, BayHStA, Bay. StK Nr. 19489.

79 Arnold, Leiter der Hessischen Landeszentrale für politische Bildung, an Sprenger, Beauftragter für Angelegenheiten des Grenzlands zur DDR, 6. März 1980, HHStAW Abt. 502/7527.
80 Zitat in: Landkreis Eschwege, Bericht der Informations- und Betreuungsstelle für Zonengrenzbesucher, 20. Januar 1971, HHStAW Abt. 502/11109a; Wolfsburg: Nds. StK, Vermerk über den Besuch der Zonengrenze, 16. April 1971, Nds. 50 Acc 96/88 Nr 157.
81 Brückner, Nds. Min. für Bundesangelegenheiten, an BM Innerdt. Beziehungen, 20. Februar 1976, NLA HA Nds. 380, Acc. 160/95 Nr. 1.
82 *Die Grenze. Schleswig-Holsteins Landesgrenze zur DDR,* hg. vom Innenminister des Landes Schleswig-Holstein, 3. Auflage 1985; *Deutschland diesseits und jenseits der Grenze. Niedersachsen,* hg. vom Nds. Minister für Bundesangelegenheiten, 1. Auflage 1982; *The Border Between Hesse and the GDR. Brief Information for Visitors,* hg. vom Hessendienst der Staatskanzlei, 1986.
83 *Die Innerdeutsche Grenze,* hg. vom BM Innerdt. Beziehungen, 1987, S. 61–112, Zitate S. 61, 62 und 112.
84 Grenzinformationszentren in Niedersachsen, k. D. [Mai 1986], NLA HA Nds. 380, Acc. 160/95 Nr. 2; Nds. Ministerium für Bundes- und Europaangelegenheiten an die Bezirksregierung Braunschweig, 5. Juli 1988, NLA HA Nds. 120 Lüneburg, Acc. 160/95 Nr. 4.
85 Vermerk an den Staatssekretär, Empfehlung für die politische Entscheidung, 27. Oktober 1989, NLA HA Nds. 380, Acc 160/95 Nr. 3.
86 Heinz Kreutzmann, Bericht über die Sitzung der Zonenrandländer und Bonner Ministerien im Gesamtdeutschen Ministerium in Bonn bezügl. der Errichtung von Info- und Beratungsstellen für Zonengrenzfahrten, 23. Dezember 1964, HHStAW Abt. 502/11108a. Zu bevorzugten Zielen westdeutscher Touristen Mitte der 1960er Jahren siehe Hasso Spode, *Wie die Deutschen ›Reiseweltmeister‹ wurden. Eine Einführung in die Tourismusgeschichte,* Erfurt 2003, S. 145–150.
87 Zitat in »Mobilisierung der Hilfen für das Zonenrandgebiet. Landrat Dr. Stieler fordert Planungen auf längere Sicht«, *Fuldaer Volkszeitung,* 15. Juli 1964; zur Bundesbahn siehe Klaus Hartwig Stoll, *Das war die Grenze,* Fulda 1997, S. 120.
88 Rolf Owczarski, *Und hellen Augenglanz las ich von ihrem Gesicht. Weihnachtsbasar des Kuratoriums Unteilbares Deutschland im Landkreis Helmstedt, 1965–1989.* Helmstedt 2000, S. 15–19.
89 Klaus von der Brelie, »Tag für Tag rollen die Busse an die deutsch-deutsche Grenze. Informationsdienst erläutert Besuchern das Zonenrandgebiet«, *Hannoversche Allgemeine Zeitung,* 18. Juni 1984.

90 »Zonengrenze 1958«, *Lübecker Freie Presse am Morgen,* 16. Juli 1958.
91 Dieter Hildebrandt, »Leben am Todesstreifen. Ein Bericht von der Grenze in Deutschland«, *Frankfurter Allgemeine Zeitung,* 16. Juni 1960.
92 »Die Flucht mit Lok 83«, *Bild* beginnt die Serie am 8. September 1969; Bericht über unternehmerische Helmstedter von Margrit Sterly, Leiterin des Zonengrenz-Museums Helmstedt, Juni 2007.
93 Hildebrandt, »Leben am Todesstreifen«. Zur Buchenmühle auch Macheledt, »Geteilte Rhöhn«, 21–23.
94 Eckert, »Greetings«, Abschnitt 13; Schroers, »Die Sackgasse (1962)«, S. 72.
95 Hier korrigiere ich meine Darstellung in Eckert, »Greetings«, Abschnitt 4.
96 Schaefer, *States of Division,* S. 152.
97 »Flaggen zum 1. Mai an der Zonengrenze. Skandinavische Fahnen grüssen jenseits der Schlagbäume. Grenze immer noch ›Sehenswürdigkeit‹ für Ausländer«, *Lübecker Freie Presse am Morgen,* 1. Mai 1961.
98 Sepp Binder, »Die Narbe der Nation. Zwischen Touristen und Tretminen. Die Zonengrenze«, *Die Zeit,* 13. Juni 1969, S. 8.
99 Zum Beispiel: Grenztruppen der DDR. Grenzkommando Nord, Aufklärungssammelbericht über die Handlungen des Gegners an der Staatsgrenze zur DDR gegenüber dem Grenzkommando Nord im Zeitraum vom 26.4.83 bis 25.5.1983, 26. Mai 1983, BArch-MA DVH 48, Nr. AZN GT 13647. In diesem Fall hatte jemand einen an ein Band gebundenen Stein geschleudert, um eine SM-70-Mine auszulösen.
100 Binder, »Die Narbe der Nation«.
101 Anthony Bailey, *Along the Edge of the Forest. An Iron Curtain Journey,* New York 1983, S. 63–64; Schroers, »Die Sackgasse (1962)«, S. 68–70.
102 Kind-Kovács, »Local Iron Curtain«, S. 199–222; Glassheim, »Unsettled Landscapes«, S. 318–336.
103 Komska, *Icon Curtain,* S. 133–136 und 162–175; Glassheim, »Unsettled Landscapes«, S. 321.
104 Andrew Demshuk, *The Lost German East. Forced Migration and the Politics of Memory, 1945–1970,* New York 2012, S. 185–231. Nach der Unterzeichnung des Warschauer Vertrags von 1970 stieg der »Heimweh-« und Heimattourismus beträchtlich an. Siehe Doris Stennert, »›Reisen zum Wiedersehen und Neuerleben‹. Aspekte des ›Heimwehtourismus‹ dargestellt am Beispiel der Grafschaft Glatzer«, in: Kurt Dröge, *Alltagskulturen zwischen Erinnerung und Geschichte. Beiträge zur Volkskunde der Deutschen in und aus dem östlichen Europa,* München 1995, S. 83–94.
105 Der Begriff »surrogate Heimat spaces« in: Demshuk, *Lost German East,* S. 163. Siehe auch zum Brieger Turm in Goslar, ebd., S. 177–183.
106 Ullrich, *Geteilte Ansichten,* S. 66–72.

107 Komska, *Icon Curtain,* S. 66–124; Eisch, *Grenze,* S. 284–300.
108 »An der Zonengrenze. 325 Heimatvertriebene aus dem Untertaunuskreis am Stacheldraht«, *Hersfelder Zeitung,* 13. Mai 1965. Der Artikel hebt hervor, dass diese Gruppe, eingetroffen in acht Bussen, die größte war, die bis dahin die Grenze im hessischen Landkreis Hersfeld besucht hatte. Zum hohen Besucheraufkommen siehe auch Komska, *Icon Curtain,* S. 148–150.
109 Zum Beispiel: NVA, 5. Grenzbrigade, Aufklärungssammelbericht für die Zeit vom 1.3.63 bis 31.3.63, 8. April 1963, BArch-MA DVH 32, GT 1083. Zur zentralen Bedeutung der Grenze für die Feierlichkeiten zum 17. Juni siehe Wolfrum, *Geschichtspolitik,* S. 111–112 und 151–152. Kontext in Heike Amos, *Vertriebenenverbände im Fadenkreuz. Aktivitäten der Staatssicherheit 1949–1989,* München 2011, S. 226–238.
110 Ullrich, *Geteilte Ansichten,* S. 50–61; Wolfrum, *Geschichtspolitik,* S. 155–164; Meyer, *Deutschlandpolitische Doppelstrategie,* S. 332–337.
111 Binder, »Die Narbe der Nation«.
112 Zum Beispiel: Grenzkommando Nord. Aufklärungssammelbericht über die Handlungen des Gegners an der Staatsgrenze zur DDR gegenüber dem GKNord im Zeitraum vom 26.5.1983 bis 25.6.1983, 27. Juni 1983, BArch-MA DVH 48, AZN GT 13647. Der Bericht listet eine zunehmende Zahl von Sportveranstaltungen wie z. B. Staffelläufe an der Grenze auf.
113 William E. Stacy, *U. S. Army Border Operations in Germany, 1945–1983,* Heidelberg 1984, S. 201–203, unter: https://history.army.mil/documents/BorderOps/content.htm (Zugriff Oktober 2021).
114 Die Aufklärung registrierte eine Reihe von Zivilpersonen und Militärs in Uniform und hielt Anstieg und Abflauen der entsprechenden Besucherzahlen fest. Man führte auch Buch über Versuche, mit östlichen Grenzsoldaten zu sprechen, sie zur Fahnenflucht aufzufordern und andere »Kontaktversuche«, wie das Werfen von Gegenständen über die Demarkationslinie, das Hinterlegen von Zigaretten oder Pornoheften. Siehe z. B. 5. Grenzbrigade, Aufklärungssammelbericht für die Zeit vom 1.12.1967 bis 31.10.1968, BArch-MA, DVH 36, GT 8017.
115 *Unsere Fahrt an die Zonengrenze* (1961); *Staatspolitische Bildungswoche Bad Kissingen* (1962); *Unsere Fahrt in die Rhön* (1969). Alle drei Berichtshefte sind im Besitz der Autorin.
116 BM Finanz, Grenzzwischenfälle und -nachrichten, Januar und Februar 1964, beide in PA/AA B38/52.
117 »Einweisungen von Reise- und Ausflugsgesellschaften wurden nur in wenigen Fällen beobachtet. In der Mehrzahl kamen Zivilpersonen einzeln oder in kleineren Gruppen zur Grenze, wo sie kurze Zeit beobachteten,

in der Regel fotographierten und wieder zurückfuhren.« NVA, 13. Grenzbrigade, Aufklärungssammelbericht, September 1963, BArch-MA, DVH 32/117480.
118 »When we had visitors from abroad, we went to the border and looked at it, how it actually was ... Silberhütte was always a destination if you had guests from Vienna or wherever. They always wanted to see it.« Zitat in: Kind-Kovács, »Local Iron Curtain«, S. 214.
119 Peter Boag, Tagebuch, Eintrag vom 4. und 5. September 1984, im Besitz der Autorin, zitiert mit Genehmigung des Verfassers. Mein aufrichtiger Dank geht an Prof. Boag (Washington State University), der uns seine persönlichen Eindrücke zugänglich machte.
120 Ebd.
121 Ullrich, *Geteilte Ansichten,* S. 33–34, 159–161, 292. Siehe auch Bailey, *Edge of the Forest,* S. 157, der anmerkt, dass von westdeutschen Grenzern, ganz gleich, wo man ihnen begegnete, »eine gewisse Wiederholung von Zahlen und Fakten« zu hören war.
122 Claudia Schugg-Reheis, Michael Bahr, *Grenzenlos. Thüringer und Franken schreiben über 45 Jahre Grenzdasein,* Coburg 1992, S. 15.
123 »Der Schnitt in unser Fleisch. Notizen von der mitteldeutschen Grenze«, *Deutsche Zeitung,* 20. August 1952.
124 Sex Pistols, *Holidays in the Sun* (1977): »A cheap holiday in other people's misery! / ... / I'm looking over the Wall and they're looking at me / ... / Well they're staring all night and / They're staring all day / I had no reason to be here at all / But now I gotta reason it's no real reason / And I'm waiting at the Berlin Wall«; *Sonnenallee,* Regie: Leander Haussmann (1999).
125 Berdahl, *Where the World Ended,* S. 160.
126 Kommando der Deutschen Grenzpolizei (DGP), Operative Abt., Protokoll, gez. Major Klinger, 20. Juni 1959, BArch–MA, DVH 27/131453.
127 *Mitten in Deutschland. Mitten im 20. Jahrhundert,* hg. vom Bundesministerium für gesamtdeutsche Fragen, Bonn, 2. Auflage Januar 1959. Zwischen 1958 und 1971 erlebte die Broschüre elf Neuauflagen. Außerdem wurde sie in englischer Sprache veröffentlicht (Oktober 1960). Siehe auch Bayerische und Hessische Landeszentrale für Heimatdienst (Hg.), *Wie lange noch?,* Wiesbaden 1957.
128 Dies ist meine Lesart der Fotos der Broschüre, bes. Abb. 75 (*Mitten in Deutschland,* 7. Auflage, Juli 1961), auf dem eine alte Bäuerin auf die Ruinen ihres enteigneten Hofs schaut. Die Unterschrift bezeichnet sie als »Besitzerin«, die ansehen musste, wie ihr Lebenswerk innerhalb von Stunden zerstört wurde. Westdeutsche Berichte betonten außerdem

baulichen Verfall und unbestelltes Land im tschechischen Grenzland zu Bayern. Siehe Glassheim,»Unsettled Landscapes«, S. 322–323.
129 Ullrich, *Geteilte Ansichten,* S. 107–117; Steinle, *Vom Feindbild zum Fremdbild,* S. 167–172.
130 Kommando der Deutschen Grenzpolizei (DGP), Operative Abt., Protokoll, gez. Major Klinger, 20. Juni 1959, BArch-MA, DVH 27/131453.
131 Kommando der DGP, 4. Grenzbrigade, gez. Bär, an Kommandeur der DGP, 17. Juni 1959, ebd.
132 DGP, Dienststelle Schönberg, Kp. Schlagbrügge, Protokoll (Nr. 3) über die Besichtigung und Überprüfung eines in unmittelbarer Grenznähe stehenden, baufälligen Wohngebäudes im Bereich der Dienststelle Schlagbrügge (Grenzbereitschaft Schönberg), 28. August 1959, BArch-MA, DVH 27/131453.
133 Bis in die 1980er Jahre wurden Weiler und Dörfer abgerissen. Diese Ereignisse sind in der Regel nur in Lokalgeschichten aufgearbeitet worden. Siehe Janet Hesse, *Befriedet. Vergessene Orte an der innerdeutschen Grenze,* Hamburg 2009; Norbert Fuchs, *Billmuthausen. Das verurteilte Dorf,* Hildburghausen 1991. Siehe auch Sheffer, *Burned Bridge,* S. 182–183; Johnson, *Divided Village,* S. 157–158.
134 HA I, Abt. Aufklärung, Kommando der Grenztruppen, 14. April 1964, Analyse der provokatorischen Grenzbesichtigungen an der Staatsgrenze West der DDR, BStU, MfS, ZAIG, Nr. 10695, Bl. 204 und 205.
135 Berdahl, *Where the World Ended,* S. 150, spricht in diesem Zusammenhang von »Potemkin'schen Dörfern«.
136 HA I, Abt. Aufklärung, Kommando der Grenztruppen, 14. April 1964, Analyse der provokatorischen Grenzbesichtigungen an der Staatsgrenze West der DDR, BStU, MfS, ZAIG, Nr. 10695. Siehe auch Major Günter Engmann,»›Grenz-Touristik‹ mit Gruseleffekt«, *Tribüne,* 2. August 1966.
137 Ebd., Bl. 204; siehe auch Böckel, *Berichte und Erlebnisse eines »West Grenzers«,* S. 71.
138 Ebd. Bl. 203–204.
139 Befehl des Chefs der Grenztruppen Nr. 18/63, 28. März 1963, gez. Oberst Peter, BArch-MA, DVW 1/12914.
140 Das Zonengrenz-Museum in Helmstedt stellt einige dieser Flugblätter aus. Auf einem heißt es: »Ein ›Grenzlandfahrer‹ hört … / salbungsvolle Reden über / Menschlichkeit / gegenseitige Kontakte / Freiheit und Demokratie / und handelt richtig … / wenn er fordert, daß endlich Verhandlungen zwischen der Bundesregierung und der Regierung der DDR stattfinden. Nur sie führen zur Verständigung.« Kein Datum (ca. 1964). Vgl. auch Gordon, »East German Psychological Operations«.

141 BM Finanz, Grenzzwischenfälle und -nachrichten, 2. Juli 1963, PA/AA B38/51. Die Informationen über Mikrofone stammten von einem geflüchteten Grenzsoldaten. Gesprächsprotokoll aus dem Jahr 1979 über solche Abhöreinrichtungen in BArch-MA, DVH 48, GT 8429.

142 BM Finanz, Grenzzwischenfälle und -nachrichten, 29. Juli 1963, PA/AA B38/51. Besuchergruppen wurden von westdeutschen Grenzbeamten in Niedersachsen und Hessen gemeldet. Beide bezeichneten ihr Verhalten als »Besichtigen« und das Phänomen ausdrücklich als neu.

143 Vgl. Stephan Wolf, Hauptabteilung I: NVA und Grenztruppen (Handbuch), hg. vom BStU, Berlin 2005.

144 Zum Beispiel Information Nr. 80/84 über ständige und zeitweilige Konzentrationsbereiche von Personen im unmittelbaren grenznahen Bereich der BRD zur DDR, 8. Mai 1984, BStU MfS HA IX, Nr. 4307.

145 Gerhard Schätzlein/Reinhold Albert, *Grenzerfahrungen. Bezirk Suhl – Bayern/Hessen zur Zeit der Wende*, Hildburghausen 2005, S. 224–253, zitieren ausführlich aus der »Feindobjektakte ›Thüringenblick‹« über den Bayernturm in Zimmerau in Unterfranken; Bemerkung über aus der DDR stammende Grenzbesucher ebd., S. 242. Außerdem Sascha Münzel, »Emotionale Schockerlebnisse: Einstige ›Grenzinformationsstellen‹ im Blickfeld der Stasi«, *Deutschland Archiv*, 10. August 2021, www.bpb.de/337937 (Zugriff Januar 2022). Siehe auch Berichte über den Aussichtsturm bei Lauenstein im Landkreis Kronach (Franken) und vom »Zonenrandhaus« in Zicherie, Niedersachsen, beide in BStU, MfS, ZAIG Nr. 10708, Bl. 212–214 und 217–220.

146 Rolf Nobel, *Mitten durch Deutschland. Reportage einer Grenzfahrt,* Hamburg 1986, S. 191.

147 BM Finanz, Grenzzwischenfälle und -nachrichten, 29. Juli 1963, PA/AA B38/51.

148 Ullrich, *Geteilte Ansichten,* S. 103; Ritter/Hajdu, *Innerdeutsche Grenze,* S. 45.

149 Albrecht Schreiber, »US-Schüler an der Grenze. Schon bald nachdenklich«, *Lübecker Nachrichten,* 2. Juni 1984, beschreibt die Grenze in Lübeck-Eichholz, »die immer mehr zuwächst und kaum noch einen Blick nach drüben freilässt ... Dabei sieht das alles so harmlos aus: Üppig wucherndes Gras, ringsum Stille, keinerlei militärische Machtdemonstrationen – drüben nicht, hüben nicht.«

150 Ritter/Lapp, *Die Grenze,* S. 69; Abbildungen dieser Bunker ebd., S. 59, S. 81. Siehe auch Ritter/Hajdu, *Innerdeutsche Grenze,* S. 43.

151 Zitat vom 2. Januar 1967 in: Stoll, *Grenze,* S. 128.

152 Fotos solcher Szene in Ritter/Lapp, *Die Grenze,* S. 63, 81, 84 und 93.

153 Bericht zitiert in: Manfred Präcklein, »Der Zaun ist völlig zu. Innerdeutsche Grenzanlagen werden jetzt noch perfekter gesichert«, *Lübecker Nachrichten*, 1. August 1986.
154 Walter Christaller, »Some Considerations of Tourism Location in Europe«, *Regional Science Association Papers* 12 (1963), S. 96–105, über die westdeutschen Grenzgebiete S. 104. Christallers Artikel spiegelt noch das anhaltende Unbehagen über die städtischen Ballungsgebiete und die ungleiche Verteilung von Menschen und Industriestandorten wider, das bei den westdeutschen Raumplanern in den 1950er Jahren vorherrschte. Siehe auch Sandra Chaney, *Nature of the Miracle Years. Conservation in West Germany, 1945–1975*, New York 2008, S. 114–147. Zur Sicht der Sozialwissenschaften auf Randgebiete und den Tourismus siehe Dallen J. Timothy, *Tourism and Political Boundaries*, London 2001, S. 41–90.
155 Gaststätten- und Fremdengewerbe an Bundesregierung, 30. Juni 1952, NLA HA Nds. 500, Acc. 2/73 Nr. 376/5.
156 Kurdirektor Thiem, Braunlage/Harz, an Stadtverwaltung Braunlage, 16. Juni 1952, ebd.
157 Landkreis Wolfenbüttel an den Präsidenten des Verwaltungsbezirks Braunschweig, 13. November 1950; Stadt Goslar an den Präsidenten des Verwaltungsbezirks Braunschweig, 15. November 1950, ebd.
158 Beispiel Hohegeiß in: Ullrich, *Geteilte Ansichten*, S. 97–98. Beispiel Travemünde in: Binder, »Die Narbe der Nation«.
159 »Schwebebahn am Eisernen Vorhang. Der Wurmberg soll ›Fenster nach drüben‹ werden – Baubeginn noch in diesem Jahr«, *Hamburger Echo*, 24. März 1959.
160 Ullrich, *Geteilte Ansichten*, S. 95–98. Die Busladungen von Besuchern auch erwähnt in: 7. Grenzbrigade, Aufklärungsbericht Oktober 1963, 11. November 1963, BArch-MA DVH 32/117481.
161 Klaus von der Brelie, »Tag für Tag rollen die Busse an die deutsch-deutsche Grenze. Informationsdienst erläutert Besuchern das Zonenrandgebiet«, *Hannoversche Allgemeine Zeitung*, 18. Juni 1984.
162 Das Staatskommissariat wurde 1953 eingerichtet. Es war der Staatskanzlei zugeordnet und unmittelbar dem Ministerpräsidenten unterstellt. Die Amtsinhaber waren Wilhelm Ziegler (1953–1956), Alexander Kaul (1965–1963) und Heinz Kreutzmann (1963–1969).
163 »Die Chancen des deutschen Fremdenverkehrs«, *Wiesbadener Tagblatt*, 3. Juni 1958.
164 Hans-Liudger Dienel, »Ins Grüne und ins Blaue. Freizeitverkehr im West-Ost Vergleich. BRD und DDR 1949–1989«, in: Dienel/Barbara

Schmucki (Hg.), *Mobilität für alle. Geschichte des öffentlichen Personennahverkehrs in der Stadt zwischen technischem Fortschritt und sozialer Pflicht,* Stuttgart 1997, S. 221–249; Axel Schildt, »›Die kostbarsten Wochen des Jahres‹. Urlaubstourismus der Westdeutschen, 1945–1970«, in: Hasso Spode (Hg.), *Goldstrand und Teutonengrill. Kultur- und Sozialgeschichte des Tourismus in Deutschland 1945–1989,* Berlin 1996, S. 69–85, insb. S. 74 und 78–79.

165 Zu Alfred Toepfers Naturparkbewegung siehe Chaney, *Nature of the Miracle Years,* S. 114–126. Zur Übernahme des Slogans »Oasen der Ruhe« siehe *Hessendienst* Nr. 13, November 1957; *Hessendienst* Nr. 18, Mai 1962. Zur Werbestrategie »Preiswertes Wochenende in Hessen« siehe Bund Deutscher Verkehrsverbände, Übersicht über den Fremdenverkehr in Hessen, k. D. [1962], beide in HHStAW Abt. 502/374.

166 *Hessenspiegel* Nr. 214, 10. Nov. 1955 in: HHStAW Abt. 502/374. Das Geld war für die Region Kurhessen-Waldeck bestimmt.

167 Karl-H. Reccius, Leiter des Touristenverbands Kurhessen-Waldeck, an Ziegler, 19. November 1955, HHStAW Abt. 502/374.

168 Ebd. Das Schreiben ist zwar von Reccius an Ziegler gerichtet, doch aus vorangegangener Korrespondenz geht hervor, dass dies ein abgesprochenes Schreiben war, dessen Formulierungen von Ziegler stammten. Die gleiche Strategie verfolgte auch Bayern. Siehe Thomas Schlemmer u. a., »›Entwicklungshilfe im eigenen Lande‹. Landesplanung in Bayern nach 1945«, in: Matthias Frese u. a. (Hg.), *Demokratisierung und gesellschaftlicher Aufbruch. Die sechziger Jahre als Wendezeit der Bundesrepublik,* Paderborn 2005, S. 384–385 und 406–407.

169 Wilhelm Ziegler (1891–1962) war Historiker. Im Jahr 1933 trat er als Referent in Goebbels Reichsministerium für Volksaufklärung und Propaganda ein, 1941 wurde er zum Honorarprofessor für neuere Geschichte, Politik und die »Judenfrage« an der Universität Berlin ernannt und 1943 wurde er »Judenreferent« in der Schrifttumsabteilung des Ministeriums. Biografische Angaben in: Wolf Gruner (Hg.), *Die Verfolgung und Ermordung der europäischen Juden durch das nationalsozialistische Deutschland 1933–1945.* Bd. I: *Deutsches Reich 1933–1937,* München 2008, S. 121.

170 Bund Deutscher Verkehrsverbände, Übersicht über den Fremdenverkehr in Hessen, undatiert [1962], HHStAW Abt. 502/374. Zu den Erfolgen der vom Bund geförderten Niedrigzinsdarlehen siehe *Hessendienst* Nr. 13, November 1957, und *Hessendienst* Nr. 18, Mai 1962, beide ebd.

171 Kreisausschuß Rotenburg an das Staatskommissariat, 21. Januar 1958, HHStAW Abt. 502/374; »Einblick in die Probleme des hessischen Zonenrandgebiets«, *Fuldaer Zeitung,* 6. Juni 1969.

172 Bund Deutscher Verkehrsverbände, Übersicht über den Fremdenverkehr in Hessen, k.D. [1962], HHStAW Abt. 502/374.
173 *Hessendienst* Nr. 18, Mai 1958, ebd.
174 Heinz Held, »Halt! Hier Zonengrenze. Fragen, Antworten, Hoffnungen«, *Merian. Vom Meißner zur Rhön,* 21:11 (November 1968), S. 36.
175 »Einmal Urlaub im Zonengrenzgebiet«, *Hessische Allgemeine,* 4. Mai 1963.
176 Mitte der 1960er Jahre entschied sich die Hälfte der Bundesdeutschen, die einen Badeurlaub planten, für das Mittelmeer. Spode, *Reiseweltmeister,* S. 148. Siehe auch Schildt, »Die kostbarsten Wochen des Jahres««.
177 Shears, *Die häßliche Grenze,* S. 175–176. Bailey, *Edge of the Forest,* meint auf S. 64, die Besucher brächten »Zicheries maroder Wirtschaft einen gewaltigen Aufschwung«, macht dazu jedoch keine konkreten Angaben.
178 Werner Roth, *Dorf im Wandel. Struktur und Funktionssysteme einer hessischen Zonenrandgemeinde im sozial-kulturellen Wandel,* Frankfurt a.M. 1968, S. 74–75.
179 HHStAW Abt. 502/4108. Mehr zur Geschichte dieses Turms in Ullrich, *Geteilte Ansichten,* S. 77–81.
180 Rolf Brönstrup, *Stacheldraht. Notizen und Mosaiken,* Leer 1966, S. 57–58. Zwischen 1955 und 1965 stieg die Zahl der Übernachtungen in Bergen an der Dumme von 2500 auf über 10000. Ob dieser Anstieg auf das Informationszentrum zurückging, lässt sich nicht feststellen.
181 Besuch der Arbeitsgruppe Zonenrandgebiet der SPD-Bundestagsfraktion am 28./29. Mai 1970 im Zonengrenzbezirk Gifhorn-Lüchow-Dannenberg, HHStAW Abt. 502/1080.
182 Ernst-Otto Maetzke, »Der alte Kahn und die Staatsgewalt«, *Frankfurter Allgemeine Zeitung,* 10. August 1966.
183 Heinz D. Stuckmann, »An der Elbe – an der Grenze«, *Die Zeit,* 9. Oktober 1964.
184 Nobel, *Reportage einer Grenzfahrt,* S. 245.
185 Hans-Jürgen von der Heide, *Zonenrandförderung. Ist sie heute noch notwendig?,* Clausthal-Zellerfeld: Arbeitsgemeinschaft der Industrie- und Handelskammern im Zonenrandgebiet, undatiert [1987], S. 38.
186 Bert Gendher, »Hier ist die Welt noch in Ordnung«, *Bayernkurier,* 21. Februar 1981; »Ferien direkt an der DDR-Grenze«, *Hannoversche Allgemeine,* 23. März 1983; Bernd Hummel, »Rauchlose Industrie im Zonenrandgebiet«, *Die Welt,* 28. August 1984.
187 Konrad Mrusek, »Grüne Hoffnung am Zonenrand«, *Frankfurter Allgemeine Zeitung,* 28. November 1985.
188 *The Border Between Hesse and the GDR. Brief Information for Visitors,* hg. vom *Hessendienst* der Staatskanzlei, 1986, S. 2: »Die friedvolle und zau-

berhafte Landschaft und die Gastfreundlichkeit ihrer Bewohner verleihen ihr einen hohen Freizeitwert.«

189 Beispielhaft für Texte über das Grenzland jener Jahre: Renate Just (Text), Herlinde Koelbl (Fotos), »Deutschland. Am schönsten, wo es am ärmsten ist«, *Zeit Magazin* (August 1986), S. 6–21. Siehe auch Michael E. Geisler, »›Heimat‹ and the German Left. The Anamnesis of a Trauma«, *New German Critique* 36 (1985), S. 25–66, bes. S. 34–41.

190 1968 besaßen die Bundesdeutschen 187000 Zweitwohnungen und -häuser; 1973 war deren Zahl auf rund 300000 gestiegen. Siehe Jörg Maier, »Zweitwohnsitze im Freizeitraum – Erscheinungsformen und Auswirkungen in wirtschaftlicher und sozialer Hinsicht«, in: *Zweitwohnsitze in Fremdenverkehrsorten* (Arbeitsmaterialien zur Raumordnung und Raumplanung Nr. 38) (Bayreuth, 1985), S. 1–12, hier 2; Gerhard Krug, »Wenn die Russen kommen ...«, *Die Zeit,* 27. Juli 1973.

191 Markus Schubert, *Ein neues Hinterland für Berlin (West)? Die Regionen im Umkreis der Transitübergänge als neues Einzugsgebiet von Berlin (West),* Berlin 1987, S. 187–194; Maier, »Zweitwohnsitze im Freizeitraum«; Heinrich Steinmetz, »Berlins Hinterland – Eine Studie über die Regionen im Umkreis der Transitübergänge als neues Einzugsgebiet von Berlin (West)«, *Stadt + Umwelt* (Juli 1988), S. 41–42.

192 Schubert, *Ein neues Hinterland für Berlin (West)?,* S. 192–193. Zur vergleichbaren Entwicklung bei Neubauten siehe A. Quis, »Der Anteil der Großstädter am Wohnungsbau im Landkreis Lüchow-Dannenberg«, in: *Hannoversches Wendland. 5. Jahresheft des Heimatkundlichen Arbeitskreises Lüchow-Dannenberg 1974/75,* Lüchow 1975, S. 123–124.

193 Winfried Waldeck, »Die Bevölkerungsentwicklung im Landkreis Lüchow-Dannenberg nach der innerdeutschen Grenzöffnung, 1989–1994«, in: *Hannoversches Wendland. 15. Jahresheft des Heimatkundlichen Arbeitskreises Lüchow-Dannenberg 1994–1997,* Lüchow 2001, S. 322.

194 Quis, »Anteil der Großstädter«, S. 124; Manfred Sack, »Bevor sie zerstört werden. Der Versuch, die letzten Runddörfer zu erhalten«, *Die Zeit,* 10. Juli 1970; »Stadtflucht der Dichter«, *Der Spiegel,* 4. Februar 1974, S. 118; »Da geht es links und rechts nicht weiter«, *Der Spiegel,* 12. Juli 1976, S. 78–82.

195 Thomas Schröder, »Ein Wochenende in der letzten Ecke. Hitzacker: Wiesen, Deiche und die Spaltung des Gefühls«, *Die Zeit,* 19. Mai 1975, S. 47; Horst Vetten, »Gleich hinter Gorleben. Entdeckungen im Landkreis Lüchow-Dannenberg, der vielleicht seltsamsten Ecke Deutschlands«, *Geo* Nr. 6 (1980), S. 38–60, Zitat S. 48. Zu Worpswede: »Stadtflucht der Dichter«, *Der Spiegel,* 4. Februar 1974, S. 118.

196 Bezeichnung in: Vetten, »Gleich hinter Gorleben«, S. 56.
197 »Zonengrenze 1958«, *Lübecker Freie Presse am Morgen,* 16. Juli 1958.
198 Stoll, *Das war die Grenze,* S. 119.
199 »Die sichtbare Problematisierung des Teilungsprozesses setzte in Westdeutschland paradoxerweise erst ein, nachdem die offene staatliche Situation mit der Souveränität der Bundesrepublik ein vorläufiges Ende gefunden hatte.« Zitat in: Derix, *Bebilderte Politik,* S. 92. Vgl. auch Doering-Manteuffel, »Innerdeutsche Grenze«, S. 127–151; Stoll, *Das war die Grenze,* S. 119.
200 Dieses Argument über Alterität im Zuge von Grenzziehungen wurde beispielhaft entwickelt von Peter Sahlins, *The Making of France and Spain in the Pyreenees,* Berkeley 1989. Zur Entfremdung zwischen West- und Ostdeutschen vgl. auch Sheffer, *Burned Bridge,* S. 118–141.
201 Damit teilen die organisierten Grenzfahrten das Schicksal des Feiertags zum Tag der Deutschen Einheit am 17. Juni. Vgl. Wolfrum, *Geschichtspolitik.*
202 Ritter/Lapp, *Die Grenze,* S. 141–143 und 152–152; Ullrich, *Geteilte Ansichten,* S. 146–147; Anja Becker, *Wie Gras über die Geschichte wächst. Orte der Erinnerung an der ehemaligen deutsch-deutschen Grenze,* Berlin 2004, S. 30.
203 Becker, *Wie Gras über die Geschichte wächst,* S. 30–32; Johnson, *Divided Village,* S. 206–207.
204 Ullrich, *Geteilte Ansichten,* S. 168–172.
205 Auf den Schildern steht der Text: »Hier waren Deutschland und Europa bis zum [Datum und Uhrzeit] geteilt«. Siehe *Die Brocken Erklärung. Geschichtsprojekt zu 20 Jahren Deutsche Einheit,* hg. vom Ministerium für Landesentwicklung und Verkehr des Landes Sachsen-Anhalt, 2009.
206 Überblick der Gedenkorte in: Stiftung Aufarbeitung (Hg.), *Orte des Erinnerns. Gedenkzeichen, Gedenkstätten und Museen zur Berliner Mauer und innerdeutschen Grenze,* Berlin 2011; Matthias Mahlke, *Zukunft der Grenzmuseen. Sammlungen, Präsentationen, Konzepte, wissenschaftliche Forschung, Koordination,* Hannover 2012.
207 Ullrich, *Geteilte Ansichten,* S. 154, 159 und 292. Klaus Dicke, »Zwei Jahrzehnte nach dem Mauerfall – Memorialkultur an der ehemaligen innerdeutschen Grenze«, *Tel Aviver Jahrbuch für deutsche Geschichte* 40 (2012), S. 232, hebt hervor, dass die meisten Besucher der Grenzmuseen offenbar aus der ehemaligen Bundesrepublik stammen. Das Grenzdenkmal Hötensleben bietet einen Grenzwanderweg in Offleben an, der bewusst die westliche Perspektive einnimmt. Siehe www.gedenkstaette-marienborn.sachsen-anhalt.de/geschichte/grenzdenkmal-hoetensleben (Zugriff Dezember 2021).

208 »Erstmals hauptamtliche Leitung im Museum Schifflersgrund«, *Thüringer Allgemeine*, 2. Februar 2021; Bayerisches Staatsministerium für Unterricht und Kultus, »Vereinbarung zum Ausbau des Deutsch-Deutschen Museums Mödlareuth«, Pressemitteilung 092/2021, 22. Juli 2021; Staatskanzlei Thüringen, *Museumsperspektive 2025. Diskussionspapier*, Erfurt 2017, S. 100–109.

209 Sascha Möbius, »Zwischen Zweckbau und Angstraum – die historischen Bauten der Gedenkstätte Deutsche Teilung Marienborn und ihre Wirkung auf die Besucherinnen und Besucher der Gedenkstätte«, in: Justus H. Ulbricht (Hg.), *Schwierige Orte. Regionale Erinnerung, Gedenkstätten, Museen*, Halle 2013, S. 171–189.

4 Salze, Abwässer und schwefelhaltige Luft: Grenzüberschreitende Umweltverschmutzung

1 Tobias Huff, »Über die Umweltpolitik der DDR. Konzepte, Strukturen, Versagen«, *Geschichte und Gesellschaft* 40:4 (2014), S. 523–554, spricht in diesem Kontext auf S. 523 von der DDR als »failed state«.

2 [DDR-Ministerium für Naturschutz, Umweltschutz und Wasserwirtschaft, MNUW], Informationen zur Entwicklung der Umweltbedingungen in der DDR und weitere Maßnahmen – Basisjahr 1988. Zur ökologischen Lage [Januar 1990], BArch B295/20492; MNUW, Konzeption für die Entwicklung der Umweltpolitik, Berlin, 2. Februar 1990; Institut für Umweltschutz, Information zur Analyse der Umweltbedingungen in der DDR und zu weiteren Maßnahmen, Berlin, Februar 1990, beide in BArch B295/20493; Gesellschaft für angewandte Sozialwissenschaft und Statistik, Die Umweltsituation der DDR im Urteil ihrer Bürger. Ergebnisse einer Befragung bei der Leipziger Frühjahrsmesse 1990 im Auftrag des BMU und des Umweltbundesamtes, 1990, BArch B295/20494; BMU, Eckwerte für die ökologische Sanierung und Entwicklung in den neuen Ländern, Bonn, November 1990. Neben diesen amtlichen Schriften siehe auch Ulrich Petschow/Jürgen Meyerhoff/Claus Thomasberger (Hg.), *Umwelt-Report DDR. Bilanz der Zerstörung, Kosten der Sanierung, Strategien für den ökologischen Umbau*, Frankfurt 1990.

3 Joachim Radkau, *Die Ära der Ökologie. Eine Weltgeschichte*, München 2011, S. 535.

4 Thomas Lindenberger, »Divided, but not Disconnected: Germany as a Border Region of the Cold War«, in: Tobias Hochscherf u.a. (Hg.), *Divided, but not Disconnect. German Experiences of the Cold War*, New York 2010, S. 11–33.

5 Dieses Argument in: Astrid M. Eckert, »Geteilt, aber nicht unverbunden. Grenzgewässer als deutsch-deutsches Umweltproblem«, *Vierteljahrshefte für Zeitgeschichte* 62:1 (2014), S. 321–351. Dann auch aufgegriffen in: Tim Grady, »A Shared Environment: German-German Relations along the Border, 1945–1972«, *Journal of Contemporary History* 50:3 (2015), S. 660–679.
6 Der Hausmüll aus West-Berlin landete auf drei Deponien im Bezirk Potsdam (Schöneiche, Deetz und Vorketzin). Vgl. Jinhee Park, *Von der Müllkippe zur Abfallwirtschaft. Die Entwicklung der Hausmüllentsorgung in Berlin (West) von 1945 bis 1990* (Phil. Diss., TU Berlin 2003), S. 84–90 und 192–196; Matthias Judt, *Der Bereich Kommerzielle Koordinierung. Das DDR-Wirtschaftsimperium des Alexander Schalck-Golodkowski – Mythos und Realität,* Berlin 2013, S. 67–76 und 192–203.
7 Zitat in: Gemeinsame Erklärung von Umweltverbänden aus Ost und West anlässlich des Round-Table-Gespräches am 13.12.1989 bei Bundesumweltminister Töpfer, Archiv Bund Naturschutz in Bayern (Nürnberg), Ordner DDR PM PROe.
8 Zeitgenössische Zahlen in: Michael von Berg, »Zum Umweltschutz in Deutschland«, *Deutschland Archiv* 17:4 (April 1984), S. 380; Tobias Huff, *Natur und Industrie im Sozialismus. Eine Umweltgeschichte der DDR,* Göttingen 2015, S. 255.
9 Ministerium für Staatssicherheit (MfS), Information Nr. 112/84 [1984] über … Verhandlungen mit der DDR zum Umweltschutz, Bundesbeauftragter für die Stasi-Unterlagen (BStU), MfS HVA Nr. 29, Teil 1 von 2, Bl. 042.
10 Hans Reichelt, Minister für Umweltschutz und Wasserwirtschaft, stellte für den für 1984 geplanten Honecker-Besuch in Bonn Unterlagen zusammen, die die »Ergebnisse und Leistungen der DDR zur Verbesserung der Umweltbedingungen auf dem Territorium der BRD« dokumentieren sollten. Das Material sollte dazu dienen, »Verleumdungen der BRD-Medien energisch und beweiskräftig zurückzuweisen.« Siehe Reichelt an Günter Mittag, 10. Oktober 1984, BArch-SAPMO, Büro Mittag DY 3023/1435.
11 Weisung Nr. 36/81 (VS B161-71/81), 24. November 1981, BArch DK5/1498. Siehe auch Information über den erreichten Stand bei der Beseitigung von Gefährdungssituationen im Bereich der Staatsgrenze zur BRD und zu Westberlin und Vorschläge für das weitere Vorgehen, k. D. [22. März 1984], BArch-SAPMO Büro Mittag DY 3023/1442.
12 Robert G. Darst, *Smokestack Diplomacy. Cooperation and Conflict in East-West Environmental Politics,* Cambridge 2001; Darst, »Bribery and Black-

mail in East-West Environmental Politics«, *Post-Soviet Affairs* 13:1 (1997), S. 42–77, hier S. 52.

13 Huff, *Natur und Industrie im Sozialismus*, S. 8.

14 Frank Uekötter, »Ökologische Verflechtungen. Umrisse einer grünen Zeitgeschichte«, in: Frank Bösch (Hg.), *Geteilte Geschichte. Ost- und Westdeutschland 1970–2000,* Göttingen 2015, S. 129. Huff, *Natur und Industrie im Sozialismus,* S. 20. Vgl. auch Jörg Roesler, »System- oder konjunkturbedingte Unterschiede? Zur Umweltpolitik in der DDR und der Bundesrepublik in den 70er und 80er Jahren«, *Deutschland Archiv* 39:3 (2006), S. 480–488.

15 Raymond Dominick, »Capitalism, Communism, and Environmental Protection. Lessons from the German Experience«, *Environmental History* 3:3 (July 1998), S. 311–332; Simo Laakkonen/Victor Pál/Richard Tucker, »The Cold War and Environmental History. Complementary Fields«, *Cold War History* 16:4 (2016), S. 377–394, hier S. 384–388.

16 »Given the interconnectedness of all parts of the planet in matters ecological, it makes excellent sense to study environmental history on the global scale.« John R. McNeill, »Observations on the Nature and Culture of Environmental History«, *History & Theory* 42 (2003), S. 5–43, Zitat S. 31.

17 »[M]any pollutants ignore national borders but the effects of exposure are still mediated by those borders.« Nancy Langston, »Thinking like a Microbe. Borders and Environmental History«, *Canadian Historical Review* 95:4 (2014), S. 592–603, Zitat S. 595.

18 Oscar J. Martinez, *Border People. Life and Society in the U. S.-Mexico Borderlands,* Tucson 1994, S. 5–10.

19 McNeill, »Observations«, S. 6–9, trifft die Unterscheidung zwischen materieller, kultureller/intellektueller und politischer Umweltgeschichte, wobei er letztere mit dem nationalstaatlichen Rahmen in Verbindung bringt. Ein Überblick über materialistische und kulturalistische Zugänge in: Patrick Kupper, *Umweltgeschichte,* Göttingen, 2021, S. 22–24.

20 Erfassung der Interessenlage der DDR zur Aufnahme von Verhandlungen auf dem Gebiet des Umweltschutzes mit der BRD, k.D. [6. November 1973], BArch-SAPMO, Politbüro DY 30/J IV 2/2. Dieses Dokument war im Hinblick auf die im Grundlagenvertrag von 1972 vorgesehene Zusammenarbeit beider deutscher Staaten im Umweltbereich erstellt worden. Die Zusammenarbeit kam nicht zustande, wie weiter unten erläutert wird.

21 Ebd. Vgl. auch Christian Möller, *Umwelt und Herrschaft in der DDR. Politik, Protest und die Grenzen der Partizipation in der Diktatur,* Göttingen 2020, S. 173.

22 Steiner, *Von Plan zu Plan,* S. 162–164 und 191–196; Jörg Roesler, »System- oder konjunkturbedingte Unterschiede?«, S. 483–488.
23 Susanne Hartard/Michael Huhn, »Das SERO-System«, in: Hermann Behrens/Jens Hoffmann (Hg.), *Umweltschutz in der DDR,* Bd. 2, München 2007, S. 309–334; Christian Möller, »Der Traum vom ewigen Kreislauf. Abprodukte, Sekundärrohstoffe und Stoffkreisläufe im ›Abfall-Regime‹ der DDR (1945–1990)«, *Technikgeschichte* 81:1 (2014), S. 61–89.
24 Hannsjörg F. Buck, »Umweltbelastung durch Müllentsorgung und Industrieabfälle in der DDR«, in: Eberhard Kuhrt u. a. (Hg.), *Am Ende des realen Sozialismus. Beiträge zu einer Bestandsaufnahme der DDR-Wirklichkeit in den 80er Jahren,* Bd. 4: *Die Endzeit der DDR-Wirtschaft. Analysen zur Wirtschafts-, Sozial- und Umweltpolitik,* Opladen 1999, S. 462.
25 Elektrizitätswerk Weiss, Mitwitz, an Landratsamt Kronach, 13. Februar und 15. April 1975, BayHStA StK/19538.
26 Elektrizitätswerk Weiss, Mitwitz, an Dr. Hans De With, Parl. Staatssekretär, BMJ, 21. August 1979, ebd. Das Management der Firma Weiss argumentierte, dass die Grenzkommission keine Ergebnisse erbracht habe. »Was nützt es uns z. B., daß Sie schon jahrelang wegen der Umweltverseuchung mit der DDR verhandeln und es zu keinerlei Besserung bringen.«
27 Arnd Bauerkämper, »The Industrialization of Agriculture and the Consequences for the Natural Environment. An Inter-German Comparative Perspective«, *Historical Social Research* 29:3 (2004), S. 124–149. Zur industriellen Schweinemast in der DDR siehe Thomas Fleischman, *Communist Pigs. An Animal History of East Germany's Rise and Fall,* Seattle 2020.
28 Zur Flurbereinigung in der Bundesrepublik siehe die zeitgenössischen Interventionen von Hubert Weiger, »Flurbereinigung und Naturschutz. Bilanz 1982: Nach wie vor negativ«, *Natur und Umwelt* 62:2 (April 1982), S. 3–6; »Was spricht gegen Plastikbäume?«, *Der Spiegel,* 9. Mai 1983, S. 80–98; Jochen Bölsche, *Die deutsche Landschaft stirbt. Zerschnitten, zersiedelt, zerstört,* Reinbek 1983. Zur DDR siehe Michael Heinz, »Klassenkampf gegen Hecken und Teiche – Flurbereinigung in der DDR«, *Horch und Guck* 76 (2012), S. 32–35; Hermann Könker, »Komplexe Standortmeliorationen«, in: Behrens/Hoffmann (Hg.), *Umweltschutz in der DDR,* Bd. 2, S. 45–58; Hans-Joachim Mohr, »Die Entwässerung landwirtschaftlicher Nutzflächen: Schwerpunkt der Meliorationstätigkeit 1960–1990 – ein kritischer Rückblick«, in ebd., S. 59–80.
29 Fleischman, *Communist Pigs,* S. 67–91 zum Grüneberg Plan, S. 92–117 zur Gülle-Krise; Michael Heinz, *Von Mähdreschern und Musterdörfern. Industrialisierung der DDR-Landwirtschaft und die Wandlung des ländlichen Lebens am Beispiel der Nordbezirke,* Berlin 2011, S. 314–332; P. A. Schmidt,

»Landwirtschaft und Naturschutz in der DDR«, *Forstwirtschaftliches Centralblatt* 109 (1990), S. 378–402.

30 Klaus George, »Neue Bedingungen für die Vogelwelt der Agrarlandschaft in Ostdeutschland nach der Wiedervereinigung«, *Ornithologischer Jahresbericht Museum Heineanum* 13 (1995), S. 1–25.

31 Einzelne LPGs fühlten sich nach wie vor durch Produktionsquoten unter Druck gesetzt und gingen daher nicht auf die Idee ein, zu kleineren Feldern zurückzukehren oder die Flurbereinigung von Kulturlandschaften durch Neupflanzung von Sträuchern und Bäumen rückgängig zu machen. Heinz, »Klassenkampf gegen Hecken«, S. 34–35; Steiner, *Von Plan zu Plan,* S. 184–187.

32 Succow war damals der stellvertretende Umweltminister der DDR. Zitat in: BMU, Ref. N1, Protokoll [der] Besprechung der für den Naturschutz zuständigen Abteilungsleiter des Bundes und der Länder am 24. und 25.4.1990 in Bad Reichenhall, BArch B295/20493.

33 Polizeimeister Dürrbeck, Grenzpolizeistation Rödental, Schlussvermerk [über die Verschmutzung der Effelder mit Waschmittel], 14. Januar 1987, BayHStA StK/19497.

34 »Fischsterben in der Kreck«, *Neue Presse,* 2. Juli 1976; »Fischsterben in der Kreck. DDR-Behörden lehnen Verantwortung ab«, *Coburger Tageblatt,* 2. Juli 1976. Als die Milz 1981 verschmutzt wurde, hieß es in der Antwort auf eine westliche Anfrage, »dass eine Untersuchung der Milz durch die zuständigen Stellen in der DDR ›keine außergewöhnlichen Veränderungen‹ ergeben hat«. Siehe Franz Josef Strauß, Ministerpräsident von Bayern, an Johann Böhm (CSU), Mitglied des bayerischen Landtags, 30. Oktober 1981, BayHStA StK/19539.

35 Bekanntmachung der Bayerischen Staatskanzlei Nr. 105-3-20, 15. Januar 1970: Richtlinien für den Ersatz von Sachschäden, die im Bereich der DL durch Sperrmaßnahmen der mitteldeutschen Behörden verursacht worden sind, BayHStA StK/19536; Bay. StK an Landratsämter, Betr. Schäden entlang der Grenze, die nicht durch die Grenzanlagen [d.h. Minen] verursacht wurden, 7. Juli 1976, BayHStA StK/19535: »Die derzeit besonders häufigen Schäden…sind Fischsterben in grenzüberschreitenden Gewässern sowie Schäden auf unserem Territorium, die durch in der DDR versprühte Herbizide verursacht werden.«

36 Zahlen basierend auf dem Statistischen Jahrbuch der DDR für 1983, zitiert in: Berg, »Zum Umweltschutz in Deutschland«, S. 381. Siehe auch Gerhard Würth, *Umweltschutz und Umweltzerstörung in der DDR,* Frankfurt 1985, S. 233. Zum Vergleich: 1983 waren 99,9 Prozent der westdeutschen Einwohner an die zentrale Trinkwasserversorgung angeschlos-

sen, 90,7 Prozent an die öffentliche Kanalisation, davon 95,3 Prozent mit einem Anschluss an Kläranlagen. Angaben des Statistischen Bundesamtes (Bonn), 12. Juli 2012.

37 Hannsjörg F. Buck, »Umwelt- und Bodenbelastung durch eine ökologisch nicht abgesicherte industriemäßig organisierte Tier- und Pflanzenproduktion«, in: Kuhrt u. a. (Hg.), Bd. 4: *Endzeit,* S. 426–446, hier S. 435; Fleischman, *Communist Pigs,* S. 98–110.

38 Würth, *Umweltschutz,* S. 231–248; Christoph Bernhardt, »Zwischen Industrialismus und sanitärer Wohlfahrt. Umweltprobleme im Sozialismus am Beispiel der Wasserfrage in der DDR«, in: Torsten L. Meyer/Marcus Popplow (Hg.), *Technik, Arbeit und Umwelt in der Geschichte,* Münster 2006, S. 376–378; Helmut Klapper, »Gewässerschutz und Gewässernutzung im Spannungsfeld zwischen Ökologie und Ökonomie«, in: Behrens/Hoffmann (Hg.), *Umweltschutz in der DDR,* Bd. 2, S. 234.

39 Rudolf Böhm/Torsten Fiedler/Siegried Schäfer/Rainer Wiesinger, *Zur Geschichte der Stadtentwässerung Dresdens,* Dresden 2007, S. 110.

40 Die drei Anlagen waren Münchehofe, Falkenberg und Nord. Michael von Berg, »Umweltschutzabkommen Bundesrepublik Deutschland/DDR«, in: Maria Haendcke-Hoppe/Konrad Merkel (Hg.), *Umweltschutz in beiden Teilen Deutschlands,* Berlin 1986, S. 124. Die Wasserqualität in West-Berlin verbesserte sich dadurch tatsächlich. Siehe Dietrich Jahn, »Die Sanierung der Berliner Gewässer«, *Stadt + Umwelt* (August 1989), S. 28.

41 Sheffer, *Burned Bridge,* S. 210–211; Füsslein, *Die Grenzkommission,* S. 120–121.

42 »Entwurf eines Berichtes zu den Auswirkungen der Verschmutzung der deutsch-deutschen Grenzgewässer durch Einleitungen aus der DDR«, k.vD. [September 1983], zusammengestellt im Auftrag von Minister Reichelt, BArch DK5/5752.

43 Huff, *Natur und Industrie,* S. 241–244; Möller, *Umwelt und Herrschaft,* S. 231–237.

44 Vermerk, Problemkatalog der Grenzkommission für das Gebiet des Freistaates Bayern. Stand: 1.1.1977, BayHStA StK/19673; »Grenzen. Teuflische Dinger«, *Der Spiegel,* 1. Juli 1974, S. 43.

45 Abkommen dieser Art wurden normalerweise auf dem Verrechnungsweg beglichen. Die westdeutsche Seite versuchte bis zum Schluss, die Zahlung wenigstens in einer Mischform von freien Devisen und einem symbolischen Verrechnungsbetrag abzuwickeln. Siehe DzD VII,1, Dok. 74, 283 und Dok. 76A, 299. Allerdings setze die DDR sich durch und erhielt 18 Millionen DM in freien Devisen. Dies erlaubte der DDR, einen »zusätzlichen Valutaerlös« einzufahren: Sie konnte den Betrag auf ihrer Seite

»strecken«, weil alle Kosten für die Kläranlage in Sonneberg in Ostmark anfielen. Außerdem wurden noch flugs die Projektpläne angepasst, um »eine wesentliche Minimierung des Investitionsaufwandes zu erreichen«. Siehe Ministerrat der DDR, VVS B2-B161, Beschluß über Maßnahmen zur Abwasserbehandlung der Stadt Sonneberg, 12. Dezember 1983, BArch DK5/1995. Unter den SED-Vertretern galt fortan das »Röden-Modell« als der Goldstandard für sämtliche Abkommen dieser Art.

46 Presse- und Informationsamt der Bundesregierung, ... Vereinbarung mit der DDR in der Grenzkommission über Maßnahmen zum Schutz der Röden im bayerisch-thüringischen Grenzgebiet, *Bulletin* Nr. 106, 13. Oktober 1983, S. 969.

47 Dies geschah im Fall der Saale. Siehe Peter Wensierski, »Umweltprobleme in der DDR. Eine Einführung«, *Geographische Rundschau* 39:11 (1987), S. 604–605.

48 Peter Wensierski, *Von oben nach unten wächst gar nichts. Umweltzerstörung und Protest in der DDR,* Frankfurt a.M. 1986, S. 141–147, Zitat S. 143; Würth, *Umweltschutz,* S. 236–240.

49 Thomas Rommelspacher, »Das natürliche Recht auf Wasserverschmutzung. Geschichte des Wassers im 19. und 20. Jahrhundert«, in: Franz-Josef Brüggemeier/Thomas Rommelspacher (Hg.), *Besiegte Natur. Geschichte der Umwelt im 19. und 20. Jahrhundert,* München 1989, S. 50–51.

50 Zitate in: BM Innerdt. Beziehungen, Vermerk betr. Expertengespräch mit der DDR über die Verschmutzung der Elbe, 2. Februar 1983, BArch B288/113. Die Behauptung über die Selbstreinigungskräfte der Elbe hinter Magdeburg ist bereits zu lesen in: Erfassung der Interessenlage der DDR zur Aufnahme von Verhandlungen auf dem Gebiet des Umweltschutzes mit der BRD k.D. [6. November 1973], BArch-SAPMO, Politbüro DY 30/J IV 2/2, S. 4.

51 Die Länderarbeitsgemeinschaft Wasser (LAWA) bemisst die Gewässergüte auf einer Skala von I bis IV, mit zusätzlichen Unterkategorien, die seit 1990 insgesamt acht umfassen. Für die biologische Gewässergüte wurde 1990 für Teilabschnitte der Elbe speziell die Güteklasse »ökologisch zerstört« eingeführt. Siehe LAWA, *Die Beschaffenheit der großen Fließgewässer Deutschlands,* Berlin 1997, S. 8.

52 Norbert Deisenroth, »Entstehung, Zusammensetzung und Veränderung der Salzlagerstätte«, in: Hermann-Josef Hohmann/Dagmar Mehnert (Hg.), *Bunte Salze, weiße Berge. Wachstum und Wandel der Kaliindustrie zwischen Thüringer Wald, Rhön und Vogelsberg,* Hünfeld 2004, S. 7–24.

53 Ulrich Eisenbach, »Kaliindustrie und Umwelt«, in: Eisenbach/Akos Paulinyi (Hg.), *Die Kaliindustrie an Werra und Fulda. Geschichte eines land-*

schaftsprägenden Industriezweigs, Darmstadt 1998, S. 194–222; Jürgen Büschenfeld, »Der harte Kampf um weiches Wasser. Zur Umweltgeschichte der Kaliindustrie im 19. und 20. Jahrhundert«, in: Carl-Hans Hauptmeyer (Hg.), *Mensch – Natur – Technik. Aspekte der Umweltgeschichte in Niedersachsen und angrenzenden Gebieten,* Bielefeld 2000, S. 79–109. Siehe auch Jürgen Büschenfeld, *Flüsse und Kloaken. Umweltfragen im Zeitalter der Industrialisierung, 1870–1918,* Stuttgart 1997, S. 289–406; Dagmar Mehnert, »Der Aufbau des Kalireviers und die Jahre bis 1945«, in: Hohmann/Mehnert (Hg.), *Bunte Salze, weiße Berge,* S. 35–99.

54 Zur Kommission siehe Eisenbach, »Kaliindustrie«, S. 204–205. Zur Wasserblüte siehe Gerd Hübner, *Ökologisch-faunistische Fließgewässerbewertung am Beispiel der salzbelasteten unteren Werra und ausgewählter Zuflüsse,* Dissertation in Wasserökologie, Universität Kassel 2007, S. 27–28. Zur »Salzflora« siehe Büschenfeld, »Harter Kampf«, S. 87–89.

55 Büschenfeld, »Harter Kampf«, S. 100; Büschenfeld, *Flüsse und Kloaken,* S. 377–400.

56 Eisenbach, »Kaliindustrie«, S. 216.

57 G. Buhse, Versalzung der Werra und Oberweser und Abwässer der Kali-Industrie, NLA HA Nds. 600 Acc. 143/92 Nr. 11. Siehe auch Eisenbach, »Kaliindustrie«, S. 219.

58 Büschenfeld, »Harter Kampf«, S. 101.

59 Eisenbach, »Kaliindustrie«, S. 207–210; Büschenfeld, »Harter Kampf«, S. 101–103. Das Naturschutzgebiet mit den Salzmarschen heißt »Rohrlache bei Heringen«, www.widdershausen.de/rohrlache.html (Zugriff Dezember 2021).

60 Hübner, *Fließgewässerbewertung,* S. 24–34; Jürgen Hulsch/Gerhard M. Veh, »Zur Salzbelastung von Werra und Weser«, *Neues Archiv für Niedersachsen* 27:4 (1978), S. 367–377; Klaus-Martin Liersch, »Salz in Werra und Weser«, *Geographische Rundschau* 39:11 (1987), S. 642–647.

61 MUW, 9. Juni 1977, BArch-SAPMO, Büro Mittag DY 3023/1434. Siehe auch Eisenbach, »Kaliindustrie«, S. 218.

62 Eisenbach, »Kaliindustrie«, S. 216–220; Hulsch/Veh, »Salzbelastung«, S. 367–377; Arbeitsgemeinschaft der Wasserwerke im Wesereinzugsgebiet (AAW): Trinkwasserversorgung von fünf Millionen Menschen im Wesereinzugsgebiet durch Weserversalzung beeinträchtigt, [Pressemitteilung, n. d., etwa 1980], NLA HA Nds. 800 Acc. 2001/090 Nr. 171.

63 »Daß der Fluss so krank ist …«, *Der Spiegel,* 27. September 1976, S. 69.

64 »Umwelt: Lenkt die DDR ein?«, *Der Spiegel,* 25. September 1978, S. 18–19. Der Salzwassergehalt der Ostsee beträgt 11 000 mg/l, der der Nordsee 19 000 mg/l. Siehe Hulsch/Veh, »Salzbelastung«, S. 371.

65 Uekötter, »Ökologische Verflechtungen«, S. 119; »Daß der Fluss so krank ist ...«, S. 72–73.
66 Liersch, »Salz in Werra und Weser«, S. 642–647.
67 Geschätzter Schaden in: Herbert Schäfer, »›Hier beginnt die Nordsee‹. Bonn und DDR streiten um verschmutze Flüsse«, *Die Zeit,* 20. Mai 1988. Siehe auch »Abwasser: Geist von gestern«, *Der Spiegel,* 16. April 1989.
68 Vermerk MR Jürgen Hulsch, 25. Januar 1980, NLA HA Nds. 800 Acc. 2001/090 Nr. 171.
69 Arbeitsgruppe II, Forderungen und Verbindlichkeiten der DDR aus der Instandhaltung und dem Ausbau sowie Probleme aus der Abwasserbelastung der Grenzwasserläufe, 10. März 1971, BArch DK5/1498. Dieses Dokument wurde von ostdeutschen Rechtsexperten ausgearbeitet, um mögliche Umwelthaftungen zu antizipieren. Die Arbeitsgruppe II war vom Amt für den Rechtsschutz des Vermögens der DDR (AfR) einberufen worden. Das Dokument wurde dem Leiter der Wasserwirtschaftsverwaltung, Johann Rochlitzer, im April 1971 übergeben.
70 Das Verursacherprinzip hat seinen Ursprung im Trail-Smelter-Fall von 1941, als Schadstoffemissionen einer Zink- und Bleifabrik in Kanada in die USA gelangten. Die USA versuchten, die kanadische Fabrik für die entstandenen Schäden haftbar zu machen. Die Organisation für wirtschaftliche Zusammenarbeit und Entwicklung (OECD) übernahm das Verursacherprinzip im Mai 1972. Es tauchte im selben Jahr in der Stockholm-Deklaration auf und wurde global auf dem Weltgipfel von Rio de Janeiro 1992 als erstrebenswert akzeptiert. Siehe Rachel Emma Rothschild, *Poisonous Skies. Acid Rain and the Globalization of Pollution,* Chicago 2019, S. 51–52. Vgl. auch Nicolas de Sadeleer, »Polluter Pays Principle« in: Jean-Frédéric Morin/Amandine Orsini (Hg.), *Essential Concepts of Global Environmental Governance,* London 2015, S. 155–156; Jan-Henrik Meyer, »Who should pay for pollution? The OECD, the European Communities and the emergence of environmental policy in the early 1970s«, *European Review of History,* 24:3 (2017), S. 377–398.
71 Das internationale Recht kennt den Begriff des Nutznießer- oder Geschädigtenprinzips (Victim Pays Principle) als das negative und unerwünschte Gegenstück zum Verursacherprinzip. Es ist kein Rechtsprinzip an sich, sondern beschreibt eine Situation, in der die geschädigte Partei keinen Einfluss auf den Verursacher hat, aber die anhaltende Verschmutzung nicht länger hinnehmen kann. In dieser Situation der asymmetrischen Verwundbarkeit erklärt sich der Geschädigte der Verschmutzung bereit, für Umweltverbesserungen im Nachbarland zu zahlen, wodurch der Verursacher effektiv subventioniert wird.

72 Zur Komplexität der innerdeutschen Beziehungen nach dem Grundlagenvertrag vgl. Petra Weber, *Getrennt und doch vereint. Deutsch-deutsche Geschichte 1945–1989/90*, Berlin 2020, S. 508–525.
73 Siehe die Memoiren des DDR-Diplomaten Karl Seidel, *Berlin-Bonner Balance*, Berlin 2002, S. 184–186. Das ostdeutsche Ministerium für Umweltschutz und Wasserwirtschaft (MUW) wurde 1971 gegründet. Das westdeutsche Ministerium für Umweltschutz, Naturschutz und Reaktorsicherheit (BMU) wurde 1986 gegründet, hauptsächlich als Reaktion auf die Katastrophe von Tschernobyl.
74 Hermann Wentker, »Bundespräsens in West-Berlin. Perzeption, Propaganda und Politik der SED-Führung«, in: Michael C. Bienert u. a. (Hg.), *Hauptstadtanspruch und symbolische Politik. Die Bundespräsenz im geteilten Berlin, 1949–1990*, Berlin 2012, S. 241–262; *40 Jahre Umweltbundesamt, 1974–2014*, Dessau 2014, S. 23–28.
75 »Kneift gewaltig«, *Der Spiegel*, 24. Juni 1974, S. 23–24; »Berlin: ›Schikanen auf niedriger Ebene‹«, ebd., 5. August 1974, S. 17–19.
76 William Glenn Gray, *Germany's Cold War. The Global Campaign to Isolate East Germany, 1949–1969*, Chapel Hill 2003; Schaefer, *States of Division*, S. 89–109.
77 AG II, Forderungen und Verbindlichkeiten der DDR aus der Instandhaltung und dem Ausbau sowie Probleme aus der Abwasserbelastung der Grenzwasserläufe, 10. März 1971, BArch DK5/1498. Mit der »Alleinvertretungsanmaßung« war die Hallstein-Doktrin gemeint. Die DDR versuchte zur gleichen Zeit, als Teilnehmer der bevorstehenden UN-Weltumweltkonferenz in Stockholmer von 1972 zugelassen zu werden, von der sie aufgrund der Hallstein-Doktrin ausgeschlossen war. Siehe Kai F. Hünemörder, *Die Frühgeschichte der globalen Umweltkrise und die Formierung der deutschen Umweltpolitik, 1950–1973*, Stuttgart 2004, S. 262–267.
78 »Ostpolitik: Salz in der Werra«, *Der Spiegel*, 1. Dezember 1969, S. 27–28.
79 Vertrag über die Grundlagen der Beziehungen zwischen der Bundesrepublik Deutschland und der Deutschen Demokratischen Republik, 21. Dezember 1972, Zusatzprotokoll II zu Artikel 7, Ziffer 9, in: Presse- und Informationsamt der Bundesregierung, *Bulletin* Nr. 155, 8. Dezember 1972, S. 1843–1844.
80 Resümee der Ereignisse im Nds. Landtag, 9. WP. Niederschrift über die 15. Sitzung des Ausschusses für Umweltfragen, 21. Dezember 1979, NLA HA Nds. 800 Acc. 2001/090 Nr. 171.
81 Ministerrat der DDR. Arbeitsgruppe für Organisation und Inspektion beim Vorsitzenden, 30. Mai 1975, BArch-SAPMO, Büro Mittag DY

3023/1434; Günter Mittag an Erich Honecker, 14. Januar 1976, ebd. Diese Quelle beziffert den Schaden auf 72,7 Millionen VM. Spätere Forderungen schwankten zwischen 80 und 95 Millionen VM. Siehe auch MfS, Information Nr. 588/75 über die Einbringung bzw. Lagerung von Schadstoffen ... in der Nähe der Staatsgrenze der DDR, 21. August 1975, BStU, MfS Z2421, Bl. 01–04.

82 Da diese Praxis in den Thüringer Bergwerken beibehalten wurde, kam es im März 1989 zu einem regelrechten Erdbeben. Die Kaligrube »Ernst Thälmann« stürzte auf einer Fläche von 6,8 Quadratkilometern ein und löste seismische Erschütterungen aus, die bis nach Frankfurt am Main zu spüren waren. Siehe Eisenbach, »Kaliindustrie«, S. 210–212; Karl-Heinz Baum, »Wie die DDR einst Hessen erschütterte«, *Frankfurter Rundschau*, 2. November 1996, S. 3; Hartmut Ruck, »Die Kali-Industrie an der Werra in Thüringen 1945–1989«, in: *Bunte Salze, weiße Berge*, S. 118–119.

83 Bonner Antwort auf die Forderungen der DDR, übermittelt durch MinDirg Stern, BkAmt, 21. Juni 1976; Telegramm der [DDR-] Auslandsvertretung Bonn, unterzeichnet von Baumgärtel, k. D.; Stellungnahme der Regierung der Bundesrepublik, 30. Juni 1977, alle in: BArch-SAPMO, Büro Mittag DY 3023/1434; westdeutsche Erklärung für den Bergwerksunfall in: BM Innerdt. Beziehungen, Aufzeichnung zum Stand der Verhandlungen über Maßnahmen zur Reduzierung der Werraversalzung und Versenkung, 15. November 1986, BayHStA StK/19611. Siehe auch Vermerk MinDir Weichert, BM Innerdt. Beziehungen, 26. Juli 1979, DzD VI, 6, Dok. 37, S. 149–153.

84 Antrag Fraktion Die Linke, »Grundwasserversalzung beenden, Laugenversenkung sofort stoppen«, 30. Sept. 2021, Hessischer Landtag, 20. WP, Drs. 20/6595, S. 3. Der 16-seitige Antrag gibt die Einstellungsverfügung der Staatsanwaltschaft Meiningen vom April 2021 wieder. Das eingestellte Verfahren wegen illegaler Abfallentsorgung war 2016 gegen K&S-Manager und Behördenvertreter eingeleitet worden.

85 »Auch ist eine politische Motivation nicht auszuschließen, denn die Verschlechterung des Trinkwassers in Unterbreizbach wird von den Einwohnern durch Fehlinformationen nicht auf die Laugenzuflüsse aus der BRD, sondern auf den gegenwärtigen Abtrag der Kieserithalde durch den VEB Kalibetrieb ›Werra‹ zurückgeführt.« Zitat in: Ministerrat der DDR. Arbeitsgruppe für Organisation und Inspektion beim Vorsitzenden, 30. Mai 1975, BArch-SAPMO, Büro Mittag DY 3023/1434.

86 Mittag an Honecker, 14. Januar 1976, BArch-SAPMO, Büro Mittag DY 3023/1434.

87 »Ein Teil der in den Untergrund verpressten Abwässer wird ... unter-

irdisch auf das Territorium der DDR gedrückt und die Versenkräume der DDR in diesem Gebiet damit mitgenutzt.« MUW, Vorschläge für das weitere Vorgehen im Zusammenhang mit der Beseitigung der Abwässer der Kaliindustrie, 9. Juni 1977, BArch-SAPMO, Büro Mittag DY 3023/1434.

88 Ministerrat der DDR. Arbeitsgruppe für Organisation und Inspektion beim Vorsitzenden, 30. Mai 1975, BArch-SAPMO, Büro Mittag DY 3023/1434.
89 MUW, Vorschläge für das weitere Vorgehen im Zusammenhang mit der Beseitigung der Abwässer der Kaliindustrie, 9. Juni 1977, BArch-SAPMO, Büro Mittag DY 3023/1434.
90 Presse- und Informationsamt der Bundesregierung, *Bulletin* Nr. 46, 30. April 1980.
91 Mittag an Honecker, 18. April 1979, BArch-SAPMO, Büro Mittag DY 3023/1434.
92 Vermerk MR Hulsch, Versalzung von Werra und Weser, hier: Stand der Verhandlungen mit der DDR, 4. Februar 1980, NLA HA Nds. 800 Acc. 2001/090 Nr. 171.
93 Übersicht zu wirtschaftlichen Interessen der DDR in den Verhandlungen mit der Bundesrepublik Deutschland ..., 27. Mai 1977, DzD VI.5, Dok. Nr. 49, S. 180.
94 BM Innerdt. Beziehungen, Aufzeichnung zum Stand der Verhandlungen über Maßnahmen zur Reduzierung der Werraversalzung und Versenkung, 15. November 1986, BayHStA StK/19611.
95 Nds. Landtag, 9. WP, Niederschrift über die 23. Sitzung des Ausschusses für Vertriebene, Flüchtlinge und Aussiedler sowie Fragen des Zonenrandgebietes, 16. Januar 1981, NLA HA Nds. 800 Acc. 2001/090 Nr. 173.
96 »Gesalzene Rechnung«, *Der Spiegel*, 4. Februar 1980, S. 72 und 75. Der Betrieb der Rohrfernleitung hätte zusätzliche 15 Millionen DM jährlich gekostet. Siehe auch Vermerk MinDir Weichert, BM Innerdt. Beziehungen, 26. Juli 1979, DzD VI.6, Dok. 37, S. 152; Nds. Ministerium für Ernährung, Landwirtschaft und Forsten an den Ministerpräsidenten, 24. Juni 1981, NLA HA Nds. 800 Acc. 2001/090 Nr. 173.
97 Überblick über die Verhandlungen in: BM Innerdt. Beziehungen, Aufzeichnung zum Stand der Verhandlungen über Maßnahmen zur Reduzierung der Werraversalzung und Versenkung, 15. November 1986, BayHStA StK/19611; Kieserit-Problem in: Memo MinDir Weichert, BM Innerdt. Beziehungen, 26. Juli 1979, DzD VI.6, Dok. 37, 152. Die Steigerung der Kieseritproduktion in Westdeutschland wurde mit 80 Millionen DM veranschlagt, die Lieferung eines Jahresanteils an die DDR wurde auf 38 Millionen DM berechnet.

98 Zu den Verfahren des Kalibergbaus siehe Hans-Jörg Wittich, »Kurze Darstellung der Produktionsprozesse eines Kaliwerkes mit Beispielen der technischen Entwicklung in der Kaliverarbeitung«, in: Eisenbach/Paulinyi (Hg.), *Kaliindustrie an Werra und Fulda,* S. 137–166, zur Flotationstechnik S. 153–156; zur ESTA S. 156–158.
99 BM Innerdt. Beziehungen, Aufzeichnung zum Stand der Verhandlungen über Maßnahmen zur Reduzierung der Werraversalzung und Versenkung, 15. November 1986, BayHStA StK/19611.
100 Ebd.
101 Die bundesdeutsche Delegation informierte ihre DDR-Gesprächspartner im Oktober 1980 über die erfolgreichen Tests mit dem ESTA-Verfahren. Siehe Bericht über das 3. Gespräch zu den mit dem Kaliabbau im Grenzgebiet zw. der DDR und der BRD zusammenhängenden Fragen am 17. und 18. Oktober 1980 in der Hauptstadt der DDR Berlin, 18. Dezember 1980, BArch-SAPMO, Büro Mittag DY 3023/1435.
102 Michael von Berg, »Umweltschutzabkommen Bundesrepublik Deutschland/DDR«, S. 125–126.
103 Claus-Einar Langen, »Wo Ost-Berlin Schaden fürchtet. Deutsch-deutscher Deichbau interessanter als deutsch-deutscher Umweltschutz«, *Frankfurter Allgemeine Zeitung,* 20. Juni 1980.
104 Uwe Bastian, *Greenpeace in der DDR. Erinnerungsberichte, Interviews und Dokumente,* Berlin 1996, S. 18–20.
105 Kurt Singhuber, Ministerium für Erzbergbau, Metallurgie und Kali, an Hans Reichelt, MUW, 29. August 1988, BArch DK5/1498.
106 Michael von Berg, »Umweltschutz in Deutschland. Zusammenarbeit zwischen den beiden deutschen Staaten«, *Geographische Rundschau* 39:11 (1987), S. 609.
107 BM Innerdt. Beziehungen, Vermerk, 6. Februar 1987, BayHStA StK/19611; Non-Paper, 14. September 1988, BArch SAPMO, Büro Mittag DY3023/1436.
108 Mittag an Honecker, 29. November 1988, abgezeichnet mit »genehmigt« von Honecker am 30. November 1988, BArch SAPMO, Büro Mittag DY3023/1436.
109 MinDirg Vogl, Bay Staatsmin für Landesentwicklung und Umweltfragen, an Anneliese H., Lichtenberg, 18. Dezember 1979, BayHStA StK/19664.
110 Friederike Bauer, »Nach der Aufregung der Wende kehrt neue Normalität ein. Hof in Oberfranken – ›ganz oben in Bayern‹«, *Frankfurter Allgemeine Zeitung,* 27. April 1993.
111 »Saurer Regen über Deutschland. Der Wald stirbt«, *Der Spiegel,* 16. Nov. 1981. Siehe Birgit Metzger, *»Erst stirbt der Wald, dann du!« Das Waldsterben als westdeutsches Politikum, 1978–1986,* Frankfurt a.M. 2015,

S. 135–201; Roderich von Detten (Hg.), *Das Waldsterben. Rückblick auf einen Ausnahmezustand,* München 2013, S. 138–151.

112 BMI, MR Kupfer, Ergebnisvermerk, Abteilungsleiter-Gespräch in Berlin (Ost), 7. Juni 1985, BArch 288/108. Der Vermerk enthält eine sechs Punkte umfassende Prioritätenliste.

113 Im Jahr 1982 stieß die DDR 4,73 Millionen Tonnen SO_2 aus, die Bundesrepublik hingegen 3 Millionen Tonnen. Gemessen an der Größe des Landes emittierte die DDR 60 Prozent mehr SO_2 als Westdeutschland. Siehe »Luftverunreinigung in der DDR. Die Emission von Schwefeldioxid und Stickoxiden«, DIW Wochenbericht 30/85, 25. Juli 1985, S. 345. Die Kluft vergrößerte sich im Laufe der 1980er Jahre erheblich, als die Braunkohle-Abhängigkeit der DDR wuchs und die Bundesrepublik verstärkt Entschwefelungstechnik einsetzte. 1983 emittierte die DDR 196 000 Tonnen SO_2 nach Westdeutschland, 156 000 Tonnen gingen in andere Richtungen. Angaben aus Große Anfrage: Luftverunreinigung, saurer Regen und Waldsterben, BT, 9. WP, Drs. 9/1955, 7. September 1982, S. 9.

114 Hünemörder, *Frühgeschichte;* Huff, *Natur und Industrie,* S. 176–177 und 235–250.

115 Zu den erfolglosen Bemühungen der DDR gegenüber der Tschechoslowakei siehe Huff, *Natur und Industrie,* S. 225–235. Zur Umweltverschmutzung im nördlichen tschechischen Grenzland siehe Glassheim, *Borderlands,* S. 8–10 und 113–122.

116 Alfred Dick, Bay. Staatsminister für Landesentwicklung und Umweltfragen, an Außenminister Hans-Dietrich Genscher, 12. Mai 1978, BayHStA, Bay. GrePo Nr. 631.

117 Strauß an Schmidt, 17. August 1980, BayHStA StK/19664. Siehe auch Strauß an Schmidt, 8. Februar 1980, ebd; Kleine Anfrage: Grenzüberschreitende Luftverunreinigung aus DDR und CSSR, BT, 9. WP, Drs. 9/1569, 13. April 1982.

118 Bernd Hummel, »Unmut an Zonengrenze über verpestete Luft. ›Volkseigene Dreckschleudern‹ vertreiben Touristen«, *Die Welt,* 30. Mai 1984; Heinel, Bürgermeister der Stadt Lichtenberg, an Franz Josef Strauß, Ministerpräsident von Bayern, 29. Juni 1986, BayHStA StK/19668.

119 Dr. Hans Heun, Oberbürgermeister der Stadt Hof, an Franz Josef Strauß, Ministerpräsident, 5. Mai 1986, BayHStA StK/19668.

120 Steiner, *Von Plan zu Plan,* S. 192–196; Jörg Roesler, »Der Einfluss der Außenwirtschaftspolitik auf die Beziehungen DDR-Bundesrepublik. Die achtziger Jahre«, *Deutschland Archiv* 26 (Mai 1993), S. 565–566; Judt, *Kommerzielle Koordinierung,* S. 139–141.

121 Huff, *Natur und Industrie*, S. 181–182, 268–269 und 272; Horst Paucke, *Chancen für die Umweltpolitik und Umweltforschung. Zur Situation in der ehemaligen DDR*, Marburg 1994, S. 33–35. Zu Günter Mittags Abteilung siehe M. Rainer Lepsius, »Zur Reformunfähigkeit der DDR. Wirtschaftliche Entscheidungsstrukturen und der ›Bereich Mittag‹ im Zentralkomitee der SED«, in: Lepsius, *Institutionalisierung politischen Handelns. Analysen zur DDR, Wiedervereinigung und Europäischen Union*, Wiesbaden 2013, S. 104–115.
122 *Chronik der Zellstoff- und Papierfabrik Rosenthal*, Blankenstein 2001, S. 23.
123 Bay. Staatsministerium für Ernährung, Landwirtschaft und Forsten an StK, 10. Dezember 1979, BayHStA StK/19664; Eiber, *Hof. Tor zur Freiheit*, S. 184–189.
124 Grenzpolizeiinspektion Hof an Landratsamt Hof, 18. Juli 1979; Bay. Staatsministerium für Landesentwicklung an StK, 18. Dezember 1979, beide in: BayHStA StK/19664.
125 Untersuchung der Belastung des Raumes Blankenstein/Saale durch SO_2 (1980). Bearbeitet durch das Institut für Wasserwirtschaft Bereich Umweltschutz (Wittenberg), Leiter: Prof. Dr. Egon Seidel, (VVS-B-392-7/81/3/3), BArch DK5/1905.
126 Westliche Standards: Grenzpolizei Hof an MR Dr. Baer, StK, 11. August 1980, BayHStA StK/19664; Emissionen: Bay. Staatsministerium für Landesentwicklung und Umweltfragen an Bay. StK, 2. Oktober 1984, BayHStA StK/19666. Der VEB Rosenthal produzierte Zellstoff in einem magnesiumbasierten Sulfitverfahren (im Gegensatz zu einem kalziumbasierten Verfahren), das vom bayerischen Ministerium als »umweltfreundlich« anerkannt wurde.
127 Ministerium für Umweltschutz und Wasserwirtschaft, Weisung Nr. 36/81 (VS B161-17/81), 23. November 1981, BArch DK5/1498.
128 *Chronik der Zellstoff- und Papierfabrik Rosenthal*, Blankenstein 2001, S. 25 und 35. Zur Verschmutzung des Bleilochtalsees durch die Fabrik in den 1950er und 1960er Jahren siehe Möller, *Umwelt und Herrschaft*, S. 55–56. Der Bleilochtalsee brach um 1977 ökologisch zusammen. Im Jahr 1978 installierte der VEB Rosenthal eine Wasseraufbereitungsanlage mit Schweizer Technologie, die eine primäre (mechanische) und sekundäre (biologische) Behandlung ermöglichte. Er investierte auch in Tiefenbelüftungsanlagen, um den Stausee wiederzubeleben, jedoch ohne Erfolg.
129 S. Rennert/G. Fiehn, »Erfahrungen bei der Einführung umweltverträglicher Technologien in der Sulfitzellstoffabrik Blankenstein«, *Das Papier* 46:10 (1992), S. V9–V15, hier S. V13.

130 Rothschild, *Poisonous Skies;* Jørgen Wettestad, »Designing Effective Environmental Regimes: The Case of the Convention of Long-Range Transboundary Air Pollution (CLRTAP)«, in: *Energy & Environment* 10:6 (1999), S. 671–703, hier S. 682–688; Mark A. Levy, »European Acid Rain. The Power of Tote-Board Diplomacy«, in: P. M. Hass u. a. (Hg.), *Institutions for the Earth. Sources of Effective International Environmental Protection,* Cambridge 1993, S. 75–132, hier S. 78–81.

131 Darst, *Smokestack Diplomacy,* S. 91–102; Arne Kajser, »Under a Common Acid Sky. Negotiating Transboundary Air Pollution in Europe«, in: Nil Disco, Eda Kranakis (Hg.), *Cosmopolitan Commons. Sharing Resources and Risks across Borders,* Boston 2013, S. 221–225; Stephen Brain, »The Appeal of Appearing Green: Soviet-American Ideological Competition and Cold War Environmental Diplomacy«, *Cold War History* 16:4 (2016), S. 443–462, hier S. 458–461; Rothschild, *Poisonous Skies,* S. 85, 91 und 101–123.

132 Franz-Josef Brüggemeier, »Waldsterben. The Construction and Deconstruction of an Environmental Problem«, in: Christof Mauch (Hg.), *Nature in German History,* New York 2004, 119–131, hier 126; Wettestad, »Effective Environmental Regimes«, S. 685–686. Die Bonner Regierung verabschiedete 1983 die Richtlinie über Großfeuerungsanlagen. Sie setzte das Thema anschließend auf die Tagesordnung der Europäischen Gemeinschaft, wo 1988 eine ähnliche Richtlinie umgesetzt wurde (88/609/EEC).

133 Die Motive der verschiedenen CLRTAP-Unterzeichner und die Wirksamkeit des Schwefelprotokolls von 1985 wurden in der Literatur ausgiebig diskutiert. Die meisten westlichen Unterzeichner verfolgten ohnehin eine SO_2-Reduzierung, erreichten sie zufällig durch Änderungen in ihrer Energiepolitik oder übertrafen das 30-Prozent-Ziel aus innenpolitischen Gründen. Auch Nicht-Unterzeichnerstaaten reduzierten ihre Emissionen, was einige Wissenschaftler dazu veranlasste, kontrafaktisch zu diskutieren, ob die Reduktionen auch ohne den Stockholm-Prozess erreicht worden wären. Siehe Levy, »Tote-Board Diplomacy«, insbesondere S. 116–127; Barbara Connolly, »Asymmetrical Rivalry in Common Pool Resources and European Responses to Acid Rain«, in: J. Samuel Barkin/George E. Shambough (Hg.), *Anarchy and the Environment. The International Relations of Common Pool Resources,* Albany 1999, S. 122–154; Kajser, »Under a Common Acid Sky«, S. 233–235; mit dem Schwerpunkt auf Großbritannien siehe Rothschild, *Poisonous Skies,* S. 165–170.

134 Dabei ist es unerheblich, dass die DDR-Regierung die Unterschrift von Helsinki nie ratifiziert hat, wie Huff, *Natur und Industrie,* S. 270, aus-

führt. Politisch bedeutsam war das unübersehbare öffentliche Bekenntnis in München 1984.

135 »Luftverunreinigung in der DDR. Die Emission von Schwefeldioxid und Stickoxiden«, *DIW Wochenbericht* 30/85, 25. Juli 1985, S. 337–346; »Die DDR hat sich in Helsinki viel vorgenommen«, *Frankfurter Allgemeine Zeitung*, 26. Juli 1986. Siehe auch »Zunehmende Luftverschmutzung in der DDR durch Renaissance der Braunkohle«, *DIW Wochenbericht* 4/83, 27. Januar 1983, S. 43–49.

136 Jörg Roesler, *Umweltprobleme und Umweltpolitik in der DDR*, Erfurt 2006, S. 48–49; Huff, *Natur und Industrie*, S. 176–177; Hünemörder, *Frühgeschichte*, S. 264–265.

137 Darst, *Smokestack Diplomacy*, S. 100–102. Die Sowjetunion hatte auf einer Vertragsklausel für CLRTAP bestanden, in der von einer Reduzierung der »grenzüberschreitenden Strömungen« (»transborder fluxes«) die Rede war, anstatt von einer generellen Reduzierung um 30 Prozent. Die sowjetischen Vertreter hatten nicht die Absicht, ihre inländischen Emissionen von einer ausländischen Stelle überwachen zu lassen. Zur Überwachung von Emissionen während des Kalten Krieges siehe Rothschild, *Poisonous Skies*, S. 90–100.

138 Huff, *Natur und Industrie*, S. 183, 249 und 262–268; siehe auch Möller, *Umwelt und Herrschaft*, S. 240–241.

139 Langstreckentransport vom SO_2 über die Staatsgrenze, 1979 (VVS B392-11/79). Bearbeitet durch das Institut für Wasserwirtschaft Bereich Umweltschutz (Wittenberg), Leiter: Prof Dr. Egon Seidel, Verfasser [Rainer] Schenk/Ursula Andrasch/Hans-Jürgen Discher, BArch DK5/1755. Die Prozentangaben beziehen sich auf Emissionen pro Quartal.

140 E-Mail-Korrespondenz mit Prof. Dr. Rainer Schenk, April 2016. Zitiert mit freundlicher Genehmigung.

141 Aufzeichnung, Umweltschutzpolitik in der DDR, 9. Februar 1983, BayHStA StK/19588. Reichelt kündigte den Plan in einem Interview mit dem SED-Zentralorgan *Neues Deutschland* Anfang Februar 1983 an.

142 Die westdeutsche Industrie investierte schätzungsweise 13,5 Mrd. DM, um die Richtlinie über Großfeuerungsanlagen von 1983 zu erfüllen. Die von der DDR erworbene britische Technologie kostete rund 40 Millionen Pfund und wurde mit britischen Krediten finanziert. Siehe »Emissionen von SO_2 aus Braunkohlekraftwerken in der DDR«, *DIW Wochenbericht* 11/87, 12. März 1987, S. 154–157; Huff, *Natur und Industrie*, S. 258–268.

143 Huff, *Natur und Industrie*, S. 269; Möller, *Umwelt und Herrschaft*, S. 246–249, betont zudem Reichelts kopfloses Agieren und seine Ideenlosigkeit.

144 Huff, *Natur und Industrie*, S. 249, 264, 268 und 270. Auch hierbei folgte

die DDR mehr oder weniger dem sowjetischen Beispiel. Siehe Darst, *Smokestack Diplomacy,* S. 99–102.

145 Obwohl die Gespräche über die Versalzung der Werra im Frühjahr 1980 begannen, löste die Anwesenheit von UBA-Vertretern bei innerdeutschen Gesprächen oder auf der internationalen Bühne regelmäßig ritualisierten Protest aus. Siehe *40 Jahre Umweltbundesamt,* S. 27 und 134–135. Die Gespräche über die Luftverschmutzung begannen 1983, wurden aber durch die Absage des für 1984 geplanten Besuchs von Erich Honecker in Bonn unterbrochen und 1985 wieder aufgenommen.

146 Zur Schuldenkrise der DDR siehe Steiner, *Von Plan zu Plan,* S. 191–196 und 198–203; Armin Volze, »Zur Devisenverschuldung der DDR – Entstehung, Bewältigung und Folgen«, in: Kuhrt u. a., *Ende,* Bd. 4: *Endzeit,* S. 151–177; Roesler, »Außenwirtschaftspolitik«, S. 558–572; Judt, *Kommerzielle Koordinierung,* S. 132–141, 158–166 und 172–174; Ralf Ahrens, »Debt, Cooperation, and Collapse: East German Foreign Trade in the Honecker Years«, in: Hartmut Berghoff, Uta Balbier (Hg.), *The East German Economy, 1945–2010. Falling Behind or Catching Up?,* New York 2013, S. 161–176.

147 Mittag an Reichelt, Standpunkt und Vorschläge zur weiteren Entwicklung der Beziehungen zwischen der DDR und der BRD bzw. Westberlin auf dem Gebiet des Umweltschutzes, 20. März 20, 1984, BArch DK5/5756. Die Verschärfung der Liquiditätskrise der DDR in den 1980er Jahren erklärt eine ganze Reihe von Umweltverträgen mit Westdeutschland, die das Büro von Günter Mittag damals entweder abgeschlossen, angeboten oder in Erwägung gezogen hat. Siehe Eckert, »Geteilt, aber nicht unverbunden«, S. 93–96.

148 Der Honecker-Besuch war ursprünglich für 1984 geplant, wurde aber auf Druck der Sowjetunion abgesagt. Siehe Fred Oldenburg/Gerd-Rüdiger Stephan, »Honecker kam nicht bis Bonn. Neue Quellen zum Konflikt zwischen Ost-Berlin und Moskau«, *Deutschland Archiv* 28 (1995), S. 791–805. Zur Vorbereitung des Besuchs trafen sich ost- und westdeutsche Experten 1983 dreimal, um grenzüberschreitende Luftverschmutzungs- und Entschwefelungsprojekte zu erörtern, doch wurden diese Treffen wegen der Absage des Besuchs nicht fortgesetzt.

149 Information und Vorschläge zur Fortführung von Gesprächen zwischen der DDR und der BRD auf dem Gebiet des Umweltschutzes; bestätigt von Honecker am 7. Mai 1985, BArch DK5/5756.

150 Information über das 5. Gespräch mit der BRD zu Fragen der weiteren Gestaltung der Beziehungen auf dem Gebiet des Umweltschutzes, k. D. [27. November 1985], BArch DK5/5756.

Marlis Menge, »Berlin: Dicke Luft«, *Die Zeit*, 22. Januar 1980; »Janz Berlin is eene Wolke«, *Der Spiegel*, 25. Februar 1985, S. 88–96.

151 Marlis Menge, »Berlin: Dicke Luft«, *Die Zeit*, 22. Januar 1980; »Janz Berlin is eene Wolke«, *Der Spiegel*, 25. Februar 1985, S. 88–96.

152 »Markt vor der Tür«, *Wirtschaftswoche*, 15. Februar 1985, S. 18–20.

153 Christoph Derix, StaeV, Vermerk, 2. Juli 1986, BArch B288/109. In diesem Dokument ging es um ein Kraftwerk für Ost-Berlin für 160–220 Millionen DM. Die Bundesregierung hatte Vorbehalte gegen den Vorschlag, da er gegen das Verursacherprinzip verstieß, aber die Vertreter West-Berlins sprachen sich »entschieden« für diese Lösung aus. West-Berlins größere Pläne für ostdeutsche Kraftwerke in: Manfred Breitenkamp, Senator für Stadtentwicklung und Umwelt, [Vermerk], 10. Oktober 1985, BArch B288/108.

154 Die Konzepte der asymmetrischen Verwundbarkeit und der asymmetrischen Rivalität spielen bei der Analyse des Stockholm-Prozesses eine Schlüsselrolle, insbesondere unter Politikwissenschaftlern und Ökonomen. Siehe Wettestad, »Effective Environmental Regimes«, S. 680–681; Connolly, »Asymmetrical Rivalry«.

155 Judt, *Kommerzielle Koordinierung*, S. 158–166; Steiner, *Von Plan zu Plan*, S. 198.

156 »Für Bayern war es erstmalig, dass ein DDR-Minister offiziell zu einem mehrtägigen Besuch nach Bayern kam; es war auch erstmalig, dass die DDR offiziell unmittelbar mit einem Bundesland Kontakt aufgenommen hat. Bisher waren solche Begegnungen nur auf Bundesebene möglich.« [MR Dr. Baer], Vermerk, Besuch des DDR-Umweltministers Dr. Reichelt in Bayern, k. D. [Oktober 1983], Bay HStA StK/19755.

157 Ebd.

158 Vermerk, Besuch von Herrn Staatsminister Dick vom 14. bis 18. Mai 1984 in der DDR, BayHStA StK/19764.

159 Vermerk, Staatsministerium für Landesentwicklung und Umweltfragen, 1. Juni 1984, BayHStA StK/19668.

160 Bay. Staatsministerium für Landesentwicklung und Umweltfragen an Bay. StK, 2. Oktober 1984, BayHStA StK/19666.

161 Oldenburg/Stephan, »Honecker kam nicht bis Bonn«; von Berg, »Umweltschutzabkommen«, S. 127–128.

162 Siehe Einleitung dieses Buches, Fußnote 1.

163 Information 19/83 über die Inbetriebnahme eines in Bau befindlichen Kohlekraftwerks der BRD in der Nähe der Staatsgrenze der DDR. Auftretende erhöhte Schadstoffablagerung in der DDR und Vorschläge zum Vorgehen, 30. Juni 1983, BArch DK5/1498.

164 Voraus-Auszug aus der Niederschrift über die Ministerratssitzung, 12. Mai 1987, BayHstA StK/19611. Der politische Haken dabei war, dass Bayern darauf bestand, der Bund solle die Hälfte der Kosten eines solchen Abkommens übernehmen, ähnlich wie bei der Vereinbarung zur Röden.
165 MR Dr. Baer, Vermerk, 2. Juni 1989, BayHStA StK/19670. Das Abkommen wurde im April 1989 entworfen.
166 Eine einflussreiche Publikation war Peter Wensierski, »Wir haben Angst um unsere Kinder«. Spiegel-Report über die Umweltverschmutzung in der DDR«, Teil 1–3, *Der Spiegel,* beginnend am 8. Juli 1985; veröffentlicht auch als Wensierski, *Von oben nach unten wächst gar nichts. Umweltzerstörung und Protest in der DDR,* Frankfurt a.M. 1986.
167 StaeV an BKAmt, BMU, BM Innerdt. Beziehungen, AA, 31. März 1989, BArch B288/384.
168 Gemeinsame Erklärung des Stellvertreters des Vorsitzenden des Ministerrates und Ministers für Umweltschutz und Wasserwirtschaft der DDR [Reichelt] und des Bundesministers für Umwelt, Naturschutz und Reaktorsicherheit der Bundesrepublik Deutschland [Töpfer] über die Durchführung von Umweltschutz-Pilotprojekten in der DDR, 6. Juli 1989, in: *DDR Umweltschutz. Ökologie statt Autarkie,* hg. vom Deutschen Industrie- und Handelstag, Bonn 1990; Andreas Förster, »Akute Umweltgefährdung« im Arzneimittelwerk«, *Horch und Guck* 21:76 (2012), S. 26–27.
169 MUW, Vorschläge für das weitere Vorgehen im Zusammenhang mit der Beseitigung der Abwässer der Kaliindustrie, 9. Juni 1977, BArch-SAPMO, Büro Mittag DY 3023/1434.
170 Günter Mittag, *Um jeden Preis. Im Spannungsfeld zweier Systeme,* Berlin 1991, S. 273.
171 *Chronik der Zellstoff- und Papierfabrik Rosenthal,* Blankenstein 2001, S. 33–35.
172 Dazu kamen Bürgschaften der Treuhand für rund 80 Millionen, die explizit für Umwelttechnik bestimmt waren. »›Kontrollbesuch‹: Zellstoff- und Papierfabrik Rosenthal GmbH – 3 Jahre danach«, *Zellstoff & Papier* 43:5 (1994), S. 77.
173 Problemskizze in: Michael Zschiesche, »Umweltschutz in Ostdeutschland – Versuch über ein schnell verschwundenes Thema«, *Aus Politik und Zeitgeschichte* B27 (2003), S. 33–38; Günter Bayerl, »Die Umweltsanierung auf dem Gebiet der ehemaligen DDR: Ein vergessenes Thema?«, in Bayerl, *Peripherie als Schicksal und Chance. Studien zur neueren Geschichte der Niederlausitz,* Münster 2011, S. 436–463. Die beiden neuesten Studien (Huff, *Natur und Industrie* sowie Möller, *Umwelt und Herrschaft in der DDR*) gehen nicht über das Ende der DDR hinaus. Zu den wenigen

Beispielen, die dieses Thema behandeln, gehören Sandra Chaney, »A Chemical Landscape Transformed: Bitterfeld, Germany since 1980«, *Global Environment* 10 (2017), S. 137–167; Gerhard Lenz, *Verlusterfahrung Landschaft. Über die Herstellung von Raum und Umwelt im mitteldeutschen Industriegebiet seit der Mitte des 19. Jahrhunderts,* Frankfurt a.M. 1999, S. 197–207 und 221–228; Markus Schwarzer, *Von Mondlandschaften zur Vision eines neuen Seenlandes. Der Diskurs über die Gestaltung von Tagebaubrachen in Ostdeutschland,* Wiesbaden 2014. Wirtschaftshistorische Arbeiten haben zwangsläufig die ökologische Sanierung mit in den Blick genommen. Vgl. Jörg Roesler/Dagmar Semmelmann, *Vom Kombinat zur Aktiengesellschaft: Ostdeutsche Energiewirtschaft im Umbruch in den 1980er und 1990er Jahren,* Bonn 2005; Rainer Karlsch/Paul Werner Wagner, *Die AGFA-ORWO-Story: Geschichte der Filmfabrik Wolfen und ihrer Nachfolger,* Berlin 2010.

174 Michael von Berg, »Umweltschutz in Deutschland. Verwirklichung einer deutschen Umweltunion«, *Deutschland Archiv* 23:6 (Juni 1990), S. 903–906. Die Ausgangslage der Umweltunion wurde von den sogenannten Eckwerte-Papieren des BMU definiert: *Eckwerte der ökologischen Sanierung und Entwicklung in den neuen Ländern,* Bonn November 1990; *Ökologischer Aufbau. Eckwerte der ökologischen Sanierung und Entwicklung in den neuen Ländern,* Bonn November 1991. Rechtliche Aspekte in: Michael Kloepfer, *Das Umweltrecht in der deutschen Einigung. Zum Umweltrecht im Einigungsvertrag und zum Umweltrahmengesetz,* Berlin 1991.

175 Das Monitoring und die Gewinnung wissenschaftlicher Erkenntnisse gelten als wichtigste Ergebnisse des Stockholm-Prozesses. Siehe z. B. Wettestad, »Effective Environmental Regimes«, S. 682–684; Connolly, »Asymmetrical Rivalry«, S. 142; Levy, »Tote-Board Diplomacy«, S. 115, mit Bezug auf den (zögerlichen) Beitrag der osteuropäischen Länder. Rothschild, »Burning Rain«, betont die Blockadehaltung Großbritanniens.

176 Rudolf Eickeler, »Die Zeiten der billigen Entsorgung sind vorbei«, *Handelsblatt,* 15. Februar 1990.

177 Thiemo Heeg, »Milliarden für die Umweltsanierung im Osten«, *Frankfurter Allgemeine Zeitung,* 22. Oktober 2010; Radkau, *Ära der Ökologie,* S. 535.

178 Diese Einschätzung geht letztlich auf das Bundesumweltministerium selbst zurück. Siehe *20 Jahre Umweltunion – Eine Erfolgsgeschichte der Deutschen Einheit. Konferenzdokumentation,* hg. vom Bundesministerium für Umwelt, Naturschutz und Reaktorsicherheit, Bitterfeld-Wolfen, 2010. Vgl. auch Radkau, *Ära der Ökologie,* S. 522–523 und 526–527. Es ist einfacher, Schlüsseltexte über die deutsche Wiedervereinigung zu fin-

den, die Umweltthemen gar nicht erst ansprechen. Siehe z. B. Andreas Rödder, *Deutschland einig Vaterland. Die Geschichte der Wiedervereinigung,* München 2009; Gerhard A. Ritter, *Wir sind das Volk! Wir sind ein Volk! Geschichte der deutschen Einigung,* München 2009; Konrad Jarausch (Hg.), *Unified Germany. Debating Processes and Prospects,* New York 2013.

179 »In the halls of Bonn, ... one issue taking on urgency is how the orderly and scrubbed half of the country can help clean up the disheveled and polluted half.« Marlise Simons, »West Germans Get Ready to Scrub the East's Tarnished Environment«, *New York Times,* 27. Juni 1990.

180 ARGE Weser, *Folgen der Reduktion der Salzbelastung in Werra und Weser für das Fließgewässer als Ökosystem,* Hildesheim 2000, S. 11.

181 Der Vertrag war 2014 durchgesickert und schien zu bestätigen, dass die thüringischen Bergwerke geschlossen wurden, um Arbeitsplätze in den westlichen Bergwerken zu erhalten. Siehe die zwölfteilige Serie »Die Tragödie von Bischofferode«, *Thüringer Allgemeine Zeitung,* veröffentlicht vom 22. Februar bis 24. Juni 2014; Martin Machowecz, »Hinterm Berg«, *Die Zeit,* 27. März 2014. Außerdem *Bischofferode: Das Treuhand-Trauma.* Ein Film von Dirk Schneider, MDR 2018.

182 Claus Peter Müller von der Grün, »Unter einem Dach. Die wiedervereinigte Kaliindustrie im geeinten Deutschland«, in: Eisenbach/Paulinyi (Hg.), *Kaliindustrie,* S. 223–237.

183 Dr. Walter Lübcke, Regierungspräsident Kassel, Wasserrechtliche Erlaubnis zur Einleitung salzhaltiger Abwässer aus dem Werk Werra [Philippsthal] in die Werra, 30. November 2012.

184 Eisenbach, »Kaliindustrie«, S. 219.

185 »K&S Studie: Fischart Groppe fühlt sich in salzhaltiger Werra wohl«, *Handelsblatt,* 3. Juni 2014. Die Anwesenheit der Groppe in der Werra war bereits hinlänglich bekannt. Siehe Hübner, *Fließgewässerbewertung,* S. 53–55.

186 Deutschland hat die Ziele der EU-Wasserrahmenrichtlinie (WWRL) für 2015 verfehlt und muss versuchen, den »guten ökologischen Zustand« der Gewässer in einem neuen Bewirtschaftungszyklus bis 2027 zu erreichen. Vgl. Umweltbundesamt, »Wasserrahmenrichtlinie«, 23. Sept. 2021, (Zugriff Dezember 2021).

187 Ralf Euler, »Werra erst 2075 mit Prädikat ›Süßwasserqualität‹«, *Frankfurter Allgemeine Zeitung,* 29. September 2014; Euler, »Versalzene Suppe«, ebd., 8. Oktober 2014. Der »Runde Tisch zu Werra und Weser« trat 2008 zusammen und fand 2014 ein Ende, als die Naturschutzverbände aus Protest gegen die hessische Genehmigung weiterer Verpressungen von Kaliabwässern sowie Einleitungen in die Werra die Zusammenarbeit

aufkündigten. Vgl. Helmut Krischmann, »Runder Tisch zur Versalzung der Weser ist ›grandios gescheitert‹«, *Hessisch/Niedersächsische Allgemeine,* 24. November 2014.

188 »EU-Verfahren wegen Salzeinleitung in die Werra«, *Handelsblatt,* 18. Juli 2012. Gegner der Kaliproduktion dokumentieren ihre Aktivitäten auf www.salzblog.org/ und www.bund-hessen.de/wasser-und-gewaesser/wer raversalzung/ (Zugriff Dezember 2021).

189 »Illegale Abfallentsorgung? Durchsuchungen erschüttern K+S«, *Handelsblatt,* 9. September 2015; »K&S soll bei Entsorgungsantrag getrickst haben«, *Spiegel online,* 16. Dezember 2015; Andreas Macho, »Anklage gegen die K&S Manager« *Wirtschaftswoche,* 19. Februar 2016. Das Verfahren wurde im April 2021 eingestellt. Vgl. Matthias Bartsch, »Alles abgesegnet«, *Der Spiegel,* 30. April 2021, S. 43.

190 »Der Topf ist voll«, *Der Spiegel,* 4. November 1992, S. 134. In dem Artikel wird die Größe des unterirdischen Sees mit 300 Quadratkilometern angegeben. In einer Publikation des Hessischen Landesamts für Bodenforschung wird die unterirdische Verbreitung des Salzwassers auf einer Fläche von 480 Quadratkilometer angenommen. Vgl. Frank Skowronek u. a., *Die Versenkung und Ausbreitung von Salzabwasser im Untergrund des Werra-Kaligebietes,* Wiesbaden 1999. Zum Vergleich: Der Bodensee hat eine Größe von 536 Quadratkilometern.

5 Grenzgeprägte Naturräume:
Der Eiserne Vorhangs und sein Einfluss auf die Landschaft

1 GK Nord, Aufklärungssammelbericht für den Zeitraum vom 20. Februar 1982 bis 20. März 1982, BArch-MA, DVH 48/13646. Ein ähnlicher Anruf erging ein Jahr später. »Nur Kraniche sind am Todesstreifen sicher. Selbstschussanlagen ersetzen Minen«, *Braunschweiger Zeitung,* 13. April 1983. Vgl. auch Heiko Steffens/Birger Ollrogge/Gabriela Kubanek (Hg.), *Lebensjahre im Schatten der deutschen Grenze. Selbstzeugnisse vom Leben an der innerdeutschen Grenze seit 1945,* Opladen 1990, S. 135–136.

2 Arie Trouwborst u. a., »Border Fences and their Impacts on Large Carnivores, Large Herbivores and Biodiversity: An International Wildlife Law Perspective«, *Reciel* 25:3 (2016), 291–306. Weiterführende Literatur zum Thema Grenzen und Natur in: Astrid M. Eckert/Pavla Šimková, »Transcending the Cold War: Borders, Nature, and the European Green Belt Conservation Project along the Former Iron Curtain«, in: Patrick Kupper/Anna-Katharina Wöbse (Hg.), *Greening Europe: Environmental Protection in the Long Twentieth Century,* Berlin 2022, S. 130–132.

3 Die Aktivitäten von »Grünes Band Europa« sind dokumentiert auf der Webseite www.europeangreenbelt.org (Zugriff November 2021). Zur Geschichte des Projekts vgl. Eckert/Šimková, »Borders, Nature, and the European Green Belt Conservation Project«, S. 127–151.
4 David G. Havlick, *Bombs Away: Militarization, Conservation, and Ecological Restoration,* Chicago 2018, S. 1–11.
5 Lisa M. Brady, »Life in the DMZ: Turning a Diplomatic Failure into an Environmental Success«, *Diplomatic History* 32:4 (2008), S. 585–611; Kwi-Gon Kim/Dong-Gil Cho, »Status and Ecological Resource Value of the Republic of Korea's De-Militarized Zone«, *Landscape and Ecological Engineering* 1 (2005), S. 3–15; Julia Adeney Thomas, »The Exquisite Corpses of Nature and History: The Case of the Korean DMZ«, in: Chris Pearson/Peter Coates/Tim Cole (Hg.), *Militarized Landscapes. From Gettysburg to Salisbury Plain,* London 2010, S. 151–168.
6 Greg Bankoff, »Making Parks out of Making Wars. Transnational Nature Conservation and Environmental Diplomacy in the Twenty-First Century«, in: Erika Marie Bsumek u. a. (Hg.), *Nation States and the Global Environment. New Approaches to International Environmental History,* New York 2013, S. 76–96.
7 Jeffrey Sasha Davis, »Military Natures: Militarism and the Environment«, *GeoJournal* 69 (2007), S. 131–134, Zitat S. 131.
8 Peter Coates, »Borderlands, No-Man's Land, Nature's Wonderland«, *Environment and History* 20:4 (November 2014), S. 500–516; John R. McNeill/Peter Engelke, *The Great Acceleration. An Environmental History of the Anthropocene since 1945,* Cambridge 2016, S. 181–182.
9 Die Formulierung »Vom Todesstreifen zur Lebenslinie« ist im Marketing des Grünen Bandes allgegenwärtig. Die Literatur zum Grünen Band stammt noch weitgehend von Interessenvertretern selbst, also von Personen, die mit dem Naturschutzprojekt beruflich verbunden sind. Vgl. z. B. Kai Frobel/Uwe Riecken/Karin Ullrich, »Das ›Grüne Band‹ – das Naturschutzprojekt Deutsche Einheit«, *Natur und Landschaft* 84: 9/10 (2009), S. 399–403; Holger Keil, »Sielmanns Vision direkt vor der Haustür«, *Nationalpark* 145:3 (2009), S. 14–17; Kai Frobel, »20 Jahre Grünes Band. Eine Bilanz«, in: ebd., S. 5–9; Liana Geidezis/Melanie Kreutz/Uwe Riecken/Karin Ullrich, »Das Grüne Band Deutschland. 25 Jahre nach der Wiedervereinigung – ein Rück- und Ausblick«, *Natur und Landschaft* 90:12 (2015), S. 564–568.
10 »Weil das ein Bereich war, der seit Jahrzehnten ungenutzt, ungestört und ungedüngt war – wo die Natur eine 40-jährige Atempause hatte.« Kai Frobel zitiert in: »Deutscher Umweltpreis: Von der Todeszone zum Na-

turschutzgebiet«, *Deutsche Welle,* 6. September 2017, auf https://p.dw. com/p/2jRPG (Zugriff Dezember 2021). Siehe z. B. »Das Grüne Band. Vom Todesstreifen zur Lebenslinie«, Website des BUND, www.bund.net/gruenes-band (Zugriff November 2021).

11 Brandon Larson, *Metaphors for Environmental Sustainability. Redefining our Relationship with Nature,* New Haven 2011.

12 David Shears, *Die häßliche Grenze,* Stuttgart 1971, S. 9; Sepp Binder, »Die Narbe der Nation: Zwischen Touristen und Tretminen«, *Die Zeit* Nr. 24, 13. Juni 1969, S. 8.

13 Anthony Bailey, *Along the Edge of the Forest: An Iron Curtain Journey,* New York 1983, S. 13 und 55.

14 »Agency« ist ein zentrales, allerdings auch umstrittenes Paradigma in historischen Mensch-Tier-Studien. Vgl. Gesine Krüger/Aline Steinbrecher/Clemens Wischermann (Hg.), *Tiere und Geschichte: Konturen einer »Animate History«,* Stuttgart 2014, S. 12–15; Andrew J. P. Flack, »Continental Creatures. Animals and History in Contemporary Europe«, *Contemporary European History* 27:3 (2018), S. 517–529; Joshua Specht, »Animal History after Its Triumph. Unexpected Animal, Evolutionary Approaches, and the Animal Lens«, *History Compass* 14:7 (2016), S. 326–336, schlägt vor, das Konzept »Agency« bei Tieren nicht zu verwenden.

15 Eine Ausnahme bildet die versuchte Industrialisierung des östlichen Eichsfeldes durch den 1958 beschlossenen »Eichsfeldplan«. Vgl. Christian Stöber, *Rosenkranzkommunismus. Die SED-Diktatur und das katholische Milieu im Eichsfeld 1945–1989,* Berlin 2019, S. 90–170.

16 Havlick, *Bombs Away,* S. 2, spricht in diesem Zusammenhang von »redemptive stories« (Erlösungsnarrativen), die sich um das Grüne Band spinnen.

17 Die grobe Unterscheidung der Geländearten wurde von den DDR-Grenztruppen getroffen. Siehe Erläuterung zum Plan der Hauptmaßnahmen zur Verstärkung der Westgrenze der DDR, k. D. [1961], BArch-MA DVH 27/129422.

18 Sheffer, *Burned Bridge,* S. 97–163; Johnson, *Divided Village,* S. 65–88; Ritter/Lapp, *Die Grenze;* Stacy, *U. S. Army Border Operations,* S. 178–195; Robert Lebegern, *Zur Geschichte der Sperranlagen an der innerdeutschen Grenze, 1945–1990,* Erfurt 2004; Dietmar Schultke, *»Keiner kommt durch«. Die Geschichte der innerdeutschen Grenze 1945–1990,* Berlin 2004, S. 45.

19 Viele der abgerissenen Dörfer sind lokalgeschichtlich dokumentiert. Siehe Janet Hesse, *Befriedet. Vergessene Orte an der innerdeutschen Grenze,* Hamburg 2009; Norbert Fuchs, *Billmuthausen. Das verurteilte Dorf,* Hild-

burghausen 1991; Gerhard Schätzlein/Reinhold Albert, *Grenzerfahrungen. Bezirk Suhl – Bayern/Hessen 1972–1988,* Hildburghausen 2002, S. 471–543.
20 Der Aufbau und Unterhalt der Selbstschussanlagen vom Typ SM-70 war für die DDR ausgesprochen kostspielig und brachte ihr internationale Kritik ein. Erich Honecker beschloss deshalb schon 1982, die Selbstschussanlagen abbauen zu lassen. Diese Entscheidung stand nicht im Zusammenhang mit den Milliardenkrediten für die DDR, die Franz Josef Strauß im Sommer 1983 vermittelte, obwohl die westdeutsche Seite den Abbau der »Todesautomaten« als Konzession der DDR für die Milliardenkredite auffasste. Siehe DzD VII,1, XV und Dok. 63 einschl. Anm. 6, S. 221.
21 Sheffer, *Burned Bridge,* Tabelle in Anhang 3, S. 263–264. Wirsching, *Provisorium,* S. 605, weist darauf hin, dass die Zahl der Fluchtfälle nicht nur aufgrund der aufwendigeren Sperranlagen zurückging, sondern auch weil es nach 1975 alternative Möglichkeiten gab, die DDR zu verlassen.
22 Hermann Behrens (Hg.), *Naturschutzgeschichte und Naturschutzbeauftragte in Thüringen. Lexikon der Naturschutzbeauftragten,* Bd. 4, Friedland 2015, S. 1–3.
23 Ritter/Lapp, *Die Grenze,* S. 56.
24 Meldung Grenzpolizei Mellrichstadt, 15. Juni 1976, BayHStA StK/19535. Die Spezialabteilung »Chemische Dienste« der Nationalen Volksarmee benutzte das Herbizid Anforstan. Vgl. Rolf Büttner (Hg.), *Die »Chemiker« der NVA und der Grenztruppen der DDR,* Berlin 2012, S. 241. Das Buch ist eine Selbstdarstellung ehemaliger Mitglieder der Einheit.
25 Kdo. der Grenztrupppen, Abt. Aufklärung, Einsatzstudie: Herstellen von Tonbandaufnahmen von Gesprächen in unmittelbarer Nähe zur Staatsgrenze. 19. Juni 1963; Beschwerden über Störgeräusche durch Wind und Vögel in: 5. Grenzbrigade, Unterabteilung Aufklärung, Bericht 3. Oktober 1963, beides in: BArch-MA DVH 32/117432.
26 Karlheinz Lohs/Dieter Martinetz, »Die Chemie des Todesstreifens«, *Spektrum der Wissenschaft* (Dezember 1991), S. 18–19; die Autoren berichten, dass die Grenztruppen pro Jahr und Hektar 10 bis 50 Kilogramm Herbizide ausbrachten. Siehe auch BMU, AG Bodenschutz, Vermerk, 26. April 1990, BArch B295/13831.
27 U. Müller-Wegener/R. Schmidt, *Erfassung der Bodenkontamination und Altlasten auf Liegenschaften des Bundes – Teilvorhaben Grenzstreifen: Pflanzenschutzmittelgehalte im Grenzstreifen der ehem. DDR,* hg. vom Institut für Wasser-, Boden- und Lufthygiene des Bundesgesundheitsamtes (Berlin: Feb. 1994); für Berlin N. Litz, »Zur Kenntnis der Belastungssituation

durch Herbizide im Bereich ehemaliger Grenzstreifen«, *Nachrichtenblatt Deutscher Pflanzenschutzdienst* 43:12 (1991), S. 257–261.

28 Wo die Demarkationslinie einen hufeisenförmigen Bogen (»Sack«) machte und das Gelände schwierig zu überwachen war, wurde der Verlauf der Sperranlagen oft einfach begradigt. Das Land innerhalb der Ausstülpung wurde damit praktisch aufgegeben und kaum noch kontrolliert.

29 BMF, [monatlicher Bericht über Vorfälle an der Grenze], 29. Juli 1963 und 26. August 1963, beide in PA/AA, B38/51.

30 Rolf Weber, »Vom ›Todesstreifen‹ zum ›Grünen Band‹ – dargestellt am Beispiel der sächsischen Grenze zu Bayern«, in: Regine Auster/Hermann Behrens (Hg.), *Naturschutz in den neuen Bundesländern – Ein Rückblick,* Berlin 2001, S. 660–661.

31 Ritter/Hajdu, *Innerdeutsche Grenze,* S. 48; Steffen, *Lebensjahre,* S. 136.

32 Dieter Franz, *Das Blaukehlchen. Von der Rarität zum Allerweltsvogel?,* Wiesbaden 1998, S. 61–69; Norbert Theiss, »Lebensraum Grenzstreifen«, *Ornithologischer Anzeiger* 32 (1993), S. 1–9, bes. S. 6–7.

33 Auf die Gefahren von Landminen für Tiere in Kriegsgebieten wird schon seit Langem von Tierschützern hingewiesen. Siehe Adam M. Roberts/Kevin Stewart, »Land Mines. Animal Casualties of the Underground War«, *Animals Agenda* 18:2 (1998), S. 35. Allgemeiner über die Folgen von moderner Kriegsführung für Tiere in: Joseph P. Dudley u. a., »Effects of War and Civil Strife on Wildlife and Wildlife Habitats«, *Conservation Biology* 16:2 (2002), S. 319–329.

34 Dieter Tasch, »Viele Minen sind des Wildes Tod«, *Wolfsburger Allgemeine* (19. Juni 1963); Landrat, Kreis Herzogtum Lauenburg, an Innenministerium, Schleswig-Holstein, 2. November 1964, LASH, Abt. 605/8401; Albrecht Keil, *Postenhirsche und Minenkeiler. Jagd im Schatten der Zonengrenze,* Melsungen 2008, S. 89–96, passim.

35 Interview mit Ralf Maaß, Groß Molzahn, 23. Oktober 2010, I (1:13).

36 »Tiertragödie am Stacheldraht«, *Braunschweiger Zeitung,* (Regionalausgabe Bad Harzburg/Braunlage), 12. April 1969.

37 »Für den Waidmann unerträglich. Ende der Tiertragödien an der Zonengrenze nicht abzusehen«, *Göttinger Tageblatt,* 12. Januar 1967.

38 Ohms, Zollkommissariat Braunlage (Harz), an Staatl. Forstamt Braunlage, 12. Januar 1965, NLA WO, 13 A Nds Zg. 42/1996 Nr. 13; »Minen-Sperren im Oberharz halbierten den Rehbestand«, *Herzberger Zeitung,* 11. Januar 1968.

39 Bieder, Zollkommissariat Braunlage (Harz), an Staatl. Forstamt Braunlage, 13. April 1967, NLA WO, 13 A Nds Zg. 42/1996 Nr. 13; »Minen-Sperren im Oberharz halbierten Rehbestand«, *Herzberger Zeitung,* 11. Januar 1968.

40 »Traurige Bilanz in der Bundesrepublik. Jeder sechste Hase wird vom Auto ›erschossen‹«, *Braunschweiger Zeitung*, 1. Mai 1964. Der Artikel schreibt den Tod von 50 000 Stück Rehwild, 100 000 Igeln und einer Million Vögel pro Jahr dem Autoverkehr zu.
41 Die Nationale Volksarmee (NVA) unterhielt eigene Forstbetriebe außerhalb der Bürokratie des Ministeriums für Land-, Forst- und Nahrungsgüterwirtschaft, z. B. seit 1965 in der Schorfheide. Diese Forstbetriebe dienten nicht der Holzproduktion, sondern sicherten die Jagdprivilegien der SED-Führung. Siehe Burghard Ciesla/Helmut Suter, *Jagd und Macht. Die Geschichte des Jagdreviers Schorfheide*, Berlin 2013, S. 203–232, bes. S. 210–217. Wälder im Sperrgebiet entlang der Grenze unterstanden allerdings nicht der NVA. Nur Mitglieder der Grenztruppen konnten dort Teil eines »Jagdkollektivs« sein. Siehe Christoph Stubbe, *Die Jagd in der DDR. Ohne Pacht eine andere Jagd*, Melsungen 2006, S. 362–371, bes. S. 370–371.
42 Marie-Luise Scherer, »Die Hundegrenze«, *Der Spiegel*, 7. Februar 1994, S. 110. Die Praktiken dieser »Jägerkollektive« werden zudem bestätigt im Interview mit Ralf Maaß, Groß Molzahn, 23. Oktober 2010, I (1:03). Siehe auch Heinrich Dirlam, »Der Scharfenstein im Grenzgebiet 1952 bis 1990«, in: Karl Berke, *Ilsenburg (Harz) im 20. Jahrhundert*, Ilsenburg 2013, S. 211; Eiber, *Hof. Tor zur Freiheit*, S. 198.
43 »Tiertragödien an der Zonengrenze nehmen ab. MGZ trennen den Rotwildbestand des Harzes. Biologisch positiver Austausch unterbunden«, *Hannoversche Allgemeine Zeitung*, 10. Februar 1970.
44 Lebegern, *Sperranlagen*, S. 50–52.
45 Zitat in: Strafjustiz und DDR-Unrecht: Dokumentation, hg. von Klaus Marxen. Bd. 2: *Gewalttaten an der deutsch-deutschen Grenze*, unter Mitarbeit von Toralf Rummler/Petra Schäfter, 2. Teilband, Berlin 2002, S. 529. Die Versuche liefen in der Region Altmark, heute in Sachsen-Anhalt gelegen. Trotz der Abweiserdrähte gingen 40 Prozent der ausgelösten SM-70 auf das Konto von Rehwild. Siehe Hendrik Thoß, *Gesichert in den Untergang. Die Geschichte der DDR-Westgrenze*, Berlin 2004, S. 183.
46 »Aufbau des Grenzhundewesens der DDR-Grenztruppe«, *Zeitschrift des Bundesgrenzschutzes* 16:1 (Januar 1989), S. 24. Zur Praxis der Schießübungen siehe Schultke, »*Keiner kommt durch*«, S. 72.
47 »Aufbau des Grenzhundewesens«, ebd.
48 Ritter/Lapp, *Die Grenze*, S. 116.
49 Marie-Luise Scherer, »Die Hundegrenze«, *Der Spiegel*, 7. Februar 1994, S. 94–115. Bezug auf den Harz in: Dietmar Schultke, »Wie mich der Eiserne Vorhang härtete«, in: Schultke (Hg.), *Die Grenze, die uns teilte. Zeitzeugenberichte zur innerdeutschen Grenze*, Berlin 2005, S. 99.

50 Scherer, »Die Hundegrenze«, S. 114–115. Die Episode mit dem Lankower See kam auch zur Sprache in meinem Interview mit Ralf Maaß, Groß Molzahn, 23. Oktober 2010.
51 »Verschmuste Bestie«, *Der Spiegel*, 29. Januar 1990, S. 84–85.
52 David Blackbourn, *The Conquest of Nature. Water, Landscape, and the Making of Modern Germany*, New York 2006.
53 Gustav Palis/Bernhard Peitschner, *Der Drömling: Vom Moor zur Kulturlandschaft*, Horb am Neckar 1998; Fred Baumann/Helmut Müller, »Der Naturpark Drömling in Sachsen-Anhalt«, *Naturschutz und Naturparke* 152 (1994), S. 9–17; Landesamt für Umweltschutz (Hg.), *Naturschutz in Sachsen-Anhalt* 30 (1993), bes. S. 4–18. Siehe auch Wasserwirtschaftsamt Celle, Ergänzender Erläuterungsbericht, 5. Februar 1974, S. 18–21, NLA HA Nds. 620 Celle Acc. 2001/170 Nr. 2.
54 Fritz Ackmann, »Gegenüber der Altmark: Zur Geopolitik des Zonengrenzkreises Gifhorn«, in: *Im Schatten der Zonengrenze*, hg. vom BM in gesamtdeutsche Fragen, Bonn 1956, S. 78; Annette Jorns/Reinhold Kratz/Hansgeorg Pudack, »Der Drömling«, *Kosmos: Damit Mensch und Natur Zukunft haben* 7 (1986), S. 12–13.
55 Wasserwirtschaftsamt Celle, Wasserwirtschaftliche Grenzprobleme im Drömling, 5. April 1977, NLA HA Nds. 620 Celle Acc.2001/170 Nr. 2.
56 Landkreis Gifhorn, Vermerk betr. Hannoverscher Drömling, 26. Februar 1969, NLA HA Nds. 620 Celle Acc.2001/170 Nr. 2.
57 Rudolf Berndt, Entwicklungsplan für den Drömling als Großreservat für Naturschutz, -forschung und -beobachtung, Braunschweig, 10. Dezember 1968, 17 Seiten, Zitate auf S. 5–6, NLA HA Nds. 620 Celle Acc. 2001/170 Nr. 2.
58 SPD Ortsverein Vorsfeld, [Flugblatt] *Rettet den Drömling*, undatiert [1988], BStU BV Magdeburg Abt. XX Nr. 3024; Jorns/Kratz/Pudack, »Der Drömling«, S. 17.
59 Im Jahr 1961 wurde ein Teil des Giebelmoors als Naturschutzgebiet ausgewiesen. Nachdem es 1979 vergrößert und mit dem Allerauenwald verbunden worden war, erreichte seine Größe 313 Hektar. 1965 wurde der größte Teil des westlichen Drömlings als Landschaftsschutzgebiet ausgewiesen. Dieser Status zielt vor allem auf den Erhalt des Erscheinungscharakters der Landschaft ab und ist weniger strikt als der eines Naturschutzgebiets. Im Jahr 1988 wurde der 600 Hektar große Vorsfelder Drömling unter Naturschutz gestellt, 1990 kam der 400 Hektar umfassende Kaiserwinkel hinzu. Seit den 1970er Jahren schon hatten Naturschützer dafür gekämpft, den Kaiserwinkel zum Naturschutzgebiet zu erklären, was sich auch wegen der fortgesetzten Wasserentnahme auf der

DDR-Seite als schwierig erwies. Die Daten über die Schutzgebiete in Niedersachsen sind verfügbar auf www.naturschutzgebiete.niedersachsen.de (Zugriff November 2021). Zum Engagement der Umweltschützer siehe BUND, DBV (Hg.), *Der Drömling. Stellungnahme der Naturschutzverbände zur Gefährdung eines Feuchtgebietes von internationaler Bedeutung* (Februar 1988).

60 Kurzreferat Forstmeister Kuke, undatiert, BStU BV Magdeburg Abt. XX Nr. 3024.

61 MfS, Kreisdienststelle Klötze, Zwischenbericht zur OPK »Drömling«, 3. Februar 1989, BStU BV Magdeburg, Abt. XX Nr. 3884. Der Einsatz der Fördergemeinschaft Drömling entspricht der neueren Interpretation der GNU in Möller, *Umwelt und Herrschaft*, S. 282–303.

62 Sandra Chaney, *Nature of the Miracle Years: Conservation in West Germany, 1945–1975*, New York 2008; Jens Ivo Engels, *Naturpolitik in der Bundesrepublik. Ideenwelt und politische Verhaltensstile in Naturschutz und Umweltbewegung 1950–1980*, Paderborn 2006.

63 »Über 16 000 Menschen sagen ›Ja!‹ zu ›ihrer‹ Stadt an der Zonengrenze. Schulen, Wald und Industrie«, *Lübecker Nachrichten*, 5. Oktober 1958.

64 Zur unklaren Situation für die Fischer siehe Steffens, *Lebensjahre*, S. 174–187. Nach 1978 errichteten die ostdeutschen Behörden eine Mauer am Dassower See. Dorian Rätzke, *Zwischen Stacheldraht und Strandkorb. DDR-Alltag in der Lübecker Bucht*, Boltenhagen 2011, S. 92–95.

65 »Wird Buchhorst Naturschutzgebiet?«, *Lübecker Morgen*, 29. Februar 1964. Die Insel Buchhorst ist etwa vier Hektar groß. Weitere Informationen über das Ufer des Dassower Sees und das Naturschutzgebiet Buchhorst unter www.luebeck.de/de/rathaus/verwaltung/umwelt-natur-und-verbraucherschutz/naturschutz/schutzgebiete/naturschutzgebiete.html (Zugriff November 2021).

66 Buchhorst ist ein gutes Beispiel dafür, dass der Fortbestand der Artenvielfalt in den Landschaften Mitteleuropas selten das Ergebnis von reiner Nichteinmischung ist, sondern vielmehr von extensiver Nutzung wie Beweidung und saisonaler Mahd, also von veralteten landwirtschaftlichen Praktiken. Die Tatsache, dass die Insel Buchhorst seit 1983 nicht mehr betreten werden durfte, hat dort nicht zum Erhalt des Status quo geführt. Stattdessen führte Nichtnutzung dazu, dass invasive Arten wie Riesenbärenklau sowie gewöhnliches Schilf und Sträucher die empfindlichere Flora verdrängten. Bis 2011 hatten nur 80 der 190 Pflanzenarten, die Anfang der 1980er Jahre nachgewiesen worden waren, überlebt. Umweltschützer empfahlen daraufhin die Einführung von Ziegen zur Beweidung. Siehe Jürgen Lenz, »Naturschützer schlagen Alarm. Immer weni-

ger Arten auf der Insel Buchhorst im Dassower See«, *Ostsee Zeitung,* 14. Januar 2011.

67 Wolfram Brauneis, »Das Grüne Band. Hessens Grenze zu seinem thüringischen Nachbarn – 10 Jahre danach«, *Ornithologische Mitteilungen* 52:10 (2000), Zitat S. 336.

68 Zu den Bemühungen um den Adler durch die Ständige Vertretung der Bundesrepublik in Ostberlin in den Jahren 1980 bis 1982 siehe BArch B288/158. Zahlen in Peter Hauff, »Zur Geschichte des Seeadlers *Haliaeetus albicilla* in Deutschland«, *Denisia* 27 (2009), S. 11. Siehe auch Standpunkt zu Verhandlungen mit der BRD über Zug, Bruterfolge und Schutzmaßnahmen von Seeadlern, undatiert [Mai 1987], BArch DK1/28738. Laut Hauff, S. 11, war das heraldische Interesse am Seeadler das Ergebnis einer cleveren PR-Kampagne der Naturschützer. Das Bundeswappen stellt allerdings nur einen stilisierten, keinen spezifischen Adler dar.

69 »Thomas Neumann: Grünes Band oder Grüne Perlen?«, in: Petra Burghardt, *Mehr Geschichte von Drüben,* Books on Demand 2011, S. 58–69; »Zollstreifen haben auch ein Auge auf die Natur«, *Lübecker Nachrichten,* 21. August 1983.

70 Diese Naturschutzgebiete sind Ebenhöhe-Liebenberg, Stürzlieder Berg, Plesse-Konstein, Liebenberg-Hasenkanzel, Frankenloch bei Heldra, Dreiherrenstein-Eschenberg. Interview Brauneis, 13. Juli 2009.

71 »Tod im Ei«, *Der Spiegel,* 7. März 1977, S. 204–206.

72 Zum Falkenprogramm siehe Wolfram Brauneis/Wilhelm Hammer/Christian Saar, »Auswilderung gezüchteter Wanderfalken in Nordhessen. Eine Zwischenbilanz«, *Deutscher Falkenorden* (1981), S. 23–27; Stephan Börnecke, »Der Wanderfalke im Aufwind«, *Frankfurter Rundschau,* 29. Oktober 2003; Interview Brauneis, 13. Juli 2009; zu Brauneis siehe »Eier im Nest. Wolfram Brauneis – ein Konditor rettet den Wanderfalken«, *Spiegel Spezial,* 1. Februar 1995, S. 106–107; Jürgen Schreiber, »Das Brot des Konditors«, natur. *Das Umweltmagazin* 7:88 (Juli 1988), S. 34–39.

73 Christian Sebald, »Vom Todesstreifen zur Lebenslinie«, *Süddeutsche Zeitung,* 12. August 2009; Hubert Weiger, »Kai Frobel. Der Initiator des Grünen Bandes«, *Nationalpark* 143:3 (2009), S. 44–45; Phil McKenna, »The Boys Who Loved Birds«, *The Big Roundtable,* 18. Februar 2015, https://medium.com/thebigroundtable/the-boys-who-loved-birds-cd6e117a608 (Zugriff November 2021); Interview Frobel, Nürnberg, 20. Juli 2009.

74 Peter Beck/Kai Frobel, »Letzter Zufluchtsort: Der ›Todesstreifen‹?«, *Vogelschutz: Magazin für Arten- und Biotopschutz* 2 (1981), S. 24. Siehe auch Kai Frobel, »20 Jahre Grünes Band – eine Bilanz«, *Nationalpark* 145:3 (2009), S. 5–6.

75 Frobel/Riecken/Ullrich, »Naturschutzprojekt Deutsche Einheit«, S. 399; Interview Frobel, Nürnberg, 20. Juli 2009 (32:20). Siehe auch Irene Jung, »Der Vogel, der die Stille liebt«, *Hamburger Abendblatt,* 21. April 1984, S. 24, über Landerwerb im Kreis Lüchow-Dannenberg zum Schutz des Kranichs.
76 Keil, »Sielmanns Vision«. Ein Ausschnitt der Sendung aus dem Jahr 1988 in diesem Video aus dem Jahr 2009: www.ndr.de/fernsehen/sendungen/expeditionen_ins_tierreich/expeditionen249.html (Zugriff November 2021).
77 H. König, »Der Brutvogelbestand einer Kontrollfläche in der Lenzener Wische (Kreis Ludwigslust) im Jahre 1965«, *Mitteilungen der IG Avifauna DDR* 2 (1969), S. 43–58, Zitat S. 48.
78 Zitiert mit Erlaubnis von Bernd Katzer, E-Mail-Korrespondenz mit der Autorin, 4. März 2013 und 13. April 2013.
79 Zitiert mit Erlaubnis von Bernd Friedrich, E-Mail-Korrespondenz mit der Autorin, 22. März 2010. Bernd Friedrich, »Der Uhu *(Bubo bubo)* wieder Brutvogel im Kreis Eisenach«, *Fliegende Blätter* (HGON) 2 (1987). Siehe auch Bernd Friedrich/Peter Fahrenholz, »Avifaunistische Mitteilungen aus dem südwestlichen Teil des Kreises Eisenach«, *Thüringische Ornithologische Mitteilungen* 38 (1988), S. 31–43.
80 »Der besondere Status dieses Gebietes läßt oft keine genauere Beschreibung der Landschaften, der Habitate bzw. Biotope der genannten Vogelarten zu.« Bernd Katzer/Matthias Baeseler, »Ornithologische Notizen aus dem Kreis Sonneberg«, *Thüringische Ornithologische Mitteilungen* 24 (1978), S. 17–30, Zitat S. 17. Katzer und Baeseler gehörten beide den Grenztruppen an. Baeseler an Autorin, 21. Februar 2013.
81 Zitiert mit Erlaubnis von Dr. Bernd Nicolai, Direktor des Museums Heineanum Halberstadt, E-Mail-Korrespondenz mit der Autorin, 11. und 12. August 2010.
82 Martin Görner, Interview 23. August 2010, Artenschutzzentrum Thüringen in Ranis.
83 Martin Görner/R. Schultheis, »Schwarzstorch *(Ciconia nigra)* wieder Brutvogel in Thüringen«, *Landschaftspflege und Naturschutz in Thüringen* 21:4 (1984), S. 88–90. Siehe auch Robert Pfeifer, »Der Schwarzstorch *Ciconia nigra* in Bayern. Ausbreitungsgeschichte, Verbreitung und aktueller Status«, *Ornithologischer Anzeiger* 36 (September 1997), S. 93–104; Otto Jost, »Das Vorkommen des Schwarzstorches *(Ciconia nigra)* im Fuldaer Land«, *Vogel und Umwelt* 3 (1984), S. 151–158.
84 Martin Görner, Interview 23. August 2010, Artenschutzzentrum Thüringen in Ranis. Görner, ein Uhu-Experte, gehörte von 1968 bis 1990 dem *Institut für Landschaftsforschung und Naturschutz (ILN) Halle, Zweigstelle*

Jena, an. Das Institut wurde 1953 als die zentrale ostdeutsche Einrichtung für Naturschutz gegründet. Görner wurde 1990 aufgrund des Vorwurfs der Stasitätigkeit suspendiert. Seine Erlaubnis, den Schutzstreifen zu betreten, die ihm mehrfach umstandslos verlängert wurde, mag zu den Verdächtigungen gegen ihn beigetragen haben. Seine Biografie wurde auf der Basis von Akten der Bundesbehörde für die Stasi-Unterlagen *(BStU)* überprüft und Görner daraufhin 1992 vom Arbeitsgericht in Jena vollständig rehabilitiert. Sein ehemaliger Arbeitgeber, das ILN, musste die Vorwürfe öffentlich zurücknehmen. Siehe *Landschaftspflege und Naturschutz in Thüringen* 29:4 (1992), S. 112. Zu Görner siehe den autobiografischen Beitrag in Hermann Behrens/Jens Hoffmann (Hg.), *Naturschutzgeschichte(n). Lebenswege zwischen Ostseeküste und Erzgebirge,* Friedland 2013, S. 75–92, insbesondere S. 84–88. Zum ILN siehe Hermann Behrens, »Das Institut für Landschaftsforschung und Naturschutz (ILN) Halle (S.) und die deutsche Naturschutzgeschichte«, *IUGR-Standpunkte* 5 (Nov. 2011), S. 1–18.
85 Der CDU-Politiker Uwe Barschel (1944–1987) amtierte von 1982–1987 als Ministerpräsident von Schleswig-Holstein. Er galt als Hoffnungsträger seiner Partei und hegte allem Anschein nach Ambitionen, in die Bundespolitik zu gehen. Seine Amtszeit als Ministerpräsident, ja seine gesamte Biografie ist überschattet von einem Skandal, der als »Waterkantgate« Schlagzeilen machte. Barschel soll im Landtagswahlkampf 1987 seinen politischen Gegner Björn Engholm (SPD) ausgespäht haben. In einer im Fernsehen übertragenen Erklärung beteuerte er seine Unschuld. Am 11. Oktober 1987, kurz nach seinem Rücktritt, wurde Barschel tot in einem Schweizer Hotel aufgefunden. Die Umstände seines Todes sind bis heute ungeklärt.
86 Ministerium für Ernährung, Landwirtschaft und Forsten des Landes Schleswig-Holstein (MELF SH), *Landesprogramm zum Schutz der Natur und zur Verbesserung der Struktur an der schleswig-holsteinisch-mecklenburgischen Landesgrenze,* Kiel, September 1985, Zitat S. 1; Lauenburgische Akademie für Wissenschaft und Kultur, Seminar vom Mai 1987 über das Landesprogramm, Seminarberichte Heft 1 (1987). Ich danke Reinhard Schmidt-Moser vom Ministerium für Landwirtschaft und Umwelt für das hier zitierte Material. Siehe auch MELF SH, Kabinettsvorlage 47/1985, 10. April 1985, LASH, Abt. 605/6483.
87 Pressemitteilung 2. September 1985 zum Landesprogramm, LASH, Abt. 611/8391; Karsten Henke, »20 Millionen für den Schutz der Natur«, *Lübecker Nachrichten,* 3. September 1985; »Land will Fremdenverkehr und Naturschutz in Schwung bringen«, *Kieler Nachrichten,* 17. April 1985; Andreas

Moser, »Das Naturschutzprogramm findet großen Anklang«, *Lübecker Nachrichten*, 4. Mai 1985; »Bedrängte Natur soll Refugium entlang der deutsch-deutschen Grenze erhalten«, *Flensburger Tageblatt*, 17. April 1985.

88 Rede des MP Uwe Barschel zur öffentlichen Anhörung über den Entwurf eines Landesprogramms am 2. Mai 1985 im Herrenhaus Steinhorst, LASH, Abt. 605/6484. Der Schaalsee war das Verbindungsglied zwischen den Lauenburgischen Seen und der Mecklenburgischen Seenplatte.

89 Handschriftliche Notiz auf einem Entwurf für die Kabinettsvorlage 47/1985, LASH, Abt. 605/6483.

90 Barschel zu StS Hanns-Günther Hebbeln, 29. März 1985, LASH, Abt. 605/6483.

91 Das Bundesland Schleswig-Holstein war tief in den Export von Industrie- und Hausmüll zur Deponie Schönberg in der DDR östlich von Lübeck verstrickt. Der Betreiber von Schönberg war der DDR-Staatsbetrieb Intrac, sein westliches Pendant das Hanseatische Baustoffkontor unter der Leitung von Adolf Hilmer. Das hochprofitable Abfallgeschäft stand unter strenger Überwachung durch die Stasi. Im Januar 1984 leitete Hilmer eine Nachricht des schleswig-holsteinischen Umweltministers an seinen Stasi-Kontakt IMB »Siegfried« weiter. Sie betraf die Themen, die der Minister mit der DDR besprechen wollte, darunter die Erweiterung des Naturschutzgebiets Dassower See, Inseln Buchhorst und Graswerder (Plönswerder) sowie Begegnungsmöglichkeiten von Naturschützern beider Seiten. In der Botschaft wurden vage wirtschaftliche Vorteile angedeutet: »Es besteht die Vorstellung, daß man über die Behandlung dieser Themen auch zu weiteren Gesprächen im wirtschaftlichen Bereich bereit ist (Kreditproblem!!).« Geht man davon aus, dass der Umweltminister einen solchen inoffiziellen Kanal sicher nicht ohne Barschels Wissen nutzte, kann man also sagen, dass Barschel seine Initiative für eine »Grüne Grenze« über Stasi-Kontakte einfädelte, die mit Schönberg zu tun hatten. Siehe BStU MfS AG BKK Nr. 2, Bl. 134.

92 Heinrich Potthoff, *Im Schatten der Mauer. Deutschlandpolitik 1961 bis 1990,* Berlin 1999, S. 173–216. Zu den unterschiedlichen Politikvorstellungen von Schmidt und Kohl siehe Karl-Rudolf Korte, *Deutschlandpolitik in Helmut Kohls Kanzlerschaft. Regierungsstil und Entscheidungen 1982–1989,* Stuttgart 1998, S. 479–484. Über die deutschlandpolitische Rhetorik unter Kohl siehe Wirsching, *Provisorium,* S. 591–594.

93 Zu Honeckers Besuch in Bonn siehe Potthoff, *Im Schatten der Mauer,* S. 257–272; Hermann Wentker, *Außenpolitik in engen Grenzen. Die DDR im internationalen System 1949–1989,* München 2007, S. 515–518.

94 Vereinbarung zwischen der Regierung der BRD und der Regierung der DDR über die weitere Gestaltung der Beziehungen auf dem Gebiet des Umweltschutzes [Umweltabkommen], *Bulletin* Nr. 83 (10. September 1987), S. 716–718. Alle Anhänge über Arbeitsgruppen etc. in BArch B295/21553.

95 Barschel an Kohl, 14. Mai 1985; Wolfgang Schäuble, BKAmt, an Barschel, 21. Juni 1985, beide in BArch B288/162. Weitere vorbereitende Papiere zwischen Bundes- und Landesbehörden in BayHStA StK/19738.

96 Hans Otto Bräutigam, Leiter StaeV, an StS Sönke Traulsen, MELF SH, 24. Mai 1985, einschließlich Non-Paper vom 19. Juli 1984, LASH Abt. 605/6484; Oskar Fischer, DDR-Außenminister, an Günter Mittag, 23. Juli 1984, BArch SAPMO DY3023/1435; das Non-Paper auch in BArch DK5/5756. Bewusst ausgeklammert: MELF an BKAmt, 26. Juni 1984, BArch B295/9105.

97 Landesamt für Naturschutz und Landschaftspflege Schleswig-Holstein, ">Lauenburg-Programm‹ zügig angelaufen«, Dezember 1986. Ich danke Reinhard Schmidt-Moser (MELF SH, Kiel) für dieses Dokument. Allerdings wurde das Westufer des Schaalsees nicht als Naturschutzgebiet, sondern lediglich als Landschaftsschutzgebiet ausgewiesen. Die Wahl dieser geringeren Schutzkategorie hatte auch mit der Annahme zu tun, dass die Grenze Bestand haben würde und der See so ausreichend geschützt sei.

98 Vermerk, Gemeinsame Projekte Bundesrepublik Deutschland/DDR auf dem Gebiet des Biotopschutzes, 11. Februar 1986, LASH Abt. 605/6635.

99 Karten und Material über die »Werra-Aue von Treffurt und Heldra« und den »Heldrastein« in Sammlung Brauneis, Eschwege.

100 »Barschel will mit der DDR über Naturschutz an der Grenze reden«, *Kieler Nachrichten,* 3. September 1985; MfS Hauptabteilung XVIII, Information Nr. 262/85 über den am 9.12.1985 geplanten Besuch des ... BARSCHEL, Uwe (CDU), aus der BRD, BStU MfS HA XVIII Nr. 19304, S. 8–14.

101 Sozialdemokratischer Informationsbrief Nr. 150/85, 21. Juni 1985, LASH Abt. 611/8391; »Weiß die DDR von nichts? Streit um grenzüberschreitenden Umweltschutz«, *Schleswig-Holsteinische Landeszeitung,* 22. Juni 1985; »Streit um grenzüberschreitende Umweltinitiativen mit der DDR«, *Kieler Nachrichten,* 22. Juni 1985.

102 Herbert Wessels, »Schaalsee soll deutsch-deutsches Naturschutzgebiet werden«, *Hamburger Abendblatt,* 11. Dezember 1985; Barbara Borowsky, »DDR prüft Wunsch der Fischer«, *Lübecker Nachrichten,* 13. Dezember 1985; »Barschel lobt Gesprächsbereitschaft der DDR-Vertreter in Sachen Umweltschutz«, *Husumer Nachrichten,* 13. Dezember 1985.

103 Hans Reichelt, Information über ein Gespräch mit dem Ministerpräsi-

denten des Bundeslandes Schleswig-Holstein, Uwe Barschel, am 9. Dezember 1985, BStU Mfs HA XVIII Nr. 19304, Bl. 17–20.

104 Die Stasi genehmigte eine Liste von Naturschutzgebieten, die Besuchern aus der Bundesrepublik und anderen kapitalistischen Ländern zugänglich sein sollten. Gen. Maj. Kleine, HA XVIII, 16. Januar 1986, BStU MfS HA XVIII Nr. 21342.

105 Generalforstmeister Rüthnick an Hermann, Stellv. Minister für Umwelt und Wasserwirtschaft, 30. Juni 1988, BArch DK1/28734. Wie Rüthnick berichtete, waren die westdeutschen Vertreter erstaunt, wie offen ihre ostdeutschen Gesprächspartner Probleme ansprachen. Zudem hätten sie sich der DDR-Position angenähert, dass eine »rationelle Nutzung der Natur bei gleichzeitigem wirksamen Schutz der Ressourcen« möglich sei.

106 Günter Mittag an Erich Honecker, 23. Februar 1988 mit beigefügter Information über die Vorschläge der BRD zur Errichtung grenzüberschreitender Naturschutzgebiete und Grundsätze für das weitere Vorgehen, BArch SAPMO Büro Mittag DY3023/1445. Siehe auch Standpunkt zur Einrichtung von grenzüberschreitenden Schutzgebieten zwischen der DDR und der BRD, 31. August 1987, ebd., Nr. 1444.

107 Oberstlt. Wolsky, Vermerk, Abt. VIII, 21. Januar 1988, BStU BV Magdeburg, Abt. XX Nr. 3884, Bl. 88–90. Siehe auch Information über die Vorschläge der BRD zur Errichtung grenzüberschreitender Naturschutzgebiete und Grundsätze für das weitere Vorgehen, ebd., Bl. 138–141.

108 Überblick über die Forstwirtschaft als Wirtschaftszweig der DDR in: Huff, *Natur und Industrie*, S. 209–214.

109 Zahlen in: Hausmitteilung, Rudolf Rüthnick an Peter Findeis, Stellv. Minister MLFN, 6. November 1984, BArch DK1/24741. Andere Dokumente beziehen sich auf 22 Staatliche Forstwirtschaftsbetriebe mit Arealen im Grenzgebiet. Rüthnick war als Generalforstmeister der hochrangigste Forstbeamte der DDR und Hauptabteilungsleiter Forstwirtschaft bzw. in dieser Eigenschaft stellvertretender Minister für Land-, Forst- und Nahrungsgüterwirtschaft der DDR. Eckdaten zur DDR-Forstwirtschaft in: Horst Kurth, »Die Entwicklung der Forstwirtschaft in der DDR«, *Allgemeine Forst Zeitschrift* 35 (1990), S. 892–897.

110 Vereinbarung über die Zusammenarbeit zur Gewährleistung der Planung, Organisation, Durchführung und Sicherung der Schädlings- und Unkrautbekämpfung im Schutzstreifen an der Staatsgrenze der DDR zur BRD und Westberlin zwischen dem Ministerium für Nationale Verteidigung und dem Ministerium für Land-, Forst- und Nahrungsgüterwirtschaft (MLFN), 15. Mai 1974, BArch DK1/24741.

111 Arvid Nelson, *Cold War Ecology. Forests, Farms, and People in the East German Landscape, 1945–1989*, New Haven 2005, S. 141–170, bes. S. 142–144 und 161–167; Huff, *Natur und Industrie*, S. 211–213.
112 Staatlicher Forstbetrieb (StFB) Schleiz. Niederschrift über die Beratung zum Problem der Schneebruchaufarbeitung im Schutzstreifen des StFB Schleiz, 5. Juli 1980, BArch DK1/24741.
113 MLFN, Protokoll zur Kontrollberatung im Grenzgebiet des Bezirkes Magdeburg, 29. Juni 1983, BArch DK1/24741.
114 Zum Mangel an Karten und Wissen über Waldbestände siehe VEB Forstprojektierung Potsdam, Plan zur Inventarisierung und Bewirtschaftung der Waldbestände im Grenzgebiet, 26. April 1983, BArch DK1/24741.
115 Staatlicher Forstbetrieb (StFB) Schleiz. Niederschrift über die Beratung zum Problem der Schneebruchaufarbeitung im Schutzstreifen des StFB Schleiz, 5. Juli 1980, BArch DK1/24741.
116 Hausmitteilung Rüthnick an Minister Heinz Kuhrig, 24. April 1976, BArch DK1/24741. Der in diesem Dokument beschriebene Befall durch Borkenkäfer bezog sich auf die Forstbezirke Wernigerode und Scharfenstein im Harz.
117 Staatlicher Forstwirtschaftsbetrieb Schleiz, Oberforstmeister Fischer, an Rat des Bezirkes Gera, 31. März 1986, BArch DK1/24741.
118 Auf das Abkommen vom 1. Mai 1982 wird Bezug genommen in: Rüthnick an Lt. Gen. Baumgarten, Chef der Grenztruppen, Min. Nationale Verteidigung, 20. Juli 1983, BArch DK1/24741.
119 Im Schutzstreifen waren seit 1975 keine Forsteinrichtungsarbeiten mehr durchgeführt worden. Siehe VEB Forstprojektierung Potsdam, Direktor Dr. Bieberstein an Rüthnick, MLFN, 11. Juli 1983, BArch DK1/24741.
120 Theo Zehnter, Präsident des Deutschen Bauernverbands, an Franz Josef Strauß, Ministerpräsident von Bayern, 9. April 1984, BArch DK1/24741. Zehnter drängte Strauß, die ostdeutschen Behörden zu kontaktieren, damit diese ihre Wälder aufräumen, andernfalls würde der Schneebruch von 1981/82 zu einem erneuten Borkenkäferbefall führen, der auch die Wälder in Oberfranken auf der westdeutschen Seite beeinträchtigen würde.
121 Landforstmeister Purfuerst, Rat des Bezirkes Suhl, an Rüthnick, MLFN, 29. Juni 1984, BArch DK1/24741.
122 Zum Zusammenbruch der Waldbewirtschaftung in den 1980er Jahren siehe Nelson, *Cold War Ecology*, S. 159–161; zum zunehmenden Druck auf die Waldproduktivität durch Luftverschmutzung und Borkenkäferkalamitäten siehe Huff, *Natur und Sozialismus*, S. 214–218.
123 Zu den Umweltkosten der DDR-Landwirtschaft siehe Buck, »Umwelt- und Bodenbelastung«, S. 432; Heinz, *Von Mähdreschern und Musterdör-*

fern, S. 314–332; Schmidt, »Landwirtschaft und Naturschutz in der DDR«; Heinz, »Klassenkampf gegen Hecken«; Fleischman, *Communist Pigs*.

124 »Rekultivierung oder Naturschutz?«, *Lübecker Nachrichten,* 18. September 1985. Der Artikel bezieht sich auf eine Einbuchtung der Grenze östlich des Schaalsees, den Valluhner Sack. Zu einem Beispiel in Bayern siehe Steffens, *Lebensjahre*, S. 29.

125 Landratsamt Rhön-Grabfeld, Landrat Dr. Steigerwald an die Bayerische StK, 8. August 1989; Landesbund für Vogelschutz (LBV), Ornithologische Arbeitsgruppe Coburg (OAG), an Bundesumweltminister Klaus Töpfer, 30. August 1989, beides in BArch B295/21664.

126 Töpfer an Reichelt, 9. November 1989, BArch B295/21664.

127 Wolfgang Röhl, »Ein Bericht und Bilddokumente von der Grenzöffnung Eckertal – Stapelburg/DDR am 11. November 1989«, www.wolfgangroehl.de/Grenzoeffnung-Eckertal/Grenzoeffnung-Eckertal.htm (Zugriff Dezember 2021).

128 Eine Liste aller 164 Grenzübergänge, die Ende Juni 1990 existierten, in: Ingolf Hermann, Karsten Sroka (Hg.), *Deutsch-deutsches Grenzlexikon. Der Eiserne Vorhang und die Mauer in Stichworten,* Zella-Mehlis 2005, S. 63–64. Zahlen zum Autoverkehr für Mustin in: »Katastrophale Verkehrslage in den grenznahen Städten«, *Lübecker Nachrichten,* 10. Mai 1990.

129 »An der Grenze herrscht das Chaos. 70 Kilometer Autostau in Rudolphstein, ›Japanische Verhältnisse‹ in Zügen aus der DDR«, *Süddeutsche Zeitung,* 18./19. November 1989; Hannes Krill, »Wiedervereinigung findet im Stau statt«, *Süddeutsche Zeitung,* 20. November 1989.

130 Viola Roggenkamp, »Keine Bleibe für die töffelnden Kolonnen. Großparkplatz stößt auf Ablehnung«, *Die Zeit,* 29. Dezember 1989. Die Abgase der Trabis wurden Ende 1989 häufig in der Presse thematisiert.

131 »An der Grenze herrscht das Chaos«, *Süddeutsche Zeitung,* 18./19. November 1989; »Schaden im Schlagloch«, *Der Spiegel,* 18. Dezember 1989, S. 82–84; Landrat Zeitler, Landratsamt Coburg, Baumaßnahmen an Kreisstraßen im Zusammenhang mit der Öffnung von Grenzübergängen zur DDR, 20. Juli 1990, BayHStA StK 19616; Bürgermeister Oskar Herbig, Mellrichstadt, an die bayerische StK, 1. Dezember 1989, BayHStA StK 19461.

132 Bund Naturschutz (BN) in Bayern, »Die Öffnung der Grenze: Chance für den Umweltschutz«, Presseerklärung 81/89 (30. November 1989), Archiv BN, Ordner GRE BN-Schr-PRÖ 1989–1997. Die Position des BN in: Peter Schmitt, »Mit der S-Bahn von Selb nach Plauen. Warnung vor umweltschädlichem Straßenbau im Grenzgebiet«, *Süddeutsche Zeitung,* 8. Fe-

bruar 1990; Bernd Meyer, »Todesstreifen als Lebenszone für seltene Tiere«, *Süddeutsche Zeitung,* 23. April 1990; Hannes Krill, »Attacke auf die ›Asphalt-Cowboys‹. Im Genzland soll die Bahn Vorrang haben«, *Süddeutsche Zeitung,* 9. März 1990. Hans Jürgensen, »Verkehrsinvestitionen für die Zukunft«, *Frankfurter Allgemeine Zeitung,* 14. November 1990, spricht von einem »Antistraßenbau-Dogma« unter den Umweltschützern.

133 »DDR hebt Sperrzone an Grenze auf. Freier Zugang zu den Ortschaften im Schutzstreifen«, *Süddeutsche Zeitung,* 14. November 1989.

134 Zur begrenzten Kapazität der Tourismusindustrie der DDR im Jahr 1990 siehe Michael Baumann, »Innerdeutscher Tourismus«, *Deutschland Archiv* 23:5 (Mai 1990), S. 750–756; Christoph Wendt, »Die Natur leuchtet in den Landesfarben. Vor dem Sommer in Mecklenburg«, *Frankfurter Allgemeine Zeitung,* 23. Mai 1990. Siehe auch »Hänschen Prahlhans. Die Westdeutschen ... steuern als neues Urlaubsziel die DDR an«, *Der Spiegel,* 18. Dezember 1990, S. 101–102.

135 Zitate in: Dankwart Guratzsch, »Umweltschützer fürchten in der DDR einen Massenansturm von Touristen«, *Die Welt,* 22. März 1990. Der Artikel berichtet über eine vom BUND veranstaltete Bürgerversammlung in Berlin-Charlottenburg. Siehe auch Rudolf Braunburg, »Im Osten ist besser brüten«, *Deutsches Allgemeines Sonntagsblatt,* 23. Februar 1990; Theodor Geus, »Biotop oder Freizeitpark? Zur touristischen Entwicklung in Brandenburg«, *Frankfurter Allgemeine Zeitung,* 9. April 1992.

136 »Reservat für Wendehälse«, *Der Spiegel,* 29. Januar 1990, S. 81.

137 Jörg Bremer, »Spaziergänge im alten Sperrgebiet«, *Frankfurter Allgemeine Zeitung,* 24. Februar 1990, Beilage *Bilder und Zeiten.*

138 Ein Versuch dazu war ein selbst gefertigtes Schild, das die »Halt! Hier Grenze«-Schilder imitierte, die der Bundesgrenzschutz auf westlicher Seite aufgestellt hatte. Die Nachahmung mit dem Schriftzug »Halt! Unberührte Natur! Wir gehen hier NICHT weiter!« stand im Grenzstreifen in der Nähe von Mödlareuth in Bayern. Foto in: Ingolf Hermann, *Die deutsch-deutsche Grenze von Posseck bis Lehesten, von Ludwigsstadt nach Prex,* Plauen 1996, S. 163.

139 Gerhard Eckert, *Der Brocken. Berg in Deutschland.* Husum 1991; zu Goethe ebd., S. 9–16 und 118–127; Elisabeth Vollers-Sauer, »Goethes Harz«, *Welfengarten* 4 (1994), S. 35–45; Susanne Ude-Koeller, *Auf gebahnten Wegen. Zum Naturdiskurs am Beispiel des Harzklubs e.V.,* Münster 2004.

140 Hendrik Bindewald, »Brocken. Der Kalte Krieg im Äther«, in: Detlef Schmiechen-Ackermann/Carl-Hans Hauptmeyer/Thomas Schwark (Hg.), *Grenzziehungen, Grenzerfahrungen, Grenzüberschreitungen. Die innerdeutsche Grenze 1945–1990,* Darmstadt 2011, S. 122–126.

141 Siehe jedoch Klaus-Jürgen Seelig, »Schwarzkehlchen *(Saxicola torquata)* – Brutvogel auf dem Brockenplateau«, *Ornithologische Jahresberichte Museum Heineanum* 13 (1995), S. 120. Dieser kurze Bericht bezieht sich auf Beobachtungen im Sommer 1989.

142 Jörg Wunram, »Als auf dem Brocken die Mauer fiel«, *NDR Info,* 3. Dezember 2014, www.ndr.de/kultur/geschichte/chronologie/Als-auf-dem-Brocken-die-Mauer-fiel,mauerfallbrocken100.html (Zugriff November 2021); Björn Menzel, »Bennos Brocken«, *einestages. Zeitgeschichte auf Spiegel Online,* 8. März 2011.

143 Regine Cejka, »Einbruch ins Naturparadies«, *Öko Test Magazin* 6 (1990), S. 11; Stephan Börnecke, »Wenn erst die Bierdosen rollen ist der Uhu fort«, *Frankfurter Rundschau,* 16. März 1990. Die Angaben über die Zahl der Wanderer auf dem Brocken schwanken zwischen 3000 und 15 000 pro Tag.

144 Egbert Günther u. a., »Aktuelles zur Vogelwelt des Brockengebietes«, *Berichte der Naturhistorischen Gesellschaft Hannover* 139 (1997), S. 289–298. Die Ringdrossel ist auch als Alpenamsel bekannt.

145 Johannes Leithäuser, »Erste Fahrt der Brockenbahn nach 30 Jahren. Proteste von Naturschützern. Die Hoffnung einer ganzen Region«, *Frankfurter Allgemeine Zeitung,* 17. September 1990.

146 »Aus ernster Umweltlage rasch Lehren ziehen«, *Freies Wort* (Suhl), 6. März 1990; Cejka, »Einbruch ins Naturparadies«, S. 12; Gabriele Walkhoff, »Sporttourismus in der DDR macht Naturschützern Sorge«, *Frankfurter Allgemeine Zeitung,* 26. September 1990.

147 Bis Mitte der 1990er Jahre wurden ungefähr 2000 Hektar oder 11 Prozent der für das Grüne Band relevanten Fläche in landwirtschaftliche Nutzfläche umgewandelt. Frobel, »Naturschutzprojekt Deutsche Einheit«, S. 400.

148 Stephan Börnecke, »Die Hohe Rhön – ein Reservat der Natur«, *Frankfurter Rundschau,* 22. Januar 1990; Stephan Börnecke, »Wenn erst die Bierdosen rollen ist der Uhu fort«, *Frankfurter Rundschau,* 16. März 1990. In diesem Konflikt standen sich die HGON und die Interessengemeinschaft Heldrastein gegenüber. Die Interessengemeinschaft wurde im April 1990 gegründet und hatte sich zum Ziel gesetzt, den Heldrastein für Wanderer zu erschließen.

149 Justus de Cuveland, »Biotop im Brennpunkt: Dassower See«, *Lübecker Nachrichten,* 11. April 1990, S. 19; Andreas Oelker, »Seltene Vögel verenden in Stellnetzen. Zwist um Fährlinie … spitzt sich zu«, *Lübecker Nachrichten,* 31. Mai 1990.

150 Landesamt für Naturschutz und Landschaftspflege Schleswig-Holstein,

Schleswig-holsteinisch-mecklenburgischer Grenzraum – Mögliche Konfliktpunkte zum Naturschutz, 10. Januar 1990, BArch B295/21666; Bettina Gebhard/Matthias Braun, »Naturraum von der Wakenitz bis zur Ostsee – Konfliktbereich zwischen Naturschutz und Wirtschaftsentwicklung vor den Toren Lübecks«, *Mitteilungen aus der Norddeutschen Naturschutzakademie* 5:3 (1994), S. 2–7.

151 Nina Valoni, »Besuch bei Mutter Kasewski«, *Hamburger Abendblatt*, 18. November 1989; Carl-Albrecht von Treuenfels, »Ungestörte Biotope an der innerdeutschen Grenze«, *Frankfurter Allgemeine Zeitung*, 1. Dezember 1989.

152 Valoni, »Mutter Kasewski«; »Eine Wanderung zu neuen Ufern«, *Hamburger Abendblatt*, 12. Juni 1990. Siehe auch die Berichte in *Geo Special* Nr. 2: DDR (11. April 1990); *Merian Extra: DDR* (Januar/Februar 1990). Diese Art der Wahrnehmung schloss an Reiseliteratur und Schilderungen der DDR an, wie sie schon vor 1989 publiziert wurden. Siehe z. B. Axel Doßmann, »Sehnsucht nach einem stillen Land. Wie zwei Reporter der ZEIT im Jahr 1979 die DDR darstellten«, *Zeithistorische Forschungen* 5:2 (2008), S. 339–344 unter www.zeithistorische-forschungen.de/2-2008/id=4447 (Zugriff Oktober 2021).

153 Zitat in: »Das Paradies darf nicht sterben«, *Hamburger Abendblatt*, 23. Februar 1990, S. 8. Zur Badestelle siehe BGS, Grenzlagemeldung, 11. Januar 1990, LASH Abt. 611/8391. Zu den anderen Entwicklungen siehe Carl-Albrecht von Treuenfels, »Ungestörte Biotope an der innerdeutschen Grenze«, *Frankfurter Allgemeine Zeitung*, 1. Dezember 1989; Karl Hermann, »Trabanten gegen Reiherenten. Natur im Niemandsland«, *Die Zeit*, 22. Dezember 1989; Nicola von Hollander, »Überleben – ein Grenzfall«, *Hamburger Abendblatt*, 13. Januar 1990; Klaus Brill, »Bedrohte Idylle im Schatten der Wachtürme«, *Süddeutsche Zeitung*, 23. Januar 1990; Cejka, »Einbruch ins Naturparadies«, S. 10–11; »Touristen-Nervenkitzel auf dem Todesstreifen«, *Frankfurter Rundschau*, 23. August 1990.

154 »Grundstücke: Glücksspiel im Osten«, *Der Spiegel*, 27. November 1989, S. 133; »Schwarzhandel: Leben wie ein Direktor«, *Der Spiegel*, 4. Dezember 1989.

155 Schleswig-Holsteinischer Landtag, 12. WP, 8. Sitzung, 21. Februar 1990, S. 2917; Hinz an Autorin, 11. März 2011. Hinz fotografierte handgeschriebene Zettel, die eine Belohnung für Informationen über Seegrundstücke versprachen.

156 »DDR-hungrige Touristen zerstören Öko-Reservate. Zwei Seeadler-Paare geflüchtet«, *Kieler Nachrichten*, 28. Mai 1990. Zum klatschenden

Paar: Cejka, »Einbruch ins Naturparadies«, S. 11. Zum Hubschrauber: Stefan Scheytt/Oliver Schröm, »Hubschrauber am Adlerhorst. Die Einheit bedroht ein Stück Natur, das im Schutz der Teilung prächtig gedieh«, *Die Zeit,* 14. Juni 1991.

157 Interview mit Ralf Maaß, Groß Molzahn, 23. Oktober 2010, II (6:00).

158 Zum Wandel des westdeutschen Verständnisses von Naturschutz siehe Chaney, *Nature of the Miracle Years;* Ute Hasenöhrl, *Zivilgesellschaft und Protest. Eine Geschichte der Naturschutz- und Umweltbewegung in Bayern 1945–1980,* Göttingen 2008.

159 Horst Stern, »Das Gebirge der Seele. Naturschutz als Menschenschutz«, *FAZ,* 8. Dezember 1990, Beilage *Bilder und Zeiten.*

160 Chaney, *Nature of the Miracle Years,* S. 213–242; Hasenöhrl, *Zivilgesellschaft,* S. 235–256.

161 Markus Leibenath, »Biotopverbund und räumliche Koordination« *Raumforschung und Raumordnung* 68 (2010), S. 91–101; Eckert/Šimková, »Borders, Nature, and the European Green Belt Conservation Project«, S. 137–138.

162 Zu Natura 2000 siehe Andrew L. R. Jackson, *Conserving Europe's Wildlife. Law and Policy of the Nature 2000 Network of Protected Areas,* London 2018. Die Europäischen Gemeinschaften engagierten sich erstmals 1973 in der Umweltpolitik, als sie das erste Umweltaktionsprogramm verabschiedete (OJ/C/112, 12. Dezember 1973). Zum wachsenden Engagement der EG in den 1970er Jahren siehe Jan-Henrik Meyer, »Zivilgesellschaftliche Mobilisierung und die frühe europäische Umweltpolitik. Die Vogelschutzrichtlinie der Europäischen Gemeinschaften von 1979« in: *Themenportal Europäische Geschichte* (2013), www.europa.clio-online.de/2013/Article=588 (Zugriff Oktober 2021).

163 Referat N[aturschutz] 1, BMU, Vermerk (3. Entwurf), Zusammenarbeit im Bereich des innerdeutschen Grenzstreifens, 5. Februar 1990, BArch B295/20498; Vermerk GUA-Sitzung am 20.3.1990, 15. März 1990, ebd., Nr. 20492.

164 Tatsächlich hat Brandt diese Worte nicht am 10. November 1989 gesprochen. Das ihm zugeschriebene Zitat entwickelte trotzdem nach dem Fall der Mauer ein Eigenleben. Siehe Bernd Rother, »Gilt das gesprochene Wort?«, *Deutschland Archiv* 33:1 (2000), S. 90–93; Günter Bannas, »In der Erinnerung zusammengewachsen«, *Frankfurter Allgemeine Zeitung,* 14. Oktober 2014.

165 Die Naturschützer stellten diese Verbindung auch selbst her. Vgl. z.B. Frobel/Riecken/Ullrich, »Das Grüne Band – Das Naturschutzprojekt Deutsche Einheit«.

166 Stephan Börnecke, »Die Hohe Rhön – ein Reservat der Natur«, *Frankfurter Rundschau,* 22. Januar 1990; Stephan Börnecke, »Auenverbund Werra überwindet die Grenze. Ein bedeutendes Projekt im hessisch-thüringischen Naturschutz«, *Frankfurter Rundschau,* 31. Januar 1990.
167 Protokoll der Tagung »Hauptamtlicher und ehrenamtlicher Naturschutz in der Hansestadt Lübeck und angrenzenden DDR-Bezirken«, 20. Januar 1990, BArch B295/20491. Das Bundesnaturschutzgesetz erlaubt die »einstweilige Sicherstellung« eines Gebiets für bis zu zwei Jahre. Während dieser Zeit müssen alle erforderlichen Daten gesammelt werden, um das Gebiet endgültig unter Schutz zu stellen.
168 Faksimile der Resolution in: Frobel/Riecken/Ullrich, »Naturschutzprojekt Deutsche Einheit«, S. 400; Günter H., Kurzer zusammenfassender Bericht über die 1. Inoffizielle Zusammenkunft mit interessierten Gruppen aus der DDR auf Einladung des [BN] am 9.12.1989 in Hof »Eisteich«, Archiv BN, Ordner DDR/BUND Thüringen/BUND Sachsen; »DDR-Umweltschützer brauchen westliche Hilfe«, *Süddeutsche Zeitung,* 12. Dezember 1989; »Todesstreifen als grünes Band«, *Frankenpost,* 11. Dezember 1989; »Naturschützer aus Ost und West einig«, *Nordbayerischer Kurier,* 11. Dezember 1989.
169 Solche Forderungen in: BArch B295/21665 und 21666.
170 Dies war nicht nur ein Wechsel des politischen Personals, sondern auch der Zuständigkeiten. Die Verantwortung für den Naturschutz wurde vom Landwirtschaftsministerium auf das Umweltministerium übertragen. »Reichelt nach Kritik zurückgetreten«, *Frankfurter Allgemeine Zeitung,* 11. Januar 1990; Michael Succow, »Persönliche Erinnerungen an eine bewegte Zeit«, in: Succow/Jeschke/Knapp (Hg.), *Naturschutz in Deutschland,* Berlin 2012, S. 64–66. Material zum Zentralen Runden Tisch, insbesondere zur 10. Sitzung vom 29. Januar 1990 in: BArch DA3, zugänglich online unter www.argus.bstu.bundesarchiv.de/DA3-26498/index.htm (Zugriff Dezember 2021).
171 Siehe z.B. Michael Succow/Lebrecht Jeschke/Hans Dieter Knapp (Hg.), *Die Krise als Chance – Naturschutz in neuer Dimension,* Neuenhagen 2001; Succow/Jeschke/Knapp (Hg.), *Naturschutz in Deutschland;* Hans Dieter Knapp, »Nationalparke in der DDR. Bausteine für ein gemeinsames europäisches Haus«, *Nationalpark* 67:2 (1990), S. 4–9.
172 In der DDR gab es nur auf Bezirksebene, nicht auf Kreisebene, Personen, die für den Umweltschutz zuständig waren. Im Ministerium wurde das Ressort Natur- und Landschaftsschutz von einer einzigen Person betreut. Zu den ersten Aufgaben der neuen Mannschaft, die im Herbst 1989 ins Ministerium einzog, gehörte der Aufbau einer bis dahin nicht existen-

ten Verwaltungsstruktur für die Belange des Naturschutzes. Succow, »Persönliche Erinnerungen«, S. 66; »Staatlicher Naturschutz wird verstärkt«, *MNUW Umwelt Report* 1 (April 1990), S. 21–22.

173 BMU, Vermerk, Deutsch-deutsche Zusammenarbeit im Naturschutz – Besprechung am 16.01.1990 im MNUW, 18. Januar 1990, BArch B295/20718; Landesbund für Vogelschutz in Bayern, Bund Naturschutz in Bayern, Memorandum über die Kartierung des Grenzstreifens, persönlich überreicht an die Minister Töpfer (BRD), Dick (Bayern), Steinberg (DDR), 23. Juni 1990, Archiv BN, Ordner DDR PM // Artikel // PRÖ.

174 Übersicht über die Vorschläge für geplante Naturschutzgebiete im Grenzbereich der DDR/BRD, 13. Februar 1990, BArch B295/21666; Ministerrat der DDR, Beschluss und Information über den Stand und die vorgesehene Entwicklung von Biosphärenreservaten, Nationalparks und Naturschutzparks in der DDR, 16. März 1990, BArch B295/21668.

175 Diesen Satz schrieb der Staatssekretär im Bonner Umweltministerium an den Rand eines Dokuments über die Finanzierung des Naturschutzes im Jahr 1990. Minister Töpfer fügte in grüner Schrift hinzu: »richtig«. BArch B295/20492.

176 Siehe z.B. BMU, Vermerk, Deutsch-deutsche Zusammenarbeit im Naturschutz – Besprechung am 16.01.1990 im MNUW, 18. Januar 1990, BArch B295/20718. Darin ist festgehalten, dass die große Mehrheit der Ostdeutschen die Einrichtung von »Naturparks« wünschten. Zur Verwirrung trug auch bei, dass sie den Ausdruck »Naturschutzpark« verwendeten. Dies taten sie ganz bewusst in der Absicht, sich vom westdeutschen »Naturpark« abzugrenzen; sie wollten damit die Betonung stärker auf »Schutz« legen. Lutz Reichhoff/Wolfgang Böhnert, »Das Nationalparkprogramm der ehemaligen DDR«, *Natur und Landschaft* 66:4 (April 1991), S. 201–202; Markus Rösler, »Das Nationalparkprogramm der DDR«, in: Regine Auster/Hermann Behrens (Hg.), *Naturschutz in den neuen Bundesländern – Ein Rückblick,* Berlin 2001, S. 565.

177 Das Bonner Ministerium lud auch den Verband deutscher Naturparke e.V. zu den Gesprächen ein. Wie kaum anders zu erwarten, stellten dessen Vertreter bald fest, dass die ostdeutschen Naturschützer nicht allzu gern mit ihnen redeten. N5, BMU, Vermerk, Zusammenarbeit mit der DDR, hier: Naturparke, 7. Februar 1990, BArch B295/21666.

178 Nicht ganz frei von Gerüchten ist die Presseerklärung des Deutschen Bunds für Vogelschutz (DBV), »Welche Chance hat die ›Grüne Grenze‹«?, 12. Februar 1990, BArch B295/21666. Begriff »*Etikettenschwindel*« in: Cejka, »Einbruch ins Naturparadies«, S. 13.

179 Josef Blab u.a., »Naturschutzgroßprojekte des Bundes. Förderpro-

gramme zur Errichtung und Sicherung schutzwürdiger Teile von Natur und Landschaft mit gesamtstaatlich repräsentativer Bedeutung«, *Natur und Landschaft* 66:1 (Januar 1991), S. 3–9.

180 MR Dieterich, N2, Vermerk, Gespräch von Herrn BM mit Natur- und Umweltschutzverbänden, 8. Februar 1990, BArch B295/20718.

181 Der Wettlauf des NPP gegen die Zeit: Arnulf Müller-Helmbrecht, »Endspurt: das Nationalparkprogramm im Wettlauf mit der Zeit«, in: *Naturschutz in den neuen Bundesländern,* S. 597–608; dazu auch die Chronologie in: Hans Dieter Knapp, »Das Nationalparkprogramm der DDR«, in: Succow/Jeschke/Knapp (Hg.), *Die Krise als Chance – Naturschutz in neuer Dimension,* Neuenhagen 2001, S. 38–52.

182 Aktenvermerk Biosphärenreservat Rhön – gemeinsame Besprechung am 11. April 1990 in Würzburg, BArch B295/20499; Protokoll Besprechung der für Naturschutz zuständigen AL des Bundes und der Länder am 24. und 25.04.1990, 14. Mai 1990, ebd. Nr. 20493; Stephan Börnecke, »Hohe Rhön wird Biosphärenreservat«, *Frankfurter Rundschau,* 12. Juni 1990.

183 Landesverwaltung: Landesamt für Naturschutz und Landschaftspflege Schleswig-Holstein, 10. Januar 1990, BArch B295/21666. Streiterei: Schleswig-Holsteinischer Landtag, 12. WP, 8. Sitzung, 21. Februar 1990, S. 2917–2927. Schutzdekrete: Ministerium für Land-, Forst- und Nahrungsgüterwirtschaft an Vors. des Rates des Kreises Hagenow, 22. November 1989, Sammlung Neumann; Landesverordnung zur einstweiligen Sicherstellung des geplanten NSG 28. März 1990, BArch B295/20498. Liste aller Schutzgebiete, die mit dem Schaalsee im Zusammenhang stehen: www.schaalsee.de/schuetzen-entwickeln/naturschutz/naturschutzgebiete (Zugriff Dezember 2021).

184 Rechtlicher Aspekt: Reichhoff/Böhnert, »Nationalparkprogramm der ehemaligen DDR«, S. 201–202. Biosphäre: Klaus Jarmatz/Rainer Mönke, »Der Naturpark Schaalsee – heute Biosphärenreservat«, in: Succow/Jeschke/Knapp (Hg.), *Naturschutz in Deutschland,* S. 175–183.

185 »Nein aus Niedersachsen«, *Der Spiegel,* 19. Februar 1990, S. 14. Das niedersächsische Umweltministerium meinte, die DDR-Kollegen würden mit ihrer Initiative »vorpreschen«. Man wollte sich erst ausführlich mit den Vertretern der Tourismusbranche abstimmen. Nds. MELF an BMU, 28. Juni 1990, BArch B295/20403. Einwände gegen den Nationalpark Harz: Ude-Koeller, *Harzklub,* S. 237–250.

186 Uwe Wegener, »Die Unterschutzstellung des Nationalparkes Hochharz«, in: *Naturschutz in den neuen Bundesländern,* S. 649–657; Wegener, »Der Nationalpark Harz«, in: Succow/Jeschke/Knapp (Hg.), *Naturschutz in Deutschland,* S. 104–112.

187 Hans-Werner Frohn/Jürgen Rosebrock/Friedemann Schmoll (Hg.), »*Wenn sich alle in der Natur erholen, wo erholt sich dann die Natur?*«, Bonn 2009. Verschiedene historische Fallstudien in: Hasenöhrl, *Zivilgesellschaft.*

188 »Reservat für Wendehälse«, *Der Spiegel,* 29. Januar 1990, S. 81–82. Der Bürgermeister der Kleinstadt Tettau in Franken verstieg sich sogar zu der öffentlichen Behauptung, er würde persönlich jeden Umweltweltschützer, der sich seinen Straßenbauplänen in den Weg stellte, »mit dem Maschinengewehr niedermähen«. Siehe Leserbrief »Neuer Schießbefehl an der Grenze?«, *Neue Presse,* 26. August 1991.

189 Fred Baumann, »Der Naturpark Drömling«, in: Succow/Jeschke/Knapp (Hg.), *Naturschutz in Deutschland,* S. 191 und 194. Eine weitere Erwähnung eines ehemaligen Stasi-Gebäudes in: Caroline Möhring, »Die Insel Vilm ist noch ein kleines Paradies«, *FAZ,* 5. Oktober 1990.

190 Friedrich Karl Fromme, »Die DDR als Naturschutzgebiet?«, *Frankfurter Allgemeine Zeitung,* 13. Februar 1990.

191 Caroline Möhring, »Vor kurzem noch war es eine verrückte Vision – jetzt soll aus dem Todesstreifen ein Refugium der Natur werden«, *Frankfurter Allgemeine Zeitung,* 25. August 1990.

192 Bundestag Drucksache 13/1023, 30. März 1995; Martin Stehböck, »Abbau der Grenzanlagen und Minennachsuche«, *Mitteilungen aus der Norddeutschen Naturschutzakademie* 5:3 (1994), S. 24–30. Landwirtschaftliche Nutzung: Klaus Mandery an Hubert Weiger, 25. Juni 1991, Archiv BN, Ordner GRE BN -Schr – PRÖ 1989–1997.

193 Presseerklärung PM 34/91, »Todesstoß für das Grüne Band?«, 14. April 1991, Archiv BN, Ordner GRE BN – Schr – PRÖ 1989–1997. Weitere Dokumentation ebd.

194 Diskussion der Methoden in: Klaus Mandery an Hubert Weiger, 25. Juni 1991, Archiv BN, Ordner GRE BN -Schr –PRÖ 1989–1997.

195 BMVtg an Hubert Weinzierl, Vorsitzender BUND, 22. Juli 1991 und 30. September 1991, Archiv BN, Ordner GRE BN -Schr –PRÖ 1989–1997.

196 Ausdehnung der Suche: Bundestag Drucksache 13/1023, 30. März 1995. Nicht gefundene Minen: Saskia Döhner, »Minengefahr im Grenzstreifen«, *Hannoversche Allgemeine Zeitung,* 11. Mai 2012; Gisela Rauch, »Achtung! Immer noch funktionstüchtige Minen in der Rhön!« *Main Post,* 6. November 2019.

197 Die DDR beschlagnahmte das Land, auf dem die Sperranlagen errichtet wurden, auf Grundlage des Verteidigungsgesetzes der DDR. Insgesamt wurden 8473 Grundstücke beschlagnahmt, davon 6597 für den Ausbau der innerdeutschen Grenze und 1876 für den Ausbau der Berliner Mauer. Nach 1990 fielen diese Grundstücke jedoch nicht unter das Vermögens-

gesetz, das die Restitution ehemaligen Privateigentums in Ostdeutschland regelte. Um diese Sonderfälle zu erfassen, verabschiedete der Bundestag 1996 das sogenannte Mauergrundstücksgesetz, das den Voreigentümern eine privilegierte Rückkaufsmöglichkeit zu 25 Prozent des aktuellen Marktwerts einräumte. Siehe Anke Kaprol-Gebhardt, *Geben oder Nehmen. Zwei Jahrzehnte Rückübertragungsverfahren von Immobilien im Prozess der deutschen Wiedervereinigung am Beispiel der Region Berlin-Brandenburg,* Berlin 2018, S. 143–145.
198 Zahl in: BUND, Bund Naturschutz in Bayern (Hg.), *Das Grüne Band. Ein Handlungsleitfaden,* Nürnberg 2002, S. 7.
199 Michael Thumann, »Milliarden-Poker um den Todesstreifen«, *Die Zeit,* 11. September 1992; Frobel/Riecken/Ullrich, »Naturschutzprojekt Deutsche Einheit«, S. 401.
200 Horst Stern, »Ausverkauf der Natur«, *Die Woche,* 14. November 1997, S. 10–11; Martin Wunderlich, »Das Grüne Band – Bald ein Flickenteppich«, *Berliner Morgenpost,* 31. Oktober 2000; Walter Schmidt, »Grünes Band wird versilbert. Das Natur-Refugium an der früheren innerdeutschen Grenze ist akut bedroht«, *Frankfurter Rundschau,* 17. April 2001.
201 Weitere Details in: Frobel, »20 Jahre Grünes Band«, S. 8–9; Text des Koalitionsvertrags in: BUND, *Handlungsleitfaden,* S. 12.
202 Machbarkeitsstudie Welterbe Grünes Band (2014), verfügbar unter www.bfn.de/projektsteckbriefe/machbarkeitsstudie-welterbe-gruenes-band (Zugriff Dezember 2021); International Council on Monuments and Sites (ICOMOS) – Deutsches Nationalkomitee, *Eiserner Vorhang und Grünes Band. Netzwerke und Kooperationsmöglichkeiten in einer europäischen Grenzlandschaft. Tagung anlässlich des European Cultural Heritage Summit im Rahmen des Europäischen Kulturerbejahres 2018.* Hefte des Deutschen Nationalkomitees 72. Berlin 2020.
203 BUND, *Das Grüne Band. Dauereinsatz für eine Vision,* Nürnberg 2015, S. 30–31 und 46–47.
204 Helmut Schlumprecht u. a., »E+E Vorhaben ›Bestandsaufnahme Grünes Band‹. Naturschutzfachliche Bedeutung des längsten Biotopverbundsystems Deutschlands«, *Natur & Landschaft* 77 (2002), S. 407–414; Liana Geidezis/Daniela Leitzbach/Helmut Schlumprecht, *Aktualisierung der Bestandsaufnahme Grünes Band mit Schwerpunkt auf den Veränderungen in den Offenlandbereichen,* Bonn 2015, S. 22–26, www.bfn.de/sites/default/files/BfN/service/Dokumente/skripten/skript392.pdf (Zugriff Januar 2022).
205 Stefan Beyer, *Das Grüne Band im Wandel: Biotopentwicklung im Raum Coburg,* Mitwitz 2011.

206 BUND, *Dauereinsatz*, S. 44–45.
207 Beck/Frobel, »Letzter Zufluchtsort: Der ›Todesstreifen‹?«, S. 24; Keil, »Sielmanns Vision«.
208 Bankoff, »Making Parks out of Making War«, S. 82–86.
209 Havlick, *Bombs Away*, S. 85–93 und 101–113; BUND, *Spurensuche am Grünen Band*, Nürnberg 2017.
210 Frobel u. a., *Erlebnis Grünes Band*, S. 41 und 154–155; siehe die »Vorher-nachher«-Illustration in: BUND, *Spurensuche*, S. 22–23; Reinhard Piechocki u. a., »Renaturierung – zum Naturschutz der Zukunft«, in: Heike Leitschuh u. a., *Re-Naturierung. Jahrbuch Ökologie 2015*, Stuttgart 2015, S. 39–48; David G. Havlick/Marion Hourdequin, »Ecological Restoration and Layered Landscapes«, in: Hourdequin/Havlick (Hg.), *Restoring Layered Landscapes: History, Ecology, and Culture*, New York 2016, S. 1–10.
211 Zitat in: Jedediah Purdy, After Nature: *A Politics for the Anthropocene*, Cambridge 2015, S. 14. Zu irreführenden Vorstellungen von »Wildnis« siehe William Cronon, »The Trouble with Wilderness, or, Getting Back to the Wrong Nature«, in: Cronon (Hg.), *Uncommon Ground: Toward Reinventing Nature*, New York 1995, S. 69–90; Harald Stahl, »Veranstaltete Wildnis: Einige Überlegungen zum Konzept ›Natur Natur sein lassen‹ aus kulturwissenschaftlich-volkskundlicher Perspektive«, in: *Kulturwissenschaftliches Symposium Wald-Museum-Mensch-Wildnis*, Grafenau 2011, S. 84–95.
212 Havlick, *Bombs Away*, S. 92.

6 Der nukleare Brennstoffkreislauf im Grenzgebiet: Gorleben und die Energiezukunft der Bundesrepublik

1 Walter Sullivan, »Bonn Plans Disposal of Nuclear Wastes«, *New York Times*, 27. Mai 1977.
2 Carsten Salander, »The Concept of the German Electric Power Industry for the Disposal of Spent Fuel from Nuclear Power Plants«, *Kerntechnik* 20:5 (1978), S. 229–237. Salander leitete die Deutsche Wiederaufbereitungsgesellschaft für Kernbrennstoffe (DWK), ein Unternehmen, das von der deutschen Elektrizitätswirtschaft für den Bau des NEZ gegründet wurde.
3 Joachim Radkau/Lothar Hahn, *Aufstieg und Fall der deutschen Atomwirtschaft*, München 2013, S. 56–67. Die Atomeuphorie wurde allerdings von Anfang an auch von kritischen Stimmen begleitet. Siehe Rolf-Jürgen Gleitsmann/Günther Oertzel, *Fortschrittsfeinde im Atomzeitalter? Protest*

und Innovationsmanagement am Beispiel der frühen Kernenergiepläne der Bundesrepublik Deutschland, Berlin 2012.
4 Falk Illing, *Energiepolitk in Deutschland. Die energiepolitischen Maßnahmen der Bundesregierung 1949–2015*, Baden-Baden 2016, S. 135–137; Henning Türk, *Treibstoff der Systeme. Kohle, Erdöl und Atomkraft im geteilten Deutschland*, Berlin 2021, S. 74–77.
5 Diese Verknüpfung war Teil der Vierten Atomgesetz-Novelle von 1976. Siehe Anselm Tiggemann, *Die Achillesferse der Kernenergie in der Bundesrepublik Deutschland. Zur Kernenergiekontroverse und Geschichte der nuklearen Entsorgung von den Anfängen bis Gorleben 1955–1985*, Lauf an der Pegnitz 2010, S. 243–258; Wolfgang Issel, *Die Wiederaufbereitung von bestrahlten Kernbrennstoffen in der Bundesrepublik Deutschland. Technologische Chance oder energiepolitischer Zwang*, Frankfurt 2003, S. 269–270.
6 Andrew Blowers, *The Legacy of Nuclear Power*, Abingdon: 2017, S. 188. Einem Vorstandsmitglied der Gesellschaft für Kernforschung in Karlsruhe zufolge haben die Atomkraftgegner erkannt, dass »die Entsorgung wegen ihrer zentralen Bedeutung der strategisch günstigste Angriffspunkt gegen die Kerntechnik« sei. Vgl. H. Böhm, »F+E für das Entsorgungskonzept der Bundesregierung«, *atw* 22:4 (1977), S. 186. *Atomwirtschaft (atw)* war eine Zeitschrift der Atomindustrie.
7 Der Begriff »nuclear community« hat sich in den sozialwissenschaftlichen Debatten über nukleare Standortentscheidungen etabliert. Die Atomindustrie bezeichnet solche Orte gern als »industriebewusste Gemeinden« und spricht von »Gemeindepartnerschaften«. Siehe Maria Rosaria Di Nucci, »NIMBY oder IMBY. Akzeptanz, Freiwilligkeit und Kompensation in der Standortsuche für die Endlagerung radioaktiver Abfälle«, in: Achim Brunnengräber (Hg.), *Problemfalle Endlager. Gesellschaftliche Herausforderungen im Umgang mit Atommüll*, Baden-Baden 2016, S. 126–127. Kate Brown spricht im Fall von Richland (USA) und Osjorsk (Sowjetunion) von »nuclear cities«. Beide Städte produzierten Plutonium und wurden mit einem »Hochrisiko-Wohlstand« belohnt. Siehe Kate Brown, *Plutopia. Nuclear Families, Atomic Cities, and the Great Soviet and American Plutonium Disasters*, New York 2013.
8 Die Energieversorgungsunternehmen hatten bis 2013 laut eigener Berechnungen 1,8 Milliarden Euro in die Erkundung des Salzstocks von Gorleben investiert. Siehe Christoph Moench, »Refinanzierung der Endlagersuche und des Endlagers für wärmeentwickelnde radioaktive Abfälle«, *atw* 58:2 (2013), S. 104.
9 Janine Gaumer, *Wackersdorf. Atomkraft und Demokratie in der Bundesrepublik, 1980–1989*, München 2018.

10 Gorleben erhielt außerdem eine nie in Betrieb genommene Pilot-Konditionierungsanlage, die Abfälle für die Endlagerung vorbereiten sollte. Blowers, *Legacy*, S. 180; Issel, *Wiederaufarbeitung*, S. 117, Anmerkung 460.

11 Per Högselius, »Spent Nuclear Fuel Policies in Historical Perspective: An International Comparison«, *Energy Policy* 17 (2009), S. 259–260.

12 Der weltweite Stand der Technologie zur Erzeugung von Atomenergie und zur Entsorgung von Abfällen Mitte der 1970er Jahre wurde auf einer von der Internationalen Atomenergie-Organisation einberufenen Konferenz vorgestellt. Siehe *Nuclear Power and its Fuel Cycle. Proceedings of an International Conference Salzburg*, 2.–13. Mai 1977, 8 Bde., Wien 1977.

13 Die Kühnheit dieses Schritts hallt noch nach in Luther J. Carter, *Nuclear Imperatives and Public Trust. Dealing with Radioactive Waste*, Washington, D.C. 1987, S. 265, der das Gorleben-Projekt als »die auf der gesamten Welt am weitesten vorangeschrittene Bemühung« um Endlagerung bezeichnet. Bei erfolgreicher Umsetzung wäre Deutschland »sämtlichen anderen Ländern in der Umsetzung einer solchen Anlage weit voraus«. Zu den Wettbewerbsaspekten bei der Entwicklung von Atomtechnologie siehe Stephen Milder, *Greening Democracy. The Anti-Nuclear Movement and Political Environtmenalism in West German and Beyond, 1968–1983*, New York 2017, S. 22–25.

14 Radkau/Hahn, Aufstieg und Fall, S. 141–195 und 285–288; Issel, *Wiederaufbereitung*, S. 89–106; Türk, *Treibstoff der Systeme*, S. 67–74. Zur Führungsrolle der USA siehe Jacob Darwin Hamblin, *The Wretched Atom. America's Global Gamble with Peaceful Nuclear Technology*, New York 2021, S. 52–75.

15 Nach Ansicht von Joachim Radkau waren die westdeutschen Atomingenieure regelrecht auf den Brüter fixiert, eine Folge des Strebens nach Brennstoffautarkie. Radkau/Hahn, *Aufstieg und Fall*, S. 51–52, 112–13 und 143. DDR-Ingenieure teilten diesen Fokus auf den Brüter, der es der DDR erlaubt hätte, eigenes Uran ohne Anreicherung als Treibstoff zu verwenden. Siehe Mike Reichert, *Kernenergiewirtschaft in der DDR. Entwicklungsbedingungen, konzeptioneller Anspruch und Realisierungsgrad, 1955–1990*, St. Katharinen 1999, S. 161–168. Siehe auch Stephen G. Gross, »Decoupling and the New Energy Paradigm in West Germany, 1973–1986«, *Central European History* 50:4 (2017), S. 527–528.

16 Radkau/Hahn, *Aufstieg und Fall*, S. 205–206; William M. Alley/Rosemarie Alley, *Too Hot to Touch. The Problem of High-Level Nuclear Waste*, New York 2013, S. 97–99.

17 Zum Zusammenhang zwischen steigenden Uranpreisen und der Befür-

wortung der Brüter-Technologie siehe Per Högselius, »Challenging Chernobyl's Legacy: Nuclear Power Policies in Europe, Russia and North American in the early 21st Century«, in: Yi-Chong Xu (Hg.), *The Politics of Nuclear Energy in Asia,* London 2011, S. 190–210. Amerikanische Befürworter des Brüters argumentierten ähnlich. Siehe Michael Camp, »›Wandering in the desert‹. The Clinch River Breeder Reactor Debate in the U.S. Congress, 1972–1983«, *Technology and Culture* 59:1 (2018), S. 26–47.

18 Achim Brunnengräber, *Ewigkeitslasten. Die »Endlagerung« radioaktiver Abfälle als soziales, politisches und wissenschaftliches Projekt – eine Einführung,* Baden-Baden 2015, S. 28–31.

19 Ebenso ungelöst war das Lagerungsproblem für nukleare Abfälle aus militärischer Nutzung, das hier jedoch nicht im Mittelpunkt steht. In der Literatur besteht Einigkeit darüber, dass die Frage der langfristigen Lagerung hochradioaktiver Abfälle vernachlässigt wurde. Siehe z.B. Radkau/Hahn, *Aufstieg und Fall,* S. 206–207; Tiggemann, *Achillesferse,* S. 773; Detlev Möller, *Endlagerung radioaktiver Abfälle in der Bundesrepublik Deutschland,* Frankfurt 2009, S. 346–347, argumentiert jedoch, die Bemühungen Westdeutschlands in den 1960er Jahren, eine Endlagerstätte zu finden, seien international ihrer Zeit sogar voraus gewesen.

20 Zitat in: Dieter Rucht, *Von Wyhl nach Gorleben,* München 1980, S. 57. Weitverbreitete Einschätzung: Alley/Alley, *Too Hot to Touch,* S. 89.

21 Brian Flowers, »Nuclear Power. A Perspective of the Risks, Benefits and Options«, *Bulletin of the Atomic Scientists* 34:3, März 1978, S. 26. Siehe auch »Wohin mit dem Atom-Müll? Ins Meer, unter die Erde, in den Weltraum? Noch grübeln die Forscher«, *Die Zeit,* 5. Mai 1961.

22 J. Samuel Walker, *The Road to Yucca Mountain. The Development of Radioactive Waste Policy in the United States,* Berkeley 2009, S. 1–50; Zitate S. 1 und 26.

23 Böhm, »F+E für das Entsorgungskonzept«, S. 186–190, hebt diese »Doppelfunktion der Wiederaufbereitung« hervor.

24 Jacob Darwin Hamblin, *Poison in the Well. Radioactive Waste in the Oceans at the Dawn of the Nuclear Age,* New Brunswick 2008; Alley/Alley, *Too Hot to Touch,* S. 22–45; Tiggemann, *Achillesferse,* S. 123–133.

25 Richard Burleson Stewart, Jane Bloom Stewart, *Fuel Cycle to Nowhere. U.S. Law and Policy on Nuclear Waste,* Nashville 2011, S. 22–25; Brunnengräber, *Ewigkeitslasten,* S. 62–68; Tiggemann, *Achillesferse,* S. 134–141.

26 Walker, *Yucca Mountain,* 34; Alley/Alley, *Too Hot to Touch,* S. 10–11; Stewart/Stewart, *Fuel Cycle to Nowhere,* S. 26 und 28–29.

27 Möller, *Endlagerung,* S. 146–153 und 174–227. Obwohl als Standort für die wissenschaftliche Forschung vorgesehen, begann die Bonner Bürokratie

1968, die Schachtanlage Asse als Endlager für nukleare Abfälle zu behandeln, um die weitere Entwicklung der Atomenergie zu fördern. Radkau/ Hahn, *Aufstieg und Fall*, S. 310, bezeichnen die Asse als einen »Gelegenheitskauf« der Bundesrepublik.

28 Brunnengräber, *Ewigkeitslasten*, S. 57–59. Issel, *Wiederaufarbeitung*, S. 122, erläutert die damalige Sichtweise, dass nach dem Erwerb der Asse die Industrie nicht erwartete, Probleme mit der Entsorgung des nuklearen Abfalls zu haben.

29 Illing, *Energiepolitik*, S. 135–136; Gross, »Decoupling«, S. 525–527.

30 Wolf-Jürgen Schmidt-Küsters, »Das Entsorgungssystem im nuklearen Brennstoffkreislauf«, atw 19:7 (1974), S. 340–345. Siehe auch Illing, *Energiepolitik*, S. 137–140; Tiggemann, *Achillesferse*, S. 234–239; Issel, *Wiederaufarbeitung*, S. 190–192.

31 Wolfgang D. Müller, »Moratorium für Kernkraftwerke?«, atw 22:2 (1977), S. 65.

32 Siehe z. B. AmEmb Bonn an State Dept, Bonn Nr. 5762, 6. April 1976; Nr. 13987, 20. August 1976; Nr. 15741, 23. September 1977, alle in: NARA RG 59, Central Foreign Policy Files, created 7/1/1973 – 12/31/1979, zugänglich via Access to Archival Databases (AAD): https://aad.archives.gov/aad (Zugriff Dezember 2021).

33 Vertreter der Industrie betonen im Nachhinein gerne, die Politik habe sie ohne Rücksicht auf wirtschaftliche Erwägungen in Richtung Wiederaufbereitung gedrängt, siehe z. B. Issel, *Wiederaufbereitung*, z. B. S. 387. Issel gehörte dem KEWA-Team an, das vor der Gorleben-Ankündigung die Bewertungen möglicher Standorte für das NEZ vornahm.

34 Issel, *Wiederaufbereitung*, S. 128, Anmerkung 515.

35 AmEmb Bonn an StateDept, Nr. 15714, 23. September 1977; Nr. 5929, 4. April 1977. Zitat in Nr. 6612, 11. April 1978.

36 Schmidt-Küsters, »Entsorgungssystem«, S. 341.

37 Hamblin, *The Wretched Atom*, S. 219–223; Alley/Alley, *Too Hot to Touch*, S. 93–97; Stewart/Stewart, *Fuel Cycle to Nowhere*, S. 44–47; Carter, *Nuclear Imperatives*, S. 98–119. Die einzige amerikanische Wiederaufbereitungsanlage stand in West Valley im Bundesstaat New York und war von 1966–1971 in Betrieb; die Probleme mit ihren nuklearen Abfällen sind bis heute ungelöst.

38 Manfred Hagen, »Warum Wiederaufarbeitung?«, atw 22:11 (1977), S. 567; AmEmb Bonn an State Dept, Nr. 5929, 4. April 1977. Das Telegramm berichtet von der Reaktortagung zum Thema Wiederaufbereitung.

39 Kurt Becker, »Ist der Atomteufel aus der Flasche?«, *Die Zeit*, 20. August 1976; Hamblin, *The Wretched Atom*, S. 213 und 227.

40 William Glenn Gray, »Commercial Liberties and Nuclear Anxieties. The U.S.-German Feud over Brazil, 1975-77«, *International History Review* 34:3 (2012), S. 449-474, Zitat S. 450; Dennis Romberg, *Die Nuklearexportpolitik der Bundesregierung Deutschland 1970-1979*, Paderborn 2020, S. 65-120, zu deutschem Interesse an brasilianischem Uran S. 74-81. Das angenommene Auftragsvolumen für das Brasiliengeschäft lag bei etwa 12 Milliarden DM.

41 Vermerk MR Klaus Stuhr an Dr. Hans-Joachim Röhler, 10. Januar 1977, NLA HA Nds. 500 Acc 002/138 Nr. 3.

42 Blowers, *Legacy*, S. 184. Siehe auch Di Nucci, »NIMBY«, S. 129. Obwohl die bayerischen Behörden es nach den Erfahrungen in Wyhl und Gorleben hätten besser wissen können, entschieden sie sich, bei der Auswahl von Wackersdorf als möglichem Standort für ein Wiederaufbereitungszentrum auf die gleiche Weise vorzugehen. Siehe Gaumer, *Wackersdorf*, S. 58-62.

43 Blowers, *Legacy*, S. 184-186 und 205.

44 Jürgen Voges, »Politischer Druck auf die Wissenschaft«, *tageszeitung*, 18. April 2009.

45 BT, 17. WP, Drs. 17/13700, 23. Mai 2013: Beschlussempfehlung und Bericht des 1. Untersuchungsausschusses nach Art. 44 GG, (zitiert als *Gorleben UA*). Streng genommen untersuchte der Ausschuss die Frage, warum die Regierung Kohl im Juli 1983 beschloss, nur den Salzstock von Gorleben als Standort für die Endlagerung hochradioaktiver Abfälle zu erkunden. Allerdings spielte die ursprüngliche Auswahl von Gorleben im Jahr 1977 als Standort für das damals geplante NEZ eine große Rolle bei der Untersuchung.

46 Zu den Quellen siehe *Gorleben UA*, S. 47-48. Liste der Zeugen in *ebd.*, S. 51-54. Die Zeugenbefragungen waren hochgradig politisiert und sollten nicht als Zeitzeugenberichte im Sinne von »Oral History« missverstanden werden.

47 Tiggemann, *Achillesferse*, S. 377-422 und 590-596; Tiggemann, *Gorleben als Entsorgungs- und Endlagerstandort. Der niedersächsische Auswahl- und Entscheidungsprozess*. Erstellt im Auftrag des Nds. Min. für Umwelt und Klimaschutz, Hannover 2010. Sichtweise der Bundesregierung in: Möller, *Endlagerung*, S. 293-314. Sichtweise der Industrie in: Issel, *Wiederaufarbeitung*, S. 215-219. Detaillierter Bericht in: *Gorleben UA*, S. 67-95.

48 Zur Gründung der KEWA siehe Tiggemann, *Achillesferse*, S. 264-268.

49 *Gorleben UA*, S. 68-74; Zitat im Faksimile-Dokument aus dem Umfeld der KEWA-Nachprüfung von 1976 S. 74.

50 *Gorleben UA*, S. 78, Abschnitt II.1.c, cc.

51 *Gorleben UA,* S. 89; Ernst Albrecht, *Erinnerungen, Erkenntnisse, Entscheidungen. Politik für Europa, Deutschland und Niedersachsen,* Göttingen 1999, S. 86–87.
52 AL RS [Sahl], 15. November 1976, Vermerk, Betr. Ministergespräch Bund-Land Niedersachsen über Einrichtung eines Entsorgungszentrums in Niedersachsen, hier: Zusammenfassende Darstellung, BArch B106/65405 und 66356. Ausführliche Analyse in Tiggemann, *Gorleben,* 35–45.
53 Hartmut Soell, *Helmut Schmidt. 1969 bis heute. Macht und Verantwortung,* Stuttgart 2008, 782; [Interview Albrecht] »Wo man die Kernenergie kennt, da blüht den Grünen der Weizen nicht mehr«, *Bonner Energie Report,* 6. Juni 1983, S. 18–21.
54 Schmidts Einwände in: Schmidt an Albrecht, 15. Dezember 15, 1976; Schmidt an Albrecht, 28. Januar 1977; siehe auch Konow, BKAmt, an verschiedene Ministerien, Telex Nr. 2655–2657, 10. Dezember 1976; BMI, Abt. Reaktorsicherheit to Minister via StS Hartkopf, 14. Dezember 1976, alle in: BArch B106/65405. Zusammenfassung des Materials in: *Gorleben UA,* S. 94–96, und bewertet S. 287–288. Siehe auch Tiggemann, *Gorleben,* S. 53–55 und 66–68.
55 Zu den Bedenken, Atomanlagen könnten zum Ziel von Terroranschlägen werden, siehe Frank Bösch, »Taming Nuclear Power: The Accident near Harrisburg and the Change in West German and International Nuclear Policy in the 1970s and early 1980s«, *German History* 35:1 (2017), S. 71–95, hier S. 89–90.
56 Über Schmidts Einwände wurde auch ausführlich in der Presse berichtet. Siehe z. B. Dieter Tasch, »Bundesregierung: Atomabfall nicht an DDR-Grenze«, *Hannoversche Allgemeine Zeitung,* 26. Januar 1977; »Atommüll soll an die DDR-Grenze. Harte Bonner Kritik an Albrecht«, *Hannoversche Allgemeine,* 23. Februar 1977; »Bölling betont Bedenken gegen Entsorgungsanlage in Gorleben«, *Tagesspiegel,* 24. Februar 1977. Siehe auch Tiggemann, *Achillesferse,* S. 409–410; Tiggemann, *Gorleben,* S. 78–79.
57 Druck aus Hannover in: Nds. Min Wirtschaft an BMI, StS Hartkopf, vertraulich, 17. Januar 1977, BArch B106/65405; *Gorleben UA,* S. 80. Allein der Zeitpunkt, wann und in welchem Umfang die DDR informiert werden sollte, sorgte für Streit zwischen Hannover und Bonn.
58 »Kuckucksei«, *Hannoversche Allgemeine Zeitung,* 23. Februar 1977; Robert Leicht, »Albrecht gibt den Schwarzen Peter nach Bonn zurück«, *Süddeutsche Zeitung,* 24. Februar 1977; Peter Klinkenberg, »Der Trick des Ernst Albrecht«, *Frankfurter Rundschau,* 24. Februar 1977; Wolfgang Wagner, »Die Kröte«, *Hannoversche Allgemeine Zeitung,* 1. März 1977; »Druck abgeschüttelt«, *Der Spiegel,* 14. März 1977, S. 35–36.

59 BM Innerdt. Beziehungen, Vermerk, 2. Mai 1977, BArch B136/18826. Der Vertreter der DDR war Michael Kohl, Leiter der Ständigen Vertretung der DDR in Bonn.
60 Albrecht, *Erinnerungen*, S. 88. Siehe auch [Interview Albrecht], *Bonner Energie Report*, 6. Juni 1983, S. 20; *Gorleben UA*, S. 95.
61 [Interview Albrecht], *Bonner Energie Report*, 6. Juni 1983, S. 20.
62 Wirsching, *Provisorium*, S. 367–368.
63 Albrecht, *Erinnerungen*, S. 90–91; Walter C. Patterson, »Gorleben Hearings«, *Bulletin of Atomic Scientists* 35:6 (Juni 1979), S. 11; Tiggemann, *Achillesferse*, S. 610–643.
64 Jost Schmidt, »Der Graf will seine Macht ausspielen«, *Süddeutsche Zeitung*, 24. Februar 1977; Viola Roggenkamp, »Der streitbare Graf von Gartow«, *Die Zeit*, 28. Juli 1978. Zur Familie Bernstorff, insbesondere zum Gartow-Zweig siehe Eckart Conze, *Von deutschem Adel. Die Grafen von Bernstorff im zwanzigsten Jahrhundert*, München 2000.
65 *Gorleben UA*, S. 95.
66 Ebd.
67 Schmidt an Albrecht, 6. Juli 1977, BArch B136/18826.
68 Beispiel: Josef Schmidt, »Gorleben nahe der DDR-Grenze für Entsorgungszentrum vorgesehen«, *Süddeutsche Zeitung*, 23. Februar 1977. Albrecht spielte auch anlässlich eines Besuchs in Washington die Vorstellung herunter, dass die DDR die Gorleben-Frage aufgreifen würde: »Albrecht verwarf den Gedanken, dass das Projekt zu größeren Problemen in den innerdeutschen Beziehungen führen könne. Allerdings würden die Kommunisten sicher die Anti-Atomkraftbewegung in der BRD zum Zwecke der Propaganda im eigenen Land unterstützen.« AmEmb Bonn an State-Dept, Bonn Nr. 273768, 19. Oktober 1979, Dok. Nr. C05291565.
69 Manfred Popp, »Die unklare nukleare Entsorgung. Persönliche Reminiszenzen und Reflexionen«, in: Peter Hocke, Armin Grunwald (Hg.), *Wohin mit dem radioaktiven Abfall? Perspektiven für eine sozialwissenschaftliche Endlagerforschung*, Berlin 2006, Zitat S. 55 und 59–60. Popp leitete die Unterabteilung Energieforschung des Bundesforschungsministeriums.
70 Reichert, *Kernenergiewirtschaft*, S. 302–303; Tiggemann, *Achillesferse*, S. 421; Tiggemann, *Gorleben*, S. 78–79. Tiggemann hat für seine Studien keine DDR-Akten verwendet.
71 Peter Mlodoch, »»Provokatorische Handlung der BRD«. DDR-Position zu Gorleben«, *Frankfurter Rundschau*, 16. März 2010.
72 Information Nr. 513/74 über den Bau einer kommerziellen Großanlage zur Wiederaufarbeitung bestrahlter Kernbrennstoffe in der BRD, 31. Juli 1974, BStU MfS HVA Nr. 109, Bl. 66–71.

73 Information A/2815/11/76, Vermutlich geplante »Entsorgungsanlage« der BRD an der Staatsgrenze zur DDR, 28. November 1976, BStU HA XVIII Nr. 18910, Bl. 26–27.
74 Information Nr. 8/77 über BRD-Pläne zum Bau eines nuklearen Entsorgungszentrums in der Nähe der Staatsgrenze zur DDR, 24. Januar 1977, BStU MfS HA XVIII Nr. 18910, Bl. 13–17.
75 Ebd., Bl. 15: »Für das taktische Vorgehen bei diesen Gesprächen wird empfohlen, die Regierung der DDR im Glauben zu lassen, daß es sich beim Standort Gorleben um einen unter vielen handelte und die Vorgespräche mit der DDR nicht unter dem Zwang einer bereits endgültig getroffenen Standortentscheidung aufgenommen werden.«
76 Ebd., Bl. 16.
77 Vgl. Information Nr. 323/77 über Entscheidungen der BRD zum Standort Gorleben für das nukleare Entsorgungszentrum der BRD, 23. Mai 1977, BStU MfS HVA Nr. 64, Bl. 125–130, mit AL3, Vermerk für die Sitzung des Kabinettsausschusses für die friedliche Nutzung der Kernenergie am 30. März 1977, 29. März 1977, BArch B136/18826.
78 Siehe HA XIII/8, Information zum Entsorgungszentrum Gorleben/BRD, 28. April 1978, BStU MfS HA XVIII Nr. 18910, Bl. 146–147. Hier berichtete ein IM über Gespräche mit Mitarbeitern der DWK.
79 Die Stasi hatte großes Interesse an westlicher Technologie. Zum Hintergrund siehe Kristie Macrakis, *Seduced by Secrets. Inside the Stasi's Spy-Tech World,* New York 2008, bes. S. 23–47. Zu ähnlichen Stasi-Aktivitäten in Bayern siehe Neumeier, »Aktivitäten des Ministeriums ... in Bayern«, S. 357–364. In den von mir eingesehenen Akten fanden sich Berichte zur Atomtechnik aus dem Umfeld der Firmen Siemens, DWK, Nuklear Chemie und Metallurgie (NUKEM), Kraftwerks Union (KWU), Energieversorgern wie den Hamburger Elektrizitätswerken (HEW) und der Preussag sowie von staatlich geförderten Forschungseinrichtungen wie dem Kernforschungszentrum Karlsruhe und Instituten wie der Bundesanstalt für Geowissenschaften und Rohstoffe (BGR). Die Tatsache, dass die Stasi versuchte, Informationen aus diesen Unternehmen und Einrichtungen zu erlangen, sagt noch nichts über die Qualität der Informationen aus, die sie erhielt. Zu einem enttarnten Stasi-Agenten in der westdeutschen Atomindustrie siehe »Orden im Müll«, *Der Spiegel,* 28. September 1981, S. 130–134.
80 Siehe den Abschnitt zu den Gorleben-Protesten unten.
81 Die drei Mitarbeiter waren »Rolf«, »Rita Wirt« und »Sommer«. Die ersten beiden waren Kontaktpersonen (KP), Letzterer ein »Ermittler«. Eine dieser Personen arbeitete im Maschinenbau, eine bei der Polizei und die

dritte in einem Handwerksbetrieb. Eine wurde in den 1960er Jahren, die beiden anderen in den späten 1980er Jahren rekrutiert. Die Informationen basieren auf dem jeweiligen HVA-Statistikbogen des MfS bei der BStU.

82 Obstlt. Heyn, Vermerk über ein Gespräch mit dem Präsidenten des Staatlichen Amtes für Atomsicherheit und Strahlenschutz, StS Prof. Dr. Sitzlack, 18. Februar 1977, BStU MfS HA XVIII Nr. 18910, Bl. 35–36.

83 HA XVIII/3, Information über eingeleitete staatliche Maßnahmen im Zusammenhang mit dem geplanten Bau eines nuklearen Entsorgungszentrums der BRD, 14. Februar 1977, BStU MfS HA XVIII Nr. 18910, Bl. 39–42.

84 Diese Punkte tauchen immer wieder in DDR-Akten zu Gorleben auf; breiter ausgeführt in: Günter Mittag an Generalsekretär des ZK der SED Erich Honecker, 17. Januar 1978, BArch SAPMO DY3023/1440.

85 Mittag an Honecker, 6. April 1977, BArch SAPMO DY3023/1440.

86 Oskar Fischer, Min. Auswärtige Angelegenheiten der DDR, 31. März 1977, BArch SAPMO DY3023/1440. In diesem ersten Gespräch wurde mitgeteilt, dass ein privates Unternehmen einen Antrag auf Erkundung von Gorleben als möglichem Standort für eine Wiederaufbereitungs- und Abfallanlage gestellt habe. Die Aktivitäten eines privaten Unternehmens seien jedoch nicht gleichbedeutend mit einer endgültigen politischen Entscheidung über den Standort.

87 StäV an BKAmt, Telex Nr. 644, 24. Juni 1977; StäV, Vermerk Bräutigam, 2. Februar 1978, beide in: BArch B136/18826.

88 Siehe z. B. BKAmt an StäV, 5. Juli 1977, BArch B136/18826.

89 Vermerk des Stellv. Außenministers der DDR Nier über ein Gespräch mit ... Gaus, 6. Juli 1977, DzD VI,5 Dok. 63, S. 228–229.

90 Arbeitsstab Deutschlandpolitik, Vermerk, 2. Februar 1978 in: DzD VI,5, S. 527–529, und Non-Paper der DDR, 2. Februar 1978, B136/18826; »Gespräch zu Plänen der BRD bei Gorleben«, *Neues Deutschland,* 4. Februar 1978.

91 Formulierung »denkbar ungünstigster Standort« z. B. in: StäV an BKAmt, 6. April 1978, BArch B288/375.

92 Ein erster Entwurf dieser Art im April 1977 vom Ministerium für Kohle und Energie in: BStU MfS HA XVIII Nr. 18910.

93 Siehe StäV, Vermerk 12. Februar 1981, BArch B288/103, wo der Diskussionsstand mit der DDR über Gorleben zusammengefasst ist.

94 Die SED erwog, die Gespräche über die Verschmutzung der Werra erneut auszusetzen, diesmal nicht nur mit dem üblichen Hinweis auf das Umweltbundesamt (UBA) in West-Berlin, sondern auch als Vergeltung für Gorleben. Siehe Direktive für die Führung von Sondierungs-

gesprächen mit der BRD und für das weitere Vorgehen zu Fragen des Kaliabbaus im Werra-Kalirevier, 5. August 1978, BArch SAPMO DY 3023/1434.
95 ADN, »Sicherheitsinteressen der DDR beachten«, 19. April 1979, BArch B136/18826. Der ADN-Bericht erschien in *Neues Deutschland,* 20. April 1979, aber auch in anderen Blättern.
96 Arbeitsstab Deutschlandpolitik, Vermerk, 23. April 1979, BArch B136/18826. Hans Otto Bräutigam riet von einer offenen Drohung gegenüber der DDR ab und plädierte für eine diskrete Warnung. Nur wenn die DDR ihren Protest gegen den Standort Gorleben verschärfte, sollte eine öffentliche Diskussion über die ostdeutschen Atomrisiken geführt werden.
97 Abteilung BRD, Vermerk, 21. März 1979, BArch SAPMO DY3023/1440. Eine Übersicht über den Austausch zwischen der Bundesrepublik und der DDR zum Thema Gorleben in: Vorbereitung von Kontakten mit der DDR auf dem Gebiet der kerntechnischen Sicherheit, 4. August 1980; Nukleare Entsorgung Gorleben, hier: bisherige Gespräche/Demarchen zwischen beiden deutschen Staaten, 25. September 1980, beide in: BArch B288/103.
98 »DDR. Sicher mal heiß«, *Der Spiegel,* 16. Dezember 1979. Es gibt keine Belege, dass dieser Artikel lanciert wurde, allerdings passt das Timing seines Erscheinens punktgenau in die westdeutsche Strategie, die DDR von einer Eskalation der Gorleben-Frage abzuhalten.
99 Morsleben lag sechs Kilometer östlich von Helmstedt im Kreis Haldensleben, Bezirk Magdeburg, in der ehemaligen Steinsalzgrube Bartensleben. Es befand sich also innerhalb der ostdeutschen Sperrzone entlang der Grenze. Es wurde als Morsleben, Bartensleben oder mit der Abkürzung ERAM *(Endlager für radioaktive Abfälle Morsleben)* bezeichnet. Die ersten Nuklearabfälle wurden in Morsleben im März 1978 eingelagert. Zu Morsleben siehe Reichert, *Kernenergiewirtschaft,* S. 293–300; Wolfgang D. Müller, *Geschichte der Kernenergie in der DDR. Kernforschung und Kerntechnik im Schatten des Sozialismus* (Geschichte der Kernenergie in der Bundesrepublik Deutschland, Bd. III) Stuttgart 2001, S. 259–265; Tiggemann, *Achillesferse,* S. 170–174; und die Veröffentlichung der Geschichtswerkstatt von Falk Beyer (Hg.), *Die (DDR-)Geschichte des Atommüll-Endlagers Morsleben,* Magdeburg 2005.
100 HA XVIII, Information über den Bau des Endlagers für radioaktive Abfälle (ERA) Morsleben/Kreis Haldensleben/Bezirk Magdeburg, 29. Januar 1977, BStU MfS HA XVIII Nr. 18910, Bl. 21–25.
101 HA XVIII/3, Information über eingeleitete staatliche Maßnahmen im Zusammenhang mit dem geplanten Bau eines nuklearen Entsorgungs-

zentrums der BRD, 14. Februar 1977, BStU MfS HA XVIII Nr. 18910, Bl. 41: »… jedoch muß in der nächsten Zeit auch damit gerechnet werden, daß abgebrannter Kernbrennstoff (hochaktives Material) eingelagert werden muß … [für das] zur Zeit trotz mehrfacher Versuche seitens der UdSSR keine Bereitschaft zur Rücknahme besteht.« Siehe auch Reichert, *Kernenergiewirtschaft*, S. 290; Müller, *Kernenergie*, S. 253.

102 Siebold, Ministerium für Kohle und Energie, an Günter Mittag, 14. April 1977, BStU MfS HA XVIII Nr. 18910, Bl. 70.

103 Siehe z. B. SAAS, Stellungnahme zum irreführenden Vergleich in den Massenmedien der DDR zur Abfallproblematik in Gorleben/BRD und Morsleben/DDR, 25. April 1979, BArch SAPMO DY3023/1440.

104 HA XVIII/3, Information über eingeleitete staatliche Maßnahmen im Zusammenhang mit dem geplanten Bau eines nuklearen Entsorgungszentrums der BRD, 14. Februar 1977, BStU MfS HA XVIII Nr. 18910, Bl. 39.

105 Müller, *Kernenergie*, S. 264.

106 »Beratung zum Strahlenschutz mit BRD-Delegation beendet«, *Neues Deutschland*, 15. Oktober 1988, S. 5. Laut Reichert, *Kernenergiewirtschaft*, S. 294, lagerte die DDR in Morsleben seit 1978 radioaktive Abfälle ein.

107 Axel Schildt, »Zwei Staaten — eine Hörfunk- und Fernsehnation. Überlegungen zur Bedeutung der elektronischen Massenmedien in der Geschichte der Kommunikation zwischen der Bundesrepublik und der DDR«, in: Arnd Bauerkämper u. a. (Hg.), *Doppelte Zeitgeschichte. Deutsch-deutsche Beziehungen 1945–1990*, Bonn 1998, S. 58–71.

108 Siehe z. B. HA XVIII/3, Auszug aus Treffbericht des GMS »Diplom«, Geplante Entsorgungsanlage der BRD in Gorsleben [sic!], 22. April 1977, BStU MfS HA XVIII Nr. 18910.

109 Peter Jochen Winters, »Die SED hat Angst vor dem Brokdorf-Bazillus«, *Frankfurter Allgemeine Zeitung*, 24. Februar 1977; Christel Sudau, »DDR-Kernkraftwerke: Großes Schweigen über alle Pläne«, *Frankfurter Rundschau*, 25. Februar 1977; »Auch die SED fürchtet ihre Atomkraft-Gegner«, *Der Abend* (West-Berlin), 25. Februar 1977.

110 Gaus, StäV an BKAmt, Telex Nr. 644, 24. Juni 1977, BArch B136/18826. Zur Geheimhaltung von Atomfragen und dem Fehlen einer schlagkräftigen Anti-Atomkraft-Opposition in der DDR siehe Stude, *Strom für die Republik*, S. 12–14 und 143–151. Zu vereinzelten Atomkraftgegnern in den 1980er Jahren siehe Türk, *Treibstoff der Systeme*, S. 100–104.

111 Arbeitsstab Deutschlandpolitik, Vermerk, 23. April 1979, BArch B136/18826.

112 Zu technischen Aspekten siehe Reichert, *Kernenergiewirtschaft*, S. 153–154 und 159–161; Müller, *Kernenergie*, S. 27–130, 133; Per Hög-

selius, *Die deutsch-deutsche Geschichte des Kernkraftwerkes Greifswald. Atomenergie zwischen Ost und West*, Berlin 2005, S. 115–118; Stude, *Strom für die Republik*, S. 78–79.

113 Diesen Anlagen ging ein Versuchsreaktor in Dresden-Rossendorf voraus. Zur Geschichte der Atomenergie in der DDR siehe Reichert, *Kernenergiewirtschaft;* Reicherts Befunde werden diskutiert in: Radkau/Hahn, *Aufstieg und Fall*, S. 11–318; Müller, *Kernenergie;* Johannes Abele/Eckhard Hampe, »Kernenergiepolitk der DDR« in: Peter Liewers u. a. (Hg.), *Zur Geschichte der Kernenergie in der DDR,* Frankfurt 2000, S. 29–89; Stude, *Strom für die Republik.*

114 Reichert, *Kernenergiewirtschaft,* S. 324–341. Zum Sicherheitsring siehe Müller, *Kernenergie,* S. 139–141.

115 Reichert, *Kernenergiewirtschaft,* S. 201–205 und 245; Abele/Hampe, »Kernenergiepolitik«, S. 57–58.

116 Reichert, *Kernenergiewirtschaft,* S. 147, 151–153, 246 und passim; Stude, *Strom für die Republik,* S. 20–24, 108–109 und 152–157; Zitat »Instandsetzung« in: Abele/Hampe, »Kernenergiepolitik«, S. 58.

117 Müller, *Kernenergie,* S. 133–148, bes. S. 142–144. Högselius, *Greifswald,* S. 20; Stude, *Strom für die Republik,* S. 98–106 und 126.

118 Der Stasi-Bericht bezichtigte die KWU, Techniken der »psychologischen Kriegsführung« einzusetzen, um die sowjetische und ostdeutsche Nukleartechnologie insbesondere im Nahen Osten systematisch zu verunglimpfen, um mit »sicherer« westlicher Technologie einen Marktvorteil zu erlangen. Die Quelle des Berichts war ein KWU-Mitarbeiter in Erlangen. Siehe »Das Gross- und KKW-Geschäft, Status, Struktur und F/E der KWU-Konzerngruppe, ›Konkurrenzausspähung‹ einschl. Beobachtung und Analyse der Energiewirtschaft, Export- und Kooperationsmöglichkeiten in RGW-Länder im 1. Halbjahr 1979«, Juni 1979, BStU MfS BV Gera Abt. XV Nr. 2037.

119 Reichert, *Kernenergiewirtschaft,* S. 289–290. Unter DDR-Atomwissenschaftlern kursierten Anfang der 1980er Jahre bereits Gerüchte über eine Art Atomabkommen zwischen der DDR und der BRD. Siehe Information, 21. März 1980, BStU MfS HA XVIII Nr. 18910, Bl. 221–222.

120 Nukleare Entsorgung Gorleben, hier: bisherige Gespräche/Demarchen zwischen beiden deutschen Staaten, 25. September 1980, BArch B288/103.

121 BMI, Ergebnisse des ersten Gesprächs [über Strahlenschutz] am 25. 10. 1983 im BMI, 2. Oktober 1983, BArch B288/103 (zugleich DzD VII, 1, Dok. 93, S. 367–368); Instruktionen für die DDR-Delegation in: SAPMO Büro Mittag DY3023/1441; »Abkommen ... über Informations- und Erfah-

rungsaustausch auf dem Gebiet des Strahlenschutzes«, 8. September 1987, veröffentlicht in: *Bundesgesetzblatt* Nr. 7, 23. Februar 1988.

122 Michael Bothe, Goethe-Universität Frankfurt, Gutachten über Rechtsfragen möglicher nachteiliger Auswirkungen der Nuklearanlagen in Gorleben auf dem Gebiet der DDR, 29. November 1984, BArch B288/103.

123 Michael Hänel, *Das Ende vor dem Ende: Zur Rolle der DDR-Energiewirtschaft beim Systemwechsel 1980–1990* (Occasional Papers in German Studies 15), Edmonton 1998, auf http://nbn-resolving.de/urn:nbn:de:0168-ssoar-461778 (Zugriff Januar 2022) betont, dass westdeutsche Beamte nie ein wirkliches Interesse an ostdeutschen Kernkraftwerken entwickelt haben, bis sie diese 1990 übernahmen.

124 Vermerk StäV, 12. Februar 1981, ebd.: »Es ist anzunehmen, dass die DDR nunmehr auch das Thema Gorleben ruhen lässt.«

125 Blowers, *Legacy,* S. 1–12 und 233–238; Blowers, »Nuclear Waste and Landscapes of Risk«, *Landscape Research* 24:3 (1999), S. 241–264; Daniel P. Aldrich, *Site Fights. Divisive Facilities and Civil Society in Japan and the West,* Ithaca 2008, S. 8–15 und 26–33.

126 Susan Cragin, *Nuclear Nebraska. The Remarkable Story of the Little County that Couldn't be Bought,* New York 2007; Alley/Alley, *Too Hot to Touch,* S. 202–203; Aldrich, *Site Fights,* S. 126–128. Zu Bure siehe Blowers, *Legacy,* S. 154–171; Rob Broomby, »How France is Disposing of its Nuclear Waste«, *BBC News,* 4. März 2014, www.bbc.com/news/science-environment-26425674 (Zugriff Dezember 2021).

127 Aldrich, *Site Fights,* S. 12–15. Siehe auch Konrad Ott, Ulrich Smeddinck (Hg.), *Umwelt, Gerechtigkeit, Freiwilligkeit – insbesondere bei der Realisierung eines Endlagers,* Berlin 2018.

128 Meine Definition unterstreicht die Verbindung zwischen einer (geplanten) atomtechnischen Anlage und dem in Aussicht gestellten Wohlstand einer Gemeinde. Blowers, *Legacy,* S. 3, unterscheidet zwischen »nuclear oases«, wo nukleare Anlagen im aktiven Betrieb sind, und »nuclear communities«, die sich mit den Hinterlassenschaften der Atomkraft konfrontiert sehen, z.B. mit der Abfallentsorgung und Dekontaminierung. Er geht davon aus, dass sich Endlager nur an Orten mit bestehender Atomindustrie verwirklichen lassen, weil diese Gemeinden bereits mit kerntechnischen Anlagen vertraut sind und in einem wirtschaftlichen Abhängigkeitsverhältnis stehen. Da die ursprünglich geplante Anlage in Gorleben nie in vollem Umfang realisiert wurde und auf scharfen Widerstand stieß, betrachtet Blowers, *Legacy,* S. 182, Gorleben nicht als »nuclear community«. Meine Definition von Gorleben als Atomgemeinde ist so gesehen prospektiv. Siehe auch Anm. 8 oben.

129 OKD Paasche an Karl Schiller, BMWi, 25. Juli 1968, BArch B137/12604. Das Argument taucht häufig in anderer Korrespondenz und der Medienberichterstattung über den Landkreis auf.
130 Dieser Prozess hatte bereits in den 1950er Jahren eingesetzt. Wehler, *Deutsche Gesellschaftsgeschichte 1949–1990,* S. 81–88; Schneider, »Wirtschaftsgeschichte Niedersachsens nach 1945«, S. 827–851.
131 Die verbleibenden landwirtschaftlichen Betriebe nahmen an Größe zu. Friedrich Schlumbohm, »Landwirtschaft gestern, heute und morgen«, *Hannoversches Wendland* 11 (1986), S. 125–127; siehe auch Heinrich Flügge, »Die landwirtschaftlichen Betriebe im Landkreis Lüchow-Dannenberg seit hundert Jahren und ihre weitere Entwicklung«, ebd., Bd. 5 (1974/75), S. 107–122.
132 Ausschuss [des nds. Landtags] für Zonengrenzfragen, Vertriebene, Flüchtlinge und Kriegssachgeschädigte, Protokoll ... Bereisung des Landkreises Lüchow-Dannenberg, 10. Juni 1968, Archiv des Nds LT, PA2001/06/ZVFK/014; Regierungspräsident Lüneburg, Ergebnis Niederschrift [Entwicklungsmöglichkeiten Lüchow-Dannenberg], 31. Oktober 1969, BArch B137/12604.
133 Regierungspräsident Lüneburg, Ergebnis Niederschrift [Entwicklungsmöglichkeiten Lüchow-Dannenberg], 31. Oktober 1969, BArch B137/12604. Die Pisten sollten auf dem 86 Meter hohen Kniepenberg angelegt werden.
134 Mit dem Transrapid entging dem Landkreis eine Touristenattraktion. Im Nachhinein betrachtet, blieb ihm auch eine mögliche Katastrophe erspart. Im September 2006 starben 23 Menschen bei einem schweren Unfall auf der Teststrecke im Emsland. Nds. LT, 8. WP, Drs. 822, 1. Mai 1975 und Drs. 924, 1. Juli 1975; Andrea Niehaus, »Der ›positive‹ Schock: Über den Transrapid-Unfall von Lathen (Emsland) und seine Folgen«, *Inklings. Jahrbuch für Literatur und Ästhetik* 25 (2007), S. 107–119.
135 Wolfgang Tersteegen, »Immer mehr Bürger verlassen Stadt und Dorf«, *Frankfurter Allgemeine Zeitung,* 31. Oktober 1975.
136 Nds. LT, 8. WP, Drs. 738, 9. Mai 1975 und Nr. 896, 23. Juni 1975.
137 Siehe Wolfgang Tersteegen, »Immer mehr Bürger verlassen Stadt und Dorf«, *Frankfurter Allgemeine Zeitung,* 31. Oktober 1975; Helmuth von Schilling, »Ein verlassener Kreis wird noch verlassener«, *Hannoversche Allgemeine Zeitung,* 1. November 1975.
138 Egon Höhmann, Parl. StS, BM Innerdt. Beziehungen, an Heinz Kreutzmann, 6. Juni 1978, BArch B137/12604. Siehe auch BM Innerdt. Beziehungen, Aktennotiz zu Lüchow-Dannenberg, 2. November 1978, BArch B137/7064.

139 OKD Klaus Poggendorf an Kanzler Schmidt, 20. März 1978, BArch B136/ 18826.
140 Regierungserklärung der Nds. Landesreg zum geplanten NEZ in Gorleben, 16. Mai 1979, BArch B106/66391; Volltext auch in: »Die Sicherheit von Gorleben«, *Süddeutsche Zeitung,* 17. Mai 1979.
141 Diskussionen über Dragahn, einen anderen Ort im Landkreis, als Standort für eine Wiederaufbereitungsanlage kamen erst im November 1982 auf.
142 Poggendorf an Schmidt, 25. Mai 1979, BArch B106/66391.
143 Die Landesregierung in Hannover erhielt eine ähnliche »Wunschliste«. Die Entwürfe der Listen sowie das Protokoll des Kreistages, der über sie beratschlagte, in: Kreisarchiv DAN, Bestand OKD/Landrat Nr. 215. Die endgültige Wunschliste für Bonn in: BArch B137/12604. Die Delegation der kommunalen Mandatsträger nannte sich selbst »Gorleben Kommission«.
144 Schubert, *Hinterland für Berlin (West)?,* S. 264–268.
145 Vermerk über das Gespräch des Bundeskanzlers mit Vertretern des Landkreises Lüchow-Dannenberg am 8. November 1979, 12. November 1979; Poggendorf an Gerhard Konow, BKAmt 4. Dezember 1979, beide in BArch B137/12604.
146 BKAmt, Ref. 36, Vermerk über das AL-Gespräch am 13.12.1979 im Bundeskanzleramt, 18. Dezember 1979, BArch B137/12604.
147 Ebd.
148 Die Wunschliste, die der Landkreis im Frühjahr 1980 den Verantwortlichen auf Landesebene vorlegte, war auf zwölf Seiten angewachsen. Peer Steinbrück, BKAmt, an Dr. Gerlach, BMWi, 22. April 1980, BArch B137/12604. Die ursprüngliche Liste vom November 1979 hatte sich noch mit drei Seiten begnügt.
149 Zitat in: Handschriftliche Notizen einer Besprechung in Hannover am 11. Juni 1980, BArch B137/12604. Siehe auch Wolf J. Schmidt-Küster, BMFT an OKD Poggendorf, 31. Juli 1981, Kreisarchiv DAN, Bestand OKD/ Landrat, 214/1.
150 »Der Standort Langendorf ist jedoch unter Umwelt-Gesichtspunkten denkbar ungünstig. Er liegt unmittelbar stromaufwärts einer ausgedehnten und lang[ge]streckten Elbufer-Niederung (außerhalb des Deiches), die mit Sicherheit eine schutzbedürftige Pflanzen- und Tierwelt beherbergt. Überdies muss dieses Gebiet als wichtiges Verbindungsglied zwischen den beiden Teilen des Naturparkes Elbufer-Drawehn angesehen werden, der seinerseits ein entscheidendes Kapital für die Entwicklung des Fremdenverkehrs darstellt. Auch ohne nähere Untersuchung spricht vieles für die Vermutung, daß man dem Landkreis besser hilft, wenn

man den Kraftwerkbau be- oder verhindert als wenn man ihn – forderungsgemäß – unterstützte und vorantriebe.« Vermerk Moennich, 11. Dezember 1979, BArch B137/12604.
151 Nds. Wirtschaftsmin., StS an Abt. 2, 16. November 1976, Notiz zu einem Anruf von Dr. Carsten Salander, Preussen Elektra AG, am 12. November 1976, NLA HA Nds. 500 Acc 2002/138 Nr. 1. Die Aufgabe der Planungen für Langendorf wurde erst 1980 öffentlich bekannt. Siehe »Vorerst kein Kraftwerk in Langendorf«, Elbe-Jeetzel-Zeitung, 23. August 1980.
152 Sachstandsvermerk [zur] Verwaltungsvereinbarung über Finanzierungsfragen, Demonstrationsschadensregelung, 20. Februar 1979 und Anhang 2: Adolf Elvers, Nds. Finanzministerium, Ergebnis Besprechung 6. Februar 1979, NLA HA VVP 65 Acc 76/90 Nr. 11, Handakten MP Albrecht. Zu den Verhandlungen zwischen Bonn und der DWK siehe Tiggemann, Achillesferse, S. 461–464.
153 Vermerk über das Gespräch des Bundeskanzlers mit Vertretern des Landkreises Lüchow-Dannenberg am 8. November 1979, 12. November 1979, BArch B106/66401.
154 Poggendorf an Bundeskanzler Schmidt, 25. Mai 1979, BArch B106/66391, mit der Forderung nach der ersten Rate der Zahlung der Bundesregierung; Poggendorf an Nds. Finanzministerium, 24. März 1981 NLA HA Nds. 200 Acc 2005/070 Nr. 315, mit einer Beschwerde über die späte Zahlung.
155 Die Diskussionen über die Konsequenzen von Albrechts Entscheidung in: BArch B106/66391; siehe auch Tiggemann, Achillesferse, S. 464.
156 BMI, Abteilungsleiter Nuklearsicherheit an stellvertretenden Abteilungsleiter, via Staatssekretär Hartkopf, 13. Februar 1981; siehe auch Baum an Schmidt, 2. April 1981, BArch B106/66391.
157 BMI, Abteilungsleiter Nuklearsicherheit an stellvertretenden Abteilungsleiter, via Staatssekretär Hartkopf, 13. Februar 1981, BArch B106/66391.
158 Die im Landkreis gelegenen Gemeinden Gartow und Gorleben warfen Poggendorf vor, ihren Anteil zurückzuhalten, und verlangten von Hannover, ihnen das Geld direkt zu überweisen. Siehe Samtgemeinde Gartow an nds. Finanzmin., 17. September 1981 und 18. Januar 1982, beide in: NLA HA Nds. 200 Acc 2005/070 Nr. 315.
159 BKAmt, Ref. 36, Vermerk über das AL-Gespräch am 13.12.1979 im Bundeskanzleramt, 18. Dezember 1979, BArch B137/12604: »Das BMI bemerkte in diesem Zusammenhang, daß an die DWK mit der Frage nach ihrer Bereitschaft zu Zahlungen herangetreten werden sollte.«
160 Von Hardenberg, Bezirksreg. Lüneburg, an nds. Sozialmin., 21. Oktober 1982, NLA HA Nds. 300 Acc 2002/041, Nr. 2.
161 Niedersächsisches Institut für Wirtschaftsforschung, Ansatzpunkte zur

Verbesserung der Ausgabensituation der kommunalen Ebenen im Landkreis Lüchow-Dannenberg im Zuge einer Neuorientierung der Verwaltung (Hannover: NIW, 2003), S. 8. Klaus Poggendorf, *Gorleben. Der Streit um die nukleare Entsorgung und die Zukunft einer Region*, Lüneburg 2008, S. 65, nennt 126 Millionen DM von 1980–1993, also in einem Zeitraum von 13 Jahren jährlich ungefähr 9,7 Millionen DM.

162 StS von Würzen, BMWi, an OKD Poggendorf, 29. Juli 1980; Birgit Breuel, nds. Wirtschaftsmin., an OKD Poggendorf, 29. Juli 1980, beide in: BArch B106/66401. Die Dokumente betreffen die von Bundes- und Landesbehörden versprochenen Maßnahmen und Investitionen.

163 Z. B. der Besuch einer Delegation der Gemeinde Gartow in Bonn im April 1983, bei dem die Vertreter aus Gartow eine neue Wunschliste und die Fortsetzung der direkten Zahlungen besprechen wollten. Siehe BMI, Abt. Reaktorsicherheit, Vermerk, 31. März 1983; Gemeindedirektor Gartow an Dr. Ziegler, BMFT, 28. März 1983, beide in: BArch B106/66392.

164 Die Unabhängige Wählergemeinschaft (UAW) wurde 1981 gegründet. Die Grünen traten in diesem Jahr noch nicht bei der Kreistagswahl an. Die Wahlergebnisse in: »CDU behält absolute Mehrheit im Kreisparlament«, *Elbe-Jeetzel-Zeitung*, 28. September 1981.

165 Tiggemann, *Achillesferse*, S. 457. Poggendorfs Rechtfertigung der Zahlungen in: Poggendorf, *Gorleben*, S. 65–74.

166 Poggendorfs Rechtfertigung des Briefkastens in: Poggendorf an Horst Schröder MdB, 19. Oktober 1982, Kreisarchiv DAN, Bestand OKD/Landrat Nr. 214/2.

167 Karl-Friedrich Kassel, »... und lebt verdammt nicht schlecht!« *Die Zeit*, 10. Juli 1992; Kassel, »Reichtum macht stumm«, *Die Zeit*, 8. Mai 1992. Die *Zeit*-Artikel beruhen auf einer Artikelserie der *Elbe-Jeetzel-Zeitung*. Die Partei der Grünen druckte die Serie 2009 erneut ab: www.bi-luechow-dannenberg.de/?p=2115 (Zugriff Dezember 2021). Der Journalist Kassel zog 1980 in den Landkreis.

168 Lars Masurek/Gerd Hachmöller, »Akteursnetzwerke und Regionalentwicklung im Schatten von Gorleben. Der Landkreis Lüchow-Dannenberg«, *Raumforschung und Raumordnung* 1 (2002), S. 64.

169 Eine Liste von Projekten, die mit den Gorlebengeldern finanziert wurden, in: »Ausgleichszahlungen des Bundes für die nuklearen Entsorgungseinrichtungen bei Gorleben«, undatiert, [1995], Kreisarchiv DAN, Bestand OKD/Landrat Nr. 216; Schicksal einiger der Projekte in: Martin Schulz, »Kommunal-Fusion als Mittel der Haushaltskonsolidierung«, *Innovative Verwaltung* 28:5 (2006), S. 17; Poggendorfs Abrechnung mit der »bunten Koalition« in: Poggendorf, *Gorleben*, S. 245–260.

170 Niedersächsisches Institut für Wirtschaftsforschung, *Ansatzpunkte,* S. 111.
171 Barbara Hahn/Petra Pudemat, »Die Entwicklung des Landkreises Lüchow-Dannenberg nach der Öffnung der innerdeutschen Grenze unter besonderer Berücksichtigung des Verarbeitenden Gewerbes«, *Neues Archiv für Niedersachsen* 1 (1998), S. 65–84.
172 BT, 14. WP, Drs. 14/5634, Antwort der Bundesregierung auf die Kleine Anfrage ... der Landesgruppe Niedersachsen, 22. März 2001.
173 Überblick in: Dieter Rucht, »Anti-Atomkraftbewegung«, in: Roland Roth, Dieter Rucht (Hg.), *Die sozialen Bewegungen in Deutschland seit 1945. Ein Handbuch,* Frankfurt a.M. 2008, S. 245–266. Zu Wyhl siehe Stephen Milder, »Between Grassroots Activism and Transnational Aspirations: Anti-Nuclear Protest from the Rhine Valley to the Bundestag, 1974–1983«, *Historical Social Research* 39:1 (2014), S. 191–211; Ralf Vandamme, *Basisdemokratie als zivile Intervention. Der Partizipationsanspruch der neuen sozialen Bewegungen,* Opladen 2000, S. 61–74; Natalie Pohl, *Atomprotest am Oberrhein. Die Auseinandersetzung um den Bau von Atomkraftwerken in Baden und im Elsass, 1970–1985,* Stuttgart 2019; zeitgenössisch: Rucht, *Von Wyhl nach Gorleben,* S. 74–98.
174 Andrew S. Tompkins, *Better Active than Radioactive! Anti-Nuclear Protest in 1970s France and West Germany,* Oxford 2016, S. 147–195; Milder, *Greening Democracy,* S. 147–151.
175 AmEmb Bonn an StateDept, Bonn Nr. 9987, 27. Mai 1980, Dok. Nr. C05291512: »Der Standort Gorleben ist nach Einschätzung der Bürgerinitiativen das schwächste Glied im Atomprogramm der BRD. Laut Gesetz muss die BRD bis 1985 entscheidende Fortschritte in der Entwicklung eines Endlagers für Atommüll vorweisen, sonst können keine Genehmigungen für Atomkraftwerke erteilt werden.«
176 Tompkins, *Better Active;* Milder, *Greening Democracy;* Pohl, *Atomprotest am Oberrhein;* Astrid Mignon Kirchhof/Jan-Henrik Meyer, »Global Protest Against Nuclear Power. Transfer and Transnational Exchange in the 1970s and 1980s«, *Historical Social Research* 39:1 (2014), S. 165–190.
177 Andrew Tompkins, »Grassroots Transnationalism(s): Franco-German Opposition to Nuclear Energy in the 1970s«, *Contemporary European History* 25:1 (2016), S. 118.
178 CIA, The World Oil Market in the Years Ahead. A Research Paper (August 1979), S. 55, Jimmy Carter Presidential Library Atlanta, NLC-7-48-7-3-2. Damalige Einschätzung in: William Sweet, »The Opposition to Nuclear Power in Europe«, *Bulletin of the Atomic Scientists* 33:10 (Dezember 1977), S. 40–47.
179 Obwohl die Forschung oft den transnationalen Charakter der Anti-

Atomkraft-Proteste betont, geht sie dabei selten auf die Rolle der vorhandenen Grenzen selbst ein. Ausnahmen: Birgit Müller, »The Skeleton versus the Little Grey Men. Conflicting Cultures of Anti-Nuclear Protest at the Czech-Austrian Border«, in: Jutta Lauth Bacas, William Kavanagh (Hg.), *Border Encounters. Asymmetry and Proximity at Europe's Frontiers,* New York 2013, S. 68–89; Tompkins, »Grassroots Transnationalism(s)«.
180 *Untersuchungsausschuss Gorleben,* Protokoll Nr. 66, 20. Dezember 2011, Aussage von Pastor Gottfried Mahlke, S. 2.
181 Nds. Innenmin. an BMI und Innenministerien aller Bundesländer, 22. Februar 1977, NLA HA Nds. 100, Acc 149/97 Nr. 110.
182 Ausdrücke in: Telex, undatiert [25. Februar 1977], Erkenntnisse über den Hauptinitiator der Bürgerinitiative Umweltschutz Lüchow-Dannenberg H. W.; Bericht über die kriminalpolizeiliche Situation im Landkreis Lüchow-Dannenberg hinsichtl. der geplanten Errichtung einer Atomentsorgungsanlage, 9. September 1977. Dieser Bericht listet die Vereine mit Umweltbezug und die bekannten Wohngemeinschaften im Landkreises auf. Beide Dokumente in: NLA HA Nds. 100 Acc.2003/116 Nr. 71.
183 Ausdruck in: Horst Vetten, »Gleich hinter Gorleben«, *GEO* 6 (1980), S. 56. Zum Einfluss von Wyhl als Vorbild für Gorleben siehe Vandamme, *Basisdemokratie,* S. 60 und 74. Zur bäuerlichen Notgemeinschaft siehe Blowers, *Legacy,* S. 198–199.
184 Der Artikel »Stadtflucht der Dichter«, *Der Spiegel,* 4. Februar 1974, S. 118, wurde vor dem Hintergrund des Protestes gegen das Atomkraftwerk Langendorf verfasst. Eine Sammlung einiger Schlüsseltexte über das Wendland in: Axel Kahrs (Hg.), *Im Wendland ist man der Wahrheit näher. Klassische Reportagen über Lüchow-Dannenberg aus vier Jahrzehnten,* Lüchow 2007. Mit der Gründung des Künstlerhofs Schreyahn förderten vor Ort lebende Intellektuelle das Schreiben über das Wendland in Schreibseminaren, die ab 1981 angeboten wurden. Siehe auch Blowers, *Legacy,* S. 208.
185 Wim Wenders setzt diese »verschlafene« Stimmung meisterhaft in seinem Road Movie *Im Lauf der Zeit* (1976) in Szene.
186 Renate Just (Text), Herlinde Koelbl (Fotos), »Deutschland. Am schönsten, wo es am ärmsten ist«, *Zeit Magazin* (August 1986), S. 20.
187 Horst Vetten, »Gleich hinter Gorleben. Entdeckungen im Landkreis Lüchow-Dannenberg, der vielleicht seltsamsten Ecke Deutschlands«, *Geo* Nr. 6 (1980), S. 38–60. Siehe auch Wolfram Runkel, »Das stille Ende«, *Zeit Magazin,* 22. April 1983, S. 36–42.
188 Vetten, »Gleich hinter Gorleben«, S. 60: »Den Kranichen nachgucken, die von Pommern kommen. Welche Sensation das Wort Pommern ent-

hält.« In Texten über das Wendland werden außerdem häufig Vergleiche mit der Landschaft Ostpreußens gezogen.
189 Jan-Werner Müller, *Another Country. German Intellectuals, Unification and National Identity*, New Haven 2000, S. 73–74.
190 Thomas Schröder, »Ein Wochenende in der letzten Ecke«, *Die Zeit*, 16. Mai 1975.
191 Just, »Deutschland. Am schönsten, wo es am ärmsten ist«, S. 20–21.
192 Geisler, »›Heimat‹ and the German Left«, S. 34–41; zeitgenössische Überlegungen zum Thema in: Ina-Maria Greverus, *Auf der Suche nach Heimat*, München 1979. Siehe auch die Literaturanthologie Hedwig-Walwei-Wiegelmann (Hg.), *Die Wunde namens Deutschland. Ein Lesebuch zur deutschen Teilung*, Freiburg 1981. Matthias Stangel, *Die neue Linke und die nationale Frage. Deutschlandpolitische Konzeptionen und Tendenzen in der Ausserparlamentarischen Opposition (APO)*, Baden-Baden 2013, ist in diesem Zusammenhang relevant, reicht aber nicht bis in die 1980er Jahre zurück.
193 Zu der Verbindung zwischen »authentisch« ländlichem Raum und der Anti-Atomkraft-Bewegung siehe Tompkins, *Better Active*, S. 116–120.
194 Horst Wilkens, »Die Rolle des Natur- und Landschaftsschutzes in der Bundesrepublik. Das Beispiel Gorleben«, *Natur und Landschaft* 53:6 (Juni 1978), S. 183–186; Prof. Dr. Ewald Sprecher, Biologische Fakultät, Universität Hamburg, an Ministerpräsident Ernst Albrecht, 17. Februar 1977, NLA HA Nds. 800, Acc 2001/110 Nr. 162; Bernhard Grzimek, Zoolog. Gesellschaft Frankfurt von 1858, an nds. Landesverwaltungsamt, 3. November 1977, NLA HA Nds. 110N, Acc. 7/90 Nr. 39.
195 Flugblatt Bürgerinitiative Umweltschutz Lüchow-Dannenberg, [Demonstrationsaufruf für den 12. März 1977]. Das Flugblatt fordert die Demonstranten auf, sich an die befestigten Wege zu halten und nicht die Landwirte durch Betreten ihrer Felder zu verärgern, da man deren Unterstützung in Zukunft noch brauche. Flugblatt in: NLA HA Nds. 100 Acc.2003/116 Nr. 71.
196 *Elbe-Jeetzel-Zeitung*, 26. März 1977, zitiert in Dieter Halbach/Gerd Panzer, *Zwischen Gorleben und Stadtleben*, Berlin 1980, S. 25.
197 Tompkins, »Grassroots Transnationalism(s)«, S. 124–125.
198 Kai Hermann, »Albrecht, wir kommen««, *Die Zeit*, 30. März 1979; Hans Christoph Buch, *Bericht aus dem Inneren der Unruhe. Gorlebener Tagebuch*, Reinbek 1984, S. 330–349. Sowohl Hermann als auch Buch lebten in Lüchow-Dannenberg. Zum symbolischen Wert von Bauern und Traktoren für den Kampf gegen Atomanlagen siehe Tompkins, *Better Active*, S. 119–121. Zum Einfluss von Harrisburg auf das Gorleben-Hearing siehe Bösch, »Taming Nuclear Power«, S. 88–89.

199 Der Begriff »Atomstaat« nimmt Bezug auf Robert Jungk, *Der Atomstaat. Vom Fortschritt in die Unmenschlichkeit*, München 1977, ein Schlüsseltext der westdeutschen Anti-Atomkraft-Bewegung.
200 Die erste Erwähnung der Idee einer eigenen Republik in: »Stadtflucht der Dichter«, *Der Spiegel*, 4. Februar 1974, S. 118. Hermann, »Albrecht, wir kommen«« , und Buch, *Unruhe*, S. 348, berichten beide, dass die Idee der »Republik« im März 1979 während des Gorleben-Trecks nach Hannover aufgekommen sei. Siehe auch Tiggemann, *Achillesferse*, S. 605 und 731.
201 AmEmb Bonn an StateDept, Bonn Nr. 11415, 16. Juni 1980, Doc. Nr. C05291510. Siehe auch Günter Zint, *Republik Freies Wendland. Eine Dokumentation*, Frankfurt 1980; Kai Krüger, »Das Wehrdorf in Wendland«, *Stern*, 22. Mai 1980, S. 20–26.
202 AmEmb Bonn an StateDept, Bonn Nr. 15470, 8. August 1980, Doc. Nr. C05291608. Die »Botschaft«, aus Holz mit einem Erddach am Präsident-Kennedy-Platz errichtet, wurde vom Bremer Senat für ein Jahr geduldet, dann aber geräumt.
203 AmEmb Bonn an StateDept, Bonn Nr. 11415, 16. Juni 1980, Doc. Nr. C05291510; »Behindert, beschimpft, bedroht, geschlagen und ausgesperrt. 29 Journalisten berichten über ihre Erfahrung im Umgang mit der Polizei während der Räumung des Bohrplatzes 1004 in Gorleben«, *Frankfurter Rundschau*, 19. und 20. August 1980; Halbach/Panzer, *Zwischen Gorleben und Stadtleben*, S. 5–6; Rucht, *Von Wyhl nach Gorleben*, S. 140–141. Siehe auch Tiggemann, *Achillesferse*, S. 743–747; Tompkins, *Better Active*, S. 189–193.
204 AmEmb Bonn an StateDept, Bonn Nr. 1141516. Juni 1980, Doc. Nr. C05291510.
205 Eine Gruppe Demonstranten hatte sich anderswo versammelt, um die Polizei in dem Glauben zu wiegen, dass sich dort eine Großdemo anbahne. Dieses Ablenkungsmanöver ermöglichte es einer anderen Gruppe von Demonstranten, ungehindert zu Fuß die Demarkationslinie zu überqueren. Siehe Wolfgang Hertle, »Hart an der Grenze«, in: Andreas Buro (Hg.), *Geschichten aus der Friedensbewegung. Persönliches und Politisches*, Köln 2005, S. 93–95.
206 »Stadtflucht der Dichter«, *Der Spiegel*, 4. Februar 1974, S. 118.
207 »Kernkraftgegner demonstrieren auf DDR-Gebiet vor Metallgitterzaun«, *Tagesspiegel*, 28. Januar 1982. Siehe auch »Kernkraftgegner auf DDR-Gebiet«, *Hannoversche Allgemeine*, 28. Januar 1982.
208 »Protest auf DDR-Gebiet beendet«, *Süddeutsche Zeitung*, 29. Januar 1982.
209 Hans-Helmut Kohl, »Protest im Zwischenraum deutsch-deutscher Wirk-

lichkeit. Zeltlager vor dem Todesstreifen«, *Frankfurter Rundschau*, 6. Juli 1983: »Warum die DDR-Grenzer bislang solch einen Langmut bewiesen haben, weiß hier niemand.«

210 »In Ost und West«, *Braunschweiger Zeitung*, 5. Juli 1983; »Lästige Gäste«, *Braunschweiger Zeitung*, 7. Juli 1983.

211 Vandamme, *Basisdemokratie*, S. 83–84. Zur Zusammenarbeit zwischen einheimischen und auswärtigen Unterstützern während der Besetzung siehe Tiggemann, *Achillesferse*, S. 729–736.

212 Tompkins, *Better Active*, S. 121–127.

213 »Grenzgänger«, *Hannoversche Allgemeine*, 4. Juli 1983; »DDR-Haft wünschen wir keinem, auch nicht den Grenzbesetzern«, *Hannoversche Allgemeine*, 5. Juli 1983; »Mal rüber«, *Der Spiegel*, 11. Juli 1983, S. 76–77; Hans-Helmut Kohl, »Protest im Zwischenraum deutsch-deutscher Wirklichkeit«, *Frankfurter Rundschau*, 6. Juli 1983.

214 Das Buch, das zum zehnten Jahrestag der Gorleben-Proteste erschien, erwähnte die zweite Besetzung des Grenzstreifens von 1983 mit keinem Wort, so als sei sie nie geschehen. Wolfgang Ehmke (Hg.), *Zwischenschritte. Die Anti-Atomkraftbewegung zwischen Gorleben und Wackersdorf*, Köln 1987.

215 MfS, Zentraler Operativstab, Leiter Oberst [Gerhard] Grünberg an HA VI, Leiter [Heinz Fiedler], 21. August 1981, BStU MfS HA VI, Nr. 3830. Der Vermerk trägt den handschriftlichen Hinweis »vorerst nur zur Beachtung«, enthielt aber keine Handlungsanweisungen. HA VI war die für den grenzüberschreitenden Reiseverkehr zuständige Stasi-Abteilung.

216 Grenzkommando Nord, Stellvertreter des Stabschefs für operative Arbeit, Schlussfolgerungen und Aufgaben für die Grenztruppen der DDR aus der Grenzverletzung einer Gruppe von Zivilpersonen aus der BRD am 27. Jan. 1981 im Sicherungsabschnitt I, Grenzregiment 24, BArch-MA, DVH 48/138758.

217 MfS HA I, Information Nr. 226/83 über eine widerrechtliche Besetzung des Territoriums der DDR…, 7. Juli 1983, BStU MfS ZAIG Nr. 16268, Bl. 53–58, Zitat Bl. 57. Weitere Dokumentation ebd.

218 Weitere Beispiele: »Friedenscamp von Atomkraftgegner vor dem DDR-Grenzzaun«, *Frankfurter Rundschau*, 10. Oktober 1983 über eine Besetzung in Philippsthal in Hessen; »Protest auf CSSR-Gebiet, dann über Schirnding abgeschoben«, *Frankenpost*, 9.–11. April 1984; »Robin Wood besetzt DDR-Gebiet bei Hof«, *Neue Presse*, 29. Dezember 1988; Peter Schmitt, »Umweltprotest im Dreiländereck. Transparente verkünden in die DDR und die CSSR: ›Schadstoffe kennen keine Grenzen‹«, *Süddeutsche Zeitung*, 29. Dezember 1988. Die Jugendgruppe des Deutschen Alpenver-

eins besetzte den Grenzstreifen im April 1986, um gegen die Nutzung der Atomenergie zu protestieren, dokumentiert in BayHStA StK/19437.
219 Tiggemann, *Achillesferse*, S. 801–804, beschreibt das Anwachsen der Proteste gegen die CASTOR-Transporte in den späten 1990er Jahren und ihren Rückgang ab 2001. Zwischen 1998 und 2001 gab es ein Moratorium für CASTOR-Transporte. Siehe auch Blowers, *Legacy*, S. 194–197; Rucht, »Anti-Atomkraftbewegung«, S. 260.
220 Es war eine Strategie externer Gegner von Gorleben, ihren Wohnsitz im Landkreis anzumelden, um den Widerstand »von innen« zu stärken. Nds. Innenmin., Vermerk [für den StS und Minister], 28. April 1978, NLA HA Nds. 100 Acc.2003/116 Nr. 72.
221 Sven Reichardt, *Authentizität und Gemeinschaft. Linksalternatives Leben in den siebziger und frühen achtziger Jahren*, Frankfurt 2014, S. 57–71; Tompkins, Better Active, S. 131–136.
222 Reichardt, *Authentizität*, S. 459–480; »Landkommune« in: *Wendland Lexikon* Bd. 2, Lüchow 2008, S. 15. Zum Kontext natürlicher Ernährung und Landwirtschaft in den 1970er und 1980er Jahren siehe Corinna Treitel, *Eating Nature in Modern Germany. Food, Agriculture, and Environment, c. 1870–2000*, New York 2017, S. 265–280.
223 Zur sogenannten »Modellregion Wendland« siehe Peter Menke-Glückert, BMI, an Georg Redeker, Landesbeauftragter für Umweltschutz in Niedersachsen, 11. Februar 1980; Konrad Otto[-Zimmermann], »Ökologische Modellregion Hannoversches Wendland«, Vortrag in der Evangelischen Akademie Loccum, 16. Dezember 1978, beides in BArch B106/66401.
224 Antje Brink, *Die Wendland-Kooperative. Der Aufbau einer Erzeuger-Verbraucher-Gemeinschaft als Beitrag zu einer eigenständigen und ökologisch orientierten Regionalentwicklung im peripheren ländlichen Raum*, Hannover 1986.
225 Andreas Maier, »Widerständiges Wendland«, *FAZ*, 12. September 2012.
226 Klaus-Jürgen Röhling, »Techniken, Konzepte, Herausforderungen. Zur Endlagerung radioaktiver Reststoffe«, in: Brunngräber, *Problemfalle Endlager*, S. 40.
227 Radkau/Hahn, *Aufstieg und Fall*, S. 353–364; Achim Brunngräber, »Die atompolitische Wende«, in: *Problemfalle Endlager*, S. 13–26.
228 Kahl (Bayern) 1961; Neckarwestheim II (Baden-Württemberg) 1989. Zum Hauptzeitraum der Nutzung von Atomenergie siehe Radkau/Hahn, *Aufstieg und Fall*, S. 321–322.
229 Hocke/Renn, »Paralysis«, S. 930.
230 »Den Schiet wüllt wie hie ok nich hebben«, *Der Spiegel*, 7. November 1976, S. 102–110; Tiggemann, *Achillesferse*, S. 394–403.

231 Blowers, *Legacy*, S. 180.
232 Dieses Zusammenspiel von Zentrum und Peripherie ist der zentrale Punkt im Gorleben-Kapitel von Blowers, *Legacy*.
233 Martina Wimmer, »Die Bernstorffs«, *Greenpeace Magazin* 6 (2007).
234 Benjamin Piel, »Lüchow schafft das«, *Spiegel online*, 13. Oktober 2015.
235 Zoé Sona, »Ökonazis im Wendland. Jung, naturverbunden, rechts«, *tageszeitung*, 13. Mai 2015; Benjamin Piel, »Wendland. Nach dem Rechten schauen«, *Die Zeit*, 27. September 2015; Andreas Speit, »Wendland färbt sich grün-braun«, *tageszeitung*, 16. September 2016. Zum Kontext siehe Amadeo Antonio Stiftung (Hg.), *Völkische SiedlerInnen im ländlichen Raum*, Berlin 2014; Andrea Röpke/Andreas Speit, *Völkische Landnahme. Alte Sippen, junge Siedler, rechte Ökos*, Berlin 2019.
236 Peter Hocke/Ortwin Renn, »Concerned Public and the Paralysis of Decision-Making: Nuclear Waste Management Policy in Germany«, *Journal of Risk Research* 7–8 (2009), S. 926.
237 Blowers, *Legacy*, 210–217; Hocke/Renn, »Paralysis«, S. 927–928.
238 Zum Ausscheiden von Gorleben aus der Endlagersuche siehe Dagmar Röhrlich, »Sicheres Lager für eine Million Jahre gesucht«, *Deutschlandfunk* 25.4.2021, www.deutschlandfunk.de/wirtsgesteine-fuer-atommuell-sicheres-lager-fuer-eine.740.de.html?dram:article_id=496175 (Zugriff November 2021); Achim Brunnengräber, »Die Stecknadel auf der Atomlandkarte. Wie wir in Deutschland zu einem Endlager für hochradioaktive Abfälle kamen«, *Aus Politik und Zeitgeschichte* 71, Hefte 21–23.
239 Blowers, *Legacy*, 217; Hocke/Renn, »Paralysis«, S. 927.
240 Gesetz zur Suche und Auswahl eines Standortes für ein Endlager für hochradioaktive Abfälle (Standortauswahlgesetz, StandAG 2013). Hintergrund in: Ulrich Smeddinck/Franziska Semper, »Zur Kritik am Standortauswahlgesetz«, in: *Problemfalle Endlager*, S. 235–259; Brunnengräber, *Ewigkeitslasten*, S. 122–126.
241 Kommission Lagerung hoch radioaktiver Abfallstoffe (Hg.), *Abschlussbericht. Verantwortung für die Zukunft. Ein faires und transparentes Verfahren für die Auswahl eines nationalen Endlagerstandortes*. Berlin, Juli 2016.
242 Zitat in Hocke/Renn, »Paralysis«, S. 928.
243 Das Bundesamt für die Sicherheit der nuklearen Entsorgung (BASE), gegründet 2014, ist die zentrale Bundesbehörde für den sicheren Umgang mit den Hinterlassenschaften der Atomenergie, überwacht das Standortauswahlverfahren zur Suche nach einem Endlager für hochradioaktive Abfälle und organisiert die Beteiligung der Öffentlichkeit. Siehe www.base.bund.de.
244 Achim Brunnengräber/Lutz Mez, »Der staatlich-industrielle Atomkom-

plex im Zerfall«, in: *Problemfälle Endlager,* S. 298–310; Claudia Schulz, »Fonds oder Rückstellungen? Atommüll als Private Good und Public Bad«, in: ebd., S. 261–287; Andreas Mihm, »Aus dem Schneider beim Atommüll«, *Frankfurter Allgemeine Zeitung,* 23. Juni 2017; »Weg für Atommüll-Staatsfonds endgültig frei«, ebd.
245 Brunnengräber/Mez, »Atomkomplex im Zerfall«, S. 306–307; Brunnengräber, *Ewigkeitslasten,* S. 101–103; Marcus Theurer, »Das teure Erbe der Atomkraft«, *Frankfurter Allgemeine Zeitung,* 29. Dezember 2021.
246 www.wunderlandkalkar.eu (Zugriff November 2021).
247 Siehe www.erlebnisbergwerk.de (Zugriff November 2021).
248 Malte Kreutzfeldt, »Vorletztes Kapitel in Gorleben«, *taz,* 17. September 2021. Zur »Archivierung« des Gorleben-Protests siehe Jenny Hagemann, »Gorleben als kulturelles Erbe. Die Anti-Atom-Bewegung zwischen Historisierung und Aktualität«, *Aus Politik und Zeitgeschichte* 71, Hefte 21–23 (2021), S. 17–23.

Westdeutschland vom Rand her betrachtet

1 *Im Lauf der Zeit,* Regie: Wim Wenders, 1976; Hans Pleschinski, *Ostsucht: Eine Jugend im deutsch-deutschen Grenzland,* München 2003; Jan Böttcher, *Nachglühen,* Reinbek 2008; Jochen Rausch, *Restlicht,* Köln 2008; Maximilian Buddenbohm, *Marmelade im Zonenrandgebiet,* Reinbek 2012.
2 Das Grüne Band erhielt das Prädikat Nationales Naturmonument in Thüringen (2018) und Sachsen-Anhalt (2019). Es ist angestrebt, das gesamte Grüne Band als Nationales Naturmonument auszuweisen.
3 Tobias Seidel/Maximilian von Ehrlich, »The Persistent Effects of Regional Policy. Evidence from the West German Zonenrandgebiet«, *Beiträge zur Jahrestagung des Vereins für Socialpolitik* 2014: Evidenzbasierte Wirtschaftspolitik–Session: Agglomeration, Policy und Persistence, No. B14-V4, verfügbar unter http://hdl.handle.net/10419/100515 (Zugriff Dezember 2021) gehen aufgrund von Veränderungen des Pro-Kopf-Einkommens und der »Wirtschaftsdichte« davon aus, dass die Förderung langfristig effektiv gewesen sei. Thorsten Erdmann, »Am Ende der Welt: Entwicklungen des westdeutschen Zonenrandgebietes seit der Wiedervereinigung«, *Deutschland Archiv online,* 18. November 2013, weist hingegen darauf hin, dass nach einem kurzen Wiedervereinigungsboom und mit manchen regionalen Ausnahmen die meisten ehemaligen Grenzregionen auf ihr früheres geringeres Leistungsniveau im Vergleich zur übrigen Bundesrepublik zurückfielen. Hans-Joachim Bürkner, »Probleme der Regionalentwicklung im niedersächsischen Zonenrandgebiet

vor und nach der deutschen Vereinigung«, in: Karl Eckart/Jörg Roesler (Hg.), *Die Wirtschaft im geteilten und vereinten Deutschland,* Berlin 1999, 295–296., hält das Instrument der »strukturblinden Flächenförderung« für zu unscharf.

4 Philipp Ther, *Die Ordnung auf dem alten Kontinent. Eine Geschichte des neoliberalen Europa,* Frankfurt 2016, S. 284–312; Frank Bösch, »Geteilt und verbunden. Perspektiven auf die deutsche Geschichte seit den 1970er Jahren«, In: Bösch (Hg.), *Geteilte Geschichte. Ost- und Westdeutschland 1970–2000,* Göttingen 2015, S. 15.

5 Die Metapher des Zusammenwachsens, verkörpert durch das Grüne Band, erweist sich als so wirkungsmächtig, dass Luftaufnahmen zur Illustration von Publikationen herangezogen werden, die sich mitnichten mit Naturschutz, sondern mit sozialen Trends seit der Wiedervereinigung befassen. Das Titelbild einer Publikation der Bundeszentrale für Politische Bildung zum 25. Jahrestag der Wiedervereinigung zeigt saftig grüne Wiesen und einen ehemaligen Grenzwachturm, um den Stand der deutschen Einheit und Fragen der politischen Kultur anzusprechen. Siehe Oscar W. Gabriel/Everhard Holtmann/Tobias Jaeck/Melanie Leidecker-Sandmann/Jürgen Maier/Michaela Maier, *Deutschland 25. Gesellschaftliche Trends und Politische Einstellungen,* Bonn 2015. Vgl. auch Julia Löhr, »Vereint und doch geteilt«, *Frankfurter Allgemeine Zeitung,* 3. August 2019. Der Artikel analysiert eine Meinungsumfrage, die ergeben hat, dass viele Ostdeutsche sich als Bürger zweiter Klasse fühlen. Auch dieser Artikel ist mit einer Luftaufnahme des Grünen Bandes illustriert.

6 Einige Beispiele: Rüdiger Dingemann, *Mitten in Deutschland: Entdeckungen an der ehemaligen Grenze,* Hamburg 2014; Andreas Kieling, *Ein deutscher Wandersommer – 1400 Kilometer durch unsere wilde Heimat,* Hamburg 2011; Stefan Esser, *Radtouren am Grünen Band: In 32 Etappen von Tschechien bis zur Ostsee,* München 2011; Ludolf Scherzer, *Der Grenz-Gänger,* Berlin 2007.

7 Eckhart Lohse/Stephan Löwenstein, »Überrollt«, *Frankfurter Allgemeine Zeitung,* 3. September 2016; »Grenzöffnung für Flüchtlinge: Was geschah wirklich?«, *Die Zeit,* 22. August 2016; »Das Märchen eines Sommers« *Der Spiegel* Nr. 33, 12. August 2016.

8 Julia Sonnevend, *Stories Without Borders. The Berlin Wall and the Making of a Global Iconic Event,* New York 2016; Hope M. Harrison, *After the Berlin Wall. Memory and the Making of the New Germany, 1989 to the Present,* New York 2019, S. 337 und 388–393.

9 Steffen Mau, *Sortiermaschinen. Die Neuerfindung der Grenze im 21. Jahrhundert,* Frankfurt 2021, S. 11–12.

Quellen- und Literaturverzeichnis

Archive

Bundesarchiv (BArch)

Koblenz

B102	Bundesministerium für Wirtschaft, BMWi
B106	Bundesministerium des Innern, BMI
B135	Bundesministerien für besonderen Aufgaben
B136	Bundeskanzleramt, BkA
B137	Bundesministerium für innerdeutsche Beziehungen, BMB
B288	Ständige Vertretung, StaeV
B295	Bundesministerium für Umwelt, Naturschutz und Reaktorsicherheit, BMU
B369	Deutsch-deutsche Grenzkommission – Vertretung des Bundesgrenzschutzes

Berlin-Lichterfelde

DK1	DDR-Ministerium für Landwirtschaft, Forst- und Nahrungsgüterwirtschaft
DK5	DDR-Ministerium für Umweltschutz und Wasserwirtschaft
	Stiftung Archiv der Parteien und Massenorganisationen der DDR im Bundesarchiv (BArch-SAPMO)
DY 30	Zentralkomitee der SED
DY 3023	Büro Mittag im ZK der SED

Freiburg – Militärarchiv (BArch-MA)

DVH 27	Deutsche Grenzpolizei. Kommando der Deutschen Grenzpolizei
DVH 32	Kommando der Grenztruppen
DVH 36	5. Grenzbrigade (Kalbe in der Altmark)
DVH 38	7. Grenzbrigade (Magdeburg)
DVH 48	Grenzkommando Nord
DVH 49-4	Grenzregiment 23 (Gardelegen)
DVH 49-5	Grenzregiment 24 (Salzwedel)
DVW	Ministerium für nationale Verteidigung

Archiv der Behörde des Bundesbeauftragten für die Stasi-Unterlagen, Berlin (BStU)

BV Magedeburg, Abt. XXBV Gera, Abt. XV	Staatsapparat, Kultur, Kirchen, Untergrund HVA Bezirksverwaltung
MfS HA I	NVA und Grenztruppen
MfS HA II	Spionageabwehr
MfS HA VI	Passkontrolle, Tourismus, Interhotel
MfS HA IX	Untersuchungsorgan
MfS HA XII	Zentrale Auskunft, Speicher
MfS HA XVIII	Volkswirtschaft
MfS HA XXII	Terrorabwehr
MfS HVA	Hauptverwaltung Aufklärung
MfS ZAIG	Zentrale Auswertungs- und Informationsgruppe
MfS ZOS	Zentraler Operativstab
AG BKK	Arbeitsgruppe Bereich Kommerzielle Koordinierung (KoKo)

Hessisches Hauptstaatsarchiv Wiesbaden (HHStAW)

Abt. 502	Hessische Staatskanzlei
Abt. 504	Kultusministerium
Abt. 507	Hessisches Ministerium für Wirtschaft und Verkehr
Abt. 508	Hessisches Sozialministerium
Abt. 509	Hessisches Ministerium für Landwirtschaft und Forsten
Abt. 531	Oberfinanzdirektion Frankfurt/M. – Teilbestand
Abt. 654	Hessisches Landratsamt Hanau
Abt. 660	Hessisches Landratsamt Schlüchtern

Bayerisches Hauptstaatsarchiv, München (BayHStA)

Bayerische Staatskanzlei (StK)
Präsidium der Bayerischen Grenzpolizei

Niedersächsisches Landesarchiv Hannover (NLA HA)

Nds. 20	Landesministerium
Nds. 50	Staatskanzlei
Nds. 58	Landeszentrale für politische Bildung
Nds. 100	Innenministerium
Nds. 110	Landesverwaltungsamt
Nds. 120 Lün	Regierungspräsident Lüneburg Gesamtbestand

Nds. 200	Finanzministerium
Nds. 300	Ministerium für Soziales [MS], Frauen, Familie und Gesundheit
Nds. 380	Ministerium für Bundesangelegenheiten
Nds. 500	Ministerium für Wirtschaft und Verkehr
Nds. 600	Ministerium für Ernährung, Landwirtschaft und Forsten (MELF)
Nds. 620	Celle
Nds. 800	Umweltministerium
Nds. 1225	Lüneburg
Nds. 1050	Grenzschutzkommando Nord
VVP 65 Acc 76/90 Nr. 11	Handakten MP Albrecht

Niedersächsisches Landesarchiv Wolfenbüttel (NLA WO)

4 Nds Zg.	Behörden des Landes Niedersachsen – Bezirksregierung Braunschweig (Abt. Landwirtschaft, Umwelt, Forsten)
94N Nr. 438	Nachlass Conrady

Landesarchiv Schleswig-Holstein, Schleswig (LASH)

Abt. 605	Staatskanzlei
Abt. 611	Innenministerium
Abt. 741	Umweltministerium Hauptzollamt Lübeck-Ost

Politisches Archiv des Auswärtigen Amts, Berlin (PA/AA)

B 38	Berlin und Deutschland als Ganzes, 1959–1971
B 202	Gebietsfragen

Archiv der Hansestadt Lübeck (AHL)

Bestand 04.01-0	Zentralamt, Hauptamt
Bestand 02.05	IHK zu Lübeck

Stadtarchiv Helmstedt

Stadtarchiv Fulda

10 Kämmerei
19 Kulturamt
Schlagwortkarton »Fulda Gap«

Kreisarchiv Lüchow-Dannenberg, Lüchow

Bestand OKD/Landrat

Historisches Archiv der EU, Florenz (HAEU)

Historisches Archiv der Europäischen Kommission, Brüssel (HAEC)

Historisches Archiv zum Tourismus, Berlin (HAT)

Archiv des Niedersächsischen Landtags, Hannover (Archiv des Nds. LT)

PA/AA05
PA/AA06
Drucksachen

The Jimmy Carter Presidential Library and Museum, Atlanta

National Security Council (NSC) Declassification Collection

National Archives and Records Administration (NARA)

RG 59: Central Foreign Policy Files, electronic telegrams created 7/1/1973-12/31/1979 via Access to Archival Databases (AAD) at https://aad.archives.gov/aad/
Weitere Telegramme bis 1980 wurden durch einen Freedom-of-Information-Act-Antrag freigegeben.

Bund Naturschutz in Bayern (BN), Nürnberg

Sammlung Wolfram Brauneis, Eschwege

Gedruckte Quellen

Arbeitsgemeinschaft der Grenzlandkammern (Hg.), *Die Auswirkungen der Ostzonen Grenze auf die anliegenden Gebiete der Bundesrepublik. Erkenntnisse und Vorschläge,* Braunschweig, Dezember 1950.

Brecht, Bertolt/Paul Dessau: *Herrnburger Bericht. Gewidmet der Freien Deutschen Jugend anlässlich der 3. Weltfestspiele der Jugend und Studenten für den Frieden in Berlin,* Berlin, Zentralrat der FDJ, 1951.

Bundesministerium des Innern/Bundesarchiv (Hg.), S. *Dokumente zur Deutschlandpolitik* (DzD).

Sonderedition 1: *Deutsche Einheit. Sonderedition aus den Akten des Bundeskanzleramtes 1989/90,* bearbeitet von Hanns Jürgen Küsters/Daniel Hoffmann, München 1998.

VI. Reihe, Bd. 1 (1969/70), bearbeitet von Daniel Hofmann, München 2002.

VI. Reihe, Bd. 5 (1977/78), bearbeitet von Eberhard Kuhrt/Michael Hollmann, München 2011.

VI. Reihe, Bd. 6 (1979/80), bearbeitet von Michael Hollmann, München 2014.

VII. Reihe, Bd. 1 (1982/84), bearbeitet von Annette Mertens, München, 2018.

Bundesministerium für Umwelt, Naturschutz und Reaktorsicherheit (Hg.), *20 Jahre Umweltunion – Eine Erfolgsgeschichte der Deutschen Einheit. Konferenzdokumentation,* Red. Kim Jakobiak de Flores, Bitterfeld-Wolfen 2010.

Deutscher Bundestag, 17. Wahlperiode: Beschlussempfehlung und Bericht des 1. Untersuchungsausschuss nach Artikel 44 des Grundgesetzes. Drs. 17/13700. 16. Mai 2013 (zitiert als *Gorleben UA).*

Die Kabinettsprotokolle der Bundesrepublik. Bde. 1–10. Herausgegeben vom Bundesarchiv, Boppard/Rh. 1982–2000.

Industrie- und Handelskammer Braunschweig (Hg.), S. *Braunschweig als Grenzland,* Braunschweig 1949.

Kommission Lagerung hoch radioaktiver Abfallstoffe: *Abschlussbericht. Verantwortung für die Zukunft. Ein faires und transparentes Verfahren für die Auswahl eines nationalen Endlagerstandortes,* Berlin Juli 2016.

Ministerium für Ernährung, Landwirtschaft und Forsten des Landes Schleswig-Holstein (MELF SH), S. *Landesprogramm zum Schutz der Natur und zur Verbesserung der Struktur an der schleswig-holsteinisch-mecklenburgischen Landesgrenze,* Kiel September 1985.

Ministerium für Naturschutz, Umweltschutz und Wasserwirtschaft (DDR), S. »Staatlicher Naturschutz wird verstärkt«, *MNUW Umwelt Report,* 1. April 1990, S. 21–22.

Sitzungsprotokolle des Ausschusses für gesamtdeutsche Fragen des Deutschen Bundestages 1949–1953, bearbeitet von Andreas Biefang, Düsseldorf 1998.

Staatskanzlei Thüringen: *Museumsperspektive 2025, Diskussionspapier,* Erfurt 2017.

Amtliche Veröffentlichungen zur Grenze

Brönstrup, Rolf: *Stacheldraht. Notizen und Mosaiken (Schriften zur deutschen Frage Nr. 15,* hg. vom Niedersächsischen Minister für Bundesangelegenheiten, Vertriebene und Flüchtlinge), Leer 1966.

Bundesministerium für Gesamtdeutsche Beziehungen: *Die Sperrmassnahmen der Sowjetzonenregierung an der Zonengrenze und um Westberlin,* Bonn 1953.

Bundesministerium für Innerdeutsche Beziehungen: *Zonenrandförderung – warum? wieviel? wofür? Die Bundesregierung zieht Bilanz,* Bonn 1976.

Bundesministerium für Innerdeutsche Beziehungen: *Soziale und kulturelle Fördermassnahmen der Bundesregierung im Zonenrandgebiet,* Bonn 1987.

Bundesministerium für Innerdeutsche Beziehungen: *Ratgeber Zonenrandförderung,* Bonn 1983.

Grenzland der Mitte. Dokumentarisches Bildwerk über Wirtschaft und Verkehr in Niedersachsen, Hannover 1963.

Im Schatten der Zonengrenze, hg. vom Bundesministerium für gesamtdeutsche Fragen, Bonn 1956.

Presse- und Informationsamt der Bundesregierung (Hg.), S. *Deutschland im Wiederaufbau, Tätigkeitsbericht der Bundesregierung für das Jahr* [1950–1960], Bonn.

Unmenschliche Grenze/Inhuman Frontier (auf Deutsch, Englisch und Französisch), hg. von der Niedersächsische Landeszentrale für Heimatdienst, Hannover 1956.

Veröffentlichungen für Grenzbesucher (chronologisch)

Wie lange noch?, hg. von der Bayerischen und Hessischen Landeszentrale für Heimatdienst, Wiesbaden 1957.

Unmenschliche Grenze. Inhuman Frontier. Omänskliga Gränser, hg. von der Niedersächsischen Landeszentrale für Heimatdienst, Hannover 1958.

Mitten in Deutschland. Mitten im 20. Jahrhundert, hg. vom Bundesministerium für gesamtdeutsche Fragen, zweite Auflage, Bonn 1959. Die Broschüre wurde zwischen 1958 und 1971 elfmal aufgelegt.

Im Schatten der Zonengrenze, hg. vom Bundesministerium für gesamtdeutsche Fragen, Bonn 1956.

Die Zonengrenzfahrt, hg. von der Hessischen Landeszentrale für politische Bildung, Wiesbaden 1964.

En el Corazon de Alemania en Pleno Siglo XX. La Frontera con la Zona, hg. vom Bundesministerium für gesamtdeutsche Fragen. Bonn und Berlin 1965.

Zonengrenze Niedersachsen, hg. vom Niedersächsischen Minister für Bundesangelegenheiten, Vertriebene und Flüchtlinge, Hannover 1966.
Zonengrenze Niedersachsen, hg. vom Niedersächsischen Minister für Bundesangelegenheiten, Vertriebene und Flüchtlinge, Hannover 1968.
Zonengrenze Bayern, hg. vom Bayerischen Staatsminister für Bundesangelegenheiten, k. D. [1970er Jahre].
Studienfahrten an die Demarkationslinie, hg. vom Bundesminister für innerdeutsche Beziehungen, Kassel 1971.
Die Grenze. Schleswig-Holsteins Landesgrenze zur DDR, hg. vom Innenminister des Landes Schleswig-Holstein, dritte Auflage, Kiel 1985.
Deutschland diesseits und jenseits der Grenze Niedersachsen, hg. vom Niedersächsischen Minister für Bundesangelegenheiten, Hannover 1982.
»Die Grenze«. Schleswig-Holsteins Landesgrenze zur DDR, hg. vom Innenminister des Landes Schleswig-Holstein, Kiel 1985.
The Border Between Hesse and the GDR. Brief Information for Visitors, hg. vom Hessendienst der Staatskanzlei, Wiesbaden 1986.
Die Innerdeutsche Grenze, hg. vom Bundesminister für innerdeutsche Beziehungen, Bonn 1987.

Memoirenliteratur

Albrecht, Ernst: *Erinnerungen, Erkenntnisse, Entscheidungen. Politik für Europa, Deutschland und Niedersachsen,* Göttingen 1999.
Bastian, Uwe: *Greenpeace in der DDR. Erinnerungsberichte, Interviews und Dokumente,* Berlin 1996.
Böckel, Herbert: *Grenz-Erfahrungen. Der kalte Kleinkrieg an einer heissen Grenze. Berichte und Erlebnisse eines »West-Grenzers«,* Fulda 2009.
Eiber, Alfred: *Hof. Das Tor zur Freiheit. Die deutsch-deutsche Grenze in der Region Hof. Eine Zeitreise durch die jüngste deutsche Geschichte von 1945 – 1990,* Weissenstadt 2017.
Mittag, Günter: *Um jeden Preis. Im Spannungsfeld zweier Systeme,* Berlin 1991.
Seidel, Karl: *Berlin-Bonner Balance,* Berlin 2002.
Steffens, Heiko/Birger Ollrogge/Gabriela Kubanek (Hg.), *Lebensjahre im Schatten der deutschen Grenze. Selbstzeugnisse vom Leben an der innerdeutschen Grenze seit 1945,* Opladen 1990.
Succow, Michael: »Persönliche Erinnerungen an eine bewegte Zeit«, in: Succow, Michael/Lebrecht Jeschke/Hans Dieter Knapp (Hg.), *Naturschutz in Deutschland,* S. 64 – 66, Berlin 2012.
[Wrangel]: *Abgeordnete des Deutschen Bundestages. Aufzeichnungen und Erinnerungen. Bd. 14: Olaf von Wrangel,* hg. vom Deutschen Bundestag, Boppard/Rh.1995.

Zeitungen und Zeitschriften

Aller Zeitung, Allgemeine Zeitung Uelzen, Berliner Morgenpost, Bild Zeitung, Bonner Energie Report, Bonner Generalanzeiger, Bonner Rundschau, Braunschweiger Zeitung, Christian Science Monitor, Christ und Welt, Deutsche Zeitung, Deutsches Allgemeines Sonntagsblatt, Elbe-Jeetzel-Zeitung, Die Flüchtlingsstimme, Frankfurter Allgemeine Zeitung, Frankfurter Rundschau, Freies Wort, Fuldaer Zeitung, Fuldaer Volkszeitung, Geo, Greenpeace Magazin, Hamburger Abendblatt, Hannoversche Allgemeine Zeitung, Helmstedter Kreisblatt, Hersfelder Zeitung, Herzberger Zeitungen, Hessendienst, Hessenspiegel, Hessische Allgemeine Zeitung, Hessische-Niedersächsische Allgemeine, Husumer Nachrichten, Isenhagener Kreisblatt, Kieler Nachrichten, Kreisblatt für Helmstedt, Landeszeitung Lüneburg, Life Magazine, Lübecker Freie Presse am Morgen, Lübecker Morgen, Lübecker Nachrichten, Merian, Mittelbayerische Zeitung, Neue Presse, Neues Deutschland, Die Neue Zeitung, Neue Zürcher Zeitung, Newsweek, New York Times, New York Times Magazine, Ostsee Zeitung, Die Parole, Der Spiegel, Staats-Zeitung, Stern, Tagesspiegel, tageszeitung, Die Welt, Wirtschaftswoche, Die Woche, Wolfsburger Allgemeine, Die Zeit, Zeit Magazin, Zeitschrift des BGS.

Interviews

Karl Berke, Ilsenburg (Harz), 5. Juli 2013.
Wolfram Brauneis, Eschwege, 13. Juli 2009.
Kai Frobel, Nürnberg, 20. Juli 2009.
Martin Görner, Ranis, 23. August 2010.
Lebrecht Jeschke, Greifswald, 26. Februar 2013.
Ralf Maaß, Groß Molzahn, 23. Oktober 2010.
Hubert Weiger, Berlin, 23. Juli 2009.

Literatur

40 Jahre Umweltbundesamt, 1974–2014, Dessau 2014.

»Aufbau des Grenzhundewesens der DDR-Grenztruppe«, *Zeitschrift des Bundesgrenzschutzes* 16:1 (Januar 1989), S. 24.

Chronik der Zellstoff- und Papierfabrik Rosenthal, Blankenstein 2001.

»›Kontrollbesuch‹: Zellstoff- und Papierfabrik Rosenthal GmbH – 3 Jahre danach«, *Zellstoff & Papier* 43:5 (1994), S. 74–78.

»Die leidenden Landkreise an der Zonengrenze. Versuch einer komplexen Schilderung der Störungen und Schäden. Vorschläge für eine durchgreifende Hilfe«, *Die Selbstverwaltung* 7:1 (1953), S. 1–8.

Abele, Johannes/Eckhard Hampe: »Kernenergiepolitk der DDR«, in: Johannes Abele/Gerhard Barkleit/Peter Liewers (Hg.): *Zur Geschichte der Kernenergie in der DDR,* Frankfurt/M. 2000, S. 29–89.

Abelshauser, Werner: »Zur Entstehung der ›Magnet-Theorie‹ in der Deutschlandpolitik«, *Vierteljahrshefte für Zeitgeschichte* 27:4 (1979), S. 661–679.

Abelshauser, Werner: *Deutsche Wirtschaftsgeschichte. Von 1945 bis zur Gegenwart,* Bonn 2011.

Ackermann, Volker: *Der ›echte‹ Flüchtling. Deutsche Vertriebene und Flüchtlinge aus der DDR 1945–1961,* Osnabrück 1995.

Ackmann, Fritz: »Gegenüber der Altmark. Zur Geopolitik des Zonengrenzkreises Gifhorn«, in: Bundesministerium für gesamtdeutsche Fragen (Hg.): *Im Schatten der Zonengrenze,* Bonn 1956, S. 75–78.

Ahonen, Pertti: *Death at the Berlin Wall,* Oxford 2011.

Ahrens, Ralf: »Debt, Cooperation, and Collapse: East German Foreign Trade in the Honecker Years«, in: Hartmut Berghoff/Uta Balbier (Hg.): *The East German Economy, 1945–2010. Falling Behind or Catching Up?,* New York 2013, S. 161–176.

Ahrens, Ralf: »Teure Gewohnheiten. Berlinförderung und Bundeshilfe für West-Berlin seit dem Mauerbau«, *Vierteljahrschrift für Sozial- und Wirtschaftsgeschichte* 102:3 (2015), S. 283–299.

Akademie für Raumforschung und Landesplanung: »Gleichwertige Lebensverhältnisse. Diskussionspaper des Präsidiums der Akademie für Raumforschung und Landesplanung«, *Nachrichten der ARL* 2 (2005), S. 1–3.

Aldrich, Daniel P.: *Site Fights. Divisive Facilities and Civil Society in Japan and the West,* Ithaca 2008.

Allen, Jennifer: »Against the 1989/90 Ending Myth«, *Central European History* 52:1 (2019), S. 125–147.

Alley, William M./Rosemarie Alley: *Too Hot to Touch. The Problem of High-Level Nuclear Waste,* New York 2013.

Alwens, Ludwig: »Das oberfränkische Textilindustriegebiet. Grenzlandsituation und Strukturprobleme«, in: Bundesministerium für gesamtdeutsche Fragen (Hg.): *Im Schatten der Zonengrenze,* Bonn 1956, S. 17–20.

Amadeo Antonio Stiftung (Hg.): *Völkische SiedlerInnen im ländlichen Raum,* Berlin 2014.

Ambrosius, Gerold: »Der Beitrag der Vertriebenen und Flüchtlinge zum Wachstum der westdeutschen Wirtschaft nach dem Zweiten Weltkrieg«, *Jahrbuch für Wirtschaftsgeschichte* 2 (1996), S. 39–71.

Amos, Heike: *Die Westpolitik der SED 1948/49–1961,* Berlin 1999.

Amos, Heike: *Vertriebenenverbände im Fadenkreuz. Aktivitäten der Staatssicherheit 1949–1989,* München 2011.

Andresen, Uwe: »Finanzierung der Einheit«, in: Werner Weidenfeld/Karl-Rudolf Korte (Hg.): *Handbuch zur deutschen Einheit 1949–1989–1999,* Bonn 1999, S. 368–383.

Angerer, Hanskarl: »Oberfranken – Land zwischen den Grenzen. Wirtschaftliche Probleme im Zonenrandgebiet«, in: Industrie- und Handelskammer für Oberfranken (Hg.): *Oberfränkische Wirtschaft: Zum 125jährigen Bestehen der Industrie- und Handelskammer für Oberfranken,* Bayreuth 1968, S. 34–42.

Ante, Ulrich: »Some developing and current problems of the eastern border landscape of the Federal Republic of Germany: The Bavarian Example«, in: D. Rumley/J. V. Minghi (Hg.): *The Geography of Border Landscapes,* London 1991, S. 63–85.

ARGE Weser: *Folgen der Reduktion der Salzbelastung in Werra und Weser für das Fließgewässer als Ökosystem,* Hildesheim 2000.

Bailey, Anthony: *Along the Edge of the Forest. An Iron Curtain Journey,* New York 1983.

Baker, Frederick: »The Berlin Wall: Production, Preservation and Consumption of a Twentieth Century Monument«, *Antiquity* 67 (1993), S. 709–733.

Bankoff, Greg: »Making Parks out of Making Wars. Transnational Nature Conservation and Environmental Diplomacy in the Twenty-First Century«, in: Erika Marie Bsumek/David Kinkela/Mark Atwood Lawrence (Hg.): *Nation States and the Global Environment. New Approaches to International Environmental History,* New York 2013, S. 76–96.

Barlösius, Eva: »Gleichwertig ist nicht gleich«, Aus Politik und Zeitgeschichte 37 (2006), http://www.bpb.de/apuz/29548/gleichwertig-ist-nicht-gleich?p=all (Zugriff Januar 2022).

Bauerkämper, Arnd: »The Industrialization of Agriculture and the Consequences for the Natural Environment. An Inter-German Comparative Perspective«, *Historical Social Research* 29:3 (2004), S. 124–149.

Baumann, Fred/Helmut Müller: »Der Naturpark Drömling in Sachsen-Anhalt«, *Naturschutz und Naturparke* 152 (1994), S. 9–17.

Baumann, Fred: »Der Naturpark Drömling«, in: Michael Succow/Lebrecht Jeschke/Hans Dieter Knapp (Hg.): *Naturschutz in Deutschland,* Berlin 2012, S. 191–199.

Baumann, Michael: »Innerdeutscher Tourismus«, *Deutschland Archiv* 23:5 (Mai 1990), S. 750–756.

Bayerl, Günter: »Die Umweltsanierung auf dem Gebiet der ehemaligen DDR: Ein vergessenes Thema?«, in: Günter Bayerl: *Peripherie als Schicksal und Chance. Studien zur neueren Geschichte der Niederlausitz,* Münster 2011, S. 436–463.

Beck, Peter/Kai Frobel, »Letzter Zufluchtsort: Der ›Todesstreifen‹?«, *Vogelschutz: Magazin für Arten- und Biotopschutz* 2 (1981), S. 24.

Becker, Anja: *Wie Gras über die Geschichte wächst. Orte der Erinnerung an der ehemaligen deutsch-deutschen Grenze,* Berlin 2004.

Behrens, Hermann: »Das Institut für Landschaftsforschung und Naturschutz (ILN) Halle (S.) und die deutsche Naturschutzgeschichte«, *IUGR-Standpunkte* 5 (November 2011), S. 1–18.

Behrens, Hermann/Jens Hoffmann (Hg.): *Naturschutzgeschichte(n). Lebenswege zwischen Ostseeküste und Erzgebirge,* Friedland 2013.

Behrens, Hermann (Hg.): *Naturschutzgeschichte und Naturschutzbeauftragte in Thüringen. Lexikon der Naturschutzbeauftragten,* Bd. 4, Friedland 2015.

Behrisch, Arno: *Oberfranken im Würgegriff. Eine Zusammenfassung und Ergänzung der einschlägigen Denkschriften und Reden,* Hof 1950.

Békési, Sándor: »Die topografische Ansichtskarte: Zur Geschichte und Theorie eines Massenmediums«, *Relation* N. F. 1 (2004), S. 403–426.

Bellin, Kurt: »Das Wasser«, in: *Das Hannoversche Wendland. Beiträge zur Beschreibung des Landkreises Lüchow-Dannenberg,* Lüchow 1971, S. 21–27.

Bennewitz, Inge/Rainer Potratz: *Zwangsaussiedlungen an der innerdeutschen Grenze. Analyse und Dokumente,* Berlin 2012.

Berdahl, Daphne: *Where the World Ended. Re-Unification and Identity in the German Borderland,* Berkeley 1999.

Berg, Michael von: »Zum Umweltschutz in Deutschland«, *Deutschland-Archiv* 17:4 (April 1984), S. 374–383.

Berg, Michael von: »Umweltschutzabkommen Bundesrepublik Deutschland/DDR«, in: Maria Haendcke-Hoppe/Konrad Merkel (Hg.): *Umweltschutz in beiden Teilen Deutschlands,* Berlin 1986, S. 123–130.

Berg, Michael von: »Umweltschutz in Deutschland. Zusammenarbeit zwischen den beiden deutschen Staaten«, *Geographische Rundschau* 39:11 (1987), S. 606–609.

Berg, Michael von: »Umweltschutz in Deutschland. Verwirklichung einer deutschen Umweltunion«, *Deutschland Archiv* 23:6 (Juni 1990), S. 897–906.

Berg, Wilfried: *Zonenrandförderung. Verfassungs- und gemeinschaftsrechtliche Grundlagen und Perspektiven,* Berlin 1989.

Bernhardt, Christoph: »Zwischen Industrialismus und sanitärer Wohlfahrt. Umweltprobleme im Sozialismus am Beispiel der Wasserfrage in der DDR«, in: Torsten L. Meyer/Marcus Popplow (Hg.): *Technik, Arbeit und Umwelt in der Geschichte,* Münster 2006, S. 367–380.

Bethlehem, Siegfried: *Heimatvertreibung, DDR-Flucht, Gastarbeiterzuwanderung. Wanderungsströme und Wanderungspolitik in der Bundesrepublik Deutschland,* Stuttgart 1982.

Beyer, Falk (Hg.): *Die (DDR-)Geschichte des Atommüll-Endlagers Morsleben,* Magdeburg 2005.

Beyer, Stefan: *Das Grüne Band im Wandel: Biotopentwicklung im Raum Coburg,* Mitwitz 2011.

Biess, Frank: *Homecomings. Returning POWs and the Legacies of Defeat in Postwar Germany,* Princeton 2006.

Biess, Frank. *Republik der Angst: Eine andere Geschichte der Bundesrepublik,* Reinbek 2019.

Bindewald, Hendrik: »Brocken. Der Kalte Krieg im Äther«, in: Detlef Schmiechen-Ackermann/Carl-Hans Hauptmeyer/Thomas Schwark (Hg.): *Grenzziehungen, Grenzerfahrungen, Grenzüberschreitungen. Die innerdeutsche Grenze 1945–1990,* Darmstadt 2011, S. 122–126.

Bjarsch, Hans-Joachim: *Ein alter braunschweigischer Landkreis an der Grenze mitten durch Deutschland. Der Landkreis Helmstedt nach dem Zweiten Weltkrieg (1945–1990). Eine Chronik. Teil 1,* Oschersleben 2005.

Blab, Josef u. a.: »Naturschutzgrossprojekte des Bundes. Förderprogramme zur Errichtung und Sicherung schutzwürdiger Teile von Natur und Landschaft mit gesamtstaatlich repräsentativer Bedeutung«, *Natur und Landschaft* 66:1 (Januar 1991), S. 3–9.

Blackbourn, David: *The Conquest of Nature. Water, Landscape, and the Making of Modern Germany,* New York 2006.

Blaive, Muriel/Bertold Molden: *Grenzfälle. Österreichische und tschechische Erfahrungen am Eisernen Vorhang,* Weitra 2009.

Blowers, Andrew: »Nuclear Waste and Landscapes of Risk«, *Landscape Research* 24:3 (1999), S. 241–264.

Blowers, Andrew: *The Legacy of Nuclear Power,* Abingdon 2017.

Böhm, H.: »F+E für das Entsorgungskonzept der Bundesregierung«, *atw* 22:4 (1977), S. 186–190.

Böhm, Rudolf/Torsten Fiedler/Siegried Schäfer/Rainer Wiesinger: *Zur Geschichte der Stadtentwässerung Dresdens,* Dresden 2007.

Böick, Marcus/Christoph Lorke: Aufschwung, Abbau, Anpassung? Eine kleine Geschichte des »Aufbau Ost«, in: *Aus Politik und Zeitgeschichte,* 8.11.2019, https://www.bpb.de/apuz/300059/eine-kleine-geschichte-des-aufbau-ost (Zugriff Januar 2022).

Bölsche, Jochen: *Die deutsche Landschaft stirbt. Zerschnitten, zersiedelt, zerstört,* Reinbek 1983.

Bösch, Frank (Hg.): *Geteilte Geschichte. Ost- und Westdeutschland 1970–2000,* Göttingen 2015.

Bösch, Frank: »Geteilt und verbunden. Perspektiven auf die deutsche Geschichte seit den 1970er Jahren«, in: Frank Bösch (Hg.): *Geteilte Geschichte. Ost- und Westdeutschland 1970–2000,* Göttingen 2015, S. 7–37.

Bösch, Frank: »Taming Nuclear Power: The Accident near Harrisburg and the Change in West German and International Nuclear Policy in the 1970s and early 1980s«, *German History* 35.1 (2017), S. 71–95.

Böttcher, Jan: *Nachglühen,* Reinbek 2008.

Brady, Lisa M.: »Life in the DMZ: Turning a Diplomatic Failure into an Environmental Success«, *Diplomatic History* 32:4 (2008), S. 585–611.

Brain, Stephen: »The Appeal of Appearing Green: Soviet-American Ideological Competition and Cold War Environmental Diplomacy«, *Cold War History* 16:4 (2016), S. 443–462.

Braun, Helmut: »Osthilfe, 1926–1937«, In *Historisches Lexikon Bayerns,* http://www.historisches-lexikon-bayerns.de/artikel/artikel_44784 (Zugriff Januar 2018).

Brauneis, Wolfram/Wilhelm Hammer/Christian Saar: »Auswilderung gezüchteter Wanderfalken in Nordhessen. Eine Zwischenbilanz«, *Deutscher Falkenorden* (1981), S. 23–27.

Brauneis, Wolfram: »Das Grüne Band. Hessens Grenze zu seinem thüringischen Nachbarn – 10 Jahre danach«, *Ornithologische Mitteilungen* 52:10 (2000), S. 335–340.

Briesen, Detlef/Wendelin Strubelt: »Zwischen Kontinuität und Neubeginn: Räumliche Planung und Forschung vor und nach 1945«, in: Detlef Briesen/Wendelin Strubel (Hg.): *Raumplanung nach 1945. Kontinuitäten und Neuanfänge in der Bundesrepublik Deutschland,* Frankfurt/M. 2015, S. 15–54.

Brink, Antje: *Die Wendland-Kooperative. Der Aufbau einer Erzeuger-Verbraucher-Gemeinschaft als Beitrag zu einer eigenständigen und ökologisch orientierten Regionalentwicklung im peripheren ländlichen Raum,* Hannover 1986.

Brohm, Ulrich/Elke Meyer-Hoos (Hg.): *Kali und Leinen. Industrialisierungsansätze im Raum Wustrow 1874 bis 1928,* Wustrow 2005.

Brohm, Ulrich: »Die mechanische Leinenweberei Friedr. & E. Wentz in Wustrow. Voraussetzungen, Geschichte und Auswirkungen einer Industrieansiedlung im ländlichen Raum«, in: Ulrich Brohm/Elke Meyer-Hoos (Hg.): *Kali und Leinen. Industrialisierungsansätze im Raum Wustrow 1874 bis 1928,* Wustrow 2005, S. 101–190.

Brown, Kate: *Plutopia. Nuclear Families, Atomic Cities, and the Great Soviet and American Plutonium Disasters,* New York 2013.

Brüggemeier, Franz-Josef: »Waldsterben. The Construction and Deconstruction of an Environmental Problem«, in: Christof Mauch (Hg.): *Nature in German History,* New York 2004, S. 119–131.

Brunnengräber, Achim: *Ewigkeitslasten. Die »Endlagerung« radioaktiver Abfälle als soziales, politisches und wissenschaftliches Projekt – eine Einführung,* Baden-Baden 2015.

Brunnengräber, Achim: »Die atompolitische Wende«, in: Achim Brunnengräber (Hg.): *Problemfalle Endlager. Gesellschaftliche Herausforderungen im Umgang mit Atommüll,* Baden-Baden 2016, S. 13–32.

Brunnengräber, Achim/Lutz Mez: »Der staatlich-industrielle Atomkomplex im Zerfall«, in: Achim Brunnengräber (Hg.): *Problemfalle Endlager. Gesellschaftliche Herausforderungen im Umgang mit Atommüll,* Baden-Baden 2016, S. 289–311.

Brunnengräber, Achim (Hg.): *Problemfalle Endlager. Gesellschaftliche Herausforderungen im Umgang mit Atommüll,* Baden-Baden 2016.

Brunnengräber, Achim: »Die Stecknadel auf der Atomlandkarte. Wie wir in Deutschland zu einem Endlager für hochradioaktive Abfälle kamen«, *Aus Politik und Zeitgeschichte* 71:21–23 (20.5.2021).

Buch, Hans Christoph: *Bericht aus dem Inneren der Unruhe. Gorlebener Tagebuch,* Reinbek 1984.

Buck, Hannsjörg F.: »Umweltbelastung durch Müllentsorgung und Industrieabfälle in der DDR«, in: Eberhard Kuhrt u. a. (Hg.): *Am Ende des realen Sozialismus. Beiträge zu einer Bestandsaufnahme der DDR-Wirklichkeit in den 80er Jahren,* Bd. 4: *Die Endzeit der DDR-Wirtschaft. Analysen zur Wirtschafts-, Sozial- und Umweltpolitik,* Opladen 1999, S. 455–497.

Buck, Hannsjörg F.: »Umwelt- und Bodenbelastung durch eine ökologisch nicht abgesicherte industriemäßig organisierte Tier- und Pflanzenproduktion«, in: Eberhard Kuhrt u. a. (Hg.): *Am Ende des realen Sozialismus. Beiträge zu einer Bestandsaufnahme der DDR-Wirklichkeit in den 80er Jahren,* Bd. 4: *Die Endzeit der DDR-Wirtschaft. Analysen zur Wirtschafts- Sozial- und Umweltpolitik,* Opladen 1999, S. 426–446.

Buddenbohm, Maximilian: *Marmelade im Zonenrandgebiet*, Reinbek 2012.

BUND/Bund Naturschutz in Bayern (Hg.): *Das Grüne Band. Ein Handlungsleitfaden*, Nürnberg 2002.

BUND (Hg.): *Das Grüne Band. Dauereinsatz für eine Vision*, Nürnberg 2015.

BUND: *Spurensuche am Grünen Band*, Nürnberg 2017.

Bundesbeauftragter für die Stasi-Unterlagen (BStU) (Hg.): *Niedersachsen und die Stasi. Die Überwachung im »Operationsgebiet West«*, Berlin 2014.

Bundesbeauftragter für die Stasi-Unterlagen (BStU) (Hg.): *Hessen und die Stasi. Die Überwachung im »Operationsgebiet West«*, Berlin 2015.

Burghardt, Petra: »Thomas Neumann: Grünes Band oder Grüne Perlen?«, in: Petra Burghardt (Hg.): *Mehr Geschichten von Drüben*, Books on Demand 2011, S. 58–69.

Bürkner, Hans-Joachim: »Probleme der Regionalentwicklung im niedersächsischen Zonenrandgebiet vor und nach der deutschen Vereinigung«, in: Karl Eckart/Jörg Roesler (Hg.): *Die Wirtschaft im geteilten und vereinten Deutschland*, Berlin 1999, S. 277–297.

Büschenfeld, Jürgen: *Flüsse und Kloaken. Umweltfragen im Zeitalter der Industrialisierung, 1870–1918*, Stuttgart 1997.

Büschenfeld, Jürgen: »Der harte Kampf um weiches Wasser. Zur Umweltgeschichte der Kaliindustrie im 19. und 20. Jahrhundert«, in: Carl-Hans Hauptmeyer (Hg.): *Mensch – Natur – Technik. Aspekte der Umweltgeschichte in Niedersachsen und angrenzenden Gebieten*, Bielefeld 2000, S. 79–109.

Büttner, Rolf (Hg.): *Die »Chemiker« der NVA und der Grenztruppen der DDR*, Berlin 2012.

Butz, Michael-Andreas: *Rechtsfragen der Zonenrandförderung*, Köln 1980.

Camp, Michael: »›Wandering in the desert‹, The Clinch River Breeder Reactor Debate in the U.S. Congress, *Technology and Culture* 59:1 (2018), S. 26–47.

Carbon, Claus-Christian/Helmut Leder: »The Wall Inside the Brain: Overestimation of Distances Crossing the Former Iron Curtain«, *Psychonomic Bulletin & Review* 12:4 (2005), S. 746–750.

Carter, Luther J.: *Nuclear Imperatives and Public Trust. Dealing with Radioactive Waste*, Washington, D.C. 1987.

Cejka, Regine: »Einbruch ins Naturparadies«, *Öko Test Magazin* 6 (1990), S. 10–13.

Chaney, Sandra: *Nature of the Miracle Years. Conservation in West Germany, 1945–1975*, Oxford 2008.

Chaney, Sandra: »A Chemical Landscape Transformed: Bitterfeld, Germany since 1980«, *Global Environment* 10 (2017), S. 137–167.

Christaller, Walter: »Some Considerations of Tourism Location in Europe«, *Regional Science Association Papers* 12 (1963), S. 96–105.

Chu, Winson: *The German Minority in Interwar Poland,* New York 2012.

Ciesla, Burghard/Helmut Suter: *Jagd und Macht. Die Geschichte des Jagdreviers Schorfheide,* Berlin 2013.

Clute-Simon, Elmar/Reiner Emmerich: *Das Haus auf der Grenze,* Bad Hersfeld 1996.

Coates, Peter/Tim Cole/Chris Pearson (Hg.): *Militarized Landscapes: From Gettysburg to Salisbury Plain,* London 2010.

Dies. u. M. Dudley »Defending Nation, Defending Nature? Militarized Landscapes and Military Environmentalism in Britain, France and the United States«, *Environmental History* 16:3 (2011), S. 456–491.

Coates, Peter: »Borderlands, No-Man's Land, Nature's Wonderland«, *Environment and History* 20:4 (November 2014), S. 500–516.

Cohn, Jeffrey P: »The Environmental Impacts of a Border Fence«, *BioScience* 57:1 (2007), S. 96.

Connolly, Barbara: »Asymmetrical Rivalry in Common Pool Resources and European Responses to Acid Rain«, in: J. Samuel Barkin/George E. Shambough (Hg.): *Anarchy and the Environment. The International Relations of Common Pool Resources,* Albany 1999, S. 122–154.

Conze, Eckart: *Von deutschem Adel. Die Grafen von Bernstorff im zwanzigsten Jahrhundert,* München 2000.

Conze, Vanessa: »›Unverheilte Brandwunden an der Aussenhaut des Volkskörpers‹: Der deutsche Grenz-Diskurs der Zwischenkriegszeit (1919–1939)«, in: Wolfgang Hardtwig (Hg.): *Ordnungen in der Krise. Zur politischen Kulturgeschichte Deutschlands 1900–1933,* München 2007, S. 21–48.

Cragin, Susan: *Nuclear Nebraska. The Remarkable Story of the Little County that Couldn't be Bought,* New York 2007.

Creuzberger, Stefan: *Kampf für die Eineit. Das Gesamtdeutsche Ministerium und die politische Kultur des Kalten Krieges 1949–1969,* Düsseldorf 2008.

Creuzberger, Stefan/Dierk Hoffmann (Hg.): »*Geistige Gefahr*« *und* »*Immunisierung der Gesellschaft*«*, Antikommunismus und politische Kultur in der frühen Bundesrepublik,* München 2014.

Creuzberger, Stefan/Dierk Hoffmann: »Antikommunismus und politische Kultur in der Bundesrepublik Deutschland«, in: Dies. (Hg.): »*Geistige Gefahr*« *und* »*Immunisierung der Gesellschaft*«*. Antikommunismus und politische Kultur in der frühen Bundesrepublik,* München 2014, S. 1–13.

Cronon, William: »The Trouble with Wilderness, or, Getting Back to the Wrong Nature«, in: William Cronon (Hg.): *Uncommon Ground. Toward Reinventing Nature,* New York 1995, S. 69–90.

Darst, Robert G.: »Bribery and Blackmail in East-West Environmental Politics«, *Post-Soviet Affairs* 13:1 (1997), S. 42–77.

Darst, Robert G.: *Smokestack Diplomacy. Cooperation and Conflict in East-West Environmental Politics,* Cambridge 2001.

Davis, Jeffrey Sasha: »Military Natures: Militarism and the Environment«, *GeoJournal* 69 (2007), S. 131–134.

Deisenroth, Norbert: »Entstehung, Zusammensetzung und Veränderung der Salzlagerstätte«, in: Hermann Hohmann/Dagmar Mehnert (Hg.): *Bunte Salze, weisse Berge. Wachstum und Wandel der Kaliindustrie zwischen Thüringer Wald, Rhön und Vogelsberg,* Hünfeld 2004, S. 7–24.

Delius, Friedrich Christian/Peter Joachim Lapp: *Transit Westberlin. Erlebnisse im Zwischenraum,* Berlin 1999.

Demand, Klaus: »IMNOS«, in: Akademie für Raumforschung und Landesplanung (Hg.): *Handwörterbuch der Raumforschung und Raumplanung II,* Hannover 1970, S. 1234–1239.

Demshuk, Andrew: *The Lost German East. Forced Migration and the Politics of Memory, 1945–1970,* New York 2012.

Derix, Simone: *Bebilderte Politik. Staatsbesuche in der Bundesrepublik 1949–1990,* Göttingen 2009.

Detten, Roderich von (Hg.): *Das Waldsterben. Rückblick auf einen Ausnahmezustand,* München 2013.

Dicke, Klaus: »Zwei Jahrzehnte nach dem Mauerfall – Memorialkultur an der ehemaligen innerdeutschen Grenze«, *Tel Aviver Jahrbuch für deutsche Geschichte* 40 (2012), S. 213–234.

Dienel, Hans-Liudger: »Ins Grüne und ins Blaue. Freizeitverkehr im West-Ost Vergleich. BRD und DDR 1949–1989«, in: H.-L. Dienel/Barbara Schmucki (Hg.): *Mobilität für alle. Geschichte des öffentlichen Personennahverkehrs in der Stadt zwischen technischem Fortschritt und sozialer Pflicht,* Stuttgart 1997, S. 221–249.

Dingemann, Rüdiger: *Mitten in Deutschland. Entdeckungen an der ehemaligen Grenze,* Hamburg 2014.

Di Nucci, Maria Rosaria: »NIMBY oder IMBY. Akzeptanz, Freiwilligkeit und Kompensation in der Standortsuche für die Endlagerung radioaktiver Abfälle«, in: Achim Brunnengräber (Hg.): *Problemfalle Endlager. Gesellschaftliche Herausforderungen im Umgang mit Atommüll,* Baden-Baden 2016, S. 119–143.

Dirlam, Heinrich: »Der Scharfenstein im Grenzgebiet 1952 bis 1990«, in: Karl Berke (Hg.): *Ilsenburg (Harz) im 20. Jahrhundert,* Ilsenburg 2013, S. 211.

Dittrich, Erich: »Die deutschen Notstandsgebiete: Eine Aufgabe der Raumpolitik«, *Wirtschaftsdienst* 1 (1951), S. 29–36.

Dittrich, Erich: »Deutsche Notstandsgebiete 1951«, *Sonderheft der Informationen des IfR* (April 1952), S. 8–91.

Dittrich, Erich: »Notstandgebiete in der Bundesrepublik«, *Wirtschaftsdienst* 42:10 (1962), S. 431–436.

Doering-Manteuffel, Anselm: »Die innerdeutsche Grenze im nationalpolitischen Diskurs der Adenauer-Zeit«, in: Bernd Weisbrod (Hg.): *Grenzland. Beiträge zur Geschichte der deutsch-deutschen Grenze,* Hannover 1993, S. 127–140.

Dominick, Raymond: »Capitalism, Communism, and Environmental Protection. Lessons from the German Experience«, *Environmental History* 3:3 (Juli 1998), S. 311–332.

Doßmann, Axel: »›Stimmungsbarometer der Ost-West-Beziehungen‹. Übertragungen auf deutschen Autobahnen um 1950«, *Archiv für Mediengeschichte* 4 (2004), S. 207–218.

Doßmann, Axel: »Sehnsucht nach einem stillen Land. Wie zwei Reporter der ZEIT im Jahr 1979 die DDR darstellten«, *Zeithistorische Forschungen/Studies in Contemporary History* 5:2 (2008), S. 339–344, verfügbar auf http://www.zeithistorische-forschungen.de/2-2008/id=4447 (Zugriff Januar 2018).

Douglas, R. M.: »*Ordnungsgemässe Überführung.« Die Vertreibung der Deutschen nach dem Zweiten Weltkrieg,* München 2012.

Dudley Joseph P. u. a.: »Effects of War and Civil Strife on Wildlife and Wildlife Habitats«, *Conservation Biology* 16:2 (2002), S. 319–329.

Eckert, Astrid M.: »›Greetings from the Zonal Border.‹ Tourism to the Iron Curtain in West Germany«, *Zeithistorische Forschungen/Studies in Contemporary History* 8:1 (2011), S. 9–36, verfügbar auf http://www.zeithistorische-forschungen.de/1-2011/id=4455 (Zugriff Januar 2022).

Eckert, Astrid M.: »›Zaun-Gäste‹. Die innerdeutsche Grenze als Touristenattraktion«, in: Detlef Schmiechen-Ackermann/Carl-Hans Hauptmeyer/Thomas Schwark (Hg.): *Grenzziehungen, Grenzerfahrungen, Grenzüberschreitungen. Die innerdeutsche Grenze 1945–1990,* Darmstadt 2011, S. 243–251.

Eckert, Astrid M.: »Geteilt, aber nicht unverbunden. Grenzgewässer als deutsch-deutsches Umweltproblem«, *Vierteljahrshefte für Zeitgeschichte* 62:1 (2014), S. 321–351.

Eckert, Astrid M.: »West German Borderland Aid and European State Aid Control«, *Jahrbuch für Wirtschaftsgeschichte/Economic History Yearbook* 58:1 (2017), S. 107–136.

Eckert Astrid M.: »Innerdeutsche Fördergrenzen: Das ›Zonenrandgebiet‹ in der Wiedervereinigung«, *Jahrbuch Deutsche Einheit* 2021, S. 111–127.

Eckert, Astrid M./Pavla Šimková: »Transcending the Cold War: Borders, Nature, and the European Green Belt Conservation Project along the Former Iron Curtain«, in: Patrick Kupper, Anna-Katharina Wöbse (Hg.): *Greening*

Europe: Environmental Protection in the Long Twentieth Century, Berlin 2022, S. 127–151.

Eckert, Gerhard: *Der Brocken. Berg in Deutschland,* Husum 1991.

Ehmke, Wolfgang (Hg.): *Zwischenschritte. Die Anti-Atomkraftbewegung zwischen Gorleben und Wackersdorf,* Köln, 1987.

Eick, Jürgen: *Die wirtschaftlichen Folgen der Zonengrenzen. Versuch einer Theorie der volkswirtschaftlichen Entflechtung,* Hamburg 1948.

Eisenbach, Ulrich: »Kaliindustrie und Umwelt«, in: Ulrich Eisenbach/Akos Paulinyi (Hg.): *Die Kaliindustrie an Werra und Fulda. Geschichte eines landschaftsprägenden Industriezweigs,* Darmstadt 1998, S. 194–222.

Engels, Jens Ivo: *Naturpolitik in der Bundesrepublik. Ideenwelt und politische Verhaltensstile in Naturschutz und Umweltbewegung, 1950–1980,* Paderborn 2006.

Erdmann, Thorsten: »Am Ende der Welt. Entwicklungen des westdeutschen Zonenrandgebietes seit der Wiedervereinigung«, *Deutschland Archiv online,* 18. November 2013, http://www.bpb.de/geschichte/zeitgeschichte/deutschlandarchiv/170619/am-ende-der-welt-entwicklung-des-westdeutschen-zonenrandgebietes-seit-der-wiedervereinigung (Zugriff Januar 2018).

Esser, Stefan: *Radtouren am Grünen Band: In 32 Etappen von Tschechien bis zur Ostsee,* München 2011.

Eulitz, Walter: *Der Zollgrenzdienst,* Bonn 1968.

Fässler, Peter E.: »›Diversanten‹ oder ›Aktivisten‹? Westarbeiter in der DDR, 1949–1961«, *Vierteljahrshefte für Zeitgeschichte* 49:4 (2001), S. 613–642.

Fässler, Peter E.: *Durch den »Eisernen Vorhang«. Die deutsch-deutschen Wirtschaftsbeziehungen 1949–1969,* Köln 2006.

Federau, Fritz: »Der Interzonenhandel Deutschlands von 1946 bis Mitte 1953«, *Vierteljahrshefte zur Wirtschaftsforschung* 4 (1953), S. 385–410.

Flack, Andrew J. P.: »Continental Creatures. Animals and History in Contemporary Europe«, *Contemporary European History* 27:3 (2018), S. 517–529.

Fleischman, Thomas: *Communist Pigs. An Animal History of East Germany's Rise and Fall,* Seattle 2020.

Flowers, Brian: »Nuclear Power. A Perspective of the Risks, Benefits and Options«, *Bulletin of the Atomic Scientists* 34:3 (März 1978), S. 21–26, 54–57.

Flügge, Heinrich: »Die landwirtschaftlichen Betriebe im Landkreis Lüchow-Dannenberg seit hundert Jahren und ihre weitere Entwicklung«, *Hannoversches Wendland* 5 (1974/75), S. 107–122.

Foley, Malcolm/J. John Lennon: »JFK and Dark Tourism: A Fascination with Assassination«, *International Journal of Heritage Studies* 2:4 (1996), S. 198–211.

Förster, Andreas: »›Akute Umweltgefährdung‹ im Arzneimittelwerk«, *Horch und Guck* 21:76 (2012), S. 26–27.

Frank, Sybille: *Wall Memorials and Heritage. The Heritage Industry of Berlin's Checkpoint Charlie,* London 2016.

Franz, Dieter: *Das Blaukehlchen. Von der Rarität zum Allerweltsvogel?,* Wiesbaden 1998.

Friedrich, Bernd: »Der Uhu (*Bubo bubo*) wieder Brutvogel im Kreis Eisenach«, *Fliegende Blätter* (HGON) 2 (1987).

Friedrich, Bernd/Peter Fahrenholz: »Avifaunistische Mitteilungen aus dem südwestlichen Teil des Kreises Eisenach«, *Thüringische Ornithologische Mitteilungen* 38 (1988), S. 31–43.

Fritsche, Christiane: *Schaufenster des ›Wirtschaftswunders‹ und Brückenschlag nach Osten. Westdeutsche Industriemessen und Messebeteiligung im Kalten Krieg, 1946–1973,* München 2008.

Frobel, Kai: »20 Jahre Grünes Band – eine Bilanz«, *Nationalpark* 145:3 (2009), S. 5–9.

Frobel, Kai/Uwe Riecken/Karin Ullrich: »Das ›Grüne Band‹ – das Naturschutzprojekt Deutsche Einheit«, *Natur und Landschaft* 84:9/10 (2009), S. 399–403.

Frobel, Kai/Liana Geidezis/Melanie Kreutz u. a.: *Erlebnis Grünes Band* (Naturschutz und Biologische Vielfalt 113), Münster 2012.

Frohn, Hans-Werner/Jürgen Rosebrock/Friedemann Schmoll (Hg.): »*Wenn sich alle in der Natur erholen, wo erholt sich dann die Natur?*«, Bonn 2009.

Fuchs, Norbert: *Billmuthausen. Das verurteilte Dorf,* Hildburghausen 1991.

Füsslein, Peter: *Die Grenzkommission. Ein Rückblick auf deutsch-deutsche Verhandlungen,* Bonn 2015.

Gabriel, Oscar W. u. a.: *Deutschland 25. Gesellschaftliche Trends und Politische Einstellungen,* Bonn 2015.

Gaumer, Janine: *Wackersdorf. Atomkraft und Demokratie in der Bundesrepublik, 1980–1989,* München 2018.

Gebhard, Bettina/Matthias Braun: »Naturraum von der Wakenitz bis zur Ostsee – Konfliktbereich zwischen Naturschutz und Wirtschaftsentwicklung vor den Toren Lübecks«, *Mitteilungen aus der Norddeutschen Naturschutzakademie* 5:3 (1994), S. 2–7.

Geidezis, Liana/Melanie Kreutz/Uwe Riecken/Karin Ullrich: »Das Grüne Band Deutschland. 25 Jahre nach der Wiedervereinigung – ein Rück- und Ausblick«, *Natur und Landschaft* 90:12 (2015), S. 564–568.

Geidezis, Liana/Daniela Leitzbach/Helmut Schlumprecht: *Aktualisierung der Bestandsaufnahme Grünes Band mit Schwerpunkt auf den Veränderungen in den Offenlandbereichen.* Bonn: Bundesamt für Naturschutz/BfN Skripten 392, 2015.

Geisler, Michael E.: »Heimat‹ and the German Left. The Anamnesis of a Trauma«, *New German Critique* 36 (1985), S. 25–66.

Gentzen, Udo/Karin Wulf: *Niemand wusste, wohin wir gebracht wurden… Zwangsausgesiedelte von 1952 und 1961 berichten über ihr Schicksal,* Hagenow-Boizenburg 1993.

George, Klaus: »Neue Bedingungen für die Vogelwelt der Agrarlandschaft in Ostdeutschland nach der Wiedervereinigung«, *Ornithologischer Jahresbericht Museum Heineanum* 13 (1995), S. 1–25.

Giesler, Walter: »Hände weg von der Zonenrandförderung«, *Kurhessische Wirtschaft* 7 (1982), S. 323.

Glassheim, Eagle: »Unsettled Landscapes: Czech and German Conceptions of Social and Ecological Decline in the Postwar Czechoslovak Borderlands«, *Journal of Contemporary History* 50:2 (2015), S. 318–336.

Glassheim, Eagle: *Cleansing the Czechoslovak Borderlands. Migration, Environment and Health in the former Sudetenland,* Pittsburgh 2016.

Glatzel, Frank/Edeltraud Hundertmark: *Braunschweig – Großstadt am Zonenrand* (Kommunalpolitische Schriften der Stadt Braunschweig 18), Braunschweig 1956.

Gleitze, Bruno: *Ostdeutsche Wirtschaft. Industrielle Standorte und volkswirtschaftliche Kapazitäten des ungeteilten Deutschlands,* Berlin 1956.

Gnest, Holger: *Entwicklung der überörtlichen Raumplanung in der Bundesrepublik von 1975 bis heute,* Hannover 2008.

Golle, Hermann: *Das Know-How, das aus dem Osten kam. Wie das westdeutsche Wirtschaftswunder von der SED-Politik profitierte,* Stuttgart 2002.

Gordon, Joseph S.: »East German Psychological Operations: A 1965 Case Study«, in: Joseph S. Gordon (Hg.): *Psychological Operations. The Soviet Challenge,* Boulder 1988, S. 89–123.

Görner, Martin/R. Schultheis: »Schwarzstorch (*Ciconia nigra*) wieder Brutvogel in Thüringen«, *Landschaftspflege und Naturschutz in Thüringen* 21:4 (1984), S. 88–90.

Grady, Tim: »A Shared Environment: German-German Relations along the Border, 1945–1972«, *Journal of Contemporary History* 50:3 (2015), S. 660–679.

Gray, William Glenn: *Germany's Cold War. The Global Campaign to Isolate East Germany, 1949–1969,* Chapel Hill 2003.

Gray, William Glenn: »Commercial Liberties and Nuclear Anxieties. The U.S.-German Feud over Brazil, 1975–77«, *International History Review* 34:3 (2012), S. 449–474.

Greverus, Ina-Maria: *Auf der Suche nach Heimat,* München 1979.

Gross, Stephen G.: »Decoupling and the New Energy Paradigm in West Germany, 1973–1986«, *Central European History* 50:4 (2017), S. 514–546.

Grossbölting, Thomas/Christoph Lorke: »Vereinigungsgesellschaft. Deutschland seit 1990«, in: Thomas Grossbölting/Christoph Lorke (Hg.): *Deutschland seit 1990. Wege in die Vereinigungsgesellschaft,* Stuttgart 2017, S. 9–30.

Grosser, Dieter: *Das Wagnis der Währungs-, Wirtschafts- und Sozialunion. Politische Zwänge im Konflikt mit ökonomischen Regeln,* Stuttgart 1998.

Grüner, Stefan: *Geplantes ›Wirtschaftswunder‹? Industrie- und Strukturpolitik in Bayern 1945–1973,* München 2009.

Gruner, Wolf (Bearb.): *Die Verfolgung und Ermordung der europäischen Juden durch das nationalsozialistische Deutschland 1933–1945.* Bd. I: *Deutsches Reich 1933–1937,* München 2008.

Günther, Egbert u. a.: »Aktuelles zur Vogelwelt des Brockengebietes«, *Berichte der Naturhistorischen Gesellschaft Hannover* 139 (1997), S. 289–298.

Hachtmann, Rüdiger: *Tourismus-Geschichte,* Göttingen 2007.

Hagemann, Jenny: »Gorleben als kulturelles Erbe. Die Anti-Atom-Bewegung zwischen Historisierung und Aktualität«, *Aus Politik und Zeitgeschichte* 71, 21–23 (2021), S. 17–23.

Hagen, Manfred: »Warum Wiederaufarbeitung?«, *atw* 22 : 11 (1977), S. 566–570.

Hahn, Barbara/Petra Pudemat: »Die Entwicklung des Landkreises Lüchow-Dannenberg nach der Öffnung der innerdeutschen Grenze unter besonderer Berücksichtigung des Verarbeitenden Gewerbes«, *Neues Archiv für Niedersachsen* 1 (1998), S. 65–84.

Halbach, Dieter/Gerd Panzer: *Zwischen Gorleben und Stadtleben,* Berlin 1980.

Haller, Jörg: »Die heilige Ostmark‹. Ostbayern als völkische Kultregion ›Bayerische Ostmark‹«, *Bayerisches Jahrbuch für Volkskunde* 2000, S. 63–73.

Hamblin, Jacob Darwin: *Poison in the Well. Radioactive Waste in the Oceans at the Dawn of the Nuclear Age,* New Brunswick 2008.

Hamblin, Jacob Darwin: *The Wretched Atom. America's Global Gamble with Peaceful Nuclear Technology,* New York 2021.

Hänel, Michael: *Das Ende vor dem Ende: Zur Rolle der DDR-Energiewirtschaft beim Systemwechsel 1980–1990* (Occasional Papers in German Studies 15), Edmonton 1998, http://nbn-resolving.de/urn:nbn:de:0168-ssoar-461778 (Zugriff Januar 2022).

Harrison, Hope M.: *After the Berlin Wall. Memory and the Making of the New Germany, 1989 to the Present,* New York 2019.

Hartard, Susanne/Michael Huhn: »Das SERO-System«, in: Hermann Behrens/Jens Hoffmann (Hg.): *Umweltschutz in der DDR,* Bd. 2, edited by Hermann, München 2007, S. 309–334.

Harvey, Elizabeth: »Pilgrimages to the ›Bleeding Border‹: Gender and Rituals of Nationalist Protest in Germany, 1919–1939«, *Women's History Review* 9 : 2 (2000), S. 201–229.

Hasenöhrl, Ute: *Zivilgesellschaft und Protest. Eine Geschichte der Naturschutz- und Umweltbewegung in Bayern 1945–1980*, Göttingen 2008.

Haslinger, Peter: *Nation und Territorium im tschechischen politischen Diskurs, 1880–1938*, München: Oldenbourg, 2010.

Hauff, Peter: »Zur Geschichte des Seeadlers *Haliaeetus albicilla* in Deutschland«, *Denisia* 27 (2009), S. 7–18.

Havlick, David G./Marion Hourdequin: »Ecological Restoration and Layered Landscapes«, in: David G. Havlick/Marion Hourdequin (Hg.): *Restoring Layered Landscapes: History, Ecology, and Culture*, New York 2016, S. 1–10.

Havlick, David G.: *Bombs Away. Militarization, Conservation, and Ecological Restoration*, Chicago 2018.

Hefele, Peter: *Die Verlagerung von Industrie- und Dienstleistungsunternehmen aus der SBZ/DDR nach Westdeutschland*, Stuttgart 1998.

Heide, Hans-Jürgen von der: »Zonenrandförderung – eine Bilanz«, *Der Landkreis* 44:5 (1974), S. 162–165.

Heide, Hans-Jürgen von der: »Zonenrandförderung – fast 40 Jahre nach Kriegsende noch notwendig?«, *Der Landkreis* 3 (1983), S. 114.

Heidemeyer, Helge: *Flucht und Zuwanderung aus der SBZ/DDR 1945/1949–1961*, Düsseldorf 1994.

Heinz, Michael: *Von Mähdreschern und Musterdörfern. Industrialisierung der DDR-Landwirtschaft und die Wandlung des ländlichen Lebens am Beispiel der Nordbezirke*, Berlin 2011.

Heinz, Michael: »Klassenkampf gegen Hecken und Teiche – Flurbereinigung in der DDR«, *Horch und Guck* 76 (2012), S. 32–35.

Heitzer, Enrico: *Die Kampfgruppe gegen Unmenschlichkeit (KgU). Widerstand und Spionage im Kalten Krieg 1948–1959*, Köln 2015.

Heller, Winfried: »Grenzüberschreitende Beziehungen zwischen den alten und den neuen Bundesländern in Deutschland nach der politischen Wende: Welche Seite profitiert am meisten?«, *Zeitschrift für Wirtschaftsgeographie* 38:1–2 (1994), S. 83–91.

Hermann, Ingolf: *Die deutsch-deutsche Grenze von Posseck bis Lehesten, von Ludwigsstadt nach Prex*, Plauen 1996.

Hermann, Ingolf/Karsten Sroka (Hg.): *Deutsch-deutsches Grenzlexikon. Der Eiserne Vorhang und die Mauer in Stichworten*, Zella-Mehlis 2005.

Herold, Klaus: »Zonenrandförderung: Politische und wirtschaftliche Aufgabe«, *Wirtschaft und Standort* 10 (1976), S. 2–3.

Hertle, Wolfgang: »Hart an der Grenze«, in: Andreas Buro (Hg.): *Geschichten aus der Friedensbewegung. Persönliches und Politisches*, Köln 2005, S. 93–95.

Hertle, Hans-Hermann/Maria Nooke (Hg.): *Die Todesopfer an der Berliner Mauer 1961–1989. Ein biographisches Handbuch*, Berlin 2019.

Hesse, Janet: *Befriedet. Vergessene Orte an der innerdeutschen Grenze,* Hamburg 2009.

Heurich, Marco u. a.: »Country, Cover or Protection: What Shapes the Distribution of Red Deer and Roe Deer in the Bohemian Forest Ecosystem?«, PLoS ONE 10 (3) (2015), http://journals.plos.org/plosone/article?id=10.1371/journal.pone.0120960 (Zugriff Januar 2018).

Hocke, Peter/Ortwin Renn: »Concerned Public and the Paralysis of Decision-Making: Nuclear Waste Management Policy in Germany«, *Journal of Risk Research* 7–8 (2009), S. 921–940.

Hoerner, Ludwig: »Zur Geschichte der fotografischen Ansichtspostkarten«, *Fotogeschichte* 7:26 (1987), S. 29–44.

Hoerning, Erika M.: *Zwischen den Fronten. Berliner Grenzgänger und Grenzhändler,* Köln 1992.

Hoffmann, Dierk: »Binnenwanderung und Arbeitsmarkt. Beschäftigungspolitik unter dem Eindruck der Bevölkerungsverschiebung in Deutschland nach 1945«, in: Dierk Hoffmann/Marita Krauss/Michael Schwartz (Hg.): *Vertriebene in Deutschland. Interdisziplinäre Perspektiven und Forschungsperspektiven,* München 2000, S. 219–325.

Hoffrichter, Arne: »Uelzen und die Abgelehnten. Das Flüchtlingsdurchgangslager Uelzen-Bohldamm und die Folgen der SBZ/DDR-Flucht als lokales Problem 1949/50«, in: Henrik Bispinck/Katharina Hochmuth (Hg.): *Flüchtlingslager im Nachkriegsdeutschland. Migration, Politk, Erinnerung,* Berlin 2014, S. 190–209.

Hoffrichter, Arne: »Arbeitskräftebedarf contra Wohnraummangel. Die Berliner Luftbrücke und das Problem der SBZ-Flucht 1948/49«, *Deutschland Archiv Online* (Februar 2013), http://www.bpb.de/geschichte/zeitgeschichte/deutschlandarchiv/hoffrichter20130214 (Zugriff Januar 2018).

Högselius, Per: *Die deutsch-deutsche Geschichte des Kernkraftwerkes Greifswald. Atomenergie zwischen Ost und West,* Berlin 2005.

Högselius, Per: »Spent Nuclear Fuel Policies in Historical Perspective: An International Comparison«, *Energy Policy* 17 (2009), S. 254–263.

Högselius, Per: »Challenging Chernobyl's Legacy: Nuclear Power Policies in Europe, Russia and North American in the early 21st Century«, in: Yi-Chong Xu (Hg.): *The Politics of Nuclear Energy in Asia,* London 2011, S. 190–210.

Hübner, Gerd: Ökologisch-faunistische Fließgewässerbewertung am Beispiel der salzbelasteten unteren Werra und ausgewählter Zuflüsse, Kassel 2007.

Huff, Tobias: »Über die Umweltpolitik der DDR. Konzepte, Strukturen, Versagen«, *Geschichte und Gesellschaft* 40:4 (2014), S. 523–554.

Huff, Tobias: *Natur und Industrie im Sozialismus. Eine Umweltgeschichte der DDR,* Göttingen 2015.

Hulsch, Jürgen/Gerhard M. Veh:»Zur Salzbelastung von Werra und Weser«, *Neues Archiv für Niedersachsen* 27:4 (1978), S. 367–377.

Hünemörder, Kai F.: *Die Frühgeschichte der globalen Umweltkrise und die Formierung der deutschen Umweltpolitik, 1950–1973*, Stuttgart 2004.

Illing, Falk: *Energiepolitk in Deutschland. Die energiepolitischen Massnahmen der Bundesregierung 1949–2015*, Baden-Baden 2016.

International Atomic Energy Agency (IAEA)(Hg.): *Nuclear Power and its Fuel Cycle. Proceedings of an International Conference Salzburg, 2.–13. Mai, 1977*, 8 Bde. Wien 1977.

ICOMOS, Nationalkomitee der Bundesrepublik Deutschland: *Eiserner Vorhang und Grünes Band. Netzwerke und Kooperationsmöglichkeiten in einer europäischen Grenzlandschaft. Tagung anlässlich des European Cultural Heritage Summit im Rahmen des Europäischen Kulturerbejahres 2018*, Berlin 2020, verfügbar auf https://www.icomos.de/icomos/pdf/eiserner-vorhang-und-gruenes-band-iron-curtain-and-green-belt.pdf (Zugriff Januar 2022).

Issel, Wolfgang: *Die Wiederaufbereitung von bestrahlten Kernbrennstoffen in der Bundesrepublik Deutschland. Technologische Chance oder energiepoitischer Zwang*, Frankfurt/M. 2003.

Jackson, Andrew L. R.: *Conserving Europe's Wildlife. Law and Policy of the Nature 2000 Network of Protected Areas*, London 2018.

Jahn, Dietrich:»Die Sanierung der Berliner Gewässer«, *Stadt + Umwelt* (August 1989), S. 28.

Jákli, Zoltán: *Vom Marshallplan zum Kohlepfennig. Grundrisse der Subventionspolitik in der Bundesrepublik Deutschland 1948–1982*, Opladen 1990.

Jakubec, Ivan: *Schlupflöcher im »Eisernen Vorhang«. Tschechoslowakisch-deutsche Verkehrspolitik im Kalten Krieg. Die Eisenbahn und Elbeschiffahrt 1945–1989*, Stuttgart 2006.

Jarmatz, Klaus/Rainer Mönke:»Der Naturpark Schaalsee – heute Biosphärenreservat«, in: Michael Succow/Lebrecht Jeschke/Hans Dieter Knapp (Hg.): *Naturschutz in Deutschland*, Berlin 2012, S. 175–183.

Jarausch, Konrad (Hg.): *Unified Germany. Debating Processes and Prospects*, New York 2013.

Jaworski, Rudolf:»Grenzlage, Rückständigkeit und nationale Agitation. Die ›Bayerische Ostmark‹ in der Weimarer Republik«, *Zeitschrift für bayerische Landesgeschichte* 41 (1978), S. 241–270.

Johnson, Jason B.: *Divided Village. The Cold War in the German Borderlands*, Abingdon 2017.

Johnson, Jason B.:»›Wild and Fearsome Hours‹. The First Year of US Occupation of a Bavarian County, 1945–1946«, *German Studies Review* 41:1 (2018), S. 61–79.

Jones, Elizabeth B.: »Fixing Prussia's Peripheries. Rural Disasters and Prusso-German State-Building, 1866–1914«, *Central European History* 51:2 (2018), S. 204–227.

Jones, Philip N./Trevor Wild: »Opening the Frontier: Recent Spatial Impacts in the Former Inner-German Border Zone«, *Regional Studies* 28:3 (1994), S. 259–273.

Jorns, Annette/Reinhold Kratz/Hansgeorg Pudack: »Der Drömling«, *Kosmos. Damit Mensch und Natur Zukunft haben* 7 (1986), S. 12–13.

Jost, Otto: »Das Vorkommen des Schwarzstorches *(Ciconia nigra)* im Fuldaer Land«, *Vogel und Umwelt* 3 (1984), S. 151–158.

Judt, Matthias: *Der Bereich Kommerzielle Koordinierung. Das DDR-Wirtschaftsimperium des Alexander Schalck-Golodkowski – Mythos und Realität*, Berlin 2013.

Jung, Hans-Ulrich/Markus Krüsemann: *Struktur- und Entwicklungsprobleme von niedersächsischen Städten im ehemaligen Zonenrandgebiet: Duderstadt, Helmstedt, und Uelzen*, Hannover/Göttingen 2002.

Jungk, Robert: *Der Atomstaat. Vom Fortschritt in die Unmenschlichkeit*, München, 1977.

Jureit, Ulrike: *Das Ordnen von Räumen. Territorium und Lebensraum im 19. und 20. Jahrhundert*, Hamburg 2012.

Kahrs, Axel (Hg.): *Im Wendland ist man der Wahrheit näher. Klassische Reportagen über Lüchow-Dannenberg aus vier Jahrzehnten*, Lüchow 2007.

Kajser, Arne: »Under a Common Acid Sky. Negotiating Transboundary Air Pollution in Europe«, in: Nil Disco/Eda Kranakis (Hg.): *Cosmopolitan Commons. Sharing Resourcesand Risks across Borders*, Boston 2013, S. 213–242.

Kaltenborn, Steffi: »Leben mit der Grenze. Die westlichen Kreise des heutigen Sachsen-Anhalt zwischen 1945 und 1990«, in: Hendrik Träger/Sonja Priebus (Hg.): *Politik und Regieren in Sachsen-Anhalt*, Wiesbaden 2017, S. 55–70.

Kaminsky, Annette: »Konsumwünsche und Konsumverhalten der DDR-Bevölkerung in den achtziger Jahren im Spiegel der Studien des Instituts für Marktforschung der DDR«, in: Günther Heydemann/Gunter Mai/Werner Müller (Hg.): *Revolution und Transformation in der DDR 1989/90*, Berlin 1999, S. 105–115.

Kannapin, Hans-Eckhardt: *Der Strukturwandel des Zonengrenzraumes. Politische, wirtschaftliche und kulturelle Auswirkungen*, Frankfurt/M. 1953.

Kaprol-Gebhardt, Anke: *Geben oder Nehmen. Zwei Jahrzehnte Rückübertragungsverfahren von Immobilien im Prozess der deutschen Wiedervereinigung am Beispiel der Region Berlin-Brandenburg*, Berlin 2018.

Karl, Helmut: »Entwicklung und Ergebnisse regionaler Wirtschaftspolitik in Deutschland«, in: Hans H. Eberstein/Helmut Karl (Hg.): *Handbuch der regionalen Wirtschaftsförderung*, A II, Lfg. 61 (November 2008), para. 1–59.

Karlsch, Rainer/Paul Werner Wagner: *Die AGFA-ORWO-Story: Geschichte der Filmfabrik Wolfen und ihrer Nachfolger*, Berlin 2010.

Kassel, Karl-Friedrich: »Von der Zonenrandförderung zur Regionalentwicklung«, in: Ulrich Brohm/Elke Meyer-Hoos (Hg.): *Kali und Leinen. Industrialisierungsansätze im Raum Wustrow 1874 bis 1928*, Wustrow 2005, S. 287–297.

Katzer, Bernd/Matthias Baeseler: »Ornithologische Notizen aus dem Kreis Sonneberg«, *Thüringische Ornithologische Mitteilungen* 24 (1978), S. 17–30.

Kegler, Karl R.: »›Der neue Begriff der Ordnung‹: Zwischen NS-Staat und Bundesrepublik. Das Modell der zentralen Orte als Idealbild der Raumordnung«, in: Heinrich Mäding/Wendelin Strubelt (Hg.): *Vom Dritten Reich zur Bundesrepublik. Beiträge einer Tagung zur Geschichte der Raumforschung und Raumplanung*, Hannover 2009, S. 188–209.

Kegler, Karl R.: *Deutsche Raumplanung. Das Modell der »Zentralen Orte« zwischen NS-Staat und Bundesrepublik*, Paderborn 2015.

Keil, Albrecht: *Postenhirsche und Minenkeiler. Jagd im Schatten der Zonengrenze*, Melsungen 2008.

Keil, Holger: »Sielmanns Vision direkt vor der Haustür«, *Nationalpark* 145:3 (2009), S. 14–17.

Kieling, Andreas: *Ein deutscher Wandersommer – 1400 Kilometer durch unsere wilde Heimat*, Hamburg 2011.

Kim, Kwi-Gon/Dong-Gil Cho: »Status and Ecological Resource Value of the Republic of Korea's De-Militarized Zone«, *Landscape and Ecological Engineering* 1 (2005), S. 3–15.

Kind-Kovács, Friederike: »Memories of Ethnic Cleansing and the Local Iron Curtain in the Czech-German Borderlands«, *Nationalities Papers* 42:2 (2014), S. 199–222.

Kirchhof, Astrid Mignon/Jan-Henrik Meyer: »Global Protest Against Nuclear Power. Transfer and Transnational Exchange in the 1970s and 1980s«, *Historical Social Research* 39:1 (2014), S. 165–190.

Klaphake, Axel: *Europäische und nationale Regionalpolik für Ostdeutschland. Neuere regionalökonomische Theorien und praktische Erfahrungen*, Wiesbaden 2000.

Klapper, Helmut: »Gewässerschutz und Gewässernutzung im Spannungsfeld zwischen Ökologie und Ökonomie«, in: Hermann Behrens/Jens Hoffmann (Hg.): *Umweltschutz in der DDR*, Bd. 2: *Mediale und sektorale Aspekte*, München 2007, S. 233–243.

Klemmer, Paul: »Raumgliederung für die Zwecke der Gemeinschaftspolitik«, in: *Das Europäische System der statistischen Information nach 1992. Eurostat Mitteilungen.* Sondernummer (April 1989), S. 87–99.

Klemmer, Paul: »Gemeinschaftsaufgabe ›Verbesserung der regionalen Wirtschaftsstruktur‹«, in: *Handwörterbuch der Raumordnung,* Hannover 2005, S. 366–369.

Kloepfer, Michael: *Das Umweltrecht in der deutschen Einigung. Zum Umweltrecht im Einigungsvertag und zum Umweltrahmengesetz,* Berlin 1991.

Knapp, Hans Dieter: »Nationalparke in der DDR. Bausteine für ein gemeinsames europäisches Haus«, *Nationalpark* 67:2 (1990), S. 4–9.

Knapp, Hans Dieter: »Das Nationalparkprogramm der DDR«, in: Michael Succow/Lebrecht Jeschke/Hans Dieter Knapp (Hg.): *Die Krise als Chance – Naturschutz in neuer Dimension,* Neuenhagen 2001, S. 38–52.

König, H.: »Der Brutvogelbestand einer Kontrollfläche in der Lenzener Wische (Kreis Ludwigslust) im Jahre 1965«, *Mitteilungen der IG Avifauna DDR* 2 (1969), S. 43–58.

Könker, Hermann: »Komplexe Standortmeliorationen«, in: Hermann Behrens/Jens Hoffmann (Hg.): *Umweltschutz in der DDR,* Bd. 2, München 2007, S. 45–58.

Komlosy, Andrea: *An den Rand gedrängt. Wirtschafts- und Sozialgeschichte des oberen Waldviertels,* Wien 1988.

Komlosy, Andrea: »Auswirkungen der Grenzöffnung 1989. Das Beispiel des Oberen Waldviertels«, in: Dieter Stiefel (Hg.): *Der »Ostfaktor«. Die österreichische Wirtschaft 1989–2009,* Wien 2010, S. 247–292.

Komska, Yuliya: *The Icon Curtain. The Cold War's Quiet Border,* Chicago 2015.

Koop, Volker: *Kein Kampf um Berlin? Deutsche Politik zur Zeit der Berlin-Blockade 1948/49,* Bonn 1998.

Kopper, Christoph: *Die Bahn im Wirtschaftswunder. Deutsche Bundesbahn und Verkehrspolitik in der Nachkriegsgesellschaft,* Frankfurt/M. 2007.

Korte, Karl-Rudolf: *Deutschlandpolitik in Helmut Kohls Kanzlerschaft. Regierungsstil und Entscheidungen 1982–1989,* Stuttgart 1998.

Koshar, Rudy: »›What Ought to be Seen‹: Tourists' Guidebooks and National Identities in Modern Germany and Europe«, *Journal of Contemporary History* 33:3 (1998), S. 323–340.

Koshar, Rudy: *German Travel Cultures,* London 2000.

Krahulec, Peter: »Alternative Grenzlandfahrt«, in: Rainer Brembs (Hg.): *Fuldaer Stadt-Buch,* Fulda 1985, S. 303–304.

Krämer, Sonja Isabel: »Westdeutsche Propaganda im Kalten Krieg: Organisation and Akteure«, in: Manfred Wilke (Hg.): *Pressepolitik und Propaganda. Historische Studien vom Vormärz bis zum Kalten Krieg,* Köln 1997, S. 333–371.

Kraus, Josef: *Zu Konzeption und Praxis der Zonenrandförderung,* Phil. Diss., Ludwigs-Maximilians-Universität München 1982.

Krenzer, Jürgen H.: »Eßkultur und Agrarkultur – kulinarisches und gastliches Ereignis«, *Berichte zur ländlichen Entwicklung* 82 (2004), S. 39–44.

Krüger, Gesine/Aline Steinbrecher/Clemens Wischermann (Hg.): *Tiere und Geschichte. Konturen einer »Animate History«,* Stuttgart 2014.

Kruse, Michael: *Politik und deutsch-deutsche Wirtschaftsbeziehungen von 1945 bis 1989,* Berlin 2005.

Kufeke, Kay: »›Jeder, ob Genosse oder nicht, ist schon ‚drüben' gewesen.‹ Die Durchlässigkeit der innerdeutschen Grenze in Mecklenburg vor 1952«, *Zeitgeschichte regional* 15:2 (2011), S. 34–38.

Kufeke, Kai: »›... völlige Klarheit schaffen, dass es nicht noch einmal anders kommt.‹ Die Durchsetzung des DDR-Grenzregimes in Mecklenburg, 1946–1961«, *Zeitschrift für Geschichtswissenschaft* 64:6 (2016), S. 542–557.

Kühn, Cornelia: »›Kunst ohne Zonengrenzen‹: Zur Instrumentalisierung der Volkskunst in der frühen DDR«, in: David Eugster/Sybille Marti (Hg.): *Das Imaginäre des Kalten Krieges. Beiträge zu einer Kulturgeschicht des Ost-West-Konfliktes in Europa,* Essen 2015, S. 187–211.

Kupper, Patrick: *Umweltgeschichte,* Göttingen, 2021.

Kurth, Horst: »Die Entwicklung der Forstwirtschaft in der DDR«, *Allgemeine Forst Zeitschrift* 35 (1990), S. 892–897.

Laakkonen, Simo/Victor Pál/Richard Tucker: »The Cold War and Environmental History. Complementary Fields«, *Cold War History* 16:4 (2016), S. 377–394.

Lacher, Michael: *Arbeit und Industrie in Kassel. Zur Industrie- und Sozialgeschichte Kassels von 1914 bis heute,* Marburg 2018.

Lagrou, Pieter: *The Legacy of Nazi Occupation. Patriotic Memory and National Recovery in Western Europe, 1945–1965,* Cambridge 2000.

Langston, Nancy: »Thinking like a Microbe. Borders and Environmental History«, *Canadian Historical Review* 95:4 (2014), S. 592–603.

Lapp, Peter Joachim: *Grenzregime der DDR,* Aachen 2013.

Larson, Brandon: *Metaphors for Environmental Sustainability. Redefining our Relationship with Nature,* New Haven 2011.

Lebegern, Robert: *Zur Geschichte der Sperranlagen an der innerdeutschen Grenze, 1945–1990,* Erfurt 2004.

Leendertz, Ariane: *Ordnung schaffen. Deutsche Raumplanung im 20. Jahrhundert,* Göttingen 2008.

Leendertz, Ariane: »Der Gedanke des Ausgleichs und die Ursprünge des Leitbildes der ›gleichwertigen Lebensbedingungen‹«, in: Heinrich Mäding/Wendelin Strubelt (Hg.): *Vom Dritten Reich zur Bundesrepublik. Beiträge einer*

Tagung zur Geschichte von Raumforschung und Raumplanung, Hannover 2009, S. 210-225.

Leendertz, Ariane: »Ordnung, Ausgleich, Harmonie. Koordinaten raumplanerischen Denkens in Deutschland, 1920-1970«, in: Thomas Etzemüller (Hg.): *Die Ordnung der Moderne. Social Engineering im 20. Jahrhundert,* Bielefeld 2009, S. 129-150.

Lehn, Patrick: *Deutschlandbilder. Historische Schulatlanten zwischen 1871 und 1990,* Köln 2008.

Leibenath, Markus: »Biotopverbund und räumliche Koordination«, *Raumforschung und Raumordnung* 68 (2010), S. 91-101.

Lemke, Michael (Hg.): *Schaufenster der Systemkonkurrenz. Die Region Berlin-Brandenburg im Kalten Krieg,* Köln 2006.

Lemke, Michael: »Totale Blockade? Über das Verhältnis von Abschottung und Durchlässigkeit im Berliner Krisenalltag 1948/49«, in: Helmut Trotnow/ Bernd von Kostka (Hg.): *Die Berliner Luftbrücke. Ereignis und Erinnerung,* Berlin 2010, S. 121-135.

Lemke, Michael: *Vor der Mauer. Berlin in der Ost-West-Konkurrenz 1948 bis 1961,* Köln 2011.

Lenz, Gerhard: *Verlusterfahrung Landschaft. Über die Herstellung von Raum und Umwelt im mitteldeutschen Industriegebiet seit der Mitte des 19. Jahrhunderts,* Frankfurt/M. 1999.

Lèofgren, Orvar: *On Holiday. A History of Vacationing,* Berkeley 1999.

Lepsius, M. Rainer: »Zur Reformunfähigkeit der DDR. Wirtschaftliche Entscheidungsstrukturen und der ›Bereich Mittag‹ im ZK der SED«, in: Rainer M. Lepsius: *Institutionalisierung politischen Handelns. Analysen zur DDR, Wiedervereinigung und Europäischen Union* (Wiesbaden 2013), S. 104-115.

Levy, Mark A: »European Acid Rain. The Power of Tote-Board Diplomacy«, in: P. M. Hass u. a. (Hg.): *Institutions for the Earth. Sources of Effective International Environmental Protection,* Cambridge 1993, S. 75-132.

Liersch, Klaus-Martin: »Salz in Werra und Weser«, *Geographische Rundschau* 39:11 (1987), S. 642-647.

Light, Duncan: »Gazing on Communism: Heritage Tourism and Post-Communist Identities in Germany, Hungary and Romania«, *Tourism Geographies* 2:2 (2000), S. 157-176.

Lindenberger, Thomas: *Herrschaft und Eigen-Sinn in der Diktatur. Studien zur Gesellschaftsgeschichte der DDR,* Köln 1999.

Lindenberger, Thomas: »›Zonenrand‹, ›Sperrgebiet‹, und ›Westberlin‹: Deutschland als Grenzregion des Kalten Krieges«, in: Christoph Klessmann/Peter Lautzas (Hg.): *Teilung und Integration. Die doppelte deutsche Nachkriegsgeschichte,* Bonn 2005, S. 97-112.

Lindenberger, Thomas: »Divided, but not Disconnected: Germany as a Border Region of the Cold War«, in: Tobias Hochscherf/Christop Laucht/Andrew Plowman (Hg.): *Divided, but not Disconnected. German Experiences of the Cold War,* New York 2010, S. 11–33.

Lindenberger, Thomas: »Grenzregime and Gesellschaftskonstruktion im SED-Staat«, in: Klaus-Dietmar Henke (Hg.): *Die Mauer. Errichtung, Überwindung, Erinnerung,* München 2011, S. 111–121.

Litz, N: »Zur Kenntnis der Belastungssituation durch Herbizide im Bereich ehemaliger Grenzstreifen«, *Nachrichtenblatt Deutscher Pflanzenschutzdienst* 43:12 (1991), S. 257–261.

Lohs, Karlheinz/Dieter Martinetz: »Die Chemie des Todesstreifens«, *Spektrum der Wissenschaft* (Dezember 1991), S. 18–19.

Long, Bronson. *No Easy Occupation. French Control of the German Saar, 1944–1957,* Rochester 2015.

Lotz, Christian: »Gestrichelte Linien und schattierte Flächen. Darstellungen von Teilung und Einheit in ost- und westdeutschen Landkarten, 1945–1972«, in: Andreas Hilger/Oliver Wrochem (Hg.): *Die geteilte Nation. Nationale Verluste und Identitäten im 20. Jahrhundert,* München 2013, S. 53–69.

Ludwig, Andreas: »Die Dinge am Wege. Geld und Konsum in der Erinnerung an die Gesellschaft vor 25 Jahren«, in: Martin Sabrow/Alexander Koch (Hg.): *Experiment Einheit. Zeithistorische Essays,* Göttingen 2015, S. 95–104.

Macheledt, Arndt: »Geteilte Rhöhn. Strukturelle Auswirkungen der innerdeutschen Grenze im ländlichen Raum 1945–1961«, *Storia e Regione/Geschichte und Region* 30:2 (2021), S. 17–39.

Macrakis, Kristie: *Seduced by Secrets. Inside the Stasi's Spy-Tech World,* New York 2008.

Mahlke, Matthias: *Zukunft der Grenzmuseen. Sammlungen, Präsentationen, Konzepte, wissenschaftliche Forschung, Koordination,* Hannover 2012.

Maier, Charles S.: *Dissolution. The Crisis of Communism and the End of East Germany,* Princeton 1997.

Maier, Charles S.: *Once Within Borders. Territories of Power, Wealth and Belonging since 1500,* Cambridge 2016.

Maier, Jörg: »Zweitwohnsitze im Freizeitraum – Erscheinungsformen und Auswirkungen in wirtschaftlicher und sozialer Hinsicht«, in: *Zweitwohnsitze in Fremdenverkehrsorten. Arbeitsmaterialien zur Raumordnung und Raumplanung* Nr. 38, 1–12. Bayreuth 1985.

Martens, Joachim: »Fehlentwicklung einer Subvention im Steuerrecht«, *Zeitschrift für Rechtspolitik* 14 (1981) 5, S. 104–108.

Marxen, Klaus u.a.(Hg.): *Strafjustiz und DDR-Unrecht: Dokumentation.* Bd. 2:

Gewalttaten an der deutsch-deutschen Grenze, unter Mitarbeit von Toralf Rummler/Petra Schäfter, 2. Teilband, Berlin 2002.

Masurek, Larsuand/Gerd Hachmöller: »Akteursnetzwerke und Regionalentwicklung im Schatten von Gorleben. Der Landkreis Lüchow-Dannenberg«, *Raumforschung und Raumordnung* 1 (2002), S. 61–69.

Mau, Steffen: *Sortiermaschinen. Die Neuerfindung der Grenze im 21. Jahrhundert,* München 2021.

Maurer, Jochen: *Halt – Staatsgrenze! Alltag, Dienst und Innenansichten der Grenztruppen der DDR,* Berlin 2015.

McNeill, John R.: »Observations on the Nature and Culture of Environmental History«, *History & Theory* 42 (Dezember 2003), S. 5–43.

McNeill, J. R./Corinna Unger (Hg.): *Environmental Histories of the Cold War,* New York 2010.

McNeill, John R./Peter Engelke: *The Great Acceleration. An Environmental History of the Anthropocene since 1945,* Cambridge 2016.

Mehnert, Dagmar: »Der Aufbau des Kalireviers und die Jahre bis 1945«, in: Hermann-Hohmann/Dagmar Mehnert (Hg.): *Bunte Salze, weisse Berge. Wachstum und Wandel der Kaliindustrie zwischen Thüringer Wald, Rhön und Vogelsberg,* Hünfeld 2004, S. 35–99.

Melis, Damian von/Henrik Bispinck: »*Republikflucht«, Flucht und Abwanderung aus der SBZ/DDR 1945 bis 1961,* München 2006.

Metzger, Birgit: »*Erst stirbt der Wald, dann du!« Das Waldsterben als westdeutsches Politikum, 1978–1986,* Frankfurt/M. 2015.

Metzler, Gabriele: *Konzeptionen politischen Handelns von Adenauer bis Brandt. Politische Planung in der pluralistischen Gesellschaft,* Paderborn 2005.

Meyer, Christoph: *Die deutschlandpolitische Doppelstrategie: Wilhelm Wolfgang Schütz und das Kuratorium Unteilbares Deutschland, 1954–1972,* Landsberg 1997.

Meyer, Jan-Henrik: »Zivilgesellschaftliche Mobilisierung und die frühe europäische Umweltpolitik. Die Vogelschutzrichtlinie der Europäischen Gemeinschaften von 1979«, in: *Themenportal Europäische Geschichte* (2013), http://www.europa.clio-online.de/2013/Article=588 (Zugriff Dezember 2021).

Meyer, Jan-Henrik: »Who should pay for pollution? The OECD, the European Communities and the Emergence of Environmental Policy in the early 1970s«, *European Review of History,* 24:3 (2017), S. 377–398.

Meyer-Braun, Renate: *Löcher im Eisernen Vorhang. Theateraustausch zwischen Bremen und Rostock während des Kalten Krieges, 1956–1961,* Berlin 2007.

Meyer-Rebentisch, Karen: *Grenzerfahrungen. Dokumentation zum Leben mit der innerdeutschen Grenze bei Lübeck von 1945 bis heute,* Lübeck 2009.

Milder, Stephen: »Between Grassroots Activism and Transnational Aspirations: Anti-Nuclear Protest from the Rhine Valley to the Bundestag, 1974–1983«, *Historical Social Research* 39:1 (2014), S. 191–211.

Milder, Stephen: *Greening Democracy. The Anti-Nuclear Movement and Political Environtmenalism in West German and Beyond, 1968–1983,* New York 2017.

Mitdank, Joachim: »Blockade gegen Blockade. Die Berlin-Krise 1948/49«, *Beiträge zur Geschichte der Arbeiterbewegung* 36:3 (1994), S. 41–58.

Möbius, Sascha: »Zwischen Zweckbau und Angstraum – die historischen Bauten der Gedenktstätte Deutsche Teilung Marienborn und ihre Wirkung auf die Besucherinnen und Besucher der Gedenkstätte«, in: Justus H. Ulbricht (Hg.): *Schwierige Orte. Regionale Erinnerung, Gedenkstätten, Museen,* Halle 2013, S. 171–189.

Moench, Christoph: »Refinanzierung der Endlagersuche und des Endlagers für wärmeentwickelnde radioaktive Abfälle«, atw 58:2 (2013), S. 103–107.

Möller, Christian: »Der Traum vom ewigen Kreislauf. Abprodukte, Sekundärrohstoffe und Stoffkreisläufe im ›Abfall-Regime‹ der DDR (1945–1990)«, *Technikgeschichte* 81:1 (2014), S. 61–89.

Möller, Christian: *Umwelt und Herrschaft in der DDR. Politik, Protest und die Grenzen der Partizipation in der Diktatur,* Göttingen 2020.

Möller, Detlev: *Endlagerung radioaktiver Abfälle in der Bundesrepublik Deutschland,* Frankfurt/M. 2009.

Möller, Frank/Ulrich Mählert (Hg.): *Abgrenzung und Verflechtung. Das geteilte Deutschland in der zeithistorischen Debatte,* Berlin 2008.

Mohr, Hans-Joachim: »Die Entwässerung landwirtschaftlicher Nutzflächen: Schwerpunkt der Meliorationstätigkeit 1960–1990 – ein kritischer Rückblick«, in: Hermann Behrens/Jens Hoffmann (Hg.): *Umweltschutz in der DDR,* Bd. 2, München 2007, S. 59–80.

Mörchen, Stefan: *Schwarzer Markt: Kriminalität, Ordnung und Moral in Bremen 1939–1949,* Frankfurt/M. 2011.

Moss, Timothy: »Divided City, Divided Infrastructures: Securing Energy and Water Services in Postwar Berlin«, *Journal of Urban History* 35:7 (2009), S. 923–942.

Muhle, Susanne: *Auftrag: Menschenraub. Entführungen von Westberlinern und Bundesbürgern durch das MfS der DDR,* Göttingen 2015.

Müller, Birgit: »The Skeleton versus the Little Grey Men. Conflicting Cultures of Anti-Nuclear Protest at the Czech-Austrian Border«, in: Jutta Lauth Bacas/William Kavanagh (Hg.): *Border Encounters. Asymmetry and Proximity at Europe's Frontiers,* New York 2013, S. 68–89.

Müller, Jan-Werner: *Another Country. German Intellectuals, Unification and National Identity,* New Haven 2000.

Müller, Susanne: *Die Welt des Baedeker. Eine Medienkulturgeschichte des Reiseführers, 1830–1945,* Frankfurt/M. 2012.

Müller, Wolfgang D.:»Moratorium für Kernkraftwerke?« *atw* 22:2 (1977), S. 65.

Müller, Wolfgang D.: *Geschichte der Kernenergie in der DDR. Kernforschung und Kerntechnik im Schatten des Sozialismus* (Geschichte der Kernenergie in der Bundesrepublik Deutschland, Bd. III), Stuttgart 2001.

Müller-Helmbrecht, Arnulf:»Endspurt: das Nationalparkprogramm im Wettlauf mit der Zeit«, in: Regine Auster/Hermann Behrens (Hg.): *Naturschutz in den neuen Bundesländern – Ein Rückblick,* Berlin 2001, S. 597–608.

Müller-Wegener, U./R. Schmidt: *Erfassung der Bodenkontamination und Altlasten auf Liegenschaften des Bundes – Teilvorhaben Grenzstreifen: Pflanzenschutzmittelgehalte im Grenzstreifen der ehem. DDR,* hg. vom Institut für Wasser-, Boden- und Lufthygiene des Bundesgesundheitsamtes, Berlin 1994.

Müller von der Grün, Claus Peter:»Unter einem Dach. Die wiedervereinigte Kaliindustrie im geeinten Deutschland«, in: Ulrich Eisenbach/Akos Paulinyi (Hg.): *Die Kaliindustrie an Werra und Fulda. Geschichte eines landschaftsprägenden Industriezweigs,* Darmstadt 1998, S. 223–237.

Müller, Werner:»Dorf am Eisernen Vorhang«, in: Bundesministerium für gesamtdeutsche Fragen (Hg.): *Im Schatten der Zonengrenze,* Bonn 1956, S. 21–26.

Mund, Karsten: *Der Landkreis Helmstedt als Grenzgebiet 1945–1952,* Phil. Diss., Technische Universität Braunschweig 1993.

Münzel, Sascha:»Emotionale Schockerlebnisse: Einstige ›Grenzinformationsstellen‹ im Blickfeld der Stasi«, in: *Deutschland Archiv,* 10. August 2021, www.bpb.de/337937 (Zugriff Januar 2022).

Murdock, Caitlin E.: *Changing Places. Society, Culture, and Territory in the Saxon-Bohemian Borderlands, 1870–1946,* Ann Arbor 2010.

Nägele, Frank: *Regionale Wirtschaftspolitik im kooperativen Bundesstaat,* Opladen 1996.

Nass, Klaus Otto: *Die Vermessung des Eisernen Vorhangs. Deutsch-deutsche Grenzkommission und DDR-Staatssicherheit,* Freiburg 2010.

Nelson, Arvid: *Cold War Ecology. Forests, Farms, and People in the East German Landscape, 1945–1989,* New Haven 2005.

Neumeier, Gerhard:»Die Aktivitäten des Ministeriums für Staatssicherheit der DDR in Bayern, 1950–1989«, *Zeitschrift für Geschichtswissenschaft* 60:4 (2012), S. 349–369.

Niedersächsisches Institut für Wirtschaftsforschung: *Ansatzpunkte zur Verbesserung der Ausgabensituation der kommunalen Ebenen im Landkreis Lüchow-Dannenerg im Zuge einer Neuorientierung der Vewaltung,* Hannover 2003.

Niehaus, Andrea:»Der ›positive‹ Schock: Über den Transrapid-Unfall von

Lathen (Emsland) und seine Folgen«, *Inklings. Jahrbuch für Literatur und Ästhetik* 25 (2007), S. 107–119.

Niemann, Hans-Werner: »Wirtschaftsgeschichte Niedersachsens 1918–1945«, in: *Geschichte Niedersachsens*, Bd. V: *Von der Weimarer Republik bis zur Wiedervereinigung,* Hannover 2010, S. 455–623.

Nobel, Rolf: *Mitten durch Deutschland. Reportage einer Grenzfahrt,* Hamburg 1986.

Nonn, Christoph: *Die Ruhrbergbaukrise: Entindustrialisierung und Politik, 1958–1969,* Göttingen 2001.

Nützenadel, Alexander: *Stunde der Ökonomen. Wissenschaft, Politik und Expertenkultur in der Bundesrepublik 1949–1974,* Göttingen 2005.

Oertzel, Günther: *Fortschrittsfeinde im Atomzeitalter? Protest und Innovationsmanagement am Beispiel der frühen Kernenergiepläne der Bundesrepublik Deutschland,* Berlin 2012.

Offer, Michael: *Das Zonenrandgebiet nach der deutschen Einigung. Wirtschaftliche Entwicklung und regionalpolitische Implikationen,* Mainz 1991.

Oldenburg, Fred/Gerd-Rüdiger Stephan: »Honecker kam nicht bis Bonn. Neue Quellen zum Konflikt zwischen Ost-Berlin und Moskau«, *Deutschland Archiv* 28 (1995), S. 791–805.

Orte des Erinnerns. Gedenkzeichen, Gedenkstätten und Museen zur Berliner Mauer und innerdeutschen Grenze, hg. von der Bundesstiftung Aufarbeitung, Berlin 2011.

Ortmeyer, August: »Regionalpolitik in Deutschland. Blick zurück und nach vorn«, in: Hans-Friedrich Eckey (Hg.): *Ordnungspolitik als konsturtive Antwort auf wirtschaftpolitische Herausforderungen. FS zum 65. Geburtstag von Paul Klemmer,* Stuttgart 2001, S. 129–141.

Oschlies, Johannes: *Entrissene Heimat. Zwangsaussiedlungen an der DDR-Grenze 1952 und 1961 im Bezirk Magdeburg,* Magdeburg 2006.

Ostermann, Christian F.: *Between Containment and Rollback. The United States and the Cold War in Germany,* Palo Alto 2021.

Ott, Konrad/Ulrich Smeddinck (Hg.): *Umwelt, Gerechtigkeit, Freiwilligkeit – insbesondere bei der Realisierung eines Endlagers. Beiträge aus Ethik und Recht,* Berlin 2018.

Owczarski, Rolf: *Und hellen Augenglanz las ich von ihrem Gesicht. Weihnachtsbasar des Kuratoriums Unteilbares Deutschland im Landkreis Helmstedt, 1965–1989,* Helmstedt 2000.

Paasche, Wilhelm: »Die Zonengrenze und ihre Auswirkungen«, in: Wilhelm Paasche (Hg.): *Das Hannoversche Wendland,* Lüchow 1971, S. 97–99.

Paasi, Anssi: *Territories, Boundaries and Consciousness. The Changing Geographies of the Finnish-Russian Border,* Chichester 1996.

Palis, Gustav/Bernhard Peitschner: *Der Drömling. Vom Moor zur Kulturlandschaft,* Horb am Neckar 1998.

Park, Jinhee: *Von der Müllkippe zur Abfallwirtschaft. Die Entwicklung der Hausmüllentsorgung in Berlin (West) von 1945 bis 1990,* Phil. Diss., TU Berlin 2003.

Patterson, Walter C.: »Gorleben Hearings«, *Bulletin of Atomic Scientists* 35:6 (Juni 1979), S. 11.

Paucke, Horst: *Chancen für die Umweltpolitik und Umweltforschung. Zur Situation in der ehemaligen DDR,* Marburg 1994.

Petschow, Ulrich/Jürgen Meyerhoff/Claus Thomasberger (Hg.): *Umwelt-Report DDR. Bilanz der Zerstörung, Kosten der Sanierung, Strategien für den ökologischen Umbau,* Frankfurt/M. 1990.

Petzina, Dietmar: »Standortverschiebungen und regionale Wirtschaftskraft in der Bundesrepublik Deutschland seit den fünfziger Jahren«, in: Werner Abelshauser u. a. (Hg.): *Wirtschaftliche Integration und Wandel von Raumstrukturen im 19. und 20. Jahrhundert,* Berlin 1994, S. 101–127.

Pfeifer, Robert: »Der Schwarzstorch *Ciconia nigra* in Bayern. Ausbreitungsgeschichte, Verbreitung und aktueller Status«, *Ornithologischer Anzeiger* 36 (September 1997), S. 93–104.

Pfennig, Werner/Vu Tien Dung/Alexander Pfennig: »The Cost of German Division. A Research Report«, in: *German Politics and Society* 35:3 (2017), S. 55–68.

Piechocki Reinhard u. a.: »Renaturierung – zum Naturschutz der Zukunft«, in: Heike Leitschuh u. a. (Hg.): *Re-Naturierung. Jahrbuch Ökologie 2015,* Stuttgart 2015, S. 39–48.

Pingel-Schliemann, Sandra: *»Ihr könnt doch nicht auf mich schiessen!« Die Grenze zwischen Lübecker Bucht und Elbe 1945–1989,* Schwerin 2014.

Pittaway, Mark: »Making Peace in the Shadow of War. The Austrian-Hungarian Borderlands, 1945–1956«, *Contemporary European History* 17:3 (2008), S. 345–364.

Pleschinski, Hans: *Ostsucht: Eine Jugend im deutsch-deutschen Grenzland,* München 2003.

Plück, Kurt: »Hilfeleistungen des Bundes für die Zonenrandgebiete«, in Bundesministerium für gesamtdeutsche Fragen (Hg.): *Im Schatten der Zonengrenze,* Bonn 1956, S. 107–112.

Plück, Kurt: »Innerdeutsche Beziehungen auf kommunaler und Verwaltungsebene, in Wissenschaft, Kultur und Sport und ihre Rückwirkungen auf die Menschen im geteilten Deutschland«, in: *Materialien der Enquete-Kommission »Aufarbeitung von Geschichte und Folgen der SED-Diktatur in Deutschland«* (12. Wahlperiode des Deutschen Bundestages), Bd. 5:3, Baden-Baden 1995, S. 2015–2064.

Poggendorf, Klaus: *Gorleben. Der Streit um die nukleare Entsorgung und die Zukunft einer Region,* Lüneburg 2008.

Pohl, Natalie: *Atomprotest am Oberrhein. Die Auseinandersetzung um den Bau von Atomkraftwerken in Baden und im Elsass, 1970–1985,* Stuttgart 2019.

Popp, Manfred: »Die unklare nukleare Entsorgung. Persönliche Reminiszenzen und Reflexionen«, in: Peter Hocke/Armin Grunwald (Hg.): *Wohin mit dem radioaktiven Abfall? Perspektiven für eine sozialwissenschaftliche Endlagerforschung,* Berlin 2006, S. 53–62.

Potthoff, Heinrich: *Die ›Koalition der Vernunft‹. Deutschlandpolitik in den 80er Jahren,* München 1995.

Potthoff, Heinrich: *Im Schatten der Mauer. Deutschlandpolitik 1961 bis 1990,* Berlin 1999.

Puffahrt, Otto: *Bauernland in Not. 75 Jahre Wasser- und Bodenverband der Lüchower Landgraben-Niederung 1915–1990,* Lüchow 1990.

Puffahrt, Otto: »Grossflächige Entwässerungsmassnahmen im Landkreis Lüchow-Dannenberg«, in: Christoph Ohlig (Hg.): *Gewässerentwicklung in der Kulturlandschaft,* Siegburg 2005, S. 75–83.

Purdy, Jedediah: *After Nature. A Politics for the Anthropocene,* Cambridge 2015.

Radkau, Joachim: *Die Ära der Ökologie. Eine Weltgeschichte,* München 2011.

Radkau, Joachim/Lothar Hahn: *Aufstieg und Fall der deutschen Atomwirtschaft,* München 2013.

Rätzke, Dorian: *Zwischen Stacheldraht und Strandkorb. DDR-Alltag in der Lübecker Bucht,* Boltenhagen 2011.

Rausch, Jochen: *Restlicht,* Köln 2008.

Readman, Paul/Cynthia Radding/Chad Bryant: »Borderlands in a Global Perspective«, in: Paul Readman/Cynthia Radding/Chad Bryant (Hg.) *Borderlands in World History, 1700–1914,* London 2014, S. 1–23.

Reichardt, Sven: *Authentizität und Gemeinschaft. Linksalternatives Leben in den siebziger und frühen achtziger Jahren,* Frankfurt/M. 2014.

Reichert, Mike: *Kernenergiewirtschaft in der DDR. Entwicklungsbedingungen, konzeptioneller Anspruch und Realisierungsgrad, 1955–1990,* St. Katharinen 1999.

Reichhoff, Lutz/Wolfgang Böhnert: »Das Nationalparkprogramm der ehemaligen DDR«, *Natur und Landschaft* 66:4 (April 1991), S. 195–203.

Rennert, S./G. Fiehn: »Erfahrungen bei der Einführung umweltverträglicher Technologien in der Sulfitzellstoffabrik Blankenstein«, *Das Papier* 46:10 (1992), S. V9–V15.

Renzsch, Wolfgang: *Finanzverfassung und Finanzausgleich. Die Auseinandersetzungen um ihre politische Gestaltung in der Bundesrepublik Deutschland zwischen Währungsreform und deutscher Vereinigung, 1948–1990,* Bonn 1991.

Riedel, Matthias: »Die wirtschaftliche Entwicklung in Niedersachsen 1945 – 1950«, *Niedersächsisches Jahrbuch für Landesgeschichte* 55 (1983), S. 115 – 138.

Ritter, Gerhard A.: *Wir sind das Volk! Wir sind ein Volk! Geschichte der deutschen Einigung,* München 2009.

Ritter, Gert/Joseph G. Hajdu: *Die innerdeutsche Grenze. Analyse ihrer räumlichen Auswirkungen und der raumwirksamen Staatstätigkeit in den Grenzgebieten,* Köln 1982.

Ritter, Gert/Joseph G. Hajdu: »The East-West German Boundary«, *Geographical Review* 79 : 3 (Juli 1989), S. 326 – 344.

Ritter, Jürgen/Peter Joachim Lapp: *Die Grenze. Ein deutsches Bauwerk,* Berlin 2006.

Roberts, Adam M./Kevin Stewart: »Land Mines. Animal Casualties of the Underground War«, *Animals Agenda* 18 : 2 (1998), S. 35 – 36.

Rödder, Andreas: *Deutschland einig Vaterland. Die Geschichte der Wiedervereinigung,* München 2009.

Roesler, Jörg: »Der Einfluss der Aussenwirtschaftspolitik auf die Beziehungen DDR-Bundesrepublik. Die achtziger Jahre«, *Deutschland Archiv* 26 (Mai 1993), S. 558 – 572.

Roesler, Jörg/Dagmar Semmelmann: *Vom Kombinat zur Aktiengesellschaft: Ostdeutsche Energiewirtschaft im Umbruch in den 1980er und 1990er Jahren,* Bonn 2005.

Roesler, Jörg: »System- oder konjunkturbedingte Unterschiede? Zur Umweltpolitik in der DDR und der Bundesrepublik in den 70er und 80er Jahren«, *Deutschland Archiv* 39 : 3 (2006), S. 480 – 488.

Roesler, Jörg: *Umweltprobleme und Umweltpolitik in der DDR,* Erfurt 2006.

Röhling, Klaus-Jürgen: »Techniken, Konzepte, Herausforderungen. Zur Endlagerung radioaktiver Reststoffe«, in: Achim Brunnengräber (Hg.): *Problemfalle Endlager. Gesellschaftliche Herausforderungen im Umgang mit Atommüll,* Baden-Baden 2016, S. 33 – 54.

Romberg, Dennis: *Die Nuklearexportpolitik der Bundesregierung Deutschland 1970 – 1979,* Paderborn 2020.

Rommelspacher, Thomas: »Das natürliche Recht auf Wasserverschmutzung. Geschichte des Wassers im 19. und 20. Jahrhundert«, in: Franz-Josef Brüggemeier/Thomas Rommelspacher (Hg.): *Besiegte Natur. Geschichte der Umwelt im 19. und 20. Jahrhundert,* München 1989, S. 42 – 63.

Röpke, Andrea/Andreas Speit: *Völkische Landnahme. Alte Sippen, junge Siedler, rechte Ökos,* Berlin 2019.

Rosenfeld, Martin/Robert Kawka: »Regionale Differenzierungen in Ostdeutschland: Die Wirtschaftslage ostdeutscher Kreise an der Grenze zu Niedersachsen«, *Wirtschaft im Wandel* 1 (2003), S. 27 – 33.

Rösler, Markus: »Das Nationalparkprogramm der DDR«, in: Regine Auster/ Hermann Behrens (Hg.): *Naturschutz in den neuen Bundesländern – Ein Rückblick,* Berlin 2001, S. 561–595.

Roth, Werner: *Dorf im Wandel. Struktur und Funktionssysteme einer hessischen Zonenrandgemeinde im sozial-kulturellen Wandel. Eine empirische Untersuchung,* Frankfurt/M. 1968.

Rother, Bernd: »Gilt das gesprochene Wort?« *Deutschland Archiv* 33:1 (2000), S. 90–93.

Rothschild, Rachel Emma: *Poisonous Skies. Acid Rain and the Globalization of Pollution,* Chicago 2019.

Rott, Wilfried: *Die Insel. Eine Geschichte West-Berlins 1948–1990,* München 2009.

Rucht, Dieter: *Von Wyhl nach Gorleben. Bürger gegen Atomprogramm und nukleare Entsorgung,* München 1980.

Rucht, Dieter: »Anti-Atomkraftbewegung«, in: Roland Roth/Dieter Rucht (Hg.): *Die sozialen Bewegungen in Deutschland seit 1945. Ein Handbuch,* Frankfurt/M. 2008, S. 245–266.

Ruck, Hartmut: »Die Kali-Industrie an der Werra in Thüringen 1945–1989«, in: Hermann-Hohmann/Dagmar Mehnert (Hg.): *Bunte Salze, weisse Berge. Wachstum und Wandel der Kaliindustrie zwischen Thüringer Wald, Rhön und Vogelsberg,* Hünfeld 2004, S. 101–134.

Ruck, Michael: »Ein kurzer Sommer der konkreten Utopie – Zur westdeutschen Planungsgeschichte der langen 60er Jahre«, in: Axel Schildt/Detlef Siegfried (Hg.): *Dynamische Zeiten. Die 60er Jahre in den beiden deutschen Gesellschaften,* Hamburg 2000, S. 362–401.

Rummler, Toralf: *Die Gewalttaten an der deutsch-deutschen Grenze vor Gericht,* Berlin 2000.

Roggenbuch, Frank: *Das Berliner Grenzgängerproblem. Verflechtung und Systemkonkurrenz vor dem Mauerbau,* Berlin 2008.

Sadeleer, Nicolas de: »Polluter Pays Principle«, in: Jean-Frédéric Morin/ Amandine Orsini (Hg.): *Essential Concepts of Global Environmental Governance,* London 2015, S. 155–156.

Sahlins, Peter: *Boundaries. The Making of France and Spain in the Pyreenees,* Berkeley 1989.

Salander, Carsten: »The Concept of the German Electric Power Industry for the Disposal of Spent Fuel from Nuclear Power Plants«, *Kerntechnik* 20:5 (1978), S. 229–237.

Sälter, Gerhard/Hans-Hermann Hertle: »Die Todesopfer an Mauer und Grenze. Probleme einer Bilanz des DDR-Grenzregimes«, *Deutschland Archiv* 4 (2006), S. 667–676.

Sälter, Gerhard: »Loyalität und Denunziation in der ländlichen Gesellschaft der DDR. Die Freiwilligen Helfer der Grenzpolizei im Jahr 1952«, in: Michael Schröter (Hg.): *Der willkommene Verrat. Beiträge zur Denunziationsforschung,* Weilerswist 2007, S. 159–184.

Sälter, Gerhard: *Grenzpolizisten. Konformität, Verweigerung und Repression in der Grenzpolizei und den Grenztruppen der DDR 1952–1965,* Berlin 2009.

Sälter, Gerhard/Johanna Dietrich/Fabian Kuhn: *Die vergessenen Toten. Todesopfer des DDR-Grenzregimes in Berlin von der Teilung bis zum Mauerbau, 1948–1961,* Berlin 2016.

Sälter, Gerhard: »Die Todesopfer des DDR-Grenzregimes, ihre Aufarbeitung und die Erinnerungskultur«, *Deutschland Archiv,* 12.8.2020, www.bpb.de/313950 (Zugriff Januar 2022).

Samida, Stefanie: »Schlachtfelder als touristische Destinationen: Zum Konzept des Thanatourismus aus kulturwissenschaftlicher Sicht«, *Zeitschrift für Tourismuswissenschaft* 10:2 (2018), S. 267–290.

Sander, Hans-Jörg: *Das Zonenrandgebiet,* Köln 1988.

Sattler, Friederike: »Rheinischer Kapitalismus. Staat, Wirtschaft und Gesellschaft der Bonner Republik«, *Archiv für Sozialgeschichte* 52 (2012), S. 688–692, 694–695.

Schaefer, Sagi: *States of Division. Border & Boundary Formation in Cold War Rural Germany,* Oxford 2014.

Schanetzky, Tim: *Die grosse Ernüchterung. Wirtschaftspolitik, Expertise und Gesellschaft in der Bundesrepublik 1966 bis 1982,* Berlin 2007.

Schätzlein, Gerhard/Reinhold Albert: *Grenzerfahrungen. Bezirk Suhl – Bayern/Hessen 1972–1988,* Hildburghausen 2002.

Schätzlein, Gerhard/Reinhold Albert: *Grenzerfahrungen. Bezirk Suhl – Bayern/Hessen zur Zeit der Wende,* Hildburghausen 2005.

Scherzer, Ludolf: *Der Grenz-Gänger,* Berlin 2007.

Schildt, Axel: »›Die kostbarsten Wochen des Jahres‹. Urlaubstourismus der Westdeutschen, 1945–1970«, in: Hasso Spode (Hg.): *Goldstrand und Teutonengrill. Kultur- und Sozialgeschichte des Tourismus in Deutschland 1945–1989,* Berlin 1996, S. 69–86.

Schildt, Axel: »Zwei Staaten – eine Hörfunk- und Fernsehnation. Überlegungen zur Bedeutung der elektronischen Massenmedien in der Geschichte der Kommunkation zwischen der Bundesrepublik und der DDR«, in: Arnd Bauerkämper/Martin Sabrow/Bernd Stöver (Hg.): *Doppelte Zeitgeschichte. Deutsch-deutsche Beziehungen 1945–1990,* Bonn 1998, S. 58–71.

Schindelbeck, Dirk: »Propaganda mit Gummiballons und Pappraketen«, in: Gerald Diesener/Rainer Grieß (Hg.): *Propaganda in Deutschland,* Darmstadt 1996, S. 213–234.

Schlemmer, Thomas/Stefan Grüner/Jaromir Balcar: »›Entwicklungshilfe im eigenen Lande‹. Landesplanung in Bayern nach 1945«, in: Matthias Frese/Julia Paulus/Karl Teppe (Hg.): *Demokratisierung und gesellschaftlicher Aufbruch. Die sechziger Jahre als Wendezeit der Bundesrepublik,* Paderborn 2005, S. 379–450.

Schlumbohm, Friedrich: »Landwirtschaft gestern, heute und morgen«, *Hannoversches Wendland* 11 (1986), S. 125–127.

Schlumprecht Helmut u. a.: »E+E Vorhaben ›Bestandsaufnahme Grünes Band‹. Naturschutzfachliche Bedeutung des längsten Biotopverbundsystems Deutschlands«, *Natur & Landschaft* 77 (2002), S. 407–414.

Schmale, Angela: »Heimlich, still und leise. Die Grenzschleusen und ›Grenz-IM‹ des MfS«, *Zeitschrift des Forschungsverbundes* 35 (2014), S. 80–90, https://www.bstu.bund.de/DE/BundesbeauftragterUndBehoerde/Aktuelles/20140718_grenzschleusen-grenz-im_artikel-zdf.html (Zugriff Januar 2022).

Schmidt, P. A.: »Landwirtschaft und Naturschutz in der DDR«, *Forstwirtschaftliches Centralblatt* 109 (1990), S. 378–402.

Schmidt, Wolfgang: *Integration und Wandel. Die Infrastruktur der Streitkräfte als Faktor sozioökonomischer Modernisierung in der Bundesrepublik 1955–1975,* München 2006.

Schmidt-Küsters/Wolf-Jürgen: »Das Entsorgungssystem im nuklearen Brennstoffkreislauf«, *atw* 19:7 (1974), S. 340–345.

Schmoll, Friedemann: »Zur Ritualisierung touristischen Sehens im 19. Jahrhundert«, in: Christoph Köcke (Hg.): *Reisebilder. Produktion und Reproduktion touristischer Wahrnehmung,* Münster 2001, S. 183–198.

Schneider, Karl-Heinz: »Wirtschaftsgeschichte Niedersachsens nach 1945«, in: Gerd Steinwascher/Detlef Schmiechen-Ackermann/Karl-Heinz Schneider (Hg.): *Geschichte Niedersachsens. Bd. V: Von der Weimarer Republik bis zur Wiedervereinigung,* Hannover 2010, S. 809–920.

Schreiber, Jürgen: »Das Brot des Konditors«, *natur. Das Umweltmagazin* 7/88 (Juli 1988), S. 34–39.

Schroeder, Klaus/Jochen Staadt: *Die Todesopfer des DDR-Grenzregimes an der innerdeutschen Grenze 1949–1989. Ein biografisches Handbuch,* Frankfurt/M. 2017.

Schroers, Rolf: »Die Sackgasse (1962)«, in: Hedwig Walwei-Wiegelmann (Hg.): *Die Wunde namens Deutschland. Ein Lesebuch zur deutschen Teilung,* Freiburg 1981, S. 63–73.

Schubert, Ernst: »Von der Interzonengrenze zur Zonengrenze. Die Erfahrung der entstehenden Teilung Deutschlands im Raum Duderstadt 1945–1949«, in: Bernd Weisbrod (Hg.): *Grenzland. Beiträge zur Geschichte der deutsch-deutschen Grenze,* Hannover 1993, S. 70–87.

Schubert, Markus: *Ein neues Hinterland für Berlin (West)? Die Regionen im Umkreis der Transitübergänge als neues Einzugsgebiet von Berlin (West)*, Berlin 1987.

Schugg-Reheis, Claudia/Michael Bahr: *Grenzenlos. Thüringer und Franken schreiben über 45 Jahre Grenzdasein*, Coburg 1992.

Schultke, Dietmar: »*Keiner kommt durch*«, *Die Geschichte der innerdeutschen Grenze 1945–1990*, Berlin 2004.

Schultke, Dietmar: »Wie mich der Eiserne Vorhang härtete«, in: Dietmar Schultke: *Die Grenze die uns teilte. Zeitzeugenberichte zur innerdeutschen Grenze*, Berlin 2005, S. 72–111.

Schulz, Claudia: »Fonds oder Rückstellungen? Atommüll als Private Good und Public Bad«, in: Achim Brunnengräber (Hg.) *Problemfalle Endlager. Gesellschaftliche Herausforderungen im Umgang mit Atommüll*, Baden-Baden 2016, S. 262–287.

Schulz, Martin: »Kommunal-Fusion als Mittel der Haushaltskonsolidierung«, *Innovative Verwaltung* 28:5 (2006), S. 16–19.

Schwarzer, Markus: *Von Mondlandschaften zur Vision eines neuen Seenlandes. Der Diskurs über die Gestaltung von Tagebaubrachen in Ostdeutschland*, Wiesbaden 2014.

Schwengler, Barbara: *Einfluss der europäischen Regionalpolitik auf die deutsche Regionalförderung*, IAB Discussion Paper Nr. 18/2013.

Schwenke, Helmut: »Die Förderung und Entwicklung der Wirtschaft im Landkreis Lüchow-Dannenberg. Eine Betrachtung und Beurteilung regionaler Förderpolitik«, Phil. Diss., Freie Universität Berlin 1970.

Seelig, Klaus-Jürgen: »Schwarzkehlchen (Saxicola torquata) – Brutvogel auf dem Brockenplateau«, *Onithologische Jahresberichte Museum Heineanum* 13 (1995), S. 120.

Seidel, Tobias/Maximilian von Ehrlich: »The Persistent Effects of Regional Policy. Evidence from the West German Zonenrandgebiet«, *Beiträge zur Jahrestagung des Vereins für Socialpolitik 2014:* Evidenzbasierte Wirtschaftspolitik – Session: Agglomeration, Policy und Persistence, No. B14-V4, verfügbar auf http://hdl.handle.net/10419/100515 (Zugriff Januar 2022).

Shears, David: *Die häßliche Grenze*, Stuttgart 1971.

Sheffer, Edith: *Burned Bridge. How East and West Germans Made the Iron Curtain*, New York 2011.

Siemer, Josef: »Bevölkerungs- und beschäftigungspolitische Bestandsaufnahme im Zonenrandgebiet für die Jahre 1950 und 1957«, *Bundesarbeitsblatt* 9:16 (1958), S. 424–433.

Skowronek, Frank u. a.: *Die Versenkung und Ausbreitung von Salzabwasser im Untergrund des Werra-Kaligebietes*, Wiesbaden 1999.

Sluga, Glenda: *The Problem of Trieste and the Italo-Yugoslav Border. Difference, Identity, and Sovereignty in Twentieth-Century Europe,* Albany 2001.

Smeddinck, Ulrich/Franziska Semper: »Zur Kritik am Standortauswahlgesetz«, in: Achim Brunnengräber (Hg.): *Problemfalle Endlager. Gesellschaftliche Herausforderungen im Umgang mit Atommüll,* Baden-Baden 2016, S. 235–259.

Soell, Hartmut: *Helmut Schmidt. 1969 bis heute. Macht und Verantwortung,* Stuttgart 2008.

Sonnevend, Julia: *Stories Without Borders. The Berlin Wall and the Making of a Global Iconic Event,* New York 2016.

Specht, Joshua: »Animal History after Its Triumph. Unexpected Animal, Evolutionary Approaches, and the Animal Lens«, *History Compass* 14:7 (2016), S. 326–336.

Spode, Hasso: *Wie die Deutschen ›Reiseweltmeister‹ wurden. Eine Einführung in die Tourismusgeschichte,* Erfurt 2003.

Spode, Hasso: »Some Quantitative Aspects of ›Kraft durch Freude‹ Tourism, 1934–1939«, in: Margarita Dritsas (Hg.): *European Tourism and Culture. History and National Perspectives,* Athen 2007, S. 123–134.

Spoerer, Mark/Jochen Streb: *Neue deutsche Wirtschaftsgeschichte des 20. Jahrhunderts,* München 2013.

Stacy, William E.: *U. S. Army Border Operations in Germany, 1945–1983,* Heidelberg 1984.

Stahl, Harald: »Veranstaltete Wildnis. Einige Überlegungen zum Konzept ›Natur Natur sein lassen‹ aus kulturwissenschaftlich-volkskundlicher Perspektive«, in: *Kulturwissenschaftliches Symposium Wald-Museum-Mensch-Wildnis,* Grafenau 2011, S. 84–95.

Standley, Michelle A.: »From Bulwark of Freedom to Cosmopolitan Cocktails: The Cold War, Mass Tourism and the Marketing of West Berlin as a Tourist Destination«, in: Tobias Hochscherf u. a. (Hg.): *Divided, but not Disconnected. German Experiences of the Cold War,* New York 2010, S. 105–118.

Stangel, Matthias: *Die neue Linke und die nationale Frage. Deutschlandpolitische Konzeptionen und Tendenzen in der Ausserparlamentarischen Opposition (APO),* Baden-Baden 2013.

Starke, Heinz: »Die Entstehung des Zonenrandprogramms«, in: *Oberfränkische Wirtschaft. Zum 125jährigen Bestehen der IHK für Oberfranken,* Bayreuth 1968.

Steege, Paul: *Black Market, Cold War. Everyday Life in Berlin, 1946–1949,* New York 2007.

Stehböck, Martin: »Abbau der Grenzanlagen und Minennachsuche«, *Mitteilungen aus der Norddeutschen Naturschutzakademie* 5:3 (1994), S. 24–30.

Steiner, André: *Von Plan zu Plan. Eine Wirtschaftsgeschichte der DDR,* Bonn 2007.

Steiner, André: »Die DDR-Volkswirtschaft am Ende«, in: Klaus-Dietmar Henke: *Revolution und Vereinigung 1989/90. Als in Deutschland die Realität die Phantasie überholte,* München 2009, S. 113–129.

Steinle, Matthias: *Vom Feindbild zum Fremdbild. Die gegenseitige Darstellung von BRD und DDR im Dokumentarfilm,* Konstanz 2003.

Steinmetz, Heinrich: »Berlins Hinterland – Eine Studie über die Regionen im Umkreis der Transitübergänge als neues Einzugsgebiet von Berlin (West)«, *Stadt + Umwelt* (Juli 1988), S. 41–42.

Stennert, Doris: »›Reisen zum Wiedersehen und Neuerleben.‹ Aspekte des ›Heimwehtourismus‹ dargestellt am Beispiel der Grafschaft Glatzer«, in: Kurt Dröge (Hg.): *Alltagskulturen zwischen Erinnerung und Geschichte. Beiträge zur Volkskunde der Deutschen in und aus dem östlichen Europa,* München 1995, S. 83–94.

Stewart, Richard Burleson/Jane Bloom Stewart: *Fuel Cycle to Nowhere. U.S. Law and Policy on Nuclear Waste,* Nashville 2011.

Stivers, William: »The Incomplete Blockade. Soviet Zone Supply of West Berlin, 1948–1949«, *Diplomatic History* 21:4 (1997), S. 569–602.

Stöber, Christian: *Rosenkranzkommunismus. Die SED-Diktatur und das katholische Milieu im Eichsfeld 1945–1989,* Berlin 2019.

Stokes, Lauren: »The Permanent Refugee Crisis in the Federal Republic of Germany, 1945 –«, *Central European History* 52:1 (2019), S. 19–44.

Stoll, Klaus Hartwig: *Das war die Grenze,* Fulda 1997.

Stovall, Tyler: *White Freedom. The Racial History of an Idea,* Princeton 2021.

Stöver, Bernd: *Zuflucht DDR. Spione und andere Übersiedler,* München 2009.

String, Christiane: »Grenzkohle. Die Stasi im deutsch-deutschen Tagebau von Helmstedt und Harbke«, *Horch und Guck* 64:2 (2009), S. 36–39.

Strubelt, Wendelin/Detlef Briesen (Hg.): *Raumplanung nach 1945. Kontinuitäten und Neuanfänge in der Bundesrepublik Deutschland,* Frankfurt/M. 2015.

Stubbe, Christoph: *Die Jagd in der DDR. Ohne Pacht eine andere Jagd,* Melsungen 2006.

Stude, Sebastian: *Strom für die Republik. Die Stasi und das Kernkraftwerk Greifswald,* Göttingen 2018.

Stunz, Holger R.: *Das »hessische Salzburg«, Festspiele in Bad Hersfeld. Entwicklung, Strukturen und Ideologie einer Institution kultureller Repräsentation der frühen Bundesrepublik,* München 2003.

Succow, Michael/Lebrecht Jeschke/Hans Dieter Knapp (Hg.): *Die Krise als Chance – Naturschutz in neuer Dimension,* Neuenhagen 2001.

Succow, Michael/Lebrecht Jeschke/Hans Dieter Knapp (Hg.): *Naturschutz in Deutschland. Rückblicke, Einblicke, Ausblicke,* Berlin 2012.

Sweet, William: »The Opposition to Nuclear Power in Europe«, *Bulletin of the Atomic Scientists* 33:10 (Dezember 1977), S. 40–47.

Theiss, Norbert: »Lebensraum Grenzstreifen«, *Ornithologischer Anzeiger* 32 (1993), S. 1–9.

Ther, Philipp: *Die Ordnung auf dem alten Kontinent. Eine Geschichte des neoliberalen Europa,* Frankfurt/M. 2016.

Thies, Heinrich: *Weit ist der Weg nach Zicherie. Die Geschichte eines geteilten Dorfes an der deutsch-deutschen Grenze,* Hamburg 2005.

Thomas, Julia Adeney: »The Exquisite Corpses of Nature and History. The Case of the Korean DMZ«, in: Chris Pearson/Peter Coates/Tim Cole (Hg.): *Militarized Landscapes. From Gettysburg to Salisbury Plain,* London 2010, S. 151–168.

Thoß, Hendrik: *Gesichert in den Untergang. Die Geschichte der DDR-Westgrenze,* Berlin 2004.

Thumer, Ingrid: »›Grauenhaft. Ich muss ein Foto machen.‹ Tourismus und Fotografie«, *Fotogeschichte* 12:44 (1992), S. 23–40.

Tiggemann, Anselm: *Gorleben als Entsorgungs- und Endlagerstandort. Der niedersächsische Auswahl- und Entscheidungsprozess. Expertise zur Standortauswahl für das »Entsorgungszentrum« 1976/77,* Hannover 2010.

Tiggemann, Anselm: *Die Achillesferse der Kernenergie in der Bundesrepublik Deutschland. Zur Kernenergiekontroverse und Geschichte der nuklearen Entsorgung von den Anfängen bis Gorleben 1955–1985,* Lauf an der Pegnitz 2010.

Timothy, Dallen J.: *Tourism and Political Boundaries,* London 2001.

Tompkins, Andrew S.: *Better Active than Radioactive! Anti-Nuclear Protest in 1970s France and West Germany,* Oxford 2016.

Tompkins, Andrew S.: »Grassroots Transnationalism(s), S. Franco-German Opposition to Nuclear Energy in the 1970s«, *Contemporary European History* 25:1 (2016), S. 117–142.

Tompkins, Andrew S.: »Binding the Nation, Bounding the State. Germany and its Borders«, *German History* 37:1 (2019), S. 77–100.

Tompkins, Andrew S.: »›Unter vorläufiger französischer Verwaltung‹. Staatsterritorium, Grundbesitz und die Grenzen des Deutschen Reiches in der westlichen Bundesrepublik«, *Tel Aviver Jahrbuch für deutsche Geschichte* 49 (2022), im Druck.

Trees, Wolfgang: *Schmuggler, Zöllner und die Kaffeepanzer. Die wilden Nachkriegsjahre an der deutschen Westgrenze,* Aachen 2002.

Treitel, Corinna: *Eating Nature in Modern Germany. Food, Agriculture, and Environment, c. 1870–2000,* New York 2017.

Trouwborst, Arie u. a.: »Border Fences and their Impacts on Large Carnivores, Large Herbivores and Biodiversity: An International Wildlife Law Perspective«, *Reciel* 25:3 (2016), S. 291–306.

Türk, Henning: *Treibstoff der Systeme. Kohle, Erdöl und Atomkraft im geteilten Deutschland,* Berlin 2021.

Ude-Koeller, Susanne: *Auf gebahnten Wegen. Zum Naturdiskurs am Beispiel des Harzklubs e. V.,* Münster 2004.

Uekötter, Frank: »Ökologische Verflechtungen. Umrisse einer grünen Zeitgeschichte«, in: Frank Bösch (Hg.): *Geteilte Geschichte. Ost- und Westdeutschland 1970–2000,* Göttingen 2015, S. 117–152.

Ullmann, Hans-Peter: *Der deutsche Steuerstaat. Eine Geschichte der öffentlichen Finanzen vom 18. Jahrhundert bis heute,* München 2005.

Ullmann, Hans-Peter: »Die Expansionskoalition. Akteure und Aktionen in der bundesdeutschen Finanz- und Schuldenpolitik der 1970er Jahre«, *Geschichte & Gesellschaft* 41:3 (2015), S. 394–417.

Ullrich, Maren: *Geteilte Ansichten. Erinnerungslandschaft deutsch-deutsche Grenze,* Berlin 2006.

Urry, John: *The Tourist Gaze,* London 2002.

Vandamme, Ralf: *Basisdemokratie als zivile Intervention. Der Partizipationsanspruch der neuen sozialen Bewegungen,* Opladen 2000.

Vetten, Horst: »Gleich hinter Gorleben. Entdeckungen im Landkreis Lüchow-Dannenberg, der vielleicht seltsamsten Ecke Deutschlands«, *Geo* Nr. 6 (1980), S. 38–60.

Vollers-Sauer, Elisabeth: »Goethes Harz«, *Welfengarten* 4 (1994), S. 35–45.

Volze, Armin: »Zur Devisenverschuldung der DDR – Entstehung, Bewältigung und Folgen«, in: Eberhard Kuhrt u. a. (Hg.): *Am Ende des realen Sozialismus. Beiträge zu einer Bestandsaufnahme der DDR-Wirklichkeit in den 80er Jahren,* Bd. 4: *Die Endzeit der DDR-Wirtschaft. Analysen zur Wirtschafts- Sozial- und Umweltpolitik,* Opladen 1999, S. 151–177.

Wacher, Gerhard: »Probleme eines peripheren Industriegebietes unter besonderer Berücksichtigung der Zonengrenzlage, dargestellt am Beispiel Oberfranken«, [Vortrag auf der] Konferenz über Fragen der regionalen Wirtschaft, Brüssel, 6.–8. Dezember 1961.

Wagner, Manfred: »Beseitigung des Ungeziefers...« Zwangsaussiedlungen in den thüringischen Landkreisen Saalfeld, Schleiz und Lobenstein, 1952 und 1961, Erfurt 2001.

Waldeck, Winfried: »Räumliche Strukturanalyse. Beispiel Lüchow-Dannenberg«, *Praxis Geographie* 7/8 (1992), S. 44–49.

Waldeck, Winfried: »Die Bevölkerungsentwicklung im Landkreis Lüchow-Dannenberg nach der innerdeutschen Grenzöffnung, 1989–1994«, in: *Han-*

noversches Wendland. 15. Jahresheft des Heimatkundlichen Arbeitskreises Lüchow-Dannenberg 1994–1997, Lüchow 2001, S. 315–324.

Walker, J. Samuel: *The Road to Yucca Mountain. The Development of Radioactive Waste Policy in the United States,* Berkeley 2009.

Walther, Achim/Joachim Bittner: *Heringsbahn. Die innerdeutsche Grenze bei Hötensleben/Offleben/Schöningen zwischen 1945 und 1952,* Hötensleben 2011.

Walwei-Wiegelmann, Hedwig (Hg.): *Die Wunde namens Deutschland. Ein Lesebuch zur deutschen Teilung,* Freiburg 1981.

Wandschneider, Gerhard: »Ein Pfahl im Fleische Deutschlands«, in: Bundesministerium für gesamtdeutsche Fragen (Hg.): *Im Schatten der Zonengrenze,* Bonn 1956, S. 93–97.

Weber, Petra: *Getrennt und doch vereint. Deutsch-deutsche Geschichte 1945–1989/90,* Berlin 2020.

Weber, Rolf: »Vom ›Todesstreifen‹ zum ›Grünen Band‹ – dargestellt am Beispiel der sächsischen Grenze zu Bayern«, in: Regine Auster/Hermann Behrens (Hg.): *Naturschutz in den neuen Bundesländern – Ein Rückblick,* Berlin 2001, S. 659–669.

Wegener, Uwe: »Die Unterschutzstellung des Nationalparkes Hochharz«, in: Regine Auster/Hermann Behrens (Hg.): *Naturschutz in den neuen Bundesländern – Ein Rückblick,* Berlin 2001, S. 649–657.

Wegener, Uwe: »Der Nationalpark Harz«, in: Michael Succow/Lebrecht Jeschke/Hans Dieter Knapp (Hg.): *Naturschutz in Deutschland,* Berlin 2012, S. 104–112.

Wehler, Hans-Ulrich: *Deutsche Gesellschaftsgeschichte 1949–1990,* München, 2008.

Weichlein, Siegfried: *Föderalismus und Demokratie in der Bundesrepublik,* Stuttgart 2019.

Weiger, Hubert: »Flurbereinigung und Naturschutz. Bilanz 1982: Nach wie vor negativ, *Natur und Umwelt* 62:2 (April 1982), S. 3–6.

Weiger, Hubert: »Kai Frobel. Der Initiator des Grünen Bandes«, *Nationalpark* 143:3 (2009), S. 44–45.

Weight, Ernst: »Standorte neuer Industriebetriebe in Franken und der Oberpfalz unter dem Gesichtspunkt von Nachbarschaft und Fühlungsvorteil«, *Berichte zur deutschen Landeskunde* 23 (1959), S. 383–400.

Weitz, Eric D.: »The Ever-Present Other. Communism in the Making of West Germany«, in: Hanna Schissler (Hg.): *The Miracle Years. A Cultural History of West Germany, 1949–1968,* Princeton 2001, S. 219–232.

Wengst, Udo/Hermann Wentker (Hg.): *Das doppelte Deutschland. 40 Jahre Systemkonkurrenz,* Berlin 2008.

Wensierski, Peter: *Von oben nach unten wächst gar nichts. Umweltzerstörung und Protest in der DDR,* Frankfurt/M. 1986.

Wensierski, Peter: »Umweltprobleme in der DDR. Eine Einführung«, *Geographische Rundschau* 39:11 (1987), S. 604–605.

Wentker, Hermann: »Zwischen Abgrenzung und Verflechtung. Deutsch-deutsche Geschichte nach 1945«, *Aus Politik und Zeitgeschichte* 1–2 (2005), S. 10–17.

Wentker, Hermann: *Aussenpolitik in engen Grenzen. Die DDR im internationalen System 1949–1989,* München 2007.

Wentker, Hermann: »Bundespräsens in West-Berlin. Perzeption, Propaganda und Politik der SED-Führung«, in: Michael C. Bienert/Uwe Schaper/Hermann Wentker (Hg.): *Hauptstadtanspruch und symbolische Politik. Die Bundespräsenz im geteilten Berlin, 1949–1990,* Berlin 2012, S. 241–262.

Wettestad, Jørgen: »Designing Effective Environmental Regimes: The Case of the Convention of Long-Range Transboundary Air Pollution (CLRTAP)«, *Energy & Environment* 10:6 (1999), S. 671–703.

Wiesemann, Bernd: »Bedürftige und Förderungswürdige. Mehr Differenzierung wäre besser«, *Wirtschaft und Standort* 12 (1978), S. 27–28.

Wilkens, Horst: »Die Rolle des Natur- und Landschaftsschutzes in der Bundesrepublik. Das Beispiel Gorleben«, *Natur und Landschaft* 53:6 (Juni 1978), S. 183–186.

Winiwarter, Verena: »Buying a Dream Come True«, *Rethinking History* 5:3 (2001), S. 451–455.

Winterhoff, Herbert: »Das Verkehrswesen«, in: Wilhelm Paasche (Hg.): *Das Hannoversche Wendland,* Lüchow 1971, S. 129–133.

Wirsching, Andreas: *Abschied vom Provisorium. Geschichte der Bundesrepublik Deutschland 1982–1990,* Stuttgart 2006.

Wishlade, Fiona G.: *Regional State Aid and Competition Policy in the European Union,* Den Haag 2003.

Withey, Lynne: *Grand Tours and Cook's Tours. A History of Leisure Travel, 1750–1915,* New York 1997.

Witt: »Die DL bei Uelzen«, *Die Parole* 21:1, 20. Januar 1971.

Wittich, Hans-Jörg: »Kurze Darstellung der Produktionsprozesse eines Kaliwerkes mit Beispielen der technischen Entwicklung in der Kaliverarbeitung«, in: Ulrich Eisenbach/Akos Paulinyi: *Kaliindustrie an Werra und Fulda,* Darmstadt 1998, S. 137–166.

Wolf, Stephan: *Hauptabteilung I: NVA und Grenztruppen (Handbuch),* hg. vom BStU, Berlin 2005, verfügbar unter http://www.nbn-resolving.org/urn:nbn:de:0292-97839421300423 (Zugriff Januar 2022).

Wolff, Frank: *Die Mauergesellschaft. Kalter Krieg, Menschenrechte und die deutsch-deutsche Migration 1961–1989,* Frankfurt/M. 2019.

Wolfrum, Edgar: *Die geglückte Demokratie. Geschichte der Bundesrepublik Deutschland von ihren Anfängen bis zur Gegenwart,* Stuttgart 2006.

Wolfrum, Edgar: »Die Mauer«, in: Etienne François/Hagen Schulze (Hg.): *Deutsche Erinnerungsorte,* Bd. 1, München 2001, S. 552–568.

Wolfrum, Edgar: *Geschichtspolitik in der Bundesrepublik Deutschland. Der Weg zur bundesrepublikanischen Erinnerung 1948–1990,* Darmstadt 1999.

Wössner, Barbara: *Die Deutschlandklausel im EG-Beihilferecht (Art. 87. Abs. 2 lit. c EGV),* Hamburg 2001.

Wright, Patrick: *Iron Curtain. From Stage to Cold War,* Oxford 2007.

Würth, Gerhard: *Umweltschutz und Umweltzerstörung in der DDR,* Frankfurt/M. 1985.

Zahra, Tara: *The Great Departure. Mass Migration from Eastern Europe and the Making of the Free World,* New York 2016.

Ziegler, Astrid: *Regionale Strukturpolitik. Zonenrandförderung – ein Wegweiser?,* Köln 1992.

Zierenberg, Malte: *Stadt der Schieber. Der Berliner Schwarzmarkt 1939–1950,* Göttingen 2008.

Zint, Günter: *Republik Freies Wendland. Eine Dokumentation,* Frankfurt/M. 1980.

Zschaler, Frank E. W.: »Bundeshilfen für Berlin«, in: Michael C. Bienert/Uwe Schaper/Hermann Wentker (Hg.): *Hauptstadtanspruch und symbolische Politik. Die Bundespräsenz im geteilten Berlin 1949–1990,* Berlin 2012, S. 209–220.

Zschiesche, Michael: »Umweltschutz in Ostdeutschland – Versuch über ein schnell verschwundenes Thema«, *Aus Politik und Zeitgeschichte* B27 (2003), S. 33–38.

Personenregister

Adenauer, Konrad 52f., 59–63, 71, 77, 80, 93, 101, 139, 142, 144, 172, 180, 371, 376
Albrecht, Ernst 38, 146, 281, *283*, 284f., 292f., 295–299, 301, 307, 309f., 312, 314f., 318, 325, 337f., 351, 399, 476

Barschel, Uwe 247–251, 273, 454–456
Baum, Gerhard 318
Behr, Sophie von 324
Békési, Sándor 126
Berdahl, Daphne 357
Berndt, Rudolf 239f., 278, 450
Bernstorff, Andreas Graf von 298
Blottnitz, Undine von 331
Blowers, Andrew 382
Blücher, Franz 62
Boag, Peter 155f., 414
Bohn, Helmut 391
Born, Nicolas 324
Brandt, Willy 79, 143f., 191, 269, 463
Brauneis, Wolfram 243, 250
Bräutigam, Hans Otto 479
Brecht, Bertolt 67
Bremer, Uwe 324
Breschnew, Leonid 207
Brittan, Leon 111, 400
Buch, Hans Christoph 324
Buchholz, Waltraud 145
Bush, George 107

Carter, Jimmy 209f., 292
Christaller, Walter 85, 387, 417
Churchill, Winston 18, 121, 360

Conrady, Hans Walter 86, 139, 147, 160

Darst, Robert G. 177
Davis, Jeffrey Sasha 225
Derix, Simone 171
Dick, Alfred 213
Dittrich, Erich 84, 386
Dregger, Alfred 94

Elmer, Walter 230
Erhard, Ludwig 63, 372

Flowers, Brian 288
Ford, Gerald 291
Franke, Egon 95
Friedrich II., König von Preußen 238
Friedrich, Bernd 246
Friedrich, Caspar David 263
Fritzen, Marianne 325, 331
Frobel, Kai 244f., 277
Fromme, Friedrich Karl 274

Gaus, Günter 303f., 307
Giel, Wilhelm 387
Glassheim, Eagle 151
Goethe, Johann Wolfgang von 263
Görner, Martin 247, 453f.
Grill, Kurt-Dieter 313f., 328

Hagen, Manfred 291
Halin, Hubert 143, 410
Hasselmann, Wilfried 314
Havlick, David 279, 446
Heine, Heinrich 263
Henn, Hans 377
Hermann, Kai 324

Hilmer, Adolf 455
Hinz, Jürgen 267, 462
Höhmann, Egon 95
Honecker, Erich 194, 203, 208, 210f., 213, 249, 311, 331, 423, 439, 447
Huff, Tobias 422

Isenberg, Gerhard 82f.
Issel, Wolfgang 473

Jureit, Ulrike 75

Kassel, Karl-Friedrich 486
Katzer, Bernd 246, 453
Kind-Kovács, Friederike 151
Klie, Barbara 23, 75
Kohl, Helmut 107, 109f., 112, 249, 258, 397, 455, 474
Kohl, Michael 385, 476
Köhler, Horst 117f.
Komska, Yuliya 151
König, Helmut 246
Kraft, Waldemar 63

Lambsdorff, Otto Graf 318
Langston, Nancy 179
Larson, Brandon 225
Leendertz, Ariane 84
Lindenberger, Thomas 12

Maizière, Lothar de 257
Mann, Thomas 34
Manthey, Jürgen 324
McNeill, J. R. 178f.
Merkel, Angela 337, 352
Mielke, Erich 301
Mittag, Günter 194, 199, 204, 210f., 216, 250, 309f., 439
Molitor, Jan 29f., 364

Möllemann, Jürgen 111, 400
Müller-Klug, Klaus 324
Müller-Marein, Josef
(siehe Jan Molitor)

Neumann, Thomas 242–244, 250, 269
Nonn, Christoph 90

Odén, Svante 207

Paasche, Wilhelm 96
Poggendorf, Klaus 315, 485
Popp, Manfred 299, 476

Radkau, Joachim 218, 336, 471
Reichelt, Hans 194f., 208, 210f., 213, 216, 250, 257, 270, 423, 438
Reichert, Mike 300, 308
Rieunaud, Edouard 410
Rochlitzer, Johann 430
Runde, Peter 324
Rüthnick, Rudolf 251, 457

Schäffer, Fritz 60f., 63
Schalck-Golodkowski, Alexander 309f.
Schiller, Karl 89f.
Schmidt, Helmut 203, 249, 284, 295–297, 299, 301, 303, 306, 308, 315–318, 351
Schröder, Gerhard 276, 337, 339
Schroers, Rolf 121, 148f.
Schumacher, Kurt 69, 382
Schuschke, Giselher 240
Seebohm, Hans-Christoph 43, 69, 71, 119, 402
Sheffer, Edith 33
Siebold, Klaus 302
Sielmann, Heinz 244, 258

Siemer, Josef 378
Sitzlack, Georg 302
Staadt, Jochen 359
Stern, Horst 268
Strauß, Franz Josef 203, 212 f., 447, 458
Stuckmann, Heinz D. 406
Succow, Michael 183, 270, 272 f., 426

Tandler, Gerold 409
Tiggemann, Anselm 300
Toepfer, Alfred 164
Tompkins, Andrew S. 323, 359
Töpfer, Klaus 257, 271 f., 465

Ullrich, Maren 156, 173, 405

Vouel, Raymond 394

Waigel, Theo 111, 399
Wehner, Herbert 19, 59, 74, *87*, 361
Weizsäcker, Carl Friedrich von 288
Wenders, Wim 343, 488
Wrangel, Olaf von 100, 144

Zahra, Tara 358
Zehnter, Theo 458
Ziegler, Wilhelm 164–166, 417 f.

Ortsregister

Aachen 29

Bad Bodenteich 146
Bad Harzburg 163, 258
Bad Hersfeld 70, 115
Bergen-Belsen 143
Bergen an der Dumme 37, 167, 419
Berlin 28, 37, 41, 65. 86, 91, 104, 264, 267, 281, 345, 366
Ost-Berlin 17, 67, 184, 198, 210, 213, 257, 267, 271, 296, 301, 303, 364
West-Berlin 26, 30, 35, 43, 46, 55, 62, 69, 72, 77 f., 85 – 91, 107, 110, 127, 139, 143, 153, 156, 164, 168 – 170, 175, 184, 192, 212, 262, 275, 302, 316, 324, 343, 347, 364
Bischofferode 219
Blankenstein 130, *130,* 200, 203, 205 f., 216
Böckwitz 133
Braunlage 163, *263*
Braunschweig 11, 38 – 41, 43 f., 95, 106, 169, 238
Bremen 28, 187 f., 190, 196, 329
Brokdorf 307, 323, 325
Budapest 351 f.

Coburg 11, 42, 113, 148, 155, 185, 244, *245,* 246, 277

Dannenberg, siehe Lüchow-Dannenberg
Dassow 242, 265, 451 f., 455
Dragahn 330, 484
Dresden 41, 184, 186, 481
 – Kaditz 184

Duderstadt 93, 97, 106, 114, 149, 175

Eisenach 68, 189, 246
Erfurt 68, 247

Frankfurt am Main 23, 41, 57, 71, 153, 164
Fulda 11, 94, 147, 165, 187

Gartow 298, 319 f., 324, 485 f.
Gera 68, 180, 247
Gerstungen 221
Gorleben 16, 21, 38, 96, 170, 246, 281 – 286, 292 – 351, 474, 478 f., 482, 485, 492
Goslar 163
Göttingen 11, 93, 169 f., 302
Grabfeld *87,* 118, 247
Greifswald 307 f.
Grohnde 323, 325
Gummern 329

Hamburg 34, 37, 99 – 103, 107, 167, 170, 186, 265, 267, 302, 327
Helmstedt 9, 28, 33, 39, 54, 86, 92, 104, 114, 123, *125,* 127, *128,* 139, 142 f., 145, 148, *149,* 160, 213, 297
Heringen 189
Hilders 165
Hof 11, 23, 33, 40 – 42, 54, 59, 93, 116, 154, 167, 180, 200, 203, 260, 270, *335*
Hötensleben 173, 421

Kalkar 337, 341
Kapern 329
Kassel 11, 164, 197, 219

Kella 157
Kiel 142
Kleinensee 132, 166

La Hague 285, 309, 312
Langendorf 314–317, 324–326, 484
Lassahn 266
Lichtenberg *130*, 200
Lübeck 11, 28, 33–38, 41, 57, 67, 74, 105 f., 116, 122, 136, 150, 154, 176, 233, 242, 256, 265, 269, 416
Lüchow-Dannenberg 36–38, 96, 118, *155,* 169, 281–283, 293, 297 f., 302, 306, 311–319, 321, 324–328, 331, 334, 338, 351, 368, 383
Lüneburg 169
Lütau 294

Magdeburg 73, 186, 223, 238, 240, 253, 479
Mainz 57
Marienborn 104, 173
Mellrichstadt 105, 109
Merkers 219, 341
Mitwitz 182
Mödlareuth 17, 133, 173, 229, 460
Morsleben 305–310, 479

Neustadt 17, 42, 56, 58, 113, 148, 155, 185

Obersuhl 121, 166
Offleben 140, 145, 160

Rheinsberg 307

Salzgitter 11
– Watenstedt 39 f., 47
Schleiz 253 f.
Schnackenburg 37, 93, 135, 186
Sellafield 285, 312
Sokolov 202
Sonneberg 17, 56, 58, 108, 113, 182, 185, 246
Stapelburg 258, *259*
Stendal 305, 307 f.
Suhl 185, 193, 246 f., 256, 269, 272

Tann 166
Travemünde 23, 136, 265

Unterbreizbach 193 f., 221, 432

Vacha 229

Wackersdorf 285, 337, 474
Waddeweitz 320
Wolfsburg 11, 97, 145, 227, 238, 240
Würgassen 190
Wustrow 330
Wyhl 322 f., 325, 328, 474

Zarrentin 266
Zicherie 133, 140, 147, 149, 166

Abbildungsnachweis

Ullstein Bild: 10 (Ali Paczensky), 235 (Jürgen Ritter)
Mitten in Deutschland. Mitten im 20. Jahrhundert. Die Demarkationslinie und ihre Auswirkungen, hg. vom Bundesministerium für gesamtdeutsche Fragen, Bamberg 1969, S. 68: 13
Denkschrift über das Ostgrenzgebiet der Bundesrepublik. Vorgelegt vom Arbeitskreis Ostgrenzgebiete der Bundesrepublik der Länder Bayern, Hessen, Niedersachsen und Schleswig-Holstein (Mai 1952): 49
Arno Behrisch, *Oberfranken im Würgegriff. Eine Zusammenfassung und Ergänzung der einschlägigen Denkschriften und Reden,* Hof 1950: 51
Echo der Lederhecke 107 II: 87 (ursprünglich Main-Post vom 4. Mai 1965, Foto: Röder/Krug)
Archiv der Autorin: 125 (Stadt Helmstedt), 130, 149, 155, 321
bpk/Deutsches Historisches Museum: 128 (Hans Hartz)
Sammlung Falk Schönherr: 129
Harry Wieber, Flieden: 131
Bayerisches Hauptstaatsarchiv München: 201 (Staatskanzlei, StK 19669), 335 (Präsidium der Bayerischen Grenzpolizei 1389)
Mitten in Deutschland – Mitten im 20. Jahrhundert. Die Zonengrenze, hg. vom Bundesministerium für gesamtdeutsche Fragen, Bonn 1959, S. 22: 229
Bund Naturschutz in Bayern: 245
Archiv Lothar Engler: 259
Sigurd Müller, Archiv Bundespolizeiabteilung Ratzeburg: 261
SLUB/Deutsche Fotothek: 263 (Uwe Gerig)
picture-alliance/dpa: 283 (Wolfgang Weihs)
Bundesarchiv Militärarchiv: 333 (DVH 48 [Grenzkommando Nord]/138758, fol. 40)

Danksagung

Dieses Buch ist die deutsche Übersetzung meiner Studie *West Germany and the Iron Curtain*, die 2019 mit Oxford University Press erschienen ist. Für die deutsche Ausgabe habe ich das Manuskript noch einmal substanziell überarbeitet. Im Juni 2021 ist ist das Stasi-Unterlagen-Archiv in das Bundesarchiv (BStU) übergegangen. Da mein Manuskript vor dieser institutionellen Veränderung fertiggestellt war, erscheinen alle Nachweise von Akten des Ministeriums für Staatssicherheit noch ohne Hinweis auf das Bundesarchiv.

Ohne die Unterstützung vieler Kolleginnen und Freunde wäre schon das amerikanische Buch nicht zustande gekommen. Mein Dank gilt weiterhin allen Personen, Stiftungen, Archiven und Instituten, die die Recherche von *West Germany and the Iron Curtain* unterstützt haben. Ein Stipendium der Alexander von Humboldt-Stiftung und die Gastfreundschaft an der Forschungsstelle für Zeitgeschichte in Hamburg hatten mir erlaubt, das Manuskript in weiten Zügen fertigzustellen.

Für *Zonenrandgebiet* habe ich abermals beträchtliche Schulden angehäuft, die mit einer Danksagung kaum abzutragen sind. Mein erster Dank geht an das Übersetzerteam vom Kollektiv Druck-Reif, Dr. Bernhard Jendricke, Thomas Wollermann und Barbara Steckhan für eine inspirierende Zusammenarbeit. Ich bin auch meinem Textlektor, Stephan Pauli, dankbar für das mehr als umsichtige Lektorat. Natürlich gehen alle verbleibenden Unzulänglichkeiten allein auf mein Konto. Ganz besonderer Dank gebührt meinem Lektor Christof Blome und dem Team vom Ch. Links Verlag für den langen Atem und die professionelle Betreuung. Die Übersetzung wurde durch ein Stipendium meiner Universität, der Emory University in Atlanta, finanziert. Ich bin den Dekaninnen Deboleena Roy (Emory College) und Lisa Tedesco (Laney Graduate School) sowie meinem Fachbereichsleiter Joe Crespino für Zugang zum »Subvention Fund« enorm dankbar.

Ich danke auch allen, die mich bei der Bildrecherche unterstützt und den Abdruck von Fotos und Abbildungen gestattet haben: Sigurd Müller in Ratzeburg, Heidrun und Harry Wieber in Flieden, Dr. Kai Frobel vom Bund Naturschutz in Bayern, Reinhold Albert in Sulzdorf an der Lederhecke und Wolfgang Roehl im Harz. In Lüchow ist mir Axel Kahrs bei etlichen Detailfragen zum Landkreis Lüchow-Dannenberg zur Seite gesprungen. In Berlin hat Alexander L. Compton einige Dinge für mich nachgeschlagen und hier in Decatur, Georgia, hat Bryan Falgout in letzter Minute die Produktion von Bildvorlagen möglich gemacht.

Zwischen Buchmanuskript und Digitalunterricht hat mich Brian Vick wie stets in der Spur gehalten – ohne ihn geht gar nichts. Meine Eltern leben nach wie vor im ehemaligen Zonenrandgebiet. Ich freue mich, dass sie meine Arbeit nun auch auf Deutsch lesen können. Gewidmet ist das Buch den jungen Frauen der nächsten Generation, die die deutsche Teilung zum Glück nur noch aus Erzählungen kennen: Marlene Köbernick, Hannah Kratz, Kora Wetzel und Liva Sieg.

Atlanta, im Januar 2022

Jürgen Ritter,
Peter Joachim Lapp
Deutschland grenzenlos
Bilder der deutsch-deutschen Grenze –
Damals und heute

4. Auflage
192 Seiten, 308 Abbildungen, Broschur
ISBN 978-3-96289-170-1
20,00 € (D) · 20,60 € (A)

Jürgen Ritter hat in den 1980er Jahren die Sperranlagen an der deutsch-deutschen Grenze sowie in und um Berlin in Zehntausenden von Bildern dokumentiert. An gleicher Stelle hat er nach der Deutschen Einheit die landschaftlichen und baulichen Veränderungen bis in unsere Tage fotografisch festgehalten. Die besten alten und neuen Aufnahmen, Bilder von damals und heute, sind im Buch gegenübergestellt, so dass der Leser einen deutlichen Eindruck vom Wandel erhält, der seither stattgefunden hat.

Begleitend skizziert Peter Joachim Lapp die politischen, wirtschaftlichen, sozialen und ökologischen Veränderungen, die seit dem Mauer- und Grenzfall von 1989 eingetreten sind. Eine einzigartige Dokumentation des Wandels im Grenzgebiet.

www.christoph-links-verlag.de

Jürgen Ritter,
Peter Joachim Lapp
Die Grenze
Ein deutsches Bauwerk

9. Auflage
208 Seiten, 219 Abbildungen, Festeinband
ISBN 978-3-86153-560-7
30,00€ (D) · 30,90€ (A)

Die innerdeutsche Grenze hat über Jahrzehnte Landschaften, Dörfer und Familien zerschnitten. Über 1393 Kilometer zog sich ein teilweise verminter Sperrstreifen von der Ostseeküste bis nach Bayern. Zehntausende Menschen waren in ihrem täglichen Leben unmittelbar davon betroffen.
Jürgen Ritter (Fotos) und Peter Joachim Lapp (Text) legen eine präzise recherchierte Dokumentation dieser erschreckend perfekten Sperranlage vor. Sie informieren nicht nur über die technischen Einzelheiten und die militärischen Konzepte, sondern berichten auch von jenen Menschen, denen diese Grenze zum tödlichen Verhängnis wurde. Und sie reflektieren Möglichkeiten einer angemessenen historischen Aufarbeitung.

Ch.Links

www.christoph-links-verlag.de

Marcus Böick, Constantin Goschler, Ralph Jessen (Hg.)
Jahrbuch Deutsche Einheit 2020

360 Seiten, 15 Abbildungen, Festeinband
ISBN 978-3-96289-102-2
25,00€ (D) · 25,70€ (A)

Die publizistische und wissenschaftliche Rückschau zum 30. Jahrestag der deutschen Einheit durchzieht oft ein skeptischer Grundton, aber es zeigt sich auch, dass eine jüngere Generation von Autorinnen und Autoren andere Blicke auf die jüngste Zeitgeschichte wirft. Mit neuen Perspektiven und aktuellen empirischen Befunden will das »Jahrbuch Deutsche Einheit« zur kritischen Historisierung des Umbruchs beitragen. Der aktuelle wissenschaftliche Diskurs über den Prozess der Einheit in Ost- und Westdeutschland wird hier für eine breite Leserschaft geöffnet.

www.christoph-links-verlag.de

Jahrbuch Deutsche Einheit

Marcus Böick, Constantin Goschler, Ralph Jessen (Hg.)
Jahrbuch Deutsche Einheit
2021

288 Seiten, 11 Abbildungen, Festeinband
ISBN 978-3-96289-129-9
25,00€ (D) · 25,70€ (A)

Corona-Krise statt Einheitsjubel – die Probleme der Gegenwart haben die Erinnerung an 30 Jahre Wiedervereinigung fast überdeckt. Trotzdem wird die Deutsche Einheit als nicht abgeschlossener Prozess wahrgenommen. Der zweite Band des Jahrbuches untersucht das Verhältnis von Einheit und Differenz, von strukturellem Wandel und Erfahrungen nach 1990: Neben Texten zur »nationalen Identitätspolitik« und zur langen Geschichte »verflochtener Transformationen« verfolgen Studien den Wandel ländlicher und städtischer Lebenswelten, des Wissenschaftssystems und der Geschichtswissenschaft in der Vereinigungsgesellschaft. Andere Beiträge spüren den materiellen und mentalen Spuren von Mauer und Grenze nach und schlagen so eine Brücke zu jenen Aufsätzen, die sich mit Fragen der Geschichtsvermittlung und der Erinnerungskultur auseinandersetzen.

www.christoph-links-verlag.de

Ch.Links

Bettina Effner
Der Westen als Alternative
DDR-Zuwanderer in der Bundesrepublik und in West-Berlin 1972 bis 1989/90

448 Seiten, 14 Abbildungen, Festeinband
ISBN 978-3-96289-091-9
40,00 € (D) · 41,20 € (A)

Auch nach dem Mauerbau am 13. August 1961 kamen Zuwanderer aus der DDR in die Bundesrepublik und nach West-Berlin – wenn auch in weit geringerer Zahl als zuvor. Mehr als eine Million Ostdeutsche gelangten von 1962 bis zum Sommer 1990 durch Flucht, Ausreise oder Freikauf von Ost nach West. Bettina Effner schildert, wie die Aufnahme der DDR-Zuwanderer in den 1970/80er Jahren politisch-juristisch gestaltet wurde, welche öffentlichen Debatten um sie kreisten und wie Westdeutsche die Neuankömmlinge wahrnahmen. Ausführlich dargestellt werden außerdem Erfahrungen ostdeutscher Flüchtlinge und Übersiedler bei ihrem Ankommen und Heimischwerden im Westen.

www.christoph-links-verlag.de

Andreas Malycha
Vom Hoffnungsträger
zum Prügelknaben
Die Treuhandanstalt
zwischen wirtschaftlichen
Erwartungen und politischen
Zwängen 1989–1994

592 Seiten, Festeinband
ISBN 978-3-96289-153-4
48,00€ (D) · 49,40€ (A)

Welche Erwartungen und wirtschaftspolitischen Vorstellungen verknüpften sich mit der Gründung der Treuhandanstalt? Wie gestalteten sich Personalaufbau, Organisationsstruktur und Arbeitsweise? Andreas Malycha analysiert Aufbau und Entwicklung der viel diskutierten Institution. Er lotet ihre Rolle im politischen Kräftefeld sowie ihre Handlungsspielräume und Zwänge aus. Von besonderer Bedeutung ist dabei das Verhältnis der Treuhandzentrale zu den Bundesbehörden in Bonn. Die Untersuchung reicht vom Herbst 1989 über die Phase der Umstrukturierung nach der Wirtschafts-, Währungs- und Sozialunion unter Detlev Karsten Rohwedder bis zum Ende der Amtszeit Birgit Breuels im Dezember 1994. Nie zuvor wurde die umstrittene Anstalt so umfangreich in den Blick genommen.

www.christoph-links-verlag.de

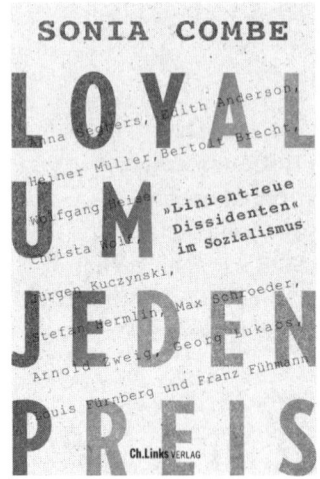

Sonia Combe
Loyal um jeden Preis
»Linientreue Dissidenten«
im Sozialismus

Übersetzt von Dorothee Röseberg
240 Seiten, Festeinband
ISBN 978-3-96289-141-1
25,00€ (D) · 25,70€ (A)

Anna Seghers, Bertolt Brecht, Stefan Heym, Jürgen Kuczynski, Paul Dessau, Max Schroeder und viele andere wurden wegen ihrer jüdischen Herkunft oder wegen ihrer kommunistischen Überzeugung im »Dritten Reich« verfolgt und mussten Deutschland verlassen. Nach dem Exil in England, den USA oder Mexiko wählten sie die Sowjetische Besatzungszone bzw. die DDR als Heimat. Als Remigranten aus dem Westen schlugen ihnen dort Misstrauen und Verdächtigungen entgegen. Dennoch stützten sie das System und trugen Kritik einzig innerhalb der Partei vor. Mit dieser Praxis beeinflussten sie auch die Folgegeneration von Intellektuellen, als deren Repräsentantin Christa Wolf gelten kann. Sonia Combe zeichnet in ihrem Buch die Kämpfe und Gewissenskonflikte dieser kritischen Marxisten nach und fragt, welchen Preis sie für ihre Loyalität zahlten.

www.christoph-links-verlag.de